Allgemeine
Hypotheken-Ordnung

für die

gesammten Königlichen Staaten,

sammt den

dieselbe ergänzenden und abändernden Gesetzen, Verordnungen und Verfügungen,

herausgegeben

mit Glossen

von

Dr. C. F. Koch.

Berlin, 1856.
Verlag von J. Guttentag.

Vorwort.

Indem ich die vorliegende Arbeit dem verehrten Publikum vorlege, gebe ich einem seit einigen Jahren mehrseitig und wiederholt an mich gerichteten Verlangen nach, auf welches ich glaubte nicht eingehen zu sollen, weil einestheils durch die schätzbaren jüngsten Compilationen zur Hypotheken-Ordnung von W. Hartmann (Glogau, 1853), und von Förster (Berlin, 1855) für das praktische Bedürfniß gesorgt zu sein schien, und anderntheils ein ganz positives, wesentlich bloß formelles und normatives Gesetz, von dem beschränkten Gebiete der Hypotheken-Ordnung, zu einer freien stofflichen Verarbeitung keine entsprechende Gelegenheit zu bieten schien; indeß hat man diese Bedenken nicht für erheblich gehalten. Selbstverständlich haben, um diese Schrift für den Praktiker brauchbar zu machen, die von der Gesetzgebung vorgeschriebenen und von der Praxis gewonnenen Sätze wörtlich abgedruckt werden müssen, wobei die neueren Bestimmungen gehörigen Orts eingeschaltet und, zur leichten Auffindung einer bestimmten Stelle derselben, am Ende in einem Anhange, im Zusammenhange vollständig beigegeben sind. Meine geschichtlichen Bemerkungen und juristischen Gedanken sind in Glossenform an den betreffenden Stellen unter dem Texte beigefügt.

Uebrigens bitte ich, die wenigen Berichtigungen auf der letzten Seite wohlwollend zu berücksichtigen.

Blumenthal, im Juli 1856.

Dr. Koch.

Inhalt.

Nachdem Se. Königl. Majestät von Preußen, Unser Allergnädigster Herr, wahrgenommen haben, daß die bisherige Einrichtung des Hypotheken-Wesens in Dero Staaten, den Haupt-Endzweck desselben, durch Feststellung der Eigenthums-Rechte und des Credits der Besitzer unbeweglicher Grundstücke, und durch Sicherung des Publikums, bei den darauf gemachten Anlehnen, zwar im Wesentlichen erreicht habe; dennoch aber die in den verschiedenen Provinzen, zu verschiedenen Zeiten ergangenen, und nicht immer nach einerlei Grundsätzen abgefaßten Verordnungen; die daraus entstandenen Abweichungen in der Art des Verfahrens; der Mangel an Deutlichkeit und Bestimmung einiger unter diesen Vorschriften; und die Unvollständigkeit anderer derselben, hin und wieder noch zu Zweifeln, Mißverständnissen und Irrungen, auch wohl zu Prozessen und unnützen Kosten, für die Gutsbesitzer und andere mit ihnen Verkehr treibende Personen Anlaß geben; so haben Höchstgedachte Se. Königliche Majestät beschlossen, eine neue allgemeine[1]) Hypotheken-Ordnung abfassen und publiciren

---

1) Die Hypothekenordnung kündigt sich als eine neue allgemeine an, als wenn schon vor ihr eine allgemeine Hypothekenordnung bestanden hätte. Dieß ist in der That der Fall. Das allgemeine Edict vom 20. Septbr. 1704 (C. C. M. Tom. II, Abth. 2, Sp. 39 u. C. C. Magd., P. III, p. 564) verordnete die Einrichtung und Einführung eines gleichförmigen Lagerbuchs oder Scriniums „überall in unserm Königreich Preußen und übrigen Reichslanden" und schrieb zugleich im Allgemeinen die Art und Weise seiner Führung vor. Diese Bücher entstanden durch Finanz-Spekulation. Denn es kam auf „Ausfindung einiger extraordinairen Geldmittel bei gegenwärtigen beschwerlichen und kostbaren Kriegsläuften und dazu erforderter Spesen" an, und unter den verschiedenen Vorschlägen dazu befand sich der, ein allgemeines „Scrinium oder Lagerbuch" einzurichten und von jeder Eintragung eine gewisse Abgabe zu erheben. Dieser Vorschlag fand vorzüglich Beifall. Die desfallsige Verordnung wurde am 20. September 1704 für das Königreich und alle übrigen Reichslande und Provinzen erlassen und befahl nebenbei im §. 8, daß außer den Gebühren für den

zu lassen; durch welche, mit unverrückter Beibehaltung der bis-

---

Buchführer und die dabei mitwirkenden Personen, der funfzigste Pfennig oder zwei Prozent von jedem Verkaufe und von jeder Verhypothecirung für die General-Kriegs-Kasse, und zwar die Hälfte von dem Creditor und Verkäufer, die andere Hälfte aber von dem Debitor und Käufer erhoben werden solle. Die Folge davon waren „allerhand ungleiche Impressiones der Unterthanen" und die Besorgniß, „daß Auswärtige dadurch vom Commercio mit Unsern Unterthanen abgeschrecket und also derselben Credit geschwächet werden dürfte." Deshalb verordnete bereits ein Mandat vom 22. November 1704 (C. C. M. P. III, p. 567), daß mit Einrichtung und Einführung des Lagerbuchs eingestanden, und selbige bis zu weiterer Verordnung ausgesetzet werden solle. Nun verblieb es bis 1750 bei dem bestehenden Zustande. Dieser war in den verschiedenen Landestheilen verschieden. Schon „vor einigen Jahren," wie es in dem Edict vom 20. September 1704 heißt, war „die Zulegung eines Scrinii oder Lager-Buchs allergnädigst verordnet, welches auch in einigen unsern Landen eingeführt und mit gutem Success damit continuiret worden." Aber in anderen Landestheilen war die hergebrachte Verfassung unverändert geblieben, welche meistens darin bestand, daß die Veräußerungsverträge über Immobilien und die Hypothekbestellungen vor Gericht in Büchern protokollirt wurden.

Die Hypotheken- und Konkursordnung vom 4. Februar 1722 schrieb über das Verfahren nichts vor. Im Jahre 1750 brachte zunächst für Schlesien die allgemeine Land- und Hypotheken-Ordnung vom 4. August 1750 eine Gleichförmigkeit in die Führung der Hypothekenbücher und ein Circulare v. 25. September 1750 schrieb dann vor, daß man sich auch anderswo darnach, soweit in derselben etwas zur Sicherheit derer Creditorum disponirt und applikabel, richten solle. In der Hauptsache blieb es jedoch, wie hier der Prologus zur neuen allgemeinen Hypothekenordnung sagt, bei den in den verschiedenen Provinzen, zu verschiedenen Zeiten ergangenen, und nicht immer nach einerlei Grundsätzen abgefaßten Verordnungen und bei den daraus entstandenen Abweichungen in der Art des Verfahrens. Um diesem Mißstande und den aus dem Mangel an Deutlichkeit und Bestimmtheit einiger unter diesen Vorschriften, sowie aus der Unvollständigkeit anderer derselben hin und wieder entstandenen Zweifeln, Mißverständnissen und Irrungen, auch wohl Prozessen und unnützen Kosten abzuhelfen, wurde diese neue allgemeine Hypothekenordnung verfaßt und in den gesammten Königlichen Landen eingeführt. Verfasser des Entwurfs ist Suarez. Man legte den Entwurf dem Hauptbanco-Direktorium, der Gesetz-Kommission und dem Kammergerichtsrath Friese, welcher Hypothekenbuchführer der Märkischen Landschaft war, zur Prüfung vor, und redigirte dann unter Berücksichtigung der eingegangenen Erinnerungen schließlich diese am 20. December 1783 vollzogene Verordnung. (Simon, Bericht über die scientivische Redaktion der Materialien der preußischen Gesetzgebung, in Mathis, Bd. XI, S. 285 ff.)

In den im Tilsiter Frieden v. 1807 abgetretenen Landestheilen wurde die Hypothekenordnung größtentheils durch die fremde Gesetzgebung verdrängt; nach dem Pariser Frieden jedoch wieder eingeführt:

a) in die mit dem Preuß. Staate wieder vereinigten Provinzen jenseits der Elbe und Weser durch das Patent v. 22. Mai 1815 (G. S. S. 185);

b) in das Großherzogthum Posen, den Culm- und Michelauer Kreis und die Stadt Thorn, durch das Patent v. 4. April 1818 (G. S. S. 20); und neu eingeführt:

c) in das Fürstenthum Corvey, die Besitzungen der Fürsten von Salm-Salm, Salm-Kyburg und Salm-Horstmar, wie auch des Herzogs von Croy; den Preußischen Antheil der Besitzungen des Herzogs von Looz-Corswaren; die Grafschaften Rittberg, Steinfurt, Hohen-Limburg und Dortmund, Recklinghausen, Barby und Gommern nebst Elbenau; die mit dem vormaligen Königreich Westphalen vereinigt gewesenen Theile des vormals sächsischen Antheils der Grafschaft Mansfeld; die vorige Reichs-Baronie Schauen; die Herrschaften Rheda und Gütersloh, Anholt, Werth und Gehmen; die Aemter Broich und Styrum;

herigen wesentlichen Grundsätze[2]), eine mehrere Gleichförmigkeit in der Art des Verfahrens, bei Behandlung der Hypotheken-Sachen eingeführt; den Gerichten und Collegiis, denen die Wahrnehmung dieses Geschäfts anvertraut ist, deutliche, bestimmte und vollstän-

---

Treffurth und Dorla sächsischen Antheils rc.; die Stadt Lippstadt; ferner die durch die Wiener Kongreß-Akte und spätere Verträge mit den Niederlanden, Sachsen-Weimar, Hannover und Schwarzburg erworbenen Ländertheile und Ortschaften, namentlich: die vormals Hannoverschen Aemter Rückenberg und Klötze und die Dörfer Rüdigershagen und Gänseteich; das Amt Bodungen, die Gerichte Allersberg und Hainröden, und die Ortschaften Uttenrode und Bruchstädt (welche von Schwarzburg-Sondershausen an Preußen übergegangen sind); die vormals zum Königreich Böhmen gehörigen, in den preußischen Antheil der Ober-Lausitz eingeschlossenen Ortschaften Güntersdorf und Nieder-Gerlachsheim nebst Zubehör; das vormals Schwarzburg-Rudolstädtsche Dorf Wohlkramshausen; das vormals Waimarsche Dorf Ringleben und die durch den Grenz-Rezeß v. 7. October 1816 auf dem rechten Rheinufer von dem Königreich der Niederlande erworbenen Ortschaften, durch die Verordnung v. 25. Mai 1818, §. 4 (G. S. S. 45);

d) in das Herzogthum Sachsen durch die Verordnung v. 16. Juni 1820 (G. S. S. 101);

e) in das Herzogthum Westphalen, Fürstenthum Siegen mit den Aemtern Burbach und Neuenkirchen (Freien- und Hückenschen Grund) und die Grafschaften Wittgenstein-Wittgenstein und Wittgenstein-Berleburg, durch die V. v. 31. März 1834 (G. S. S. 47) und in Betreff des Berg-Hypotheken-Wesens durch die V. v. 28. Februar 1845 (G. S. S. 100);

f) in die Orte, welche bei Grenzregulirungen als Preußische Gebietstheile anerkannt, oder in Folge eines Austausches an Preußen abgetreten sind, durch die K.-O. v. 29. März 1837 (G. S. S. 71).

2) Diese Grundsätze betreffen nicht die rechtliche Natur, oder die Erwerbung und Erlöschung der dinglichen Rechte, sondern die Form und das Verfahren bei der Feststellung derselben. Die bisherigen wesentlichen Grundsätze waren: a) die Quasi-Personificirung der Immobilien in den Büchern, indem jedes einzelne Immobile ein Blatt, gleichsam ein Konto erhält. Die vorhin erwähnte erste allgemeine V. v. 20. September 1704 stellt als Hauptgrundsatz an die Spitze, daß in das „Lagerbuch und Scrinium — alle Häuser, Aecker, Wiesen, Gärten, Weiden, Holzungen und andere unbewegliche Stücke, unter einer gewissen Nummer verzeichnet werden sollen." Mit diesem Grundsatze beschäftigte sich die neue allgemeine Hypotheken-Ordnung wieder zunächst in den §§. 6 ff. Auf diese Einrichtung der Hypothekenbücher haben die Kataster, deren Erfindung nach der L. 4 D. de cens. (L. 15) den Römern zuzuschreiben, geführt. Dieser Grundsatz erleichtert die Durchführung des Prinzipes der Publicität und Specialität der Hypotheken. Nothwendig verbunden ist er mit diesen Prinzipien keineswegs; denn die Publicität ist hier nichts weiter als eine beglaubigte Feststellung der mit einer bestimmten Sache bestellten Realrechte in einer Weise, daß Jeder, welcher dabei ein rechtliches Interesse hat, Wissenschaft davon erlangen kann. Dies ließe sich auch in einer andern Form erreichen, etwa durch Einschreibung des Titels in chronologischer oder einer andern beliebigen Ordnung; aber alle solche Formen erschweren die Uebersicht, wie die französischen Hypothekenbücher zeigen. b) Abgesonderte Verzeichnung der verschiedenen Realrechte nach gewissen Klassen (Eigenthum, Reallasten und Hypotheken), welcher Grundsatz in den §§. 41 ff. ausgeführt wird; c) Buchhaltung nach den Gerichtsbezirken, so daß jedes Gericht das Buch über die unter seiner Jurisdiktion gelegenen Immobilien führt, ein von dem französischen Systeme abweichender Grundsatz, welcher bereits in jener ersten allgemeinen V. v. 20. September 1704 festgestellt ist.

dige Anweisungen darüber ertheilt; die hin und wieder eingeschlichenen Fehler und Mißbräuche gänzlich abgestellt; und den gesammten Königl. Unterthanen, die bei dieser Anstalt ihnen zugedachten Vortheile, in Sicherstellung ihres Eigenthums und Vermögens, nach ihrem ganzen Umfange, verschafft werden sollen.

Was zur gültigen Erlangung, Uebertragung und Aufhebung eines Eigenthums, hypothekarischen, oder andern dinglichen Rechts auf unbewegliche Grundstücke, überhaupt gehöre, solches soll in dem künftigen Gesetz-Buche näher bestimmt werden, und bis dahin soll es bei den gegenwärtig vorhandenen allgemeinen und besondern Landes- und Provinzial-Gesetzen sein Bewenden haben; dagegen aber soll in gegenwärtiger Ordnung festgesetzt werden: wie die Hypotheken-Bücher einzurichten, was für Real-Rechte und Lasten in selbigen zu vermerken, und was bei deren Eintragung, Ueberschreibung auf andere, oder Löschung, von den Ober- und Untergerichten und anderen zur Direction des Hypotheken-Wesens geordneten Collegiis zu beobachten sei [3]).

---

3) In wiefern die Vorschriften dieser Hypothekenordnung auch bei vorkommenden älteren Fällen (nach neuen Einführungen) zu beobachten, ist mehrmals in Frage gekommen und widersprechend beantwortet worden. Daß Grundsätze, welche dem materiellen Civilrechte angehören, nicht auf vergangene Fälle anzuwenden sind, ist von selbst verstanden und auch außer Streit. Der Zweifel bezieht sich eigentlich auch nur auf die in den §§. 60 ff. Tit. 2 berührte Form der zur Eintragung präsentirten Titel, nämlich: ob ein unter Privatunterschrift verfaßter Titel, welcher älter als die Einführung der Hypothekenordnung ist, ohne weitere Anerkennung zur Eintragung geeignet sei. Mehrere Ministerial-Bescheide, namentlich v. 13. Februar 1792 u. v. 30. März 1801 (Rabe, VI, S. 475), sowie das R. v. 9. Novbr. 1818 (Jahrb. Bd. XII, S. 292) verneinten es; ein Immediatbericht des J. M. Mühler hingegen v. 20. Mai 1833 und die darauf ergangene K.-O. v. 29. Mai 1833 (Jahrb. Bd. XLI, S. 529, 539), so wie ein Bescheid desselben v. 14. August 1837 (Jahrb. Bd. L, S. 209) bejahen die Frage auf Grund der §§. 14 ff. der Einl. z. A. L. R., und der §§. X, XI, XII, des Publ. Pat. v. 5. Februar 1794. Diese zweite Meinung ist unrichtig; sie gründet sich auf die Identificirung der zur Gültigkeit einer Rechtshandlung gesetzlich erforderlichen Form mit dem glaubhaften Nachweise der Rechtshandlung. Auf jene Form beziehen sich bezeichnete Stellen des A. L. R. und des Publ. Patents; von diesem spricht die Hypothekenordnung. Die Hypothekenordnung schreibt nun dem Buchführer vor, nur solche Titel und Rechtshandlungen einzuschreiben, welche ihm in beglaubigter Form vorgelegt werden. Dies ist eine Instruktion für ihn, deren Nichtbeachtung gar keinen Einfluß auf die Gültigkeit der Eintragung hat: diese bleibt bestehen, wenn der Titel in der genügenden Form verfaßt, obgleich nicht öffentlich beglaubigt ist. Aber der Buchführer ist verpflichtet, seine Instruktion ohne Unterschied der Fälle zu befolgen, „um — Prozessen desto sicherer vorzubeugen.“ §. 60 Tit. 2.

Erster Titel.

Von der Form und Einrichtung[4]) der Hypotheken-Bücher überhaupt.

§. 1. Alle Gerichts-Obrigkeiten, und Collegia, denen, nach den Gesetzen und Verfassungen jeder Provinz und Ortes, die Direktion des Hypotheken-Wesens gebühret, sollen schuldig sein, von sämmtlichen[5]) in ihrem angewiesenen Distrikte belegenen Grundstücken, ordentliche und akkurate Hypothekenbücher zu halten. Von allen Grundstücken sollen Hypotheken-Bücher gehalten, und

1. V. vom 2. Januar 1849 (G. S. S. 1).

a) §. 9. Der eximirte und privilegirte Gerichtsstand für Grundstücke und Gerechtigkeiten ist allgemein aufgehoben. Jedes Grundstück gehört im dinglichen Gerichtsstande vor das ordentliche Gericht[6]) desjenigen Sprengels, in welchem es gelegen ist.

---

4) Die Form und Einrichtung der Hypothekenbücher bestimmt sich nach dem Zweck. Bei der vorliegenden Hypothekenordnung ist der Zweck nicht lediglich die Feststellung der Hypothekenrechte gewesen, vielmehr scheint es, daß man zugleich die bereits in dem Ed. v. 20. September 1704 ausgesprochene Idee eines Katasters, nämlich Verzeichnung aller Häuser, Aecker, Wiesen, Gärten, Weiden, Holzungen und anderen unbeweglichen Stücken, wobei man an die Aufzählung der einzelnen Bestandtheile der geschlossenen Gehöfte und Stellen nebst allen Rechten und Lasten gedacht zu haben scheint, habe verwirklichen wollen, so daß das Hypothekenbuch den ganzen Realzustand der Grundstücke festgestellt hätte. Daraus erklärt sich der anfängliche Zwang zur Eintragung eines jeden Grundstücks und aller Servituten. Da man jedoch bald die Unmöglichkeit einsah, alle und jede Grundstücke, so wie alle Rechte und Belastungen (Servituten) festzustellen und zu verzeichnen, so ließ man diese Nebenzwecke auf sich beruhen, indem man es bei der allgemeinen Bezeichnung der Stellen bewenden ließ, und die Absicht, alle Servitute zu verzeichnen, wieder aufgab. (Circ.-V. v. 30. December 1798.) Die Hypothekenbücher sind nunmehr wesentlich nur Hypotheken- und Real-Abgaben-Register, ohne die Bestimmung, zugleich auch über die Bestandtheile, den Umfang und die Berechtigungen des belasteten Grundstücks Rechenschaft zu geben. Vorausgesetzt ist dabei jedoch die damalige Geschlossenheit der Güter, Gehöfte und Stellen, so daß es leicht war, über die Art und Beschaffenheit so wie über den Umfang eines gewissen Gehöftes Kenntniß zu erlangen. Denn es konnten nur Pertinenzstücke und Gerechtigkeiten, möglicherweise davon abgetrennt worden sein, (§§. 36 ff.), nicht aber Substanztheile, so daß der eigentliche Gutskörper unveränderlich war.

5) Unter diesen sämmtlichen Grundstücken sind schwerlich die unfreien und lassitischen Bauergrundstücke damaliger Zeit mit gedacht worden. Seitdem das bäuerliche unvollkommene Besitzrecht in Eigenthum verwandelt worden und der Grundsatz der unbeschränkten Theilbarkeit des Grundbesitzes zur Anwendung gekommen, ist die Hypothekenordnung von 1783 wegen der sehr großen Zahl von selbstständigen oft sehr kleinen Grundstücke unpraktisch geworden. Das G. v. 24. Mai 1853 bessert darin nichts.

6) Die Hypotheken-Sachen stehen der Zweiten Abtheilung der Kreisgerichte und der Stadtgerichte zu. §. 20 der V. v. 2. Januar 1849. Die Hypotheken-

b) §. 16 ebd. und G. vom 26. April 1851, Art. V. (G. S. S. 181). Die Führung des Hypothekenbuchs über einen zusammengehörigen Komplex von Grundstücken, welche in den Bezirken verschiedener Gerichte liegen, Einem der Gerichte erster Instanz zu übertragen, steht dem Appellationsgerichte zu, wenn sämmtliche Grundstücke in dessen Sprengel liegen, anderenfalls aber dem Justizminister.

c) V. vom 2. Januar 1849 (G. S. S. 1). §. 22. Zur Kompetenz der Einzelrichter gehören:

8. alle Nachlaß-, Curatel-, Vormundschafts- und Hypotheken-Sachen[7]) ihres Bezirks, welche das Kreisgericht nicht nach Maaßgabe des Geschäfts-Regulativs, als zur kollegialischen Bearbeitung geeignet, vor sich zu ziehen beschließt.

d) V. vom 2. Januar 1849 (G. S. S. 1). §. 35. In nicht prozessualischen Angelegenheiten ist das Appellationsgericht für die Kreis- und Stadtgerichte seines Sprengels die alleinige Beschwerdeinstanz, so daß es bei dessen Entscheidung bewendet.

Nur solche Beschwerden, welche die Disciplin, den Geschäftsbetrieb oder Verzögerungen betreffen, sind hinsichtlich aller Rechtsangelegenheiten im Aufsichtswege, demnach schließlich durch den Justizminister zu erledigen[8]).

Sachen sollen bei den Kollegien möglichst nach geographischen Bezirken vertheilt und mit der Bearbeitung der Nachlaß-, Kuratel- und Pupillen-Sachen desselben Bezirks vereinigt werden. Geschäfts-Regul. vom 18. Juli 1850 (J. M. Bl. S. 232) und Instr. v. 3. August 1853 (J. M. Bl. S. 275).

7) Die Führung des Hypothekenbuchs über die Rittergüter und über andere größere Güter des ganzen Gerichtsbezirks, hat das Kreisgericht, in Betracht der Wichtigkeit dieser Geschäfte, der Nothwendigkeit ihrer gleichmäßigen Bearbeitung, und der Betheiligung der Kredit-Institute bei denselben ein- für allemal vor sich zu ziehen. Die Bearbeitung der Hypotheken-Sachen, welche zur Kompetenz der Kreisgerichts-Deputationen gehören, erfolgt kollegialisch. Geschäfts-Regul. v. 18. Juli 1850, §§. 7, 18, 20, Nr. 12 u. §. 34, Nr. 1. (J. M. Bl. S. 233.)

Die Führung des Hypothekenbuchs über die Rittergüter und über andere größere Güter soll dort, wo sich ein Bedürfniß dazu ergiebt, den beständigen Deputationen für ihren Bezirk nach jedesmaliger näherer Bestimmung des Justizministers ein- für allemal übertragen werden. In soweit solche Güter nicht in einem landschaftlichen Kreditverbande stehen, sind die Obergerichte ermächtigt, jene Geschäfte auch den Kommissionen, vorbehaltlich der Befugniß der Kreisgerichte, einzelne Sachen zur kollegialischen Bearbeitung vor sich zu ziehen, ein- für allemal zu übertragen, oder, in sofern eine solche Uebertragung in Beziehung auf einzelne Kommissionen nicht als zweckmäßig erscheint, die ausnahmsweise Bearbeitung einzelner Sachen durch die Kommissionen zu gestatten. R. vom 27. October 1851, Nr. 3. (J. M. Bl. S. 347.)

8) Das Geschäfts-Regulativ v. 18. Juli 1850, §. 49 (J. M. Bl. S. 233) fügt hinzu, daß Beschwerden, welche die Disciplin, den Geschäftsbetrieb, oder Verzögerungen bei den Gerichts-Kommissionen und Gerichts-Deputationen (Deputationen sind kollegialische Absplisse des Kreisgerichts) betreffen, zunächst bei dem Direktor des Kreisgerichts anzubringen seien (was jedoch in der Praxis nicht eben streng befolgt wird, indem die Appellationsgerichte auch die bei ihnen mit Uebergehung des Kreisgerichts-Direktors eingehenden Beschwerden über Gegenstände der genannten Arten annehmen). Beschwerden — heißt es weiter — über materielle Verfügungen derselben gehen an das vorgesetzte Appellations-

§. 2. Die Landes-Justiz-Collegia, ein jedes in seinem Departement, sollen von Amtswegen darauf sehen, daß von den ihnen untergeordneten Gerichts-Obrigkeiten, wo solches bisher noch nicht geschehen, diese Bücher binnen Jahresfrist[9]), von Zeit der Publikation gegenwärtiger Verordnung, ohnfehlbar angelegt werden. wo noch keine sind, solche innerhalb Jahresfrist angelegt werden.

§. 3. Wenn ein und andre Gerichts-Obrigkeit darunter säumig wäre, so soll das Landes-Justiz-Collegium die Anlegung der Bücher, auf ihre Kosten besorgen lassen.

§. 4. Die Hypotheken-Bücher sollen nicht aus bloßen zusammengehefteten Convoluten bestehen; sondern in ordentlichen fest und dauerhaft gebundenen[10]) Folio-Bänden gehalten, auch dazu starkes Papier genommen werden. Aeußere Form der Hypotheken-Bücher.

gericht. Remonstrationen gegen dergleichen Verfügungen der Einzelnrichter (also nicht auch die Remonstrationen gegen materielle Verfügungen der Gerichts-Deputationen) müssen von ihnen dem Kreisgerichte zur Beschlußnahme eingesendet oder vorgetragen werden.

9) Noch nach 50 Jahren war diese Vorschrift nicht vollständig durchgeführt worden, und es mag wol noch heute Gerichtsbezirke geben, wo die Einrichtung des Hypothekenbuches nach der Vorschrift dieser Ordnung nicht vollendet ist.

10) Auch hiervon ist man abzugehen genöthigt gewesen. Zuerst bei der Einrichtung des Hypotheken-Wesens nach dieser Ordnung. Das durch R. vom 21. August 1797 bestätigte Publikandum für die Untergerichte der Provinz Pommern v. 2. October 1796 (Rabe, Bd. IV, S. 271), ferner die Instruktion für die Gerichte im Bezirke des Appellations-Gerichts zu Arnsberg v. 19. April 1834, Nr. 3 (Jahrb. Bd. XLIII, S. 622) und die Instruktion für die Hypothekenbehörden in der Provinz Westphalen v. 30. Januar 1842, §. 5 (J. M. Bl. S. 67) gestatten, daß die neuen Hypothekenfolien in Mappen aufbewahrt, und erst dann zu einem Buch gebunden werden, wenn die gesammten Folien einen mäßigen Band ausmachen. Dabei ist wol selbstverständlich, daß diese gesammelten Folien nach den Zahlen auf einander folgen. Wäre das nicht der Fall, so müßten für die fehlenden Nummern leere Folien eingebunden werden, um zur Einschreibung des dazwischen liegenden Grundstücks zu seiner Zeit offen zu sein. Vergl. §. 9. — Dann ist in Betreff der nöthig werdenden Umschreibung schon vorhandener Hypothekenbücher folgende nicht publicirte K. O. vom 3. Februar 1835 ergangen:

„Als Ausnahme von der Vorschrift der Hypotheken-Ordnung Tit. I, §. 4, will Ich auf Ihren Antrag vom 27. Dezember in den Fällen, wo die Kosten der Anschaffung neuer Hypothekenbücher mit dem Umfang der Hypothekengeschäfte in keinem richtigen Verhältnisse stehen würden, es genehmigen, daß

wenn die Umschreibung der schon vorhandenen Hypothekenbücher nöthig wird, die Gerichte damit nur nach und nach bei den Grundstücken vorschreiten sollen, bei welchen im laufenden Geschäftsbetriebe Hypothekengeschäfte vorkommen, daß die so umgeschriebenen, einzeln zu heftenden Hypotheken-Folien in verschlossenen Schränken oder Kasten aufzubewahren sind, bis die Uebertragung der Mehr-Anzahl der Folien, welche in einem bestimmten Bezirke, oder nach der Nummerfolge der Grundstücke für einen Band bestimmt sind, erfolgt ist, und daß bei dem Eintritt dieses Zeitpunktes mit der Anlegung eines solchen Bandes zu verfahren, und alsdann erst die Uebertragung der noch nicht umgeschriebenen für diesen Band bestimmten Hypotheken-Folien von Amtswegen nachzuholen sei.“ (Min. Akt. I, 514. Gen. H. Nr. 6, Fol. 87, abgedr. Ergänz. ad. h. §.)

§. 5. Ob das Hypotheken-Buch nur in einen Band zusammen zu fassen, oder in mehrere, und in wie viel Bände zu vertheilen, soll dem vernünftigen Ermessen der Gerichte, nach Beschaffenheit der Umstände, der Anzahl und Wichtigkeit der dahin gehörigen Grundstücke, und der geographischen oder politischen Eintheilung des Distrikts, nach Kreisen, Aemtern ꝛc. oder verschiedenen Arten von Gütern, überlassen bleiben.

Was für Immobilien in die Hypotheken-Bücher gehören.

§. 6. Alle in einem Distrikt belegenen Immobilia, welche besonders besessen, veräußert, oder mit Real-Verbindlichkeiten belegt werden können [11]), müssen in das Hypotheken-Buch des Distrikts eingetragen werden.

§. 7. Es gehören also auch dahin Lehn- und Fideicommiß-Güter, Majorate, Seniorate [12]), Grundstücke, welche Wittwen [13]), Klöstern, Kirchen [14]), Cämmereien [15]) und andern moralischen Per-

---

Bei Justizvisitationen und Revisionen habe ich oft Hypothekenbücher mit eingelegten losen Blättern gefunden, auf welchen sich die Fortsetzung einzelner Rubriken und Kolonnen befand, und welche ebenso leicht zufällig herausfallen und ganz verloren gehen als verwechselt werden konnten.

11) Dazu gehören auch Bockwindmühlen, was angezweifelt aber durch ein Erk. des Ob.-Tr. v. 19. März 1834 angenommen worden ist. (Simon Rechtsspr. Bd. IV, S. 3.) — Ob Schiffsmühlen als Immobilien zu behandeln, hängt von der Beschaffenheit des Privilegiums ab; jedenfalls gehören sie in die Kategorie der Gerechtigkeiten, §. 14. — Krambuden hat man zu den Immobilien zählen wollen, wenn sie ein gemauertes Fundament haben. R. v. 19. April 1822 (Jahrb. Bd. XIX, S. 299.) Dieser faktische und bloß zufällige Umstand bedingt jedoch keineswegs die rechtliche Beschaffenheit einer Krambude als eines Grundstücks, vielmehr halte ich dafür, daß es auf die Beschaffenheit des Rechts ankomme, welches dem Büdner an dem Grunde und Boden, auf welchem die Bude steht, gebührt. Ist es ein dingliches Recht, sei es Eigenthum oder ein unwiderrufliches Besitzrecht anderer Art, so ist die Bude ein Grundstück, mag sie ein hölzernes oder ein gemauertes Fundament haben; im entgegengesetzten Falle macht auch das gemauerte Fundament die Bude nicht zu einem Grundstücke im Rechtssinne.

12) Die Aufzählung der Majorate und Seniorate neben den „Fideicommiß-Gütern" ist ganz überflüssig, da sie Arten und zwar nur zwei von den verschiedenen Arten der Fideicommißgüter sind, welche man kennt und anwendet. Man darf nicht denken, daß durch die Benennung der Majorate und Seniorate die nach der Successionsordnung etwa sonst noch verschieden gestalteten Fideicommisse, z. B. die Minorate, hier hätten ausgeschlossen sein sollen.

13) Grundstücke, welche Wittwen gehören, sind nicht etwa — wie einmal gefragt worden — solche, welche von Wittwen unter Eigenthumstitel besessen werden, sondern Wittwensitze. Diese können in Betreff des lebenslänglichen Nutzungsrechts ebenso verpfändet werden wie das Nutzungseigenthum von Fideicommiß-Gütern.

14) Und Schulen (Universitäten). Hinsichtlich der diesen Anstalten gehörigen Grundstücke hat verordnet:

a) Das R. v. 9. März 1789 (Rabe I, 7, S. 771):

An sich ist eine allgemeine förmliche Berichtigung des Hypothekenwesens von den, den Kirchen und Schulen zugehörenden Grundstücken allerdings nicht

sonen[16]) zugehören; da bei selbigen Besitz-Veränderungen, auch

---

erforderlich, indem dergleichen fundi regulariter weder verkauft noch verpfändet werden können, und also bei selbigen der gewöhnlichste und vorzüglichste Gebrauch eines Hypothekenbuchs wegfällt. Da inzwischen eines Theils Fälle von Alienationen und Verpfändungen auch bei solchen Fundis gleichwohl vorkommen können, vernehmlich aber die allgemeine Ordnung erfordert, daß bei dem Landes-Justiz-Collegio der Provinz wenigstens ein vollständiges Verzeichniß sämmtlicher seiner Real-Jurisdiktion unterworfenen Grundstücke vorhanden sei: So habt Ihr

1) von den Vorstehern dieser Piarum Causarum eine Designation der jeder Kirche und Schule zugehörenden Grundstücke einzufordern, in welcher
   a) eine Benennung und Bezeichnung jeden Grundstücks;
   b) die Angabe des Titels, worauf der Besitz sich gründet, ob das Grundstück z. B. eigenthümlich, Pfandsweise, in Erbpacht besessen wird?
   c) das Allegatum der Dokumente, worauf dieser Titulus sich gründet, enthalten sein muß, ohne daß es jedoch vor der Hand einer weitern Nachweisung des Tituli, oder der Produktion der darüber sprechenden Dokumente bedürfe.

2) Habt Ihr einen eigenen Band von dieser den Piis Corporibus Eures Departements zustehenden Grundstücke zu formiren, und in selbiger die Specifikation der von einer jeden Kirche und Schule in Besitz habenden Fundorum einschreiben zu lassen, damit aber vor der Hand Euch zu begnügen. Wenn aber

3) in der Folge ja der Fall vorkommen sollte, daß mit einem solchen Grundstück eine Alienation, Verpfändung, oder anderer zum Hypothekenwesen gehöriger Actus vorgenommen werden soll; so muß dem cernirenden Fundo ein eignes Folium in eben diesem Bande des Hypothekenbuchs gewidmet, und die Tabelle desselben gewöhnlichermaßen berichtigt werden.

b) Das R. v. 24. Decbr. 1792 unter Nr. 3 (Rabe, Bd. II, S. 377):

Wir approbiren, daß Ihr in Ansehung der Besitzungen von Kirchen, Küstern und andern piis corporibus eben so zu Werke gehet, als es unserm Insterburgischen Hofgerichte per R. vom 9. März 1789 (siehe sub. a) vorgeschrieben worden. Uebrigens bedarf es, so lange bei einem solchen geistlichen Gute kein Actus alienationis vel oppignorationis vorkommt, und also auch die Tabelle des Guts nicht berichtiget werden darf, natürlicherweise auch keiner Eintragung der Onerum. Wenn aber die Tabelle zu berichtigen ist, so muß alsdann bei Eintragung der Onerum nach den allgemeinen Principiis verfahren werden. Doch versteht es sich von selbst, daß es bei Kirchen- und Schulgütern einer Eintragung der davon an Kirchen- und Schulbedienten zu leistenden Abgaben in keinem Falle bedürfe. Auch macht allerdings das forum personale, unter welchem ein solches pium corpus etwa stehet, keinen Unterschied, da es im Hyp.-Wesen nur auf das forum rei sitae ankommt, in sofern nicht auch von diesem specialis exemtio nachgewiesen werden kann.

15) Betreffs der Kämmerei-Güter verordnet dasselbe R. v. 24. December 1792 (Anm. 14 b):

ad 4. habt Ihr vor der Hand nicht nöthig, von den Kämmereigütern Notiz zu nehmen, sondern es ist erst alsdann, wenn es zur Umschreibung des Hypothekenbuchs kommen wird, von den Magisträten eben die Auskunft, wie ad 3 wegen der Güter der piorum corporum zu erfordern; wenn aber ein solches Gut verkauft oder verpfändet werden soll, so muß zuförderst allerdings die Eintragung und Berichtigung der Tabelle im Hypothekenbuche Eures Collegii erfolgen. Die Anmaßung einiger Magisträte hingegen, dergleichen Grundstücke in ihrem Hypothekenbuche eintragen zu wollen, kann in alle Wege nicht nachgegeben werden.

16) Z. B. des Fiskus. Bis zur Aufnahme von Schulden im Jahre 1809 auf die Domainen war die Einrichtung der Hypothekenbücher von den Domainen als nutzlos untersagt, mittels R. v. 5. Novbr. 1777 (Rabe I, 6, S. 259), und

unter gewissen Umständen Verpfändungen und Veräußerungen vorfallen können.

§. 8. Jedem[17]) Grundstücke muß in dem Hypotheken-Buch sein besonderes Folium angewiesen werden.

2. K. O. vom 9. Mai 1839, betreffend das Verfahren bei der Regulirung des Hypothekenwesens. (G. S. S. 163).

II. Genehmige ich, daß zur Erleichterung des Verfahrens und zur Verminderung der Kosten die Grundstücke eines und desselben Besitzers in derselben Feldflur, wenn er selbst darauf anträgt, und in soweit keine Verwirrung zu besorgen ist, auf Ein Folium gebracht und auf diese Weise die Trennung der Häuser und Höfe von den sogenannten Wandeläckern möglichst vermieden werde[18]). Auf dem Titelblatte müssen in der durch die Hypo-

---

R. vom 24. Juli 1789 (m. Domainen-Recht, S. 219). Mittelst K. O. vom 27. December 1808 (ebd. S. 266), und die auf Specialbefehl ergangenen Rescripte v. 26. Januar 1809 (ebd. S. 263) und 28. Januar 1809 (ebd. S. 266) wurde die Einrichtung des Hypothekenwesens der Domainen, zum Zwecke der Verpfandbriefung, verordnet. Das Gleiche geschah hinsichtlich der säkularisirten geistlichen Güter durch das R. v. 18. April 1812 (ebd. S. 307) und betreffs der Domainen in den neu- und wieder erworbenen Landestheilen mittels R. v. 26. Juni 1820 (Jahrb. Bd. XV, S. 91). Nachdem die Domainen-Pfandbriefe größtentheils wieder abgetragen worden waren, wurde die Schließung der Hypothekenbücher über die Domainen, Forsten und säkularisirten geistlichen Güter, auf welchen weder eingetragene Forderungen, noch andere im wirklichen Verkehr befindliche Realansprüche haften, auf Antrag der Regierungen verordnet durch das R. v. 21. April 1832 (Jahrb. Bd. XXXIX, S. 461; Instr. v. 16. Juni 1834, §§. 1 u. 2; und Instr. v. 1. Juli 1835, §§. 1 u. 2 (ebd. Bd. XLV, S. 513, 529). Wegen des Näheren über diesen Gegenstand muß ich zur Vermeidung von Wiederholungen auf m. Recht und Hypothekenwesen der preuß. Domainen, Breslau 1837, verweisen. — Bei fiskalischen Gütern, die nicht Domainen sind, soll bei dem Justizminister angefragt werden, wenn die Verwaltungsbehörde auf Schließung des Hypothekenbuchs anträgt. R. vom 10. Juni 1836 (Jahrb. Bd. XLVII, S. 593).

17) Nicht aber ideellen Antheilen an einem Grundstücke. R. v. 9. August 1839 (J. M. Bl. S. 288.) Betreffs der Behandlung des getheilten Eigenthums s. die folg. Anm. 18, Abs. 2.

18) Durch diese Zusammentragung der Wandeläcker mit den Häusern und Höfen auf Einem Folium erhalten die Ersteren nicht die Eigenschaft von Pertinenzstücken von den Letztern; sie bleiben selbstständige Grundstücke, so lange der Besitzer sie nicht durch seine ausdrückliche Erklärung zu Pertinenzien macht. Die Vereinigung mehrerer Güter oder Grundstücke auf Ein Folium war schon vor dieser K. O. Praxis (R. v. 15. Novbr. 1819, Jahrb. Bd. XIV, S. 244), nur wurde es als unzweckmäßig bezeichnet und deshalb nicht gut geheißen, mehrere zu verschiedenen Rechten besessene Grundstücke in Ein Folium zu vereinigen: R. v. 18. Novbr. 1833 (Erg. ad §. 8—11). Die Instr. des J. M. v. 3. August 1853 erinnert, daß bei Vereinigung der Grundstücke eines und desselben Besitzers unter derselben Gerichtsbarkeit auf Einem Folium die einzelnen Grundstücke auf dem Titelblatt unter fortlaufenden Nummern aufgeführt, und ebendaselbst die später hinzutretenden Grundstücke unter Fortsetzung dieser Nummern vermerkt, auch die letztern in der ersten Hauptrubrik bei der Zuschreibung allegirt werden sollen. (J. M. Bl. S. 275.) Vergl. die Instr. v. 30. Januar 1842. (J. M. Bl. S. 67.)

Ueber die Behandlung des getheilten Eigenthums (Lehen, Erbzinsgüter, Erbthekenordnung vorgeschriebenen Form die Grundstücke und nicht die Personen der Besitzer aufgeführt werden.

§. 9. Die Eintragung in das Buch geschieht nach Nummern, welche, der Regel nach, von dem ersten der im Distrikte belegenen Grundstücke, bis zum letzten, in ununterbrochener Folge-Ordnung fortlaufen.

§. 10. Wo jedoch bisher schon, bei weitläuftigen Bezirken,

---

pachten) sind eine Anzahl Anweisungen und Bescheide ergangen. Das Obereigenthum ist zwar, mit Ausnahme der Thronlehen und der **feuda extra curtem**, auf den Nutzungseigenthümer allgemein übertragen und die Besitzform des getheilten Eigenthums unterdrückt (G. v. 2. März 1850, §. 2, Nr. 1 u. 2 u. §. 91); jedoch ist die Wiedereinführung nicht unwahrscheinlich, und außerdem ist die noch fortbestehende Superficies nach denselben Grundsätzen behandelt worden (s. a. E. dieser Anm.), weshalb jene Instruktionen nicht unbeachtet bleiben dürfen. — Man kann das Hypothekenbuch über dergleichen Grundbesitz auf zweierlei Weise gleich zweckmäßig führen. Einmal so, daß bei dem Eintritt der Veräußerung des Nutzungseigenthums Dieses abgeschrieben wird und ein besonderes Folium erhält, das bisherige Folium aber über das Obereigenthum, dessen Werth durch den Kanon und die sonstigen Reservate, welche auf dem Folium über das nutzbare Eigenthum in der II. Rubrik eingetragen sind, dargestellt wird, fortbesteht. Auf dem neuen Folium für das **dominium utile** wird das Obereigenthum als eine Einschränkung des Eigenthums in der II. Rubrik vermerkt. Ueber diese Weise verhalten sich die R. v. 14. Januar 1788; v. 29. Mai 1789, Nr. II, 2, 4; und v. 31. Juli 1789 (Rabe, Bd. I, Abth. 7, S. 763 ff.); v. 30. Novbr. 1789 (Rabe, Bd. I, Abth. 7, S. 791); v. 2. März 1795 (Rabe, Bd. XIII, S. 292); v. 27. März 1797 (ebd. S. 327); v. 14. August 1797 (Rabe, Bd. XIII, S. 326); Publ. v. 2. October 1797, Nr. XXIV (Rabe, Bd. IV, S. 271); v. 26. Juli 1840 (J. M. Bl. S. 262); und vom 20. Octbr. 1840 (J. M. Bl. S. 354). Die auf dem alten Folium bereits stehenden Lasten und Hypotheken werden selbstverständlich auf das dem **dominium utile** gewidmete Folium mit übertragen, soweit keine Freigebung der Berechtigten beigebracht wird, da das Ganze nach wie vor verhaftet bleibt. Dieß sagt das R. v. 2. März 1795 (Rabe, XIII, 292) noch besonders. Kommt es wegen der älteren Schulden zum Zwangsverkauf, so kann dem Gläubiger nicht zugemuthet werden, zwei Subhastationen durchzumachen, die Eine über das **dominium directum**, die Andere über das **dominium utile**; vielmehr kann er fordern, daß das Grundstück als ungetheiltes Eigenthum ausgeboten werde. Kommt es dann zum Zuschlag unter solchem Ausgebot, so muß das alte Folium wieder in den frühern Zustand, durch entsprechende Vermerke, hergestellt, oder wieder eingerichtet werden, und das bisher über das **dominium utile** geführte Folium ist zu schließen. — Zum Andern kann, wenn das ganze Grundstück in ein **dominium utile** verwandelt wird — denn werden nur Theile zu solchem Rechte veräußert, so muß das alte Folium selbstverständlich allemal fortgeführt, und der veräußerte Theil nur abgeschrieben werden — das alte Folium geschlossen werden. Vergl. darüber unten die Anm. 26 zu §. 22 d. T. In diesem Falle werden die Veräußerungen und Verpfändungen, welche der Ober-Eigenthümer (oder Erbverpächter) mit den ihm zustehenden, in der II. Rubrik für das **dominium utile** rc. eingetragenen Präſtationen vornimmt, ebenda in der Kolonne „Cessionen" vermerkt. R. v. 20. Octbr. 1840 (J. M. Bl. S. 354). Für das Herzogthum Westphalen, das Fürstenthum Siegen und die Grafschaften Wittgenstein ist diese Weise durch die V. v. 31. März 1834 §. 3 (G. S. S. 47) und die Instr. v. 19. April 1834 (Jahrb. Bd. XLIII, S. 634) ausdrücklich vorgeschrieben. — Daß der Superficies ein eigenes Folium gewidmet werden müsse, schreibt das R. v. 7. Decbr. 1821 unter Nr. 2 (Jahrb. Bd. XVIII, S. 329) noch besonders vor.

gewisse Unter-Abtheilungen, nach Fürstenthümern, Kreisen, Aemtern rc. üblich gewesen, und jede solche Unter-Abtheilung ihre besondre Folge-Ordnung von Nummern gehabt hat, da soll es auch noch ferner hierbei sein Bewenden haben.

§. 11. In Städten und Dörfern, wo bisher noch keine Bezeichnung der Grundstücke, nach gewissen beständigen und unveränderlichen Nummern, eingeführt gewesen, soll diese Numerirung, von den Magisträten und Gerichts-Obrigkeiten, für allen Dingen besorgt werden.

Von Pertinenz-Stücken

§. 12. Pertinenz-Stücke[19]) und Gerechtigkeiten, welche zu gewissen Hauptgrundstücken geschlagen sind, und nur mit solchen zugleich besessen oder ausgeübt werden, erhalten keine besondere Nummer.

§. 13. Wenn aber das Haupt-Gut, zu welchem das Pertinenz-Stück gehört, unter einer andern Jurisdiktion belegen ist, so muß einem solchen Pertinenz-Stück eine besondere Nummer beigelegt, und ein eigenes Folium im Hypotheken-Buch angewiesen werden[20]).

---

19) Daß Aecker, Gärten, Wiesen u. dergl. Grundstücke, ohne Pertinenzstücke zu sein, mit dem Hause des Besitzers Ein Folium erhalten können, darüber: oben, Anm. 18 zu §. 8. Das R. v. 23. Mai 1812 (Jahrb. Bd. I. S. 60), welches dies in der Regel nicht gestatten wollte, ist durch die spätern entgegengesetzten Anordnungen (Zus. 2 zu §. 8 und Anm. 18 dazu) beseitigt.

Lehnspertinenzien werden nur solche in das Hypothekenbuch eingetragen, welche als ein ganzer Komplexus in einem Lehnbriefe verliehen worden, wogegen in Betreff anderer bloß zusammengekaufter Pertinenzien, die keinen untrennbaren Komplexum ausmachen, die Eintragung ex officio nicht nöthig ist, sondern nur auf Verlangen geschehen soll, — sagt ein altes R. v. 24. December 1792, unter Nr. 5 (Rabe II, S. 376). Dazu ist zu bemerken, daß ein Grundstück, welches ein Lehnsbesitzer kauft, niemals von selbst ein Pertinenzstück des Lehns werden kann, mithin die Zuschreibung desselben als eines solchen ex officio undenkbar ist.

Selbstständige und besonders bewirthschaftete bäuerliche Besitzungen dürfen den Rittergütern nicht als Zubehör zugeschrieben werden, nach einem R. des J. M. v. 8. December 1820 (Jahrb. B. XVIII, S. 71). Warum nicht? Das ist nicht zu ersehen. Die polizeilichen oder politischen Gründe sind einflußlos auf rein privatrechtliche Verhältnisse und werden auch durch diese nicht berührt; denn dem Staate und der politischen Gemeinde gegenüber kann das Bauergut immerhin ein selbstständiges Bauergut bleiben, wenn es auch dem Rittergut als Pertinenz zugeschrieben ist.

Pertinenzstücke eines im Auslande belegenen Hauptguts werden diesseits als selbstständige Grundstücke in Betreff des Hypothekenbuchs behandelt. R. v. 13. Mai 1831 (Jahrb. Bd. XXXVII, S. 379).

20) S. die vor. Anm. 19 a. E.

Ein solches Pertinenzstück, welches sein eigenes Folium hat, wird, obgleich es vorschriftsmäßig auf dem Titelblatte des Foliums über das Hauptgut vermerkt steht, durch die Eintragung einer Hypothek in dem Hypothekenbuche des Hauptguts keineswegs mit belastet, vielmehr ist dazu die besondere Eintragung in dem eigenen Hypothekenbuch des Pertinenzstücks erforderlich.

§. 14. Eben so sind Gerechtigkeiten, welche nicht gewissen Grundstücken ankleben, sondern für sich selbst bestehen; einen eigenen bestimmten Werth haben; auch ohne den Besitz eines Grundstücks ausgeübt; folglich auch für sich allein veräußert und verpfändet werden können[21]), unter besonderen Nummern im Hypotheken-Buch einzutragen. Von Gerechtigkeiten.

---

21) Zu dergleichen Gerechtigkeiten, wie sie hier bezeichnet sind, gehört weder die (ehemalige) Erbpachtgerechtigkeit, noch die Superficies. Beide sind Formen des Grundbesitzes. Vergl. oben Anm. 18, Abs. 2.

Was für Realrechte als solche Gerechtigkeiten zu behandeln seien, ist nicht ausgemacht. Das Prinzip findet sich im §. 9, Tit. 2, Th. I des A. L. R., wonach Rechte, welchen durch besondere Gesetze die Eigenschaft einer unbeweglichen Sache beigelegt ist, den Immobilien gleich zu achten sind. Aber dieses Prinzip findet sich nur einmal im §. 253, Tit. 16, Th. II des A. L. R. beim Bergwerkseigenthum angewendet, während noch manche andere Berechtigungen als selbstständige unbewegliche Sache behandelt werden. Das Bergrecht ist gerade dasjenige, was sich seiner natürlichen Beschaffenheit nach wenig dazu eignet, einer unbeweglichen Sache gleichgestellt zu werden. Denn es besteht darin, auf bestimmten Grundstücken die unterirdisch vorfindlichen Mineralien und Fossilien zu entnehmen, und es kommt vor, daß das gemuthete Revier schon nach wenigen Jahren abgebaut oder als unbauwürdig aufgegeben wird, womit denn dieses fingirte Immobile sammt seinem Hypothekenfolium wieder verschwindet. Die einzigen Merkmale der in Rede stehenden Gerechtigkeiten sind: Unabhängigkeit vom Grundbesitz (Selbstständigkeit), Fortdauer ohne physische und juristische Begrenzung in der Zeit, und Veräußerlichkeit. Dadurch sind ausgeschlossen: a) alle Grundrenten und Dienste, wegen ihrer Ablöslichkeit in Folge des G. v. 2. März 1850 §§. 6 ff. (vorher war man hinsichtlich der unablöslichen Rechte anderer Meinung, nach dem Besch. des J. M. v. 25. Novbr. 1825; wegen der Dienste schrieb das R. v. 24. Aug. 1838 vor, daß wenn bei der Subhastation eines Guts die zu demselben gehörigen Dienste von dem Verkauf reservirt worden seien, für das Gut ein neues Folium anzulegen sei, das alte Folium aber für die subjektiv-dinglichen Rechte so lange bestehen bleibe, bis sie abgelöset und die Hypotheken gelöscht seien. Jahrb. Bd. LII, S. 207. Dieß ist eine Vorschrift für einen vorübergehenden Zustand; denn subjectiv-dingliche Rechte können nicht bestehen ohne eine berechtigte Sache). b) Das Nießbrauchsrecht, wegen seiner Unveräußerlichkeit und unbeschränkten Dauer; c) das Wiederkaufsrecht, R. v. 4. März 1837 (Jahrb. Bd. XLIX, S. 247). d) Stände in den Kirchen und Synagogen eignen sich zur Eintragung, da sie nur beziehungsweise **res extra commercium** und dabei **immobiles** sind, weshalb ihnen auch das R. v. 18. Mai 1804 die Eigenschaft eines eintragungsfähigen Immobile zuschreibt. Dagegen untersagt das spätere R. des J. M. v. 15. Januar 1813 (Jahrb. Bd. II, S. 187) die Eintragung derselben, wo solche noch nicht geschehen.

Als Immobilien werden noch jetzt behandelt:

a) das Bergwerkseigenthum, namentlich die einzelnen Antheile (Kuxe) A. L. R. II, 16, §. 253.

b) Die Apothekergerechtigkeiten, welche vor Emanirung des G. v. 2. Nov. 1810 in den Landestheilen, welche nach dem Tilsiter Frieden bei Preußen geblieben oder nicht der fremdherrlichen Gesetzgebung unterworfen gewesen sind. (Apotheker-O. v. 11. März 1801, Tit. I, [Rabe, Bd. VI, S. 611] u. R. v. 19. März 1840 [J. M. Bl. S. 113]). Hinsichtlich der Apotheker-Privilegien in den zum vormaligen Königreich Westphalen gehörig gewesenen Landestheilen ist erkannt, daß die Vererblichkeit dieser Privilegien auch da, wo sie früher bestand, sowie die Pflicht zur Entrichtung von Abgaben für die Ausübung solcher Privilegien aufgehoben sei, selbst wenn diese Abgaben als Erbzins für die Ver-

3. V. vom 31. März 1834, wegen Einrichtung des Hypothekenwesens in dem Herzogthume Westphalen, dem Fürstenthum Siegen mit den Aemtern Burbach

---

leihung des Privilegiums vorbedungen worden. Erk. des Ob.-Tr. v. 22. März 1839 (Simon, Entsch. Bd. IV, S. 234). — Die Apotheker-Konzessionen, welche in Folge der V. v. 24. October 1811 und der Gewerbe-Ordnung ertheilt sind oder ertheilt werden, sind persönliche Berechtigungen und nicht eintragungsfähig, weil nicht veräußerlich und nicht vererblich. R. v. 29. April 1820 (Jahrb. Bd. XV, S. 287).

c) Andere ausschließliche, vererbliche und veräußerliche Gewerbeberechtigungen, z. B. Barbier- und Bad-Stuben, Kramläden (§. 15), Fleischbänke. Neue Gerechtigkeiten dieser Art werden nicht mehr ertheilt, es handelt sich nur noch um die bestehenden. Mit diesen ist gleichfalls eine wesentliche Veränderung vorgegangen, denn das Ed. v. 2. Novbr. 1810, §. 17, und das Gesetz über die polizeilichen Verhältnisse der Gewerbe v. 7. September 1811 §§. 32 ff., sowie für die erst später zu Preußen gekommenen Landestheile die Gewerbe-Ordnung v. 17. Januar 1845 §§. 1, 4 u. 5, haben unter unentgeldlicher Aufhebung der Ausschließlichkeit die Ablösung derselben angeordnet. Die Ablösung geschieht in der Regel durch ein allmälig zu tilgendes, verzinsliches Kapital, worüber Anerkenntnisse ertheilt werden, und welche an die Stelle der bisherigen Berechtigungen treten. Die entsprechende Berichtigung des Hypothekenbuchs geschieht kostenfrei; die Ablösungs-Behörde hat die erforderlichen Anträge auf diese Berichtigung einzubringen. Entschädigungs-Ges. v. 17. Januar 1845 §§. 7 ff., 11 ff., 58. Ueber die Behandlung des Hypothekenbuchs über dergl. Gerechtigkeiten verordnet das R. v. 20. Juni 1816 (Jahrb. Bd. VIII, S. 56): daß die Hypothekenbücher über Gewerbeberechtigungen nicht eher zu schließen, als bis die Ablösung der Gerechtigkeit vollständig erfolgt ist. Eine sofortige Notirung ex officio, daß die Gerechtigkeit aufgehoben, sei nicht erforderlich. Sobald aber die Abschätzung (Festsetzung der Entschädigungssumme) erfolgt sei, könne das ausgemittelte Quantum und die daraus sich ergebende Entschädigungssumme in den Hypothekenbüchern bemerkt werden, weil diese Entschädigungs- oder Ablösungssumme eigentlich in die Stelle der Gerechtigkeit trete. Damit die eingetragenen Gläubiger gesichert würden, sollen die Magisträte (Ablösungsbehörden) bei der Ablösung die Hypothekenbehörde zuziehen, welche weiter für die Sicherheit der Gläubiger sorge. Die Ablösungssumme, sie sei baar oder in Obligationen gegeben, könne daher der Inhaber der Gewerbeberechtigung nur dann unbeschränkt erhalten, wenn er keine Hypothekengläubiger habe, oder deren Einwilligung beibringe.

d) Das Zehntrecht. Die Gesetzrevisoren gedenken eines R. v. 23. Mai 1820 u. v. 19. Novbr. 1829 (Pens. III, S. 152), wodurch die Eigenschaft der besonderen Zehntrechte als unbeweglichen Sachen anerkannt ist. Doch hat sich seitdem hinsichtlich der Zehntrechte die beständige Fortdauer geändert; sie sind ablösbar geworden. G. v. 2. März 1850 §§. 6 u. 32 ff. Es fehlt mithin nach dem heutigen Rechtsstande dem Zehntrechte ein wesentliches Erforderniß dazu, um den unbeweglichen Sachen gleich geachtet zu werden.

e) Schiffsmühlen, d. h. die Gerechtigkeit, auf einem öffentlichen Strome eine Mühle zu haben. A. L. R. II, 15, §§. 229, 230; R. v. 3. Sept. 1842 (J. M. Bl. S. 303).

f) Die Fährgerechtigkeit.

g) Die Fischereigerechtigkeit.

Die Jagdgerechtigkeit auf fremdem Grund und Boden ist bekanntlich aufgehoben (G. v. 31. October 1848, G. S. S. 343), bis sie, wie von Seiten einer Partei gefordert wird, wieder hergestellt ist. — Das Schäfereirecht erscheint meistens nur als Prädial-Servitut; wenn es aber als eine selbstständige, von dem Besitze eines Landguts unabhängige Gerechtigkeit vorkommt, da ist es im Sinne unserer Paragraphen 14 u. 15 zu einem besonderen Hypothekenfolium geeignet.

und Neuenkirchen (Freien- und Hückenschen Grund) und den Grafschaften Wittgenstein-Wittgenstein und Wittgenstein-Berleburg. (G. S. S. 47).

§. 3. Nur Grundstücke, nicht aber Gerechtigkeiten, welche für sich bestehen (§. 14, Tit. 1 der Hyp.-O.), erhalten ein Folium im Hypothekenbuche.

§. 15. Wenn in einem Ort mehrere dergleichen Gerechtigkeiten, z. E. Barbier- und Bad-Stuben, privilegirte Kramläden, Apotheken, Buchdruckereien ꝛc.[22]) vorkommen, so muß darüber ein eignes Hypotheken-Buch, unter besonders fortlaufenden Nummern angelegt werden.

§. 16. Zu jedem Hypotheken-Buche, worin Landgüter, die einen eignen und beständigen Namen führen, eingetragen sind, muß ein alphabetisches Register, nach dem Anfangs-Buchstaben dieser Namen, mit Beziehung auf die Nummern im Hypotheken-Buch gehalten werden.

Wie es zu halten, wenn die Jurisdiktion über ein Grundstück streitig ist; oder

§. 17. Wenn die Gerichtsbarkeit über ein Grundstück annoch streitig ist, so sollen die in einem solchen Streit befangenen Gerichte, solches mit Anführung der Gründe, den ein jedes von ihnen für sich zu haben glaubt, der ihnen gemeinschaftlich vorgesetzten Instanz, binnen drei Monaten, nach Publikation der gegenwärtigen Verordnung, anzeigen[23]).

§. 18. Die vorgesetzte Behörde soll den Besitz-Stand sofort durch ein Dekret einstweilen festsetzen, und zugleich, wegen näherer Untersuchung des streitigen Rechts selbst, die erforderliche Verfügung treffen.

§. 19. Ist auch der Besitz-Stand zweifelhaft, so sollen zwar beide streitende Gerichte[24]) das Immobile mit Bemerkung des über die Gerichtsbarkeit obwaltenden Streits, in ihr Hypotheken-

---

22) S. die vor. Anm. 21. Die Beispiele sind von Suarez aus Breslau hergenommen. Ges. Rev. Pens. XIII, S. 6.

23) Die §§. 17—21 sind auf die damalige Gerichtsverfassung und auf die Eigenthums-Gerichtsbarkeit berechnet. Bei diesem Zustande konnte ein privatrechtlicher Streit mehrerer Gerichtsherrn wegen der Gerichtsbarkeit über einen gewissen Ort vorkommen. Seit der Aufhebung aller Patrimonial-Gerichtsbarkeit durch die V. v. 2. Januar 1849 sind die Vorschriften dieser Paragraphen obsolet geworden: ein eigentlicher Jurisdictions-Streit kann nicht mehr vorkommen; nur Kompetenz-Konflikte zwischen zweien Gerichten eines und desselben Gerichtsherrn sind möglich. Erhebt sich ein positiver oder negativer Kompetenz-Konflikt zwischen Gerichten desselben Appellations-Bezirks, so bestimmt das Appellationsgericht, beziehlich der Justizminister, das zuständige Gericht. V. v. 2. Jan. 1849, §. 16 u. G. v. 26. April 1851, Art. V. (S. o. Zus. 1, lit. b zu §. 1).

24) Unter den streitenden Gerichten sind hier die Gerichtsherrschaften zu verstehen. Vergl. die vor. Anm. 23.

Buch eintragen; und jedes von ihnen soll, bis zur Entscheidung der Sache, die zum Hypotheken-Wesen gehörigen Handlungen, auf das Anmelden der Interessenten, vorzunehmen befugt, dabei aber auch schuldig sein, dem andern Gericht, von allen dergleichen auf das Hypotheken-Buch sich beziehenden Handlungen, sofort Nachricht zu geben; damit dieses das erforderliche deßhalb in seinem Buche nachtragen könne.

§. 20. Wenn ein Gericht solches unterläßt, so soll es nicht nur den Interessenten für jeden daraus erwachsenden Nachtheil haften, sondern es soll auch, wegen dieser Unterlassung, um den dreifachen Betrag der erhobenen Gebühren bestraft werden.

§. 21. Auf eben die Art ist es zu halten, wenn in Zukunft dergleichen Jurisdiktions-Streitigkeiten vorkommen sollten[25].

wenn ein Grundstück aus einer Gerichtsbarkeit in die andre übergeht.

§. 22. Wenn der Fall sich je ereignen sollte, daß ein Grundstück aus der Real-Jurisdiktion des einen Gerichts in die des andern überginge, so soll der vorige Richter, dem neuen eine beglaubte Abschrift von dem Folio dieses Grundstücks, in dem bisherigen Hypotheken-Buche, nebst den dazu gehörenden Belags-Akten zufertigen; damit dieser das erforderliche daraus in seinem Hypotheken-Buch suppliren könne[26].

Innere Einrichtung der Hypotheken-Bücher A.

§. 23. Sämmtliche Hypotheken-Bücher sollen künftig nach dem sub A. hier beiligenden Schema[27]) eingerichtet werden.

§. 24. Wo bereits Hypotheken-Bücher vorhanden, die nach einem andern Formular eingerichtet sind, sollen dieselben mit dem gegenwärtig vorgeschriebenen Schema verglichen, und geprüft werden: ob das angenommene Formular alle die Nachricht enthalte, welche nach dermaliger Vorschrift erfordert werden, und also die Verschiedenheit nur darin bestehe, daß mehrere Rubriken darin

---

25) S. oben die Anm. 23 zu §. 17.

26) In seinem eigenen Buche hat der bisherige Richter das Folium des ausgeschiedenen Grundstücks dadurch zu schließen, daß ein die Schließung aussprechender Vermerk, z. B. „Dieses Folium ist geschlossen, ex decr. v. . . . ." auf dasselbe gesetzt, und die auf demselben befindlichen Einträge in allen Kolonnen roth durchstrichen werden. Instr. v. 3. August 1853, Art. 2, Nr. 3 (J. M. Bl. S. 275).

27) Dieses Schema findet sich unverändert in der Beilage A. Zugleich ist jedoch das in der Instr. vom 29. April 1834, §. 2 (Nachträge zu Tit. 4, No. IV, 4) vorgeschriebene neue Formular, sub lit. AA; sowie das in der Instr. v. 19. April 1834, §. 3 (Nachträge zu Tit. 4, No. V, 3) vorgeschriebene, sub lit. AAA; und das in der Instr. vom 30. Januar 1842, §. 5 (Nachträge zu Tit. 4, No. V, 5) vorgeschriebene neue Formular sub lit. AAAA mitgetheilt. Vergl. Instr. v. 3. August 1853, Art. 2, Nr. 3 u. 4 (Zus. 5 zu §. 40 d. T.).

vorkommen, oder die Rubriken anders geordnet sind; oder ob sothanes Formular, in Vergleichung mit dem jetzt vorgeschriebenen, in wesentlichen Stücken mangelhaft und unvollständig sei.

§. 25. Im ersten Falle sollen, zur Ersparung der Kosten, die gegenwärtigen Bücher zwar beibehalten, jedoch nach Möglichkeit darauf vorgedacht werden, dieselbe durch Supplirung, Abänderung oder Zusammenziehung der Rubriken, mit dem vorgeschriebenen Schema, so viel als nach den Umständen geschehen kann, in Uebereinstimmung zu setzen.

§. 26. Sobald auch, aus Mangel des Raums, die gegenwärtigen Bücher nicht mehr fortgeführt werden können, sondern neue Bände dazu ohnehin erforderlich sind, sollen diese neuen Bücher schlechterdings nach dem Schema sub A. eingerichtet, und die nöthigen Nachrichten dahin, aus den vorigen, dieser Anleitung gemäß übertragen werden.

§. 27. Ist aber das jetzige Hypotheken-Buch nach einem mangelhaften und unvollständigen Schema eingerichtet; dergestalt, daß die nach gegenwärtiger Vorschrift erforderlichen Nachrichten darin nicht enthalten sind; so muß dasselbe sofort umgefertiget, und nach dem Formular sub A. angelegt werden.

§. 28. Ein gleiches findet statt, wenn die bisherigen Hypotheken-Bücher, aus irgend einer andern Ursach, nicht mehr brauchbar; oder wenn sie verbrannt; oder sonst durch Unglücksfälle verloren sind[28]).

---

28) Die Instr. des J. M. v. 3. August 1855 verordnet in Betreff der Anlegung neuer und Umschreibung älterer Folien Folgendes:

Art. 2. „In Betreff der Einrichtung der Hypothekenfolien im Allgemeinen werden:

1) die nach Emanation der Hypotheken-Ordnung ergangenen Bestimmungen:
   a) Publikandum vom 2. October 1797 (Hoffmann, Repertorium S. 221, Nr. IX ff.),
   b) Verfügung v. 15. Novbr. 1819 (Jahrb. Bd. 14, S. 244),
   c) Instr. vom 12. August 1820, §. 22 (Jahrb. Bd. 16, S. 95),
   d) Verordnung v. 31. März 1834, §. 6 (Ges.-Samml. S. 47),
   e) Instr. v. 29. April 1834 (Jahrb. Bd. 43, S. 610),
   f) Allerhöchste Order vom 9. Mai 1839, Nr. II (Ges.-Samml. S. 164),
   g) Instruktion vom 2. August 1839 für das Departement Naumburg, §. 63,

in Erinnerung gebracht, wonach die Vereinigung sämmtlicher Grundstücke eines und desselben Besitzers unter derselben Gerichtsbarkeit auf Einem Folium, wenn dadurch die Uebersichtlichkeit nicht gestört wird, möglichst zu begünstigen ist. Es werden in solchen Fällen auf dem Titelblatte die einzelnen Grundstücke unter fortlaufenden Nummern aufgeführt, und ebendaselbst die später hinzutretenden Grundstücke unter Fortsetzung dieser Nummern vermerkt, auch die letzteren in der ersten Hauptrubrik bei der Zuschreibung allegirt, während die Abschreibung von Grundstücken auf dem Titelblatte solcher Folien in einer besonderen Kolonne für Abschreibungen geschieht.

Auf solche Vereinigung sämmtlicher Grundstücke desselben Besitzers muß bei jeder passenden Gelegenheit hingewirkt*), in Fällen aber, wo durch eine bei den Auseinandersetzungs-Behörden eingeleitete oder bevorstehende Separation eine umfassende Veränderung in den Besitzverhältnissen der Grundstücke vorbereitet wird, hierauf Rücksicht genommen, und in der Regel der Abschluß des Auseinandersetzungs-Rezesses als der geeignete Zeitpunkt dazu abgewarten werden**).

2) In vielen Fällen gewährt es sowohl den Grundbesitzern, als den Real-Interessenten erhebliche Vortheile, wenn neben der in der Hypotheken-Ordnung I, §§. 33 ff. vorgeschriebenen Bezeichnung der Grundstücke zugleich deren Größe, und bei Gutskomplexen (Bauergütern u. dergl.) deren einzelne Bestandtheile, soweit darüber zuverlässige Nachrichten vorliegen, angegeben werden. Zwar ist dieses Verfahren nur für die Provinz Westphalen

Verordnung vom 31. März 1834 (Ges.-Samml. S. 47),
Allerhöchste Order v. 16. Juli 1840 (J. M. Bl. S. 250),
Instr. v. 30. Januar 1842 (J. M. Bl. S. 67),

allgemein vorgeschrieben und genau geregelt. Allein auch in den übrigen Provinzen ist ein ähnliches Verfahren, wie es auch bereits durch mehrfache Bestimmungen

Rescr. v. 20. Febr. 1785 (Hoffmann, Repertorium S. 217),
Instruktion v. 2. August 1839 für das Departement Naumburg, §. 67,
Verfügung v. 23. Octbr. 1839 (J. M. Bl. S. 352),

angebahnt ist, bereits vielfach, wenigstens bei Besitzungen von mäßigem Umfange, üblich geworden, und dabei die erwähnte Instruktion vom 30. Januar 1842 als Anhalt für die Vermerkung der einzelnen Bestandtheile nach einer Nummerfolge auf dem Titelblatt, für die Zu- und Abschreibungen, für die Aenderung resp. Vervollständigung der früheren Formulare u. s. w. benutzt worden. Es kann nur für angemessen erachtet werden, wenn die Gerichte bei Anlegung neuer und Umschreibung älterer Folien auf dem angedeuteten Wege fortschreiten, wobei jedoch die Wünsche und Anträge der Grundbesitzer nicht unberücksichtigt bleiben dürfen.

3) Auch wenn bei Anlegung neuer oder Umschreibung bereits vorhandener Hypothekenfolien nicht in der unter Nr. 1 oder 2 erwähnten Weise verfahren, sondern das ursprüngliche Formular der Hypotheken-Ordnung beibehalten wird, ist es zur Herbeiführung einer besseren Uebersichtlichkeit, wenigstens bei größeren Besitzungen, zweckmäßig, der ersten Hauptrubrik des Foliums eine vierte Kolonne für „Zuschreibungen" und eine fünfte für „Abschreibungen" beizufügen, und wenn das umzuschreibende Folium schon Zu- oder Abgangsvermerke auf dem Titelblatte enthält, bei der Umschreibung des Foliums das Erforderliche aus diesen Vermerken in die entsprechenden neuen Kolonnen der ersten Hauptrubrik zu übertragen. Auf dergleichen älteren Folien, welche diese Kolonnen noch nicht erhalten haben, sind Zuschreibungen künftig in der zweiten Kolonne der ersten Haupt-

*) Der Richter hat in solchen Fällen den Besitzer aufzufordern, die Uebertragung seiner Grundstücke auf ein und dasselbe Folium, nachzusuchen. G. v. 9. Mai 1854, Art. 17, Nr. 3, lit. b. (G. S. S. 281.) Eine Ausnahme findet bei dem Berg-Hypothekenwesen statt. S. die folgende Anm. ***

**) Vergl. unten die Anm. 41 zu §. 39.

rubrik zu bewirken, falls nicht schon vorher Zuschreibungen auf dem Titelblatte vermerkt sind, in welchem Falle dies Verfahren bei demselben Folium bis dahin, daß sich Veranlassung zu einer Umschreibung des Foliums ergiebt, ebenso beibehalten werden kann, wie das Verfahren, wonach Abschreibungen, statt in der zweiten Kolonne der ersten Hauptrubrik, in einer besonderen Kolonne des Titelblatts, wenn dieses für eine solche Kolonne Raum gewährt, vermerkt werden***).

4) Bei Anlegung neuer und Umschreibung älterer Folien ist ferner
   a) in der zweiten Hauptrubrik vor der bisherigen letzten Kolonne die fehlende Kolonne für „Veränderungen" und zwar in zweien Abtheilungen, die erste für die „Eintragung", die zweite für die „Löschung" jener Veränderungen einzurichten;
   b) dieselben beiden Abtheilungen sind in der dritten Hauptrubrik bei der schon in der Hypotheken-Ordnung für „Cessionen und andere Subinscriptionen" angeordneten, und fortan ebenso wie in der zweiten Hauptrubrik: „Veränderungen" zu überschreibenden Kolonne einzuführen;
   vergl. das Formular im J. M. Bl. von 1842 S. 75, 76.

5) Im Allgemeinen kann den Gerichten nur dringend empfohlen werden, ältere in mangelhafter Form und mit übergroßer Weitläufigkeit angelegte, oder im Laufe der Zeit unübersichtlich gewordene Folien bei passenden Gelegenheiten, wie sie namentlich Parzellirungen, nothwendige Subhastationen, die fortschreitende Thätigkeit der Auseinandersetzungs-Behörden oder die oben unter Nr. 1 empfohlene Vereinigung der bisher auf mehreren Folien eingetragenen Grundstücke desselben Besitzers auf ein Folium darbieten, umzuschreiben und sodann dadurch zu schließen, daß ein desfallsiger Vermerk auf das bisherige Folium gesetzt, und dasselbe in allen Kolonnen roth durchstrichen wird.

Es ist dabei sorgfältig zu beachten daß die materiellen Rechtsverhältnisse durch eine solche Umschreibung nicht berührt werden dürfen, und daß, wo in dieser Beziehung ein Bedenken entstehen könnte, bei dem Verfahren die Betheiligten zuzuziehen sind. Im Uebrigen kommt es auf die jedesmaligen Verhältnisse zu sehr an, als daß sich allgemein anwendbare Vorschriften ertheilen ließen; es muß vielmehr die Umsicht der Gerichte den richtigen Weg für solche in der Hypotheken-Ordnung nicht vorausgesehene Fälle an die Hand geben, und das Ziel dahin gerichtet sein, derartige neue Folien so einzurichten, daß einestheils der gegenwärtige Zustand in übersichtlicher und bestimmter Form und Fassung wiedergegeben, und andererseits die vorgegangenen Veränderungen in den Verhältnissen der Grundstücke nicht unberücksichtigt bleiben, ohne daß jedoch in letzterer Beziehung eine Abkürzung und Zusammenfassung der Vermerke, z. B. über die Resultate der stattgehabten Ablösungen oder Dismembrationen, ausgeschlossen wäre. Zum Anhalt können dabei die Verfügungen vom 26. März 1834 (Jahrb. Bd. 43, S. 205) und v. 24. August 1838 (Jahrb. Bd. 52, S. 217) dienen, namentlich in Bezug auf die Frage: ob, wenn die auf dem Titelblatte stehende Bezeichnung oder Größe des Grundstücks zu dem in Folge von Zu- oder Abschreibungen, Dismembrationen und dergl. sich ergebenden Bestande nicht mehr paßt,

***) Für das Berggegen- und Hypothekenbuch behält es bei dem Grundsatze sein Bewenden, daß jedes selbstständige Bergwerks-Eigenthum ein besonderes Hypothekenfolium erhalten muß. Auch hinsichtlich der Einrichtung und des Inhalts des Titelblatts und der übrigen Rubriken der Hypothekenfolien verbleibt es bei den bestehenden Vorschriften und dem bisherigen Verfahren. R. des M. für Handel und des J. M. v. 20. März 1854, No. I.

§. 29. Wo[29]) in den Fällen, wo Hypotheken-Bücher ganz neu angefertigt werden sollen, mit Einsammlung, Berichtigung, Ordnung und Eintragung der dahin gehörigen Nachrichten zu verfahren sei, wird unten in einem besondern Titel vorgeschrieben.

§. 30. Das Hypotheken-Buch eines jeden Grundstücks hat, wie das Schema sub A. zeiget, außer dem Titelblatte drei Haupt-Rubriken, deren jeder gewisse Colonnen untergeordnet sind.

§. 31. Wie viel Raum einer jeden von diesen Rubriken zu bestimmen, kömmt auf die Zeit, wie lange ohngefähr ein solches Buch gebraucht werden soll; auf die Qualität und den Werth eines jeden Grundstücks, und auf andere specielle Umstände an, nach welchen, bei diesem oder jenem Immobili, mehr oder weniger Besitz-Veränderungen, Verpfändungen oder andere in das Hypothekenbuch gehörige Handlungen vorzukommen pflegen. Es muß also jedes Gericht den diesfälligen Raum, bei den einzeln Grundstücken, mit vernünftiger Erwägung solcher Umstände bestimmen.

§. 32. Da es aber möglich ist, daß bei einem Gute oder anderm Grundstück, in kurzer Zeit ungewöhnlich viel Veränderungen, die man mit Wahrscheinlichkeit nicht hat voraussehen können, vorkommen; dergestalt, daß der einem solchen Grundstück von Anfang an gewidmete Raum früher, als bei andern in eben diesem Buche eingetragenen Gütern, vollgeschrieben wird, so müssen in jedem Bande des Hypotheken-Buchs, am Ende desselben, einige Bogen leer gelassen werden[30]), um auf selbige die Fortsetzung der

---

nicht mindestens das Titelblatt einer den obwaltenden Umständen entsprechenden Berichtigung unterworfen werden muß. Die Gerichte werden insbesondere wohl thun, in den geeigneten Fällen mit den Auseinandersetzungs-Behörden in Kommunikation zu treten und auf ein ähnliches Verfahren hinzuwirken, wie es für die Gerichte der Provinz Sachsen durch die Verfügung v. 16. März 1842 (J. M. Bl. S. 184), betreffend das Zusammenwirken der Regulirungs- und Hypotheken-Behörden bei Feststellung der Besitzverhältnisse von Grundstücken, die durch Gemeinheitstheilungen betroffen werden, angeordnet worden ist." (J. M. Bl. S. 275.)

29) Wo statt „wie" lautet der authentische Text in der amtlichen Ausgabe von 1784.

30) Diese leeren Bogen sind nichts anderes als überzählige Folien, welche schon für den Fall der Vermehrung der Grundstücke durch Theilung rc. bereit gehalten werden müssen. Auf dem Hauptfolium wird am Schlusse des daselbst in der betreffenden Kolonne befindlichen letzten Eintrages das Folium, wo die Fortsetzung zu finden, vermerkt, und auf dem Supplementbogen wird zu allererst das Hauptfolium, von welchem hier die Fortsetzung folgt, etwa mit den Worten: „Continuatio des Foliums No.... pag.... bezeichnet. Es versteht sich, daß auch zur Fortsetzung einzelner Rubriken oder Kolonnen, z. B. zu neuen Subinscriptionen in der Kolonne „Cessiones", Supplementbogen benutzt werden

dergleichen Immobile betreffenden Vermerke, nöthigenfalls übertragen zu können.

§. 33. Auf dem Titelblatte, bei jedem Grundstück, muß die Nummer desselben; der Name, in sofern es dergleichen besondere Benennung führt; die Qualität, ob es z. E. ein Ritter- oder anderes Gut, ein Haus[31]), eine dienstbare[32]) oder Freistelle, ob es Lehn[33]) oder Erbe sei; ferner der Kreis, oder Distrikt, zu welchem es gehört; bei städtlichen Grundstücken, die Straße, oder Platz, wo es gelegen; und überhaupt die Kennzeichen, wodurch das Grundstück von andern, gleicher Art, und auch wohl gleichen Namens, unterschieden wird, vermerkt werden[34]). Was auf das Titelblatt,

---

dürfen. Vergl. R. v. 15. October 1784 u. v. 26. Juni 1790 (Rabe, I, 7, S. 418).

31) Ein Min.-R. an das Kammergericht v. 10. October 1796 (zuerst gedruckt in den Erg. ad §. 33. d. T.) ordnet an, daß die geringere Beschaffenheit eines städtischen Gebäudes wegen der bei Aufführung desselben gebrauchten Luftsteine (Luftsteine sind ungebrannte, bloß in der Luft getrocknete Ziegel oder s. g. „Lehmpatzen") und anderen Materialien, wodurch dasselbe eine geringere Festigkeit und kürzere Dauer erhält, auf den Antrag der kompetenten Polizeibehörde in das Hypothekenbuch eingetragen und zwar auf dem Titelblatte desselben vermerkt werden soll. Diese Vorschrift ist auch in den §. 10 des Anhangs zur Instruktion für die Gerichte in dem Herzogthum Sachen, wegen Bearbeitung des Hypotheken-Wesens, aufgenommen. Das Stadtgericht zu Königsberg in Pr. weigerte sich, einem auf diese Vorschrift gestützten Antrage des dortigen Polizei-Präsidiums Folge zu geben und auf die dadurch veranlaßte Beschwerde entschied der J. M. mittelst Besch. v. 25. Mai 1825 (a. a. O.), daß jenes R. v. 10. October 1796 für andere Theile der Monarchie (außer Berlin und Sachsen) nicht als gesetzlich bindend zu erachten sei. Aber ein Vermerk der in Rede stehenden Art ist überhaupt nicht für das Titelblatt geeignet. Denn er ist von vorübergehender Natur; das Haus kann einfallen oder abbrennen und von Granit neu aufgebaut werden. Vermerke über den Werth des Immobils gehören in die I. Rubrik und zu polizeilichen Notizen dienen die Hypothekenbücher nicht.

32) Bei einem regulirten bäuerlichen Grundstück muß dessen frühere Qualität, und daß es erst durch die Regulirung der gutsherrlich-bäuerlichen Verhältnisse freies Eigenthum geworden, vermerkt werden. R. v. 8. Sept. 1820, Nr. 5. (Jahrb. Bd. XVI, S. 70). Die Beschreibung könnte etwa so lauten: „Das vormals dienstpflichtige, durch die Regulirung der gutsherrlich-bäuerlichen Verhältnisse freies Eigenthum gewordene Bauergut von Zwei Hufen."

33) Oder Fideikommiß, oder Superficies.

Der Vermerk der Lehnsqualität auf dem Titelblatte genügt jedoch nicht, um die Beschränkung des Eigenthums durch das Obereigenthum insbesondere eines Lehnschulzenguts den später eingetragenen Gläubigern, welche die Subhastation des Gutes ausbringen, mit rechtlicher Wirkung entgegen zu setzen; vielmehr ist dazu die Eintragung des Obereigenthums in der II. Rubrik, gemäß §§. 47, 50, Tit. 2, erforderlich. Erk. des Ob.-Tr. v. 17. Februar 1820. (Simon, Rechtsspr. Bd. I, S. 222).

34) Die Angabe der Größe oder des Flächen-Inhalts ist nicht erforderlich und kann auch in Irrthum versetzen. Denn das Hypothekenbuch hat nicht die Bestimmung, über die Fläche, gleich einem Kataster, Rechnung zu halten. Die Größenangaben sind daher, wenn nicht zugleich ein beglaubigtes Vermessungs-

§. 34. Pertinenzstücke[35]) und Gerechtigkeiten, welche zu einem Gute gehören, werden in dem Hypotheken-Buche desselben

---

register vorgelegt wird, ungenau und werden um so unrichtiger, je mehr Ab- und Zuschreibungen auf dem Folium vorfallen. Denn die Trennstücke werden gewöhnlich nur nach Scheffeln Aussaat (ein ganz unbestimmtes Maaß, und sehr verschieden je nach der Art zu säen), oder nach der Ueberschreitung oder Ueberschlagung der Kontrahenten verhandelt, weil durch eine technische Vermessung das Geschäft zu kostspielig werden würde. Daher ist die Größenangabe auf dem Titelblatte allemal unverbürgt und unzuverlässig, wenn nicht, wie in Westphalen, das Hypothekenbuch mit dem Kataster in Beziehung steht. „Unsere Hyp.-O. — sagt das Ob.-Tr. in den Motiven zum Pl.-Beschl. v. 19. März 1855 (Entsch. Bd. XXX, S. 13) treffend — herstammend aus der Zeit der geschlossenen Grundstücke und des weniger regen Güterverkehrs, überdem der Grundlage des Katasters entbehrend, hat das Grundstück nicht nach seinen ein für allemal bezeichneten Bestandtheilen und Zubehören, sondern lediglich nach seinem Collectiv-Namen eintragen lassen (Tit. 1. §§. 6, 23, 33). — Unvermeidlich zwar führt diese Einrichtung leicht zu Zweifeln und Undeutlichkeiten, soviel aber ist gewiß und bedingt die Existenz des ganzen Instituts, daß unter dem eingetragenen Gute das Ganze derjenigen Grundstücke, Gerechtigkeiten und Pertinenzien verstanden werden muß, welches eben dies Immobile zur Zeit der Anlegung des Hypothekenbuchs bilden." Der J. M. Simons hat jedoch in seiner Instr. v. 3. August 1853 (J. M. Bl. S. 275) Art. 2, Nr. 2 in dieser Beziehung Folgendes vorgeschrieben: „In vielen Fällen gewährt es sowohl den Grundbesitzern, als den Real-Interessenten erhebliche Vortheile, wenn neben der in §§. 33 ff. Tit. 1 der Hyp.-O. vorgeschriebenen Bezeichnung der Grundstücke zugleich deren Größe, und bei Guts-Komplexen (Bauergütern u. dergl.) deren einzelne Bestandtheile und deren Lage und Kulturart (und diese ist vollends veränderlich), soweit darüber zuverlässige Nachrichten vorliegen, angegeben werden. Für die Provinz Westphalen ist dieß durch die V. v. 31. März 1834 (G. S. S. 47), K.-O. v. 16. Juli 1840 (J. M. Bl. S. 250), Instr. v. 30. Januar 1842 (J. M. Bl. S. 67) allgemein vorgeschrieben und genau geregelt. (Weil dort ein Kataster besteht, mit welchem das Hypothekenbuch in Verbindung gebracht ist, gemäß §. 5 der ged. V.) Allein auch in den übrigen Provinzen ist ein ähnliches Verfahren, wie es auch bereits durch mehrfache Bestimmungen

R. v. 20. Februar 1785 (Rabe I, 7, S. 433),
Instr. v. 2. August 1839 für das Departement Naumburg, §. 67,
Verf. v. 23. October 1839 (J. M. Bl. S. 352),

angebahnt ist, bereits vielfach, wenigstens bei Besitzungen von mäßigem Umfange, üblich geworden, und dabei die erwähnte Instr. v. 30. Januar 1842 als Anhalt für die Vermerkung der einzelnen Bestandtheile nach einer Nummerfolge auf dem Titelblatte, für die Zu- und Abschreibungen, für die Aenderung resp. Vervollständigung der früheren Formulare u. s. w. benutzt worden. Es kann nur für angemessen erachtet werden, wenn die Gerichte bei Anlegung neuer und Umschreibung älterer Folien auf dem angedeuteten Wege fortschreiten, wobei jedoch die Wünsche und Anträge der Grundbesitzer nicht unberücksichtigt bleiben dürfen." — Diese Mittelchen sind ein unzureichender, zu Mißverständnissen und Täuschungen Anlaß gebender Ersatz für die von der Hypothekenordnung vorausgesetzte Geschlossenheit der Stellen. Denn zu dem heutigen Rechtszustande in Betreff des ländlichen Grundbesitzes paßt einmal die gegenwärtige, einer ganz anderen Zeit angehörige, Einrichtung des Hypothekenbuchs nicht.

35) Als solche, im Gegensatz von Bestandtheilen des Hauptguts, werden auch bäuerliche Dienste und Leistungen, namentlich auch der ehemaligen Laßbauern angesehen, nach dem Pl.-B. d. Ob.-Tr. v. 29. April 1839. M. s. dagegen m. Beurtheilung der Entsch. des Ob.-Tr. S. 299.

nicht besonders vermerkt[36]). Wenn aber selbige unter einer andern Gerichtsbarkeit liegen, und also auch in einem andern Hypotheken-Buche eingetragen sind, so müssen sie auf dem Titelblatte des Hauptgutes, mit Benennung der Jurisdiktion, unter welcher sie liegen, angeführt werden.

---

36) D. h. es ist nicht erforderlich, aber auch nicht verboten, solche zu vermerken. Eine V. des J. M. v. 18. März 1831 (Jahrb. Bd. XXXVII, S. 107) meint zwar, der Besitzer könne nur die Eintragung in den beiden Fällen der §§. 34 u. 35, sonst aber nicht, verlangen; doch ist die in dem ältern R. v. 24. December 1792 (Rabe II, S. 376) ausgesprochene Ansicht, daß die Verzeichnung der Pertinenzien eines Gutes im §. 34 nicht untersagt sei, vielmehr hier nur habe bestimmt werden sollen, daß sie nicht von Amtswegen zu geschehen brauche, — sachgemäßer. Auch ist dieser Ansicht der J. M. in eben jener Zeit von 1831, nämlich in der V. v. 21. November 1831 wieder näher getreten, indem er hier meint, daß wenn bei einem Gute eine anklebende Gerechtigkeit als Zubehör vermerkt werden solle, die Existenz derselben nachgewiesen werden müsse, was nur dadurch geschehen könne, daß die derselben entsprechende Verpflichtung auf dem belasteten Grundstücke eingetragen stehe. (Jahrb. Bd. XXXVIII, S. 418). — Die Bestimmung des §. 34 bezieht sich überhaupt nur auf Pertinenzien im eigentlichen Sinne, nicht auf solche einzelne Grundstücke und Gerechtigkeiten, welche zusammen ein Ganzes (einen Komplexus) ausmachen: dergleichen müssen auf dem Titelblatte verzeichnet werden. §. 39 d. T. Dergleichen Komplexe bilden z. B. bei städtischen Grundstücken die Häuser mit ihren ursprünglich untrennbar dazugelegten Aeckern, Gärten und Wiesen. R. v. 20. Februar 1785 (Rade I, 7, S. 433); R. v. 24. December 1792 Nr. 5 (Rabe II, S. 376). Vergl. ob. die Anm. 18 zu §. 8.

Bei Ablösungen durch Grundstücke und Jahresrenten werden diese Entschädigungen, da sie in die Stelle der abgelöseten Leistungen treten, auf dem Folium des Hauptgutes zugeschrieben, und auf dem Folium des verpflichteten Grundstücks wird bei dem dort etwa eingetragenen Abfindungs-Kapital, imgleichen bei den dort durch Eintragung versicherten Jahresrenten vermerkt, daß das Kapital und beziehungsweise die Jahresrente ein Zubehör des berechtigten Guts bilde; und die Fähigkeit des Besitzers, darüber zu verfügen, muß aus dem Hypothekenbuche des berechtigten Gutes zu ersehen sein. Dieß findet sich in den Ablösungsgesetzen für Westphalen v. 18. Juni u. 4. Juli 1840 §§. 63, 64 u. 89, 90 (G. S. S. 156, 195) besonders vorgeschrieben, gilt aber außerdem als allgemeine Regel, welche auch durch folgende K.-O. v. 16. December 1834 (G. S. 1835, S. 1) zur Anwendung gebracht worden ist:

„Auf Ihren Bericht vom 28. v. M. erkläre Ich Mich mit Ihrer Ansicht einverstanden, daß, nach den in Bezug genommenen gesetzlichen Vorschriften, wenn bei landesherrlichen Lehnen eine Regulirung gutsherrlicher und bäuerlicher Verhältnisse, Dienstablösung, Gemeinheitstheilung, oder Reluition von Grundgerechtigkeiten durch die General-Kommission bewirkt wird, die Entschädigung, welche das Lehn für aufgegebene Gerechtsame empfängt, unmittelbar in die Stelle des dadurch verminderten Lehnwerths tritt. Abfindungen in Land werden daher auf den Grund der vorschriftsmäßig errichteten und publicirten Recesse, und Grundstücke, die durch Verwendung der vorbedungenen Abfindungs- und Ablösungs-Kapitalien oder Renten erworben sind, auf die ausdrückliche Erklärung der General-Kommission: daß der Kaufpreis dem Werthe angemessen, und die Erwerbung für das Lehn nützlich sei, nach dem Antrage des Lehnbesitzers oder eines anderen Interessenten, ohne Weiteres dem Lehngute als Pertinenzstück im Hypothekenbuche zugeschrieben, ohne daß es einer Belehnung des Lehnbesitzers, der Lehnsfolger und der Anwärter mit dem neu erstandenen Lehns-Pertinenzstück bedarf."

§. 35. Wenn zu einem im Hypotheken-Buche eingetragenen Gute ein Pertinenzstück oder Gerechtigkeit, welche bisher dabei nicht befindlich gewesen, zugekauft, oder sonst zugeschlagen worden; so wird solches, unter der ersten Rubrike, bei dem Titulo possessionis bemerkt, und der Werth einer solchen neuen Erwerbung eben daselbst ausgeworfen[37]).

§. 36. Gleichergestalt muß, wenn ein zu einem Gute gehörig gewesenes Pertinenzstück, oder Gerechtigkeit davon veräußert, oder sonst getrennt wird, diese Trennung unter dem Titulo possessionis bemerkt, und der Werth desselben, von dem ausgeworfenen Werthe des ganzen Grundstücks, abgeschrieben werden[38]).

---

37) Zu einer solchen Zuschreibung ist die Zuziehung der eingetragenen Gläubiger nicht erforderlich, weil sie dabei nicht interessiren, indem ihre Rechte dadurch nicht verändert werden. R. v. 22. Decbr. 1834. (Erg. ad §. 35, Nr. 10 d. T.) Dabei versteht sich jedoch, daß bei dergleichen Zuschreibungen, wie bei Vereinigung mehrerer Grundstücke auf Ein Folium, die Belastungen der verschiedenen Grundstücke in der II. u. III. Rubrik gehörig gesondert bezeichnet werden müssen, weshalb in jedem Intabulat angegeben sein muß, ob es nur auf dem ursprünglichen Grundstücke, oder nur auf dem zugeschriebenen, oder auf allen zusammen hafte. Dasselbe R. a. E. Ferner: Publ. v. 2. Octbr. 1797 Nr. X, 9 (Rabe, IV, S. 271); R. vom 15. November 1819. (Jahrb. Bd. XIV, S. 244.) — In gleicher Weise sind bei Wandeläckern und andern nach Vorschrift der Instr. v. 19. April 1834 (Jahrb. Bd: XLIII, S. 622), v. 29. April 1834 (Jahrb. Bd. XLIII, S. 610) und v. 30. Januar 1842 (J. M. Bl. S. 67) eingerichteten und ähnlichen Folien in den Einträgen diejenigen Grundstücke, auf welchen die einzelnen Posten haften, speziell nach der laufenden Nummer des Titelblatts anzugeben. Anm. 8 zu Formular C, und Anm. 4 zu Formular D der Instr. v. 3. Aug. 1853 (J. M. Bl. S. 275 u. im Anh.). Vgl. R. v. 25. Nov. 1837 (Jahrb. Bd. LII, S. 599). — Man erkennt schon hieraus, daß ein so eingerichtetes Folium, auf welchem vielleicht 50, mehr oder weniger, kleine Grundstücke zusammengetragen und verschieden belastet sind, an Unübersichtlichkeit den französischen Büchern eben nicht weit nachstehen. Die Verdunkelung wird noch größer, wenn einzelne Bestandtheile und Pertinenzien der Hauptstelle mit vielen selbstständigen kleinen Grundstücken auf dem Titelblatte zusammen geworfen und unter einander verzeichnet sind. Ein solches Folium, viele Jahre bei lebhaftem Verkehr fortgeführt, erfordert ein tagelanges Studium zur Gewinnung einer sichern Uebersicht des wirklichen Realzustandes; denn auch der Behelf der rothen Unterstreichung giebt keine Gewähr, da sie das eine oder andere Mal aus Versehen unterblieben sein kann.

38) 1. Diese Vorschrift setzt ein zur Zeit der Abtrennung bereits vorhandenes Hypothekenfolium von dem Grundstücke voraus. Denn bei der ursprünglichen Regulirung des Foliums wird das Grundstück oder Gut nur in dem Zustande, in welchem es sich alsdann befindet, eingetragen, und es soll der vorher geschehenen Abzweigungen keine Erwähnung geschehen. So will es nämlich ein R. v. 20. April 1834 (Jahrb. Bd. XLIII, S. 597). Dieß entspricht jedoch nicht dem Zweck des §. 36. Denn dieser besteht, wie es der J. M. auch selbst in dem R. v. 2. Februar 1840 (J. M. Bl. S. 46) ausspricht und mehrmals, namentlich in dem R. v. 24. März 1840 (J. M. Bl. S. 127), v. 6. Aug. 1840 (ebd. S. 278), v. 19. October 1840 (ebd. S. 352), v. 3. Novbr. 1840 (ebd. S. 363), v. 25. Decbr. 1840 (J. M. Bl. 1841, S. 29), v. 2. Januar 1841 (ebd. S. 37) wiederholt, in der Berichtigung des Gutswerths, damit auch nach

§. 37. Wird ein solches abgetrenntes Pertinenzstück nicht zu einem andern Hauptgute geschlagen, sondern als ein eignes,

---

der Abtrennung eines Stücks aus dem Hypothekenbuche klar ersehen werden könne, wieviel das Gut minder werth geworden. Hat also eben derselbe Besitzer selbst, welcher sein Folium reguliren läßt, die Abtrennung bewirkt, und der Besitztitel wird ohne Erwähnung derselben berichtigt; so ist die im Hypothekenbuche stehende Nachricht über den Werth unrichtig und täuschend. Gesetzt, ein Rittergut wäre für 20,000 Thlr. erkauft worden; der Besitzer hätte davon ein bedeutendes Waldgrundstück für 10,000 Thlr. verkauft und darauf würde bei Regulirung des Foliums der Besitztitel so, wie es das R. v. 20. April 1834 vorschreibt, nämlich etwa so:

(hat) der NN.
von dem Vorbesitzer NN. mittels Kontrakts vom . . . für 20,000 Thlr. erkauft, und ist der Besitztitel für ihn ex decreto vom . . berichtigt worden,

eingetragen, so wäre doch Jeder, der bald darauf von dem Realzustande dieses Guts durch Einsicht des Hypothekenbuchs Kenntniß nähme, anzunehmen berechtigt, der Besitzstand sei noch eben derselbe, welcher für 20,000 Thlr. erworben worden, während in Wahrheit nur noch die Hälfte davon vorhanden. Statt solcher Täuschung würde es der Sicherheit des Publikums beim Hypothekenverkehr weit zuträglicher sein, wenn das Hypothekenbuch gar keine Auskunft über den Besitzstand gäbe. Um das Publikum gegen solche Täuschungen durch das Hypothekenbuch selbst zu sichern, muß in Fällen dieser Art allerdings die Abveräußerung bei der Berichtigung des Besitztitels entweder förmlich abgeschrieben, oder doch historisch vermerkt werden, etwa in folgender Art:

(hat) der NN.
von dem Vorbesitzer NN., mittels Kontrakts vom . . . für 20,000 Thlr. erkauft, davon jedoch durch den Kontrakt vom . . . 500 M. Wald für . . . . 10,000 Thlr. wieder verkauft, worauf der Besitztitel von dem Restgute für ihn ex decreto vom . . . berichtigt worden ist.

Dadurch wird jede Täuschung durch das Hypothekenbuch verhindert. Das ältere R. v. 11. Octbr. 1814 geht hier jedoch wieder zu weit, indem es anordnet, daß bei der ersten Berichtigung des Hypothekenbuchs es doch zur Bezeichnung des Gegenstandes nothwendig sei, zu bemerken, was zu dem Gute bisher gehörig und damit verbunden gewesen, bei dem (letzten) Verkaufe aber davon getrennt und vorbehalten worden. (Jahrb. Bd. IV, S. 220.) Denn in diesem Falle ist der für den eingetragenen Kaufpreis erworbene Gegenstand unverändert; das vorher Abgetrennte oder Vorbehaltene ist nicht mit gekauft und kann mithin auch von Dem, was als wirklich erkauft eingetragen wird oder ist, nicht abgeschrieben werden. Diesem Sachverhalte entspricht das jüngere R. v. 2. Februar 1840 (J. M. Bl. S. 46) durch die Vorschrift, daß es darin keiner Abschreibung mehr bedürfe, wenn eine Parzele von einem Hauptgute verkauft worden, die Abschreibung der Parzele aber während der Besitzzeit des Veräußernden unterblieben, das Hauptgut seitdem verkauft, und der Besitztitel für den neuen Erwerber, so wie dessen Kaufwerth eingetragen worden, — keineswegs. Denn in dem hier gesetzten Falle, wo ein bereits eingetragener Besitzer einen Theil des Guts veräußert, und dann, ohne diesen Theil abschreiben zu lassen, das Hauptgut verkauft und der Besitztitel für den Käufer, ohne jene Abtrennung zu erwähnen, berichtigt wird, liegt die Sache so, daß auf dem Folium ein Grundstück (das Trennstück) steht, von welchem der eingetragene Besitzer nicht Eigenthümer ist. Auf diesen Fall findet der §. 410, Tit. 20, Th. I des A. L. R. Anwendung, d. h., das Trennstück wird durch die Hypotheken, welche der neue Besitzer auf das Gut eintragen läßt, mit ergriffen und der Besitzer des Trennstücks kann um sein Eigenthum kommen. Anm. 78a zu §. 443, Tit. 20, Th. I des A. L. R. Um dieser Entwährung vorzubeugen, ist es nothwendig, bei der Berichtigung des Besitztitels für den Käufer in solchem Falle die geschehene Abfür sich subsistirendes Grundstück besessen; so muß demselben eine

---

trennung durch Einschaltung einer entsprechenden Notiz bemerklich zu machen, etwa mit den Worten:

„nachdem davon ein Ackerstück von 20 M. für 2000 Thlr. an den NN. veräußert worden."

Wäre dieß unterblieben, so hindert es nicht, den Abschreibungs-Vermerk unter dem titulo possessionis besonders einzuschreiben. Der J. M. sagt in seinem R. v. 2. Febr. 1840 hiergegen zwar: in dem angegebenen Falle könne der Vermerk der Abtrennung nicht mehr unter dem titulo possessionis des Parzelen-Verkäufers erfolgen, weil schon ein neuer Besitzer eingetragen und Zwischen-Eintragungen untersagt seien (sie sind auch nicht möglich); eben so wenig dürfe die Abschreibung des Werths der Parzele von dem ausgeworfenen Werthe des Hauptguts bewirkt werden, weil der spätere Erwerbspreis des letzteren schon die erfolgte Abtrennung berücksichtigt habe. Aber es handelt sich nicht um die Abschreibung einer Geldsumme, wie in einem Kontobuche, sondern um die Abschreibung eines Grundstücks zur Sicherung des Eigenthums des Parzelen-Besitzers, und diesem entsprechend läßt sich der nachträgliche Abschreibungsvermerk so fassen, daß die Auswerfung einer Geldsumme nicht nöthig ist, etwa mit den Worten:

Ein Ackerstück von 20 M. ist bereits von dem Vorbesitzer N. von diesem Gute an den NN. (für 2000 Thlr.) laut Kontrakts vom . . . abverkauft worden und wird hier nachträglich abgeschrieben ex decreto vom . . .

2. Für nicht erforderlich erklärt ist die Abschreibung des zur Anlegung von Kunststraßen, oder zu Kanälen und öffentlichen Flußbauten abgetretenen Landes durch die K. O. v. 8. August 1832 unter lit. f. (G. S. S. 203). Das Gegentheil verordnete das ältere Ed. über denselben Gegenstand, v. 18. April 1792, §. 18, Nr. 10. Hier kann allerdings ohne alle Gefahr für den Erwerber die Abschreibung unterbleiben, weil die Trennstücke res extra commercium geworden sind. Bei Eisenbahn-Anlagen wird gleichfalls nach den neuern Grundsätzen verfahren. G. v. 3. Novbr. 1838, §. 15 (G. S. S. 505).

3. Ein Nachweis der ursprünglichen Pertinenzqualität ist zur Abschreibung eines Bestandtheiles der im Hypothekenbuche als Komplexus eingetragenen Güter nicht erforderlich; es genügt, wenn dieselbe von den Kontrahenten anerkannt wird und nichts vorliegt, was eine Vermuthung für das Gegentheil (d. h. daß das fragliche Stück nicht in dem eingetragenen Güter-Komplexus begriffen) begründen kann. R. v. 16. April 1838 (Jahrb. Bd. LII, S. 215). — Ein anderer Fall ist der, wenn nicht von einem Bestandtheile eines Güter-Komplexus — bei welchem nur uneigentlich von der „Pertinenzqualität" gesprochen werden kann —, sondern von einem abverkauften Pertinenzstück Rede ist. Ein solches muß auf den Antrag des eingetragenen Besitzers des Hauptguts nach Vorschrift des §. 36 abgeschrieben werden, ohne daß ein Nachweis darüber, wie dasselbe zu dem Gute erworben worden ist, gefordert werden darf, wie aus dem §. 34 von selbst folgt. R. v. 20. Januar 1840 (J. M. Bl. S. 57).

4. Wenn auf einem Folium viele Ab- und Zuschreibungen durcheinander vorkommen, so wird dadurch die Uebersicht erschwert. Man hat deshalb besondere Kolonnen für die Zuschreibungen und für die Abschreibungen anempfohlen. Die Instr. des J. M. v. 3. August 1853 läßt sich darüber im Art. 2 unter Nr. 4 u. 5 gleichfalls vernehmen. S. oben in der Anm. 28 zu §. 28.

5. In den Abschreibungsvermerk gehört die Angabe und Bezeichnung dessen, was veräußert ist, das dafür gegebene Aequivalent, das Datum des Vertrages und das Datum der Abschreibung (d. h. des Dekrets), sowie ein von der Parzele für das Hauptgut vorbehaltener Zins oder Rente. R. v. 26. Juli und v. 20. October 1840 (J. M. Bl. S. 262, 354). Einer Aufzählung der Realberechtigten und Gläubiger, welche in die Abschreibung gewilligt haben, bedarf es nicht. R. v. 8. Februar 1834, Nr. 3 (Jahrb. Bd. XLIII, S. 108), und v. 1. August 1835 (Jahrb. Bd. XLVI, S. 147). Hiernach ist der Vermerk etwa so zu fassen:

„Ein Ackerstück von 20 M. am s. g. rothen Berge ist laut Kontrakts

eigne Nummer und Folium in dem Hypotheken-Buche angewiesen werden [39]).

---

vom ... für .... 2000 Thlr. (Zweitausend Thaler) und einen an den Besitzer dieses Hauptguts zu entrichtenden jährlichen Zins von 10 Thlr. (Zehn Thalern) verkauft und hier abgeschrieben ex decreto vom ..."

Die Abschreibung geschieht

a) wenn zu dem Folium noch das alte Formular der Hypothekenordnung angewendet ist, und die Bestandtheile und Größe auf dem Titelblatte nicht vermerkt sind, — in der Ersten Rubrik, in der Kolonne „titulus possessionis";

b) wenn auf dem Titelblatte eine besondere Kolonne für „Abschreibungen" besteht, oder wenn in Gemäßheit der Instr. v. 3. August 1853, Art. 2, Nr. 3 in der Ersten Rubrik besondere Kolonnen für Zuschreibungen und für Abschreibungen eingerichtet sind (Nr. 4), — in dieser Kolonne;

c) wenn auf dem Folium eine Anzahl selbstständiger Grundstücke zusammengetragen sind, wie z. B. in Sachsen in Ansehung der Wandeläcker der Fall ist; oder wo, wie in Westphalen, das Hypothekenbuch mit dem Kataster in Verbindung gebracht ist, — auf dem Titelblatte, wo dazu nach der Vorschrift eine besondere Kolonne eingerichtet ist.

Die auf dem Titelblatte besonders benannten Gutsbestandtheile und Pertinenzien oder zugeschriebenen Grundstücke, wenn sie ganz abgetrennt sind, müssen in jedem Falle gelöscht, d. h. sammt dem Abschreibungsvermerke roth unterstrichen werden. Vergl. Instr. vom 3. August 1853, Art. 18, Nr. 5 (unten zu §§. 32—35 des Ges. vom 24. Mai 1853, Zusatz zu Tit. II, Abschn. 5, von Löschungen.)

6. Die Abschreibung von Trennstücken hing sonst, in der Regel, von dem Willen der Kontrahenten ab. Dieß hat sich durch das G. v. 3. Januar 1845 §§. 1, 6 (G. S. S. 25) geändert. Danach ist zur Abschreibung nur von Parzelen, die von Gebäuden, Bauplätzen, Hofstellen und Gärten innerhalb einer Stadt oder Vorstadt abgetrennt sind, der Antrag der Betheiligten noch erforderlich. Bei andern Grundstücken muß die Abschreibung und Anlegung eines Foliums für die Parzele, oder deren Zuschreibung zu einem andern Grundstück von Amtswegen, nöthigenfalls im Wege des für die Zwangsbesitztitel-Berichtigung vorgeschriebenen Verfahrens erfolgen. Nur für den Fiskus, Kirchen, Pfarren, geistliche Stiftungen, Schulen und Armenanstalten, sowie für Expropriations-Berechtigte, werden, nach erfolgter Abschreibung, keine neuen Folien für die Trennstücke angelegt oder Zuschreibungen derselben von Amtswegen bewirkt.

39) Die Vorschrift der §§. 36 u. 37 sind nur für diejenigen Pertinenzien, welche neben dem damaligen Grundsatz der Geschlossenheit der Güter, Höfe und Stellen ablöslich waren, gegeben; sie werden jedoch, nachdem durch das Edikt vom 9. October 1807, §. 4 (Rabe, IX, S. 85) und das Kultur-Edikt vom 14. September 1811, §. 3 (G. S. S. 300) die Zerstückelung des Grundbesitzes freigestellt worden, auch auf die in großer Menge eingetretenen und noch immer fortgehenden Gutszertheilungen analog angewendet, und man hat durch reglementarische Anordnungen nachgeholfen. Die Hauptanweisung in Beziehung auf diejenigen Dismembrationen, welche außer dem Geschäftskreise der General-Kommissionen vorkommen (R. v. 2. Juni 1834, Jahrb. Bd. XLIII, S. 595), giebt das hier folgende R. v. 8. Februar 1834 (Jahrb. Bd. XLIII, S. 108):

„Es wird den Hypotheken-Behörden folgende Anweisung ertheilt:

1) Sobald die Hypothekenbehörde Kenntniß von einer Dismembration erhält, so hat sie von Amtswegen den Vertrag einzufordern und vor allen Dingen nach §. 57, Tit. 2 der Hypotheken-Ordnung eine Protestation für den Parzelenkäufer einzutragen, um allen spätern Verwickelungen vorzubeugen*).

---

*) Dieser Vorschrift steht die K. O. v. 31. October 1831 (G. S. S. 251), wonach die Einwirkung der Gerichte zum Zweck der Berichtigung des Besitztitels im Hypothekenbuche nur dann eintreten soll, wenn die Eintragung von einem Berechtigten nachgesucht wird,

2) Sodann ist die Vereinigung der Realberechtigten und Hypothekengläubiger nach §. 91 das. zu versuchen, und jedenfalls eine bestimmte Erklärung derselben zu erfordern:
   a) ob sie in Beziehung auf das abzutrennende Pertinenzstück oder die abzutrennende Gerechtigkeit, ihren Ansprüchen oder Hypothekenrechten ganz entsagen; oder
   b) die unveränderte Uebertragung derselben auf das Pertinenzstück verlangen; oder endlich
   c) eine Vertheilung mit Beibehaltung oder Aufhebung der solidarischen Verpflichtung (§§. 467 u. 468, Tit. 20, Th. I des A. L. R.) sich gefallen lassen wollen**).

Die Androhung, welche bei der Vorladung geschehen muß, ist die:
es werde angenommen werden, daß sie die unveränderte Uebertragung derselben auf das abzuschreibende Pertinenzstück verlangen***).

3) Ist auf diese Weise das Geschäft vollständig vorbereitet, so ist
   a) auf dem Hypothekenfolium des Gutes oder des Grundstücks die Abschreibung des abgetrennten Pertinenzstücks, oder der Gerechtigkeit nach §. 36, Tit. 1 der Hypotheken-Ordnung zu bewirken,
und b) auf den Instrumenten der Realberechtigten und der Hypothekengläubiger die erfolgte Abschreibung und der Inhalt ihrer Erklärung ad 2 a, b oder c zu vermerken.

Es bedarf übrigens
weder einer Benennung der Realberechtigten oder Gläubiger, welche ihre Einwilligung in die Abschreibung ertheilt haben, weil sie dieselbe zu versagen nicht berechtigt sind,
§. 4, Edikt v. 9. Octbr. 1807;
noch einer Eintragung bei den einzelnen Posten in der Kolonne „Cessionen" oder „Löschungen", weil mit dem Ausscheiden der Parzele vom Hauptgute, jeder Vermerk auf das letztere ohne Einfluß auf die erstere bleibt, also unnütz ist****).

---

nicht entgegen Die Eintragung der Protestation soll in der Absicht verfügt werden, um allen Verwickelungen vorzubeugen, welche durch die Eintragung neuer Hypothekenrechte und anderer Realberechtigungen herbeigeführt werden würden, wenn diese Eintragung vor der wirklichen Abzweigung der veräußerten Gutsparzelen auf dem Folium des Guts erfolgte. Auf diesem Folium kann der Besitztitel der neuen Parzelen-Erwerber niemals eingetragen werden, und darum kommt es in diesem Falle auf die Vorschrift jener K. O. nicht an. Wird der Aufforderung nicht Folge geleistet, oder protestirt der Parzelen-Käufer selbst dagegen, so versteht es sich von selbst, daß die Hypothekenbehörde von jeder amtlichen Einschreitung abstehen muß. R. v. 2. Juni 1834 (Jahrb. Bd. XLIII, S. 595).

Die Protestation wird später gelöscht, wenn die Abschreibung erfolgt, oder wenn die Parzele zurückgekauft wird, oder wenn die Kontrahenten anerkennen, daß die Uebergabe nicht vollzogen und der Vertrag rückgängig geworden sei. R. v. 7. März 1841 (J. M. Bl. S. 119); Instr. v. 3. August 1853, Art. 20, Nr. 3 (J. M. Bl. S. 275 u. unten im Anh.).

**) Ausnahmsweise kann das Gericht die von den Gläubigern und Realberechtigten abzugebenden Erklärungen durch den Parzelen-Käufer oder Verkaufer, in sofern beide damit einverstanden sind, binnen einer bestimmten Frist herbeischaffen lassen. Die unmittelbare Vorladung muß jedoch die Regel bleiben, auf die man auch in dem Ausnahmsfalle, wenn die Frist nicht inne gehalten wird, zurückkommen muß. Dasselbe R.

***) Dieser Verwarnung gemäß wird verfahren, wenn die Betheiligten ausbleiben oder wenn das Regulativ auf dem Wege gütlicher Einigung nicht zu Stande kommt, R. v. 6. und 17. Juli 1834 (Jahrb. Bd. XLIV, S. 129) und R. v. 7. März 1842 (J. M. Bl. S. 103), oder wenn der Einwilligende sein Instrument nicht einreicht. R. v. 12. Decbr. 1838 (J. M. Bl. 1839, S. 6).

****) Wenn aber die unveränderte Uebertragung eines Postens der zweiten und dritten Rubrik auf ein abgeschriebenes Trennstuck erfolgt, so ist dieß mit Rucksicht auf den § 159, Tit. 2 in der Kolonne „Cessionen" zu notiren. R. v. 2. Juni 1834, und zwar in folgender Art:

„Dieser Zins (Rente oder Hypotheken-Forderung) haftet zugleich auf folgenden, im Hypothekenbuche des Gerichts zu N. eingetragenen Parzelen:
1) 6 Morgen Land, welche der Besitzer der Häuslerstelle zu No. 3 zu N.,
2) 3 Morgen Wiese, welche der ꝛc. laut Kaufkontrakt vom ꝛc. erkauft hat."

Bringt später der Parzelen-Käufer z. B. zu 1 den Löschungskonsens, so erfolgt die Löschung durch Unterstreichung des Vermerks zu 1 mit rother Dinte und eine Marginalbemerkung ebenfalls mit rother Dinte: „gelöscht, zufolge Verfügung vom . . ."

Der Produktion der Dokumente behufs der Registrirung dieser Vermerke bedarf es nicht. Wenn es (nach der Meinung des J. M. — s. o. Anm. 38, Nr. 1) keiner förmlichen Abschreibung bedarf, weil inzwischen schon im Hyp.-Buche des Hauptguts Besitzveränderungen vorgekommen sind, so muß doch jedenfalls bei den betreffenden vor der Parzellirung im

§. 38. Wie es zu halten, wenn auf dem Hauptgute, wovon ein dergleichen Pertinenzstück abgetrennt worden, Schulden, oder andre Real-Lasten haften, welche diesen bisherigen Theil des Ganzen mit angehn, davon wird unten[40]) besonders gehandelt.

§. 39. Wenn mehrere einzelne Güter, von ein und eben demselben Eigenthümer, in einer solchen Verbindung besessen werden, daß sie, zusammen genommen, ein Ganzes, oder eine sogenannte Herrschaft constituiren; so wird auf dem Titelblatte die Nummer und Benennung der Herrschaft ausgedrückt, und die Namen der einzelnen Güter, woraus solche besteht, darunter verzeichnet[41]).

---

4) Ist das Geschäft noch nicht so weit vorbereitet, daß mit der Abschreibung verfahren werden kann, so muß

a) auf den Instrumenten derjenigen Realberechtigten und Hypothekengläubiger, welche sich bereits erklärt haben der zu 2 a, b oder c bezeichnete Vermerk gesetzt,

und b) der wesentliche Inhalt dieser Erklärung, nicht in die Kolonne „Löschungen“ — wohin nur geleistete Zahlungen, welche die Summe der eingetragenen Post ändern, gehören — sondern in die Kolonne „Cessionen“ eingetragen werden.

Kömmt es in der Folge zur wirklichen Abschreibung, so ist alsdann die Eintragung in der Kolonne „Cessionen“ wieder zu löschen, um das Hypothekenbuch von allen unnöthigen Eintragungen zu befreien, ohne daß es jedoch einer Wiedereinforderung der Instrumente bedarf.

5) Was die abgeschriebene Parzele betrifft, so wird damit nach §. 37, Tit. 1 der Hypotheken-Ordnung,

entweder ein besonderes Hypotheken-Folium angelegt, oder dieselbe einem andern Gute oder Grundstücke zugeschrieben.

In beiden Fällen sind die Realberechtigungen und Hypotheken-Forderungen, deren Inhaber sich ihrer Rechte auf die abgeschriebene Parzele nicht ausdrücklich begeben haben, nach Inhalt der von ihnen abgegebenen Erklärungen in die II. und III. Rubrik von Amtswegen zu übertragen, und der Inhalt dieser Eintragung unter Beifügung eines Hypothekenscheins auf dem Instrumente zu vermerken.“

40) Tit. II, §. 91.

41) Der ähnliche Fall, wenn bei Separationen einem Theilnehmer an die

---

Hypothekenbuche des Hauptguts in der II. und III. Rubrik eingetragenen Posten ein gleicher Vermerk, daß die veräußerten Parzelen dafür mithaften, eingetragen werden. R. v. 24. März 1840 (J. M. Bl. S. 128.)

Diese Vorschrift (Nr. 3 des R. v. 8. Februar 1834) bezieht sich nur auf den Fall, wenn die Realberechtigten ihre Einwilligung in die Abschreibung ertheilt haben. Ist das nicht geschehen, sind daher Veränderungen bei einer oder der andern Post vorgegangen, kommt z. B. das im §. 91, Tit. 2 beabsichtigte Regulativ zu Stande, so mussen diese Veränderungen bei der betreffenden Post, soweit sie auf das Folium des Hauptguts von Einfluß sind, vermerkt werden. Ist daher in Betreff der Realansprüche oder Hypotheken-Rechte

a) eine Vertheilung mit Beibehaltung oder Aufhebung der solidarischen Verpflichtung erfolgt, oder will

b) der Berechtigte oder Gläubiger sich, mit Begebung seines Rechts auf das Hauptgut, künftig bloß an das Trennstück halten;

so ist dies auf dem Folium des Hauptguts bei den betreffenden Posten zu vermerken, und zwar, soweit die Summe der eingetragenen Post sich hiernach ändert oder ganz wegfällt, in der Kolonne „Löschung“, sonst aber in der Kolonne „Cessionen“. R. v. 1. August 1835 (Jahrb. Bd. XLVI, S. 147). Vergl. die im gleichen Sinne sich aussprechenden ältern R. v. 29. Mai 1789 und 31. Juli 1789 (Rabe, I, 7, S. 763 ff.).

§. 40. Wenn dergleichen einzelnes Gut von dem Ganzen abgetrennt, und besonders veräußert wird; so ist es damit ebenso

---

Stelle mehrerer einzelner, mit verschiedenartigen Reallasten und Schulden beschwerten einzelnen Grundstücke ein Gesammtplan, ohne sachliche Subrepartition überwiesen worden, macht bei Anlegung des neuen Hypotheken-Foliums und Sicherung der verschiedenen Realrechte natürliche Schwierigkeiten und hindert die Rechtsverfolgung, indem das einzelne Grundstück, welches einem Gläubiger verpfändet war und nun zum Gegenstande der Befriedigung desselben gemacht werden soll, nicht ausfindbar, auch das an dessen Stelle getretene Grundstück nicht zu unterscheiden ist. Um zum Ziele zu kommen, müßte vor dem Rechtsverfahren erst noch die Subrepartition nachgeholt und die Bezeichnung und Ausweisung der in Stelle der früheren einzelnen Grundstücke getretenen Surrogate ausgeführt werden, weil sonst kein bestimmter Gegenstand der Subhastation vorhanden. Aus diesen Schwierigkeiten soll die hier folgende allgemeine Verf. des M. des Inn. v. 25. Novbr. 1837, mitgetheilt durch das R. des J. M. vom 11. Novbr. 1838, helfen:

„Bei den Special-Separationen, sowohl der städtischen, als der Dorfsfeldmarken tritt nicht selten der Fall ein, daß ein und dieselbe Person mit verschiedenen einzelnen für sich bestehenden Grundstücken betheiligt ist, welche nicht bloß auf besondern Folien des Hypothenbuchs eingetragen, sondern auch mit verschiedenen ungleichartigen Reallasten und Schulden beschwert sind, und dabei theils zu vollem Eigenthum besessen werden, theils im Lehns-, Erbzins-, Erbpachts- ꝛc. Verhältnisse stehen, theils endlich ihrer Lage und ihrer Grenzen nach nicht speciell, sondern nur allgemein nach gewissen Quoten eines angenommenen Ganzen, z. E. nach halben oder viertel Hufen bezeichnet sind, ohne daß konstirt, welche bestimmte Flächen zu solchen gehören. Es pflegen nun die Special-Kommissarien bei Aufstellung der Separationspläne zunächst nur die wirthschaftlichen Interessen eines deratig zusammengesetzten größern Besitzthums zu berücksichtigen, und zur Erfüllung der Vorschriften der §§. 61 ff. der Gem. Th. O. vom 7. Juni 1821, §. 9 des G. über deren Ausführung von demselben Datum, und §. 17 der V. v. 30. Juni 1834, das Aequivalent der verschiedenen einzelnen Grundstücke nur in Einem Gesammtplan auszuweisen, Behufs der einstigen Regulirung des Hypothekenbuches, aber dessen Subrepartition vorzubehalten, bei welcher dann, abgesehen von den oft ganz unverhältnißmäßig vielen Kosten eines solchen Verfahrens, nicht selten erhebliche Schwierigkeiten vorkommen. Zur Beseitigung derselben und der hiebei zur Sprache gebrachten Bedenken, hat sich das unterzeichnete Ministerium mit dem Herrn Justizminister Mühler in Korrespondenz gesetzt und eröffnet nunmehr der Königl. General-Kommission im Einverständnisse mit demselben Folgendes:

1) Wenn Zweifel darüber entstehen: zu welchen Haupt-Besitzungen die zum Umtausch zu bringenden Grundstücke gehören, und wohin das darauf auszuweisende Aequivalent zu rechnen sei, so haben sich die Special-Kommissarien nach zuvoriger Rückfrage bei der Königl. General-Kommission wegen Erledigung derselben mit dem Hyp.-Richter und erforderlichen Falls dem vorgesetzten O. L. Ger. zu verständigen, und wenn wegen des in dieser Beziehung einzuschlagenden Verfahrens kein Einverständniß zu erreichen sein sollte, von dieser Lage der Sache behufs weiterer Kommunikation mit dem Herrn Justizminister Bericht zu erstatten. Jedenfalls kann die Feststellung der Schulden und sonstigen Verhältnisse auf Grund der neuen Regulirung nur von der Königl. General-Kommission und deren Special-Kommissario besorgt werden, da dieser nach seiner örtlichen Kenntniß am besten dazu geeignet ist, die eingetretenen Rechtsverhältnisse unter den Interessenten auf gütlichem Wege so zu ordnen, daß der Hyp.-Richter auf die neu anzulegenden Folien des neuen Besitzstandes die bleibenden Lasten der von den Grundeigenthümern früher besessenen Grundstücke eintragen kann.

Im Uebrigen hat aber der Special-Kommissarius gleich bei Einleitung der Verhandlungen seine Aufmerksamkeit auf die Feststellung derartiger verdunkelter Verhältnisse zu richten und dahin zu sehen, daß dieselben bis zur Ueberweisung

zu halten, wie oben §. 36, wegen der Pertinenzstücke verordnet worden. Doch muß alsdann der Name dieses einzelnen Gutes, mit Beziehung auf den unter der ersten Rubrike anzutreffenden

---

des neuen Besitzstandes zur Genüge aufgeklärt werden, um nicht nach der Ausführung des Geschäftes neue Verwickelungen herbeizuführen. Was hiernächst

2) die bei Gelegenheit einer Gemeinheitstheilung zusammengelegten, zwar einem und demselben Besitzer gehörenden, aber auf verschiedenen Foliis des Hypothekenbuchs eingetragenen Grundstücke betrifft, so ist es zwar ganz richtig, daß die Regulirung des Hypothekenbuchs in Gefolge des veränderten Besitzstandes nicht möglich ist, wenn der Richter nicht weiß, welches Areal an die Stelle desjenigen tritt, welches bisher ein besonderes Folium im Hypothekenbuche mit besonderen Lasten gehabt hat, auch darf die Regulirung ohne Kränkung der Rechte der Real=Interessenten nicht ausgesetzt bleiben. Zu diesem Ende ist es aber nicht eben nothwendig, ohne besonderes ausdrückliches Verlangen des Interessenten eine reale Subrepartition vorzunehmen und einer jeden einzelnen Parzele eventualiter einen besondern Zugang auszuweisen; vielmehr kann die desfallsige Regulirung bis zu dem Zeitpunkte vorbehalten bleiben, wenn etwa mit der Veräußerung einer Parzele die Nothwendigkeit zur Ausweisung eines besondern Weges für dieselbe eintritt. Auch ist in dieser Beziehung nur festzustellen, für Rechnung welcher Interessenten die etwa erforderliche Anweisung eines solchen Zuganges nachträglich statt haben soll.

In den meisten Fällen wird der Special=Kommissarius durch geeignete Vorstellungen bei den Separations=Interessenten es bewirken können, daß mehrere Hypotheken=Folien in Eins zusammengezogen werden, was auch schon durch die Anweisung beabsichtigt wird, welche der Herr Justizminister dem O. L. Ger. zu Naumburg mittelst R. vom 29. April 1834 (v. Kamptz, Jahrb. Bd. 43, S. 610) ertheilt hat.

Ist dies aber durch die Vermittelung des Special=Kommissarii nicht zu erreichen, so bleibt zwar nichts übrig, als eine Subrepartition vorzunehmen, indeß ist — sofern nicht die Interessenten eine solche reale Subrepartition ausdrücklich verlangen — statt derselben eine ideelle völlig genügend, wobei folgendermaßen zu verfahren ist.

Gesetzt, es tritt die neugebildete Gesammt=Besitzung an die Stelle von fünf verschiedenen mit besondern Hypotheken belasteten Grundstücken, und es soll nun die Uebertragung der Hypotheken von diesen letzteren auf das Folium des neugebildeten Guts erfolgen, dann muß der Werth jedes einzelnen dieser verschiedenen Grundstücke nach den bei der Gemeinheitstheilung zum Grunde gelegten Vermessungs= und Bonitirungs=Registern und Ausgleichungs=Grundsätzen berechnet und dadurch das Verhältniß gefunden werden, in welchem der Werth jedes einzelnen früher besessenen Grundstücks zu dem Werth des ganzen bei der Gemeinheitstheilung dafür ausgewiesenen Aequivalents steht.

Angenommen, es ergäbe sich dabei, daß der Werth des Grundstücks A. 500 Thlr., B. 300 Thlr., C. 100 Thlr., D. 60 Thlr., E. 40 Thlr., und der Werth der neugebildeten Besitzung daher zusammen 1000 Thlr. betrage; so muß diese neue Besitzung im Hypothekenbuche so beschrieben werden:

Rubrica I des Hypotheken=Foliums.

Diese Besitzung ist bei der, im Jahr ꝛc. erfolgten Regulirung gebildet worden, und an die Stelle nachstehender Grundstücke getreten:

A.	des Grundstücks ꝛc. im Werth von	500 Thlr.
B.	= = = = = ...	300 =
C.	= = = = = ...	100 =
D.	= = = = = ...	60 =
E.	= = = = = ...	40 =
	zusammen	1000 Thlr.

Es zerfällt daher im Verhältniß zu den eingetragenen Lasten und Forderungen diese Besitzung in nachstehende ideale Antheile:

näheren Vermerk, wegen sothaner Abtrennung, auf dem Titelblatte gelöscht werden[42]).

5. G. vom 24. Mai 1853, betreffend einige Abänderungen der Hypotheken-Ordnung v. 20. December 1783 (G. S. S. 521).

A. bestehend aus $\frac{1}{2}$,
B. " " $\frac{3}{10}$,
C. " " $\frac{1}{10}$,
D. " " $\frac{3}{50}$,
E. " " $\frac{2}{50}$.

Eingetragen auf Grund des Recesses vom rc.

Die Uebertragung der Lasten, Schulden rc. erfolgt alsdann in der Art:

Rubrica II. und eben so Rubrica III. des Hypotheken-Foliums:

Auf dem Antheil A., bestehend aus $\frac{1}{2}$ der Besitzung, haften:

(inserantur die sämmtlichen Lasten und eingetragenen Schulden, die vormals auf dem Folium eingetragen waren, an dessen Stelle der ideale Antheil A. getreten ist.) —

Auf dem Antheil B., bestehend aus $\frac{3}{10}$ der Besitzung, haften:

(inserantur eben so die sämmtlichen Lasten und Schulden, die vormals auf dem Folium eingetragen waren, an dessen Stelle der ideale Antheil B. tritt) u. s. w.

Dadurch wird einem jeden Gläubiger das Realrecht gesichert, welches ihm vormals zugestanden hat, und mehr kann er im Allgemeinen nicht verlangen.

Wird nach diesen Grundsätzen verfahren, was um so unbedenklicher ist, als der Regel nach anzunehmen bleibt, daß die bei Gemeinheitstheilungen aus mehreren einzelnen Grundstücken gebildeten Besitzungen nicht wieder oder doch nicht gerade nach Maßgabe der frühern Verhältnisse werden vereinzelt werden, die Besitzer vielmehr selbst darauf hinwirken dürften, die auf den einzelnen Antheilen haftenden Schulden, wenn auch nur durch Aufnahme von Darlehnen auf die ganze Besitzung abzustoßen; so können den Besitzern die bedeutenden und in den meisten Fällen ganz überflüssigen Kosten der sofortigen realen Subrepartition erspart, und alle daraus entstehende Weiterungen vermieden werden.

Seitens der Hypothekenbehörden sind übrigens bei der Vorschrift des §. 62 der Verordnung vom 30. Juni 1834 keine erhebliche Erinnerungen gegen die Ausführung obiger Anweisung zu besorgen; wo aber in einzelnen Fällen dennoch dergleichen vorkommen möchten, ist besonders Bericht zu erstatten und weiterer Verfügung entgegenzusehen." (Jahrb. Bd. 52, S. 599).

Bei dieser idealen Behandlung des Gegenstandes ist nur eine Kleinigkeit, nämlich das Privatrecht der Gläubiger bei Seite gelassen; denn trifft es sich, daß ein vollständig verschuldetes oder gar überschuldetes, in dem Gesammtplan steckendes einzelnes Grundstück zwangsweise subhastirt werden soll, so kommen die Gläubiger theilweise um den Gegenstand ihres Rechts und ihrer Befriedigung. Denn es ist eine ausgemachte Erfahrung, daß man für den idealen Theil eines ganzen Grundstücks ungleich weniger giebt, als für das körperlich abgetheilte Viertel; und das ideale Viertel ist in der That auch weniger werth, als das abgetheilte; nicht allein deshalb, weil sich Niemand gern mit Fremden in eine solche Gemeinschaft, wie der Mitbesitz eines Grundstücks ist, einläßt und sich den damit verbundenen Beschränkungen in der Kultivirung und Benutzung unterwirft; sondern auch und hauptsächlich, weil der Erwerber, um Alleinbesitzers seines Theils zu werden, noch die darauf zu verwendenden nicht unbedeutenden Kosten hergeben muß. Diese Verluste und Kosten, auf die der Bieter bei seinem Gebote rechnet, werden also, wenn der Kaufpreis unzureichend ist, den Hypothekengläubigern durch die beliebte Prozedur bei der Separation aufgebürdet, d. h. sie verlieren soviel an ihren Forderungen.

42) Nämlich durch Unterstreichung mit rother Dinte.

§. 1.[43]). Aus den von den Auseinandersetzungs-Behörden bestätigten Rezessen ist nur der auf folgende Fälle bezügliche Inhalt in das Hypothekenbuch in Kürze einzutragen:

---

43) Die zu dem G. v. 24. Mai 1853 gegebene Ministerial-Instruktion v. 3. August 1853 (J. M. Bl. S. 275) enthält zu demselben im Allgemeinen und zu den §§. 1 u. 7 Folgendes:

„Einleitung. Durch §. 54 des G. v. 24. Mai d. J., einige Abänderungen der Hypothekenordnung betreffend, ist der J. M. ermächtigt worden, die Gerichtsbehörden mit den erforderlichen Instruktionen und reglementarischen Anweisungen zu versehen. Auf Grund dieser Bestimmung werden den Gerichten in den Landertheilen, in welchen die Hypotheken-Ordnung vom 20. Dezember 1783 Gesetzeskraft hat, die nachstehenden Anweisungen ertheilt, und denselben folgende allgemeine Bemerkungen vorausgeschickt.

Der Hauptzweck des erlassenen Gesetzes ist: das Verfahren in Hypothekensachen, wie es sich nach der Hypotheken-Ordnung und den dieselbe ergänzenden und erläuternden späteren Bestimmungen gestaltet hat, den Bedürfnissen und der praktischen Erfahrung gemäß zu vereinfachen.

Ohne die bewährten, den Grundbesitz und den Realkredit sichernden Hauptgrundsätze der Preußischen Hypotheken-Verfassung abzuändern, haben dem Verkehr bei dem Hypothekenbuche diejenigen Erleichterungen, welche die wesentlich veränderten Verhältnisse erfordern, gewährt und überflüssige Hemmnisse und Weiterungen beseitigt werden sollen.

Es ist dabei die bisherige Hypotheken-Gesetzgebung in allen den Punkten bestehen geblieben, die nicht durch eine ausdrückliche Vorschrift des neuen Gesetzes abgeändert worden sind, oder sich als unvereinbar mit dessen Bestimmungen darstellen. Dasselbe gilt von den seit Emanation der Hypotheken-Ordnung ergangenen Vorschriften über das Verfahren in Hypothekensachen, da eine Kodifikation aller jener Bestimmungen nicht in der Absicht des Gesetzes gelegen hat.

Es kann ferner nach den allgemeinen Rechtsgrundsätzen über die rückwirkende Kraft der Gesetze nicht zweifelhaft sein, daß diejenigen Vorschriften der Novelle, welche dem materiellen Hypothekenrecht angehören, und etwas von dem bisherigen Rechte Abweichendes oder demselben Fremdes enthalten, z. B. die §§. 8, 29, 30, 43 ff., auf Rechtsverhältnisse, die aus der Periode vor der Gesetzeskraft der Novelle herrühren, nur in soweit anwendbar sind, als dies nach den allgemeinen Regeln für die Rückwirkung der Gesetze zulässig ist.

Die Gerichte werden, wie der Justiz-Minister erwarten darf, die Tendenz des Gesetzes: den Bedürfnissen des Verkehrs durch wesentliche Vereinfachungen, jedoch ohne Gefährdung der Sicherheit, entgegen zu kommen, auch ihrerseits durch das Bestreben unterstützen, bei der Bearbeitung der Hypothekengeschäfte die Anforderungen der Dienstbereitwilligkeit, Pünktlichkeit und Schnelligkeit mit den Rücksichten der Sorgfalt und Gründlichkeit einerseits, und der Vermeidung unnöthiger Förmlichkeiten und Weitläuftigkeiten andererseits, in einer ebenso der Wichtigkeit des Gegenstandes als dem Interesse des Publikums entsprechenden Weise zu vereinigen.

Art. 1. (Zu §§. 1 u. 7.) Durch den §. 1 des Gesetzes wird die bis jetzt erfolgte Eintragung aller durch die Rezesse der Auseinandersetzungs-Behörden eintretenden Aenderungen bei sämmtlichen dadurch berührten Grundstücken — ein Verfahren, durch welches besonders die Hypothekenfolien der berechtigten Grundstücke (Rittergüter u. dergl.) häufig mit einer sehr bedeutenden Zahl zum Theil entbehrlicher Vermerke angefüllt werden — auf diejenigen Fälle beschränkt, wo eine durch die Verhältnisse begründete Nothwendigkeit solcher Eintragungen vorliegt.

1. Aus den in dieser Beziehung unter Nummer 1—3 des §. 1 aufgestellten Normen ergiebt sich, daß, falls z. B. die Abfindung in Land besteht, oder die Auseinandersetzung lediglich durch Kompensation der Berechtigungen und Verpflichtungen bewirkt wird, eine Eintragung nur erforderlich ist, wenn dadurch ein im Hypothekenbuche ausdrücklich vermerktes Sach- oder Rechtsverhältniß berührt, aufgehoben oder verändert

1) wenn ein im Hypothekenbuche ausdrücklich vermerktes Sach- oder Rechtsverhältniß aufgehoben oder verändert wird;

---

wird. Desgleichen bedarf es bei einer Verwandlung von Abgaben in Rente, wenn dabei nicht zugleich die Abfindung des berechtigten Gutes durch die Rentenbank vermittelt wird (vergl. über diesen Fall den §. 18 des Gesetzes vom 2. März 1850 — Ges.-Samml. S. 112), keines Vermerkes auf dem Folium des berechtigten Gutes, falls nicht etwa auf diesem Folium die Zubehörigkeit der bisherigen Abgaben zu dem Gute durch die Eintragung besonders vermerkt war; es genügt vielmehr, daß auf dem Folium des verpflichteten Grundstücks, in dessen zweiter Rubrik die Abgaben und zwar bei einem richtigen Verfahren (vergl. Verfügung vom 11. Januar 1842 — Just.-Min.-Bl. S. 18) als Zubehör des berechtigten Gutes eingetragen waren, in der Kolonne „Cessionen" die eingetretene Aenderung vermerkt wird. Nur wenn die zwischen dem bisherigen Berechtigten und Verpflichteten vereinbarte Rente keine dauernde sein sollte, sondern die Verabredung etwa zugleich auf Amortisation der Rente gerichtet wäre, würde es, weil ein solcher Fall zu einem der Abfindung durch Kapital ähnlichen Resultate führt, auch auf dem Folium des berechtigten Gutes einer Eintragung bedürfen. Uebrigens folgt aus dem §. 3 der Verordnung vom 29. Juni 1835 (G. S. S. 135), daß bei dem verpflichteten Grundstücke eine Abfindung durch Kapital, sofern die Auseinandersetzungs-Behörde es verlangt, selbst dann einzutragen ist, wenn die aufgehobene Verbindlichkeit bisher aus dem Hypothekenbuche nicht ersichtlich war, indem diese Eintragung des Abfindungskapitals bei dem verpflichteten Grundstücke, so lange das Kapital noch nicht an den Berechtigten oder nach § 63 des Gesetzes vom 2. März 1850 (Ges.-Samml. S. 112) an die Staatskasse wirklich gezahlt worden, im Interesse des Berechtigten unerläßlich ist.

2. Wo die Rezesse der Auseinandersetzungs-Behörden hiernach noch zu Eintragungen Veranlassung geben, haben sowohl die Auseinandersetzungs-Behörden bei ihren Requisitionen um die Eintragung (vergl. §. 7 des Gesetzes in Verbindung mit der Verfügung des Ministeriums des Innern vom 3. Mai 1843, J. M. Bl. S. 83), als die Gerichte bei der Fassung der Eintragungsvermerke wie überall, so hier besonders die möglichste Kürze zu beachten.

3. Ob in den Fällen, wo die bestätigten Rezesse eine Eintragung erforderlich machen, dieselben bei den Grundakten aufzubewahren oder den Interessenten zuzustellen, und ob letzteren Falles eine vollständige beglaubigte Abschrift des Rezesses oder nur ein Extrakt aus demselben, wie es der §. 5 des Gesetzes gestattet, zu den Grundakten über die bei der Auseinandersetzung, Gemeinheitstheilung u. s. w. konkurrirenden Grundstücke zu bringen, haben die Gerichte nach den jedesmaligen Umständen zu ermessen.

4. Abgesehen von den Bestimmungen der §§. 1 und 7 des Gesetzes sind die bisherigen Vorschriften über den Verkehr zwischen den Auseinandersetzungs- und Hypotheken-Behörden, vergl. insbesondere
   Verordnung vom 20. Juni 1817 §§. 196, 197 (G. S. S. 161),
   Verordnung vom 30. Juni 1834 §§. 58, 59, 62 (G. S. S. 96),
   Verordnung vom 29. Juni 1835 §. 3 (G. S. S. 135),
   Deklaration vom 30. Juli 1842 (G. S. S. 245),
   Gesetze vom 2. März 1850 §. 109, resp. §. 18 (G. S. S. 109 resp. 115),

unverändert geblieben. Namentlich gilt dies in Bezug auf die vorläufigen Vermerke, welche auf Antrag der Auseinandersetzungs-Behörden noch vor der Errichtung und Bestätigung des förmlichen Rezesses einzutragen, und nach dessen Bestätigung wieder zu löschen sind.

2) wenn ein berechtigtes Grundstück durch Kapital entschädigt wird, sei es, daß dasselbe baar oder in Rentenbriefen gezahlt wird;
3) wenn ein verpflichtetes Grundstück eine Rente oder andere Last neu übernimmt, ohne daß die Abfindung des berechtigten Grundstücks durch die Rentenbank vermittelt wird. Tritt die Vermittelung der Rentenbank ein, so behält es bei dem §. 18 des Gesetzes vom 2. März 1850 über die Errichtung der Rentenbanken (G. S. S. 115) sein Bewenden[44]).

Wenn dagegen ein solcher Antrag von der Auseinandersetzungs-Behörde nicht gestellt, sondern von der vor der Rezeßbestätigung bewirkten Ausführung einer Ablösung, Regulirung oder Gemeinheitstheilung der Hypotheken-Behörde nur Nachricht gegeben wird,

vergl. die Verfügungen des Ministeriums des Innern vom 8. März 1838 (Ergänzungen der Preußischen Rechtsbücher zu §. 91, Tit. II der Hypotheken-Ordnung — 2. Ausgabe — Bd. 10, S. 207) und vom 22. Oktober 1838 (ebendas. zu §§. 202 ff. der Verordnung vom 20. Juni 1817 Bd. 4, S. 267),

so liegt hierin keine Veranlassung für die Hypotheken-Behörde, die erfolgte Ausführung von Amtswegen im Hypothekenbuche zu vermerken, und erledigt sich hierdurch die darauf bezügliche Verfügung vom 17. Mai 1838 (Jahrb. Bd. 51, S. 409).

5. Da endlich der ganze §. 1 des Gesetzes nur auf Veränderungen der bestehenden Hypothekenfolien sich bezieht, so ist dadurch in der bisherigen Befugniß der Auseinandersetzungs-Behörden, die Anlegung der in Folge der Rezesse, insbesondere bei Eigenthumsverleihungen im Wege der Regulirung der gutsherrlichen und bäuerlichen Verhältnisse erst nothwendig werdenden neuen Hypothekenfolien in Antrag zu bringen, nichts geändert worden.

44) Die Bestimmung zu 3 hat in Betreff der dem Domainen-Fiskus, als Berechtigten, zustehenden Renten, da bei dieser Art von Renten nach §. 64 des Gesetzes über die Errichtung von Rentenbanken v. 2. März 1850 die Vermittelung der Rentenbank nicht eintritt, den Zweifel veranlaßt: ob der aus dem §. 18 a. a. O. sich ergebende Grundsatz, daß wenn die bisherigen Abgaben im Hypothekenbuch nicht eingetragen waren, auch die an deren Stelle getretenen Amortisations-Renten keiner Eintragung bedürfen, auf Domainen-Amortisations-Renten Anwendung finde und nicht vielmehr diese in allen Fällen eingetragen werden müßten. In Betracht jedoch, daß nach dem §. 64 des G. v. 2. März 1850 die Grundsätze des letzteren, also auch des §. 18, auf die Domainen-Renten ebenfalls Anwendung finden, daß eine Aenderung dieser materiellen Bestimmungen des Rentenbank-Gesetzes durch die Novelle nicht beabsichtigt, und daß nach der ganzen Tendenz der Novelle durch den §. 1 nur die nach der bisherigen Gesetzgebung erforderlich gewesenen Eintragungen aus Auseinandersetzungs-Rezessen haben eingeschränkt, nicht aber solche Eintragungen in Fällen, wo sie bisher nicht erforderlich waren, neu angeordnet werden sollen, — ist es unbedenklich erschienen, daß unter den §. 1 Nr. 3 der Novelle, obwohl darin nur der § 18 und nicht zugleich der §. 64 des Rentenbank-Gesetzes allegirt ist, auch diejenigen Amortisations-Renten fallen, deren Tilgung nicht durch die Rentenbank, sondern durch die Domainen-Verwaltungsbehörden selbst vermittelt wird, so daß also hinsichtlich der Frage, in welchen Fällen es der Eintragung der Domainen-Amortisations-Renten bedürfe, in den bisherigen Grundsätzen, von welchen auch das von dem Fin.-M. auf Grund des §. 64 des Rentenbank-Gesetzes erlassene Reglement v. 1. August 1850 §. 14 ausgegangen ist, durch den §. 1 der Novelle nichts geändert worden ist. Schr. des Fin.-M. v. 7. November 1854 (J. M. Bl. S. 194).

unter die Erste, §. 41. Unter der ersten Haupt-Rubrike, und der ihr untergeordneten ersten Colonne, wird der Name des Besitzers[45]) verzeichnet; wobei, wenn besonders mehrere Personen gleiches Namens, in einer Provinz, Stadt oder Ort vorhanden sind, durch möglichst genaue Bezeichnung des Besitzers, mittelst Beifügung seines Vor- und Zunamens, seines etwa führenden Amts, Titels oder Charakters, und anderer dergleichen unterscheidender Kennzeichen, allen besorglichen Irrungen vorgebeugt werden muß[46]).

§. 42. Unter der zweiten Colonne wird bemerkt; aus welchem Rechtsgrunde der Besitzer zu dem Eigenthume des Grundstücks gelangt sei; ob er solches aus freier Hand, oder aus einer gerichtlichen Subhastation gekauft, eingetauscht, geerbt, geschenkt erhalten, oder wie er solches sonst erworben habe.

§. 43. Unter der dritten Colonne wird der Werth[47]), für

---

45) Die aus der Minderjährigkeit oder andern Eigenschaften folgende Verfügungsunfähigkeit des Besitzers wird hier bei seinem Namen nicht vermerkt. R. v. 30. August 1833 u. v. 1. October 1843 (J. M. Bl. S. 318).

46) In Ansehung der Besitztitel-Berichtigung bei Kirchen-, Schul- und Stiftungsgrundstücken haben sich die M. des Innern, der Finanzen und der geistlichen, Unterrichts- und Medicinal-Angelegenheiten mit dem J. M. über folgende Punkte geeinigt:

1. In jedem einzelnen Falle muß geprüft werden, wer als Eigenthümer eines im Besitze einer Kirchengesellschaft, einer Schul-Societät, oder einer Armen-Anstalt befindlichen Grundstücks in das Hypothekenbuch einzutragen sei.
2. Hat es kein Bedenken, daß rücksichtlich der Kirchen und Schulen der Besitztitel für dieselben als moralische Personen, ohne Erwähnung der sie bildenden physischen Personen, berichtigt werde, wobei gegen die Bezeichnung „Schul-Societät zu N. N." und „die zu der Kirche zu N. N. gemeinsame Kirchengesellschaft" nichts zu erinnern ist, in sofern nur in Fällen, wo mehrere Kirchengesellschaften zu einem Kirchengebäude gewiesen sind (§. 244, Tit. 11, Th. II. des A. L. R.), das alsdann obwaltende besondere Rechtsverhältniß beachtet, und demgemäß der Vermerk modificirt wird.
3. Die Eintragung des Patronats, als eines nur die innern Verhältnisse der Kirchengesellschaften betreffenden Rechts, welches in Bezug auf die Kirchen-Grundstücke keinesweges dinglicher Natur ist, findet nicht statt. R. v. 20. Juni 1829 (Erg. ad h. §.).

Die unter Nr. 3 angedeutete Modifikation kommt daher, daß man die Kirchen als solche, oder schlechtweg die Kirchengemeinden nicht pure als juristische Persönlichkeiten behandelt, sondern immer und immer auf die zu einer Kirche gewiesenen Personen in äußern Angelegenheiten kommt. Warum nicht schlechtweg z. B. „die evangelische Kirchengemeinde zu N. N." als Besitzer eines ihr gehörigen Grundstücks ins Hypothekenbuch soll eingetragen werden können, ist nicht findbar. Was für Personen dazu gehören, ist eine innere Angelegenheit.

47) Der Werth wird von der Hypothekenbehörde nicht vertreten. Publ. wegen Verhütung der nachtheiligen Folgen simulirter — Kontrakte, v. 20. Febr. 1802, §. 1 (Rabe, Bd. VII, S. 55).

Werden mehrere, auf verschiedene Folien eingetragene Grundstücke zusammen für Einen Preis gekauft, so wird derselbe nicht in der Kolonne 3 ausgeworfen,

welchen der Besitzer das Grundstück an sich gebracht hat, mit gehöriger Bestimmung der Münzsorten[48]), ausgeworfen[49]).

§. 44. Hat er solches unentgeltlich, z. E. durch Schenkung,

---

sondern in der Kolonne 2 **ante lineam** vermerkt (Publ. v. 2. October 1797, No. X, 6, Rabe, IV, S. 271), und die Eintragungsformel etwa so gefaßt:

(hat) der N. N.
von dem Vorbesitzer N. laut Kontrakts vom . . . mit dem Bauergute No. 1 und der Gärtnerstelle No. 30 zu N. zusammen für 30000 Thlr. (Dreißigtausend Thaler) erkauft und ist der Besitztitel für ihn berichtigt zufolge Verf. vom . . . .

In ähnlicher Weise wird verfahren, wenn Immobilien und Mobilien zusammen Gegenstand eines Kaufs sind, z. B. wenn ein Gut mit Vorräthen und Inventarienstücken gekauft wird. Ist angegeben, wieviel auf das Gut und wieviel auf die Mobilien gerechnet worden, so wird nur die auf das Gut fallende Summe in der Kolonne 3 ausgeworfen; ist keine Preisvertheilung im Kontrakte enthalten (was wol selten vorkommen wird, weil dann der Immobiliar-Stempel von der ganzen Summe entrichtet werden müßte), so ist der ungetheilte Preis **ante lineam** in der 2ten Kolonne zu vermerken. Vergl. R. v. 14. Juni 1844 (J. M. Bl. S. 146).

48) Ein in Dukaten verabredeter Kaufpreis wird auch in dieser Geldsorte in der 3ten Kolonne, ohne Reduktion in Silbergeld, ausgeworfen. R. v. 16. April 1830 (Erg. **ad h. §.**). Ist die Vereinbarung über eine Geldsumme nach der alten abgeschafften Münzeintheilung getroffen, so muß der Betrag nach der neuen Münzeintheilung eingetragen werden. G. v. 30. September 1821; K. O. v. 22. Juni 1823, Nr. 2; K. O. v. 30. November 1829 Nr. 3. Dies findet auch bei der Eintragung von Reallasten, z. B. Kanon, aus älteren Verträgen Anwendung. R. v. 30. Januar 1832 (Erg. **ad h. §.**). Daß dieses R. die Abänderung der bereits im Hypothekenbuche befindlichen Einträge vorschriebe, wie Förster in der Anm. 41 lit. b. zu §. 47 seiner Hypothekenordnung angiebt, ist nicht der Fall.

49) Ist die Bestimmung des Kaufpreises von einem künftigen Ereignisse abhängig gemacht (A. L. R. I, 11, §. 47), so hindert dies die Berichtigung des Besitztitels nicht; es ist dabei nur das Ereigniß, von welchem die Bestimmung des Kaufpreises abhängt, zu bezeichnen und es muß, nachdem das Ereigniß eingetroffen, der Preis nachträglich vermerkt werden. R. v. 26. Februar 1806 (Rabe, VIII, S. 480). Eine solche Besitztitel-Berichtigung würde etwa so zu fassen sein:

(hat) der N. N.
von dem Vorbesitzer N. N. laut Kaufkontrakts vom . . . . für diejenige Summe erkauft, welche durch eine landschaftliche Taxe als Werth des Guts festgestellt werden wird, und ist der Besitztitel für ihn berichtigt **ex decreto** vom . . . .

Der Werth ist durch die am . . . festgesetzte landschaftliche Taxe auf . . . . 50,000 Thlr.
bestimmt worden. Vermerkt **ex decreto** vom . . . .

Hierbei versteht sich, daß das künftige Ereigniß ein solches sein muß, welches gewiß eintritt. Ist es ein solches, dessen Eintritt ungewiß ist, z. B. wenn es darin besteht, daß eine bestimmte Person den Preis bestimmen soll, so muß die Besitztitelberichtigung bis zur erfolgten Preisbestimmung ausgesetzt bleiben, weil der Kauf für nicht geschlossen zu achten, wenn der Dritte die Preisbestimmung verweigert (A. L. R. I, 11, §. 51). Zwar ist das bedingte Eigenthum, welches in diesem Falle der Käufer erwirbt, an sich nicht ungeeignet zur Eintragung; allein wegen der Widerruflichkeit und Ungewißheit der von einem solchen Besitzer unternommenen Hypothekengeschäfte und veranlaßten Eintragungen müssen dieselben aus Nützlichkeitsgründen verhindert werden.

Erbgangs-Recht, oder sonst, ohne Bestimmung eines gewissen Geldwerths überkommen; so muß derjenige Preis, welchen sein nächster Vorfahr dafür erlegt hat, in sofern solcher bekannt ist, ausgeworfen werden[50]).

§. 45. Läßt der Besitzer das Grundstück taxiren, so wird die Taxe in der Regel nicht eingetragen. Auf sein Verlangen aber kann solches geschehen; nur muß auch alsdann der Betrag derselben nicht ausgeworfen, sondern nur ante lineam bemerkt werden[51]).

§. 46. Wenn städtische oder Rustikal-Grundstücke in einer Brand-Versicherungs-Societät stehen, so wird die Summe, wie hoch sie darinn eingeschrieben sind, in dem Hypotheken-Buche, unter der ersten Rubrike, jedoch gleichergestalt nur ante lineam notirt, und die bei Erneuerung des Feuer-Catastri sich etwa ereigneten Veränderungen, werden in eben der Art, von Zeit zu Zeit, nachgetragen[52]).

---

50) Der hier vorgeschriebenen besonderen Auswerfung des früheren Erwerbspreises in den Fällen, wo ein Grundstück dem Acquirenten unentgeltlich überlassen wird, bedarf es nicht weiter. R. v. 18. August 1843 (Schles. Arch. Bd. V, S. 173). Die Vorschrift des §. 44 bezweckt nämlich, daß aus den Hypothekenscheinen etwas über den Werth zu ersehen sein soll, daher die Wiederholung des vorigen Erwerbspreises bei der letzten Besitztitelberichtigung auf Grund einer unentgeltlichen Erwerbung nöthig wurde, wenn der Hypothekenschein nur — wie es die §§. 305 u. 307 Tit. 2 vorschreiben — eine genaue und wörtliche Abschrift aller den letzten eingetragenen Besitzer angehenden Vermerke sein sollte. Dies ist durch das Publ. v. 20. Februar 1802 §. 2 (Rabe, VII, S. 55) und das R. v. 1. Mai 1804 (Rabe, VIII, S. 42) dahin geändert, daß nicht nur der neueste (oder letzte) Erwerbspreis, sondern auch die früheren Erwerbspreise, soweit sie aus dem Hypothekenbuche hervorgehen, in dem Hypothekenscheine aufgeführt werden sollen. Wäre neben dieser Veränderung der §. 44 weiter befolgt worden, so würde der letzte Erwerbspreis, in dem vorausgesetzten Falle, zwei Mal in dem Hypothekenschein erschienen sein. Die Praxis hatte daher schon lange die Vorschrift des §. 44 für obsolet angesehen und diese Praxis ist nicht allein durch jenes R. v. 18. August 1843 bestätigt, sondern findet auch in dem G. v. 24. Mai 1853 §. 22, lit. A, Nr. 3 Anerkennung. Ueber die Fassung der Hypothekenscheine bei diesem Punkte: unten die Anm. zu §. 307 Tit. 2.

Die Vorschrift des J. M. in der Verf. v. 5. April 1842 (J. M. Bl. S. 166), daß die Ablösung einer Last, als Werthserhöhung, auch dann auf Antrag des Besitzers in der I. Rubrik zu vermerken sei, wenn die abgelöste Last nicht aus dem Hypothekenbuche hervorging, ist durch das G. v. 24. Mai 1853 §. 1, Nr. 1 (oben Zus. 5 zu §. 40) beseitigt.

51) Vorausgesetzt ist hierbei eine gerichtliche oder beziehungsweise landschaftliche Taxe. Die Eintragung einer außergerichtlich aufgenommenen Taxe ist unzulässig. R. v. 8. December 1800 (Rabe, Bd. VI, S. 373).

52) Der §. 46 kann auf die Versicherung bei ausländischen und bei Privat-Feuer-Societäten nicht angewendet werden; und der Vermerk der Versicherung bei einer öffentlichen inländischen Societät ist auch nicht nothwendig, wenn Niemand darauf anträgt und der Eintritt in die Societät selbst nicht auf einer

§. 47. Unter der zweiten Haupt-Rubrike[53]) werden die auf einem Grundstück haftenden beständigen Lasten und Real-Verbindlichkeiten[54]) bemerkt. Zweite und

Zwangspflicht beruht. Bereits eingetragene Vermerke dürfen jedoch nicht ohne Zuziehung der Hypothekengläubiger wieder gelöscht werden. R. v. 6. März 1837 (Erg. ad h. §.).

Die Meinung des ältern R. v. 24. August 1784 Nr. II. (Rabe, I, 7, S. 407), daß die Eintragung des Assekuranz-Quanti bei städtischen Grundstücken **de necessitate** sei, und daß die Magisträte die deshalb nöthigen Nachrichten der Hypothekenbehörde **ex officio** mitzutheilen hätten, setzt eine gesetzliche Zwangspflicht zur Versicherung voraus. Wo diese nicht bestanden oder wo sie aufgehört hat, kommt der §. 46 von Amtswegen nicht zur Anwendung.

Wenn eine eingetragene Versicherung, zufolge des Ausscheidens des Versicherten aus der Societät, wieder gelöscht wird, so sind der Eigenthümer und die Real-Interessenten davon zu benachrichtigen. R. v. 1. März 1833 (Erg. ad h. §.).

53) Die zweite Rubrik hat nach dem, im §. 23 d. T. vorgeschriebenen Schema 3 Kolonnen: a) Quantum, b) **Onera perpetua etc.**, c) deren Löschung. Dabei war nicht vorhergesehen worden, daß bei diesen Reallasten hinsichtlich der Person des Berechtigten Einschränkungen oder Veränderungen vorkommen würden; die Subinscriptionen mußten daher, und sie müssen in Büchern nach dem alten Schema noch jetzt, in der Hauptkolonne eingetragen werden. War der Raum unmittelbar hinter der betroffenen Post schon mit einem andern Eintrag beschrieben, so half man sich damit, daß man am Ende derselben ein Zeichen machte und unter Vorsetzung desselben Zeichens die Subinscription hinter der letzten Post in der Hauptkolonne einschrieb. In dem Hypothekenscheine folgte und folgt dann die Subinscription unmittelbar hinter der betroffenen Post. R. v. 14. Juni 1806 (Rabe, VIII, S. 610). Die Löschung der Subinscription wurde und wird unmittelbar hinter derselben, oder wenn inzwischen bereits andere Vermerke eingetragen worden, hinter der letzten Post eingetragen und man brachte oder bringt beziehungsweise noch jetzt in dem zweiten Falle den Löschungsvermerk mit der Subinscription wieder durch ein Zeichen in Verbindung; beide Vermerke, die Subinscription und der Löschungsvermerk werden mit rother Dinte unterstrichen. R. v. 24. März 1840 (J. M. Bl. S. 127). Vergl. unten, §. 62 d. T. Die hierdurch entstehenden Verdunkelungen der Hauptkolonne veranlaßten die Anordnung der Nebenkolonne „Cessiones" (Veränderungen). R. v. 14. Juni 1806, (Rabe, VIII, S. 610), und später fügte man noch eine Unterabtheilung „Löschung der Cessionen" hinzu. Instr. v. 19. April 1834 (Jahrb. Bd. XLIII, S. 622), v. 29. April 1834 (ebd. S. 610), und vom 30. Januar 1842 (J. M. Bl. S. 67). Diese Kolonne für „Veränderungen" mit zwei Unterabtheilungen, für die Eintragung und für die Löschung, schreibt nun schließlich die Instr. v. 3. August 1853, Art. 2, Nr. 3, 4 (oben in der Anm. zum Zus. 5 zu §. 40) vor.

Vergl. oben, Anm. 48 zu §. 43 d. T.

54) Grund- (Real-) Lasten, und Real-Verbindlichkeiten, also zwei Klassen von dinglichen Rechten. Der gemeinsame Charakter derselben ist, daß keins dieser Rechte in einer solchen Geldobligation besteht, welche durch einmalige Leistung getilgt werden kann. Mehr läßt sich nicht behaupten; denn in der zweiten Klasse sind sehr ungleichartige Rechte zusammen geworfen, indem z. B. absolut dingliche Rechte, wie Usus, Ususfruktus und Habitatio, mit persönlichen Rechten (Obligationen), wie das **pactum retroventitionis, protimiseos, addictionis in diem**, zusammengestellt sind.

Reallasten sind selbstständige dingliche Rechte, verbunden mit einer Gewere des Berechtigten, im Sinne des ältern deutschen Rechts, an dem belasteten Grundstücke. Das durch ein solches Recht zwischen dem Berechtigten und dem

§. 48. Unter den einzutragenden beständigen Lasten oder Abgaben, sind jedoch keineswegs zu verstehen, gemeine Lasten und Pflichten, welche nach der Verfassung des Orts, des Kreises, oder der Provinz, von allen[55]) Grundstücken derselben Art, an den

---

Belasteten gegründete Verhältniß enthält zwei Bestandtheile: ein dingliches und ein persönliches. Der Gegenstand des letztern ist ein Thun (Dienste) und Leisten. Daß man sich die Vereinigung beider Elemente, des dinglichen und des obligatorischen, nicht in der Weise zu denken habe, wie die Verbindung einer Geldforderung mit einer Hypothek, wobei die Obligation das vorherrschende, das dingliche Recht nur ein begleitendes unselbstständiges (accessorisches) Element ist, darüber ist man einig. Wie aber die eigenthümliche Zusammensetzung beider Bestandtheile in den Reallasten juristisch zu denken sei, das hat die Rechtsgelehrten vielfach beschäftigt. Ohne auf die verschiedenen Meinungen einzugehen, bemerke ich nur, daß die zur Zeit herrschende und hier als richtig vertretene Meinung die ist, daß beide Elemente zu einem unzerlegbaren Ganzen verschmolzen sind, wodurch die Gewere (das Besitzthum) des Belasteten die Eigenschaft erhält, daß sie den Besitzer ohne Weiteres, d. h. ohne Anwendung eines Mittels zur Herstellung eines obligatorischen Verhältnisses zwischen dem Berechtigten und dem folgenden Besitzer der belasteten Sache, verpflichtet, aus der Sache oder für die Sache etwas zu thun oder zu leisten, daher die juristische Bedeutung des Verhältnisses durch die gebräuchliche Redeweise: „das Grundstück zinset, — die Stelle ist dienstpflichtig" ꝛc. treffend bezeichnet wird. (Albrecht, die Gewere, S. 168.) Der Besitzer ist gleichsam der Repräsentant des leistenden Guts. Die Entstehung kann sowohl aus einem allgemeinen Gesetze wie aus einem Vertrage kommen, auf den materiellen Charakter des Rechts ist die Entstehungsart nach der preußischen Hypotheken-Verfassung in sofern von Einfluß, als die durch Verträge begründeten Reallasten sich ohne Eintragung in das Hypotheken-Buch gegen den folgenden Besitzer des belasteten Guts in der Regel nicht unbedingt wirksam erweisen §. 49 d. T. Aber zur Begründung oder ursprünglichen Erwerbung des Realrechts ist auch bei dieser Klasse die Eintragung kein Erforderniß: die Eintragung ist hier nicht Erwerbungsart, sondern Erhaltungsmittel. Daher ist das Realrecht, auch wenn die Reallast nicht eingetragen ist, gegen jeden Dritten, also auch gegen den eingetragenen jüngern Hypothekengläubiger, wenn er zur Zeit der Erwerbung seines Rechts die Reallast gekannt hat, wirksam. Vergl. Entsch. des Ob.-Tr. Bd. XX, S. 193. Die nach altem Rechte zum Charakter der Reallasten gehörige Unablöslichkeit ist nach neuestem Recht nur noch denjenigen Reallasten eigenthümlich, welche ein staatsrechtliches Fundament haben. G. v. 2. März 1850, §. 6, Abs. 2. (G.-S. S. 77.)

Real-Verbindlichkeiten ist kein bestimmter juristischer Begriff. Nach der Wortbedeutung würde man sich darunter eine Verbindlichkeit (Obligation) zu denken haben, welche mit einem Grundstücke in eine bleibende Verbindung gesetzt worden ist. Dies wäre jedoch nicht erschöpfend; denn der §. 50 zählt dazu auch die Personal-Servituten, namentlich den usus, den ususfructus, die habitatio, welche qualitative Abspliſſe des Eigenthums sind und gar kein obligatorisches Element haben. Im Allgemeinen hat man sich unter den hier gemeinten Real-Verbindlichkeiten entweder besondere einschränkende Eigenschaften des Besitzthums, oder darauf gelegte andere dingliche Rechte als Hypotheken zu denken.

55) Alle Grundstücke derselben Art müssen der Last unterworfen sein, und zwar verfassungsmäßig. Wenn also an dem Orte oder in dem Orte, von welchem die Rede ist, es als Regel angenommen werden kann, daß alle Fundi daselbst damit belastet sind, also daß der Grundbesitzer, welcher davon frei zu sein behauptet, specialem exemtionem nachweisen müßte; so findet die Eintragung nicht statt — R. vom 24. December 1792, Nr. 2 (Rabe, II, 376), wenn sie auch auf besondern Titeln beruhen. R. v. 10. März 1803 (Rabe,

Landesherrn, die Obrigkeit[56]), die Kirche, oder Geistlichkeit zu entrichten sind; als Contribution, Lehns-Canon[57]), Steuern[58]), Dienste, Servis, Feuer-Societäts-Gelder[59]), Hufen- und Giebelschoß, Dezem[59a]), Kirchen-, Pfarr- und Küster-Gebühren, und

---

VII, S. 315); denn es kommt dann auf die Entstehung nichts an. R. des Fin. M. v. 19. März 1832 (Erg. ad h. §. No. IV). Wenn aber nur einer, oder nur etliche Fundi desselben Orts ein Onus von dieser Art zu entrichten haben; so ist die Eintragung erforderlich. Dief. R. v. 24. December 1792, Nr. 2 und v. 10. März 1803; und Circ. v. 28. Februar 1793 (Rabe, II, S. 410).

Dagegen wird es, um eine Abgabe zu einer gemeinen verfassungsmäßigen Last zu erklären, keinesweges erfordert, daß sie eine überall gleiche Abgabe sei. R. v. 10. März 1803 (Rabe, VII, S. 315) und v. 22. Juni 1832 (Jahrb. Bd. XXXIX, S. 457).

Wenn aber auch die Hypothekenbehörde, nach ihrer Ansicht von der Allgemeinheit einer solchen Reallast, eine Abgabe für eine allgemeine verfassungsmäßige hält; so muß dem Antrage des Berechtigten auf Eintragung doch gewillfahrt werden, weil der Berechtigte, indem er die Eintragung verlangt, keine andere Eigenschaft der Abgabe als die im §. 49 (§. 232, Tit. 11, Th. II des A. L. R.) bezeichnete in Anspruch nimmt und ihm durch die Weigerung der Hypothekenbehörde, die Abgabe einzutragen, keine Gewähr für die künftige Anerkennung der bessern Qualität des §. 48 in judicando gegeben werden kann. R. vom 22. Juni 1832 (Jahrb. Bd. XXXIX, S. 457). Vergl. die R. vom 24. Octbr. 1834 u. v. 3. März 1837 (Erg. ad §. 49).

Eine Anwendung von den hier angemerkten Grundsätzen macht das Ob.-Tr. auf Laudemien in dem Pr. 2550 v. 28. September 1854, welches folgenden Satz feststellt: „Unter den im §. 48 von der Nothwendigkeit der Eintragung in das Hypothekenbuch befreiten gemeinen Lasten und Pflichten sind zwar solche beständige Lasten oder Abgaben, welche in gewissen Zeitabschnitten regelmäßig wiederkehren und deren Entrichtung nicht bloß von dem Eintritte gewisser Begebenheiten oder Handlungen abhängig ist, ebenfalls mit begriffen, aber nicht dergestalt ausschließlich zu verstehen, daß nicht auch andere dingliche Lasten, wie z. B. die Verpflichtung zu Besitzveränderungs-Abgaben, — wenn sie nach der Verfassung des Orts von allen Grundstücken derselben Art an die im Gesetze benannten Berechtigten zu entrichten sind, — dazu gerechnet werden können." (Entsch. Bd. XXVIII, S. 406.)

56) Darunter werden die Gutsherrn begriffen (§§. 356, 357, 358, Tit. 50, Th. I der A. G. O.); bei Domainen ist mithin der Fiskus, als Grundherr, diese Obrigkeit. R. v. 19. März 1832 (Erg. ad h. §.).

57) Der von den Besitzern allodificirter Lehngüter in dem ehemaligen Königreich Westphalen und im ehemaligen Großherzogthum Berg gesetzlich an den früheren Lehnsherrn zu entrichtende Allodifikationszins gehört nicht zu denjenigen beständigen gemeinen Lasten und Abgaben, die nach Vorschrift des §. 48 d. T. keiner Eintragung bedürfen. Pl.-Beschl. (Pr. 1246) des Ob.-Tr. v. 19. Januar 1843 (Entsch. VIII, S. 161).

58) Namentlich Grundsteuer. R. des F. M. v. 16. Juni 1831 (Annal. Bd. XV, S. 269); R. des J. M. v. 23. Januar 1832 (Jahrb. Bd. XXXIX, S. 122); vom 3. October 1834 (ebd. Bd. XLIV, S. 404). Auch die an die Rentenbanken zu zahlenden Renten und die Domainen-Renten. Rentenbank-G. v. 2. März 1850, §§. 18, 64 (und Zus. 9 zu §. 49).

59) Vergl. Konk.-O. v. 8. Mai 1855, §. 49, wodurch die ältere Meinungsverschiedenheit über die Rückstände beseitigt ist.

59a) Wenn der Zehnten in einem Bezirke eingeführt oder hergebracht ist, so kann der neue Erwerber eines darin belegenen Grundstücks von der Zehntandere nachbarliche[60]) Prästationen; da dergleichen Abgaben von dem im Hypotheken-Buche eingetragenen Werth des Guts schon abgezogen sind; ein Käufer aber, oder wem sonst daran gelegen ist, sich darnach besonders zu erkundigen hat.

§. 49. Dagegen gehören in das Hypotheken-Buch solche beständige Lasten, die auf ein Grundstück durch einzelne Verträge, Stiftungen, Vermächtnisse, oder sonst, vermöge eines speciellen Titels[60a]), gelegt sind; als: Erbzins- und Erbpachts-Gelder, unablösliche Geld- oder Korn-Zinsen[62]); Renten und andere Hebungen, welche gewissen einzelnen, oder auch moralischen Personen, Kirchen, Klöstern, oder andern milden Stiftungen, von einem solchen Grundstück gebühren[63]), und die ein Kauflustiger, bei Abgebung seines Gebots auf dergleichen Grundstück, von dem Ertrage desselben gewöhnlich abzuziehen pflegt[63a]).

---

pflicht deshalb, weil solche im Hypothekenbuche nicht eingetragen ist, eine Befreiung nicht in Anspruch nehmen; vielmehr gehört dazu der Nachweis, daß das bestehende Zehntrecht nicht eine allgemeine Last daselbst, sondern nur eine specielle Last seines Guts gewesen sei. Erk. des Ob.-Tr. v. 28. Februar 1845. (Schles. Arch. Bd. VI, S. 378.)

60) D. h. aus einem Kommunal- oder Gesellschafts-Verbande fließende.

60a) Ein Bescheid des J. M. v. 24. Octbr. 1834 (Erg. ad h. §., No. III), erklärt auch ein Anerkenntniß für einen speciellen Titel, was unrichtig ist.

61) Dieser §. ist durch den §. 4 des Pat. v. 22. Mai 1815 nicht aufgehoben, sondern kommt neben demselben zur Anwendung, so daß die Berechtigten nur diejenigen Befugnisse anzumelden verpflichtet sind, welche zur Erhaltung des Realrechts der Eintragung in das Hypothekenbuch bedürfen. Pr. des Ob.-Tr. 766, v. 7. December 1839.

62) Darunter sind auch wiederkäufliche Zinsen begriffen. Vergl. die Anm. 27a zu §. 329, Th. I, Tit. 11 des A. L. R.

63) Bei der Eintragung muß sorgfältig unterschieden werden, ob die Berechtigung als Zubehör einem andern Gute, oder einer bestimmten Person zusteht. Erhellet die Intention der Kontrahenten hierüber aus dem vorgelegten Titel nicht, so sind diese, event. die betreffende Auseinandersetzungsbehörde, oder die Hypothekenbehörde des berechtigten Guts zu hören. — Ist es zweifelhaft: ob eine Last subjektiv dinglicher oder persönlicher Natur sei, und die vernommenen Interessenten haben sich darüber nicht einigen können; so ist auf Antrag der Gläubiger des berechtigten Grundstücks eine Protestation dahin einzutragen:

> daß die für NN. eingetragene Abgabe nicht ihm persönlich, sondern dem Gute X. als subjectiv dingliches Recht zustehe, und mithin der für A. auf das berechtigte Gut bestellten Hypothek für ein Darlehn von . . . . unterworfen sei.

Umschreibungen subjectiv dinglicher Rechte in subjectiv persönliche können nur unter dem Beitritt der Kreditoren und Realberechtigten des berechtigten Guts erfolgen. R. v. 11. Januar 1842 (J. M. Bl. S. 19). Vergl. Gem. Th. O. v. 7. Juni 1821, §. 149 (G. S. S. 53) und G. v. 29. Juni 1835, §. 3 (G. S. S. 135 und Zus. 6 u. 7 zu §. 49 d. T.)

63a) Ueber das Verfahren bei Subingrossationen auf die hier bezeichneten Berechtigungen: oben, Anm. 53 zu §. 47.

6. Gem. Th. O. vom 7. Juni 1821 (G. S. S. 53).

§. 76. Die (aus Gemeinheitstheilungen entsprungene) Rente genießt vor allen hypothekarischen Forderungen dasselbe Vorzugsrecht, welches dem abgelösten Rechte selbst zustand; zur Erhaltung desselben muß jedoch die General-Commission von Amtswegen[64]) die Eintragung in das Hypothekenbuch des verpflichteten Grundstücks nachsuchen.

§. 147. Die Entschädigung, die jeder Theilhaber durch die Auseinandersetzung erhält, ist ein Surrogat der dafür abgetretenen Grundstücke oder dadurch abgelösten Berechtigungen, und erhält daher in Ansehung ihrer Befugnisse, Lasten und sonstigen Rechtsverhältnisse, die Eigenschaften derjenigen Grundstücke, für welche sie gegeben worden.

§. 149. Sind Grundstücke oder Gerechtsame gegen Rente abgetreten, so tritt auch diese an die Stelle derselben[65]). Es muß jedoch in das Hypothekenbuch des belasteten Grundstücks vermerkt werden, daß die Rente ein Zubehör des berechtigten Guts sei, und die Fähigkeit des Besitzers über dieselbe zu verfügen, aus dem Hypothekenbuche über das letztgedachte Gut zu ersehen sei[66]).

7. G. wegen Sicherstellung der Rechte dritter Personen bei gutsherrlichen Regulirungen, Gemeinheitstheilungen, Ablösungen u. s. w. Vom 29. Juni 1835 (G. S. S. 135).

§. 3. Die im §. 149 der Gem. Th. O. vom 7. Juni 1821 enthaltene Bestimmung, nach welcher, im Falle der Entschädigung in Renten, in dem Hypothekenbuche des belasteten Grundstücks vermerkt werden muß, daß die Rente ein Zubehör des berechtigten Guts und die Befugniß des Besitzers, über dieselbe zu verfügen, aus dem Hypothekenbuche über das letztgedachte Gut zu ersehen sei, — findet auch auf Entschädigungen in Kapital Anwendung und gilt, mit dieser Ausdehnung, bei Ablösungen und (gutsherrlich-bäuerlichen) Regulirungen ebenso, wie bei Gemeinheitstheilungen.

8. Gesetz, betreffend die Ablösung der Reallasten und die Regulirung der gutsherrlichen und bäuerlichen Verhältnisse. Vom 2. März 1850 (G. S. S. 77).

§. 91. Mit Ausnahme fester Geldrenten dürfen Lasten,

---

64) G. v. 29. Juni 1835, §. 3 (Zus. 7).

Wenn Abgaben der im §. 48 d. T. gedachten Art zwar nicht verwandelt werden, die Eintragung derselben aber von den Berechtigten in Antrag gebracht wird; so muß auch die bisher diesen Abgaben zugestandene Priorität vor den bereits eingetragenen Forderungen im Hypothekenbuche vermerkt werden. Verweigert der über einen solchen Antrag zu vernehmende Besitzer die Anerkennung der Last oder Abgabe als solcher, welche zu den im §. 48 d. T. bezeichneten gehört, so ist neben der Eintragung des Vorzugsrechts zugleich die entgegengesetzte Behauptung des Besitzers als eine Protestation zu vermerken. R. v. 3. März 1837, No. II (Erg. zu §. 49, Nr. 1 lit b).

65) S. die vor. Anm. 64, Abs. 2.

66) Diese Eintragung muß auch dann erfolgen, wenn die aufgehobene oder verwandelte Last aus dem Hypothekenbuche nicht ersichtlich war. G. v. 24. Mai 1853, §. 1, Nr. 3 (Zus. 5 zu §. 40 d. T.).

welche nach dem gegenwärtigen Gesetze (§. 6) ablösbar sind, einem Grundstücke von jetzt ab nicht auferlegt werden.

9. Gesetz über die Errichtung von Rentenbanken. Vom 2. März 1850 (G. S. S. 112).

§. 18. Die an die Rentenbank abgetretenen Renten genießen bei Konkurrenz mit andern Verpflichtungen des belasteten Grundstücks dasselbe Vorzugsrecht, welches die Gesetze den Staatssteuern beilegen. Sie bedürfen keiner Eintragung in das Hypothekenbuch des verpflichteten Grundstücks, welches jedoch für die Dauer der Amortisations-Periode der Rentenbank verhaftet bleibt.

Diejenigen eingetragenen Reallasten, an deren Stelle die Renten getreten sind, werden im Hypothekenbuche kostenfrei gelöscht; dagegen wird in diesem Falle kostenfrei im Hypothekenbuche vermerkt, daß das Grundstück der Rentenbank rentenpflichtig ist.

Die Löschung wird von der Auseinandersetzungs-Behörde beantragt, sobald die Uebernahme der Rente von der Direction der Rentenbank und die Abfindung des Berechtigten erfolgt ist (§. 30).

§. 64. Auf diejenigen Renten, welche sonst nach §§. 6 u. 8 zur Ablösung durch die Rentenbanken geeignet wären, aber dem Domainen-Fiskus als Berechtigten zustehen, sollen die Grundsätze des gegenwärtigen Gesetzes — —[67]) angewendet werden.

§. 50. Unter die Real-Verbindlichkeiten[68]), welche bei dieser Rubrike zu vermerken, gehören alle diejenigen, wodurch die Befugniß des Besitzers, mit dem Grundstück zu disponiren, auf eine oder die andere Art eingeschränkt wird, z. E. die Lehnbarkeit[69]), die Qualität eines Fideicommisses, Majorats, oder

67) An dieser Stelle ist eine Maaßgabe festgesetzt, welche sich bloß auf die Amortisation der Renten bezieht und die Behandlung der Renten beim Hypothekenbuche nicht berührt.

Auf Grund des von den Regierungen, resp. von den ordentlichen Auseinandersetzungs-Behörden bestätigten Rezesses, werden diejenigen Reallasten, an deren Stelle die dem Domainen-Fiskus zustehenden, sich amortisirenden Renten getreten sind, kostenfrei auf den Antrag der den Rezeß bestätigenden Behörde im Hypothekenbuche gelöscht, und dagegen in Rubrik II kostenfrei vermerkt:

„Daß das Grundstück, nach näherem Ausweis des in Bezug zu nehmenden Regulirungs-Rezesses, wegen durch Amortisation abzulösender Renten, dem Domainen-Fiskus verhaftet bleibe."

Sind die Reallasten, an deren Stelle die Amortisationsrente tritt, im Hypothekenbuche nicht eingetragen, so unterbleibt der vorstehende Vermerk. §. 18 des Rentenbank-Ges. (dieses Zus. 9). Instr. des Fin.-Min. v. 1. August 1850, §§. 12, 14, 19. Vergl. oben die Anm. 44 zum Zus. 5 zu §. 40 d. T.

68) Oben, Anm. 54, Abs. 3.

69) Das vermöge der Lehnseigenschaft eines Guts einer gewissen Person daran zustehende Obereigenthum muß in der II. Rubrik ausdrücklich vermerkt sein, wenn es einem Dritten, namentlich einem eingetragenen Gläubiger, mit Erfolg entgegengesetzt werden soll, und es genügt nicht, wenn das Gut nur im Allgemeinen ein Lehngut genannt worden, ohne Denjenigen zu bezeichnen, dem das Obereigenthum daran zusteht. Erk. des Ob.-Tr. vom 17. Februar 1820 (Simon, Rechtsspr. Bd. I, S. 222).

Seniorats[70]), Substitution[71]), Näher-Recht[72]); pacta retroventitionis, protimiseos, addictionis in diem[73]); Verträge oder andere rechtliche Dispositionen, wodurch jemanden der Gebrauch, die Nutz-Nießung, die Wohnung[74]), oder andere dergleichen, das Eigenthum des Besitzers und dessen Wirkungen limitirende Befugnisse, auf das Grundstück beigelegt worden[75]).

---

70) Das Gleiche (vor. Anm.) gilt vom getheilten Eigenthum überhaupt, also auch von Fideikommiß-Gütern. V. vom 31. März 1834, §. 3 (G. S. S. 47.) — Auch von der Eigenschaft eines Grundbesitzes als einer Superficies. R. v. 29. Mai 1789, No. II, 2, 4. (Rabe, Bd. I, Abth. 7, S. 763.)

71) Namentlich auch ein fideicommissum de eo quod supererit (R. v. 5. October 1838, Jahrb. Bd. LII, S. 593), und das Anerbenrecht. Wenn der Besitztitel für die Wittwe eines Kolonen (nach der Minden-Ravensberger Eigenthums-Ordnung) berichtigt und das Anerbenrecht rubr. II vermerkt ist; so kann die Wittwe mit dem Grundstücke, ohne Konsens des Anerben, keine Hypothek mit rechtlicher Wirkung bestellen. Erk. des Ob.-Tr. v. 26. August 1836 (Entsch. Bd. I, S. 375).

72) Die Näher- und Retraktrechte an Immobilien sind aufgehoben. G. v. 2. März 1850, §. 2, Nr. 6.

73) Die genannten Pakta schaffen keine selbstständigen dinglichen Rechte, sondern nur Verbindlichkeiten (Obligationen), zunächst unter den Paciscenten, werden aber durch die Eintragung in das Hypothekenbuch pacta in rem.

74) Die habitatio des R. R. Wohnungsrechte, welche der Verkäufer sich oder einem Dritten vorbehält, oder welche bei Erbtheilungen einem Erbinteressenten als bisherigem Miteigenthümer bewilligt werden, müssen auch ohne Intabulations-Einwilligung eingetragen werden. Aber auch außer diesen Fällen des Vorbehalts muß die Eintragung erfolgen, wo sich aus dem Vertrage ergiebt, daß ein Realrecht auf das Grundstück selbst bestellt worden ist. R. v. 1. August 1834 (Jahrb. Bd. XLIV, S. 133). Der Grund ist, weil ein selbstständiges Realrecht durch die Eintragung nicht erst erworben, geschaffen oder gegründet, sondern nur erhalten wird, indem es schon durch den Besitz geworden ist. Aber die ebendaselbst angeordnete Eintragung von Amtswegen fällt nun nach §. 28 des G. v. 24. Mai 1853 (Zus. zu §. 85, II) weg.

75) Wie Altentheils-Verträge. S. den Zus. 10 zu diesem Paragragh.

Ferner gehören hierher solche Vorbehalte im Erwerbstitel, welche das Eigenthum widerruflich machen, z. E.

a) Der in den Konzessionen zu neuen Anlagen und Bauten innerhalb der Festungs-Rayons gemachte Vorbehalt, daß die Anlage oder das Gebäude auf Verlangen der Festungs-Kommandantur wieder wegzuschaffen sei. Regulativ v. 10. September 1828, §. 4 (G. S. S. 120), und Schr. des J. M. v. 5. April 1828 (Erg. ad §§. 79, 80, Tit. 2 Nr. 5);

b) die gegen die Polizeibehörde übernommene Verpflichtung, einen einstweilen geduldeten vorschriftswidrigen Bau auf Erfordern abzuändern oder abzubrechen. R. v. 28. Novbr. 1842 (J. M. Bl. S. 374).

Auch Protestationen zur Beschränkung der Dispositions-Befugniß des Besitzers gehören hierher. G. v. 24. Mai 1853, §. 51 (Zus. zu §. 292, Tit. 2).

Dagegen eignet sich zur Eintragung überhaupt nicht die aus persönlichen Eigenschaften (Minorennität, Geisteskrankheit rc.) des Besitzers fließende Verfügungsunfähigkeit desselben, mit Ausnahme der Beschränkung bei Ertheilung der venia aetatis im Falle des §. 709, Th. II, Tit. 18 des A. L. R. (R. vom 30. August 1833, Erg. ad h. §., Nr. 2). Das Circ.-R. v. 24. September 1778, welches das Gegentheil vorschrieb, ist durch die Hypothekenordnung aufgehoben.

10. G. vom 24. Mai 1853, betreffend einige Abänderungen der Hypotheken-Ordnung vom 20. December 1783 (G. S. S. 521).

§. 2. Die Eintragung von Altentheilen oder Auszügen erfolgt, wenngleich darin bestimmte Geld- oder Naturalleistungen begriffen sind, nur in der zweiten und nicht außerdem in der dritten Hauptrubrik[76]). In dem Eintragungsvermerke ist statt der Angabe der einzelnen zu dem Altentheile gehörenden Rechte

---

76) Hierdurch hat der Pl.-Beschl. (Pr. 2593) des Ob.-Tr. v. 8. Januar 1855, wonach der Altentheil oder Auszug als Ganzes genommen, also nicht bloß insoweit, als es in Wohnung, sondern auch insoweit, als es in Nießbrauch und in wiederkehrenden Geld- oder Naturalleistungen besteht, ein Realrecht ist (Entsch. Bd. XXIX, S. 301), Bestätigung erhalten. Folgeweise würde damit auch der Zweifel darüber beseitigt sein: ob der Altentheil von Amtswegen einzutragen sei. Das müßte nun allerdings geschehen, eben so gut und aus denselben Gründen, wie es hinsichtlich der Wohnungsrechte vorgeschrieben war. Oben, Anm. 74. Allein nach positiver Vorschrift des §. 28 des G. v. 24. Mai 1853 (Zus. zu §. 85, Tit. 2) soll die Eintragung bloß auf Antrag geschehen.

Das R. des J. M. v. 24. Juli 1839 (J. M. Bl. S. 284) schreibt zwar folgendes Verfahren in Betreff der Eintragung des Altentheils vor:

„1. Bei der Aufnahme von Verträgen, wodurch das Eigenthum eines bäuerlichen Grundstücks (Hofes, Kolonats, Kotten oder einer andern Ackernahrung) übertragen werden soll, sind die Kontrahenten, deren Absicht in der Regel auf gehörige Sicherstellung aller bedungenen Prästationen gerichtet ist, jederzeit ausdrücklich zu befragen, ob sie die Sicherstellung des vorbedungenen Altentheils, der Leibzucht, des Ein- und Ausgangsrechts durch Eintragung in das Hypothekenbuch verlangen, um so durch Aufnahme einer förmlichen Verpfändung und ausdrücklichen Einwilligung in deren Eintragung bei Berichtigung des Besitztitels, alle ferneren Zweifel zu beseitigen.

2. Die Eintragung erfolgt dann auf den Grund des §. 49, Tit. 1 und §. 80, Tit. 2 der Hypotheken-Ordnung von Amtswegen.

3. Was in der 2ten oder 3ten Rubrik einzutragen ist, lehren die §§. 50 ff. daselbst.

4. Verlangt der Berechtigte die Eintragung nicht, so ist er davon zu unterrichten, daß die Verbindlichkeit nicht auf den dritten redlichen Besitzer des Grundstücks übergehe, und der Berechtigte sich nur an die Person seines Mitkontrahenten zu halten befugt sein werde, und dies im Protokoll zu vermerken.

5. Ist die Aufnahme der Erklärung und Verpfändung in einem oder anderen Falle unterblieben, so ist dieselbe vor Berichtigung des Besitztitels auf den neuen Erwerber von dem Hypothekenrichter nachzuholen; und

6. wenn dies nicht mehr möglich ist, oder eine ablehnende Erklärung von Seiten des neuen Erwerbers erfolgt, im zweifelhaften Falle nach §§. 18 und 107, Tit. 2 der Hypotheken-Ordnung eine Protestation für den Berechtigten einzutragen."

Allein diese Anordnung gehört der Ansicht an, daß man bei der Behandlung des Altentheils hinsichtlich des Hypothekenbuches die einzelnen Gegenstände des Altentheils-Vertrages unterscheiden müsse, und daß die darunter befindlichen selbstständigen Realrechte, wie Wohnung und Nießbrauch, in die II. Rubrik einzutragen; daß aber die Geld- und Naturalleistungen als bloße persönliche Verbindlichkeiten anzusehen seien, welche durch Hypothekbestellung gesichert und als Hypothekenforderungen in die III. Rubrik eingetragen werden müßten. (Schles. Arch. Bd. I, S. 456.) Diese Ansicht hat der andern, wonach der Altentheil, als Ganzes, ein einiges Realrecht ist, weichen müssen, und nach dieser kann es selbstverständlich keiner Hypothekbestellung für irgend einen Theil des Auszugs bedürfen, mithin ist das vorgeschriebene hierauf berechnete Verfahren zwecklos.

nur auf die Stellen der Urkunde, durch welche der Altentheil begründet wird, Bezug zu nehmen[77]).

§. 51. In Provinzen also, wo Agnaten, Mitbelehnte, Anwarter[78]), oder Fideicommiß-Interessenten ihre Rechte eintragen zu lassen schuldig sind; oder auch um deren Vermerkung, zu ihrer desto sichern Conservation, sich freiwillig melden, müssen solche unter der gegenwärtigen zweiten Rubrike notirt werden. Ist jedoch in dem Hypothekenbuch ein oder andrer Provinz, für die Vermerkung der Agnaten, bisher eine besondere Colonne bestimmt gewesen, so kann solche auch noch ferner beibehalten werden.

§. 52. Verträge hingegen, wodurch die Disposition des Besitzers, weder über das Grundstück selbst, noch über einen gewissen Antheil desselben (partem quotam) eingeschränkt, sondern nur jemanden auf einen Theil seines Werths[79]) ein dergleichen Recht constituirt wird, z. E. wenn der Verkäufer sich wegen rückständiger Kaufgelder das Eigenthum vorbehält[80]), wenn ein

77) Der Art. 3 der Instr. v. 3. August 1853 (J. M. Bl. S. 275) lehrt zu §. 2 des Gesetzes:
„1. Zur Erläuterung der abgekürzten Weise der Eintragung eines Altentheils dient das Formular Anlage A Nr. 1. (Anm. zu §. 20 des Gesetzes.)
2. In ähnlicher abgekürzter Art, wie der §. 2 des G. für die Eintragung von Altentheilen vorschreibt, kann übrigens der Eintragungsvermerk auch bei der Eintragung anderer Lasten oder Einschränkungen des Eigenthums gefaßt werden, über welche die zum Grunde liegenden Urkunden einzelne erläuternde und modificirende Bestimmungen enthalten, die für das Verständniß der Bedeutung des eingetragenen Rechts nicht wesentlich sind."

78) Anwartschaften sollen nach der Meinung des J. M. zur Eintragung nicht geeignet seien, weil sie nur ein persönliches Recht gegen den Verleihenden begründen. Besch. v. 3. Februar 1834 (Erg. zu §. 444, Tit. 18, Th. I des A. L. R.). Die Frage hat, nachdem das lehnsherrliche Ober-Eigenthum allgemein aufgehoben worden ist, ihren praktischen Werth verloren; die Gesetze unterstützen jedoch keineswegs diese Meinung, wie man u. A. aus dem G. vom 29. Juni 1835, §. 5 u. §. 6, No. VI ersehen kann, wonach „alle Anwärter" zu den Regulirungen zugezogen werden müssen, gleich den „sonstigen Realberechtigten." (G. S. S. 138.)

79) Dies kann auch für eine noch nicht bestimmte Person durch eine Erklärung des Besitzers vorbehalten werden. Wenn z. B. der Besitzer eines Gutes in Folge einer Auseinandersetzung oder Ablösung die ihm für eine Abgabenberechtigung zugewiesene Abfindung in Land veräußern oder prioritätisch verschulden will, so kann er dieserhalb einen Vorbehalt bei den, in Folge der Auseinandersetzung in dem Hypothekenbuche zu bewirkenden Ab- und Zuschreibungen vermerken lassen. G. v. 29. Juni 1835 §. 7 (G. S. S. 139). Dieser Vermerk wird in der Form einer protestatio pro conservando jure et loco in die III. Rubrik gesetzt. R. v. 8. October 1837 (Jahrb. Bd. L, S. 596). Tritt dann der Fall einer Geldanleihe auf das Zustück ein, so wird diese Protestation durch einen dahinter zu setzenden Nachtrag, oder, wenn bereits andere Einträge den Raum dazu genommen haben, durch einen Vermerk daneben in der Kolonne „Cessionen" in eine Hypothek auf einen bestimmten Betrag für einen bestimmten Gläubiger umgeschrieben.

80) Hier und unten in dem §. 83 Tit. 2 ist der Fall vorausgesetzt, wenn

Lehns-Stamm, oder ein Geld-Fideicommiß auf ein Grundstück gelegt wird, sind nicht unter dieser, sondern unter der folgenden dritten Rubrike einzutragen.

§. 53. Wenn sich jemand gegen ein dem Besitzer gemachtes Darlehn, den Natural-Besitz und Genuß des Grundstücks, auf eine nach den Gesetzen zulässige Art, hat anweisen lassen; so wird das Darlehn zwar unter der dritten Rubrike, gehörigen Orts, eingetragen; das Abkommen aber, vermöge dessen dem Gläubiger der Besitz und Genuß des Grundstücks zukommt, wird unter der zweiten Rubrike bemerkt.

§. 54. Real-Servituten, die auf einem Grundstück haften, werden nach der Regel nicht eingetragen[81]); doch kann solches geschehen, wenn die Interessenten[82]) pro conservando jure darauf ausdrücklich antragen; und alsdann gehören sie ebenfalls unter die zweite Rubrike.

Dritte Hauptrubrik gehöret.

§. 55. Unter der dritten Haupt-Rubrike werden alle übrigen Schulden, mit welchen ein Grundstück behaftet ist, und die nach obigen Bestimmungen in die zweite Rubrike nicht gehören, sie mögen sonst Namen haben, wie sie wollen, eingetragen.

§. 56. Es sind also dahin alle mit ausdrücklicher Hypothek versehene Darlehne; die unter Vorbehalt des Eigenthums gestundeten Kaufgelder[83]); alle stillschweigende und gesetzliche Hypo-

---

unter der unbestimmten Klausel „sub reservato dominio“ und ohne Festsetzung eines bestimmten Zahltages Kaufgelder stehen bleiben. Ist aber in dem Kontrakte ausgemacht, daß das Kaufgeld oder ein gewisser Theil desselben an einem bestimmten Tage gezahlt werden solle und der Verkäufer sich das Eigenthum der verkauften nud übergebenen Sache vorbehalte, wenn die Zahlung ausbleibe; so ist eine auflösende Bedingung festgesetzt, von welcher der §. 266, Tit. 11 Th. I des A. L. R. redet; und diese Bedingung muß in der II. Rubrik von Amtswegen bei der Besitztitel-Berichtigung eingetragen werden. R. v. 1. Febr. 1796 (Rabe III, 258).

81) Der entgegengesetzt lautende Text des A. L. R. I, 22, §§. 16—23 ist durch den §. 58 des Anh. dazu wieder aufgehoben, so daß der §. 54 d. T. das jetzt geltende Recht enthält. Die Eintragung der Real-Servituten ist also zur Erhaltung derselben nicht erforderlich, aber zulässig. S. die folg. Anm. 82.

82) Unter diesen „Interessenten“ sollen, nach dem Circ. R. des J. M. v. 10. December 1840 (J. M. Bl. S. 400), unbedenklich die Servitut-Berechtigten gemeint sein, weshalb die Gerichte angewiesen werden, den Anträgen derselben zu deferiren. Das ist aber gar nicht unbedenklich; zu den Interessenten gehört unbestritten auch der Besitzer des dienenden Grundstücks; uud wenn dieser mit der Eintragung nicht einverstanden ist, so muß sie unterbleiben. Für den Fall des Widerspruchs oder der mangelnden Einwilligung des Belasteten giebt dieselbe Min.-Verf. noch die Anweisung, eine Protestation einzutragen. Diese Anweisung ist ganz beseitigt durch §. 46 d. G. v. 24. Mai 1853 (Zus. zu §. 292 Tit. 2), wonach dergleichen Protestationen nur auf Requisition des Prozeßrichters eingetragen werden können.

83) Oben, Anm. 80 zu §. 52.

theken, Bürgschaften, Vormundschafts-, Amts- und andere Cautionen[84]) zu rechnen.

§. 57. Was den solchergestalt eingetragenen Forderungen bei entstehendem Concurs- oder Liquidations-Prozesse, für ein Vorzugsrecht gebühre, und in welcher Ordnung alsdann dieselben auf einander folgen, ist in der Concurs-Ordnung[85]) bestimmt.

§. 58. Unter die Colonne von Cessionen werden nicht nur Cessiones im genauern Verstande, wo nämlich das Eigenthum einer eingetragenen Forderung einem Dritten abgetreten wird[86]), sondern auch die Verpfändungen solcher Aktiv-Capitalien notirt.

§. 59. Unter eben diese Colonne gehört auch, wenn der Inhaber einer eingetragenen Forderung einem andern hinter ihm stehenden Mitgläubiger, zur Verbesserung der Sicherheit desselben, die Priorität einräumt[87]); z. E. wenn die Ehefrau, deren Ein-

---

84) Auch Arreste auf das Grundstück, wegen Geld- und anderer Forderungen. G. v. 24. Mai 1853, §. 52 (Zus. zu §. 292 Tit. 2).

85) §. 53. Vergl. Anm. 2 dazu, die Anm. 26 zu §. 500 und die Anm. 28 zu §. 501, Tit. 20, Th. I des A. L. R.

86) Oder auf einen Dritten vererbt wird.

87) Ueber den Begriff und die rechtliche Natur der Prioritätseinräumung findet man Unklarheit bei vielen Preußischen Rechtsgelehrten, und in Folge dessen vier verschiedene Auffassungen. 1. Die älteste Vorstellung ist die, daß die Prioritätseinräumung eine Veräußerung sei. Darauf gründete die damalige Ober-Amts-Regierung zu Breslau in einer Anfrage vom 28. April 1787 die Meinung, daß wenn eine Ehefrau zu Gunsten ihres Mannes ihrem Vorzugsrecht entsage, darauf die Förmlichkeiten der Frauen-Intercession nicht angewendet zu werden brauchten. Die Gesetz-Kommission entschied darauf den 15. Mai 1787, daß, wennschon die Remission des Vorzugsrechts einer Ehefrau in Ansehung ihres Eingebrachten zum Vortheil der Gläubiger ihres Ehemannes für keine eigentliche Intercession zu halten, doch zur Gültigkeit eines solchen Geschäfts, im Falle die Ehefrau dadurch einen sonst nicht abzuändernden Verlust ihres Eingebrachten erleiden sollte, eben die legale Entsagung der **jurium muliebrium** erforderlich sei, als wenn eine wirkliche Intercession vorhanden gewesen. (Stielow Schles. Provinzialrecht, S. 506.) Die Gesetz-Kommission war also mit der Ober-Amts-Regierung über den Charakter der Prioritäts-Einräumung als einer Veräußerung einverstanden; sie hätte daher auch zu dem Schluß der Ober-Amts-Regierung kommen müssen. In der That war der bei weitem größere Theil der Oberlandes-Justiz-Kollegien und der hypothekenbuchführenden Behörden dieser Meinung, so daß man sich, um die vielen Prioritäts-Einräumungen gegen Anfechtungen wegen Mangels der Certioration zu sichern, veranlaßt sah, mittelst Hofrescr. v. 29. November 1790 (Rabe, Bd. II, S. 56), wodurch die Certioration und Verzichtleistung in den bei Bürgschaften vorgeschriebenen Formen auch für die Prioritäts-Einräumungen der Frauen angeordnet wurde, die Anfechtung der bereits erfolgten Cessionen dieser Art bloß um deswillen, weil die Cedentin dabei nicht certiorirt worden, zu verbieten. Als Grund der Einführung der Certioration für die Zukunft wird angegeben, daß eine solche Vorzugseinräumung allerdings **speciem** der Uebernehmung einer fremden Schuld mit sich führe. 2. Diese zweite Meinung, welche die Prioritäts-Einräumung für eine Intercession hält,

gebrachtes auf dem Grundstück ihres Ehemannes versichert ist, einem Gläubiger des letztern, dessen Forderung hinter der ihrigen

---

behauptet eine Unrichtigkeit: die Cedentin macht sich durch ihre Erklärung gar nicht persönlich verbindlich, also auch nicht für eine fremde Schuld. Die Vorschrift des Hofrescripts ist jedoch in das A. L. R. I, 14, §§. 229, 230 aufgenommen. Unser §. 59 bringt die Prioritäts-Einräumung mit der Cautionsbestellung in Verbindung, was man so verstanden hat, daß der §. 59 die Prioritäts-Einräumung für eine Cautionsbestellung erkläre. Das ist nicht der Fall. Cautionsbestellung ist Sicherheitsbestellung durch Pfand, Hypothek oder Bürgen und erfordert mithin verschiedene Formen je nach dem gebrauchten Mittel, hat aber immer den Charakter einer Obligation; denn auch der Pfandkontrakt begründet eine Obligation zwischen den Kontrahenten, welche erst später, zu seiner Zeit, gelöst werden soll. Die Prioritäts-Einräumung hat gar nichts von diesem Charakter; mit der Vollziehung der Erklärung ist es abgethan. Nun kann eine Ehefrau allerdings „mit ihrem Eingebrachten dergestalt Caution bestellen, daß er (der Gläubiger) sich wegen eines Ausfalls an ihre früher ingrossirte Illata zu halten berechtigt sei.“ Allein hier werden die Illaten selbst als Gegenstand bei der Cautionsbestellung gebraucht und das Mittel ist Pfand. Dieses Rechtsgeschäft kann immerhin mit der Prioritäts-Einräumung in Verbindung gebracht werden, ist jedoch zur Prioritäts-Einräumung nicht erforderlich. Der §. 59 drückt mithin keine selbstständige Meinung aus. 3. Die dritte Meinung ist die des Justizministers. Darnach soll die Prioritäts-Einräumung eine Cession des locus sein (R. v. 7. December 1838, J. M. Bl. 1839, S. 6), dergestalt, daß der Cedent die Disposition über seine Forderung ganz verliert, mithin, wenn von drei hinter einander stehenden Gläubigern A, B C der A dem C Priorität cedirt hat, die bezahlte Forderung des A ohne Genehmigung des C nicht gelöscht werden kann, weil C ohne diese Löschung seine Befriedigung mit der Priorität des A fordern könne, dieses Recht aber durch die Löschung der Forderung des A verloren gehen würde. (R. v. 19. December 1839, J. M. Bl. 1840, S. 2). Darnach würde die Prioritäts-Einräumung eine Vertauschung der Hypothekenposten sein, wozu die Auswechselung der Hypotheken-Instrumente erforderlich sein würde. Dabei braucht man sich nicht weiter aufzuhalten; das Ob.-Tr. hat diese Meinung in seiner Entsch. (Pr. 547) v. 1. September 1838 (Entsch. Bd. VI, S. 359) abgethan. 4. Die vierte Meinung ist die des Ob.-Tr., wonach die Prioritäts-Einräumung eine Abänderung der Rangordnung für den Fall der Konkurrenz zweier bestimmter Forderungen ist. Damit ist jedoch über den rechtlichen Charakter der Prioritäts-Einräumung nichts gesagt; die „Abänderung der Rangordnung“ ist ja nur die Wirkung derselben, und wir suchen noch immer nach der wahren Bezeichnung und Bedeutung der Rechtsform. Diese ist nun allerdings in jener ältesten Meinung im Wesentlichen getroffen: die Prioritäts-Einräumung ist eine Veräußerung; doch bedarf dieß einer nähern Bestimmung. Die Prioritäts-Einräumung ist eine Veräußerung des Ranges, aber nicht eine unbedingte und für die Gegenwart, sondern eine erst zukünftig und nur in dem Falle eintretende, wenn der Cedent alsdann noch als Theilnehmer (Konkurrent) auftreten sollte: in diesem Falle, aber auch nur in diesem Falle will der Cedent mit dem Cessionar den Platz in der Rangordnung vertauschen. Hieraus folgt: a) der Cedent ist in seiner Verfügung über die Post nicht behindert; er ist befugt, sie einzuziehen und darüber rechtsgültig zu quittiren; b) der Schuldner kann sie ohne Genehmigung des Cessionars löschen lassen; c) der Cessionar tritt dann künftig nicht an die Stelle des bezahlten Cedenten, weil dieser nicht auftritt, also keine Stelle einnimmt, welche mit einer andern umgewechselt werden könnte; es ist auch, wegen der Löschung, kein offener Platz vorhanden, welchen der Cessionar einnehmen könnte, denn die Posten sind zusammengerückt; kurz, der vorausgesetzte Fall ist nicht eingetreten, der Cessionar muß daher seine Befriedigung an seiner ursprünglichen Stelle erwarten. Diese Sätze sind es, welche das Ob.-Tr. durch das Pr. 547 festgestellt

ingrossirt wird, mit ihrem Eingebrachten dergestalt Caution bestellt, daß derselbe, wenn er bei entstehendem Concurs- oder Liquidations-Prozesse an dem Orte, wo sein eignes Capital, nach der Ordnung des Hypothekenbuchs, zu stehen kommt, ganz oder zum Theil unbefriedigt bleiben sollte, sich wegen eines solchen Ausfalls, an ihre früher ingrossirte Illata zu halten, berechtigt sei[88]).

§. 60. Endlich gehört auch noch unter die Colonne von Cessionen, wenn eine auf ein Grundstück bereits eingetragene Post[88a]) in Landschaftliche Pfandbriefe[89]) umgeschrieben wird[90]).

---

hat. Darin liegt der große Unterschied zwischen der Prioritäts-Einräumung und der Verpfändung der Post, ein Unterschied, welcher nach der dritten Meinung gar nicht vorhanden sein würde.

Uebrigens kann die Prioritäts-Einräumung, die immer im Interesse des Schuldners erfolgt, sowohl gegen Entgeld wie unentgeltlich geschehen.

Daß zur Perfektion der Prioritäts-Einräumung die Acceptation des Cessionars hinzukommen muß, ist eine sich von selbst verstehende Sache, aber daß die Hypothekenbehörde, wenn ihr nicht der Nachweis der Annahme geführt werde, die Eintragung der Prioritäts-Einräumung verweigern müsse, wie das R. v. 7. December 1838 (Jahrb. Bd. LII, S. 606) sagt, ist nicht richtig: es ist damit nicht anders als mit der Eintragung der Darlehne und der Cessionen.

88) Oder wenn ein Gläubiger ein abveräußertes Trennstück aus seinem Hypothekenrechte freiläßt und die Abschreibung desselben noch Hindernisse hat. R. v. 8. Februar 1834 (Anm. 39 zu §. 37).

88a) Bei der Umschreibung von Hypothekenforderungen in Pfandbriefe sind sämmtliche, in der Kolonne Cessionen befindlichen frühern Vermerke, soweit dieselben lediglich den Uebergang der Post von Einem auf den Andern betreffen, zu löschen, so daß der Umschreibungsvermerk sich gleich an den ersten Eintragungsvermerk in Kolonne „Schulden" anschließt. Wird die Post nur theilweise in Pfandbriefe umgeschrieben, so kann diese Löschung nicht erfolgen. R. v. 10. September 1830 Nr. 1. (Jahrb. Bd. XXXVI, S. 177). Ein Konsens der nachstehenden Gläubiger ist zur Umschreibung nicht erforderlich, wohl aber der Antrag oder die Einwilligung des Gutsbesitzers. R. v. 31. Mai 1834 (Jahrb. Bd. XLIII, S. 587). Die cedirten Instrumente über die umzuschreibenden Posten werden bei der Umschreibung kassirt. Die Umschreibungs-Formel, welche die V. über die Errichtung des königl. Kredit-Instituts für Schlesien, v. 8. Juni 1835 (G. S. S. 101) im §. 22 vorschreibt, ist der Praxis entnommen und in allgemeiner Anwendung. Sie lautet:

„.... Thlr. (mit Buchst.) Courant Pfandbriefe B und zwar
Nr......... über 1000 Thlr.
Nr......... über 500 Thlr. } ausgefertigt Berlin den.....,
„worin die früher eingetragene hypothekarische Forderung auf Grund des
„von dem Besitzer N. N. dem königl. Kredit-Institut für Schlesien unter
„Verpfändung des Guts für Kapital, 5 Prozent Zinsen und die Kosten
„der Eintragung und Wiedereinziehung, am ..... ausgestellten Schuld-
„Instruments in dem Kommissions-Termine vom ..... umgeschrieben
„worden."

89) Oder umgekehrt, wenn landschaftliche Pfandbriefe in eine Privat-Hypothekenpost umgeschrieben werden, was zulässig ist, wenn nicht das betreffende Landschaftsreglement vorschreibt, daß eingelöste Pfandbriefe gelöscht werden müssen. Das neue Hypotheken-Instrument wird gebildet aus der Cessions-Urkunde der Landschafts-Direktion, und aus der Schuldverschreibung des Besitzers, auf welche die erfolgte Umschreibung vermerkt und an welcher dann der

Neu ausgefertigte Pfandbriefe hingegen werden, gleich andern

Hypothekenbuchs-Auszug angeheftet wird. Der J. M. hat in der Verfügung hierüber v. 5. Juni 1833 zugleich folgende Formel vorgeschrieben:

Rubr. III, Num ... Kolonne: „Cessionen."

„Der Gutsbesitzer L. hat sich laut Zuschlagsbescheides v. 19. October „1826 verpflichtet, von den gegenüberstehend für die Landschaft eingetragenen „Pfandbriefen einen Betrag von 5475 Thlrn., in Worten: Fünftausend „Vierhundert Fünf und Siebenzig Thaler an die Landschaft zurückzuzahlen. „Zur Erfüllung dieser Verbindlichkeit hat der Justizkommissionsrath Z. „eine Summe von

„1000 Thlrn., in Worten: Eintausend Thalern in Pfandbriefen nebst

„nebst Koupons pro Johannis 1835

„an die Ostpreußische Landschafts-Direktion zu Königsberg eingezahlt, „die letztere hat dies am 4. Februar 1833 anerkannt, dem Justizkom-„missionsrath Z. unter Vorbehalt der Priorität für den Ueberrest der „auf B. eingetragenen Pfandbriefe nach Höhe dieser 1000 Thlr. jura „cedirt, mit alleinigem Ausschluß der ihr reglementsmäßig zustehenden „Vorrechte, und ausdrücklich in die Eintragung dieser Cession ein-„gewilligt."

„Der Gutsbesitzer L. aber hat sich am 30. Januar 1833 verpflichtet, „diese 1000 Thlr. in Ostpreußischen Pfandbriefen, Königsbergschen De-„partements, nach 12 Monaten wieder zurückzuzahlen und von Weihnachten „1832 ab, mit 5³/₄ pro Cent zu verzinsen, auch den Schaden baar zu „vergütigen, wenn die Pfandbriefe am Zahlungstage unter pari fallen „sollten, für alles dies endlich mit dem Gute B. Hypothek bestellt und „den Eintragungs-Konsens ertheilt."

„Es hat hierauf die Ostpreußische Landschafts-Direktion die Pfand-„briefe Nr. 23 und 24 zu 500 Thlrn., zusammen also über Eintausend „Thaler, eingezogen und zur Extabulation eingereicht, und es sind diese „1000 Thlr. nunmehr in die vorstehend erwähnte Hypothek für den „Köngl. Justiz-Kommissionsrath Z. umgeschrieben und in Folge dieser „Umschreibung kassirt worden."

„Eingetragen auf den Antrag des Justiz-Kommissionsraths Z. vom ..., mit dem ausdrücklichen Bemerken, daß, in soweit die jetzt einge-„tragene Hypothek den Werth von 1000 Thlrn. Ostpreußische Pfandbriefe „nebst den für die Landschaft darauf haftenden Zinsen übersteigt, den bis „jetzt eingetragenen spätern Hypothekengläubigern des Guts B. ihr Vor-„zugsrecht vorbehalten bleibt, zufolge Verfügung vom ten „u. s. w." (Jahrb. Bd. XLI, S. 542).

Diese Formel enthält viel überflüssiges und ist daher übermäßig weitläufig: der Vorbehalt des Vorzugs der bereits eingetragenen Gläubiger, so wie die Erwähnung der ertheilten Einwilligungen ꝛc. und des Antrags ꝛc. sind ganz übrig. Folgende Fassung würde alles Nothwendige des Falles enthalten:

„1000 Thlr., in Worten: Eintausend Thaler hat die Landschafts-Direk-„tion auf die nebenstehenden .... Thlr. Pfandbriefe, in Pfandbriefen „nebst Koupons pro Johannis 1833, von dem Justizkommissionsrath Z. „zu K., zurückgezahlt erhalten, dafür die beiden Pfandbriefe Nr. 24 u. 25 „à 500 Thlr. eingezogen und kassirt, und dem Justizkommissionsrath Z. „ihre Rechte auf den Betrag dieser Eintausend Thaler, mit Ausschluß „ihrer Privilegien und unter Vorbehalt des Vorrechts der verbleibenden „Pfandbriefe, den 4. Februar 1833 cedirt; der Besitzer L. hat laut „Schuld- und Hypothekenverschreibung v. 30. Januar 1833 den Justiz-„kommissionsrath Z für seinen Gläubiger angenommen und versprochen, „ihm diese 1000 Thlr. in Ostpreußischen Pfandbriefen, nach 12 Monaten, „wieder zurückzuzahlen, denjenigen Betrag, um welchen solche unter pari „am Zahlungstage gefallen sein sollten, baar zu erstatten, auch mit „5³/₄ pro Cent zu verzinsen und für diese Verbindlichkeiten mit dem Gute

hypothekarischen Darlehnen, unter die erste Colonne dieser Rubrike eingetragen.

§. 61. Unter die dritte Colonne: Löschungen, wird vermerkt, wenn eine ingrossirte Real-Forderung, durch Zahlung, Quittung, Entsagung, Consolidation, oder auf andre rechtsgültige Art, wieder aufgehoben worden.

§. 62. Wird hingegen nur ein von dem Inhaber einer solchen ingrossirten Forderung einem Dritten darauf constituirtes Real-Recht, durch Zahlung, Quittung, oder sonst getilgt, so wird solches nicht unter der Colonne: Löschungen, sondern unter eben der Colonne, wo das constituirte Real-Recht selbst eingetragen war, notirt[91]).

§. 63. Schließlich müssen die unter der dritten Rubrik auf jedem Gut eingetragenen einzelnen Forderungen, mit fortlaufenden Nummern, wie auch das Schema zeiget, bezeichnet werden.

§§. 64 bis 67. Fallen weg[92]). Von Ingrossations-Büchern.

„B. Hypothek bestellt; und sind die kassirten Pfandbriefe in diese „Privat-Hypothek umgeschrieben zufolge Verf. vom ....“

90) Auch die Erhöhung des Zinsfußes wird passend in dieser Kolonne eingetragen, wie das Beispiel in der vor. Anm. 89 zeigt, und auch ein R. v. 5. Juni 1833 (Jahrb. Bd. XLI, S. 542) angeordnet hat. Vergl. Instr. v. 3. August 1853, Art. 17, Nr. 2.

Eben so der Vermerk, daß an die Stelle des amortisirten Instruments ein Neues ausgefertigt worden. Vergl. §. 283 Tit. 2 u. R. v. 9. April 1823 (Jahrb. Bd. XXI, S. 295).

Gleichfalls wird, wenn eine protestatio pro conservando jure et loco in eine Hypothek umgeschrieben werden soll und dazu unmittelbar hinter der Protestation kein Raum mehr ist, solches in der Kolonne „Cessionen“ bewerkstelligt. Man hat auch empfohlen, zu protestativischen Eintragungen, die künftig einer Umschreibung in eine wirkliche Hypothek unterliegen, nur die größere Hälfte des Raums für Eintragungen zu verwenden, also die Hauptkolonne in zwei Unterkolonnen an dieser Stelle zu theilen, und die Umschreibung in die freigelassene Stelle daneben (in die zweite kleinere Hälfte der Spalte) zu schreiben. Instr. v. 29. April 1834, Beil. „p. N.“, Nr. 4 (Jahrb. Bd. XLIII, S. 616); Instr. v. 19. April 1834, Beil. „p. N.“, Nr. 6 (Jahrb. Bd. XLIII, S. 630); Instr. v. 3. August 1853, Art. 20, Nr. 4 (in der Anm. zu den §§. 43—48 des G. v. 24. Mai 1853, unten Zus. zu Abschn. 6 u. 7, Tit. 2).

91) Und demnächst sowohl dieser Löschungs-Vermerk als die gelöschte Subinscription selbst mit rother Dinte unterstrichen. R. v. 13. Decbr. 1832 u. v. 14. Decbr. 1833 (Jahrb. Bd. XLII, S. 437); Formular im J. M. Bl. 1842, S. 73 ff.; Instr. v. 3. August 1853, Art. 18, Nr. 5. — Wo die Unter-Kolonne „Löschungen“ in der Kolonne „Cessionen“ (Veränderungen) angebracht ist, da wird die Löschung der Subinscriptionen in dieser Unterkolonne vermerkt.

92) Die Ingrossationsbücher, welche dazu bestimmt waren, die Abschriften der eingetragenen Urkunden aufzunehmen, sind überall abgeschafft; sie werden durch die Grundakten, zu welchen man die Urkunden bringt, ersetzt. Pat. v. 22. Mai 1815 §. 13 (G. S. S. 185); Pat. v. 4. April 1818, §. 17 (G. S. S. 20); V. v. 26. Juni 1820, §. 29 (G. S. S. 101); V. v. 31. März 1834, §. 28 (G. S. S. 47); Publ. v. 2. October 1797 No. III, (Rabe, Bd. IV,

Von Grund-Akten.

§. 68. Außer dem Ingrossations-Buch muß bei den — Collegiis, welche das Hypotheken-Wesen — [93]) zu besorgen haben, von jedem solchen Gute ein besonderes Fascikul sogenannter Grund-Akten gehalten werden; in welchem die schriftlichen Eingaben und Exhibita, welche das Hypotheken-Wesen desselben Guts zum Gegenstande haben; die Concepte der darauf erlassenen Verfügungen, Protokolle, Berichte, Anzeigen, und andere dergleichen ein solches Gut betreffende Nachrichten [94]), zu sammeln sind.

§. 69. Fällt weg [95]).

S. 271); Untergerichts-Regl. für Westpreußen v. 20. August 1802 (Rabe, Bd. VII, S. 222) u. 22. April 1806 (Rabe, Bd. XIII, S. 687); R. v. 28. Aug. 1820 (Jahrb. Bd. XVI, S. 68); R. v. 17. November 1820 (Jahrb. Bd. XVI, S. 258).

93) Die im authentischen Texte hier stehenden Worte beziehen sich auf den aufgehobenen eximirten dinglichen Gerichtsstand und auf die „Ober-Collegiis", welche das Hypothekenbuch über die eximirten Güter zu besorgen haben.

94) Sowie die vidimirten Abschriften der zur Eintragung eingereichten Urkunden. Oben, Anm. 92.

95) Dieser §. erklärte die Führung von Grundakten bei den Untergerichten für unnöthig. Schon seit vielen Jahren mußten schon bei der alten Gerichtsverfassung, d. h. vor Aufhebung des eximirten dinglichen Gerichtsstandes, bei allen Untergerichten Grundakten gehalten werden. Oben, Anm. 92. Nach der heutigen Gerichtsverfassung versteht es sich von selbst. Zus. 11 zu §. 69.

Den Grundakten sollen, nach Vorschrift der Verf. des J. M. v. 13. December 1832, 14. December 1833 u. K. O. v. 11. December 1833 (Jahrb. Bd. XLII, S. 437), Hypotheken-Tabellen vorgeheftet werden. „Dabei sind jedoch folgende Bestimmungen zu beachten:

1) Die Anlegung der Hypothekentabellen ist nicht sofort bei sämmtlichen Grundstücken, sondern nur nach und nach, und zwar bei Gelegenheit eines Hypothekengeschäfts bei den betreffenden Grundakten zu veranlassen.

2) In die Tabelle ist bei Anlegung derselben aus dem Hypothekenbuche alles dasjenige einzutragen, was in den Hypothekenschein gehört, also mit Weglassung aller bereits gelöschten Posten und mit Weglassung aller früheren Besitzveränderungen. Die früheren Erwerbspreise und die Ab- und Zuschreibungen in der I. Rubrik werden dagegen mit aufgenommen, weil sie auf den Realzustand von Einfluß sind.

   In die bereits angelegte Tabelle werden gleichzeitig mit der Eintragung in das Hypothekenbuch alle später vorkommende Veränderungen nachgetragen.

3) Für die sonst wörtliche Uebereinstimmung dieser zu dem letzten Bande der Grundakten vorzuheftenden Tabelle mit dem Hypothekenbuche ist der Ingrossator, und wo kein besonderer Beamte dies Geschäft besorgt, der Richter verantwortlich, daher sie, sowohl bei der ersten Anlegung, als bei der künftigen Nachtragung, mit dem Hypothekenbuche genau verglichen werden müssen.

Ueberhaupt muß bei den Untergerichten, mit Rücksicht auf die §§. 40, 41, Tit. II der Hypothekenordnung die Einrichtung getroffen werden, daß sich der Dezernent, wenn er die Eintragung in die Hypothekenbücher nicht selbst besorgt, vor Vollziehung jedes Hypothekenscheins, durch wirkliche Einsicht und Vergleichung des Hypothekenbuchs mit der Eintragungs-Verfügung, der Hypothekentabelle und des mundirten Hypothekenscheins die nöthige Ueberzeugung von der richtigen und vorschriftsmäßigen Ein-

11. G. vom 24. Mai 1853 (G. S. S. 521).

§. 5. Die zur Begründung des Antrages nöthigen Urkunden sind dem Gesuche beizufügen, und hat die Hypothekenbehörde davon beglaubte Abschriften zu den Grundakten zu fertigen[96]).

---

tragung und von der Uebereinstimmung der Hypothekenscheine mit dem Hypothekenbuche verschafft.

4) Für die Anlegung der Hypothekentabellen können nur Kopialien, für jeden Bogen $2\frac{1}{2}$ Sgr., und zwar von dem Besitzer des Grundstücks eingezogen werden.

Die Kopialien sind nicht nach der Bogenzahl der Tabelle, sondern nur nach dem Umfange der Eintragungen in dieselbe zu berechnen; doch können für jede Tabelle wenigstens $2\frac{1}{2}$ Sgr. Kopialien in Ansatz kommen.

Für die nachträglichen Eintragungen in die bereits angelegten Tabellen können niemals Kopialien von den Parteien erhoben werden, indem dies Nachtragen von demjenigen, welchem die Eintragungen in die Hypothekenbücher obliegen, unentgeltlich geschehen muß.

Wenn dagegen die Tabellen vollgeschrieben sind und deshalb erneuert werden müssen, so dürfen für die neuen Hypothekentabellen wieder Kopialien, wie bei der ersten Anlegung, erhoben werden.

5) Der Beamte, welcher die Kopialien für diese Tabelle bezieht, ist verpflichtet, das dazu erforderliche Papier aus eigenen Mitteln anzuschaffen, am zweckmäßigsten ist es, wenn zu den Tabellen gleichförmige, nach dem Schema zu einem zweckmäßig eingerichteten Hypothekenbuche entworfene Formulare gedruckt oder lithographirt werden. Die Kosten dafür muß jedoch auch der Beamte tragen, welcher die Kopialien bezieht.

6) Zunächst ist die Kanzlei jedes Gerichts berechtigt, die Anfertigung dieser Hypothekentabellen gegen den Genuß der Kopialien zu übernehmen; wenn jedoch die Kanzleibeamten zur Uebernahme dieses Geschäfts nicht geneigt sind, so bleibt dem Dirigenten des Gerichts überlassen, das Geschäft unter den vorstehenden Bestimmungen dem Ingrossator oder auch einem andern Beamten des Gerichts zu übertragen.

Jedenfalls ist über das Abkommen mit dem betreffenden Beamten ein besonderes Protokoll aufzunehmen."

96) Von einem Dokumente, welches bei verschiedenen Grundakten producirt wird, ist nur zu Einem Aktenstücke eine vidimirte Abschrift zu nehmen. R. v. 17. November 1820 (Jahrb. Bd. XVI, S. 258). Vergl. R. v. 2. October 1797, Nr. IV (Rabe, IV. S. 271) u. R. v. 13. Juni 1831 (Jahrb. Bd. XXXVII, S. 381).

Wenn in Einem notariellen Vertrage mehrere unter derselben Gerichtsbarkeit belegene Grundstücke veräußert werden, und die Kontrahenten dieselben Personen sind, so braucht die Einreichung einer beglaubigten Abschrift des Vertrages an die Hypothekenbehörde nicht zu den Grundakten eines jeden der Grundstücke zu erfolgen, vielmehr genügt es, wenn der Notar unter Bezugnahme auf die Grundakten, zu welchen die vollständige beglaubigte Abschrift des Vertrages eingereicht wird, zu den Grundakten über die anderen zugleich veräußerten Realitäten eine Anzeige erstatte, worin die Bezeichnung des Gegenstandes des Rechtsgeschäfts, der kontrahirenden Personen und des Kaufpreises, sowie der Zeitpunkt der geschehenen resp. der noch zu vollziehenden Uebergabe enthalten. R. v. 30. März 1854 (J. M. Bl. 1855, S. 194).

Von solchen Documenten, von welchen sich die Original-Protokolle bei dem Gerichte befinden, sind in der Regel keine beglaubigten Abschriften zu nehmen, da die Urprotokolle zu den Hypothekenakten genommen werden sollen, soweit sie nicht nach der Natur der Sache zu andern besondern Akten gehören, wie z. B. Testamente, Erbrezesse und Vormundschafts-Verhandlungen. Instr. v. 10. Juni

Wenn beglaubigte Abschriften schon bei Grundakten derselben Hypothekenbehörde vorhanden sind, so genügt die Bezugnahme darauf mit Bezeichnung der Akten[97]).

Bei weitläufigen Urkunden, aus denen nur einzelne, an sich verständliche Stellen die Grundlage der Eintragung bilden, ist ein daraus zu fertigender Auszug als beglaubigte Abschrift für die Grundakten hinreichend[98]).

Von dem Amte des Ingrossators

§. 70. Zum Einschreiben in das Hypotheken= — Buch[99]) muß bei jedem Gericht, welches dergleichen Geschäfte zu besorgen hat, ein Mitglied oder Subaltern desselben, ein für allemal bestellt, und auf akkurate, getreue und zuverlässige Führung sothaner Bücher, ausdrücklich vereidet werden[100]).

§. 71. Dieser Hypotheken=Buchführer oder Ingrossator, muß die Bücher selbst in seiner Aufsicht und Beschluß haben; dergestalt, daß ohne ihn niemand dazu gelangen, folglich er auch für deren unverfälschte Richtigkeit zu allen Zeiten einstehen könne.

§. 72. Er ist nicht befugt, irgend jemand die Bücher vorzulegen, oder ihm deren Inspection zu verstatten; es wäre denn solches der Eigenthümer des Grundstücks selbst; oder jemand, welcher sich durch die Einwilligung des Eigenthümers[101]), oder durch einen Befehl[102]) des Gerichts[103]), dazu legitimirt hätte.

1835 §§. 1 u. 2 (Jahrb. Bd. XLV, S. 508); R. v. 22. Februar 1837 Nr. 10 (Jahrb. Bd. XLIX, S. 233 u. J. M. Bl. 1839, S. 395).

97) Diese Vorschrift war schon durch die Min. Verf. v. 13. Juli 1830 (Jahrb. Bd. XXXVII, S. 185) gegeben.

98) In der Instr. v. 3. August 1853, Art. 4. Nr. 2 heißt es hierzu: „Zur Erläuterung dessen, was der §. 5 über die zu den Grundakten zu fertigenden beglaubigten Abschriften erwähnt, wird auf die dieserhalb schon früher ergangenen, namentlich die Verhütung überflüssiger Abschriften bezweckenden Vorschriften verwiesen,

vergl. Verfügungen v. 17. November 1820 (Jahrb. Bd. XVI, S. 258),
vom 13. Juli 1830 (Jahrb. Bd. XXXVI, S. 191),
vom 22. Februar 1837, Nr. 10 (J. M. Bl. 1839, S. 395)."

M. s. den Inhalt der Ersten: oben, Anm. 96, Satz 1; der Zweiten: Anm. 97; der Drttten: Anm. 96, Satz 3.

Vergl. §. 14 des G. v. 24. Mai 1853 (Zus. zu Tit. 2, Abschn. 1);
u. Art. 12 der Instr. v. 3. August 1853 zu §. 18 des Gesetzes (ebd.).

99) Und in die Hypotheken=Tabellen. Die Eintragungen in diese müssen unentgeltlich geschehen. R. vom 13. December 1832, Nr. 4 (Jahrb. Bd. XLII, S. 438).

100) Zum Hypotheken=Buchführer oder Ingrossator (§. 71) ist der betreffende Büreau=Vorsteher oder ein qualificirter Gehülfe, mit Verweisung auf seinen Diensteid und die Bestimmungen des §. 70, Tit. 1 der Hypotheken=Ordnung zu bestellen. Geschäfts-Regl. v. 3. August 1841, §. 3 (Beil. zum J. M. Bl.).

101) Ueber die Begrenzung der Oeffentlichkeit der Hypothekenbücher weichen die verschiedenen Gesetzgebungen von einander weit ab. Während das franz. R. eine ganz allgemeine Oeffentlichkeit selbst in Beziehung auf jeden Neugierigen unbedingt vorschreibt (Code Nap. Art. 2196), gestattet unser §. 72 nur dem

§. 73. Noch weniger kann er irgend jemand schriftliche Extrakte daraus, ohne Vorwissen und Genehmigung des Collegii, mittheilen.

§. 74. Auch die Gerichte müssen nicht einem jeden, ohne Unterschied, die Inspection der Hypotheken-Bücher, oder die Einholung von Nachrichten aus selbigen gestatten; sondern in jedem vorkommenden Falle genau erwägen: ob der Ansuchende ein wirkliches Recht, und[104]) gegründetes Interesse dabei habe.

12. G. vom 24. Mai 1853 (G. S. S. 521).

§. 53. Unter denselben gesetzlichen Voraussetzungen, unter welchen Jemand die Einsicht des Hypothekenbuchs verlangen kann, ist er auch befugt, die Einsicht der betreffenden Grundakten zu verlangen[105]).

§. 75. Zur Aufbehaltung derer Bücher selbst, muß ein sicheres, und, so viel als möglich[106]), gegen Feuers-Gefahr, und

---

„Eigenthümer" und dessen Machthaber ohne Weiteres die Einsicht des Hypothekenbuchs. Unter dem „Eigenthümer" wird hier der eingetragene Besitzer verstanden, weil der Ingrossator nicht berufen ist, eine aus dem Hypothekenbuche nicht ersichtliche Legitimation zu prüfen und festzustellen. Der wahre aber nicht eingetragene Eigenthümer muß sich daher, ebenso wie ein anderer Real-Interessent, an das Gericht wenden.

102) Ueber die Form: unten, Anm. 105.

103) Oder des Gerichts-Direktors, Abtheilungs-Dirigenten oder Gerichts-Kommissars. Anm. 105.

104) Also nicht bloß ein Recht, sondern auch ein gegründetes Interesse dabei, nämlich bei der Einsicht des Hypothekenfoliums. Der Ausdruck ist dunkel. Wenn z. B. Jemand dem Besitzer ein Darlehn zur Abzahlung einer Hypothekenschuld auf Treu und Glauben giebt und später erfahren will: ob die Post wirklich abgetragen ist; so hat er gewiß ein Recht und auch ein Interesse bei der Einsicht. Doch ist der Fall nicht ein solcher, wo ihm ohne Einwilligung des Besitzers die Einsicht gestattet werden darf. Denn sein Recht ist ein bloß persönliches und die Hypothekenordnung meint hier ein dingliches Recht oder doch ein Recht zur Sache (Titel); und sein Interesse bei der Einsicht des Hypothekenbuchs ist kein rechtliches in Beziehung auf das Grundstück; denn er ist gar kein Hypotheken-Interessent.

105) Instr. v. 3. August 1853, Art. 23, Nr. 1:

„Für die durch den §. 53 des G. gestattete Einsicht der Grundakten sind dieselben Bedingungen (Hyp.-O. Tit. 1, §§. 72 ff.) maßgebend, wie für die in der Hypothekenordnung erwähnte Einsicht des Hypothekenbuchs. Hiernach ist dem Eigenthümer des Grundstücks oder demjenigen, welcher die Einwilligung desselben beibringt, die Einsicht der Grundakten vom Ingrossator während der Dienststunden ohne Weiteres zu gestatten. Andere Personen müssen die Erlaubniß des Gerichts nachsuchen, und bei ihnen bestimmt sich durch die Veranlassung des Gesuchs auch der Umfang, in welchem ihnen die Einsicht — der ganzen Grundakten oder nur einzelner Stellen — zu gewähren ist. Es genügt die mündlich ertheilte Erlaubniß des Gerichts-Direktors oder Abtheilungs-Dirigenten oder des Gerichts-Kommissars. — Dasselbe gilt von den mit dem Hypothekenbuche etwa in Verbindung stehenden Lehns-Akten u. s. w."

106) Es ist aber selten möglich. Sehr selten wird man ein Gerichtsgebäude finden, in welchem die Geschäftsräume gewölbt sind. Daran hat man auch

andere Unglücks-Fälle verwahrtes Behältniß, ausgesucht und angewiesen werden.

Was die Gerichte bei dem Hypotheken-Wesen zu vertreten haben. §. 76. Die Collegia und Gerichte, denen das Hypotheken-Wesen anvertraut ist, sind schuldig, für die Richtigkeit ihrer Bücher, und daß die eingetragenen Actus, so wie sie darin vermerkt sind, wirklich vorgenommen worden[107]), zu haften.

§. 77. Sie sind aber nicht schuldig, die Gültigkeit und Rechtsbeständigkeit, der von den Parteien vorgenommenen Handlungen selbst, zu vertreten[108]).

§. 78. In allen Fällen, wo hiernach[109]) eine Vertretung stattfindet, ist das ganze Gericht, und jedes Mitglied desselben, welches zur Zeit des begangenen Fehlers, wirklich bei dem Gericht oder Collegio gestanden hat, sowie dessen Erben, dem Beschädigten, für seinen Antheil[110]), gerecht zu werden, verbunden.

---

gedacht. Das gleichzeitige Allgemeine Registratur-Regl. v. 20. Novbr. 1782 verordnet im §. 52, in Uebereinstimmung mit unserm §. 75: „Die Hypothekenbücher selbst müssen, wo es irgend möglich, in besonderen feuerfesten Behältnissen aufbewahrt werden. Wo aber hierzu der Raum ermangelt, ist ihnen, in dem Archiv selbst, ein besonderer, dem Anlaufe nicht ausgesetzter Platz oder verschlossener Schrank anzuweisen." Das ist auch, wenigstens wol bei den allermeisten Gerichten, geschehen.

107) Vergl. Tit. 2, §§. 172, 173, 317.

Mir ist bei einem Patrimonialgerichte vorgekommen, daß ein Instrument über eine Hypothekenforderung ausgefertigt worden ist, welches gar nicht eingetragen und über 30 Jahre im Verkehr gewesen war, ehe der Mangel entdeckt wurde. (Dorf Köppernig, Kreis Neiße, Freistelle Ueberreiter). Der Richter sammt Erben war längst nicht mehr vorhanden. Der Fall bleibt so lange möglich, als nicht die Eintragung in Gegenwart des Berechtigten, oder dessen Stellvertreters geschieht, wie sonst bei der Eintragung der Pfandbriefe wohlweislich geschah.

108) Aber offenbar ungültige Negotia dürfen sie nicht eintragen lassen. Tit. 2, §. 12 u. 13. Vergl. die Anm. 14 zu §. 13.

Auch für die Sicherheit haben die Hypothekenbehörden nach preuß. Rechte nicht einzustehen, und daher auf die Ueberschuldung der Grundstücke nicht zu sehen (A. L. R. Th. I, Tit. 20, §. 431), wie es nach manchen andern Gesetzgebungen geschehen mußte und noch geschehen muß. Für Schlesien verordnete ein Kaiserlicher Erlaß v. 23. März 1708 (Ober-Amtl. Currende v. 30. April 1708, in Brachvogel, Th. I, S. 351), daß die Gerichte den Werth des verpfändeten Grundes mit dem darauf zu gebenden Darlehns-Quantum wohl combiniren sollten, ehe sie die gerichtliche Hypothek ertheilten, um zu verhüten, daß durch die auf allzusehr verschuldete Güter von den Landes-Aemtern ertheilten Hypotheken „die treuherzige Creditores in unwiderbringlichen Schaden gesetzet werden." Im ehemals Trierschen, diesseits des Rheins, haften die Schöffengerichte noch jetzt für die Sicherheit der Hypothek. (Jahrb. Bd. XXXVII, S. 271).

109) Und nach Tit. 2, §. 12 u. 59.

110) Die Ersatzpflichtigkeit der Mitglieder der Hypothekenbehörde ist hier und in den folgenden §§. 79, 80 nach den Grundsätzen des Gemeinen Rechts bestimmt, welche noch jetzt, vermöge dieses Specialgesetzes, neben dem A. L. R.

§. 79. Kann von einem und andern dieser Mitglieder sein Antheil an der Entschädigung nicht beigetrieben werden, so sind die übrigen dem Beschädigten dafür in Subsidium zu haften schuldig.

§. 80. Mitglieder, welche zu der Zeit, da die nachtheilige Verfügung resolvirt worden, im Collegio nicht gegenwärtig gewesen sind; oder damals ihren Widerspruch dagegen schriftlich [111]) zu den Akten erklärt haben, können zur Vertretung nicht mit zugezogen werden.

§. 81. Den zur Vertretung zugezogenen bleibt der Regreß an den eigentlichen Urheber des Schadens, es sei solches ein Mitglied oder ein Subaltern des Collegii, vorbehalten.

---

gelten, dessen Grundsätze davon abweichen und verworren sind. M. s. Th. II, Tit. 10, §§. 127 ff. und die Anm. dazu. Die Grundsätze der Syndikatsklage sind durch die §§. 78 ff. der Hyp.-O. nicht verändert, und darnach versteht es sich, daß diese Klage nur ein subsidiarisches Rechtsmittel ist. Der Grundsatz findet sich auch im A. L. R. I, 20, §. 433, in besonderer Beziehung auf die Führung der Hypothekenbücher anerkannt. Vergl. die Anm. 69 dazu.

111) Das bloße Dissentiren bei Fassung des Beschlusses schützt also vor der Vertretung nicht; man muß seinen Dissens besonders zu den Akten vermerken, was am sichersten unter dem Beschlusse geschieht. Dagegen wird hier nicht verlangt, daß auch die Gründe des Widerspruchs angegeben werden. Natürlich ist bei der Vorschrift des §. 80 vorausgesetzt, daß jedes Mitglied Gelegenheit habe, seinen Widerspruch zu verlautbaren, wozu vor Allem die Möglichkeit gehört, von dem Beschlusse Kenntniß zu erlangen. Diese Möglichkeit ist den andern Mitgliedern der Kollegien, nach dem heutigen Geschäftsbetriebe, bei allen Sachen, welche der Decernent nicht vorträgt, entzogen. Während das Allg. Registratur- und Kanzlei-Regl. v. 1780, §§. 97—99, die A. G. O. Th. III, Tit. 1, §. 44 und Tit. 3, §§. 42 ff., sowie diese Hypothekenordnung Tit. 2, §. 11 den Vortrag aller eingegangenen Sachen als Regel vorschreibt, sieht das neue Geschäftsregl. die Sachen, welche im versammelten Kollegium vorgetragen werden, als Ausnahmen an; und außerdem haben die andern Mitglieder keine Kontrole darüber, daß die Dekrete auch dem Beschluße des Kollegiums gemäß abgefaßt werden; ich habe in meinem vieljährigen Amte als Gerichts-Direktor oft das Gegentheil gefunden. Die Verantwortlichkeit der Mitglieder müßte daher, wenn der Gerechtigkeit Genüge geschehen soll, durch die Mitunterschrift des Dekrets bedingt sein.

Die früher im widersprechenden Sinne beantwortete Frage: ob der Richter für eine Eintragung oder Löschung verantwortlich werde, welche er in Folge einer geführten Beschwerde auf Anweisung des Obergerichts hat ausführen lassen, ist durch den §. 35 der V. v. 2. Januar 1849 beseitigt.

Zweiter Titel.

Von Verwaltung des Hypotheken-Wesens und Führung der Bücher bei den Ober-Collegiis [1]).

§. 1. Die Führung der Hypotheken-Bücher ist bisher, nach Maaßgabe der verschiedenen Jurisdiktions-Bezirke, theils Landes-Justiz- und Landschaftlichen [2]) Collegiis, theils aber auch Unter-Gerichten, anvertraut gewesen. Die Grundsätze, wornach das Hypotheken-Wesen zu bearbeiten, sind zwar in Ansehung beider Behörden einerlei; da aber wegen der Art des Verfahrens einiger Unterschied stattfindet; so sollen im gegenwärtigen zweiten Titel, jene allgemeine Grundsätze, in besondrer Beziehung auf die Ober [3])-Collegia, vorgetragen werden.

§. 2. Dabei soll zuerst erörtert werden, was bei Verhandlung der Hypotheken-Sachen, und bei der Einschreibung in die Bücher überhaupt, sodann aber, was bei den verschiedenen dahin gehörigen speciellen Geschäften, nämlich bei der Berichtigung des Tituli possessionis; bei der Eintragung von Real-Verbindlichkeiten und Lasten; bei Cessionen und Verpfändungen eingetragener Posten; und endlich bei Extabulationen und Löschungen insonderheit zu beobachten sei.

Erster Abschnitt.

Von dem Verfahren in Hypotheken-Sachen überhaupt.

Wie die in das Hypotheken-Wesen einschlagende Gesuche anzubringen.

§. 3. Bei den Ober-Collegiis sollen alle in das Hypotheken-Wesen einschlagende Geschäfte schriftlich verhandelt werden.

§. 4. Wer also in dergleichen Angelegenheiten etwas zu

---

1) Die Ober-Kollegien führen nach der V. v. 2. Januar 1849, §. 9 keine Hypothekenbücher mehr, die Vorschriften dieses Titels gelten daher schlechtweg für alle Hypothekenbehörden.

2) Bis 1810 wurden die Hypothekenbücher über die Rittergüter in den Marken von den ritterschaftlichen Kredit-Direktionen daselbst geführt. Durch die K. O. v. 1. August 1810 (Rabe, Bd. X, S. 392) ist die Hypotheken-Buchführung auch in diesen Landestheilen, wie es schon vorher in allen andern, selbst in den ältern Provinzen geschehen war, den Gerichten übertragen.

3) Oben, Anm. 1.

suchen oder anzubringen hat, muß sich deshalb mit einer schriftlichen Vorstellung an das Collegium wenden.

13. G. vom 24. Mai 1853 (G. S. S. 521).

§. 3. Die Gesuche in Hypothekensachen können schriftlich eingereicht, oder bei der Hypothekenbehörde zum Protokoll gegeben werden[4]).

Es muß aus denselben oder der zur Eintragung eingereichten Urkunde bestimmt hervorgehen, was der Gesuchsteller in das Hypothekenbuch eingetragen oder in demselben gelöscht haben will; auch muß darin das Grundstück so genau bezeichnet sein, daß über dessen Identität kein Zweifel obwaltet.

§. 5. Die zur Begründung des Antrags nöthigen Urkunden sind dem Gesuche beizufügen, und hat die Hypothekenbehörde davon beglaubigte Abschriften zu den Grundakten zu fertigen[5]).

§. 6. Requisitionen des Prozeßrichters wegen Bewirkung von Eintragungen und Löschungen müssen den im §. 3 und im ersten Satze des §. 5 bezeichneten Erfordernissen entsprechen und insbesondere alle wesentlichen Punkte des von der Hypothekenbehörde einzutragenden Vermerks enthalten.

Die Hypothekenbehörden haben solchen Requisitionen zu genügen, wenn sich nicht aus dem Hypothekenbuche[6]) Anstände bei der nachgesuchten Eintragung oder Löschung ergeben, in welchem Falle sie den Prozeßrichter davon in Kenntniß zu setzen und demselben die Erledigung der Anstände zu überlassen haben.

§. 7. Die Vorschriften des §. 6 finden auch auf die von den Auseinandersetzungs-Behörden in den Angelegenheiten ihres Ressorts oder von anderen Behörden im Falle des §. 15[7]) der

---

4) Die protokollarische Aufnahme der Gesuche in den Hypothekensachen hat schon das R. v. 24. August 1784 unter Nr. III (Rabe, I, 7, S. 407 ff.) für unbedenklich erklärt, und ist immer geschehen.

Die Min. Instr. v. 3 August 1853 sagt im Art. 4, Nr. 1:

„Zu §. 3 wird in Betreff der Präsentation der zur Eintragung bestimmten Urkunden und Gesuche auf die §§. 8 u. 9, Tit. II der Hyp.-O., auf die Instr. v. 10. Juni 1835 (Jahrb. Bd. 45, S. 508) und den §. 6 des Geschäftsregl. v. 3. August 1841 (Beil. zum 40. Stück des J. M. Bl. v. 1841, S. 9) verwiesen, und besonders darauf aufmerksam gemacht, daß in derselben Weise, wie die eingereichten Urkunden, auch die gerichtlichen Protokolle über Aufnahme von Handlungen der freiwilligen Gerichtsbarkeit, die das Hypothekenbuch berühren, zu präsentiren sind." S. u. Anm. 11.

5) S. o. Zus. 11 zu §. 69, Tit. 1 und die Anm. dazu.

6) Oder aus den Hypotheken-Akten. Die Instr. v. 3. August 1853, Art. 4, Nr. 3 sagt in dieser Beziehung: „Im §. 6 des Gesetzes hat darüber, in wiefern Anstände bei der nachgesuchten Eintragung oder Löschung, welche zwar nicht aus dem Hypothekenbuche, aber doch aus den Grundakten oder vorliegenden andern Anträgen sich ergeben, zu berücksichtigen oder zu erledigen sind, keine allgemeine Vorschrift gegeben, vielmehr das geeignete Verfahren der Beurtheilung der Gerichte nach vernünftigem Ermessen in jedem einzelnen Falle überlassen werden sollen."

7) Dieser lautet: „Die Gerichte und Hypothekenbehörden sind verpflichtet, den an sie ergehenden Requisitionen zu genügen, die Exekution gegen die benannten Personen ohne vorgängiges Zahlungsmandat schleunig zu vollstrecken, die Beschlagnahme der zur Deckung des Defekts erforderlichen Vermögensstücke

Verordnung vom 24. Januar 1844 (G. S. S. 54) ausgehenden Requisitionen um Eintragung von Vermerken im Hypothekenbuche Anwendung.

§. 5. Wer hinlängliche Kenntnisse der Rechte und Landes-Gesetze besitzt, kann dergleichen Vorstellungen in seinen eigenen Sachen selbst anfertigen. Wer sich aber dazu einer fremden Assistenz [8]) zu bedienen genöthigt oder Willens ist, muß sich deshalb an einen approbirten Justiz-Commissarius wenden [9]).

§. 6. Es sollen daher bei den Ober-Collegiis keine Memoriale und Eingaben in Hypotheken-Sachen angenommen, und darauf verfügt werden, welche nicht von einem solchen Justiz-Commissario abgefaßt, oder doch unterschrieben und legalisirt [10]) sind.

---

zu verfügen, und die in Antrag gebrachten Eintragungen, wenn sonst kein Anstand obwaltet, im Hypothekenbuche zu veranlassen, ohne auf eine Beurtheilung der Rechtmäßigkeit einzugehen." — Die Vorschrift bezieht sich auf die Festsetzung und den Ersatz der bei Kassen- und anderen Verwaltungen vorkommenden Defekte, durch die vorgesetzte Behörde. An die Hyp.-Fideikommißbehörden scheint man nicht gedacht zu haben; es versteht sich wol von selbst, daß auch auf deren Requisitionen welche sie gemäß §. 3 des G. v. 5. März 1855 (G. S. S. 175) an die Hypothekenbehörden zu erlassen haben, die Vorschriften der §§. 6 u. 7 Anwendung finden.

8) Mit Ausnahme eines Generalbevollmächtigten, wenn sie auch nicht Rechtsanwalte sind. Anh. z. A. G. O. (III, 7, §. 35) §. 465; R. v. 19. März 1798 (Rabe, V, S. 77).

9) Nämlich zur Abfassung oder Legalisirung des Gesuchs. Vergl. den folg. §. 6 und die Anm. 10 dazu.

Die Befugniß der Rechtsanwalte zur Abfassung und Legalisirung der Gesuche (Advokatur) in nichtprozessualischen Angelegenheiten beschränkt sich nicht auf den Bezirk, in welchem ein Rechtsanwalt zur Praxis berechtigt ist, sondern erstreckt sich über den ganzen Obergerichtsbezirk. (A. G. O. Th. III, Tit. 7, §. 7). Diese Befugniß ist sogar durch die V. v. 21. Juli 1843 (G. S. S. 295) auf jeden Rechtsanwalt, ohne Einschränkung auf einen Gerichtsbezirk ausgedehnt. Aber zu Handlungen, welche zur Prokuratur gehören (Stellvertretung in Terminen oder im Betriebe eines Geschäfts bei Gericht), sind die Rechtsanwalte nur in dem Bezirke befugt, in welchem ihnen die Praxis zusteht. A. G. O. Th. III, Tit. 7, §§. 28—30, 35. Hierin ist durch die V. v. 21. Juli 1843 nichts geändert; man beschränkt sogar, nach §. 30 a. a. O., eine Befugniß, welche zur Advokatur gehört, nämlich die Assistenz der in Person erschienenen Partei, auf den Amtsbezirk. (J. M. Bl. 1855, S. 394.) Zur Einreichung einer, von der Partei nicht unterzeichneten Schrift Namens derselben bei Gericht ist also nur ein bei diesem Gerichte angestellter Rechtsanwalt, auch nach der V. vom 21. Juli 1843, befugt. Hiermit hat sich der J. M. in einer Verf. vom 8. Octbr. 1855 einverstanden erklärt. (J. M. Bl. S. 396.)

10) Das Legalisiren bezieht sich nicht auf die auch erforderliche Unterzeichnung der Partei (s. die vor. Anm. 9), sondern auf den Inhalt des Gesuchs und hat die Bedeutung einer Gewähr für denselben. A. G. O. Th. I, Tit. 12, §. 12; Instr. v. 7. April 1839, Nr. 29; V. v. 21. Juli 1846, §. 33.

Die Legalisirung durch einen Rechtsanwalt ist übrigens nur dann erforderlich, wenn der Interessent (oder dessen General-Bevollmächtigter, Anm. 8) in Ermangelung hinlänglicher Kenntnisse der Rechte und Landesgesetze zu dergleichen

§. 7. Alle dergleichen Eingaben und Vorstellungen müssen in der Registratur des Collegii, an denjenigen, welchem die Aufsicht über die Grund-Akten anvertraut ist, abgegeben werden [11]). — Was bei deren Einreichung in der Registratur.

§. 8. Dieser muß auf das Exhibitum den Tag, wo ihm solches zugestellt worden, auch wenn es ein Eintragungs-Gesuch enthält, zugleich die Stunde [12]) der erfolgten Präsentation [13]), genau und richtig bemerken.

Eingaben sich fremder Assistenz bedienen muß. Circ. V. v. 19. December 1799 (Rabe, V, S. 678). Eine unpraktische Verfügung, wenn sie etwas Anderes anordnen will, als der §. 5, welcher nur so verstanden werden kann, daß nur ein Rechtsanwalt sich als Verfasser unterzeichnen darf. Denn wenn ein Gesuch sach- und formgemäß und von dem Gesuchsteller unterzeichnet ist: so darf eine Nachforschung nach dem eigentlichen Verfasser nicht angestellt werden. Man kann also niemals wissen, ob der Gesuchsteller hinlängliche Kenntnisse der Rechte und Landesgesetze hat und ob er selbst das Gesuch verfaßt hat oder nicht, wenn er es nicht angedeutet hat.

11) Hierüber bestehen jetzt folgende Vorschriften:

„Die Schriften aus dem Briefkasten und alle mit der Post oder sonst unter der Adresse des Gerichts eingehenden versiegelten Schreiben eröffnet und präsentirt der Dirigent, wobei er wegen der Hypothekensachen die Vorschrift §. 8, Tit. 2 der Hyp.-O. zu beachten hat.

Die protokollarischen Gesuche, Terminsprotokolle der Deputirten, wenn sie von den Gerichtspersonen nicht unmittelbar in den Büreaus abgegeben werden, desgleichen die offen eingehenden Schriftstücke, sind an den Kanzlei-Direktor abzugeben, und von ihm, bei Hypothekensachen mit Beachtung des §. 8, Tit. 2 der Hyp.-O., zu präsentiren und zu den betreffenden Büreaus zu befördern.

Jeder Büreau-Vorsteher hat auf den ihm auf diese Weise oder aus andern Abtheilungen zugehenden Vertragsstücken, wenn er sie später als an dem Tage des Präsentations-Vermerks erhält, den Tag des Empfanges, und der Vorstand der Abtheilung für Hypothekensachen auf den Eintragungsgesuchen auch die Stunde des Empfanges mit seinem Namen zu verzeichnen, wenn letzteres nicht bereits vom Dirigenten geschehen ist."

Geschäfts-Regl. v. 30. August 1841 (Beil. zu No. 40 des J. M. Bl. 1841).

„Wird die zur Eintragung in das Hypothekenbuch bestimmte Urkunde bei der Hypothekenbehörde selbst, oder vor dem Gerichte, welches das Hypothekenbuch führt, aufgenommen oder anerkannt, so ist die Verhandlung hierüber, unmittelbar nach der Vollziehung, mit den dazu gehörigen Beilagen, zu den Grundakten abzugeben, und nach Vorschrift der Hyp.-O. Tit. 2, §. 8, unter genauer Angabe des Tages und der Stunde zu präsentiren."

Instr. v. 10. Juni 1835, §. 1 (Jahrb. Bd. XLV, S. 508).

Diese Vorschriften sind es, auf welche die zu dem G. v. 24. Mai 1853 gegebene Instruktion v. 3. August 1853, Art. 4, Nr. 1 (oben Anm. 4 zu §. 4) verweist.

12) Ueber die Anwendung, welche hiervon zu machen: unten, §. 30 d. T. und die Anm. dazu.

13) Das Präsentatum der eingehenden Eingaben muß eine deutliche Angabe des Tages, Monats und Jahres und die Namensunterschrift des Präsentanten enthalten. R. v. 20. März 1840 (J. M. Bl. S. 114).

„Der Tag und die Stunde des Eingangs eines Eintragungsgesuchs beim Gericht bestimmt ohne Rücksicht darauf, wann dasselbe zu den Grundakten gekommen, die Präsentation. Wenn daher eine Ingrossation auf mehrere Grundstücke in Einer Vorstellung gesucht wird, so ist sie bei allen Grundstücken zugleich präsentirt, wenn sie auch bei den Grundakten des Einen früher allein zum Vortrag gelangt." Pr. des Ob.-Tr. 653, v. 5. April 1839.

§. 9. Liegt der Vorstellung ein Original-Dokument bei, auf dessen Grund etwas in den Büchern vermerkt werden soll, so muß auch auf diesem das Präsentatum, gleich über die Anfangs-Worte des Instruments gesetzt, und von dem Registrator unterschrieben werden.

§. 10. Sodann wird das Exhibitum auf den im Registratur-Reglement beschriebenen Tage-Zettel gesetzt, und nebst sämmtlichen Beilagen, auch den dazu gehörenden Grund-Akten, an den Decernenten zum Vortrag bei der nächsten Zusammenkunft des Collegii, befördert.

bei dem Vortrage im Collegio.

§. 11. Der Decernent und das Collegium müssen die Vorstellung und deren Beilagen, sowohl nach ihrer Form als Inhalt, in genaue und reifliche Erwägung ziehen.

§. 12. Denn obgleich den Collegiis, nach Maaßgabe Tit. I, §. 77 nicht zugemuthet werden soll, für die Gültigkeit und Rechtsbeständigkeit der von den Parteien vorgenommenen Handlungen zu haften; so liegt ihnen dennoch ob, mit möglichster Sorgfalt zu verhüten, daß keine gesetzwidrige oder offenbar ungültige Negotia in die Bücher vermerkt; das Vertrauen des Publici auf die Legalität einer bei Gerichten eingetragenen Handlung, zu Hintergehungen und Betrügereien nicht gemißbraucht; noch auch durch Unvollständigkeit, Dunkelheit oder andere Mängel der dabei vorkommenden Dokumente, zu künftigen Prozessen oder sonstigen Weiterungen Anlaß gegeben werde.

§. 13. Die Collegia müssen also nicht nur darauf sehen: ob das Gesuch an und für sich nichts widerrechtliches enthalte; sondern auch examiniren: ob bei Vollziehung des Aktus, welcher in den Büchern vermerkt werden soll, die zu dessen Gültigkeit und Rechtsbeständigkeit vorgeschriebenen Erfordernisse beobachtet; ob die darüber errichteten Instrumente deutlich, bestimmt und vollständig genug abgefaßt; und ob sie mit derjenigen äußeren Form und Gestalt versehen sind, welche dabei, nach den verschiedenen Arten der Geschäfte, nothwendig ist[14]).

---

14) Die Gegenstände, auf welche die causae cognitio der Hypothekenbehörde nach dem hier in Anwendung gebrachten Gesetzlichkeits- (Legalitäts-) Prinzip sich zu erstrecken habe, und die Grenze der Verantwortlichkeit derselben sind unklar; die Bestimmungen darüber undeutlich. Dieselben sind enthalten in den §§. 76 u. 77, Tit. 1; in den §§. 12, 13 u. 59 dieses Titels und in den §§. 428—432, Tit. 20, Th. 1 des A. L. R. Folgerichtig müßte nach diesem Prinzip der Hypothekenrichter das ganze Negotium in allen Beziehungen prüfen und endgültig, ohne Berufung, beurtheilen. Soweit hat man jedoch nicht gehen wollen. Gewiß

§. 14. Was zur Bestellung und Erwerbung eines hypothekarischen Rechts überhaupt gehört, solches bestimmen die Ge-

---

ist nur, daß die Behörde für die Sicherheit nicht haftet (Anm. 108 zu §. 77, Tit. 1), und daß sie für die Richtigkeit, d. h. für die Uebereinstimmung der Einträge mit den zur Eintragung vorgelegten Urkunden, für den Schaden aus der Nichtbeobachtung der Form der Eintragung, und für die Foliographie, sowie für die Folgen einer aus Versehen versäumten oder unterlassenen Eintragung einzustehen hat. (Tit. 1, §. 76; A. L. R. §§. 428, 432, 450, 502, 503 a. a. O.) Auch ungebührliche Löschungen machen ihn verantwortlich. §. 526 und 531. Alles übrige ist zweifelhaft. Folgende Gegenstände kommen in Betracht:

1. Die Fähigkeit des Handelnden zur vorgenommenen Disposition über die Sache,
2. die Identität der Person.

Hinsichtlich dieser beiden Punkte ist die Hypothekenbehörde von dem instrumentirenden Beamten zu unterscheiden. Der Notar oder die Gerichtsperson, welche den Akt aufnimmt, hat zunächst die persönliche Handlungsfähigkeit und die Identität der Person festzustellen. Wenn darüber in dem Akte selbst nichts vermerkt ist, was sehr oft vorkommt; so wird man den Hypothekenrichter schwerlich dafür verantwortlich machen können, wenn er die Handlung in das Hypothekenbuch eintragen läßt, ohne vorher eine Untersuchung zur Feststellung jener Punkte veranlaßt zu haben, da sich aus dem Schweigen der vorgelegten öffentlichen Urkunde darüber noch nicht schließen läßt, daß der instrumentirende Richter oder Notar seine Pflicht versäumt haben werde.

3. Die Befugniß (Legitimation) des Handelnden zu einer Verfügung über die Sache. Diese hat der Hypothekenrichter auf Grund seines Buches zu untersuchen und festzustellen. §. 59 d. T. Findet sich dabei, daß der Verfügende noch nicht oder nicht mehr der zuletzt eingetragene Besitzer der Sache oder Inhaber der (etwa cedirten oder verpfändeten) Post ist; so muß das Eintragungsgesuch zurückgewiesen werden, §§. 56, 187, 217 d. T.; widrigenfalls der Richter für allen aus einer solchen ordnungswidrigen Eintragung erwachsenden Schaden haftet. A. L. R. I, 20, §. 409. Doch kann auch diese Haftung nur einer solchen Person gegenüber eintreten, welche den Zustand nicht gekannt und nicht verstanden hat. Wer mit Bewußtsein eine solche ordnungswidrige Eintragung fordert und erlangt, hat kein Recht, dem Richter wegen der Gewährung seines Gesuchs einen Vorwurf zu machen.
4. Der Titel. In Ansehung desselben herrscht die meiste Dunkelheit über den Umfang der dem Richter obliegenden Untersuchung. Die vorhandenen Vorschriften sind darüber nicht bloß unbestimmt, indem sie die äußere und die innere Form der Rechtsgeschäfte (Formelles und Materielles) untereinander werfen; sondern sie widersprechen sich auch. Denn während der §. 77, Tit. 1 rund und deutlich erklärt, daß die Gerichte nicht schuldig, die Gültigkeit und Rechtsbeständigkeit der von den Parteien vorgenommenen Handlungen selbst zu vertreten, legt ihnen der §. 12 d. T. die Verpflichtung auf, zu verhüten, „daß keine gesetzwidrige oder offenbar (was ist ohne Untersuchung und Anhörung des Andern offenbar?) ungültige Negotia in die Bücher vermerkt werden." Dies betrifft das Materielle. Ferner legt der §. 12 auf, zu verhüten, „daß (in Folge der Eintragung solcher nichtiger Negotia) das Vertrauen des Publici auf die Legalität einer eingetragenen Handlung, zu Hintergehung und Betrügereien nicht gemißbraucht werde." Wenn etwas offenbar gesetzwidrig und ungültig ist, wie kann dann damit ein Mensch von nur gewöhnlicher Aufmerksamkeit betrogen werden? Wie soll also der Richter dazu kommen einem unvorsichtigen Menschen dafür verantwortlich zu sein, daß er sich hat betrügen lassen. Endlich verpflichtet der §. 12, zu verhüten, daß

setze. Einige nähere Vorschriften, was bei den hauptsächlichsten Negotiis dieser Art beobachtet werden müsse, um solche der Ein-

---

„durch Unvollständigkeit, Dunkelheit oder andere Mängel der dabei vorkommenden Dokumente zu künftigen Prozessen oder sonstigen Weiterungen Anlaß gegeben werde.“ Das betrifft die Fassung der Urkunde; und der Hypotheken-Richter soll darnach nicht bloß befugt sein, Aufklärung über das zu fordern, was ihm selbst dunkel ist; sondern er soll verpflichtet sein, voraus zu wissen, was streitende Parteien in ihrem Sinne künftig einmal unvollständig oder dunkel finden werden. Daraus kann keine Vertretung für den Richter erwachsen. — Der folg. §. 13 resumirt: „darauf also zu sehen, a) ob das Gesuch an und für sich nichts Widerrechtliches enthalte“, womit doch wol weiter nichts gemeint sein kann als ein Gesuch um Eintragung eines „gesetzwidrigen und offenbar ungültigen Negotiums“; b) ob bei Vollziehung des Actus die zu dessen Gültigkeit und Rechtsbeständigkeit vorgeschriebenen Erfordernisse beobachtet; c) ob die darüber errichtete Urkunde deutlich, bestimmt und vollständig genug abgefaßt, und ob sie mit derjenigen äußern Form und Gestalt versehen, welche dabei nach der Art des Geschäfts nothwendig.“ Gegenstand der Untersuchung ist hiernach: die Urkunde, nach ihrer äußern Form und Gestalt und Vergleichung derselben mit den gesetzlichen Erfordernissen in dieser Hinsicht nach der Art des Geschäfts, sowie nach ihrer Fassung; ferner: das Rechtsgeschäft (Negotium) nach seiner rechtlichen Natur und seinen Erfordernissen. Damit stimmt der §. 59 d. T. überein in der Vorschrift, zu prüfen: ob das Negotium selbst so beschaffen, daß dadurch die Uebertragung des Eigenthums, rechtlicher Art nach, begründet werden könne; und ob das Instrument darüber mit den gesetzmäßigen Erfordernissen versehen sei. Hierzu kommen die §§. 429 und 430 des A. L. R. a. a. O. Nach §. 429 haftet die Behörde keinesweges für Fehler und Mängel in dem Anspruche selbst (Negotium); nach §. 430 aber muß sie für die in die Augen fallenden Fehler des eingetragenen Instruments einstehen. Gegenstand der Betrachtung sind also auch hiernach: Urkunde und Negotium.

a) Hinsichtlich der Urkunde, welche der Richter nach den Vorschriften der Notariats-Ordnung oder beziehlich nach der A. G. O. Th. II, Tit. 3 zu prüfen hat, reduzirt sich seine Vertretung, nach §. 430 des A. L. R., auf den Schaden, welcher aus einem in die Augen fallenden Fehler des Instruments folgt. Bei einem Notariats- oder einem gerichtlichen Instrumente kann nur aus einem solchen Fehler, welcher Nichtigkeit zur Folge hat, Schaden erwachsen; dieses aber auch nur alsdann, wenn die Urkunde auch nicht den Werth einer beweisenden außergerichtlichen Schrift (Privaturkunde) hätte und doch die schriftliche Form zur Gültigkeit des Negotiums genügen würde. Denn alsdann ist die Eintragung selbst einer außergerichtlichen Urkunde gültig; die beglaubigte Form dient nur zur Gewißheit des Negotiums als einer Thatsache. §§. 60—62 d. T. Die Fassung bereitet dem Hypothekenrichter keine Verantwortlichkeit; wenn ihm daraus hinlänglich deutlich ist, was er eintragen soll, so ist es genug; wie es Andere künftig auffassen und verstehen werden, kann er nicht wissen.

b) Betreffs des Negotiums scheinen die Hypothekenordnung und der §. 429 des A. L. R. nicht übereinzustimmen, indem die erstere für „gesetzwidrige oder offenbar ungültige Negotia“ verantwortlich macht, der §. 429 des A. L. R. hingegen „keinesweges für Fehler oder Mängel in dem Anspruche selbst“ haftbar macht. Beide Bestimmungen sind jedoch einander nicht entgegen; sie stehen nebeneinander und ergänzen sich durch einander; denn das A. L. R. spricht gar nicht von gesetzwidrigen oder offenbar nichtigen Rechtsgeschäften, sondern der §. 429 bezieht sich auf erlaubte und scheinbar gültige Negotia, welche an juristischen Mängeln und Fehlern, z. B. Gewalt, Betrug, Simulation, mangelnde Willensfähigkeit und dergl. leiden, Fehler, welche der Hypothekenrichter auszumitteln und

tragung in die Bücher fähig zu machen, werden in den folgenden Abschnitten vorkommen.

§. 15. Was zu der äußeren legalen Form und Gestalt eines Instruments erforderlich sei, und wie fern bei ein oder anderm Negotio, zu desselben Rechtsbeständigkeit, die gerichtliche Ausfertigung, Vollziehung oder Bestätigung nothwendig hinzukommen müsse, wird der Bestimmung des Gesetz-Buches vorbehalten. Für der Hand hat es bei den diesfalls subsistirenden allgemeinen und Provinzial-Landes-Gesetzen sein Bewenden.

§. 16. Wird ein in das Hypotheken-Wesen einschlagendes Gesuch durch einen Mandatarium angebracht, so muß auch die Vollmacht genau examinirt, und geprüft werden: ob solche gehörig ausgestellt und vollzogen: und ob sie auf das, was gesucht oder angetragen wird, wirklich gerichtet sei.

14. G. v. 24. Mai 1853 (G. S. S. 521).

§. 4. Notare bedürfen zur Anbringung derjenigen Anträge,

---

zu beurtheilen gar nicht in der Lage ist. Vergl. das R. v. 11. März 1822 (Jahrb. Bd. XIX, S. 194) und v. 1. März 1840 (J. M. Bl. S. 106). Das gilt auch von dem Falle der nothwendigen Vertretung des Verfügenden (Bevormundung) hinsichtlich der von der Vormundschaft nach ihrer Instruktion (Vormundschaftsordnung) zu nehmenden vorbereitenden und den Pflegling sichernden Maßregeln: diese betreffen lediglich das innere Verhältniß zwischen dem Pflegling und der Vormundschaft, deren Beobachtung nicht der Prüfung und Controle des Hypothekenrichters unterworfen ist; für diesen ist es genügend, daß der Pflegling richtig vertreten, und daß der Vertreter mit den für den Fall erforderlichen Ermächtigungen (Autorisations- oder Bestätigungs-Dekreten der Vormundschaftsbehörde) versehen ist: ob auch die Vormundschaftsbehörde bei deren Ertheilung die ihr gegebenen gesetzlichen Vorschriften beobachtet habe, geht ihn nichts an und kann auch von ihm nicht festgestellt werden. Die hiermit übereinstimmende Meinung des J. M., daß die Prüfung der innern Rechtsgültigkeit eines obervormundschaftlich bestätigten Kaufkontrakts über ein Grundstück offenbar nicht zur Kompetenz der Hypotheken-Behörde gehöre (R. v. 8. Febr. 1836, Jahrb. Bd. XLVII, S. 364), entspricht völlig den bestehenden Vorschriften. — Die Unbestimmtheit der Grenze, bis zu welcher der Hypothekenrichter bei seiner Prüfung zu gehen hat, und das im Hintergrunde drohende Schreckbild der Verantwortlichkeit machen die Hypothekenbehörde ängstlich und erzeugen Bedenken, auf welche ein Unbefangener und Unparteiischer nie verfallen sein würde, weil sie grundlos sind. Diese Bedenken erschweren den Hypotheken-Verkehr und „bringen die Parteien oft fast zur Verzweiflung" (Jahrb. Bd. XXXVII, S. 268). Das ist die Folge des Gesetzlichkeitsprinzips. Dieses ist — wie ich in „Preußens Rechtsverfassung" (Breslau 1843) S. 101 ff. — ausgeführt und nachgewiesen habe: 1. hemmend für den Verkehr; 2. schädlich für die Interessenten in vielfacher Beziehung; 3. schädlich für den Hypothekenbeamten, der dadurch wieder, den einigen Interessenten gegenüber, zur Partei gemacht wird und mit ihnen einen erbitternden Streit führen muß, und 4. bei alle Dem für den beabsichtigten Zweck doch unzureichend.

Vergl. die Anm. zu den §§. 427—435, Tit. 20, Th. I des A. L. R.

In Ansehung der von dem Prozeßrichter, den Auseinandersetzungsbehörden und den Behörden, welchen die Feststellung der durch Beamte gemachten Defekte zusteht, ergehenden Requisitionen ist die Hypothekenbehörde von der Prüfung des Titels entbunden. Oben, Zus. 13 zu §. 4.

welche auf die von ihnen aufgenommenen oder der Unterschrift nach beglaubigten Urkunden gegründet sind, keiner Vollmacht[15]). Auch für Rechtsanwalte ist eine Vollmacht nicht erforderlich, wenn die einzutragende Urkunde selbst den Antrag des Betheiligten bereits enthält[16]), oder wenn das Gesuch die Erwerbung oder Erhaltung[17]) eines Rechts betrifft.

§. 17. Ist das Instrument selbst, auf dessen Grund, ein Vermerk im Hypotheken-Buche gebeten wird, gerichtlich ausge-

---

15) Diese Bestimmung hat hinsichtlich der Löschungsanträge Zweifel veranlaßt. Es ist mehrfach vorgekommen, daß ein Notar auf Grund eines von ihm aufgenommenen Akts, in welchem der Hypothekengläubiger die Löschung bewilligt hatte, ohne daß der Schuldner bei der Aufnahme des Akts gegenwärtig war, die Löschung beantragt hat. Die Gerichte haben solche Anträge abgewiesen, weil die Löschungsbewilligung des Gläubigers nicht zu dem Schlusse berechtige, daß der Schuldner gerade die Löschung beabsichtige, und nicht vielmehr von dem Rechte, über die Hypothekenpost anderweit zu verfügen, Gebrauch machen wolle. (J. M. Bl. v. 1855, S. 194, Nr. 3.) Der genügende Grund ist kurz: nur der eingetragene Besitzer ist eine Löschung in Antrag zu bringen berechtigt. Wenn also der §. 4 die Vollmacht zur Anbringung der einer von ihm aufgenommenen Urkunde entsprechenden Anträge eben in der, in der Urkunde enthaltenen, Erklärung findet, so versteht sich von selbst, daß es eine Erklärung desjenigen sein muß, dem die Befugniß zusteht, die Anträge in seinem Interesse zu machen. Der Besch. des J. M. v. 18. Juli 1834 (J. M. Bl. 1844, S. 93), welcher dem Notar die Befugniß zuschreibt, auch eine Löschung auf Grund des eingereichten Quittungs-Dokuments in Antrag zu bringen, hat gerade den Fall zum Gegenstande, wo der Schuldner selbst in eben diesem Dokumente auf die Löschung angetragen hatte. Der Notar verrichtet dann, indem er dem Gerichte die aufgenommene Erklärung des Betheiligten vorlegt, wesentlich nur einen Botendienst, gleich einem Gerichte, welches die vor ihm aufgenommene Erklärung an das zuständige Gericht sendet. Darin liegt kein Akt der Prokuratur; zur Advokatur gehört die Handlung überhaupt gar nicht.

16) Wenn z. B. aus der eingereichten Hypothek-Verschreibung die Intention der Interessenten, die Eintragung bewirken lassen zu wollen, erhellet. Man nimmt alsdann die nützliche Besorgung eines fremden Geschäfts an. R. vom 25. Juli 1812 (Jahrb. Bd. I, S. 243), und vom 23. Juni 1832 (Jahrb. Bd. XXXIX, S. 460); R. v. 12. April 1844 (J. M. Bl. S. 193).

17) Also z. B. die Berichtigung des Besitztitels, Eintragung eines Realrechts, einer Hypothek, Cession, Protestation, eines Arrestes u. s. w.; kurz jede Eintragung. Denn jede denkbare Eintragung bewirkt entweder die Erwerbung oder die Erhaltung eines Rechts und es möchte sich schwerlich irgend ein Eintragungsgesuch finden, welches sich nicht unter diese General-Klausel bringen ließe. Der Besch. des J. M. v. 12. April 1844 (J. M. Bl. S. 93), welcher dem §. 4 mit zum Grunde liegt, hat gerade die Berichtigung des Besitztitels zum Gegenstande.

Das R. v. 25. October 1836 (Jahrb. Bd. XLVIII, S. 490) schrieb zur Verhütung von Mißbräuchen in solchen Fällen vor, das Instrument, wenn die Eintragung im Namen des Schuldners nachgesucht werde, Diesem auszuantworten; wenn aber die Eintragung im Namen des Gläubigers nachgesucht werde, gleichfalls nicht dem Rechtsanwalt auszuhändigen, sondern die Partei unmittelbar zur Einlösung aufzufordern. Diese Aengstlichkeit fällt nun, nachdem das Gesetz den Rechtsanwalt zu solchen Anträgen für legitimirt erklärt hat, weg; die Verfügung des Gerichts kann ohne Umstände wieder an den Rechtsanwalt ergehen, was schon ohnehin die Ordnung mit sich bringt, da demjenigen, welcher ein Gesuch einbringt, entweder dasselbe zurückgegeben, oder die Antwort darauf zugestellt zu werden pflegt.

stellt oder beglaubiget; oder ist der gebetene Vermerk von der Beschaffenheit, daß dadurch dem Extrahenten weder eine Verbindlichkeit aufgelegt wird, noch sonst ein Nachtheil daraus erwachsen kann[18]); so ist eine außergerichtliche Vollmacht hinreichend. In allen andern Fällen aber muß die Vollmacht entweder vor Gerichten, oder doch von einem dazu requirirten — Notario, nach der Vorschrift des Notariats-Gesetzes vom 11. Juli 1845 (G. S. S. 487)[19]), ausgestellt sein.

---

18) Dies trifft keinesweges zusammen mit dem im Gesetz v. 24. Mai 1853, §. 4 a. E. bezeichneten Falle (vor. Anm. 17), da aus der Eintragung z. B. von Protestationen und Arresten dem Gläubiger gar mancherlei Nachtheile und die Verbindlichkeit zum Schadenersatz erwachsen können. Ueberhaupt ist im Rechtsleben nicht leicht eine Handlung zu finden, aus welcher niemals Nachtheile erwachsen könnten; und die Behauptung des J. M. in dem Bescheide vom 25. October 1836 (vor. Anm. 17), daß dem Gläubiger durch die in seinem Namen in Antrag gebrachte Eintragung kein Nachtheil entstehe, ist in dieser Allgemeinheit und Unbedingtheit unrichtig: der Gläubiger kann möglicherweise verpflichtet werden, die Post wieder löschen zu lassen und für die Folgen der ungerechtfertigten Eintragung dem Besitzer des Guts zu haften.

19) Im authentischen Text steht hier: „nach Vorschrift des Corp. jur. Fridr. Lib. I, Part. III, Tit. VII, §. 92." Dort befindet sich die damals geltende Vorschrift für die Notarien in Betreff der Aufnahme von Vollmachten.

Von der hier gegebenen Regel, daß die Vollmachten die gerichtliche oder die notarielle Form haben müssen, gelten folgende Ausnahmen:

a) Kollegia und Institute, deren Beamte öffentlichen Glauben haben, können in dieser Eigenschaft ihre Vollmachten ausstellen und mit dem Amtssiegel bedrücken. §. 45 des Anh. zum A. L. R. (I, 13, §. 115).

b) Innungen können ihre Vollmachten von dem Beisitzer des Magistrats aufnehmen und von dem Magistrat, unter dessen Oberaufsicht die Innung steht, ausfertigen lassen. R. v. 20. Novbr. 1840 (J. M. Bl. S. 391).

c) Die von den preußischen Gesandten und Residenten an auswärtigen Höfen dahin attestirte Vollmacht:

daß NN. persönlich bekannt und dispositionsfähig vor ihnen erschienen, den Inhalt der Vollmacht in ihrer Gegenwart genehmigt und selbige unterzeichnet habe,

ist einer gerichtlichen gleich zu achten. R. v. 17. Novbr. 1800 (Rabe, VI, S. 359) und der daraus entnommene §. 46 des Anh. zum A. L. R. (I, 13, §. 117), R. vom 30. Mai 1823 (Jahrb. Bd. XXI, S. 272). Dabei kann zweifelhaft sein, ob sich der §. 46 des Anh. nur auf Vollmachten diesseitiger Unterthanen bezieht, oder ob auch Ausländer Vollmachten vor der preußischen Gesandtschaft ausstellen können. Das R. v. 17. November 1800, aus welchem der §. 46 wahrscheinlich entnommen ist, hat den Fall zum Gegenstande, wo ein Londoner Bürger (zwar ein geborener Königsberger) seine Vollmacht vor der preußischen Gesandtschaft in London verlautbart hatte. Dagegen will das M. der auswärtigen Angelegenheiten v. 18. Mai 1823, und der J. M., indem er die darin entwickelte Ansicht in seiner Verf. v. 30. Mai 1823 theilt, die Bestimmung des §. 46 des Anh. auf Königliche Unterthanen ausdrücklich beschränken. (Jahrb. Bd. XXI, S. 272.) Auch in dem R. v. 26. Febr. 1842 erklärt es der J. M. für die unzweifelhafte Absicht des §. 46, die dahin geht, den im Auslande befindlichen preußischen Unterthanen die Bestellung von Bevollmächtigten zum Betriebe ihrer heimathlichen Angelegenheiten möglichst zu erleichtern (J. M. Bl. S. 95) und die K.-

§. 18. Wenn bei der nach obigen Grundsätzen vorzunehmenden Prüfung das angebrachte Gesuch als gesetzwidrig und unstatthaft befunden wird, so muß der Extrahent darüber, mit Gründen, schriftlich beschieden werden; und es findet alsdann gar keine Eintragung statt.

Ist aber nur bei den äußern rechtlichen Erfordernissen des in dem Hypotheken-Buche zu vermerkenden Actus, bei dem Legitimations-Punkte, bei der Fassung[20]) oder äußern Form des Instruments, oder auch bei der Vollmacht etwas zu erinnern; so muß der Extrahent bedeutet werden: was er noch zu thun, beizubringen oder zu suppliren habe, um zu bewirken: daß seinem Gesuch, rechtlicher Art nach, statt gegeben werden könne. Außer dieser Bedeutung aber muß das Gericht, zur Conservation des Orts im Hypotheken-Buche, eine Protestation für den Extrahenten von Amtswegen eintragen lassen[21]); ihm eine Frist, binnen welcher er die gemerkten Mängel suppliren, oder den Anstand beheben müsse, festsetzen; und dem Besitzer des Guts davon Nachricht geben[21]).

14a. Gesetz v. 24. Mai 1853.

§. 43. Eine Protestation, welche nach dem §. 18, Tit. II der Hypotheken-Ordnung auf unmittelbare Meldung bei der Hypothekenbehörde eingetragen worden, ist auf den Antrag des Besitzers des Grundstücks oder eines andern Betheiligten, dessen aus dem Hypothekenbuche ersichtliches Realrecht durch die Protestation betroffen wird, und ohne daß es der Beibringung des Instruments bedarf, wieder zu löschen, wenn innerhalb 6 Monaten nach der von der Hypothekenbehörde in Folge eines solchen Antrags dazu erlassenen besonderen Aufforderung, welche bei Unbekanntschaft des Aufenthalts des Aufzufordernden einmal im Regierungs-Amtsblatt und durch Aushang an der Gerichtsstelle bekannt zu machen ist, die definitive Eintragung nicht bewirkt worden, oder nicht inzwischen eine Requisition des Prozeßrichters um Aufrechthaltung der Protestation eingegangen ist.

O. v. 11. November 1829 (s. die folg. lit. d), welche nach demselben R. nur eine weitere Ausdehnung des §. 46 ist, bestätigt diese Ansicht.

d) Die von preußischen Konsuln und Konsular-Agenten in den überseeischen Ländern attestirten Vollmachten preußischer Unterthanen sind den gerichtlichen gleich zu achten. K. O. v. 11. November 1829 (G. S. 1830, S. 2).

20) Die dunkle Fassung der Darlehns-Instrumente hindert in der Regel die Eintragung der Hypothek nicht. §§. 138, 139 d. T.

21) Der §. 18 enthält eine allgemeine Vorschrift und bezieht sich daher sowohl auf Fälle, in welchen es sich um Schutz des Eigenthums, als auf die, in welchen es sich um Sicherung eines Realrechts handelt, gleichviel, ob im letzteren Falle die Eintragung einer neuen Post, oder die Subinscription auf eine schon eingetragene Post beantragt war. Die §§. 57 u. 72 sind nur Anwendungen der Regel des §. 18. Instr. v. 3. August 1853, Art. 20, Nr. 1.

§. 44. Eine solche Requisition (§. 43) ist von dem Prozeßrichter zu erlassen, wenn derjenige, für welchen die Protestation eingetragen worden, den Antrag auf definitive Eintragung im Wege der Klage geltend gemacht hat und die Klage eingeleitet ist.

Wenn demnächst der Kläger rechtskräftig abgewiesen, oder wenn die Reposition der Akten erfolgt, und die Sache nicht innerhalb der im §. 20, Th. I, Tit. 20 der A. G. O. bestimmten Frist wieder aufgenommen ist, so hat der Prozeßrichter die Löschung, wozu es der Beibringung des Instruments nicht bedarf, wenn aber der Kläger obsiegt, die definitive Eintragung bei der Hypothekenbehörde auf Antrag des Betheiligten zu beantragen.

§. 45. Die §§. 43, 44 finden keine Anwendung auf den Fall, wenn nach der Bestimmung im dritten Absatze des §. 22 der Verordnung v. 4. März 1834 (G. S. S. 37) der Gläubiger in der Exekutions-Instanz unmittelbar bei der Hypothenbehörde die Eintragung einer Protestation nachgesucht hat; vielmehr verbleibt es bei den in dem §. 22 a. a. O. getroffenen Vorschriften[22]).

§. 19. Ist aber bei dem gesuchten Vermerk in dem Hypotheken-Buche nichts zu erinnern, so muß die Einschreibung desselben dem Hypotheken-Buchführer schriftlich[23]) anbefohlen werden. bei Erlassung des Befehls zur Ingrossation.

---

22) Instr. v. 3. August 1853, Art. 20:

„2. Die Bestimmungen der §§. 43 ff. lassen sich, da sie fertige Folien voraussetzen, und durch das Gesetz der das Verfahren bei Anlegung neuer Hypothekenbücher betreffende vierte Titel der Hypotheken-Ordnung völlig unberührt geblieben ist, auf diejenigen protestativischen Vermerke nicht anwenden, welche bei der ersten Regulirung des Hypothekenwesens auf Grund der §§. 13, 26, 35, Tit. IV der Hypothekenordnung und der später ergangenen Vorschriften über das Hypotheken-Einrichtungswesen eingetragen sind oder noch eingetragen werden.

3. Eben sowenig hat es in der Absicht des Gesetzes, namentlich der §§. 43 bis 48 u. 51 gelegen, hinsichtlich des bisherigen Verfahrens der Hypothekenbehörden bei Parzellirungen (vergl. Verf. v. 8. Februar 1834, Jahrb. Bd. XLIII, S. 108, und Instr. v. 3. November 1839, J. M. Bl. S. 365), namentlich hinsichtlich der Eintragung eines vorläufigen Vermerks über den erfolgten Besitzwechsel, etwas zu ändern.

4. Bei der protestativischen Eintragung einer neuen Post in der II. oder III. Hauptrubrik, sowie bei Eintragung von Arresten (§. 52) empfiehlt es sich, für die Eintragung nur die größere Hälfte des Raumes der ersten Kolonne zu verwenden und den übrigen Raum für die künftige definitive Eintragung frei zu lassen."

Bei Arresten folgen selten definitive Eintragungen.

23) Ehemals wurden hiernach und gemäß der Vorschrift des §. 26 die Eintragungsbefehle förmlich ausgefertigt und die vollzogene Reinschrift, welcher eine Abschrift des Gesuchs und die eingereichten Instrumente beigelegt wurden (§. 22), dem Ingrossator zugestellt. Diese Praxis ist, bei einigen Gerichten schon früh (R. vom 8. November 1799, Rabe, Bd. V, S. 605), abgeschafft; die Dekrete werden jetzt überall in Urschrift dem Ingrossator vorgelegt, und der Ingrossator besorgt auf Grund derselben die Eintragungen und die Ausfertigung der Intabulations-Noten. R. v. 2. August 1822 (Jahrb. Bd. XX, S. 70).

Bei einigen Gerichten war es üblich, daß die bei ihnen aufgenommenen Urkunden zuvor ausgefertigt, und die Ausfertigungen den Betheiligten zugestellt wurden, um sie mit ihren Anträgen zu den Grundakten wieder einzureichen.

§. 20. In diesem Befehle muß der zu machende Vermerk so gefaßt sein, wie er wirklich in das Buch eingeschrieben werden soll.

§. 21. Der Vermerk selbst muß mit dem Inhalte des Instruments auf das genaueste übereinstimmen; er muß alle wesentliche Umstände des einzutragenden Negotii enthalten; und es muß, bei der Fassung, eine bestimmte Kürze[23a]) mit der nöthigen Deutlichkeit sorgfältig verbunden werden[24]).

§. 22. Fällt weg[25]).

§. 23. Sind in einem Instrument mehrere Negotia oder Forderungen enthalten; oder betrifft solches zwar nur eine Post oder Geschäfte, woran aber mehrere Personen Theil nehmen; so muß in dem Befehle deutlich bestimmt sein: welches Negotium, oder Forderung, oder für wen eigentlich, solches in dem Hypotheken-Buche vermerkt werden solle.

§. 24. Sind, über einerlei Actum, entweder nach der Natur desselben, oder nach der Verabredung der Parteien, mehrere gleichlautende Instrumente aufgenommen; so muß in dem Befehle ausgedrückt werden: was für eine Forderung durch jedes Exemplar begründet; was also, und für wen, aus jedem ein Vermerk in dem Buche eingeschrieben; und welchem Interessenten jedes Exemplar zugestellt werden solle.

§. 25. Das nach diesen Anweisungen abgefaßte Dekret muß nicht nur der Decernent selbst unterzeichnen, sondern es auch dem

---

Dies ist aufgehoben. Die Protokolle über einzutragende Rechtsgeschäfte oder Handlungen werden bei den Grundakten vorgelegt, das Eintragungs- oder Löschungs-Dekret wird auf die Original-Verhandlung gesetzt, und wenn es noch auf eine Ausfertigung der Letzteren ankommt, dieselbe in dem nämlichen Dekrete angeordnet. Instr. vom 10. Juni 1835, §§. 1 und 2. (Jahrb. Bd. XLV, S. 508.)

23a) Unten, Anm. 26.

24) Man faßt das Dekret (vor. Anm. 23) z. B. wegen Eintragung eines Darlehns gewöhnlich so:

Intab. Rubr. III, Kolonne „Gerichtlich ꝛc.“:

500 Thlr. 5. Fünfhundert Thaler Darlehn, verzinslich zu 5 Prozent in halbjährigen Terminen den 1. April und den 1. October, für den Banquier Moses Markus zu N., aus der Schuld- und Hypothek-Verschreibung v. 23. Februar 1856. Eingetragen zufolge Verf. vom . . . . (oder: Eingetragen ex decr. v. . . . .).

Der Kosten, sowie der Nebenbestimmungen über die Zahlung des Kapitals geschieht nicht mehr Erwähnung. G. v. 24. Mai 1853, §. 29. Wohl aber ist die Angabe der Zinszahlungstermine nothwendig, weil sonst nicht die Zinsen-Mandatsklage auf das Hypothekenbuch gegründet werden kann.

25) In Folge der Abschaffung der förmlichen Ausfertigung der Eintragungsbefehle. Oben, Anm. 23.

Vorgesetzten des Collegii sofort zustellen; damit es von diesem, und außer ihm, wenigstens noch von einem dritten Mitgliede des Collegii, unterschrieben werden.

15. G. v. 24. Mai 1853 (G. S. S. 521).

§. 12. Ob die Eintragungs- und Löschungs-Verfügungen bei kollegialischen Hypothekenbehörden außer von dem Decernenten und Dirigenten noch von einem zweiten Decernenten zu unterzeichnen sind, bleibt dem Geschäftsregulativ zu bestimmen überlassen[26]).

---

26) Die Instr. des J. M. v. 3. August 1853 giebt hierzu im Art. 7 folgende Anweisungen:

„1. In Gemäßheit des §. 12 des G. wird hierdurch bestimmt, daß bei kollegialischen Hypothekenbehörden die Eintragungs- und Löschungs-Verfügungen im Konzepte der Regel nach nur von dem Decernenten und dem Dirigenten zu unterzeichnen sind. Die Vorlegung solcher Verfügungen an einen Kodecernenten, als drittes Mitglied (§. 25, Tit. II der Hyp.-O.), ist auf die Fälle zu beschränken, in welchen der Dirigent ausnahmsweise wegen der Wichtigkeit oder Schwierigkeit der Sache oder aus anderen Rücksichten die Bestellung eines Kodezernenten, entweder für den einzelnen Fall, oder für gewisse Sachen überhaupt, für angemessen erachtet. — Indem hierbei noch besonders auf die der Aenderung des erwähnten §. 25, Tit. II der Hyp.-Ordn. zum Grunde liegende Absicht der möglichsten Beschleunigung der Bearbeitung der Hypothekensachen aufmerksam gemacht wird, muß zu gleichem Zwecke, im Anschluß an die dieserhalb bereits ergangenen Vorschriften (vergl. Geschäfts-Regulativ v. 18. Juli 1850 — J. M. Bl. S. 223 — und Reglement v. 3. August 1841 — Beil. zum 40. Stück des J. M. Bl. v. 1841) den Gerichten insbesondere empfohlen werden: nicht bloß die Hypothekensachen nach geographischen Bezirken zu vertheilen, sondern auch, wo die Verhältnisse es gestatten, die Bearbeitung der Vormundschafts-, Kuratel- und Nachlaßsachen mit den der Hypothekensachen desselben Bezirks zu vereinigen, und die auch für die Förderung der Hypothekengeschäfte sehr wesentliche Aufnahme der Handlungen der freiwilligen Gerichtsbarkeit sich besonders angelegen sein zu lassen. (Vergl. unten, Anm. 55.)

2. Die Eintragungs- und Löschungs-Verfügungen müssen, wie schon die allerh. K. O. v. 9. Mai 1839 zu III (G. S. S. 164) angeordnet hat, mit Bestimmtheit und so kurz als möglich gefaßt werden. Durch die §§. 2 u. 13 des G. wird die Ausführung dieser Anordnung sehr erleichtert. Außerdem ist zu beachten:

a) daß nach §. 29 des G. der Verhaftung der Hypothek für die Kosten der Kündigung, Ausklagung und Beitreibung, sowie die Nebenbestimmungen über die Rückzahlung eines Kapitals in den Eintragungsvermerk nicht aufgenommen werden sollen;

b) daß bei der Eintragung von Cessionen die Erwähnung des Namens der Cedenten überflüssig erscheint, daher wegzulassen ist;

c) daß es bei Löschung einer Post oder Subinscription auf Grund der Quittung nicht eingetragener Cessionarien auch der bloß historischen Erwähnung der Letzteren nicht bedarf, die Löschungsverfügung vielmehr auch in diesem Falle nur die Thatsache der Löschung zu enthalten braucht."

Die Bestimmung zu 1 hat den Zweifel veranlaßt: ob für die in dem Dezernate des Dirigenten der zweiten Abtheilung des Kreisgerichts vorkommenden Eintragungs- und Löschungsverfügungen ohne Ausnahme ein Kodezernent zu bestellen sei. Die Hypotheken-Ordnung kann darüber keinen Aufschluß geben, weil sie davon-ausgeht, daß der Präsident oder Direktor sich mit der Abfassung von Dekreten in Hypothekensachen nicht zu befassen habe. Der J. M. hat auf die deshalb an ihn ergangene Anfrage seine Ansicht dahin ausgesprochen, daß durch den §. 12 des G. der §. 25, Tit. II der Hyp.-O. nur insoweit habe geändert werden sollen, als es bisher erforderlich gewesen, daß bei kollegialischen Gerichten die Eintragungs- und Löschungsverfügungen jedesmal noch von einem anderen

§. 26. Fällt weg[27]).

§. 27. Der Hypotheken-Buchführer muß, sobald ihm dergleichen Befehl zukommt, solchen gehörig präsentiren[28]), und sich zu dessen Befolgung unverzüglich anschicken.

bei der Ingrossation selbst.

§. 28. Bei der Einschreibung selbst muß er sich genau an die Vorschrift des Befehls halten, und davon eigenmächtig nichts weglassen, oder hinzuthun.

§. 29. Nimmt er jedoch aus dem Inhalte des Befehls, oder aus dessen Vergleichung mit dem Gesuch, dem Instrument, oder dem Hypotheken-Buche selbst wahr, daß noch irgend ein Anstand oder Bedenken bei der Sache vorwalte, so ist er nicht nur befugt, sondern auch schuldig, solches für allen Dingen dem Collegio anzuzeigen und weitere Verordnung darauf zu erwarten.

§. 30. Werden dem Hypotheken-Buchführer mehrere Befehle

Mitgliede des Gerichts, als dem Dezernenten, unterzeichnet wurden. Indem nur ausnahmsweise nach näherer Bestimmung des Art. 7, Nr. 1 der Instr. die Mitwirkung eines anderen Mitgliedes, als des eigentlichen Dezernenten, eintreten solle, habe nach der ausdrücklichen Bemerkung in den Motiven des Gesetzentwurfs die Superrevision des Dirigenten, wie sie durch den zweiten Absatz des §. 11 des Geschäfts-Regulativs v. 18. Juli 1850 (J. M. Bl. S. 233) bei sonstigen Verfügungen vorgeschrieben sei, auch in Hypothekensachen für in der Regel hinreichend erklärt werden sollen. — In Bezug auf die in der Hyp.-O. allerdings nicht besonders berührten Fälle, wo der Dirigent selbst als Dezernent fungirt, sei daher das Verhältniß in Hypothekensachen dasselbe, wie bei sonstigen Verfügungen, und es sei eine nicht begründete Annahme, daß in jenen Fällen die Unterzeichnung der Eintragungs- und Löschungsverfügungen durch den Dirigenten allein nicht genüge, sondern die Mitvollziehung durch ein Mitglied des Gerichts unerläßlich sei. Vielmehr sei nur anzuerkennen, daß es im Interesse einer sorgfältigen und gründlichen Erledigung der Hypothekensachen empfehlenswerth erscheine, wenn der Dirigent von der durch den Art. 7 der Instr. ihm gegebenen Befugniß zur Bestellung eines Kodezernenten gerade in denjenigen Sachen, welche er selbst als Dezernent bearbeitet, einen nicht zu sparsamen Gebrauch mache. R. v. 26. October 1853. (J. M. Bl. 1855, S. 195.)

In Betreff des Berg-Hypothekenwesens ist durch die allg. Verf. des Min. für Handel rc. und des J. M. v. 20. März 1854 hierzu Folgendes vorgeschrieben: „Die Eintragungs- und Löschungsverfügungen, resp. die Mandate an den Berggegenschreiber und die Ausfertigungen der Hypothekenscheine, Hypothekenbuchs-Auszüge und Atteste sind sowohl im Konzepte als in der Reinschrift nicht bloß von dem Justiziar, sondern auch von dem Dirigenten des Bergamts zu vollziehen. Die Mitvollziehung durch ein drittes Mitglied des Bergamts, wo solche bisher vorgeschrieben oder üblich war, kann dagegen unterbleiben. Die erwähnten Ausfertigungen sind durch den Justiziar auch in denjenigen Fällen mit zu vollziehen, wo bei den gerichtlichen Hypotheken-Behörden die Vollziehung nur durch den Dirigenten erfolgt."

27) Aus dem oben in der Anm. 25 angegebenen Grunde; denn der §. 26 verordnete die Ausfertigung, Mundirung, Vollziehung und Siegelung des Befehls an den Buchführer. Vergl. oben Anm. 23.

28) Das Präsentiren hatte schon bei den förmlich ausgefertigten und versiegelt zugestellten Befehlen keine wesentliche Bedeutung (s. §. 30) und fällt bei den vorgelegten Original-Dekreten (Anm. 23) ganz weg.

von einerlei Art, und eben dasselbe Grundstück betreffend, zu gleicher Zeit insinuirt; z. E. wenn mehrere Darlehns-Posten auf einerlei Gut ohngefähr zu gleicher Zeit eingetragen werden sollen; so muß er die Eintragung nicht nach der Ordnung, wie etwa die Befehle datirt, oder ihm zugekommen sind, sondern nach der Zeitfolge, sowohl in Ansehung des Tages, als selbst der Stunde, wie die Memoriale, worauf die Eintragung decretirt ist, präsentirt[29]) worden sind[30]), hineinander[31]) verrichten.

---

29) Oben, §. 8 und die Anm. 13 dazu.

30) Diese Vorschrift über die zu beobachtende Ordnung der Einschreibung ist Instruktion für den Buchführer, und daher nur für ihn maßgebend; das Rechtsverhältniß unter den eingetragenen Berechtigten bestimmt sich, abgesehen von der Ausnahme des §. 408, Tit. 20, Th. I des A. L. R. und der durch das G. v. 24. Mai 1853, §. 28, Satz 2 (unten Zus. 19 zu §. 80 d. T.) eingeführten neuen Ausnahme, lediglich nach der Ordnung, in welcher die Einträge im Hypothekenbuche thatsächlich stehen. A. L. R. I, 20, §§. 500—503. Hat dabei der Buchführer gegen die ihm hier im §. 30 vorgeschriebene Instruktion gefehlt, so wird dadurch in dem Rechtsverhältnisse der Eingetragenen zu einander nichts geändert; für den daraus dem Einen oder dem Andern entstehenden Schaden haftet Derjenige, welcher den Fehler begangen hat. A. L. R. §§. 502, 503 a. a. O. Das Gesagte setzt die Redlichkeit der Eingetragenen zur Zeit der Erwerbung des Hypothekenrechts voraus. Wußte der Vorgesetzte, daß der Titel des Nachgesetzten früher angemeldet worden war; so entscheidet die hier im §. 30 vorgeschriebene Regel allerdings auch zwischen diesen Berechtigten. Ein solcher Rechtsfall ist der, welchen die Entscheidungen des Ob.-Tr. Bd. XXVIII, S. 97 mittheilen.

Von der Regel, daß die Eintragung mehrerer gleichzeitig vorliegender Titel nach der Zeitfolge der Anmeldung zu ordnen, macht die Willkür der Betheiligten selbstverständlich eine Ausnahme, doch sind folgende Fälle zu unterscheiden:

a) Der Schuldner (Besitzer) ist der Gesuchsteller und legt

α) nur Einen Titel vor mit dem Antrage, diesen unter dem Vorbehalte, daß einer später einzutragenden bestimmten Forderung zu einem bestimmten Betrage das Vorrecht zustehen solle. Diesem Antrage muß gewillfahrt werden. Wenn dann später der Titel zu der Post, für welche das Vorrecht vorbehalten ist, zur Eintragung vorgelegt wird, so bedarf es keiner besonderen Prioritätseinräumung des schon eingetragenen Gläubigers, vielmehr muß ohne Weiteres die spätere bestimmte Post mit dem Vermerke eingetragen werden, daß ihr vor der vorstehenden, näher zu bezeichnenden Post das Vorrecht zustehe. R. vom 17. April 1837 (Jahrb. Bd. XLIX, S. 507). Dagegen ist die unbestimmte Erklärung, daß die Post, deren Eintragung zur Zeit verlangt wird, zur zweiten, dritten u. s. w. Hypothek eingetragen werden solle, unzulässig und eine dennoch darnach gefaßte Eintragung in soweit wirkungslos, daß die dadurch bezweckte Zurücksetzung der Post nicht eintreten kann. R. vom 7. Juli 1806 (Rabe, Bd. VIII, S. 621). Der Schuldner legt

β) gleichzeitig mehrere einseitige Hypothekverschreibungen vor und bestimmt die Ordnung, in welcher sie mit der dadurch bedingten Priorität eingetragen werden sollen. Auch diesem Antrage muß stattgegeben werden, der Inhalt der Verschreibungen mag darüber schweigen, oder damit übereinstimmen, oder Widersprechendes enthalten. Nur der erste und dritte Fall kann Bedenken machen und hat sie gemacht. Ein R. v. 26. Juli 1814 (Jahrb. Bd. IV, S. 35) hat für den ersten Fall entschieden, daß es alsdann bei der Regel des §. 30 d. T. bleiben müsse, und für den dritten Fall eine dem Inhalte der Instrumente widersprechende Ordnung der Eintragung für unzulässig, weil dem §. 21 d. T. zuwiderlaufend,

§. 31. Das Einschreiben selbst muß vollkommen deutlich und leserlich geschehen; Abbreviaturen und Rasuren müssen dabei

---

erklärt, und für nöthig erachtet, daß derjenige der beiden Gläubiger, welcher dem Andern nachstehen solle, zugezogen werden und einwilligen müsse. Diese Meinung ist nicht zu begründen, da es ganz allein von der einseitigen Willenserklärung des Besitzers abhängt: ob überhaupt etwas eingetragen werden soll, folglich auch: in welcher Ordnung es eingetragen werden soll. Dieses durchzusetzen liegt in seiner Hand: er darf einfach nur die Zurückgabe der Instrumente, deren Eintragung man verweigert, fordern und sodann Eins nach dem Andern, in der von ihm beliebten Ordnung, einreichen und eintragen lassen, ein Gedanke, der sich schon in dem R. v. 7. Juli 1806 (Rabe, Bd. VIII, S. 621) findet. Der §. 21, wonach der Vermerk in dem Hypothekenbuche mit dem Inhalte des Instruments übereinstimmen soll, ist kein Hinderniß; denn einestheils bezieht er sich auf den Inhalt des Vermerks, nicht auf die Stelle, wo er einzutragen; anderntheils ist es dem Schuldner ja unbenommen, seinen Willen zu ändern. Was man einräumen kann, ist, daß es nützlich sei, die Willensänderung aus dem einzutragenden Instrumente ersichtlich zu machen; und zu diesem Zwecke könnte man höchstens verlangen, daß der Schuldner eine entsprechende Erklärung auf der Urkunde nachtragen ließe. Nothwendig aber ist auch dies nicht, weil nur die wirkliche Eintragung das dingliche Recht schafft und die damit verbundene Priorität begründet; dieses aber aus dem gebildeten Hypotheken-Instrumente ersichtlich ist, wodurch Mißbräuche und Betrügereien verhindert werden. Will der nachgesetzte Gläubiger das Instrument nicht annehmen, so mag es wieder gelöscht werden; das ist lediglich Sache des Schuldners.

Ist dagegen die vorgelegte Urkunde ein zweiseitiger Vertrag, so versteht sich, daß die einseitige Erklärung des Gesuchstellers nicht unbedingt maßgebend sein kann; es kommt dabei auf die Beschaffenheit des Falles an, um zu beurtheilen: ob die willkürliche Einwirkung des Besitzers auf die Ordnung der Eintragung in der That ausgeschlossen sei.

b) Der Gläubiger ist der Gesuchsteller. Dieser kann über die Priorität, mit welcher er eingetragen sein will, in keinem Falle einseitig Vorschriften machen und selbst wenn sein Begehren den Inhalt der Urkunde für sich hat, kann und muß die Eintragung doch nur so geschehen, wie der Zustand des Hypothekenbuchs solche gestattet.

Daß die hier im §. 30 gegebene Regel auch bei denjenigen Anmeldungen, welche vor der Berichtigung des Besitztitels auf den Aussteller der Titel, zu beobachten sei, ist bestritten worden. Das Pr. des Ob.-Tr. 2535, v. 20. Juni 1854 hat jedoch den wohlbegründeten Satz festgestellt: „Auch in Ansehung derjenigen Hypothekentitel, welche gegen den Eigenthümer des zur Hypothek stehenden Grundstücks vor der auf denselben erfolgten Besitztitelberichtigung erworben und zur Eintragung angemeldet sind, entscheidet die Reihefolge der Anmeldung über die, bei der demnächst nach erfolgter Besitztitelberichtigung vorzunehmenden Eintragung der Hypotheken, denselben gebührende Priorität, jedoch mit Vorbehalt des im §. 408, Th. I, Tit. 20 des A. L. R. angeordneten, im Plenarbeschlusse v. 4. Novbr. 1850 näher definirten Vorzugsrechts gewisser, von dem früheren Eigenthümer constituirter Hypotheken." (Entsch. Bd. XXVIII, S. 97.) — In demselben Sinn hat sich auch der J. M. bereits in dem R. v. 9. Febr. 1840 (J. M. Bl. S. 66) ausgesprochen. Vergl. V. v. 16. Juni 1820, §. 5 lit. b (G. S. S. 106).

31) Hintereinander, unter verschiedenen fortlaufenden Nummern, sind auch solche Posten einzutragen, in Beziehung auf welche die Eintragungsgesuche gleichzeitig eingegangen sind. Die Instr. v. 10. Juni 1835, Nr. 4 (Jahrb. Bd. XLV, S. 508) schreibt für diesen Fall vor, alsdann bei jeder Post ausdrücklich zu vermerken: „daß ihr mit den bestimmt anzugebenden konkurrirenden Posten gleiche Vorzugsrechte zustehen." Das ist jedoch ein Urtheil, welches möglicherweise unrichtig sein kann: die Vermerke im Hypothekenbuche dürfen nur Geschichte enthalten. Deshalb kann bei jeder solcher Post nur vermerkt werden, daß sie mit der und

sorgfältig vermieden; und Summen, oder Quanta, mit Zahlen und Buchstaben zugleich ausgedrückt werden.

§. 32. Die Vermerke in jeder Colonne müssen dergestalt dicht aneinander geschrieben werden, daß zu Interpolationen und Zwischen-Eintragungen kein Raum übrig bleibe[32]).

§. 33. Nach erfolgter Einschreibung muß der Hypotheken-Buchführer eine kurze Registratur entwerfen, in welcher das, was ingrossirt worden; für wen die Ingrossation geschehen; das Volumen und Papier des Hypotheken-Buchs, wo sie geschehen; die Beziehung[32a]) auf den loco recognitionis expedirten Hypotheken-Schein; und das Datum der Ingrossation enthalten ist. Wenn also z. E. auf den Grund eines Kauf-Contrakts der Titulus possessionis für jemand eingetragen worden, so wird die Registratur dahin gefaßt:

---

der Post gleichzeitig zur Eintragung gekommen sei; dies ist zur Begründung der Gleichberechtigung, wenn solche nicht vielleicht durch den Dolus des Einen ausgeschlossen ist, genügend. S. das hier folg. Pr. des Ob.-Tr., lit. b.

Durch das Pr. des Ob.-Trib. 27 (ohne Datum) sind in Beziehung auf diesen Fall folgende Rechtssätze festgestellt:

„a) Bei mehreren, zu gleicher Zeit zur Eintragung angemeldeten und auf den Grund derselben Verfügung, aber unter verschiedenen Nummern in das Hypothekenbuch vermerkten Posten, bestimmt die Reihenfolge dieser Nummern das Vorzugsrecht.

b) Für gleichzeitig eingetragene, und daher verhältnißmäßig zu befriedigende Posten sind nur diejenigen zu erachten, die entweder

unter derselben Nummer, oder

wenn auch unter verschiedenen Nummern, doch mit dem ausdrücklichen Beisatze „gleichzeitiger Eintragung"

im Hypothekenbuche vermerkt stehen."

Bei Eintragung von Pfandbriefen wird nicht jeder einzelne Pfandbrief unter einer besondern Nummer, sondern das ganze Pfandbriefs-Quantum unter einer Nummer in folgender Art eingetragen:

„1) 20,000 Thlr., geschrieben Zwanzig Tausend Thaler Courant Pfandbriefe, nämlich:

Nr. 12,643 a 1000 Thlr." u. s. w.

R. v. 10. September 1830 (Jahrb. Bd. XXXVI, S. 177).

Posten der Zweiten Rubrik, in sofern zur Erhaltung ihres Realrechts die Eintragung nothwendig ist, rangiren mit den der Dritten Rubrik nach dem Tage der Eintragung. R. v. 24. Mai 1817 (Jahrb. Bd. IX, S. 234).

32) Die mit den Instruktionen v. 29. u. 19. April 1834 und v. 30. Januar 1842 vorgeschriebenen Formulare zu Hypothekenbüchern zeigen bedeutende Zwischenräume in der Hauptkolonne der III. Rubrik, welche durchstrichen und durch die vielen Veränderungsvermerke in der Kolonne „Cessionen" bedingt sind. Die Uebersicht wird dadurch allerdings erleichtert, indeß lassen sich mit einzelnen Posten künftig eintretende Veränderungen nicht vorhersehen, folglich auch der dazu erforderlich werdende Raum nicht vorher abmessen, weshalb die im §. 32 vorgeschriebene Regel doch wird beobachtet werden müssen.

32a) Die „Beziehung" fällt weg. S. die folg. Anm.

Titulus possessionis für den Cajum eingetragen Vol. I, pag. 177 —[33]).

Berlin, den 17

N. N.

Sind auf den Grund eben dieses Kauf-Contrats, rückständige Kaufgelder für den Verkäufer eingetragen, so lautet die Registratur ohngefähr dahin:

6000 Rthlr. rückständige Kaufgelder für den Titium eingetragen, Vol. I, p. 182 —[33]).

Berlin, den

N. N.

§. 34. Diese Registratur wird von dem Hypothenken-Buchführer eigenhändig auf das Original-Instrument gesetzt[34]) und unterschrieben.

§§. 35, 36. Fallen weg[35]).

bei Ausfertigung der Rekognition darüber.

§§. 37, 38, 39. Fallen weg.

16. G. v. 24. Mai 1853.

§. 14. Nach erfolgter Eintragung wird das Hypotheken-Instrument gebildet[36]) durch

---

33) Die hier vorgezeichnete Bezugnahme auf die Rekognition fällt weg. G. v. 24. Mai 1853, §. 19 (Zus. 16 zu §. 38 d. T.).

Der J. M. hat in seiner Instr. vom 3. August 1853, Art. 15, Nr. 1 eine andere Fassung beispielsweise vorgeschlagen. Unten, Anm. 58.

34) Ehe die Ingrossations-Registratur auf das Hypotheken-Instrument gesetzt wird, ist der Entwurf derselben zugleich mit dem Konzept der expedirten Verfügung der Revision zu unterziehen. R. vom 31. December 1836 (Ergänz. zu §§. 33 ff. d. T.) und Instr. vom 3. August 1853, Art. 15, Nr. 2 (unten, Anm. 58).

35) Weil sie die Einschreibung in das abgeschaffte Ingrossations-Buch vorschreiben.

36) Hierzu sagt die Instr. v. 3. August 1853, Art. 8 über die „Bildung der Hypotheken-Instrumente":

„1. In weiterer Verfolgung des schon im Art. 6 hervorgehobenen Zieles der Vereinfachung der Urkunden für den Hypothekenverkehr bestimmt der §. 14 des G., aus welchen Urkunden die künftig zu bildenden Hypotheken-Instrumente bestehen sollen. Zugleich gestattet der spätere §. 17, daß unter den dort näher bestimmten Bedingungen die Bildung von Hypotheken-Instrumenten über eine erfolgte Eintragung ganz unterbleiben kann. (Vergl. darüber die Art. 10 u. 11.)

2. Es soll nun nach Nr. 1 des §. 14 das Hypotheken-Instrument, außer dem nach Nr. 2 zu annektirenden Hypothekenbuchs-Auszug, in denjenigen Urkunden bestehen, welche:

a) das eingetragene Recht begründen, und

b) etwa später eine Aenderung desselben bewirken.

Dagegen sollen die in dem zweiten Alinea des Paragraphen bezeichneten Dokumente nicht angeheftet werden.

a) Demzufolge ändert sich das bisherige Verfahren, wonach z. B., wenn von zweien Erben der eine das Erbschaftsgrundstück übernahm und

1) die Schuld- und Verpfändungs-Urkunde oder diejenige sonstige Urkunde, welche das eingetragene Recht begründet[37]), nebst der

---

für die Abfindung des andern Hypothek bestellte, dem Erbrezesse das Testament resp. Erbeslegitimationsattest annektirt wurde, und wenn nach des erwähnten Miterben Tode die Abfindungspost cedirt werden sollte, wiederum theils der Cessions-Akt, theils alle die Legitimation der cedirenden Erben feststellende Schriftstücke angeheftet werden mußten.

b) Einer spätern Annektirung an das ursprüngliche Hypotheken-Instrument unterliegen vielmehr nur diejenigen Urkunden, durch welche „das eingetragene Recht etwa später eine Aenderung erleidet", wobei aber nur die dingliche Seite des ganzen Rechtsverhältnisses in Betracht kommt, während die dem Hypothekenbuche überhaupt fernliegenden persönlichen Beziehungen unberücksichtigt bleiben. Ein Fall der letztern Art ist z. B., wenn der Gläubiger den bisherigen Besitzer des Grundstücks aus dem persönlichen Schuldnexus entläßt und den neuen Besitzer als persönlichen Schuldner annimmt. Zu den Fällen der ersteren Art aber gehört, wenn z. B. nachträglich der Zinsfuß einer Hypothek erhöht (vergl. §. 30) oder noch ein zweites Grundstück verpfändet wird.*) Daß in diesen Fällen die betreffenden Urkunden nach erfolgter Eintragung dem ursprünglichen Hypotheken-Instrumente zu annektiren sind und durch die betreffende Ingrossations-Registratur (§. 27) sowie den nach §. 23 beizufügenden Hypothekenbuchs-Auszug nicht ersetzt werden, folgt aus der nur accessorischen Natur des Hypothekenrechts, die daher im Verkehr über eingetragene Posten den vorsichtigen Cessionar der Verpflichtung nicht überhebt, vor der Cession das Hypotheken-Instrument nach den hieraus sich ergebenden Gesichtspunkten zu prüfen.**) — In dieser Hinsicht hat das G. v. 24. Mai d. J. auch nichts geändert, und wenn insbesondere der §. 15 denjenigen, welcher eine Post von einem eingetragenen Nachfolger des ersten Gläubigers erwirbt, gegen alle die Berechtigung seines Auktors betreffende Einwendungen, so weit sie nicht aus dem Hypotheken-Instrumente oder dem Hypothekenbuche erhellen, für gesichert erklärt, so ist es eben nur die Legitimation, welche für solche Fälle im Interesse des Hypothekenverkehrs durch diese, dem erörterten Systeme des Gesetzes sich anschließende, Vorschrift jeder Kontestation hat entzogen werden sollen."

37) „In denjenigen Fällen, wo die Bildung eines Hypotheken-Instruments

---

*) Die theilweise Löschung einer Post ist ebenfalls eine Aenderung des Realrechts, wenn die Verstärkung der Sicherheit und die Erhöhung des Zinsfußes eine solche ist. Dennoch wird die Anheftung der nicht auf das Dokument geschriebenen Quittung nicht erforderlich sein, weil in dieser Hinsicht die Vorschriften der Hyp.-O. §§ 257 u. 260 d. T. nicht geändert sind und der §. 23 nur die Anheftung eines Hypothekenbuchs-Auszugs, außer dem Ingrossationsvermerk (§. 27 d. G. u. §. 260 d. T.) vorschreibt.

**) Diese unzutreffende Erklärung der Ursache, warum „in diesen Fällen" die Urkunden anzuhängen sind, befördert nicht das Verständniß des Gesetzes. Es ist nicht findbar, wie die Anheftung der Urkunden über das Hypothekenrecht und dessen Veränderung aus der accessorischen Natur desselben soll folgen können; die Anheftung ist „in diesen Fällen" auch bei eingetragenen selbstständigen Realrechten erforderlich. Ferner ist nicht einleuchtend, wie „daher" dem Cessionar „in diesen Fällen" eine Verpflichtung kommen soll, das Instrument zu prüfen. Denn gewiß hat er keinen Schaden davon, wenn die Post, ohne daß er es bemerkt, noch auf einem andern Grundstück nachträglich eingetragen oder wenn der Zinsfuß erhöht worden ist. Das Gesagte würde eher eine Beweisführung dafür sein, daß auch die (dem Schuldner zukommende) Quittung über eine Theilzahlung und Löschung angeheftet werden müsse. Endlich läßt sich die Meinung, daß der Hypothekenbuchs-Auszug und der auf das Instrument gesetzte Ingrossations-Vermerk nicht ausreichen wurde, den Cessionar in gehörige Kenntniß über den Zustand des Realrechts zu setzen, nicht begründen. Allein die Sache ist die, daß bei den in Rede stehenden Aenderungen des Realrechts der Ingrossations-Vermerk nicht auf das ursprüngliche Hypotheken-Instrument, sondern auf diejenige Urkunde, durch welche die Veränderung verbrieft ist, gesetzt wird, wie z. B. bei Verpfändung eines zweiten Grundstücks oder Erhöhung des Zinsfußes, und daß mithin das Hypotheken-Instrument auch keine Ingrossations-Registratur enthalten würde, wenn man ihm nicht die neue Verpfändungsurkunde annektiren wollte.

Urkunde, durch welche dasselbe etwa später eine Aenderung erlitten hat,

2) den über die erfolgte Eintragung ertheilten Hypothekenbuchs-Auszug (§§. 22 ff.)[38]).

Andere Schriftstücke, namentlich Cessionen, Verpfändungen, Vollmachten, Testamente, Legitimations-Atteste und Erbrezesse, sind dem Hypotheken-Instrumente nicht anzuheften, sondern mit demselben nach Zurückhaltung einer beglaubigten Abschrift den Betheiligten zurückzugeben[39]); jedoch können auf deren Antrag[40]) auch die Urschriften statt der beglaubigten Abschrift zu den Akten genommen werden.

§. 15 Einem Dritten, welcher redlicher Weise über eine im Hypothekenbuche eingetragene Post mit dem als Cessionar, Erbe oder sonstiger Erwerber eingetragenen und im Besitze des darüber ausgefertigten Hypotheken-Instruments befindlichen Inhaber sich eingelassen hat, können keine, die Berechtigung seines Auktors betreffenden Einwendungen, so weit sie nicht aus der Urkunde oder dem Hypothekenbuche erhellen, entgegengestellt werden[41]).

§. 16. Bei Theilcessionen wird das Zweig-Instrument nur durch eine nach Maaßgabe der bestehenden Vorschriften[42])

über eine Eintragung erfolgen soll, welcher nicht ein eigentliches Dokument, sondern z. B. nur eine Requisition zum Grunde liegt (vergl. Hyp.-Ordnung Tit. II, §§. 45, 78, 193), ist auch ferner nach der durch das Gesetz nicht abgeänderten Vorschrift des §. 45, Tit. II der Hypotheken-Ordnung zu verfahren." Instr. v. 3. August 1853, Art. 8, Nr. 3.

38) Es hängt nicht von der Wahl der Betheiligten ab, anstatt des Hypothekenbuchs-Auszuges einen vollständigen Hypothekenschein pro informatione als Bestandtheil des zu bildenden Hypotheken-Instruments zu verlangen. §. 19 des G. u. R. v. 20. Mai 1854 (J. M. Bl. S. 259).

39) Denn sie sind, neben der Haupturkunde, abgesondert einzureichen. §. 9 des Gesetzes.

40) Die Anbringung dieses Antrags wird in der Regel außer Acht gelassen. Die Notare, welche dergleichen Gesuche einreichen, und die Gerichte, welche solche zu Protokoll nehmen, sollen deshalb jedes Mal ausdrücklich aussprechen oder sich aussprechen lassen: ob die Urschriften zurückgegeben werden oder bei den Akten bleiben sollen. Allg. Verf. des J. M. vom 19. November 1854 (J. M. Bl. S. 422).

41) Dieser Satz schien zur Sicherung der Cessionare rc. nöthig, nachdem man in dem vorhergehenden §. 14, Abs. 2 verordnet hatte, daß die Legitimations-Urkunden nicht mehr dem Instrumente beigefügt werden sollen. Dadurch war dem dritten Erwerber die Prüfung der Berechtigung seines Auktors unmöglich gemacht worden. Auf den Erben paßt der Satz nicht, denn dieser erbt auch die Einwendungen, welche seinem Erblasser entgegengestellt werden konnten.

42) Die Instr. v. 3. August 1853, Art. 9 bemerkt hierzu:
„1. Hinsichtlich der bei Theilcessionen eintretenden Behandlung des Haupt-Instruments wird darauf aufmerksam gemacht, daß die Vorschrift des §. 208, Tit. II der Hyp.-Ordn., wonach der Akt über die Theilcession sowohl auf das Original-Instrument, als auf die davon für den Theilcessionar gefertigte beglaubigte Abschrift gesetzt werden sollte, durch den §. 399, Th. I, Tit. 11 des A. L. R. und den §. 5 der V. v. 8. Februar 1811 (G. S. S. 150) die Aenderung erhalten hat, daß bei Aufnahme des Aktes auf das Haupt-Instrument nur der Vermerk zu setzen ist, welche der darin enthaltenen Forderungen oder welcher Theil der Forderung

anzufertigende beglaubigte Abschrift der Haupturkunde und des über die ursprüngliche Eintragung ertheilten[43]) Hypothekenbuchs-Auszugs (oder des nach den bisherigen Bestimmungen ausgefertigten Hypotheken-Rekognitionsscheins), durch die Theilcession und durch den Hypothekenbuchs-Auszug für den Cessionar (§. 23) gebildet.

§. 17. Ueber die Berichtigung des Besitztitels, über die Eintragung von Dispositions-Beschränkungen des Besitzers und von Arresten werden Hypotheken-Instrumente (§. 14) nicht gebildet, wenn nicht ausdrücklich deren Bildung beantragt ist. Bei anderen Eintragungen in der zweiten oder dritten Hauptrubrik steht den Betheiligten frei, auf die Bildung und Ertheilung von Hypotheken-Instrumenten zu verzichten[44]). Es wird in diesen Fällen die eingereichte Urkunde, nach Zurückhaltung einer beglaubigten Abschrift, den Interessenten zurückgegeben.

---

cedirt worden; eine Aenderung, auf welche auch die spätere allerh. K. O. v. 6. November 1834 (G. S. S. 180) nicht von Einfluß gewesen ist, indem vielmehr unter der in dieser Order erwähnten Registratur nur der im §. 399 a. a. O. des A. L. R. angeordnete Vermerk zu verstehen ist. (Vergl. Verf. v. 21. Februar 1835, Jahrb. Bd. XLV, S. 224.) Dabei hat es auch das G. v. 24. Mai d. J. belassen, indem der §. 16 hinsichtlich der bei Theilcessionen anzufertigenden beglaubigten Abschrift der Haupt-Urkunde auf die bestehenden Vorschriften verweist.

2. Um übrigens den Antrag auf Eintragung einer Theilcession zu begründen, bedarf es nach §. 222, Tit. II der Hyp.-Ordn. nach wie vor der Beibringung nicht bloß des Zweig-Dokuments, sondern auch der Haupt-Urkunde, da der Hypothekenrichter vor der Eintragung sich die Ueberzeugung von der Befolgung der unter Nr. 1 dieses Artikels erwähnten Vorschrift verschaffen und auch die Haupt-Urkunde nach §. 222, Tit. II der Hyp.-Ordn. mit der entsprechenden Inprossations-Registratur versehen lassen muß."

43) Vorausgesetzt, daß dieser „über die ursprüngliche Eintragung ertheilte" Hypothekenbuchs-Auszug sich noch bei dem Instrumente befindet. Ist derselbe, in Gemäßheit der §§. 23 u. 26 des G., davon getrennt und durch einen neuen vollständigen Hypothekenbuchs-Auszug ersetzt worden, so versteht es sich, daß die beglaubigte Abschrift nur von Diesem zu nehmen ist; das G. meint denjenigen Hypothekenbuchs-Auszug, welcher sich zu der Zeit, wo die Theilcession beurkundet wird, bei dem Instrumente befindet.

44) Instr. v. 3. August 1853, Art. 10.

„Wenn der §. 17, abweichend von dem System der Hypotheken-Ordnung (Tit. II, §§. 37—41, 46, 77, 82, 205 u. s. w.), wonach die Bildung eines mit Ingrossations-Registratur und Hypothekenschein versehenen förmlichen Instruments bei jeder Eintragung in einer der drei Rubriken erfolgen sollte, dies in den im ersten Satze des §. 17 näher bezeichneten Fällen von einem ausdrücklichen Antrage abhängig macht, außerdem aber bei der Eintragung einer Post in der zweiten oder dritten Rubrik den Verzicht auf die Bildung eines Hypotheken-Instruments gestattet; so ist hierbei die Rücksicht leitend gewesen, für diejenigen Fälle, wo die Vorschriften der Hypotheken-Ordnung über das praktische Bedürfniß hinausgehen, und nach der täglichen Erfahrung zu übermäßigen Weiterungen und Kosten, so wie zu großen Verwickelungen bei der späteren Löschung führen, die zum Theil von der bisherigen Praxis schon versuchte Vereinfachung eintreten zu lassen.

Im Einzelnen ist Folgendes zu bemerken:

1. Wenn, wie es namentlich bei der Eintragung der in Uebertrags- oder Gutsüberlassungs-Verträgen den Geschwistern des neuen Besitzers ausgesetzten Abfindungen, bei Eintragungen kleiner Beträge im Wege der Exe-

Soll bei einer in der zweiten oder dritten Hauptrubrik eingetragenen Post, über welche bisher ein Hypotheken-Instrument nicht bestand, eine Cession, Verpfändung oder Prioritätsabtretung eingetragen werden, so muß die nachträgliche Bildung eines Hypotheken-Instruments über die Post erfolgen[45]).

---

kution, bei Eintragung von Gerichtskosten und dergl. häufig vorkommen wird, auf die Bildung eines Hypotheken-Instruments verzichtet worden ist, so wird nach der Eintragung, falls diese auf Grund eines von dem Hypothekenrichter zum Protokoll aufgenommenen Akts erfolgte, nur die im §. 20 vorgeschriebene Benachrichtigung an den Betheiligten erlassen, und es bedarf einer Ausfertigung des Akts für ihn überhaupt nicht, falls er sie nicht, jenem Verzicht unbeschadet, dennoch verlangt.

2. Im letzteren Falle, oder wenn Behufs der Eintragung bei der Hypothekenbehörde eine ausgefertigte Urkunde eingereicht worden ist, wird weder die Ingrossations-Registratur (§. 27) auf die Ausfertigung gesetzt, noch dieser ein Hypothekenbuchs-Auszug (§. 22) angeheftet, sondern es tritt wieder nur die Benachrichtigung nach §. 20 ein."

Das Unterbleiben der Ausfertigung von Instrumenten über Eintragungen kommt schon sehr lange vor; diese alte Praxis wird in einem R. v. 25. Septbr. 1840 (J. M. Bl. S. 320) gutgeheißen. Vergl. R. vom 10. September 1841 (J. M. Bl. S. 299). Ueber eingetragene Gerichtskosten war die Eintragung ohne Ausfertigung eines Instruments ganz gewöhnlich. R. vom 3. Juni 1844 (J. M. Bl. S. 142).

45) Instr. v. 3. August 1853, Art. 11:

„An den nach dem ersten Absatz des §. 17 bei der Eintragung einer Post in der zweiten oder dritten Rubrik gestatteten Verzicht auf die Bildung eines Hypotheken-Instruments knüpft sich zugleich die fernere Erleichterung, daß die gänzliche oder theilweise Löschung einer solchen Post, auch wenn diese an sich cessibel wäre, von dem Schuldner auf Grund der bloßen Quittung des eingetragenen Gläubigers oder seiner Erben erwirkt werden kann, ohne daß, wenn eine auf die Post bezügliche ausgefertigte Urkunde existiren sollte (vergl. Art. 10, Nr. 2 — s. die vor. Anm.), zum Zwecke der Löschung die Beibringung dieser Urkunde erforderlich ist, oder die nach §. 20 erfolgte Benachrichtigung mit vorgelegt werden muß.

Die durch den erwähnten ersten Absatz des §. 17 bezweckte Vereinfachung erleidet nach dem folgenden Absatz desselben Paragraphen aber eine Einschränkung, wenn die dem Verzicht auf die Bildung eines Hypotheken-Instruments in der Regel zum Grunde liegende Voraussetzung, daß der eingetragene Anspruch in erster Hand bleiben, und ohne der Gegenstand weiteren Verkehrs zu werden, zur Tilgung gelangen werde, sich nicht bestätigen sollte. Demzufolge hat das Gesetz die nachträgliche Bildung eines Hypotheken-Instruments vorgeschrieben,*) wenn die betreffende Post cedirt oder verpfändet werden, oder wenn deren Inhaber einem Andern die Priorität bewilligen sollte, und die Eintragung einer solchen Subinscription**) beantragt wird.

In derartigen Fällen ist Folgendes zu berücksichtigen:

1. Der mit dem Akte über die Cession u. s. w. wieder eingereichten Urkunde (event. der nachträglich zu bewirkenden Ausfertigung, vergl. Art. 10, Nr. 1 — vor. Anm.) wird dem §. 27 gemäß die Ingrossations-Registratur gegeben, und ein Hypothekenbuchs-Auszug (§. 22) beigefügt. Dem Schuldner ist davon Nachricht zu ertheilen.
2. In den Hypothekenbuchs-Auszug ist jedoch nicht bloß der Vermerk über die ursprüngliche Eintragung der Post, sondern auch der Vermerk über

---

*) War schon lange üblich, und ist jetzt nicht erst neu vorgeschrieben.

**) Geschäfts! „Subinscription" ist nichts als „Eintragung", nämlich Eintragung eines Vermerks bei einer schon vorhandenen Post.

§. 18. **Wer durch Zwischenfälle Eigenthümer eines Realrechts geworden ist, kann verlangen, daß bei Eintragung seines Rechts Hypothekenscheine, Cessions-, Verpfändungs- und Legitimations-Urkunden, welche die Zwischenbesitzer betroffen, sofern sie nicht etwa zum Theil auf die Haupturkunde selbst geschrieben sind, von der Letzteren wieder getrennt und zu den Grundakten genommen werden**[46]).

---

die Eintragung der Cession u. s. w. aufzunehmen, wogegen es, wenn nach der Eintragung der Post noch andere Posten intabulirt sein sollten, der Aufnahme derselben in diesen Hypothekenbuchs-Auszug nicht bedarf.

3. In gleicher Art ist zu verfahren, wenn der ursprüngliche Gläubiger, der bei der Eintragung auf die Bildung eines Hypotheken-Instruments verzichtete, diese nachträglich beantragen sollte, obwohl eine Cession oder dergl. nicht stattgefunden."

Nach einer (nicht amtlichen) Mittheilung im J. M. Bl. 1855, S. 195, Nr. 8 sind Vorschläge laut geworden (d. h. wol: bei dem J. M. gemacht worden), nach welchen in den Fällen, wo bei der Eintragung einer Post in Rubrik II und III auf die Bildung eines Hypotheken-Instruments verzichtet worden, dieser Umstand in dem Eintragungsvermerk hervorgehoben, und wenn bei einer Cession der Post oder dergl. nach dem zweiten Absatz §. 17 die nachträgliche Bildung eines Hypotheken-Instruments über die Post erfolgt, dies in der Kolonne für „Veränderungen" vermerkt werden sollte. Als Grund für diesen Vorschlag soll angeführt worden sein, daß es bei Löschungen, Subhastationen und dgl. Mühe verursache, die Grundakten bloß zu dem Zwecke durchzusehen, um zu ermitteln, ob die Bildung eines Hypotheken-Instruments bei der Eintragung unterblieben und ob sie nicht etwa nachträglich noch erfolgt sei, daß der Subhastationsrichter die Grundakten auch nicht immer zur Hand habe u. dergl. „Indessen — heißt es hierauf, ohne Zweifel auf höhern Einfluß oder aus amtlicher Quelle — scheint gegen diesen Vorschlag die Erwägung zu sprechen, daß erfahrungsmäßig der Verzicht auf die Bildung von Hypotheken-Instrumenten in der Regel nur bei geringen Objekten und einfacheren Verhältnissen vorkommt, daß ferner in allen Fällen, wo eine Subinscription erfolgt ist, das Vorhandensein eines Hypotheken-Instruments nicht in Frage stehen kann, und bei den noch in erster Hand befindlichen Posten das Zurückgehen auf diejenige Stelle in den auch dem Subhastationsrichter stets zugänglichen Grundakten, wo die Eintragung der Post verfügt wurde, die erforderliche Auskunft gewährt." Es ist wahr, der Vorschlag ist nicht sachgemäß und daher ist die Begründung des Vorschlags mißlungen; das Hypothekenbuch hat nicht die Bestimmung eines Akten-Repertoriums, das Auffinden von Akten und Schriftstücken zu erleichtern; und die Widerlegung hätte nicht nöthig gehabt, dem Beweisführer auf dieses Gebiet zu folgen. Das Hypothekenbuch ist auch nicht ein Register oder eine Kontrole über die ausgegebenen Hypotheken-Instrumente ähnlich den Büchern über ausgegebene Staats-Schuldpapiere oder Pfandbriefe. Die Ausfertigung der Hypotheken-Instrumente ist daher kein Gegenstand der Eintragung; nirgend ist vorgeschrieben, daß einer solchen Ausfertigung Erwähnung geschehen soll; es ist vielmehr umgekehrt: das Hypothekenbuch wird nicht über die ausgefertigten Instrumente geführt, sondern das Instrument wird nach geschehener Eintragung des Rechtsgeschäfts als Ingrossations-Urkunde ausgefertigt. Nur Eine Ausnahme kennt die Hypotheken-Ordnung, nämlich wenn an Stelle eines amortisirten Instruments ein neues ausgefertigt wird: dieses soll eingetragen werden. §. 283 d. T. Nothwendig wäre auch dies nicht.

46) Instr. v. 3. August 1853, Art. 12:

„Bei dem §. 18 des G. ist zu beachten, daß die darin, dem Zweck und den Bedingungen nach näher bezeichnete Vereinfachung älterer Dokumente nicht von Amtswegen, sondern nur, wenn der Eigenthümer der Hypothek darauf anträgt, zu bewirken ist. Die in solcher Weise von der Haupt-Urkunde abgetrennten Do-

§. 19. Die Ertheilung eines Hypothekenscheins als Rekognition über die Eintragung (§§. 37, 38, 46 Tit. II. der Hypo-

---

kumente sind zu den Grundakten zu nehmen, falls nicht die Rückgabe oder Kassation derselben von den Interessenten beantragt wird. — Da übrigens sowohl nach §. 18, als nach §§. 14 u. 26 des G. der bisher nur ausnahmsweise (vergl. z. B. Hyp.-O. Tit. II, §. 218) zulässige Fall der dauernden Aufbewahrung von Original-Urkunden bei den Grundakten künftig in größerer Zahl vorkommen wird, so ist dabei in folgender Weise zu verfahren:

1. Wenn Zahl oder Umfang solcher bei einem Grundaktenstück dauernd verbleibender Dokumente bedeutender werden sollte, so kann, um das Anschwellen der kurrenten Akten zu verhüten*), ein besonderes Beilage-Aktenstück (volumen adhibendum) angelegt werden, welchem ein die einzelnen Urkunden spezifizirender Rotulus — Geschäfts-Regl. vom 3. August 1841, §. 15, Nr. 5 — vorzuheften ist. Jedes zu diesem besondern Aktenstück gebrachte Dokument ist mit einem Umschlagbogen zu versehen, und auf diesem ist das die betreffende Verfügung enthaltende Blatt der Haupt-Akten zu allegiren.
2. Derartige Beilage-Akten können auch, ebenso wie die ältern Bände von Grundakten selbst, wenn es zur Ersparung von Raum angemessen erscheint, aus der kurrenten Hypotheken-Registratur entfernt und in besonderen Fächern verwahrt werden. Auf den Akten und in dem Akten-Repertorium ist ein Vermerk darüber zu machen.
3. Was die im kurrenten Hypotheken-Geschäftsverkehr eingehenden, zur demnächstigen Rückgabe an die Betheiligten bestimmten Dokumente betrifft, so werden die Gerichte ermächtigt, statt der bisher vorgeschriebenen Führung der betreffenden Asservationsliste — vergl. Geschäfts-Regl. v. 3. August 1841 (§. 9, Beil. D.) und Geschäfts-Regulativ v. 18. Juli 1850 (§. 52, Nr. 7, lit. A) — den einzelnen Grundakten Urkunden-Verzeichnisse nach dem Formulare, welches die, zugleich die Benutzung erläuternde, Anlage B enthält, vorheften zu lassen."

"Anlage B.
Zu Art. 12, Nr. 3.
Formular
für das Verzeichniß der zu den Akten eingereichten, demnächst zurückzugebenden Urkunden.

Laufende Nummer. 1.	Bezeichnung der Urkunden. 2.	Folium, wo solche eingegangen. 3.	Bemerkungen über den Verbleib der Urkunden. 4.	Folium.

Bemerkungen.

1. Es brauchen in das Verzeichniß nur diejenigen Urkunden eingetragen zu werden, welche nach der ersten Vorlegung an den Dezernenten nicht sogleich, sei es mit einer zurückweisenden Verfügung, oder nach einer sofort bewirkten Eintragung, zurückgegeben werden können, sondern obwohl zur Zurückgabe bestimmt, noch länger bei dem Gerichte verbleiben müssen.

---

*) Zu einer solchen Verhütung ist gar kein Bedürfniß vorhanden; das Anschwellen der Hypothekenakten ist kein Mißstand, es kann zu jeder Zeit und mit jedem Gesuche ein neues Volumen angelegt werden. Denn es ist mit den Hypothekenakten nicht so, wie etwa mit Prozeßakten: die Hypothekenakten enthalten nur eine Sammlung abgemachter (reponirter) Sachen, nicht eine fortlaufende Geschichte; und die mit den Urkunden angelegten Volumina adhibenda würden bloß eine neue Auflage der Ingrossationsbücher sein.

theken-Ordnung) und die Bezugnahme darauf in der auf das Hypotheken-Instrument zu setzenden Ingrossations-Registratur (§§. 33, 45 a. a. O.) findet nicht weiter statt[46a]), vielmehr wird nach den folgenden Bestimmungen verfahren.

§. 20. Wenn bei neuen Eintragungen die Bildung eines Hypotheken-Instruments nicht erfolgt (§. 17), wird an den Antragsteller nur eine, den vollständigen Eintragungsvermerk enthaltende Benachrichtigung erlassen[47]). Es muß jedoch die ge-

---

2. Die Aufbewahrung der in solcher Art vermerkten Urkunden erfolgt nach §. 9 des Geschäfts-Reglements v. 3. August 1841 unter Verschluß des Büreau-Vorstehers, nachdem die Urkunden mit einem Umschlage oder einem angeklebten Etikett versehen sind, worauf zu bemerken ist, zu welchen Grundakten sie gehören.

3. Damit bei abermaliger Vorlegung der Grundakten an den Dezernenten diese Urkunden nicht jedesmal wieder beigefügt zu werden brauchen, haben die Dezernenten in der Regel gleich bei der ersten Vorlegung einer Urkunde, von der sich voraussehen läßt, daß sie künftig in beglaubigter Abschrift zu den Grundakten genommen werden muß, die Anfertigung dieser zu den Akten zu heftenden Abschrift zu verfügen."

46a) S. unten die Anm. 49 zu §. 21 des Gesetzes.

47) Instr. v. 3. August 1853, Art. 10.

„4. Die Anlage A enthält Formulare zu den im §. 20 vorgeschriebenen Benachrichtigungen für verschiedene vorkommende Fälle."

„Anlage A.
Zu Art. 10.
Formular
zu den Benachrichtigungen nach §. 20 des Gesetzes.

1. Bei Eintragungen aus einem von dem Hypothekenrichter aufgenommenen Akte der freiwilligen Gerichtsbarkeit, dessen Ausfertigung nicht verlangt worden.

Sie werden hierdurch benachrichtigt, daß auf Grund des am 24. November d. J. aufgenommenen Vertrages folgende Eintragung im Hypothekenbuche von N. N. Band . . . Fol. . . . bewirkt ist:

Zweite Hauptrubrik Nr. 6.

„Ein im §. 7 des Kaufkontrakts v. 24. November 1853 näher an-
„gegebener Auszug für den N. N. zu N. N.
„Eingetragen zufolge Verfügung v. 27. November 1853.

Dem Antrage gemäß ist die Ausfertigung des Vertrages und Bildung eines Hypotheken-Instruments über die eingetragene Post unterblieben.

Menden, den 30. November 1853.

Königl. Kreisgerichts-Kommission.
An (Unterschrift.)
den N. N. &c.

2. Bei Eintragungen, wenn im Falle unter Nr. 1 (oben Anm. 44) eine Ausfertigung verlangt, oder wenn das die Eintragung begründende Dokument nicht vom Hypothekenrichter zu Protokoll genommen ist.

Sie erhalten hierbei eine (die) Ausfertigung des Vertrages vom . . . ten . . . mit dem Bemerken (zurück), daß auf Grund desselben folgende Eintragung im Hypothekenbuche von N. N. Band . . . Fol. . . . bewirkt ist:

Dritte Hauptrubrik Nr. 7.
(Inseratur wörtlich.)

Die Bildung eines Hypotheken-Instruments über die eingetragene Post ist dem Antrage gemäß unterblieben.

(Ort, Datum und Unterschrift.)

schehene Eintragung mit Angabe des Bandes und Foliums des Hypothekenbuchs von dem Ingrossator unter Beifügung des Datums der Ingrossation und seiner Unterschrift auf der Eintragungsverfügung kurz vermerkt werden[48]).

---

3. In den Fällen unter Nr. 2 (oben Anm. 44) empfiehlt sich bei Posten, die ihrer Natur nach cessibel sind, folgender Zusatz:
wovon Sie unter Verweisung auf die §§. 17 u. 35 des Gesetzes v. 24. Mai 1853 (G. S. S. 521) benachrichtigt werden.
4. Bei vollständiger Löschung einer Post, über welche ein Hypotheken-Instrument nicht existirt (vergl. §. 35, Absatz 1 des Gesetzes):
Orig. Sie werden hierdurch benachrichtigt, daß auf Grund der hierbei zurückerfolgenden Urkunde v. 1. Mai 1854 im Hypothekenbuche von N. N. Vol. . . . Fol. . . . die in der III. Haupt-Rubrik unter Nr. 4 für den N. N. eingetragene Darlehnspost von funfzig Thalern durch Eintragung folgenden Vermerks:
„Zu 4 gelöscht zufolge Verfügung v. 2. Juni 1854"
gelöscht worden ist. (Ort, Datum und Unterschrift.)
5. Bei vollständiger Löschung einer getilgten Post, über welche ein Hypotheken-Instrument existirt, welches kassirt werden kann (§§. 256, 257, Tit. II der Hyp.-Ordn.).
wie unter Nr. 4 mit dem Zusatze:
Orig. Das kassirte Hypotheken-Instrument wird Ihnen hierbei zugefertigt.
Bemerkung.
In Betreff der zu entrichtenden Kosten ist in den Formularen das Erforderliche beizufügen oder zu ändern."
5. Besondere Kosten sind für diese Benachrichtigung nicht anzusetzen, da dieselben zu den Nebengeschäften im Sinne der §§. 25 ff. des Tarifs zum G. v. 10. Mai 1851 gehören.*)
6. Es versteht sich von selbst, daß, wenn nicht der Schuldner, sondern der Gläubiger die Eintragung beantragt hat, außer der bisher erwähnten Benachrichtigung des Gläubigers nach §. 20, auch dem Schuldner von der Eintragung Kenntniß gegeben werden muß, wie denn überhaupt die Vorschriften der Hypotheken-Ordnung (vergl. u. a. Tit. II, §§. 149, 223, 296) über die jedesmalige Benachrichtigung des bei einer Eintragung passiv Betheiligten keine Aenderung erfahren haben."

In Betreff des Berg-Hypothekenwesens giebt das R. v. 20. März 1854 folgende besondere Vorschriften zu Art. 10, 13, 23 der Instr. u. §§. 17, 19 bis 21, 53 des Gesetzes:
„1. Die Vorschriften des Gesetzes, wonach über die Berichtigung des Besitztitels in der Regel nur die im §. 20 angeordnete Benachrichtigung und nur ausnahmsweise (§. 21) ein Hypothekenschein pro informatione ertheilt werden soll, gelten auch für das Berg-Hypotheken-Wesen, und findet daher bei Besitztitel-Berichtigung, sie geschehe auf Antrag oder von Amts wegen, die bisherige Ertheilung eines Gewährscheins mit der dafür hergebrachten auf die Berggesetze hinweisenden Schlußklausel nicht weiter Statt.
Ingleichen fällt diese Klausel bei den Hypothekenscheinen pro informatione fort und ist daher auch die Bezeichnung „Gewährschein" für die „Hypothekenscheine pro informatione" zu unterlassen.
2. Auch bei der Eintragung einer neuen Post in der III. Hauptrubrik, oder von Cessionen und anderen Subinscriptionen ist statt der bisherigen Hypothekenscheine oder Atteste in den Fällen des §. 20 des Gesetzes die dort vorgeschriebene Benachrichtigung und in den übrigen Fällen der Hypothekenbuchs-Auszug nach näherer Bestimmung des §. 22 oder des §. 23 zu ertheilen."

48) Instr. v. 3. August 1853, Art. 10, Nr. 3:

---

*) Ueber den Kostenansatz in Berg-Hypothekensachen: unten, Anm. 51 a. E.

Dieselben Vorschriften gelten bei der vollständigen Löschung einer Post.

§. 21. Ist über die Berichtigung des Besitztitels die Bildung eines Hypotheken-Instruments beantragt, so wird der Urkunde, auf Grund deren der Besitztitel berichtigt worden ist, ein vollständiger Hypothekenschein pro informatione nach den Vorschriften der Hypotheken-Ordnung Tit. II, §. 305 ff. beigefügt.

Der Besitzer hat auch das Recht, statt des vollständigen Hypothekenscheins nur die Ausfertigung eines Auszuges in Betreff des Titelblatts und der Rubrik I des Hypotheken-Foliums zu verlangen[49]).

§. 22. Bei der Eintragung einer neuen Post in der zwei-

„Durch den zweiten Satz des §. 20 ist übrigens die allgemeine Regel, daß der Ingrossator unter dem Konzepte jeder Verfügung, wodurch eine Eintragung angeordnet wird, die wirklich erfolgte Eintragung zu vermerken hat, z. B.:

„Der angeordnete Vermerk ist eingetragen Vol. . . . . Fol. . . . des „Hypothekenbuchs von X.

N. N. den . . . . 185 . . .

N. N., Ingrossator."

für die Fälle des §. 20 noch besonders eingeschärft."

49) Instr. v. 3. August 1853, Art. 13, zu §§. 19, 21, 53 des Gesetzes:

„1. Nach den Vorschriften des Gesetzes (§. 19) findet die Ertheilung von Hypothekenscheinen in vim recognitionis nicht weiter statt; an die Stelle derselben treten vielmehr die Hypothekenbuchs-Auszüge (§§. 22, 23). Nur pro informatione werden Hypothekenscheine in der bisherigen Weise noch ertheilt, und zwar:

a) nach §. 21, wenn der Besitzer die Bildung eines Hypotheken- (Besitz-) Instruments über die Berichtigung des Besitztitels ausdrücklich beantragt,

b) nach §. 53 auf sonstigen Antrag von Personen, die einen Hypothekenschein zu fordern nach den bisherigen Vorschriften (Hyp.-Ordn. Tit. I, §§. 73, 74; Tit. II, §§. 303, 304) berechtigt sind.

Für den Fall unter lit. a bestimmt der §. 21 zugleich, daß der Besitzer auch berechtigt ist, statt des vollständigen Hypothekenscheins nur einen Auszug in Betreff des Titelblatts und der Rubrik I des Hypotheken-Foliums zu verlangen.

2. Wenn eine größere Anzahl von Grundstücken, die rechtlich mit einander kein Ganzes bilden (Wandel-Aecker in Sachsen, oder dergl.), auf demselben Folium eingetragen ist, und die durch Ertheilung eines Hypothekenscheins beabsichtigte Information nur eins oder einzelne von diesen Grundstücken betrifft, so kann auf Verlangen auch ein die übrigen Grundstücke nicht mit umfassender Hypothekenschein ertheilt werden, so daß in demselben nur diejenigen Vermerke des Titelblattes und der drei Rubriken aufgenommen werden, welche sich entweder auf das betreffende Grundstück allein oder zugleich mit anderen Grundstücken beziehen. Sollte jedoch, namentlich bei Folien aus älterer Zeit, die hierbei vorausgesetzte klare Uebersichtlichkeit fehlen, so können die Gerichte den Antrag auf Ertheilung solcher Hypothekenscheine auf einzelne Parzellen des Foliums ablehnen, und statt dessen einen das ganze Folium umfassenden Hypothekenschein ertheilen.

3. In Bezug auf den Kostenansatz für Hypothekenscheine wird die Bestimmung im §. 30 des Tarifs zum G. vom 10. Mai 1851 dahin erläutert, daß, wenn nach Nr. 2 dieses Artikels der Hypothekenschein nur über eins oder einzelne der Grundstücke eines Foliums ertheilt wird, der Kostenansatz nur nach dem Werthe dieses oder dieser Grundstücke sich bestimmt."

ten oder dritten Hauptrubrik wird, Behufs Bildung des Hypotheken-Instruments, der im §. 14 unter Nr. 2 erwähnte Hypothekenbuchs-Auszug in folgender Art und Form gefertigt[50]):

---

50) a) Für das Berg-Hypotheken-Wesen schreibt das gemeinschaftliche R. des M. für Handel rc. und der Justiz, vom 20. März 1854 sub. III, Nr. 3 hierzu Folgendes vor:

„Die Hypothekenbuchs-Auszüge (§§. 22 und 23 des Gesetzes, Anlagen C., D und E der Instruktion) enthalten die Ueberschrift:
„Auszug aus dem Berggegen- und Hypothekenbuche des Bergamts zu N. N., Band . . . . Fol. . . . . "

In demselben tritt, was das Titelblatt und die erste Hauptrubrik betrifft, an die Stelle der „Bezeichnung des Grundstücks" (§. 22 lit. A. Nr. 1) die Angabe des Namens des Bergwerks und der Gemeinde, in welcher solches belegen. Zugleich muß der spezielle Antheil des betreffenden Besitzers (die Zahl der Kure) jedesmal angegeben werden, wobei die Nummer, unter welcher dieser Antheil im Berggegen- und Hypothekenbuche eingetragen steht, anzuführen ist. Dagegen braucht die Beschreibung des allgemeinen Eigenthums, mit Ausnahme der Fälle, wo der Auszug für Gläubiger des Gesammt-Eigenthums ertheilt wird, nicht mit aufgenommen zu werden.

Aus der II. und III. Hauptrubrik gehören in einem Hypothekenbuchs-Auszug nach §. 22 des Gesetzes nicht bloß die auf dem betreffenden Antheil haftenden Posten, sondern auch diejenigen, welche auf sämmtliche Antheile gemeinschaftlich eingetragen sind.

In dem bei Eintragung von Cessionen und anderen Subinscriptionen zu ertheilenden Auszuge (Anlage E der Instruktion) ist, wo in dem Berggegen- und Hypothekenbuche die betreffende Post keine laufende Nummer führen sollte, die Post in einer anderen deutlichen Weise zu bezeichnen, z. B.:

„In der dritten Hauptrubrik ist bei der aus der Obligation vom . . . ten
„ . . . . auf den Antheil No. . . . von 2½ Kuren eingetragenen Post
„von 2000 Thlr. folgender Vermerk in dem Berggegen- und Hypotheken-
„buche eingetragen worden:
„Cedirt laut rc." (wie in dem Formulare E)." (Anm. 51.)

b) Instr. vom 3. August 1853, Art. 14 (zu §§. 22—26 des Gesetzes):

„Die Vorschriften des Gesetzes über die Hypothekenbuchs-Auszüge haben das Mittel, um die bisherigen Hypothekenscheine in vim recognitionis zu vereinfachen, nicht etwa in extraktiven Attesten gesucht, so daß der Hypothekenrichter sich in jedem einzelnen Falle der mühsamen und verantwortlichen Arbeit hätte unterziehen müssen, aus dem ganzen Inhalte des Hypotheken-Foliums das Erhebliche (nur dem schließlichen Resultate nach) zusammenzustellen; sondern die Hypothekenbuchs-Auszüge stimmen darin mit den früheren Hypothekenscheinen überein, daß sie im Wesentlichen mechanisch zu fertigende Abschriften aus den Hypothekenfolien sind. Es soll jedoch aus diesen Abschriften dasjenige wegbleiben, was in der übergroßen Mehrzahl der Fälle für den Empfänger kein Interesse hat, und wofür ihm in den Ausnahmefällen die Mittel zur näheren Information durch die Einsicht des Hypothekenbuchs und den Antrag auf Ertheilung eines Hypothekenscheins pro informatione in der bisherigen Form (§. 53) gegeben sind. Deshalb ist für die Hypothekenbuchs-Auszüge die Form extraktiver Abschriften gewählt, und dasjenige bestimmt bezeichnet worden, was in diese (bei jeder Bildung eines Hypotheken-Instruments zu ertheilenden) Extrakte aus dem Hypothekenbuche aufzunehmen ist.

Zur näheren Erläuterung des §. 22 wird auf die probeweise ausgefüllten Formulare, Anlagen C und D und die darunter befindlichen Bemerkungen Bezug genommen. Von diesen Formularen ist das eine vorzugsweise für Gutskomplexe, das andere für solche Grundstücke bestimmt, die in keinem Pertinenzial-Verbande zu einem geschlossenen Gute stehen. Das letztere schließt sich demjenigen Formular an, welches für die Hypothekenfolien über Wandel-Aecker und walzende Grundstücke vorgeschrieben ist,

Er führt die Ueberschrift:

Auszug aus dem Hypothekenbuche von ....

Band... Fol...

Er enthält in wortgetreuer Abschrift:

A. aus dem Titelblatt und der ersten Hauptrubrik:

1) die Bezeichnung des Grundstücks;

2) den Namen des eingetragenen Besitzers;

3) den letzten Erwerbspreis oder die Worte:

„ohne Bestimmung eines Werthes,"

wenn bei der letzten Besitztitel-Berichtigung kein Erwerbspreis im Hypothekenbuche angegeben ist;

4) alle nach der letzten Besitztitel-Berichtigung eingetragenen Vermerke, mit der Ausnahme, daß von den auf Grund der durch die Auseinandersetzungs-Behörde bestätigten Rezesse eingetragenen Vermerken nur die im §. 1 Nr. 2 erwähnten aufgenommen werden;

B. den vollstängigen Inhalt der zweiten Hauptrubrik, mit alleiniger Ausnahme der vollständig gelöschten Posten;

C. aus der dritten Hauptrubrik:

1) die einzelnen Nummern und Beträge der schon vorher, oder der gleichzeitig mit demselben Vorzugsrechte eingetragenen Posten, einschließlich der protestativisch eingetragenen und unter Angabe des Zinsfußes, jedoch mit Ausnahme der vollständig gelöschten Posten;

2) in wörtlicher Fassung den neu eingetragenen Vermerk.

Wenn unter den in den Hypothekenbuchs-Auszug gehörigen Posten sich Hypotheken von unbestimmter Höhe befinden, so müssen die dieselben betreffenden Eintragungsvermerke vollständig aufgenommen werden.

§. 23. Wenn bei einer bereits eingetragenen Post ein in die zweite Kolonne gehöriger Vermerk oder die theilweise Löschung einer Post eingetragen wird, und nicht ausdrücklich die Ertheilung eines vollständigen Hypothekenbuchs-Auszugs (§. 22) beantragt ist, so ertheilt die Behörde einen Auszug, der nur die im §. 22 erwähnte Ueberschrift und in wörtlicher Fassung den neu eingetragenen Vermerk enthält[51]).

---

vergl. Instr. v. 29. April 1834 (Jahrb. Bd. XLIII, S. 610) in Verbindung mit der allerh. Order v. 9. Mai 1839, Nr. II (G. S. S. 164) und der Instr. für das Departement Naumburg vom 2. August 1839 §. 135.

Aus einer Vergleichung des Formulars D mit demjenigen, welches durch die Verfügung vom 30. November 1837 (Jahrb. Bd. L, S. 598) und durch spätere Anordnungen für die Hypothekenscheine in den Landestheilen, in welchen dem Hypothekenbuche das Grundsteuer-Kataster zum Grunde liegt, vorgeschrieben ist, ergiebt sich zugleich, mit welchen Modifikationen das Formular D in den gedachten Landestheilen, sowohl bei Gutskomplexen als bei anderen Grundstücken anzuwenden ist."

(Diese Formulare finden sich unter den Anlagen, jedes hinter dem Hypothekenschein, an welchen es sich anschließt.)

51) Instr. vom 3. August 1853, Art. 14, Nr. 2, zu §. 23:

„a) Die Anlage E enthält ein Formular zu dem Hypothekenbuchs-Auszuge, wie er bei Cessionen und anderen Subinscriptionen in der Regel ertheilt werden soll. Zu denselben kann bei neueren Hypotheken-Instrumenten,

Diese Vorschrift tritt an die Stelle der Bestimmung unter Nr. 2 der Order v. 10. Mai 1829 (G. S. S. 49). Die Vorschrift unter Nr. 1 derselben Order bleibt in Kraft[52]).

---

denen bereits ein Hypothekenbuchs-Auszug in der Form des §. 22 angeheftet ist, der auf letzterem noch vorhandene Raum benutzt werden.

b) Wenn bei Cessionen u. s. w. die Ertheilung eines Hypothekenbuchs-Auszuges in der Form des §. 22 ausdrücklich beantragt wird, wie der §. 23 gestattet, so ist es des Verständnisses wegen erforderlich, daß auch der ursprüngliche Eintragungs-Vermerk über die betreffende Post aufgenommen wird, auf welchen dann der Vermerk über die Eintragung der Cession u. s. w. folgt."

„Anlage E.
Formular
zu Artikel 14 (§. 23 des Gesetzes).
Auszug
aus dem Hypothekenbuche von N. N., Band . . . Fol. . . .

In der dritten Rubrik ist bei der Post Nr. 6 folgender Vermerk in das Hypothekenbuch eingetragen worden:

Zu Nr. 6. Cedirt laut notarieller Urkunde vom 7. November 1853 an den N. N. zu N. N.

Eingetragen zufolge Verfügung vom 24. November 1853.
Urkundlich unter Siegel und Unterschrift.
Glogau, den 27. November 1853.

Königliches Kreisgericht.
Zweite Abtheilung.

(L. S.) N. N.

N. N.
Ingrossator."

c) (s. die folg. Anm.)

d) Bis zum Erlaß anderweiter Bestimmungen sind die Kosten für einen nach §§. 22 oder 23 des Gesetzes ertheilten Hypothekenbuchs-Auszug oder für ein nach der vorstehenden Bemerkung lit. c. ertheiltes Attest nach §. 30 des Tarifs zum Gesetze vom 10. Mai 1851 anzusetzen. Der darin bestimmte Satz ist jedoch, wie sich aus §. 28 des Tarifs ergiebt, in den Fällen, wo es sich um eine gleichzeitig auf mehrere Folien erfolgte Eintragung handelt, und daher mehrere Hypothekenbuchs-Auszüge ertheilt werden, nur einmal zu zahlen."

Das neuere Gesetz vom 9. Mai 1854, Art. 17 (G. S. S. 281) hat mildere Bestimmungen über die Kostensätze, welche für Hypothekenscheine pro informatione, für Hypothekenbuchs-Auszüge nach §. 22, und für abgekürzte Auszüge oder Atteste nach §. 21 und §. 23, Abs. 2 des Gesetzes vom 24. Mai 1853 zur Anwendung kommen.

Für die Berg-Hypothekensachen gelten die Bestimmungen des Kosten-Ansatz-Gesetzes v. 10. Mai 1851 u. v. 9. Mai 1854 nicht. §. 2 des G. v. 10. Mai 1851 u. Instr. v. 10. September 1851 zu §. 2. Deshalb schreibt die gemeinschaftliche Verfügung des Min. für Handel 2c. und des J. M. vom 20. März 1854, Nr. IV Folgendes vor:

„So lange das Sportelgesetz v. 10. Mai 1851 (G. S. S. 622) bei den Bergämtern nicht zur Anwendung kommt, sondern für die Kosten und Stempel in Berg-Hypothekensachen noch die älteren Vorschriften gelten, sind die letzteren auch in Bezug auf die Kosten und Stempel für die Benachrichtigungen nach §. 20, und für die Hypothekenbuchs-Auszüge nach §. 22 u. 23 des Gesetzes maßgebend, und zwar für die Benachrichtigungen die Nr. 42 lit. V, und für die Auszüge die Nr. 4 des 5. Abschnitts der Gebührentaxe v. 23. August 1815."

52) Instr. v. 3. August 1853 Art. 14, Nr. 2, lit. c:

„Indem durch den Schlußsatz des §. 23 die Vorschrift unter Nr. 1 der allerh. Order v. 10. Mai 1829 (G. S. S. 49) aufrecht erhalten ist, bleibt es demgemäß wie bisher zulässig, unter früher ertheilten Hypothekenscheinen oder Hypothekenbuchs-Auszügen auf Verlangen der Interessenten zu bescheinigen, daß

K. O. v. 10. Mai 1829 (G.-S. S. 49).

Ich finde kein Bedenken, die von dem Staatsministerium in dem Berichte v. 8. d. M., zur Erleichterung der Hypothekengeschäfte und Ersparung der Kosten, in Antrag gebrachte Maaßregel dahin zu genehmigen: daß nach dem Verlangen der Interessenten unter den ihnen früher ertheilten Hypothekenscheinen attestirt werde:

1) daß seit der Ausfertigung derselben keine neue Forderung eingetragen — worden,

und diese Atteste die Stelle der, nach der Hypotheken-Ordnung auszufertigenden Hypothekenscheine vertreten.

§. 24. Der Hypothekenbuchs-Auszug wird bei der ersten Eintragung (§. 22), sowie bei Cessionen und Verpfändungen einer Post (§. 23), der zum Grunde liegenden Schuld- und Verpfändungs-Urkunde, bei Theilcessionen dem Zweig-Instrumente[53]), und bei Prioritätseinräumungen sowohl dem Instrumente über die mit dem Vorzugsrecht zurücktretende Post, als auch, wenn es eingereicht ist[54]), dem Instrumente über die vortretende Post beigefügt.

---

seit der Ertheilung derselben keine neue Forderungen eingetragen, oder daß eine vorstehende Post ganz oder theilweise gelöscht worden. Eben so unbedenklich ist die fernere Anwendbarkeit der Vorschrift des §. 214 Tit. II der Hypotheken-Ordnung über die Zulässigkeit von Attesten darüber, daß bei einer bestimmten Post seit der Ertheilung des Hypothekenscheins (oder Hypothekenbuchs-Auszuges) kein Vermerk über eine der im §. 214 erwähnten Veränderungen eingetragen worden."

Auch ein solches Attest sichert denjenigen, welcher ein neues Darlehn auf das Grundstück geben will, nicht, daß er den ihm darnach in Aussicht gestellten Platz u. die damit verbundene Hypothek wirklich erhält. Denn bis dahin, wo das ihm ausgestellte Instrument zur Eintragung gelangt, kann, abgesehen von dem bösen Willen des Besitzers, die Requisition einer Behörde, z. B. des Prozeßrichters im Wege der Exekution, eingegangen und vorgetragen worden sein. Um in dieser Beziehung sicher zu gehen, muß der Darlehnsgeber sich das Hypothekenbuch zur Einsicht vorlegen lassen, außerdem aber noch durch Einsicht der Grundakten, namentlich des hinter dem Aktendeckel befindlichen Nummer-Verzeichnisses, feststellen: ob nicht etwa ein Eintragungsgesuch noch unterweges ist, d. h. zur Verfügung oder wol gar schon zur Eintragung vorliegt.

53) Instr. v. 3. August 1853, Art. 14, Nr. 3:

„a) Daß durch die in dem ersten Absatze dieses Paragraphen enthaltenen Vorschriften über die Ertheilung der Hypothekenbuchs-Auszüge bei Theilcessionen die Frage nicht berührt wird, welche Urkunden beigebracht werden müssen, damit die Eintragung einer solchen Subinscription erfolgen könne, ist schon im Art. 9 Nr. 2 (oben Anm. 42) erwähnt.

b) Ferner ergiebt der §. 24, daß es nicht nothwendig ist, nach erfolgter Eintragung der Theilcession auch der Haupturkunde außer der Ingrossations-Registratur (vergl. Art. 9 Nr. 2 — oben Anm. 42) noch einen Hypothekenbuchs-Auszug beizufügen. Sollte dies jedoch ausdrücklich beantragt werden, so ist einem solchen Antrage in ähnlicher Art stattzugeben, wie dies durch den §. 24 bei Prioritätsbewilligungen in Bezug auf die vortretende Post nachgelassen ist."

Bei solchen Theilcessionen, wo dem Cessionar der Vorzug vor dem Reste der Forderung eingeräumt wird, ist auch dem Haupt-Instrumente, so wie bei Prioritätseinräumungen, ein Hypothekenbuchs-Auszug beizufügen.

54) Sonst nicht. Die Instr. v. 3. August 1853. Art. 14, Nr. 3 lit. c. sagt hierüber:

Der Auszug ist in der Reinschrift von dem Ingrossator zu kontrasigniren und von dem Dirigenten zu vollziehen[55]).

Die Ausfertigung desselben erfolgt unter Beifügung des Siegels der Hypothekenbehörde, und wird durch dieses mit dem Dokumente verbunden[56]).

§. 25. Auf die Hypothekenbuchs=Auszüge (§§. 22, 23) finden die Bestimmungen der §§. 40, 41 Tit. II. der Hypotheken=Ordnung Anwendung.

§. 26. So oft einem Hypotheken=Instrumente ein neuer Hypothekenbuchs=Auszug in der Form des §. 22 beigefügt wird,

---

„Aus der zuletzt gedachten Bestimmung (nämlich des §. 24) folgt zugleich in Betreff der bei Prioritätsbewilligungen zu beobachtenden Form die Beseitigung der über das Bedürfniß hinausgehenden u. daher von der bisherigen Praxis auch bereits verlassenen Vorschrift des §. 232 Tit. II der Hypotheken=Ordnung, wonach dem Instrumente über die Post, zu deren Vortheil die Prioritätsbewilligung erfolgt, auch eine beglaubigte Abschrift des Instruments über die zurücktretende Post beigefügt werden sollte. — Eine unbedingte Nothwendigkeit, Behufs der Eintragung einer Prioritätsbewilligung außer dem Instrumente über die zurücktretende Post auch noch das Instrument über diejenige Post, zu deren Vortheil die Bewilligung gereicht, beizubringen, liegt überhaupt nicht vor."

Demjenigen, welchem der Vorzug eingeräumt wird, ist eine Urkunde darüber entbehrlich; sie wird ihm nur nützlich, wenn er damit umgeht, seine vorgetretene Post zu veräußern; er wird dann um so leichter einen Abnehmer finden, wenn aus seinem Instrumente die verbesserte Sicherheit zu ersehen ist.

55) Instr. v. 3. August 1853, Art. 14, Nr. 3 lit. d:

„Nach dem die Beschleunigung des Geschäftsganges bezweckenden zweiten Absatze des §. 24 sind bei kollegialischen Hypothekenbehörden die Hypothekenbuchs=Auszüge in der Reinschrift (über die Konzepte vergl. §. 12 des Gesetzes — oben, Zus. 15 zu §. 25) von dem Dirigenten der zweiten Abtheilung der Kreisgerichte resp. der ständigen Deputationen zu vollziehen. Dasselbe gilt von den künftigen Hypothethekenscheinen (§. 53 des Gesetzes) und den unter Nr. 2 lit. d (Anm. 51) dieses Artikels erwähnten Attesten. Es fällt sonach die frühere Vorschrift (Hypotheken=Ordnung Tit. II, §. 315) weg, wonach außer der Unterschrift des Dirigenten auch noch die des Dezernenten erforderlich war." — Ebenso die gleiche Vorschrift des §. 39 d. T.

Für die Berg=Hypothekenbehörden schreibt hierzu die mehrerwähnte Verf. v. 20. März 1854 Folgendes vor:

„Die Eintragungs= u. Löschungs=Verfügungen resp. die Mandate an den Berggegenschreiber u. die Ausfertigungen der Hypothekenscheine, Hypothekenbuchs=Auszüge u. Atteste sind sowohl im Konzepte als in der Reinschrift nicht bloß von dem Justiziar, sondern auch von dem Dirigenten des Bergwerks zu vollziehen. Die Mitvollziehung durch ein drittes Mitglied des Bergwerks, wo solche bisher vorgeschrieben oder üblich war, kann dagegen unterbleiben. Die erwähnten Ausfertigungen sind durch den Justiziar auch in denjenigen Fällen mit zu vollziehen, wo bei den gerichtlichen Hypothekenbehörden die Vollziehung nur durch den Dirigenten erfolgt."

56) Die beiden letzten Absätze geben den Inhalt des §. 39 der Hyp.=O. wieder. Die Instr. v. 3. August 1853, Art. 14, Nr. 3 lit. e fügt bei:

„Zum letzten Absatze des §. 24 wird den Gerichten die Anwendung von Siegeln in Schwarzdruck bei der Ausfertigung von Hypotheken Instrumenten, Hypothenbuchs=Auszügen u. s. w. empfohlen, weil dadurch die Ablösung der Siegel von den Urkunden am wirksamsten verhütet wird." — Dabei wird es eine schwierige Aufgabe sein, den Hypothekenbuchs=Auszug mit dem Dokumente durch das Siegel zu verbinden, wie es der §. 24 a. E. wörtlich vorschreibt u. bisher immer gewesen ist. Wie man das durch Schwarzdruck soll bewerkstelligen können, hätte mögen beibemerkt werden.

sind die älteren Hypothekenbuchs-Auszüge abzutrennen und zu den Grundakten zu nehmen[57]).

§. 27. In allen Fällen, in welchen ein förmliches Hypotheken-Instrument gebildet wird (§§. 14, 16, 17, 21 — 24), aber auch nur in diesen Fällen, hat der Hypothekenbuchführer auf dem ausgefertigten Instrumente die erfolgte Eintragung des betreffenden Vermerks in das Hypothekenbuch mit Bezeichnung des Volumen und der Pagina desselben zu vermerken und diese Ingrossations-Registratur mit Datum und Unterschrift zu versehen[58]).

§. 40. Bei Gelegenheit der Vollziehung des — zu ertheilenden Hypotheken-Scheines, muß sich das Collegium davon überzeugen, daß die Einschreibung des Vermerks in die Bücher wirk-

---

57) Instr. v. 3. August 1853, Art. 14, Nr. 4:

„Was die früheren Hypothekenbuchs-Auszüge (§§. 22, 23) betrifft, deren Abtrennung nach §. 26 in dem darin vorgesehenen Falle erfolgen soll u. mit sorgfältiger Schonung der Hypotheken-Instrumente zu bewirken ist, so gelten hinsichtlich ihrer Aufbewahrung bei den Grundakten, falls nicht die Rückgabe oder Kassation von den Interessenten beantragt wird, die Bestimmungen unter Nr. 1 u. 2 im Art. 12 zu §. 18 des Gesetzes." S. oben, Anm. 46.

Die Abtrennung der bei älteren Hypotheken-Instrumenten befindlichen Hypothekenscheine ist im §. 26 darum nicht verordnet, weil der §. 26 noch immer eine Fortsetzung des §. 20 über die Bildung eines Hypotheken-Instrumentes bei neuen Eintragungen ist. In Betreff der älteren Instrumente enthält schon der §. 18 die entsprechende Bestimmung.

58) Instr. v. 3. August 1853, Art. 15.

„1. Durch den §. 27 des Gesetzes (vergl. auch §. 19) ist die bisherige Ingrossations-Registratur beibehalten, mit Ausnahme des Falles, wenn ein Hypotheken-Instrument nicht gebildet worden (§. 17 Abs. 1). Dieselbe ist beispielweise in folgender Art zu fassen:

„Zweihundert Thaler (200 Thlr.) Darlehn in Rubr. III Nr. 4 für den Kaufmann N. zu N. eingetragen Vol. . . . pag. . . . des Hypothekenbuchs von N. N. zufolge Verfügung vom 20. October 1853.
Cüstrin den 24. October 1853.
N. N. Ingrossator."

oder (bei theilweiser Löschung)

„Fünfzig Thlr. (50 Thlr.) gelöscht Vol. . . . pag. . . . des Hypothekenbuchs von N. N. zufolge Verfügung vom 20. October 1853.
(Datum u. Unterschrift.)"

2. Ehe die Ingrossations-Registratur auf das Hypotheken-Instrument gesetzt wird, ist der Entwurf derselben zugleich mit dem Konzept der expedirten Verfügung der Revision zu unterziehen (vergl. Verf. v. 31. December 1836 — Ergänzungen rc. zu §§. 33 Tit. II der Hypotheken-Ordnung S. 95).

3. Wenn im Laufe der Zeit in Folge von Cessionen u. s. w. eine abermalige Ingrossations-Registratur nöthig wird, so ist für dieselbe der Uebersicht wegen der Raum gleich hinter der ersten Registratur zu benutzen.

4. Bei Löschungen kommen auch künftig die §§. 256, 257, Tit. II der Hypotheken-Ordnung zur Anwendung, wonach bei vollständiger wie bei theilweiser Löschung einer Post das betreffende Hypotheken-Instrument mit der Ingrossations-Registratur zu versehen, und dasselbe bei vollständiger Löschung, wenn nicht der Ausnahmefall des §. 257 a. a. O. vorliegt, zu durchschneiden ist, worauf die Rückgabe an den gewesenen Schuldner mit der im §. 20 des Gesetzes vorgeschriebenen Benachrichtigung erfolgt (vergl. Formular A, Nr. 5)." Oben, Anm. 47.

lich und zwar dem Inhalt des Befehls und des Recognitons-Scheins gemäß, erfolgt sei.

§. 41. Ob solches dadurch zu bewirken, daß die Bücher bei Revision des Concepts, dem Decernenten, oder bei Vollziehung des Mundi dem Präsidio vorgelegt werden; oder auf welche andere Art die Collegia sich die Ueberzeugung von der wirklich und richtig geschehenen Einschreibung zu verschaffen haben; solches muß, nach jeden Orts und Collegii besondern Verfassung, näher bestimmt werden[59]); und wird also hier nur überhaupt erinnert: daß die Collegia und Gerichte dabei für die möglichste Zuverlässigkeit um so mehr sorgen müssen, als ihnen, wie unten näher vorkommen wird, die Vertretung der Richtigkeit der von ihnen ertheilten Hypotheken-Scheine obliegt.

bei der Extradition des eingetragenen Instruments zu beobachten.

§. 42. Wenn nun alles Vorstehende bewerkstelliget ist, so muß der Hypotheken-Buchführer auch noch für die richtige Behändigung des eingetragenen Instruments, mit seinem Zubehör, Sorge tragen[60]).

§. 43. Die Extradition geschieht, der Regel nach, an denjenigen, welcher das Instrument zur Einschreibung übergeben hat; es wäre denn, daß die Aushändigung an einen Dritten ausdrücklich gebeten, und in dem Befehle des Collegii verordnet wäre[61]).

§. 44. Zuletzt wird der Original-Befehl des Collegii, das

---

59) Die Bestimmung ist mithin dem Geschäftsregulativ überlassen. Die allg. Verf. v. 13. Dezember 1832 (Jahrb. Bd. XLII, S. 438) ordnet zu 3 an, daß die Einrichtung getroffen werden soll, daß sich der Dezernent vor Vollziehung jedes Hypothekenscheins, durch wirkliche Einsicht und Vergleichung des Hypothekenbuchs mit der Eintragungs-Verfügung, der Hypotheken-Tabelle und des mundirten Hypothekenscheins die Ueberzeugung von der richtigen und vorschriftsmäßigen Eintragung und von der Uebereinstimmung der Hypothekenscheine mit dem Hypothekenbuche verschaffe. Das geschah auch bei ordentlich verwalteten Gerichten durch Kollationirung der mundirten Hypothekenscheine mit dem Hypothekenbuche ꝛc. Seitens des Dezernenten vor der Vollziehung der Reinschrift. Nach der neuen Anordnung werden dem Dezernenten die Reinschriften nicht mehr zur Vollziehung vorgelegt, er muß daher, wenn die Vorschrift des R. v. 13. Dezember 1832 auf die Hypothekenbuchs-Auszüge und die Hypothekenscheine **pro informatione** noch jetzt angewendet werden soll, die Vergleichung mit dem Konzepte vornehmen, und für die Richtigkeit der Reinschrift ist dem Kollegium nur noch die Bürgschaft des kontrasignirenden Ingrossators übrig geblieben, die früher auch schon, neben der Verantwortlichkeit des Dezernenten, bestand.

60) Gemäß der in der Verfügung dieserhalb nach Vorschrift des folgenden §. 43 getroffenen Anordnung.

61) Da die Kasse wegen der Kosten ein Retentions-Recht an den Instrumenten hat, so ist es Regel, die ausgefertigten Hypotheken-Instrumente in die Sportelkasse zu geben und den Antragsteller anzuweisen, dieselben dort durch Bezahlung der Kosten auszulösen.

Concept der Note über die geschehene Einschreibung, und das Concept des — ausgefertigten Hypotheken-Scheins[62]), zu den competenten Grund-Acten genommen; auf letzterem aber verzeichnet, an wen die Originalien extradiret worden.

§. 45. Wird die Einschreibung eines Vermerks in das Hypotheken-Buch verordnet, ohne daß ein besonderes Instrument vorhanden ist, auf dessen Grund solche geschehen soll, z. E. bei bloßen Protestationen[63]), wenn das Eigenthum eines Guts vom Vater auf Sohn ab intestato übergegangen ist, u. s. w., so wird statt des Instruments, von der Eingabe, auf welche die Einschreibung verordnet wird, und deren etwanigen Beilagen, eine vidimirte Abschrift gefertigt; auf welche demnächst die §. 33 angegebene Registratur, über die geschehene Einschreibung verzeichnet wird[64]).

§. 46. Aufgehoben[65]).

§. 47. Vorstehende Anweisungen: wie bei Einschreibung der Instrumente und anderer Vermerke in das Hypotheken-Buch; bei Abfassung und Verzeichnung der darüber aufzunehmenden Registraturen; und bei Ausfertigung der deshalb zu ertheilenden Recognitions-Scheine verfahren werden soll, haben zur Absicht: bei Führung der Bücher und Behandlung der dahin gehörigen Geschäfte, den möglichsten Grad von Zuverlässigkeit zu erreichen; das Publikum bei seinem Verkehr und Dispositionen, mit dergleichen eingetragenen Instrumenten, sicher zu stellen; und allen Verfälschungen und Betrügereien dabei möglichst vorzubeugen. Die Collegia müssen daher auf eine genaue Befolgung sothaner Anweisungen äußerst aufmerksam sein, und sich davon durch die Vorstellung, als ob solches nur überflüssige und unnütze Formalitäten wären, keineswegs abhalten lassen.

§. 48. Fällt weg[66]).

---

62) Oder des Hypothekenbuchs-Auszuges, oder Attestes.

63) Oder bei Hypotheken, welche auf Requisition einer Behörde eingetragen werden.

64) Nach dieser Vorschrift wird auch ferner verfahren. Oben, Anm. 37. Vergl. §. 78 d. T.

65) Dieser §. schrieb die durch §. 19 des G. v. 24. Mai 1853 abgeschaffte Regel vor, daß über jede im Hypothekenbuche geschehene Einschreibung Hypothekenscheine in vim recognitionis auszufertigen.

66) In Folge der K.-O. v. 1. August 1810 (Rabe, Bd. X, S. 392), wodurch den Märkischen Landschafts-Kollegien die Führung der Hypothekenbücher abgenommen worden ist; denn der §. 48 enthielt einen bloßen Vorbehalt, bei denselben die etwa erforderlichen besondern Einrichtungen zu treffen.

Zweiter Abschnitt.

Wie bei Berichtigung und Eintragung des Tituli possessionis zu verfahren.

Alle Besitz-Veränderungen der Grundstücke müssen den Gerichten angezeigt werden.

§. 49. Da der öffentlichen Ordnung und Sicherheit daran gelegen ist, daß das Eigenthum der unbeweglichen Grundstücke nicht zweifelhaft und ungewiß sei, so müssen alle mit solchem Eigenthum vorfallende Veränderungen, bei dem Gericht oder Collegio, wo das Hypotheken-Buch des Grundstücks sich befindet, angezeigt, und in dem Buche vermerkt werden[67]).

---

67) Die §§. 49—54 schreiben die Zwangsberichtigung des Besitztitels vor, und dieser Grundsatz ist auch in das A. L. R. I, 10, §§. 12 ff. aufgenommen worden. Da jedoch die mit der Anwendung dieses Zwanges verbundenen Schwierigkeiten und Kosten, insbesondere bei kleineren Grundstücken, mit den dadurch bezweckten Vortheilen in keinem Verhältnisse standen, so ist das Prinzip aufgehoben, dann wiederhergestellt und zuletzt wieder ausgesetzt worden. Die Geschichte der mehrmals gewechselten Gesetzgebung hierüber s. m. im Privatrechte, §. 256. Die jüngste Verordnung über diesen Gegenstand, nämlich die K.-O. v. 31. October 1831 (G. S. S. 251), hebt das Prinzip nicht auf, sondern suspendirt nur die Verpflichtung der Grundeigenthümer zur Nachweisung ihres Eigenthums, behufs der Eintragung. Die §§. 49—54 sind daher keineswegs aufgehoben, vielmehr ist die letztendliche Bestimmung hierüber noch zu erwarten.

Mit dieser Suspension der Zwangspflicht und des Verfahrens von Amts wegen sind auch die Verfügungen des J. M. v. 2. Februar 1811 (Rabe, Bd. X, S. 498) und v. 3. December 1814 (Jahrb. Bd. IV, S. 224), wonach in allen Landestheilen, wo die allgemeine Gütergemeinschaft gesetzlich bei gewissen Ständen eingeführt ist, die Hypothekenbehörde, wenn derselben bekannt oder auch nur nach Umständen wahrscheinlich ist, daß eine Ehefrau des Besitzers oder deren Erben vorhanden, von Amts wegen bei der Eintragung des Besitztitels oder neuer Schulden ꝛc. den Besitzer näher vernehmen und dafür sorgen soll, daß die Miteigenthümerin zugezogen und deren Rechte in dem Hypothekenbuche vermerkt werden, — außer Anwendung gesetzt. R. v. 13. October 1837 (Jahrb. Bd. L, S. 583) u. R. v. 1. October 1842 (J. M. Bl. S. 318).

Dagegen ist die Vorschrift des §. 426 des Anh. zur A. G. O., wonach Richter und Notare, welche bei der Aufnahme oder Anerkennung eines Veräußerungs-Vertrages amtlich mitwirken, bei Strafe verbunden sind, das abgeschlossene Geschäft der Hypothekenbehörde durch Einreichung einer beglaubigten Abschrift anzuzeigen, durch die deklarirende V. v. 21. März 1835 und die dazu gegebene Instr. vom 12. Juni 1835 erneuert und weiter ausgedehnt. M. s. das Nähere darüber und über das Verfahren im A. L. R. Th. I, Tit. 20 zu §. 54.

Ausnahmsweise kommt der Zwang zur Berichtigung des Besitztitels zur Anwendung:

a) bei Parzellirungen (m. s. A. L. R. Th. I, Tit. 10, Zus. 3 zu §. 14); und G. vom 24. Mai 1853 §. 4 (G. S. S. 241);
b) beim Bergwerkseigenthum, A. L. R. II, 16, §§. 325, 326; V. betr. die Einrichtung des Berg-Hypotheken-Wesens in dem Herzogthum Westphalen ꝛc. v. 28. Februar 1845 §. 6 (G. S. S. 101);
c) wenn ein Berechtigter die Eintragung des Besitztitels verlangt. Wer als Berechtigter anzusehen und wie zu verfahren sei, darüber: A. L. R. Th. I, Tit. 10, Zusätze zu §. 14 und die Anmerkungen dazu.

Die Kosten trägt der Ehemann, wenn eine Ehefrau Besitzerin ist. A. L. R.

§. 50. Diese Anzeige muß von den Interessenten innerhalb Jahresfrist geschehen; und dabei der Titel, auf dessen Grund das Eigenthum an den neuen Besitzer übergegangen ist, angegeben und bescheinigt werden.

§. 51. Wird die Anzeige unterlassen, so muß das Collegium, welches die Hypotheken-Bücher führt, entweder unmittelbar, oder wenn es selbst keine Gerichtsbarkeit hat, durch das vorgesetzte Gericht, den neuen Besitzer an seine Schuldigkeit erinnern, und ihm eine proportionirliche Frist, zur Angabe und Berichtigung seines Tituli, unter Androhung einer verhältnißmäßigen fiskalischen Strafe, bestimmen.

§. 52. Wird auch diese Frist nicht inne gehalten; so muß die Strafe beigetrieben, Fiskus gegen den Besitzer excitirt, und derselbe, durch diesen, zum Ausweis seines Tituli possessionis angehalten werden.

§. 53. Wenn ein Grundstück mehreren Erben in communione zufällt, und diese sich auseinander zu setzen, und einem unter ihnen das Grundstück allein, gegen Abfindung der übrigen, zuzuschlagen zwar gemeinet sind[68]), mit der Auseinandersetzung selbst aber binnen Jahresfrist nicht zu Stande kommen können; so müssen sie solches der Behörde anzeigen, und soll ihnen alsdann noch ein Jahr[69]), zur Regulirung der Erbschicht, verstattet werden.

§. 54. Fällt weg[70]).

§. 55. Derjenige, auf dessen Namen der Titulus posses-

II, 1, §. 188; R. v. 26. Novbr. 1816 (Jahrb. Bd. VIII, S. 238). Gegen den Ehemann muß auch der Strafbefehl erlassen und vollstreckt werden, weil die Besitztitel-Berichtigung bei eingebrachten Grundstücken ein bloßer ihm gesetzlich obliegender Verwaltungsakt ist.

68) Ueber den Fall, wenn dies geschehen: unten §. 73.

69) Aus dieser mit der Zwangspflicht zur Berichtigung des Besitztitels zusammenhängenden Fristbestimmung hat man noch nach Suspension dieser Zwangspflicht herleiten wollen, daß, wenn die Auseinandersetzung später erfolgt, zuvor der Besitztitel auf die Erben in communione berichtigt werden müsse, ehe der Besitztitel für denjenigen Erben, welchem das Grundstück bei der Theilung zugeschlagen worden, eingetragen werden könne. Diese Meinung ist als irrig schon vor dem Gesetze vom 24. Mai 1853 reprobirt worden. R. v. 29. Mai 1834 (Erg. zu §§. 53, 54, 73 d. T.). Nach dem Gesetze vom 24. Mai 1853 §. 13 ist die unmittelbare Berichtigung des Besitztiels auf den Namen des annehmenden Miterben zu allen Zeiten vollends außer Zweifel.

70) In Folge des §. 13 des G. vom 24. Mai 1853. S. die vor. Anm. 69. Der §. 54 schrieb nämlich vor, daß, wenn die Auseinandersetzung der Miterben erst nach 2 Jahren erfolgte (§. 53), der Besitztitel erst auf die Erben in communione und darauf für den annehmenden Miterben berichtigt werden müsse.

sionis eines Grundstücks in dem Hypotheken-Buch eingetragen stehet, ist dadurch legitimirt, über dieses Grundstück Dispositiones bei dem Hypotheken-Buche vorzunehmen[71]).

---

71) Nicht bloß Verfügungen vorzunehmen berechtigt ist er, sondern es kann auch Jeder, welchem ein Titel zur Hypothek zusteht, also auch derjenige, welcher einen gesetzlichen oder einen prätorischen Titel zum Pfandrechte hat, die Eintragung mit rechtlicher Wirkung bewerkstelligen lassen, wenngleich der eingetragene Besitzer nicht mehr, oder noch nicht Eigenthümer ist, vorausgesetzt, daß der Gläubiger hiervon keine Kenntniß hat (sich in gutem Glauben befindet). Der J. M. äußert in einem Besch. v. 15. April 1835 die Meinung: ein gesetzliches Pfandrecht könne nicht mehr eingetragen werden, sobald der Schuldner, gegen welchen der Gläubiger einen gesetzlichen Titel zum Pfandrecht hatte, nicht mehr Eigenthümer des Grundstücks ist. Aus dem §. 55 d. T. u. A. L. R. I, 10 §. 6 u. 7, wonach der eingetragene Besitzer allein legitimirt ist, über das Grundstück bei dem Hypothekenbuche zu verfügen, folge nicht, daß auch ein gesetzliches Pfandrecht wider den Willen des wahren Eigenthümers eingetragen werden könne, wenn das Eigenthum schon früher auf einen Dritten übergegangen ist. Das gesetzliche Pfandrecht erlösche, wenn es nicht durch frühere Eintragung in ein hypothekarisches Recht umgewandelt sei, mit dem Uebergange des Eigenthums an einen andern nicht Verpflichteten von selbst, u. es würde sonach der Eintragung an einem Titel fehlen. (Jahrb. Bd. XLV, S. 500.) Diese Betrachtung bewegt sich auf einem Irrwege, die Bedeutung des Hypothekenbuchs u. die rechtliche Wirkung des guten Glaubens nach preuß. Rechte sind ganz außer Acht gelassen. Der eingetragene Besitzer gilt im Verkehr für den wahren Eigenthümer, d. h. es wird fingirt, er sei der Eigenthümer. §. 92 d. T. u. die Anm. dazu. Wer mithin gegen ihn auf Grund eines von ihm herrührenden oder gegen ihn geltenden Titels eine Hypothek durch Eintragung nimmt, der hat eine auch gegen den nicht eingetragenen Eigenthümer wirksame Hypothek erworben, vorausgesetzt, daß er von der Veränderung zur Zeit der Eintragung nichts wußte. Der J. M. bedient sich in dem schon erwähnten Besch. der Redeweise: auch ein gesetzliches Pfandrecht könne wider den Willen des wahren Eigenthümers nicht eingetragen werden. Das „wider" paßt nicht in die Beweisführung. Denn wenn es vor der Eintragung zu einem dem Gläubiger bekannt werdenden Widerspruch des Eigenthümers kommt, so ist es um den guten Glauben des Gläubigers geschehen. Das „wider" muß mithin durch „ohne" ersetzt werden. Der Umstand aber, daß es der Hypothekenbehörde bekannt war oder bekannt sein konnte, der eingetragene Besitzer sei nicht mehr Eigenthümer, also auch wenn die vidimirte Abschrift des Veräußerungs-Vertrages vor der Eintragung zu den Grund-Akten eingereicht war, oder wenn dessen Original sich bei den Akten befand, ist ganz einflußlos auf den guten Glauben des Gläubigers u. die dadurch bedingte Wirkung der geschehenen Eintragung. Gründe des Pl.-Beschl. des Ob.-Tr. v. 21. Januar 1850 (Entsch. Bd. XIX, S. 28); Pr. v. 5. Januar 1839 (Schles. Arch. Bd. III, S. 168); Pr. v. 28. Januar 1853 (Entsch. Bd. XXIV, S. 386). Das Gleiche gilt von Protestationen überhaupt, u. namentlich von denen, welche im Wege der Exekution eingetragen werden. Pr. des Ob.-Tr. 981, v. 12. Febr. 1841. Vergl. u. Anm. 130, zu §. 92.

Das R. v. 7. Januar 1837 (Jahrb. Bd. XLI, S. 265) giebt den Hypothekenbehörden die Anweisung, wenn sie aus den Akten, ersehen, daß der eingetragene Besitzer das Grundstück veräußert habe u. sich demnächst ein Gläubiger des Verkäufers mit einem Eintragungsgesuch meldet, zwischen den Betheiligten eine gütliche Vereinbarung zu versuchen, u. wenn der Versuch erfolglos ist, die Sache zum Rechtswege zu verweisen u. inzwischen eine Protestation einzutragen. Für den beabsichtigten Zweck ist zwar die Anweisung entbehrlich, indem zur Eintragung eine Vereinbarung nicht erforderlich ist; aber die Befolgung hat für den Erwerber den großen Nutzen, daß der Gläubiger in Kenntniß (malam fidem) gesetzt u. dadurch die Wirkung der dennoch erfolgenden Eintragung, auch der Protestation, vereitelt wird, ausgenommen wenn der Gläubiger sein

§. 56. Wenn also ein Besitzer, dessen Titulus aus dem Hypotheken-Buche noch nicht erhellet, etwas auf ein Grundstück eintragen lassen will; so muß solches von den Gerichten, bei eigner Vertretung, nicht angenommen [72]), sondern ein solcher Besitzer förderſamst zur Berichtigung des Tituli possessionis angewiesen werden.

§. 57. Doch kann derjenige, welcher an der wirklichen Berichtigung seines Tituli, durch temporelle unwidertreibliche Anstände gehindert wird, wenn er sich gegen alle nachtheilige Dispositionen des vorigen Besitzers, auf dessen Namen das Grundstück im Hypotheken-Buch noch eingetragen ist, sicher stellen will, mit Anzeigung und Bescheinigung seines Rechts, und der noch obwaltenden Hindernisse, eine Protestation gegen alle dergleichen Dispositionen, in dem Hypotheken-Buche vermerken lassen [73]).

16a. Gesetz vom 24. Mai 1853.

§. 51. Protestationen zur Beschränkung der Dispositionsbefugniß des Besitzers, soweit sie nicht unter die Bestimmungen des §. 43 (oben, Zus. 14a zu §. 18 d. T.) dieses Gesetzes fallen, werden bloß auf Requisition des Prozeßrichters oder anderer zu einer solchen Requisition gesetzlich befugter Behörden eingetragen und gehören in die zweite Hauptrubrik [73a]).

§. 58. Wer seinen Titulum possessionis in dem Hypotheken-Buche berichtigen lassen will, muß dem Collegio, wo das Buch befindlich ist, das Erwerbungs-Instrument, es sei nun solches ein Kauf-Brief, Tausch-Contrakt, Schenkungs-Instrument, letztwillige Disposition, Adjudications-Bescheid [74]), oder wie es sonst Namen hat [75]), in Original übergeben.

Was derjenige zu thun habe, der seinen Titulum possessionis berichtigen lassen will.

Eintragungsgesuch schon vor der Veräußerung präsentirt hat, in welchem Falle ihm der Erwerber die Eintragung, wegen des Grundsatzes des §. 30 d. T., nicht streitig machen kann. Pl.-Beschl. (Pr. 2190) des Ob.-Tr. v. 21. Januar 1850 (Entsch. Bd. XIX, S. 18).

72) Wenn die Eintragung nach dem Tode des ursprünglichen Schuldners gegen dessen Erben gesucht wird, ist nicht nur deren Einwilligung in die Eintragung, sondern zunächst auch die Berichtigung des Besitztitels derselben erforderlich, — sagt der Besch. des J. M. v. 12. Juli 1833 (Jahrb. Bd. XLII, S. 177), betreffend das Gesuch einer Wittwe um Eintragung ihrer Illatenforderung.

73) Anwendung der Regel §. 18 d. T. S. die Anm. dazu.

73a) Oben, Anm. 22a zum Zus. 14a zu §. 18 d. T.

74) Die Berichtigung des Besitztitels auf Grund eines Adjudikationsbescheides wird von dem Subhastationsrichter von Amts wegen betrieben. Konkurs-Ordnung §. 400 u. Anm. 49 dazu.

75) Auch auf Grund eines Aufgebots kann der Besitztitel berichtigt werden, wenn man keinen gültigen Kontrakt von dem letzten eingetragenen Besitzer beibringen kann. G. zur Erleichterung des Verfahrens bei Berichtigung des Besitztitels, v. 7. März 1845 (G. S. S. 160 u. Zus. 4 zu §. 14 Tit. 10 Th. I des A. L. R.).

Was die Gerichte zu beobachten haben, wenn der Besitz auf einen Contrakt,

§. 59. Das Collegium muß, bei Prüfung dieses Gesuchs, die allgemeinen Vorschriften des ersten Abschnitts, §. 11 sqq. befolgen, und also darauf sehen; ob demjenigen, von welchem der neue Besitzer, das Eigenthum überkommen zu haben, vorgiebt, die Befugniß solchergestalt zu disponiren zustehe, und für ihn selbst der Titulus possessionis berichtigt sei; ferner, ob der sich angebende neue Eigenthümer nach allgemeinen, und Provinzial-Landes-Gesetzen, besitzfähig sei; ob das Negotium selbst so beschaffen, daß dadurch die Uebertragung des Eigenthums, auf den neuen Besitzer, rechtlicher Art nach, begründet werden könne; und endlich, ob das darüber errichtete Instrument mit den gesetzmäßigen Erfordernissen versehen sei.

17. G. vom 24. Mai 1853.

§. 13. Uebergänge des Eigenthums an Grundstücken oder eingetragenen Posten, welche vor dem letzten im Hypothekenbuche zu vermerkenden Uebergange stattgefunden haben, werden im Eintragungsvermerke nur historisch erwähnt[76]).

Ein Zeugniß der kompetenten Regierung, daß ein Grundstück seit 44 Jahren, oder gar seit unvordenklicher Zeit, in dem Besitze des Fiskus sei, u. daß ihr keine in die zweite Rubrik gehörende Reallasten, welche auf dem Grundstücke hafteten, bekannt wären, ist zur ersten Berichtigung des Besitztitels auf den Fiskus hinreichend. R. v. 27. October 1800 u. v. 9. Januar 1801 (Rabe Bd. VI, S. 315). Vergl. K. O. v. 9. Mai 1839, No. I, 3 (G. S. S. 163).

Atteste der Magisträte über den 44jährigen ruhigen Besitz eines Kämmereiguts, ingleichen Atteste anderer Behörden, deren Atteste öffentliche Glaubwürdigkeit haben, reichen zur ersten Anlegung des Hypothekenfoliums von den unter ihrer Verwaltung stehenden Grundstücken aus. R. v. 22. December 1838 (J. M. Bl. 1839, S. 29.) Vergl. unten, Tit. 4 §. 10.

76) Instr. v. 3. August 1853, Art. 7, Nr. 3:

„In Folge des §. 13 fällt die mit Rücksicht auf die Vorschriften der Hypothekenordnung Tit. II, §§. 49 u. 74, u. des A. L. R. Th. I, Tit. 20, §§. 405, 406 früher (vergl. Verf. v. 30. April 1834 — Jahrb. Bd. XLIV, S. 406) für erforderlich erachtete besondere Eintragung des Besitztitels für jeden Zwischenbesitzer fort. Es genügt nach §. 13, daß der Zwischenbesitzer in dem Vermerke über die Eintragung des Besitztitels für den letzten Erwerber historisch erwähnt wird, u. zwar nach der Absicht des Gesetzes auch dann, wenn bei dieser Eintragung des Besitztitels zugleich Eintragungen in der II. oder III. Rubrik auf Grund von Dispositionen eines Zwischenbesitzers erfolgen sollten.

Die Ansetzung besonderer Kosten der Besitztitel-Berichtigung für die Zwischenbesitzer findet nicht mehr statt.

Bei der Eintragung des Ueberganges einer eingetragenen Post gilt nach §. 13 ganz dasselbe."

Man faßt den einzutragenden Vermerk in dem in-Rede stehenden Falle zweckmäßig in folgender Weise:

„Der Obrist-Lieutenant Otto von Gutendorf
„von dem vorigen Besitzer Philipp Moritz von Aymer, der das Gut
„aus der nothwendigen Subhastation des zuletzt eingetragenen Besitzers
„Arnulf von Rosenstock laut Adjudikatoria vom ... für 40,000 Thl.
„meistbietend erstanden, laut Kaufkontrakts vom ... für 48000 Thl.
„Courant erkauft; u ist titulus possessionis für ihn ex decreto vom
„.... eingetragen worden. „Grund-Akten Bl. 190."

§. 60. Um allen Zweifeln, Irrungen, und Prozessen, welche bei Gelegenheit der Kauf- und andrer Veräußerungs-Contrakte unbeweglicher Grundstücke, aus Verabsäumung der erforderlichen Legalitäten, oder aus dem Mangel einer deutlichen und bestimmten Fassung, nur allzuleicht entstehen, in Zukunft desto sicherer vorzubeugen, sollen von Publication gegenwärtiger Ordnung an, dergleichen Instrumente nicht anders zur Eintragung angenommen werden, als wenn sie, entweder vor Gerichten, oder vor einem —[76a]) Notario, in der durch die Prozeß-Ordnung[77]) bestimmten Form, aufgenommen worden[78]).

§. 61. Auf den Grund eines unter den Parteien blos privatim errichteten Instruments, sollen daher dergleichen Contracte weder bei Gerichten bestätiget[79]), noch viel weniger, auf den Grund derselben, ein Titulus possessionis im Hypotheken-Buche berichtiget werden.

§. 62. Unter den Contrahenten selbst aber behält ein solcher Privat-Contract dennoch seine Wirkung; dergestalt, daß auf selbigem, einer gegen den anderen, auch auf die Errichtung des förmlichen Instruments darüber, als einen Theil der Erfüllung des Contrakts, klagen kann[80]).

§. 63. In wie fern, außer der gerichtlich, oder vor einem — Notario erfolgten Aufnehmung des Instruments über den Veräußerungs-Contract, auch noch eine förmliche richterliche Confirmation[81]), oder gerichtliche Auflassung[82]) und Uebergabe[83])

76a) Hier fallen die Worte „Justizcommissario und" weg.

77) Und Beziehungsweise Notariats-Ordnung.

78) Ueber die Rückanwendung dieser Vorschrift auf Fälle, welche vor der Einführung der Hypotheken-Ordnung vorgekommen sind, s. m. oben Anm. 3 zur Einleitung.

79) Der gerichtlichen Bestätigung bedarf es überhaupt nicht mehr. S. die folg. Anm. 81 zu §. 63.

80) Vergl. A. L. R. I, 5, §§. 122, 123 und die Anm. dazu, und unten, Anm. 251 zu §. 200.

81) Die in der Provinz Westpreußen provinzialrechtlich (nach dem preuß. Landrechte und dem Culm'schen Rechte) üblich gewesene gerichtliche Verlautbarung und Confirmation der Verträge über Grundeigenthum ist durch die V. vom 20. April 1812 und die Dekl. v. 20. November 1812 (G. S. S. 39 und 195) abgeschafft. Die Vorschriften des A. L. R. und der A. G. O. über die Nothwendigkeit der Verlautbarung gewisser Verträge über Grundstücke vor dem Richter der Sache sind durch das G. v. 23. April 1821 wegen Aufhebung der Verlautbarung der Verträge über unbewegliche Güter abgeändert. M. s. darüber: A. L. R. Th. I, Tit. 10, Zus. 5 zu §. 15 und die Anm. dazu.

82) In Schlesien war provinzialrechtlich die Auflassung und der Verreich (Civil-Tradition) des unbeweglichen Eigenthums vor dem Richter der Sache

des Eigenthums; eine solenne Investitur; die Ableistung eines Lehns- oder sonstigen Eides der Treue[84]) u. s. w. noch vor er-

üblich, ist aber in Folge des G. v. 23. April 1821 (vor. Anm. 81) weggefallen. R. v. 1. Februar 1830 (Jahrb. Bd. XXXV, S. 125). Die in Ostpreußen an mehreren Orten üblich gewesene Haltung eines s. g. Bürgerdings bei Veräußerung von Immobilien zum Zweck des s. g. Verreichs oder der Eigenthumsübertragung ist als eine unnütze Förmlichkeit schon durch das R. v. 4. Juni 1821 (also auch erst in Folge des G. v. 23. April 1821) untersagt worden. (Jahrb. Bd. XVII, S. 250.)

83) Die Uebergabe muß, außer dem Falle des Zuschlages in nothwendiger Subhastation (Entsch. der Gef.-Kommission v. 30. Septbr. 1796 — Rabe, Bd. III, S. 573 —; R. v. 28. Februar 1836 — Jahrb. Bd. XLVII, S. 371 —), der Berichtigung des Besitztitels vorausgehen; denn es soll ja der Name und der Titel des Besitzers eingetragen werden. Ganz mit Recht also fordert die Min.-Verf. v. 17. Mai 1819 (Jahrb. Bd. XIII, S. 303) den Nachweis der Uebergabe zur Besitztitelberichtigung. Vergl. R. v. 19. Juni 1816 (Jahrb. Bd. VIII, S. 53); v. 26. März 1834 (Jahrb. Bd. XLIII, S. 205); V. v. 6. April 1839 (G. S. S. 125) und Instr. dazu vom 20. Mai 1839 §. 11 (J. M. Bl. S. 190).

Wie oder wodurch der Nachweis der geschehenen Uebergabe, dem Hypothekenrichter gegenüber, genügend nachgewiesen werden könne? ist mehrmals in Frage gekommen. Der zuverläßigste Nachweis in dieser Hinsicht ist die Erklärung der Kontrahenten in dem Kontrakte, daß die Uebergabe geschehen sei. Ueber die Auslegung der diesen Gegenstand betreffenden Erklärungen, welche nicht gerade mit diesen Worten die geschehene Uebergabe ausdrücken, hat sich eine Meinungsverschiedenheit gezeigt. In einem Besch. v. 13. Juni 1834 erklärt der J. M. die Aeußerung beider Theile: daß der Besitz auf den Käufer übergegangen sei, für ein unzweifelhaftes Zugeständniß der wirklich erfolgten Uebergabe (Jahrb. Bd. XLIII, S. 585), worin ihm gewiß beizustimmen ist. Dennoch wollte er es dabei nicht genügen lassen, weil die Kontrahenten bald darauf in dem Kontrakte ausgemacht hatten, daß die Natural-Uebergabe erst zu Martini erfolgen, und bis dahin der Verkäufer alle Nutzungen ziehen, und alle Lasten tragen solle. Das sollte jener Erklärung geradezu widersprechen, was gar nicht der Fall ist, indem eine solche Uebereinkunft sich vollkommen mit dem constitutum possessorium verträgt. In einem anderen Besch. v. 26. März 1834 (Jahrb. Bd. XLIII, S. 205) vermeint der J. M., daß die im Kontrakte befindliche Erklärung: „es werde hiermit dem Käufer der Civil- und Naturalbesitz übergeben," die Stelle der Uebergabe nicht vertrete. Auch das ist eine dem Rechtsverhältnisse zwischen den Kontrahenten nicht entsprechende Auffassung: der Verkäufer verliert durch diese Erklärung allerdings den juristischen Besitz und damit das Eigenthum an den Käufer und bestellt sich als Inhaber (Detentor) für ihn.

Enthält der Kontrakt nichts über die geschehene Uebergabe, so muß eine besondere Erklärung beider Theile beigebracht werden, beider Theile deshalb, weil der Käufer sich durch seine einseitige Anerkennung einer ihm geleisteten Uebergabe nicht zum Besitzer machen, und weil der Verkäufer sich durch seine einseitige Erklärung, daß er übergeben habe, nicht von seiner Verbindlichkeit befreien kann. Der Nachweis kann jedoch durch eine, von beiden Theilen unterschriebene, von einem Rechtsanwalte mit unterzeichnete, oder auch nur von dem Einen Theile solchergestalt unterschriebene und von dem Andern mit einem entsprechenden Antrage eingereichte Eingabe geführt werden. R. v. 24. September 1832 (Jahrb. Bd. XL, S. 222).

84) Die vorgängige Ableistung des Homagial-Eides ist nicht Bedingung der Besitztitel-Berichtigung. Der neue Erwerber ist aber zur Ableistung sogleich auf die erste amtliche Benachrichtigung, welche der Hypothekenrichter über die neue Erwerbung eines Ritterguts erhält, vorzuladen, weil mit einer solchen Er-

folgender Eintragung des Tituli possessionis hinzukommen müsse,

---

werbung die Erlangung von obrigkeitlichen Ehren- und ständischen Rechten verbunden ist. R. v. 14. Februar 1842 (J. M. Bl. S. 79). Das war damals richtig, trifft aber seit der Staats-Verfassungs-Urkunde vom 31. Januar 1850 nicht mehr zu, indem die Verfassung nicht mehr eine ständische in dem damaligen Sinne ist und die Besitzer der Rittergüter nicht mehr Obrigkeiten sind, außer daß ihnen neuerdings wieder die Polizei-Herrlichkeit beigelegt worden ist. Der J. M. hat jedoch durch eine nicht gedruckte Verfügung vom 23. August 1852 die fortwährende Ableistung des Huldigungs-Eides vorgeschrieben; ein Zwang, oder gesetzliche Nachtheile können aber bei Verweigerung des Eides nicht eintreten.

Man findet in den Ergänzungen und andern Kompilationen zum §. 63 d. T. eine K.-O. v. 17. Juli 1834 und ein R. v. 28. Juli 1834 angegeben, wonach von den Beamten außer dem Diensteide ein besonderer Huldigungseid nicht zu leisten sei. (Jahrb. Bd. XLIV, S. 105.) Dadurch ist das Mißverständniß veranlaßt, daß einem Beamten, wenn er ein Rittergut erwirbt, der Huldigungseid nicht abgefordert werden dürfe. Allein diese K.-O. und das R. beziehen sich gar nicht auf den von dem neuen Erwerber eines Ritterguts zu leistenden Huldigungseid, sondern sie schaffen einen provinzialrechtlichen Gebrauch in Westpreußen ab, wo es üblich war, jedem neu angestellten Beamten als solchem nicht bloß den Diensteid, sondern dazu auch noch den Huldigungseid abzunehmen.

Dagegen braucht der Huldigungseid von Demjenigen, der solchen bei der Erwerbung eines Ritterguts abgeleistet hat, später bei der Erwerbung eines andern Gutes nach der Veräußerung des erstern, nicht wiederholt geleistet zu werden; er legt dann zum Ausweise der frühern Ableistung bloß die ihm darüber ertheilte Rekognition vor. Vergl. R. v. 24. November 1812 (bei Lemann über den Huldigungseid, S. 30).

Die von den Erwerbern der Grundstücke zu leistenden Homagial-Eide werden von derjenigen Behörde abgenommen, welche das Hypothekenbuch führt. V. vom 26. December 1808, §. 2 lit. f (Rabe, Bd. IX, S. 469) und V. vom 2. Januar 1849 §. 9 (G. S. S. 1).

Ueber das Verfahren bei der Abnahme verordnet die Allgemeine Verf. des J. M. v. 18. December 1810 (Rabe, Bd. X, S. 493) Folgendes:

„Um den Differenzen zuvorzukommen, welche wegen der Abnahme der Homagial- und Unterthänigkeits-Eide hie und da zwischen den Landeskollegien entstanden sind, wird, nach vorgängiger Uebereinkunft der Ministerien der Justiz und des Innern, mit Beziehung auf den §. 2 der Verordnung wegen verbesserter Einrichtung der Provinzial-Polizei- und Finanzbehörden, vom 26. December 1808, hiedurch Folgendes festgesetzt:

1. Homagial- oder Huldigungseide, wobei es auf Leistung der Unterthänigkeitspflicht der Besitzer adelicher, und unter unmittelbarer Gerichtsbarkeit der Obergerichte stehender Güter, oder der Successionsberechtigten dazu ankömmt, werden bei dem Obergerichte der Provinz geleistet. Ebenso, wenn die Besitzer dieser Güter Prälaten, oder geistliche Personen, oder geistliche, oder weltliche Corporationen sind.

2. Lehnseide der weltlichen und geistlichen Thronlehnsbesitzer, und der Bischöfe, werden in die Hände des Königl. Staatskanzlers, oder des, von demselben dazu zu ernennenden Kommissarius geleistet, nach der Verordnung über die veränderte Verfassung aller obersten Staatsbehörden vom 27. October d. J.

3. Die Lehnseide aller und jeder andern Vasallen, auch der Lehen besitzenden Corporationen aller Art, werden vor dem Oberlandesgerichte geleistet, und begreifen allemal den Unterthänigkeitseid mit.

4. Huldigungs- und Unterthänigkeitseide, welche Besitzer von Grundstücken unter Stadt- und Amtsgerichtsbarkeit, überhaupt unter der Gerichtsbarkeit von Untergerichten, leisten, werden im competenten Foro rei sitae geleistet.

5. Dagegen leisten Prälaten, Kapitel, Klöster, Geistliche, die nicht als Gutsbesitzer, sondern ratione officiorum et beneficiorum, Huldigungs- oder

jedesfalls hat es, bei den Gesetzen und Verfassungen einer jeden Provinz, vor der Hand sein Bewenden.

§. 64. Fällt weg[85]).

auf eine letzte Willensverordnung. §. 65. Gründet der neue Besitzer seinen Titulum nicht auf einen Contract unter Lebendigen, sondern auf eine letztwillige Disposition, so kömmt es darauf an: ob er in dieser Disposition zum Erben eingesetzt, oder ob ihm das Grundstück, nur als ein Legat, Schenkung von Todeswegen, oder unter irgend einem andern Titulo singulari verschafft worden.

§. 66. Letzternfalls findet die Berichtigung des Tituli, auf den neuen Besitzer, nicht anders statt, als wenn zuvor die aus-

---

Unterthänigkeitseide zu leisten haben, künftighin solche Eide, nach erhaltener Königlichen Nomination oder Königlichen Placet, vor den Regierungen, und kommen nicht eher zu irgend einem Genuß.

6. Städtische Communen, als solche (nicht als Gutsbesitzer), und deren Deputati, Amtsgemeinen und deren Deputati, leisten den Huldigungs- oder Unterthänigkeitseid vor den Regierungen.

7. Da in dem Formular des Huldigungs- und Unterthänigkeitseides in den verschiedenen Provinzen noch Verschiedenheiten vorkommen, so wird das beiliegende verbesserte Formular als allgemeine Norm vorgeschrieben, wobei es sich jedoch von selbst versteht, daß unter Protestanten und Katholiken ein Unterschied der Bindeformel zu beobachten ist.

Vorhaltung der Unterthänigkeitspflicht.

Ihr sollet huldigen, geloben und zu Gott dem Allwissenden und Allmächtigen schwören einen leiblichen Eid, und thun eine rechte Erbhuldigung, daß Ihr Seiner jetzt regierenden Königl. Majestät, Herrn Friedrich Wilhelm, Könige von Preußen, Unserm allergnädigsten Herrn, und Dero männlichen Descendenz, auch ganzem Königl. Hause, in der bestimmten Successionsordnung von Unterthänigkeits wegen, treu und gehorsam sein, Sr. Königl. Majestät Nutzen und Bestes suchen, und befördern, Nachtheil und Schaden verhüten und abwenden, und alles das thun wollet, was ein getreuer Unterthan seinem Erb- und Landesherrn zu thun schuldig und verpflichtet ist.

Worte des Eides.

„Ich rc. huldige, gelobe und schwöre zu Gott dem Allwissenden und Allmächtigen, einen leiblichen Eid,

daß ich alles und jedes, was mir jetzt vorgelesen worden, und ich wohlverstanden habe, fest und unverbrüchlich halten will, getreulich ohne alle Gefährde.

So wahr mir Gott helfe um Christus willen."

Bei den Huldigungseiden der Juden sind die in der A. G. O. I, 10, §§. 317 ff. vorgeschriebenen Förmlichkeiten zu beobachten, nur mit den aus der Verschiedenheit des Zwecks und des Gegenstandes des Eides sich ergebenden Abänderungen. R. v. 6. Februar 1812 (Jahrb. Bd. II, S. 194). Auch sollen die Juden diesen Eid in Person leisten, da nicht bekannt ist, welchen Werth sie nach ihrem Glauben auf einen durch einen Bevollmächtigten geleisteten Eid legen. R. v, 6. April 1817 (Erg. zum A. L. R. I, 18, §. 111, Nr. 3).

85) In Folge des G. v. 23. April 1821, §. 5. (Zus. 5 zu §. 15, Tit. 10, Th. I des A. L. R.) Daß zur Berichtigung des Besitztitels die Einwilligung des Verkäufers nicht erforderlich und namentlich die Phrase in den Kontrakten: „der Verkäufer rc. willigt in die Berichtigung des Besitztitels für den Käufer rc.", überflüssig, war schon durch das R. v. 23. Februar 1824 (Jahrb. Bd. XXIII, S. 88) in Erinnerung gebracht worden.

drückliche Einwilligung des Erben zu den Akten erklärt, oder sonst, in beglaubter Form, nachgewiesen worden[86]).

(Der Schlußsatz fällt weg)[87]).

§. 67. Ist aber jemand, in einem Testament, zum Erben eines Immobilis eingesetzt, so muß dieses Testament, entweder im Original[88]), oder in beglaubter Abschrift, beigebracht werden.

Diese Abschrift muß von demjenigen Gericht, wo das Testa-

---

86) „Bei einer letztwilligen Verfügung hat die hypothekenbuchführende Behörde nur deren äußere Form und Erfordernisse zu prüfen, nicht aber von Amts wegen den Materialien nachzuforschen. Hieraus folgen nachstehende Sätze:

1. Ist Jemand in einem der Form nach gültigen Testamente entweder zum alleinigen Erben, oder zwar nur zum Erben zu einem gewissen Antheile eingesetzt, ihm jedoch auf sein Erbtheil das Immobile ausdrücklich angewiesen worden; so kann die Berichtigung des Besitztitels für ihn bloß auf den Grund des Testaments erfolgen.
2. Ist ihm aber als Erbe bloß das Immobile beschieden; so kann er nur für einen Legatar erachtet und es muß alsdann nach §. 66 verfahren werden.
3. Hat der Erblasser die Person seines Erben im Testamente dergestalt genannt, daß die Absicht, demselben seinen Nachlaß, mit Ausschließung der übrigen etwa vorhandenen Intestaterben zuwenden zu wollen, klar ist; so muß für diesen benannten Erben die Eintragung des Besitztitels, auf den Grund des der Form nach richtigen Testaments geschehen, ohne darauf Rücksicht zu nehmen, ob von andern übergangenen Notherben etwas constirt, da nach Vorschrift des A. L. R. I, 12, §. 244 dem in einem förmlichen gerichtlichen Testamente eingesetzten Erben der Besitz der Erbschaft eingeräumt werden soll, wenn auch sein Erbrecht noch bestritten wird, und es übrigens den übergangenen Notherben unbenommen ist, sich bis zum Austrage der Sache durch die a. a. O. §. 246 u. 247 vorgeschriebenen Mittel, und in Ansehung des Immobils durch Protestations-Eintragungen vorzusehen, wobei allenfalls von Amts wegen solchen übergangenen Notherben, deren Dasein dem Richter nicht aus seiner Privatwissenschaft, sondern aus andern Akten bekannt ist, von der geschehenen Eintragung des Besitztitels Nachricht gegeben werden kann.
4. Wenn die Person des Erben, welcher der Pflichttheil vermacht ist, in einem Testamente nicht genannt worden; so ist die bloße Produktion des Testaments zur Eintragung des Besitztitels auf eine bestimmte Person nicht hinreichend, sondern diese muß sich noch erst bei dem Richter der Erbschaft, auf die in den Gesetzen vorgeschriebene Art legitimiren, und wenn sie dieses gethan, mit dem Testamente zugleich ein gerichtliches Attest über die von ihr nachgewiesene Legitimation bei dem Hypothekenbuche produciren." §. 29 des Anh. zur Instr. v. 12. August 1820, entnommen aus dem R. v. 18. April 1797 (Rabe, Bd. IV, S. 92).

87) Der Gegenstand des Satzes ist die aufgehobene provinzialrechtliche „Civil-Tradition." Oben, Anm. 82 zu §. 63. Daß die Natural-Uebergabe des legirten Immobils nachgewiesen werden muß, versteht sich nach dem A. L. R. I, 12, §§. 311, 312. Vergl. unten Anm. 93.

88) Diese Vorschrift gründet sich auf das Gemeine Recht, wonach Privat-Testamente im Gewahrsam des Testators und des Erben bleiben konnten. Seit der Einführung des A. L. R. I, 12, §§. 237—241 und der A. G. O. II, 4, §. 13 kann die Vorlegung des Originals nicht mehr gefordert werden. R. v. 27. October 1820 (Jahrb. Bd. XVI, S. 257).

ment publicirt worden[89]), ausgefertigt, und es muß darin auch die Registratur, über die erfolgte Publication desselben[90]), enthalten sein.

18. G. vom 24. Mai 1853.

§. 11. Zur Berichtigung des Besitztitels für einen testamentarischen Erben, desgleichen zur Eintragung eines auf letztwilliger Verordnung beruhenden Vermerks, genügt, statt der letztwilligen Verordnung, ein Auszug aus derselben, soweit sie die Erbeseinsetzung oder die fragliche Bestimmung zum Gegenstande hat, wenn in den nach der freien Beurtheilung des Nachlaßgerichts dazu geeigneten Fällen[91]) ein Attest desselben darüber beigefügt ist:

daß in der letztwilligen Verordnung eine weitere sich hierauf beziehende Bestimmung nicht enthalten ist.

In gleicher Art bedarf es, wenn ein Vermerk auf Grund eines Erbrezesses eingetragen werden soll, nur eines beglaubigten Auszuges des Erbrezesses, soweit derselbe die fragliche Bestimmung betrifft, mit Beifügung eines Attestes des Nachlaßgerichts[92]) darüber:

daß in dem Erbrezesse eine weitere sich hierauf beziehende Bestimmung nicht enthalten ist[93]).

---

89) Auch diese Vorschrift gilt nicht mehr; die Ausfertigungen hat, nach dem A. L. R. I, 12, §§. 237, 238, 227, der Richter der Erbschaft zu ertheilen. R. v. 13. April 1821 (Jahrb. Bd. XVII, S. 12).

90) Ueberhaupt alle Verhandlungen, welche dazu gehören, die Gültigkeit des Testaments zu prüfen, mithin auch das Annahme-Protokoll. R. v. 3. December 1832 (Jahrb. Bd. XL, S. 416). Vergl. unten, Anm. 93.

91) Diese freie Beurtheilung mußte man dem Gerichte lassen, da Testamente vorkommen, welche es zweifelhaft lassen: ob darin eine Erbeseinsetzung enthalten und wer als eingesetzter Erbe anzusehen sei, in welchem Falle die Ertheilung eines attestirten Auszuges abgelehnt werden muß.

92) Nur Gerichte oder öffentliche Behörden können in Angelegenheiten ihres Ressorts extraktweise Urkunden ausfertigen, welche sich zur Eintragung eignen; notarielle Extrakte können nicht zur Eintragung vorgelegt werden. R. v. 30. Oktober 1837 (Jahrb. Bd. L, S. 597).

93) Instr. v. 3. August 1853, Art. 6, Nr. 3:

„Der §. 11 gewährt, im Vergleich mit den Vorschriften der Hyp.-Ordn. Tit. 2, §§. 67, 73, eine Erleichterung, für deren Zulässigkeit sich bereits die Verfügung v. 28. April 1834 (Jahrb. Bd. XLIII, S. 448) ausgesprochen hatte. Bei der Ertheilung eines solchen attestirten Auszuges aus einer letztwilligen Verordnung ist zu beachten, daß neben der auf den Erwerb eines gewissen Grundstücks bezüglichen Bestimmung auch diejenigen Anordnungen berücksichtigt werden müssen, welche das Eigenthum des Besitzers und dessen Befugniß, über das Grundstück zu verfügen, einschränken (vergl. §. 28 des Gesetzes — Zus. zu §. 80). Uebrigens ist, indem der erste Satz des §. 11 vorschreibt, daß es in dem vorausgesetzten Falle nicht des vollständigen Inhalts der letztwilligen Verordnung bedürfe, hinsichtlich der bei der Ausfertigung letztwilliger Verordnungen überhaupt zu berücksichtigenden Verhandlungen (vergl. Verf. v. 3. December 1832, Jahrb. Bd. XL, S. 416), nichts geändert. Ein Gleiches gilt von der zu der Berichtigung des Besitztiels für einen Legatar erforderlichen Erklärung der Erben (Hyp.-O. Tit. 2, §. 66), desgleichen von dem bei Vorlegung eines Auszugs aus einem Erbrezesse noch erforderlichen Nachweise der Erbeslegitimation der Kontrahenten u. s. w."

§. 68. Ist es ein gerichtliches Testament, so kann alsdann die Berichtigung des Tituli ohne weiteren Anstand verfügt werden[94].

§. 69. Ist aber die letztwillige Disposition, worauf der neue Besitzer sich gründet, ein bloßes Privat-Testament; so muß entweder in der Publikations-Registratur ausgedrückt sein, oder durch ein besonderes Attest des publicirenden Gerichts nachgewiesen werden, daß bei dessen Publikation kein sichtbarer Mangel daran wahrzunehmen gewesen[95].

§. 70. Wird ein bloßes Privat-Testament, auf welchem keine gerichtliche Publikations-Registratur befindlich ist, beigebracht; so kann, auf dessen Grund, der Titulus possessionis nicht berichtiget, sondern der Implorant muß angewiesen werden: für allen Dingen das ausdrückliche Anerkenntniß und die Einwilligung derjenigen, die in Ermangelung einer letztwilligen Disposition dem Erblasser ab intestato succedirt wären, beizubringen; oder die Sache mit selbigen im ordentlichen Wege Rechtens auszumachen[96].

§. 71. Gründet sich der neue Besitzer auf eine Mitbelehnschaft, oder Expektanz; so muß er die darüber sprechenden Urkunden produciren, und zugleich das Ableben seines Vorgängers bescheinigen[97]. auf Mitbelehnschaft, oder Expektanz, oder

---

94) Die Eintragung des Besitztitels darf nicht eher geschehen, als bis nachgewiesen, daß entweder der Erbschaftsstempel bereits berichtiget, oder doch wenigstens die Erbschaftsstempel-Behörde von diesem vorzunehmenden Akte der Besitztitel-Berichtigung unterrichtet sei. Stempelgesetz v. 7. März 1822, §. 18 (G. S. S. 57).

95) Die Vorschrift der §§. 69, 70 kann, seitdem das A. L. R. I, 12, §§. 249, 250, 192 und Anh. z. A. L. R. §. 37 Gesetzeskraft hat, nur noch auf Privat-Kodizille Anwendung finden.

96) Vor. Anm. 95.

97) Ein Fideikommiß-Folger hat sich auf die gewöhnliche Weise bei dem Fideikommißgericht zu legitimiren und vor diesem ein Legitimationsattest der Hypothekenbehörde beizubringen; eine bloße Anerkennung der Exekutoren der Stiftung genügt zur Besitztitel-Berichtigung selbst dann nicht, wenn die Stiftungs-Urkunde den Exekutoren die Befugniß beilegt, allein über den Legitimationspunkt zu entscheiden, sagt der J. M. in einem Besch. v. 31. December 1824 (Jahrb. Bd. **XXIV**, S. 259). Der angegebene Grund ist, weil „dadurch die Hypothekenbehörde nicht ermächtigt würde, von den ihr durch das Gesetz gegebenen Vorschriften über die Prüfung der Legitimationen der Grundbesitzer, Behufs der Berichtigung des Besitztitels, beim Hypothekenbuch hinwegzugehen." Der Grund trifft nicht zu; denn das Gesetz verbietet nirgend, in Testamenten und Stiftungen Anordnungen über die Succession und Legitimationsführung zu treffen, und Niemand hat ein Recht, diese Verordnung anzufechten; der Richter von Amtswegen nicht, weil es eine bloße Privatsache ist, und ein Nachfolger des Testators und Stifters nicht, weil er keinen andern Titel hat als eben die fragliche Anordnung des Stifters, welche in dieser Sache als Specialgesetz gilt. Allein

auf eine Intestat-Erbfolge gegründet wird.

§. 72. Gründet er sich auf eine Intestat-Erbfolge, so muß, außer dem Ableben des Vorgängers, zugleich sein eignes Successionsrecht, in sofern solches nicht notorisch ist, durch gerichtliche Atteste[98]), bei dem Hypotheken-Buche beglaubiget werden. Findet das Gericht bei dieser Legitimation des sich ergebenden Lehnsfolgers, oder Erben, noch ein erhebliches Bedenken, so muß zwar derselbe desfalls bedeutet, und mit Eintragung des Tituli selbst für ihn nicht verfahren; zugleich aber, zur Conservation seines Rechts, die §. 57 beschriebene Protestation von Amtswegen ingrossirt werden[99]).

§. 73. Haben mehrere Erben, denen ein Grundstück, es sei durch letztwillige Disposition, oder ab intestato, zugefallen ist, Erbtheilung unter sich angelegt, und darin das Gut einem unter ihnen zugeschlagen: so muß dieser die Berichtigung des Tituli possessionis, mit Beibringung des Erb-Rezesses[100]), nachsuchen.

Diese kann alsdann, in sofern nur das Erb-Recht der theilenden Erben überhaupt, nach obigen Vorschriften bescheinigt ist,

---

darin ist dem Bescheide beizutreten, daß die Legitimationsführung nicht vor die hypothekenbuchführende Behörde als solche gehört; diese darf sich auf eine Untersuchung und Feststellung der Person des Nachfolgers, also auch nicht auf Vernehmung der Exekutoren einlassen; sie muß vielmehr ein Attest des zuständigen Gerichts, d. i. des Fideikommiß-Gerichts fordern, wie in dem ähnlichen Falle, wenn die Person des eingesetzten Erben in dem Testamente nicht bestimmt benannt ist. Oben, Anm. 86, Nr. 4.

98) Die Legitimationsführung gehört vor das Erbschaftsgericht; welchem daher auch die Urkunden über das Ableben des Erblassers und über das Successionsrecht des Prätendenten vorzulegen sind. Bei dem Hypothekenbuche ist nur das Erbeslegitimations-Attest, welches der Erbschaftsrichter auf Grund seines Verfahrens zu ertheilen hat, erforderlich. Eine Ausnahme soll zugelassen werden, wenn der Erblasser ein Ausländer ist und das ausländische Erbschaftsgericht die Ertheilung des Legitimations-Attestes ablehnt: in diesem Falle soll das Legitimationsverfahren vor dem Gerichte der belegenen Sache nach diesseitigen Gesetzen stattfinden. R. v. 7. December 1840 (J. M. Bl. 1841, S. 71).
Auch hier ist die Vorschrift des Stempelgesetzes (oben Anm. 94) zu beachten.

99) Eine Anwendung des Grundsatzes §. 18 d. T.

100) Oder eines gerichtlich attestirten Auszugs daraus. G. v. 24. Mai 1853, §. 11, Satz 2 (oben, Zus. 18 zu §. 67 d. T.) Vergl. die Anm. 93 dazu.
Erbrezesse, in welchen über Grundstücke verfügt worden ist, erfordern zu ihrer Gültigkeit nur die Form der Veräußerungs-Verträge über Immobilien. R. v. 1. Februar 1833 (Jahrb. Bd. XLI, S. 215). Vergl. o. Anm. 81 zu §. 63. Wenn also ein notarieller Erbrezeß, mit dem gerichtlichen Erbeslegitimations-Atteste, zur Berichtigung des Besitztitels für den annehmenden Miterben auch genügt, so kann ein Auszug daraus, zum Zwecke der Besitztitelberichtigung, doch nur von dem kompetenten Erbschaftsgerichte ausgefertigt werden. Oben, Anm. 92.

unmittelbar von dem Erblasser auf den Miterben, der das Gut in der Theilung übernommen hat, geschehen; ohne daß es der Zwischen-Eintragung des Besitz-Rechts sämmtlicher Erben in communione bedarf[101]).

§. 74. Fällt weg[102]).

§. 75. In wiefern, und in welchen Fällen übrigens, außer dem Nachweise des Successions-Rechts, auch noch eine förmliche Erbes-Erklärung, oder gar die von einem bestellten Verlassenschafts-Curator zu leistende Civil-Uebergabe, die Ausfertigung eines Lehnbriefs rc. nothwendig sei, um den Titulum possessionis eines Erben oder Lehns-Folgers, zur Eintragung zu qualificiren; desfalls hat es bei den Gesetzen und Verfassungen einer jeden Provinz sein Bewenden.

§. 76. Wenn nun der bei einer Besitz-Veränderung von dem neuen Acquirenten[103]) angezeigte und nachgewiesene Titulus possessionis, nach vorstehenden Anweisungen, gehörig geprüft, und zur Eintragung qualificirt befunden worden; so muß nunmehr der Befehl dazu, an den Hypotheken-Buchführer, nach der Vorschrift Sect. I, §. 19 seq. erlassen werden. Was bei der Eintragung des Tituli zu beobachten.

§. 77. Die erfolgte Eintragung wird auf beigebrachte Er-

---

101) Oben, Anm. 69 zu §. 53.

102) Die hier vorgeschriebene Besitztitelberichtigung für die Erben in communione, wenn sie gemeinschaftlich das Grundstück an einen Fremden verkaufen, ist abgeschafft durch §. 13 des G. v. 24. Mai 1853 (oben, Zus. 17 zu §. 59).

103) Ist der neue Acquirent eine Personenmehrheit mit Korporationsrechten (juristische Person), so wird der Besitztitel auf den Gesammtnamen der Gesellschaft, z. B. der Judengemeinde zu N. N., berichtigt. Hat die Gesellschaft aber nicht die Eigenschaft einer juristischen Person, so müssen alle Mitglieder derselben namentlich eingetragen werden u. wenn ihrer noch so viele wären. A. L. R. II, 6 §§. 13 u. 14. Vergl. die Anm. 17 u. 18 dazu. Bei zahlreichen Religionsgesellschaften, welche ein Grundstück zu gottesdienstlichen Zusammenkünften besitzen oder erwerben, ist das in der Praxis nicht durchzuführen. Deshalb will das R. des J. M. v. 31. December 1840 (J. M. Bl. 1841, S. 34) eine Ausnahme für geduldete Religionsgesellschaften in der Art gestatten, daß der Besitztitel für sie auf den Gesammtnamen der Gesellschaft berichtigt werden kann, wenn sie mit Erlaubniß des Staats Grundstücke zu gottesdienstlichen Zusammenkünften erworben haben. Unter dieser Erlaubniß des Staats ist jedoch nicht nothwendig eine förmlich ausgefertigte Urkunde zu verstehen, auch eine langjährige Duldung des Besitzes u. Gebrauchs eines solchen Grundstückes gilt als Erlaubniß des Staats; denn es finden sich z. B. Judenschaften, deren Besitz älter ist als der preuß. Staat, ohne daß sie von der früheren Staatsregierung etwas aufzuweisen haben. M. s. übrigens in Betreff dieser Frage das Erk. des Ob.-Tr. v. 17. Mai 1847, in der Anm. 18 zu §. 14, Tit. 6, Th. II des A. L. R.

werbungs-Instrumente registrirt[104]); und zwar, wenn mehrere Exemplare davon vorhanden sind, auf dasjenige, welches dem neuen Acquirenten zugestellt werden soll.

(Der Schlußsatz fällt weg)[105]).

§. 78. Ist kein Erwerbungs-Instrument vorhanden, z. E. wenn der neue Besitzer den vorigen ab intestato beerbt hat, so wird nach der Vorschrift §. 45 seq. verfahren.

Von Neben-Verbindungen und Dispositionen, welche

§. 79. Es sind nicht selten in den Instrumenten, auf deren Grund der Titulus possessionis für jemand eingetragen wird, es seien nun solches Contrakte unter Lebendigen, oder letztwillige Dispositionen, oder Erb-Rezesse, mancherlei Neben-Verbindungen und Dispositionen enthalten, wodurch entweder einem der Interessenten, oder auch einem Dritten, ein Real-Recht auf das Grundstück constituirt wird; wohin z. B. bei Käufen Pacta retrovenditionis, protemiseos, addictionis in diem, legis commissoriae, reservirte Eigenthums- oder hypothekarische Rechte für gestundete Kaufgelder ꝛc.; bei Testamenten Substitutiones, Fideicommisse und Legate; bei Erb-Recessen Abfindungen der ausscheidenden Miterben, u. s. w. gehören.

von Amts wegen oder

§. 80. In sofern dergleichen Neben-Verträge oder Verordnungen, das Eigenthum des Besitzers, und dessen Befugniß mit dem Gute zu disponiren, einschränken; und also, nach der Bestimmung Tit. I, §. 50, zur Eintragung unter die zweite Haupt-Rubrike des Hypotheken-Buchs qualificirt sind, wohin z. E. die oben erwähnten Pacta retrovenditionis, protemiseos, addictionis in diem, legis commissoriae, die Substitutionen, und auf das Gut selbst gelegte fideicommissarische Qualität zu rechnen; müssen solche von dem Gericht, unter eigner Vertretung, bei Berichtigung des Tituli possessionis, von Amtswegen, mit eingetragen werden.

19. Ges. vom 24. Mai 1853.

§. 28. Nebenbestimmungen in Verträgen oder letztwilligen Verordnungen, welche das Eigenthum des Besitzers und dessen Befugniß, über das Grundstück zu verfügen, einschränken und demnach zur Eintragung in der zweiten Hauptrubrik des Hypo-

---

104) Wenn nämlich auf die Ausfertigung eines Hypotheken-Instruments über die Besitztitel-Berichtigung angetragen ist; sonst nicht. G. v. 24. Mai 1853 §. 27 (oben, Zus. 16 zu §. 39 d. T.).

105) Die Vorschrift verordnete die abgeschaffte Ertheilung eines Hypothekenscheins als Rekognition über die Eintragung. G. v. 24. Mai 1853 §. 19 (oben, Zus. 16 zu §. 39).

thekenbuchs geeignet sind (§. 80, Tit. II. der Hypotheken-Ordnung), werden nur dann von Amts wegen eingetragen, wenn sie die besondere rechtliche Beschaffenheit des Besitzverhältnisses[106]), namentlich die Fideikommiß-Eigenschaft des Grundstücks, oder eine auf der in Rede stehenden Erwerbung des Besitzrechts selbst beruhende Einschränkung desselben, namentlich die Beschränkung durch Resolutiv-Bedingungen[107]) oder Substitutionen[108]), betreffen[109]).

---

106) Mit andern Worten: alle Formen des Besitzrechts, außer dem vollen Eigenthum, sind von Amtswegen einzutragen. Dazu gehören alle Arten des getheilten Eigenthums sowie des unvollkommnen Eigenthums, soweit sie durch die neue Gesetzgebung nicht abgeschafft worden sind, und auch die Superficies. Vergl. oben, die Anm. 69 u. 70 zu §. 50 Tit. I.

107) „Dahin gehört auch der Fall, wenn der Verkäufer sich ausdrücklich zur Bedingung gemacht hat, daß wenn das Kaufgeld oder ein gewisser Theil in einem bestimmten Termine nicht bezahlt werden würde, er sich das Eigenthum der verkauften und übergebenen Sache vorbehalten. Hat aber der Käufer bloß erklärt, daß er auf dem Grundstücke so u. so viel an Kaufgeldern **sub jure reservati dominii, hypothecae expressae etc.** stehen lasse, so ist einem solchen Vorbehalte nur die Wirkung eines hypothekarischen Rechts beizulegen, bei dessen Eintragung nach §. 83 zu verfahren ist. Ist es zweifelhaft, welches von den beiden erwähnten Rechten die Kontrahenten unter sich verabredet haben; so muß der Richter selbige darüber vernehmen.“ Anh. zur Instr. für die Gerichte ꝛc. v. 12. August 1820, §. 31, entnommen aus der Ministerial-Verf. v. 1. Februar 1796 (Rabe Bd. III, S. 258).

Ferner der Fall des Vorbehalts der Wiederabtragung eines Baues bei Festungen. Oben, Anm. 75 zu §. 50 Tit. I.

Das **Pactum addictionis in diem** eignet sich nur dann zur Eintragung, wenn es die Bedeutung einer auflösenden Bedingung hat; ist es, nach der Beschaffenheit der Abrede, für eine aufschiebende Bedingung zu achten (vergl. A. L. R. I, 11, §§. 272 ff.); so kann es schon darum nicht eingetragen werden, weil der Käufer noch kein Besitzrecht (Eigenthum) erworben hat, mithin für ihn der Besitztitel nicht berichtigt werden kann.

Auch das **Pactum retrovenditionis** gehört hierher, weil dadurch der Käufer in seiner Veräußerungsbefugniß beschränkt ist. Das **Pactum protemiseos** hat diese Wirkung nicht; es hindert den Besitzer nicht, zu verkaufen an wen er will, er muß sich nur gefallen lassen, daß der Vorkaufsberechtigte in die Stelle des Käufers tritt, wenn er Alles und Jedes leisten kann und wirklich leistet, was der Käufer versprochen hat.

Die allgemeine Abrede, das Grundstück nicht zu verkaufen, oder nur an gewisse Glaubensgenossen zu verkaufen, ohne daß einer bestimmten Person ein gewisses Recht dieserhalb bestellt wird, ist wirkungslos. Vergl. R. v. 14. Februar 1834 (Jahrb. Bd. XLIII, S. 97), u. v. 24. September 1841 (J. M. Bl. S. 296).

108) Oben, Anm. 71 zu §. 50 Tit. I.

109) Instr. v. 3. August 1853, Art. 16, Nr. 1:

„Die dem Hypothekenrichter bisher, namentlich nach §§. 79 ff. u. 124 Tit. II der Hypotheken-Ordnung, obliegende Verpflichtung, bei der Eintragung des Besitztitels zugleich gewisse Nebenbestimmungen aus Verträgen oder letztwilligen Verfügungen zu Gunsten eines der Kontrahenten oder eines Dritten, von Amts wegen einzutragen, ist durch das Gesetz auf die im ersten Absatze des §. 28 bezeichneten Fälle eingeschränkt worden. Da hiernach in einer erheblichen Zahl von Fällen, in denen die Betheiligten bisher auf die Eintragung ex officio zu rechnen pflegten, namentlich bei Altentheilen u. s. w., die Eintragung künftig nur auf Antrag geschieht, so wird hierauf von den Gerichten und Notaren bei Aufnahme von Handlungen der freiwilligen Gerichts-

Die Eintragung aller sonstigen, aus Rechten dritter Personen entspringenden Beschränkungen, insbesondere der Wohnungsrechte[110]), Altentheile[111]) oder eines vorbehaltenen Nießbrauchs, erfolgt bloß auf Antrag. In sofern solche Rechte jedoch auf einer letztwilligen Verordnung beruhen, sollen den Betheiligten, wenn sie innerhalb zwei Monaten nach Publikation der letztwilligen Verordnung die Eintragung nachsuchen, andere Eintragungen, welche auf Grund von Dispositionen desjenigen, welcher durch die letztwillige Verordnung das Grundstück erworben hat, etwa schon früher stattgefunden haben, unnachtheilig sein[112]).

Die §§. 84, 85, Tit. II. der Hypotheken-Ordnung werden aufgehoben[113]).

---

barkeit vermöge der ihnen in dieser Hinsicht obliegenden allgemeinen Verpflichtung (A. G. O: Th. II, Tit. 2, §§. 28, 31, 34; Th. II, Tit. 3 §§. 10, 11, 20; Th. III, Tit. 7, §. 48) sorgfältige Rücksicht zu nehmen sein, damit von den Interessenten zur Verhütung von Nachtheilen der Antrag auf Eintragung, wo es dessen bedarf, gestellt wird."

Die Eintragungen von Amts wegen können von Betheiligten eben so wenig verbeten werden, wie eine andere Amtshandlung, zu welcher der Richter ex officio zu schreiten verpflichtet ist; er hat im öffentlichen Interesse zu handeln.

110) Oben, Anm. 74 zu §. 50 Tit. 1.

111) Oben, Anm. 75 u. 76 zu §. 50, Tit. 1.

112) Hierdurch ist eine zweite Ausnahme von der Regel des §. 500, Tit. 20, Th. I des A. L. R., daß die Ordnung der Einträge die Rangordnung der Hypothekengläubiger bestimmt, eingeführt; die bisher einzige Ausnahme setzt der §. 408 a. a. O. fest. Man kann nicht behaupten, daß solche Ausnahmen den Realkredit sichern nnd befördern. S. die folg. Anm. Abs. 2.

113) Instr. v. 3. August 1853, Art. 16, Nr. 2:

„Ferner ist es nach dem dritten Absatze des §. 28 nicht mehr Sache des Hypothekenrichters, den auf Dritte bezüglichen Inhalt der Erwerbungs-Urkunde, soweit er zur Eintragung von Amts wegen nicht geeignet ist, dennoch zur Kenntniß der Betheiligten bringen. Dies gilt auch von letztwilligen Verordnungen, in Betreff deren es jedoch bei den Vorschriften des A. L. R. Th. I, Tit. 12 §§. 230 ff. über die Bekanntmachungen verbleibt, welche der die letztwillige Verordnung publizirende (soll heißen: auszufertigen berufene) Richter von Amts wegen zu erlassen hat, und für deren Beschleunigung ein besonderer Grund in der Bestimmung des zweiten Absatzes des §. 28 liegt, wonach den Legatarien u. s. w., wenn sie innerhalb zweier Monate nach Publikation der letztwilligen Verordnung, von dem Publikations-Termin gerechnet, die Eintragung nachsuchen, die Priorität vor denjenigen Eintragungen gesichert bleibt, welche auf Grund von Dispositionen dessen, der durch die letztwillige Verordnung das Grundstück erworben hat, etwa schon früher erfolgt sein sollten."

Durch diese Ausnahme erhält der öffentliche Glaube des Hypothekenbuchs einen harten Stoß; man kann dadurch um sein ganzes Recht kommen, was man arglos erworben und nach der gesetzlichen Zusicherung in Betreff der Wirksamkeit der Eintragung sicher zu haben glaubt. Gesetzt, der Erbe nimmt auf das schuldenfreie Grundstück ein Darlehn auf und ein Legatar läßt sein Legat, welches vielleicht den Werth dieses Grundstückes erschöpft, rechtzeitig eintragen, so ist jener Gläubiger u. sein Cessionar, bei aller Redlichkeit, um sein ganzes Recht gebracht. Der voreingetragene Gläubiger erfährt davon nichts, noch weniger ist in seinem Hypotheken-Instrument davon eine Andeutung zu finden. Ein Cessionar hat gar keine Veranlassung mehr zu thun als das Instrument zu prüfen, und wenn er auch die Vorsicht soweit treibt, daß er sich das Hypothekenbuch aufschlagen läßt, so entdeckt er doch nichts; denn es ist

In Bezug auf die Eintragung des rückständigen Kaufgeldes für ein in nothwendiger Subhastation verkauftes Grundstück behält es bei der Vorschrift des §. 19 der Verordnung vom 4. März 1834 (G. S. S. 44)[114]) sein Bewenden.

§. 81. Die Decernenten müssen daher die producirten Erwerbungs-Dokumente genau durchlesen; und wegen der darin etwa vorkommenden Neben-Verträge dieser Art, das Erforderliche in dem Befehle, wegen Eintragung des Tituli selbst verordnen. Hätte der Decernent etwas übersehen, so muß der Hypotheken-Buchführer solches, durch eine besondere Anzeige, in Erinnerung bringen.

§. 82. Wenn die Eintragung selbst erfolgt ist, so wird[115]) die Registratur darüber, auf dasjenige Exemplar der vidimirten Abschrift des Erwerbungs-Instruments verzeichnet, welches für den bestimmt ist, dem vermöge dieses Abkommens, oder Disposition, ein Real-Recht beigelegt worden; und zugleich wird demselben ein besonderer Hypothekenbuchs-Auszug darüber ausgefertigt. Es muß aber alsdann dieser geschehenen Eintragung, auch in demjenigen Hypotheken-Scheine, welcher —[116]) über die erfolgte Ingrossation des Tituli possessionis ausgefertigt wird, Erwähnung geschehen.

§. 83. Andere Verabredungen und Verordnungen hingegen, wodurch nicht das Eigenthum des Besitzers, und dessen Befugniß, mit dem Grundstück selbst zu disponiren, eingeschränkt; sondern nur jemanden ein Real-Recht auf einen gewissen Theil des Werths beigelegt wird, z. E. die wegen gestundeter Kaufgelder vorbehaltenen Eigenthums- oder Hypothekarischen Rechte[117]); die den Ab- nur auf Ansuchen der Interessenten einzutragen sind.

---

nicht nothwendig, daß in dem nachfolgenden Eintrage der Tag der Publikation des Testaments angegeben sei. Nun kauft er ein werthloses Papier.

114) An die Stelle dieser Vorschrift ist der §. 400 der Konkurs-Ordnung v. 8. Mai 1855 getreten.

115) Vorausgesetzt, daß auf die Ausfertigung eines Hypotheken-Instruments ausdrücklich angetragen ist. Oben, Zus. 16 zu §. 39 d. T.

116) Hier fallen die Worte „statt der Rekognition" weg, weil Rekognitionsscheine nicht weiter ertheilt werden. G. v. 24. Mai 1853 §. 19 (oben, Zus. 16 zu §. 39 d. T.

117) Oben, Anm. 80 zu §. 52 Tit. 1.

Wegen Eintragung der Kaufgelder bei nothwendigen Subhastationen s. o. Zus. 19 Abs. 4 und die Konk.-Ordnung §. 400.

Die Vorschriften d. Instr. v. 1. Juli 1835, §§. 6—8 (Jahrb. Bd. XLV, S. 529), wonach die Gerichte die nicht bezahlten Kaufgelder für veräußerte Domainen-Grundstücke von Amts wegen eintragen, und, wenn nicht einmal Hypothek bestellt worden, die Berichtigung des Besitztitels verweigern oder von Amts wegen eintragen sollen, daß die Gültigkeit der Veräußerung von dem noch

findungen der Geld ziehenden Erben zustehende gesetzliche Hypotheken[118]), die in einem Testament dem Guts-Erben zur Zahlung auferlegten Vermächtnisse 2c., ist das Gericht ex officio einzutragen nicht schuldig; sondern es ist die Sache derjenigen, denen dergleichen Real-Recht beigelegt worden, dessen Ingrossation selbst zu suchen.

§§. 84, 85. Aufgehoben[119]).

§. 86. Andere Verträge, wodurch einem der Interessenten, oder auch einem Dritten, ein bloß persönliches Recht beigelegt wird, qualificiren sich gar nicht zur Eintragung[120]); es ist folglich auch, in Ansehung derselben, eine Aufforderung ex officio nicht nöthig[121]).

Wie es zu halten, wenn mehrere Güter zugleich verkauft, oder

§. 87. Mehrere Güter, die einerlei Eigenthümern gehören, können in einem Instrument, auch in einer zusammengezogenen Kaufsumme, verkauft werden.

§. 88. Liegen dieselben unter einerlei Jurisdiktion, so kann auch die Berichtigung des Tituli possessionis in einer Vorstel-

---

zu führenden Nachweise der erfolgten Kaufgelderberichtigung abhängig sei, — sind für aufgehoben zu erachten. Der §. 28 des G. v. 24. Mai 1853 macht zu Gunsten des Fiskus keine Ausnahme, und zwar mit Vorbedacht, indem die Kammern die ihr vorgeschlagene Beibehaltung der fraglichen Eintragungen von Amts wegen bei der Berathung dieses Gesetzes abgelehnt haben. In Uebereinstimmung hiermit hat die Konkurs-Ordnung v. 8. Mai 1855, §. 78 Nr. 3, dem Fiskus das bis dahin gesetzliche Vorrecht wegen der Forderungen aus Verträgen, mit einer einzigen Ausnahme, entzogen, und zwar deshalb, weil ihm dieselben Sicherungsmittel, wie jedem andern Paciscenten, zu Gebote ständen und genügen könnten. Vergl. die Anm. 49 und 47 zu §. 78 der Konk.-Ordnung.

118) Dieses Beispiel ist aus dem damals geltenden Gemeinen Rechte entnommen; nach dem jüngern A. L. R. haben die Geldabfindungen der Miterben einen gesetzlichen Titel zum Pfandrecht nicht mehr.

119) Oben, Zus. 19 Abs. 3 und die Anm. dazu.

120) Zu diesem Rechtssatz wird in einem Besch. des J. M. v. 16. März 1831 (Jahrb. Bd. XXXVII, S. 106) ausgeführt, daß alle Verabredungen und Bestimmungen, die nur das persönliche (obligatorische) Verhältniß der Kontrahenten betreffen, und mit dem Realrecht in keiner Verbindung stehen, selbst bei dem Antrage der Parteien, nicht eingetragen werden dürften. Das war schon damals nicht ohne Zweifel und ließ sich wenigstens nicht in dieser Allgemeinheit behaupten. Denn es kam, wie ich an einem anderen Orte dargelegt habe, bei einem solchen Antrage in jedem einzelnen Falle auf Willensauslegung an, wonach man in dem Antrage wol oft eine Hypothekbestellung hat sehen können und auch wirklich gefunden hat. Dies ist nun durch den §. 8 Satz 3 des G. v. 24. Mai 1853, daß die ausdrückliche Einwilligung zur Eintragung auf ein bestimmtes Grundstück die Stelle der Verpfändungserklärung vertritt, außer Zweifel gestellt. Ein ausdrücklicher Antrag des eingetragenen Besitzers, eine Verbindlichkeit auf sein bestimmt bezeichnetes Grundstück einzutragen, ist doch gewiß eine „Einwilligung,“ es ist eine Einwilligung in höherem Grade.

121) Oben, Anm. 113.

lung gesucht; und in ein[122]) und eben demselben Dekret verordnet werden; doch geschieht, wie es sich von selbst versteht, die wirkliche Eintragung des Tituli, auf dem Folio eines jeden Gutes, in der auf das Instrument zu setzenden Registratur wird jedes Folium, wo sie geschehen, besonders allegirt; und es werden soviel Hypothekenbuchs-Auszüge[123]) ausgefertigt, als Güter sind, welche besondere Folia haben[124]).

§. 89. Liegen aber die Güter unter verschiedenen Jurisdiktionen; so muß, bei einer jeden derselben, die Eintragung des Tituli possessionis besonders nachgesucht werden.

§. 90. Ebenso muß, wenn mit einem Gute eine Besitz-Veränderung vorgeht, zu welchem Pertinenz-Stücke, so unter einer andern Jurisdiktion liegen, gehörig sind, der Titulus possessionis zuerst bei dem Hypotheken-Buche des Haupt-Gutes berichtiget, sodann aber, mittelst Beibringung des dort eingetragenen Instruments, und des —[125]) darüber erhaltenen Hypotheken-Scheins[126]), die Eintragung des Tituli, auch bei dem Hypotheken-Buche des Pertinenz-Stückes nachgesucht werden.

§. 91. Werden Pertinenzstücke eines Guts, oder einzelne Güter von einer Herrschaft abgetrennt, und besonders veräußert, so verordnet Tit. I, §§. 35, 40, was alsdann, wegen der Ab- und Zuschreibung im Hypotheken-Buche, beobachtet werden müsse[127]). einzelne Pertinenz-Stücke veräußert werden.

Außerdem aber sollen auch die Collegia und Gerichte, um künftigen Verwirrungen vorzubeugen, schuldig sein, von Amtswegen darauf zu halten, daß wegen der auf dem Hauptgute, oder der ganzen Herrschaft bereits haftenden, und also auch das abzutrennende Pertinenz-Stück, oder einzelne Gut mit angehenden Schulden[128]), ein gewisses Regulativ festgesetzt; folglich darüber,

---

122) Dieser grammatische Fehler zieht sich durch alle Ausgaben.

123) Oben, Zus. 16 zu §. 39 d. T.

124) Wenn nämlich auf die Ausfertigung eines Hypotheken-Instruments über die Berichtigung des Besitztitels angetragen worden ist. Zus. 16. zu §. 39 d. T.

125) Die Anm. 116 wiederholt sich hier.

126) Oder Hypothekenbuchs-Auszuges.

127) Diese Vorschrift des §. 91 gilt sowohl von Pertinenzstücken im eigentlichen Rechtssinne, als von einzelnen Gütern und Grundstücken bei einem Komplexus mehrerer, und analog von abzutrennenden Bestandtheilen. Ueber das Verfahren s. o. d. Anm. 39 zu §. 37 Tit. 1.

128) Nur wegen der privatlichen Real-Verbindlichkeiten (Renten, Dienste, Abgaben, Zins und andere fortlaufende Leistungen) und Schulden haben die Gerichte sich mit dem Versuche einer Vereinbarung (eines Regulativs) zu befassen. Was diejenigen Reallasten betrifft, welche die Natur öffentlicher Lasten

nicht nur zwischen den Contrahenten, sondern auch mit den eingetragenen Real-Gläubigern, sichere und bestimmte Verabredun-

---

haben, wie z. B. Staats-, Kommunal-, Kirchen-, Schul-, Deich- und dergl. Societätslasten; so interessiren diese bei der Hypothekenbuchführung gar nicht, weil sie nicht in das Hypothekenbuch gehören: die Vertheilung derselben auf die einzelnen Trennstücke ist Sache der Verwaltungsbehörden. Um dieselbe dazu in den Stand zu setzen, hat die Hypothekenbehörde den Vertrag über eine Parzelen-Veräußerung, von welcher Art immer, sobald er zu ihrer Kenntniß gelangt, in beglaubigter Abschrift dem zuständigen Magistrat oder Landrathe mitzutheilen. Diese Behörden haben sich sogleich nach dem Empfange von Amts wegen der vorgeschriebenen Regulirung des Abgabenwesens zu unterziehen (G. v. 24. Februar 1850 §. 3 — G. S. S. 68), und zwar ohne sich auf eine Untersuchung der Rechtsbeständigkeit des Geschäfts einzulassen; doch muß zuvor das Dismembrationsgeschäft auf eine gültige Weise zu Stande gekommen (perfekt geworden) sein. R. v. 6. September 1853 (J. M. Bl. S. 358).

Die Regulirung dieser öffentlichen Verhältnisse liegt dem Landrathe und für die Feldmarken derjenigen Städte, welche keinem Kreise angehören, so wie überhaupt in Ansehung der Gebäude, Bauplätze, Hofstellen und Gärten innerhalb der Stadt oder Vorstadt dem Magistrate ob; der Erstere kann die Regulirungsverhandlung der Ortsobrigkeit übertragen. — Bei Theilungen von Grundstücken, welche bei Gelegenheit einer vor die Auseinandersetzungsbehörden gehörigen Angelegenheit vorfallen, hat die handelnde Behörde zugleich die in Rede stehenden öffentlichen Verhältnisse zu reguliren. G. v. 3. Januar 1845 §. 8 (G. S. S. 25) u. G. v. 24. Mai 1853 §. 5, Nr. 6 (G. S. S. 241).

Wenn der Fall eintritt (s. den folgenden Absatz), wo die Hypothekenbehörde zu handeln hat, so ist zu verfahren, wie in der Anm. 39 zu §. 37 Tit. 1 angegeben ist. Es ist jedoch, wenn der Abgaben ꝛc.-Berechtigte durch eine Behörde vertreten wird, wie z. B. der Fiskus durch die Domainen-Rentämter, Städte durch die Magisträte, Institute durch ihre Verwaltungsbehörde, auch diesen Behörden, außer dem Landrathe, eine beglaubigte Abschrift des Parzelirungs-Vertrages mitzutheilen, um, wenn sie wollen, eine Vereinbarung auf gütlichem Wege vor sich zu versuchen. R. v. 6. u. 17. Juli 1834 (Jahrb. Bd. XLIV, S. 129); v. 13. Februar 1835 (Jahrb. Bd. XLV, S. 277); v. 22. September 1839 (J. M. Bl. S. 328).

In folgenden Fällen bedarf es eines Versuchs der Hypothekenbehörde zur Vereinbarung der Betheiligten gar nicht:

a) wenn von Rechts wegen entweder das Trennstück schon durch die Abtrennung aus aller Realverbindung ausscheidet, oder das Aequivalent dafür an dessen Stelle tritt, also;

aa) bei Veräußerung einzelner Parzelen von geringem Werthe und Umfange, wenn bei einem landschaftlich beliehenen Gute die Kredit-Direktion, bei andern Gütern die Auseinandersetzungs-Behörde die Unschädlichkeit der Abveräußerung attestirt, gemäß dem G. v. 3. März 1850 (G. S. S. 145);

bb) bei Umtauschung einzelner Gutsparzelen von geringem Umfange, wenn dieselben Behörden (aa) den Umtausch genehmigen, gemäß dem G. v. 13. April 1841 (G. S. S. 79). Es versteht sich, daß die Regierungen in den Fällen, wo sie als Auseinandersetzungsbehörden handeln, auch dergleichen, bei solchen Gelegenheiten vorfallende Vertauschungen zu genehmigen berufen sind. R. v. 11. Mai 1844 (J. M. Bl. S. 152).

cc) bei Abtretung von Grund und Boden zu Chausseen- und Flußbauten (V. v. 8. August 1832, G. S. S. 202; v. 17. Februar 1833, G. S. S. 33; K. O. v. 2. August 1833, G. S. S. 117; K. O. v. 8. August 1834, G. S. S. 179; K. O. v. 26. December 1833, G. S. 1834 S. 8; K. O. v. 25. März 1837, G. S. S. 69; K. O. v. 8. December 1837, G. S. 1838 S. 6), und zur Anlegung von Eisenbahnen (G. v. 3. November 1838 §. 15, G. S. 105; vergl. Entsch. des Ob.-Tr. Bd. XXIV, S. 403);

gen getroffen werden. Ehe und bevor solches geschehen, soll die Einschreibung des Tituli auf ein solches Pertinenz-Stück, oder einzelnes Gut, für den neuen Acquirenten nicht stattfinden[129]).

---

b) bei Gemeinheitstheilungen, Ablösungen und Regulirungen gutsherrlich-bäuerlicher Verhältnisse: hier liegt den Auseinandersetzungsbehörden die etwa erforderliche Regulirung ob. G. v. 3. Januar 1845 §. 8 (G. S. S. 25);

c) wenn auf dem zertheilten Grundstücke in der Zweiten und Dritten Rubrik keine Lasten eingetragen stehen; oder wenn die eingetragene Verbindlichkeit entweder nur allein auf dem Trennstücke oder nur auf dem Wurzelgrundstücke mit Ausschluß des Trennstücks haftet. Dies ist, wenn darüber in dem Hypothekenbuche wörtlich nichts steht, nach den materiellen Grundsätzen des Hypothekenrechts zu befinden. Vergl. Anm. 78a zu §. 443 Tit. 20 Th. I. des A. L. R. und Pl.-Beschl. des Ob.-Tr. v. 19. März 1855 (Entsch. Bd. XXX, S. 1). Darnach ist die Anweisung des J. M. in den Verf. v. 2. Februar, 24. März, 6. August, 19. October, 3. November 1840 (J. M. Bl. S. 46, 127, 278, 352, 363), daß die Hypothekenbehörde die nach der Veräußerung, aber vor der Abschreibung einer im Hypothekenbuche nicht namentlich aufgeführten Parzele eingetragenen Gläubiger bei dem Regulativ nicht ex officio zuzuziehen, sondern ihnen nur von der Veräußerung Kenntniß geben solle, um sich bei dem Hypothekenbuche, wo die Parzele eingetragen steht, zu melden und entweder ein Anerkenntniß des Parzelenkäufers, oder ein Judikat, wodurch ihm das Hypothekenrecht zugesprochen sei, beizubringen, oder bei dem Prozeßrichter eine Requisition um Eintragung einer Protestation auszuwirken, — nicht richtig; vielmehr muß in diesem Falle die Zuziehung des später eingetragenen Gläubigers — wenn das Trennstück ein Bestandtheil des Guts war — allerdings erfolgen und in Entstehung einer gütlichen Vereinbarung die Post mit übertragen, zugleich aber auch dabei der etwaige Widerspruch des Parzelenkäufers vermerkt werden. Des Letzteren Sache bleibt es, die Löschung der Post durchzusetzen, wenn er vermeint, daß die Hypothek auf seinem Trennstücke nicht hafte. Die Meinuug des J. M., welche in den angegebenen Bescheiden und weiter in einer Verf v. 25. December 1840 (J. M. Bl. 1841, S. 29); v. 2. Januar 1841 (ebd. S. 37); v. 14. Mai 1844 (J. M. Bl. S. 113) vertreten wird, daß nämlich dergleichen Trennstücke nicht haften, ist durch den gedachten Plenar-Beschl. des Ob.-Tr. v. 19. März 1855 beseitigt;

d) wenn die Kontrahenten auf das Regulativ verzichten und die ungetheilte Uebertragung der Posten verlangen (vergl. J. M. Bl. 1839, S. 365);

e) wenn ein Grundstück ohne ein abverkauftes aber noch nicht abgeschriebenes Trennstück, oder umgekehrt ein noch nicht abgeschriebenes Trennstück ohne das Wurzelgrundstück nothwendig subhastirt worden und der Besitztitel auf Grund des Adjudikationsbescheides zu berichtigen ist. Im erstern Falle werden die ausgefallenen Hypotheken auf das Folium, welches nun dem Trennstück gewidmet wird, mit übertragen (vergl. R. v. 22. August 1837, Jahrb. Bd. L, S. 212); im zweiten Falle wird die adjudicirte Parzele schlechtweg abgeschrieben und bei Berichtigung des Besitztitels für den Adjudikatar weiter nichts eingetragen als was die Requisition des Subhastationsrichters auf Grund der Kaufgelderbelegungs-Verhandlung verlangt. Vergl. R. v. 18. November 1838 (J. M. Bl. 1839, S. 41).

129) Dieses Verbot, den Besitztitel zu berichtigen, ehe und bevor das Regulativ getroffen worden, war durch die Verfügungen des Ed. über den erleichterten Besitz und den freien Gebrauch des Grundeigenthums v. 9. October 1807, §. 4 und des Ed. zur Beförderung der Landkultur v. 11. September 1814, §. 1, wonach die einzige allgemeine Beschränkung der Zerstückelung in dem Vorbehalt der Rechte der Realgläubiger und Vorkaufsberechtigten besteht, aufgehoben, und es bedurfte nur der Uebertragung dieser Rechte. Vergl. R. vom 24. Decbr. 1832 (Jahrb. Bd. XL, S. 471). Das G. v. 3. Januar 1845, §. 7, Nr. 2 (G. S. S. 25) hat die Vorschrift wieder hergestellt. Vergl. G. v. 24. Febr. 1850, §. 2 (G. S. S. 68).

Wie ein Besitzer seinen Titulum possessionis sicher stellen könne.

§. 92. Derjenige, für welchen solchergestalt der Titulus possessionis auf ein Grundstück berichtiget worden, ist für den wahren und alleinigen Eigenthümer desselben anzusehen[130]).

§. 93. Hat er das Gut aus einer nothwendigen Subhastation, als Meistbietender erstanden, so ist er bei seinem Eigenthum vollkommen sicher; und es soll keinem älteren Anspruch, den irgend jemand, wegen eines vermeintlichen bessern Rechts, auf sothanes Eigenthum formiren möchte, das rechtliche Gehör verstattet werden[131]).

---

130) Das hat die Bedeutung und den Zweck, den Eingetragenen, dem Gerichte gegenüber, zu gerichtlichen Verfügungen, ohne anderen Nachweis seines Eigenthums, zu legitimiren, und bei Verhandlungen mit Dritten zu ermächtigen, diesen Rechte und Befugnisse über das Grundstück unanfechtbar einzuräumen, sollte er auch, etwa wegen nicht eingetretener Erwerbungsart (Tradition), niemals Eigenthümer geworden sein, oder sollte er sein Eigenthum, etwa durch gültige Uebertragung, auch schon wieder verloren haben; er ist für Dritte ein fingirter Eigenthümer, welcher Verfügungen in Bezug auf das Grundstück treffen kann, gleich als wäre er der wahre Eigenthümer, wiewohl ein Anderer wahrer Eigenthümer (Vormann oder Nachmann des Eingetragenen) ist. Vergl. oben, Anm. 71 zu §. 55 d. T., und A. L. R. Th. I, Tit. 10, §§. 7 ff. — Keinesweges aber hat der Eingetragene diese Stellung dem wahren Eigenthümer gegenüber. Daher kann z. B. der Eingetragene das Grundstück von dem nicht eingetragenen aber wahren Eigenthümer keineswegs vindiciren. In dieser Beziehung hat das Ob.-Tr., aus den angegebenen Gründen, durch den Pl.-Beschl. (Pr. 2501) v. 6. März 1854 den Rechtsgrundsatz festgestellt: „Ist der Besitztitel eines Grundstücks auf eine Person eingetragen, die nicht wahrer Eigenthümer ist, und hat Jemand von dieser Person, sei es auch redlicher Weise, das Grundstück ganz oder theilweise angekauft, aber noch nicht übergeben erhalten, befindet sich dasselbe vielmehr im Besitze (§§. 7 u. 8, Tit. 7, Th. I des A. L. R.) des wahren, nicht eingetragenen Eigenthümers, so kann der Käufer gegen den Letzteren ein Recht auf die Sache, selbst wenn die Eintragung auf ihn geschehen, nicht geltend machen." (Entsch. Bd. XXVII, S. 287.)

131) Diese Bestimmung schließt allerdings die Vindikation eines in nothwendiger Subhastation adjudicirten Grundstücks aus; aber die §§. 93 und 100 setzen ein mit der nothwendigen Subhastation verbundenes Aufgebot der Real-Prätendenten stillschweigend voraus und erwähnen dieser Voraussetzung nur deshalb nicht ausdrücklich, weil damals mit der nothwendigen Subhastation ein solches Aufgebot stets verbunden war. R. v. 24. August 1784, 30. Juli 1787 u. 1. Febr. 1796 (Rabe, Bd. I, Abth. 7, S. 408, 686, 687; Bd. III, S. 261). Außer dem Falle eines solchen Aufgebots ist, wie ich in dem besonderen Aufsatze über die Frage: kann ein sub hasta publica adjudicirtes Grundstück vindicirt werden? näher ausgeführt habe, nach den Grundsätzen des A. L. R. allerdings vindicirt werden. Diesen Satz hat, aus denselben Gründen, das Ob.-Tr., durch sein Pr. 2614, v. 12. März 1855, festgestellt. (Entsch. Bd. XXX, S. 69.) — Uebrigens ist jetzt mit der nothwendigen Subhastation zwar stets wieder ein öffentliches Aufgebot verbunden, dieses ergeht jedoch, außer den Fällen der §§. 7 u. 9 der V. v. 4. März 1834, nur an die Gläubiger, welche wegen einer aus dem Hypothekenbuche nicht ersichtlichen Realforderung aus den Kaufgeldern Befriedigung suchen. Konk.-Ordn. §. 384.

Die Präklusion schließt die Ansprüche unbekannter Eigenthums-Prätendenten nicht bloß auf das Grundstück, sondern auch auf die Kaufgelder aus. Grundsätze des Ob.-Tr. Nr. 17, 18 (J. M. Bl. 1853, S. 105 und Entsch. Bd. XXIII, S. 409).

§. 94. Hat aber jemand ein Grundstück auf andre Weise an sich gebracht; so sind bei aller, in Vorstehendem, den Collegiis und Gerichten empfohlenen Vorsicht und Sorgfalt, doch noch Fälle möglich, daß jemand vorhanden sei, welchem auf das Eigenthum des Gutes ein besseres Recht, als dem neuen Acquirenten, oder demjenigen, von welchem das Gut auf ihn gelangt ist, zusteht; und dafür kann, nach dem, was oben Tit. I, §. 77, verordnet ist, den Collegiis und Gerichten keine Vertretung angemuthet werden.

§. 95. Es kann daher solcher Acquirent sich gegen alle etwanigen Eigenthums-Ansprüche nicht anders vollkommen sicher stellen, als wenn er das Aufgebot des Gutes nachsucht, und ein Präklusions-Urtel darüber ausbringt [132]).

§. 96. Dieses Aufgebot muß bei demjenigen Gericht, unter dessen Jurisdiktion das Gut belegen ist, nachgesucht, und von diesem dabei, nach Vorschrift der Prozeß-Ordnung [133]) verfahren werden.

§. 97. Das ergangene Präklusions-Urtel muß alsdann der Extrahent, nebst einem Attest des Gerichts, daß solches rechtskräftig worden, bei dem Hypotheken-Buch produciren, und dahin antragen: daß solches bei dem Titulo possessionis bemerkt, und wie es geschehen, auf dem Original verzeichnet werde.

§. 98. Gegen ein solches Präklusions-Urtel soll, sobald dasselbe rechtskräftig geworden ist, niemand weiter gehört; noch eine Wiedereinsetzung in vorigen Stand, es sei wegen Unwissenheit, Abwesenheit, Minderjährigkeit, oder wie es sonst Namen haben möge, gestattet werden.

§. 99. Nur allein, wenn die Edictal-Citationen in Kriegs-Zeiten nachgesucht worden, kann die darauf ergangene Präklusion denjenigen, welche bei Sr. Königl. Majestät Armeen in Diensten sind, nicht entgegen stehen; vielmehr müssen diesen, in dem Urtel, ihre etwaigen Rechte ausdrücklich vorbehalten, und dieser Vorbehalt, bei Eintragung des Urtels, in dem Hypotheken-Buche mit bemerkt werden [134]).

§. 100. Wenn derjenige, welcher ein Gut aus gerichtlicher nothwendiger Subhastation erstanden hat, die Kaufgelder ent-

---

132) Oben, Anm. 75 zu §. 58 d. T.

133) Tit. 51, §§. 100 ff.

134) Vergl. Prozeß-Ordnung, Tit. 20, §. 11.

weder in das gerichtliche Depositum, oder doch, auf den Grund einer gerichtlich ergangenen Assignation, an die darauf angewiesenen Gläubiger auszahlt; so stellt ihn solches gegen alle Ansprüche etwaniger Real-Prätendenten, auch derjenigen, die aus einem andern, als dem Eigenthums-Rechte[135]), an das Grundstück Anspruch haben möchten, völlig sicher[136]).

Es thut daher ein solcher Käufer wohl, wenn er die auf diese Art geleistete Zahlung, bei dem Hypotheken-Buche bescheinigt, und bei seinem Titulo possessionis notiren läßt[137]).

§. 101. Will aber, außer diesem Fall, der Käufer eines Grundstücks, gegen die Ansprüche[138]) solcher Real-Prätendenten sicher sein, die zwar im Hypotheken-Buche nicht eingetragen sind, dennoch aber an sich eine rechtsgültige Forderung an das Grundstück haben, welche, nach Vorschrift der Gesetze, mit dem Grundstück zugleich auf ihn übergeht; so ist der einzige Weg dazu ebenfalls die Ausbringung einer Edictal-Citation, mit welcher, so wie mit Notirung des ergangenen Präklusions-Urtels, auf eben die Art zu verfahren ist, wie in den vorigen §§. 95—99, von

---

135) Von dem Eigenthums-Anspruche handelt der §. 93; dieser §. 100 bezieht sich auf die Realgläubiger. Vergl. die folg. Anm. 136.

136) „Dieser Grundsatz: „daß derjenige, welcher ein Gut aus gerichtlicher nothwendiger Subhastation erworben, und die Kaufgelder entweder ad depositum, oder nach Anweisung des Gerichts an die Gläubiger, gezahlt hat, gegen alle Ansprüche etwaniger Realprätendenten völlig gesichert sei," findet auf Grundgerechtigkeiten keine Anwendung." Pr. des Ob.-Tr. 667, v. 20. April 1839. Auch nicht auf solche, die im Hypothekenbuche nicht eingetragen sind, gleichwohl aber den Nutzungsertrag des aufgebotenen Grundstücks schmälern und durch in die Sinne fallende Kennzeichen oder Anstalten nicht angedeutet werden. Erk. des Ob.-Tr. v. 5. Mai 1847 (Entsch. Bd. XXV, S. 227).

„Diese Vorschrift findet auch auf die gültig konstituirten beständigen Lasten und Abgaben des subhastirten Grundstücks keine Anwendung, weder auf die, welche im Hypothekenbuche eingetragen sind, noch auf die, welche dem Adjudikatar sonst schon bei der Entstehung bekannt gewesen sind." Pr. des Ob.-Tr. 1203, v. 10. October 1842.

„Das Hypothekenrecht der Gläubiger aber erhält durch die nothwendige Subhastation seine vollständige und letzte Verwirklichung dahin: daß ihnen künftig nicht mehr das Grundstück aus der ursprünglichen Hypothekenbestellung, sondern nur das Kaufgeld aus der Adjudikatoria haftet." Pr. des Ob.-Tr. 1949a, v. 3. December 1847.

137) Dieser Rath wird bei dem heutigen Subhastations- und Kaufgelderbelegungs-Verfahren, erübrigt.

138) Nämlich gegen Ansprüche, welche im Falle der nothwendigen Subhastation (§. 100) erlöschen, andere, welche selbst im Falle des Aufgebots auf den Adjudikatar übergehen, wie z. B. Grundgerechtigkeiten und beständige Lasten und Abgaben, erlöschen auch durch das Aufgebot im Falle des §. 101 nicht. Vergl. o. die Anm. 136 u. das dort angegebene Erk. des Ob.-Tr. v. 5. Mai 1847.

dem zur Sicherstellung des Tituli possessionis ergangenen Aufgebote, verordnet worden.

§. 102. Es kann auch beiderlei Aufgebot füglich zu gleicher Zeit gesucht; die ergehenden Citationen in einerlei Ausfertigung, und die zu eröffnenden Präklusionen in einerlei Urtel zusammengefaßt werden.

§. 103. Derjenige, welcher auf ein Immobile mit Sicherheit Darlehen machen will, darf sich nur um die Richtigkeit und Zuverlässigkeit des Tituli possessionis des Besitzers erkundigen; maaßen, so bald dieser, durch den Ankauf sub hasta, oder durch einen extrahirten Präklusions-Bescheid[139]) völlig sicher gestellt ist,

139) Außer diesen beiden Fällen aber, so könnte man schließen, ist der Gläubiger durch die Einsicht des Hypothekenbuchs allein noch keinesweges gesichert, vielmehr liegt ihm noch ob, den Besitztitel selbst zu untersuchen und nähere Erkundigungen über die Erwerbung und deren Modalitäten, so wie über den Vorbesitzer einzuziehen, weil „es nicht — wie Suarez bei der Schlußrevision zum A. L. R. I, 18 §§. 259, 665 u. I, 20, §§. 428 ff. (Jahrb. Bd. XLI, S. 41) sagt — lediglich darauf ankommt, was etwa der hypothekenbuchführende Richter in die Tabellen eingeschrieben hat, und als ob der, welcher mit einem Gutsbesitzer sich einlassen will, weiter nichts zu thun hätte, als etwa nur den Hypothekenschein nachzusehen, ohne zu irgend einigen weiteren Erkundigungen gehalten zu sein. Es ist aber — heißt es weiter — wohl nicht die Meinung, wesentliche Rechte der Bürger des Staats von der mehreren oder mindern Accuratesse des Hypothekenbuchführers dergestalt abhängig zu machen, daß dieselben durch die bloße Sorglosigkeit oder Unwissenheit eines solchen Beamten unwiederbringlich verloren gehen könnten. — Sobald die Existenz eines Dokuments, von welchem die Qualität eines Grundstücks, die Rechte des Besitzers, die Eigenschaft einer eingetragenen Post u. s. w. abhängen, aus dem Hypothekenbuche bekannt ist, muß derjenige Interessent, welcher völlig sicher gehen will, dies Dokument nachsehen und sich aus dem Inhalte desselben näher belehren. Thut er dies nicht und es findet sich in der Folge, daß der Inhalt dieses Dokuments in die Hypotheken-Tabellen unrichtig oder mangelhaft übertragen worden, so kann er sich damit, daß er dem guten Glauben des Hypothekenbuchs gefolgt sei, nicht entschuldigen." Indeß würde jener Schluß ein Trugschluß sein. Man muß zweierlei Rechtshandlungen in Beziehung auf das Grundstück unterscheiden: Uebertragung eines schon bestehenden dinglichen Rechts (des Eigenthums oder eines Realrechts), u. ursprüngliche Bestellung eines Realrechts. Bei der Erwerbung des Eigenthums oder eines schon bestehenden Realrechts hat man nach dem Titel des Vorgängers zu sehen. Hier passen die Betrachtungen Suarez's. Aber wenn es sich um die ursprüngliche Begründung eines dinglichen Rechts, z. B. eines Hypothekenrechts handelt, da ist der Grundsatz des §. 92 d. T. u. des §. 7 Tit. 10 Th. I des A. L. R. ganz allein maßgebend, da hat der Andere sich um den Erwerbungstitel des eingetragenen Besitzers nicht näher zu erkundigen. So sagt auch das Hofrescript v. 5. Mai 1794: „Der anleihende Gläubiger braucht sich um den Titel des vorigen Besitzers des Immobile, worauf er leihen will, nicht zu bekümmern, sondern er kann sich bei der geschehenen Eintragung des Eigenthums des zeitigen Besitzers beruhigen." (Rabe, Bd. II, S. 628.) Auch Suarez hat, nach dem gegebenen Beispiel, nur an den Fall der Singular-Succession gedacht, indem er a. a. O. weiter sagt: „Wenn z. B. im Hypothekenbuche gesagt wäre, daß eine Post von 1000 Thlr. vermöge Instruments de d..... und lehnsherrlichen Konsenses d. d.....

der Gläubiger, sobald er seine Forderung eintragen läßt, nicht zu besorgen hat, daß ihm uneingetragene Real-Prätensionen, wenn sie auch von den Zeiten des vorigen Besitzers herrührten, jemals vorgehen werden.

Dritter Abschnitt.

Von den übrigen zur Eintragung qualificirten Handlungen.

Was für Verträge und Geschäfte zur Ingrossation qualificirt sind.

§. 104. Außer den mit dem Eigenthum der Grundstücke vorfallenden Veränderungen, sind zur Eintragung in die Hypotheken-Bücher nur solche Handlungen, Verträge und Verschreibungen qualificirt, welche, entweder aus der Einwilligung des Besitzers, ein ausdrückliches, oder vermöge der Gesetze, ein stillschweigendes Real-Recht[140]) an dem Grundstücke[141]) begründen.

---

auf das Lehngut N. N. eingetragen worden, und der Richter hätte vergessen, die in dem Konsens enthaltene Einschränkung desselben auf 12 Jahre mit zu vermerken, so würde derjenige, der effluxo decennio eine solche Post noch durch Cession an sich lösen wollte, sich, wenn ihm in der Folge der Mangel des lehnsherrlichen Konsenses entgegengesetzt wird, mit dem Fide des Hypothekenbuchs nicht schützen können, da es seine Sache war, den Konsens selbst nachzusehen und sich daraus von den Umständen und Bedingungen desselben näher zu belehren, was er absque supina negligentia nicht unterlassen konnte." Diesen Grundsatz hat auch das Ob.-Tr. zur Anwendung gebracht, in dem Pr. 2000, v. 14. April 1848: „Der Cessionar einer bedingten Hypothekenforderung, welche als eine unbedingte eingetragen ist, kann sich auf den Glauben des Hypothekenbuchs gegen den Schuldner resp. Verpfänder nicht berufen, wenn die beschränkende oder auflösende Bedingung in dem über die Forderung ausgestellten Instrumente selbst enthalten ist." (Entsch. Bd. XVI, S. 501.) Das ist in der Ordnung; man muß die Sache, welche man erwerben will, ansehen. Durch die gedachte Unterscheidung erhält also der §. 103 sein richtiges Verständniß.

140) Für einen Andern, wie sich von selbst versteht; denn mit sich selbst kann eine Person nicht kontrahiren; für sich selbst kann also der Eigenthümer sein Eigenthum nicht qualitativ zerlegen, und es in einzelnen verschiedenen Realrechten besitzen und gebrauchen. Dennoch behauptet der J. M. in einem Besch. v. 22. December 1840, daß ein Grundbesitzer für sich selbst eine Schuld- und Hypothekenverschreibung ausstellen und auf sein Grundstück eintragen lassen könne. Diese unjuristische Behauptung habe ich in einem besondern Aufsatze, im Schles. Archiv Bd. IV, S. 238 ausführlich widerlegt, auch hat derselbe J. M. nicht lange vorher, in der Verf. v. 3. Januar 1839 (J. M. Bl. S. 32) ausdrücklich gesagt, daß jemand sich nicht für seinen eigenen Schuldner erklären, und mit seinem eigenen Grundstücke sich ein Pfand nicht bestellen könne.

Ein Pächter oder Miether, welchem die Eintragung des Kontrakts nicht ausdrücklich bewilligt worden, ist nicht befugt, solche zu verlangen. Anh. zur Instr. v. 12. August 1820, §. 38, aus der Entsch. der Gesetz-Kommission v. 15. April 1794 (Rabe, Bd. III, S. 1).

Die Uebereinkunft, daß ein bestimmtes Grundstück nicht zu einem gewissen Gewerbe gebraucht werden dürfe, ist als eine Dispositionsbeschränkung zum Vortheil eines bestimmten Berechtigten eintragungsfähig. R. v. 13. Januar 1832 (Jahrb. Bd. XXXIX, S. 114).

141) Oder an dem Nutzungseigenthum desselben; denn ein Lehns- und

§. 105. Wechsel[142]), wenn auch darin, außer der wechselmäßigen Verbindung, eine Conventional-Hypothek verschrieben ist, sollen dennoch zur Eintragung nicht angenommen werden.

§. 106. Werden sie gleichwohl eingetragen, so erlangt dennoch der Gläubiger dadurch kein mehreres Recht, als er vorher gehabt hat; das Gericht aber muß demjenigen, welcher durch dergleichen nichtige Eintragung inducirt worden, und zu Schaden gekommen ist, dafür gerecht werden.

§. 107. Ist es zweifelhaft: ob aus einem vorgefallenen Negotio jemandem ein Real-Recht erwachsen sei, so muß diese Frage zuvörderst bei dem competenten Gericht ausgemacht und entschieden werden. Bis dahin aber kann der Real-Prätendent eine Protestation eintragen lassen[143]).

§. 108. Wie es mit Vermerkung solcher Protestationen zu halten, und was deren rechtliche Wirkung sei, solches wird unten in einem besondern Abschnitt verordnet werden.

§. 109. Die Real-Verbindlichkeiten, welche sich zur Eintragung qualificiren, sind hauptsächlich:

1) Beständige Lasten und Pflichten;
2) Einschränkungen des Eigenthums oder der freien Disposition des Besitzers;
3) Rückständige Kauf-Gelder, denen das Eigenthums- oder ein hypothekarisches Recht vorbehalten worden;
4) Darlehne, und andre denselben ähnliche Verträge, denen eine ausdrückliche Hypothek bestellt ist;

---

ein Fideikommiß-Besitzer kann für die Dauer seines Besitzes auf die Nutzungen Schulden eintragen lassen. A. L. R. I, 18, §§. 228, 325; II, 4, §. 226. Vergl. R. v. 26. November 1840 (J. M. Bl. S. 394). Die Grundsätze in Betreff der Befriedigung der Revenüengläubiger s. m. in der Konk.-Ordnung §. 58 u. Anm. 14 dazu.

142) Wechsel, d. h. Wechselurkunden. Wechselbriefe sollen zur Eintragung nicht angenommen werden. Daß jedoch für eine Wechselschuld Sicherheit bestellt werden kann und unter Umständen sogar bestellt werden muß, bestimmt die Allg. Wechs.-O. Art. 25. Die Sicherheitsbestellung kann unzweifelhaft auch durch Hypothekenbestellung mit rechtlicher Wirkung geschehen, versteht sich durch eine besondere Urkunde. Darüber: Anm. 11 zu §. 11 Tit. 20 Th. I des A. L. R. u. Pr. des Ob.-Tr. 2460, v. 10. Mai 1853 (Entsch. Bd. XXVI, S. 314).

143) Diese Bestimmung steht ganz in Einklang mit dem §. 418 Tit. 20 Th. I des A. L. R.; auch dort wird, wie hier, nicht etwa im Gegensatze zu §. 18 d. T. ein rechtsungültiger Titel, sondern die Zweifelhaftigkeit des prätendirten Rechts aus dem an sich gültigen Titel vorausgesetzt. Deshalb kann diese Protestation, zufolge des §. 46 des G. v. 24. Mai 1853 nur auf Requisition des Prozeßrichters eingetragen werden.

5) Eben dergleichen Cautionen und Bürgschaften;

6) Gesetzliche und stillschweigende Hypotheken aller Art.

Was zu beobachten, bei Eintragung der Real-Rechte überhaupt; und insonderheit,

§. 110. Bei den Eintragungen aller dieser Arten von Real-Rechten und Verbindlichkeiten, müssen zuvörderst die allgemeinen Vorschriften des ersten Abschnitts genau und sorgfältig beobachtet werden.

§. 111. Hiernächst muß auch das Gericht und Collegium darauf sehen, daß jede derselben unter diejenige Rubrik des Hypotheken-Buchs zu stehen komme, unter welche sie, nach den Anweisungen des ersten Titels gehört; und daß nicht etwa, durch Verwechselung der Rubriken, das Publikum zu unrichtigen Urtheilen über den Werth des Grundstücks, und die damit zu bestellende Sicherheit verleitet werde [144]).

§. 112. Anlangend die besondern Arten der Real-Rechte und Verbindlichkeiten, so muß

1) bei beständigen Lasten u. Pflichten; 2) bei Einschränkungen des Eigenthums;

I. in Ansehung der beständigen Lasten und Pflichten,

II. in Ansehung der Einschränkungen des Eigenthums, oder freien Disposition des Besitzers,

hauptsächlich darauf gesehen werden: in wie fern nach allgemeinen oder Provinzial-Gesetzen, zur gültigen Constituirung eines solchen Real-Rechts, eine besondere Landesherrliche Genehmigung erforderlich sei, z. E. wenn für eine Kirche, Kloster oder milde Stiftung eine Fundation auf ein Gut gelegt [145]); wenn ein solches Gut, durch letztwillige Disposition, mit Substitutionen auf mehr als einen Grad belastet werden soll; u. s. w.

§. 113. Ist ein solcher Landesherrlicher Consens nicht erforderlich, und das Grundstück soll mit dergleichen Real-Last nicht für beständig; sondern nur auf eine gewisse Zeit behaftet werden, so kann die Eintragung geschehen, ohne daß es einer vorhergängigen richterlichen Confirmation bedarf.

§§. 114, 115. Fallen weg [146]).

§. 116. Der Richter muß, außer der Prüfung der zur Rechtsgültigkeit der Handlung selbst gehörigen Erfordernisse, be-

---

144) Eine andere Folge kann die Verwechselung der beiden Rubriken II. u. III. nicht haben; auf die Begründung des Realrechts ist sie einflußlos.

145) Darüber: Ges. v. 13. Mai 1833; K. O. v. 22. Mai 1836; V. v. 21. Juli 1843 (Zus. 3 zu §. 39, Tit. 12, Th. I des A. L. R.).

146) Die hier allgemein vorgeschriebene Confirmation der eine beständige und immerwährende Last auflegenden Verträge ist aufgehoben. Oben, Anm. 81 zu §. 63.

sonders auch auf die Fassung des Instruments, und ob dabei die nöthige Deutlichkeit und Präcision beobachtet worden, Rücksicht nehmen[147]).

§. 117. Besonders muß bei errichteten Familien-Fideicommissen darauf gesehen werden: ob auch die Successions-Ordnung deutlich und bestimmt genug regulirt sei; damit nicht in Zukunft, aus dem Mangel einer solchen deutlichen Bestimmung, Uneinigkeiten und Prozesse unter den Familien entspringen. bei einzutragenden Familien-Fideicommissen;

§. 118. Findet der Richter[148]) dabei Dunkelheit, Zwei-

---

147) Der Anh. zur Instr. v. 12. August 1820, §. 40 schreibt auf Grund des Hofrescripts v. 25. Juli 1796 (Rabe, Bd. III, S. 452) zum §. 116 Folgendes vor: „Wenn eine fiskalische Behörde eine für den Fiskus auf einem Grundstück haftende Reallast zur Eintragung anzeigt; so muß einer solchen auf Anschläge und Rechnungen sich gründenden Anzeige so viel Glaube beigemessen werden, um anzunehmen, daß Fiskus sich wirklich im Besitz des behaupteten Rechts befinde. Es ist daher eine Protestation (Hypotheken-Ordnung, Tit. 2, §. 289 ff.) auf das verhaftete Grundstück einzutragen, der Eigenthümer davon zu benachrichtigen und zu erwarten, ob von selbigem die Reallast anerkannt oder letztere durch Erkenntniß für erwiesen erklärt werden wird, worauf dann mit Eintragung derselben an die Stelle der Protestation auf Antrag der kompetenten fiskalischen Behörde zu verfahren ist." Der Hypothekenbehörde dient diese Vorschrift nicht weiter zur Richtschnur, vielmehr darf sie die hier in Rede stehende Protestation, zufolge §. 46 des G. v. 24. Mai 1853, nur auf Requisition des Prozeßrichters eintragen, und welchen Werth Dieser auf die Angabe der fiskalischen Behörde legen will, ist seiner freien Beurtheilung anheimgegeben.

148) Der Fideikommißrichter. Die in den §§. 117—123 gegebenen Instruktiv-Vorschriften gehen nach dem heutigen Rechtsstande die Hypothekenbehörde nichts mehr an. Das G. v. 5. März 1855 (G. S. S. 175) hat alle Handlungen, welche auf die Errichtung von Fideikommissen und auf die Verlautbarung wie Bestätigung der Urkunden darüber Beziehung haben, den Appellationsgerichten, welche die Fideikommißbehörde für sämmtliche Familien-Fideikommisse ihres Bezirks bilden sollen, überwiesen. Diesen liegt ob, in ähnlicher Weise, wie es die Auseinandersetzungsbehörden in den Angelegenheiten ihres Ressorts zu thun haben, die Hypothekenbehörde, in Gemäßheit des §. 3 des gedachten Gesetzes, um die erforderlichen Eintragungen von Amts wegen zu requiriren und die Hypothekenbehörde hat sich nach §§. 6 u. 7 des G. v. 24. Mai 1853 auf die Genügung solcher Requisitionen zu beschränken. Sache des Fideikommiß-Gerichts ist es, bei der Abfassung solcher Requisitionen von Amts wegen Alles zu beachten, was bei der Eintragung der Fideikommiß-Eigenschaft mit zu vermerken ist. Der J. M. hat in einem Besch. v. 23. März 1832 darauf aufmerksam gemacht, daß bei der Eintragung der Fideikommiß-Eigenschaft eines Gutes allemal der wesentliche Inhalt der Stiftungs-Urkunde, also auch nothwendig eingetragen werden muß, für welche Familien und welche Linien derselben das Fideikommiß errichtet worden ist. (Jahrb. Bd. XXXIX, S. 134.) Dieses muß in der Requisition bestimmt ausgedrückt sein. Was der gedachte Bescheid und die folgenden Bescheide v. 14. Juni 1832 (Jahrb. Bd. XXXIX, S. 371) und v. 15. Octbr. 1832 (Jahrb. Bd. XL, S. 402) in Beziehung auf die Personen, welche bei der Errichtung eines Familienschlusses zugezogen werden müssen, weiter ausführt, daß nämlich der allgemeine Vermerk: daß die von N. N.sche Descendenz zum Fideikommiß berufen sei, keineswegs genüge, um ihre Zuziehung bei den Verhandlungen zu begründen, vielmehr nur die aus dem Hypothekenbuche namentlich bekannten Familienglieder zuzuziehen seien, ist seit dem G. v. 15. Febr. 1840 (G. S. S. 20) nicht mehr richtig. Darin ist jedoch nichts geändert, daß

deutigkeit oder Unvollständigkeit, so müssen, wenn das Fideicommiß durch einen Vertrag oder andere Disposition unter Lebendigen errichtet worden, die Interessenten oder der Fideicommiß-Stifter, vor allen Dingen diesen Anstand durch deutlichere Erklärungen aus dem Wege räumen.

§. 119. Ist das Fideicommiß nach Art einer letztwilligen Disposition errichtet, so müssen die alsdann vorhandenen Interessenten, über den Verstand einer solchen dunklen oder zweideutigen Stelle mit ihren Erklärungen vernommen werden.

§. 120. Sind die Interessenten unter sich einig, so hat es dabei sein Bewenden.

§. 121. Können sich die Interessenten über die Erklärung einer solchen dunklen und zweifelhaften Stelle nicht vereinigen, und wollen die Sache im Wege Rechtens, oder durch ein Compromiß auf das Gericht, oder auf die Gesetz-Commission[149]), oder auch auf andre Rechtsverständige, mit einander ausmachen; so müssen sie fördersamst dahin verwiesen, und bis zum Erfolg der Entscheidung, die Ertheilung der Confirmation ausgesetzt werden.

§. 122. Wollen aber die Interessenten, der richterlichen Aufforderung ohnerachtet, über eine solche dunkle und zweifelhafte Disposition sich weder vereinigen, noch dieselbe zur Entscheidung bringen, sondern es den künftigen Interessenten überlassen: wie sie bei wirklicher Eintretung des Falles wo es auf den Sinn sothaner Disposition wirklich ankäme, sich darüber in Güte, oder im Wege Rechtens, auseinander setzen werden; so muß der Richter sich dabei beruhigen; und die Confirmation kann blos um deswillen, wenn sonst kein Anstand vorhanden ist, nicht länger aufgehalten werden.

§. 123. In allen Fällen muß die Erklärung einer solchen dunkeln und zweifelhaften Stelle, wenn solche auf die §§. 118, 120, 121 beschriebene Art wirklich erfolgt ist, entweder dem Instrument selbst beigefügt, oder der Confirmation inserirt werden.

§. 124. Daß Onera realia[150]) und Einschränkungen des

---

die Agnaten und einzelnen Familienglieder zur Sicherung ihrer Rechte sich in das Hypothekenbuch namentlich eintragen lassen sollen. Sie haben sich aber mit einem solchen Gesuche gleichfalls an das Fideikommißgericht zu wenden, welches die Legitimation zu prüfen und demnächst im geeigneten Falle die Requisition um Eintragung an die Hypothekenbehörde zu erlassen hat.

149) Diese besteht schon seit 1806 nicht mehr.

150) Von Reallasten enthält die Stelle, auf welche hier verwiesen wird

Besitzers oder der Disposition, wenn sie aus den, bei Berichtigung des Tituli possessionis, producirten Instrumenten, dem Richter bekannt werden, von Amts wegen einzutragen sind, ist oben §. 80 verordnet.

§. 125. Sind aber besondere Instrumente darüber errichtet, so ist es die Sache der Interessenten, deren Eintragung zu suchen.

§. 126. III. Das den rückständigen Kaufgeldern vorbehaltene Eigenthums- oder hypothekarische Recht wird, nach Maaßgabe §. 83 oben, von Amts wegen nicht eingetragen. Wenn aber die Parteien solche Eintragung suchen, so muß sie, auf den Grund des Kauf-Contrakts, sonder Anstand verfügt, und wie sie geschehen, auf dem Original-Contract, und zwar auf dasjenige Exemplar desselben, welches der Verkäufer in Händen behält, notirt — werden —[151]). 3) bei Vorbehalten wegen rückständiger Kauf-Gelder;

20. G. vom 24. Mai 1853.

§. 10. Wenn Kaufgelder, Erbgelder oder andere Forderungen aus zweiseitigen Verträgen eingetragen werden sollen, so genügt statt eines Nebenexemplars des Vertrages eine unter ausdrücklicher Bezugnahme auf denselben ausgestellte besondere Schuld- und Verpfändungs-Urkunde[152]). Enthält der Hauptvertrag alle wesentlichen Bedingungen der besonders ausgestellten Schuld- und Verpfändungs-Urkunde, so ist zu der Letzteren kein höherer Stempel erforderlich, als zu einem Nebenexemplar des Vertrages; es muß aber dann auf der besonderen Urkunde der Betrag des zu dem Hauptvertrage gebrauchten Stempels vermerkt werden. Auch in Bezug auf den Kostenansatz[153]) ist eine solche besondere Urkunde, wenn sie gleichzeitig mit dem Vertrage aufgenommen wird, als ein Nebenexemplar des Letzteren anzusehen.

§. 127. IV. Bei den über Darlehns- und andere ver- 4) bei Darlehnen.

(§. 80), kein Wort, mithin fehlt eine Bestimmung darüber: ob die Reallasten (§. 49, Tit. 1) von Amts wegen eingetragen werden müssen. Der Zweifel darüber ist nun durch das G. v. 24. Mai 1853, §. 28, Abs. 2 (Zus. 19 zu §. 80 d. T.) erledigt: hiernach sind dergleichen Rechte nicht von Amts wegen einzutragen.

151) Die hier weggelassenen Worte schreiben die abgeschaffte Ausfertigung eines Rekognitionsscheins vor. Oben, Zus. 16 zu §. 39 d. T.

152) Instr. v. 3. August 1853, Art. 6, Nr. 2:

„Der §. 10 giebt für die hypothekarische Verbriefung von Ansprüchen aus den oft sehr umfangreichen Urkunden über zweiseitige Verträge ein Auskunftsmittel an die Hand, dessen Zulässigkeit nach den bisherigen Vorschriften (vergl. Hyp.-Ordn. Tit. 2, §. 126) nicht unzweifelhaft war.“ Den Zweck oder Nutzen dieses Artikels als „Instruktion“ habe ich nicht zu finden vermocht.

153) Instr. v. 3. August 1853, Art. 6, Nr. 2, Abs. 2:

„Hinsichtlich des Kostenansatzes für derartige besondere Urkunden ist der letzte Satz des §. 10, außerdem aber der §. 24, Nr. 2 des Tarifs zum Gesetze v. 10. Mai 1851 für die Gerichte, und der §. 6 des Gesetzes v. 11. Mai 1851 für die Notare, maßgebend.“

wandte Contracte bestellten, und zur Eintragung offerirten ausdrücklichen Hypotheken, muß der Richter, in Prüfung eines solchen Eintragungs-Gesuchs, auf die Qualität der contrahirenden Personen; auf die Beschaffenheit des verpfändeten Grundstücks; und auf den Inhalt sowohl, als die Fassung und äußere Form des Instruments, Rücksicht nehmen.

a) in Ansehung der Person des Schuldners;

§. 128. In Ansehung der Qualität der Personen muß untersucht werden: ob dem Aussteller des Instruments überhaupt nach gemeinen Rechten [154]) und Landes-Gesetzen, die freie Befugniß über sein Vermögen zu disponiren, und Schulden zu contrahiren, zustehe, oder ob er dazu des Beitritts und der Genehmigung irgend eines andern bedürfe.

§. 129. Wenn also z. E. auf Güter eines Minorennen, Blödsinnigen, oder Verschwenders, Schulden eingetragen werden sollen, so muß der Consens des Curators, und die Approbation des obervormundschaftlichen Gerichts beigebracht werden. Sind Cämmerei-Güter mit Schulden zu belasten, so ist der Consens der Bezirks-Regierung [154a]) nothwendig; und eben so ist auch dieser Consens, zur Verschuldung geistlicher, den katholischen Stiftern, Klöstern und Kirchen zugehöriger Güter, nach den Gesetzen verschiedener Provinzen [155]) erforderlich.

21. G. vom 24. Mai 1853.

§. 9. Bei der Ausstellung von Schuld- und Verpfändungs-Urkunden sind Dokumente, welche die Legitimation des Pfandbestellers betreffen [156]), mit denselben nicht zu verbinden, sondern dem bei der Hypothekenbehörde angebrachten Gesuche besonders beizufügen.

§. 130. Entsteht bei dem Richter über die Person des Schuldners, und dessen Befugniß Schulden zu contrahiren, ein erhebliches Bedenken; so muß dasselbe vor allen Dingen erörtert, und aus dem Wege geräumt werden (§. 12).

---

154) In deren Stelle das Allgemeine Landrecht getreten ist.

154a) Städte-Ordnung vom 17. März 1831 §. 120 (G. S. S. 10) und Städte-Ordnung v. 30. Mai 1853 §. 50 (G. S. S. 261).

155) Und in deren Ermangelung nach dem A. L. R. Th. II, Tit. 11, §§. 227, 645, 646; Tit. 12, §§. 18; Tit. 19, §. 43.

In wiefern andere Korporationen und juristische Personen den Konsens der Aufsichts-Behörde haben müssen, ist aus den sie betreffenden besonderen Gesetzen und Privilegien zu entnehmen.

156) Dazu können die Konsens-Urkunden solcher Behörden oder Personen, deren Einwilligung oder Genehmigung zur Vollendung (Perfektion) des Rechtsgeschäfts wesentlich erforderlich ist, nicht gerechnet werden. Legitimationsurkunden sind z. B. Tutorien, Vollmachten.

§. 131. Ferner muß, bei Prüfung des Ingrossations-Gesuchs, darauf Rücksicht genommen werden: ob für den Aussteller und Schuldner der Titulus possessionis berichtiget sei[157]); maaßen anderer Gestalt, nach dem oben §. 56 etablirten allgemeinen Grundsätze, gar keine Eintragung statt findet.

§. 132. Ist das in dem Instrument verschriebene Gut mit einer Lehns-Verbindung, Fidei-Commiß, Substitution oder andrer Einschränkung des Eigenthums und der freien Disposition des Besitzers behaftet; so muß der Richter genau prüfen: was zur gültigen Verpfändung desselben, nach den Gesetzen[158]), und nach dem Inhalt des Lehnbriefes, des Fidei-Commiß-Instituts ꝛc. erforderlich sei; und ob diese Erfordernisse, bei der gegenwärtigen Verpfändung des Grundstücks, und Ausstellung des Instruments darüber, gehörig und vollständig beobachtet worden. b) der Qualität des verpfändeten Gutes;

§. 133. Findet sich dabei ein Mangel, so muß solcher dem Creditori eröffnet, und derselbe bedeutet werden: was er zu thun habe, um demselben abzuhelfen.

§. 134. Will der Creditor sich dazu nicht bequemen, und besteht demohnerachtet auf die Eintragung: so kann solche zwar verfügt, es muß aber dabei der obwaltende Mangel, und daß der Creditor solchem nicht abgeholfen habe, folglich die Eintragung blos auf seine Gefahr, mit Vorbehalt der Rechte eines jeden, geschehen sei, in dem Eintragungs-Befehl und Vermerke sowohl,

---

157) Sei es, daß er ein Nachmann oder ein Vormann des letzten Eingetragenen; denn auch in dem zweiten Falle darf kein von dem vorigen Besitzer herrührender Titel mehr eingetragen werden. Eine Ausnahme machen Rezesse in bäuerlich-gutsherrlichen Angelegenheiten: diese bedürfen, wenn nach der Vollziehung und vor der Eintragung ein Grundbesitzer das betheiligte Grundstück veräußert, einer nochmaligen Anerkennung von Seiten des neuen eingetragenen Besitzers zur Eintragung nicht, weil dieser sich die Ausführung (Vollstreckung) des bestätigten Rezesses, gleich der Vollstreckung eines über das Grundstück gegen den Vorbesitzer ergangenen rechtskräftigen Urtels, gefallen lassen muß. Vergl. R. des M. des Innern v. 23. März und des J. M. v. 20. April 1841 (J. M. Bl. S. 157).

158) In Betreff der Lehen: A. L. R. 1, 18, §§. 187 ff., 228 ff. Doch ist seit Aufhebung des lehnsherrlichen Obereigenthums der Konsens des Lehnsherrn nur noch bei Thronlehen und bei feudis extra curtem erforderlich; hinsichtlich der Fideikommisse: A. L. R. II, 4, §§. 89 ff.; wegen der Revenüen-Schulden: oben, Anm. 141 zu §. 104 d. T.

Die Verschuldungsbeschränkung der Bauergüter auf ein Viertel ihres Werths (§§. 29 u. 54 des Edikts v. 14. September 1811) ist durch die Verordnung v. 29. December 1843 (G. S. 1844, S. 17) aufgehoben. — Das Min. des Königl. Hauses hat in Folge dessen auch die vor 1811 bei Austhuung von Domanial-Bauerhöfen vertragsmäßig festgesetzten Verschuldungs-Beschränkungen nachgelassen und, sofern sie eingetragen waren, zu löschen anheimgegeben. Circ.-Verf. v. 14. Juni 1846 (M. Bl. d. innern Verw. S. 151).

als in dem —[159]) darüber ausgefertigten Hypothekenbuchs-Auszuge, deutlich ausgedrückt werden[160]).

c) der Natur und Bedingungen des Geschäftes; §. 135. Ferner muß das Gericht, bei der ihm obliegenden Prüfung, auf die Natur und Bedingungen des Geschäftes, zu dessen Sicherheit die Hypothek bestellt worden, und in wie fern solche den Rechten gemäß sind, Rücksicht nehmen[161]).

§. 136. Es müssen also keine Verträge und Bedingungen, woraus ein verbotener Wucher erhellet[162]), oder worin sonst etwas offenbar gesetzwidriges enthalten ist, eingetragen; vielmehr, wenn in dem zur Ingrossation offerirten Instrument, dergleichen Verabredungen vorkommen, die Parteien wegen ihres Unfugs bedeutet, und dem officio fisci davon Nachricht gegeben werden.

§. 137. Liegt der Anstoß nicht in dem Haupt-Negotio, sondern in ein oder anderer Neben-Bedingung[163]), so kann jenes zwar eingetragen; es muß aber durch eine unter das Instrument zu vermerkende Registratur, die Gesetzwidrigkeit einer solchen Clausul gerügt, und daß solche, der geschehenen Eintragung des Instruments selbst ohnerachtet, ungültig und unverbindlich bleibe, ausdrücklich erklärt werden.

d) bei der Fassung des Instruments. §. 138. Bei der Fassung des Instruments muß der Richter darauf sehen: ob solches deutlich und bestimmt genug eingerichtet sei; eine rechtliche causam debendi enthalte; und wegen der Münz-Sorten, des Rückzahlungs- oder Aufkündigungs-Termins[164]),

---

159) Die Worte: „zur Rekognition" fallen hier weg. Oben, Zus. 16 zu §. 39.

160) Die Vorschrift der §§. 133 und 134 findet auch auf Eintragungen, welche im Wege der Exekution auf Requisition des Prozeßrichters geschehen, Anwendung. R. v. 13. December 1808. (Rabe, Bd. X, S. 15.)

161) Vergl. oben §. 12 d. T. und §. 77, Tit. 1 und die Anm. dazu.

162) Erhellet. Eine Untersuchung z. B. darüber anzustellen und einen besondern Nachweis zu fordern: wie die Valuta auf eine zur Eintragung vorgelegte Verpfändungs-Urkunde bezahlt worden, weil möglicherweise ein verbotener Wucher darunter versteckt sein könnte, ist die hypothekenbuchführende Behörde zu unternehmen nicht berufen. Vergl. R. vom 11. März 1822 (Jahrb. Bd. XIX, S. 194).

Man findet es zweifelhaft: ob im Wege der Exekution mehr als 5 Prozent zuerkannter Zinsen eingetragen werden dürfen, weil der §. 808, Tit. 11, Th. I des A. L. R. verbietet, bei Darlehnen, welche gegen Eintragung auf Grundstücke gemacht werden, mehr als 5 Prozent zu verschreiben. Dieses Verbot berührt aber den Fragefall gar nicht. S. Anm. 35 zu §. 808 des A. L. R. a. a. O.

163) Wie z. B. die Ausschließung der Kündigung des Kapitals auf unbestimmte Zeit oder auf eine längere Zeit als 30 Jahre. Ablös. G. v. 2. März 1850, §. 92 (G. S. S. 77).

164) S. die vor. Anm. 163.

ingleichen wegen des Zinsen-Fußes, die erforderlichen Verabredungen getroffen sind.

§. 139. Finden sich dabei Mängel oder Zweideutigkeiten, so kann solches zwar die Eintragung selbst nicht aufhalten; das Gericht aber muß solchen Anständen, und Veranlassungen künftiger Prozesse, durch Vernehmung der Parteien, und Abforderung ihrer Declarationen darüber, so viel als möglich, in Zeiten abhelfen; und die desfalls abgegebenen näheren Erklärungen, unter das eingetragene Instrument selbst, noch vor desselben Extradition registriren lassen.

e) bei der äußeren Form desselben.

§. 140. In Ansehung der äußern Form des Instruments, wird zwar vor der Hand, und mit Vorbehalt näherer Bestimmungen in dem Gesetz-Buche, nachgegeben, daß unbewegliche Grundstücke auch in bloßen Privat-Schuld-Instrumenten verpfändet, und dergleichen Privat-Verpfändungen, nach wie vor, eingetragen werden können[165]).

§. 141. Alsdann aber muß der Richter die erforderliche Vorsicht anwenden, um sich von der Richtigkeit der Hand- und Unterschrift des Ausstellers zu versichern.

§. 142. Es kömmt nämlich darauf an: ob das Schuld- und Verpfändungs-Instrument von dem Gläubiger, oder von dem Schuldner, zur Ingrossation eingereicht werde.

Wenn der Schuldner

§. 143. Geschieht die Uebergabe von dem Schuldner in Person, so muß er sich bei dem Gericht zum Protokoll deshalb melden; das Gericht aber muß sich vor allen Dingen davon, daß er wirklich der sei, für den er sich ausgiebt, versichern.

§. 144. Geschieht die Uebergabe durch einen Mandatarium, so muß derselbe, durch eine entweder gerichtlich, oder vor einem —[166]) Notario ausgestellte Special-Vollmacht, dazu legitimirt sein[167]).

§. 145. In beiden Fällen erfolgt die Eintragung, auch wenn

---

165) Das hat seit der Einführung des A. L. R. aufgehört; doch ist nicht die gerichtliche oder notarielle Aufnahme der Verpfändungs-Erklärung erforderlich, vielmehr müssen auch die der Unterschrift nach gerichtlich oder notariell anerkannten Privat-Schuld- und Hypothekverschreibungen eingetragen werden. R. v. 14. Juni und 19. Juli 1819 (Jahrb. Bd. XX, S. 66).

166) Hier fallen die Worte: „Justiz-Commissario und" aus bekannten Gründen weg.

167) Weil er die Privat-Urkunde rekognosciren soll. Im Uebrigen vergl. m. oben §. 17 d. T. und die Anm. dazu; und Zus. 14 zu §. 16; auch unten §. 155.

das Pfandrecht nur in einem Privat-Instrument constituirt ist, ohne daß es einer Vorladung oder Erklärungs-Abforderung von Seiten des Creditoris bedarf[168]).

wenn der Gläubiger die Eintragung sucht.

§. 146. Wird hingegen das Instrument von dem Gläubiger[169]) zur Eintragung eingereicht; so muß der Richter vor allen Dingen nachsehn: ob eine ausdrückliche Einwilligung des Schuldners, daß die bestellte Hypothek auf seinem Gute eingetragen werden möge, darin enthalten sei.

§. 147. Fällt weg[170]).

22. G. vom 24. Mai 1853.

§. 8. In den Schuld- und Verpfändungs-Urkunden müssen die verpfändeten Grundstücke bezeichnet werden[171]).

Dagegen ist es nicht erforderlich, daß in den genannten Urkunden außer der Verpfändungserklärung eine besondere Einwilligung zur Einschreibung des Pfandrechts in das Hypothekenbuch (Intabulations-Klausel) aufgenommen wird[172]).

Die ausdrückliche Einwilligung zur Eintragung auf ein bestimmtes Grundstück vertritt die Stelle einer Verpfändungserklärung[173]).

---

168) Der Zustimmung des Gläubigers zur Eintragung einer Hypothek für ein Darlehn bedarf es auch dann nicht, wenn in dem Schuldinstrumente eine längere als dreimonatliche Kündigungsfrist bestimmt worden ist. R. v. 27. März 1836 (Jahrb. Bd. XLVII, S. 374). Lautet die Verschreibung gegen die Abrede, so nimmt der Gläubiger das Instrument nicht an und der Schuldner hat sich vergebliche Kosten gemacht; nimmt der Gläubiger das Instrument an, so erklärt er sich mit dem Inhalt einverstanden und die Sache ist in Ordnung; er übernimmt dadurch keine Verbindlichkeit seinerseits, sondern er hat nur keine bessere Forderung erworben als die Urkunde verbrieft.

169) Oder dessen Vertreter. Domainen-Rentämter vertreten den Fiskus ohne Autorisation der Regierung, bei Anträgen auf Eintragung der zu ihrer Rezeptur gehörigen Domainen-Prästationen. R. v. 29. Januar und 1. Februar 1841 (J. M. Bl. S. 83).

170) Der §. schreibt bei dem Mangel der Intabulationsklausel, welche nach Zus. 22 nicht mehr erforderlich ist, die Zurückgabe des Instruments vor.

171) Hierdurch ist der §. 156 abgeändert. M. s. unten die Anm. dazu.

172) Instr. v. 3. August 1853, Art. 5:

„Nach den, die §§. 146, 195, Tit. II der Hypotheken-Ordnung und den §. 403, Th. I, Tit. 20 des A. L. R. abändernden letzten beiden Absätzen des §. 8 des Gesetzes bedarf es bei vertragsmäßigen Hypotheken-Titeln neben der Verpfändungserklärung nicht noch der besonderen Einwilligung zur Eintragung; es genügt vielmehr die erstere oder die letztere."

173) Dieser Satz war schon lange von der Praxis durch Willensauslegung gewonnen. Denn, wie ich bereits im Privatrechte zu §. 367 unter Nr. 36 angemerkt habe, von vielen Gerichten wurde die Einwilligung in die Eintragung, ohne daß in dem Akte die Verpfändung ausgesprochen worden war, so ausgelegt, daß der Schuldner das Grundstück damit verpfändet habe, eine Auslegung, welche den Interpretationsregeln völlig entsprach. Der §. 8 bestätigt daher nur bereits Bestehendes und beseitigt dadurch unerhebliche Zweifel und unnöthige Schwierigkeiten in einzelnen Fällen.

§. 148. Ist hingegen die erforderliche Erklärung[174]) in dem Instrument enthalten; so kommt es ferner darauf an: ob das Instrument entweder gerichtlich, oder doch vor einem —[175]) Notario ausgestellt, oder ob solches ein bloßes Privat-Instrument sei.

§. 149. Ist das Instrument obstehender maßen[176]) beglaubigt, so kann die Eintragung, auf Instanz des Creditoris erfolgen, ohne daß es eines nochmaligen Anerkenntnisses oder Einwilligung von Seiten des Schuldners bedarf; als welchem, von der geschehenen Ingrossation, blos Nachricht ertheilt wird.

§. 150. Ist es hingegen ein bloßes Privat-Instrument; so muß vor allen Dingen ein Termin, zur Vorlegung und Recognition desselben, mit Adcitation des Schuldners, anberaumt werden.

§. 151. Weigert sich der Schuldner in diesem Termin der Recognition; so muß die Sache sofort zum Wege Rechtens eingeleitet[177]), oder wenn das competente Gericht, von demjenigen, welches das Hypothekenbuch führet, verschieden ist, der Creditor, zur weitern Verfolgung seiner Rechte, an jenes verwiesen werden.

§. 152. Recognoscirt zwar der Schuldner das Instrument, macht aber gegen desselben Rechtsgültigkeit Einwendungen, oder widerspricht sonst der Eintragung; so wird die Sache ebenfalls zur rechtlichen Ausmittelung verwiesen.

§. 153. Doch kann in solchem Falle der Gläubiger vor-

---

174) Im authentischen Text steht hier „Intabulations-Clausel", was in „erforderliche Erklärung" verändert worden ist, in Gemäßheit des vorstehenden Zusatzes 22.

175) Im authentischen Texte stehen hier die Worte: „Justiz-Commissario und".

176) Die Beglaubigung durch einen Schiedsmann macht eine Urkunde nicht eintragungsfähig, ebenso wenig ist es ein Schiedsmanns-Vergleich. Ist in einem solchen Vergleiche eine Hypothek ausgemacht, so muß, wenn in dieser Hinsicht, nach der Beschaffenheit des Falles, der Vergleich wirklich exekutorisch ist, eine Requisition des Prozeßrichters an die Hypothekenbehörde um Eintragung ergehen; in keinem Falle kann der Gläubiger unmittelbar bei der Hypothekenbehörde die Eintragung suchen.

Die vor ausländischen Gerichten oder Notarien vollzogenen oder beglaubigten Schuld- und Hypothek-Verschreibungen sind zur Eintragung geeignet. R. v. 23. Juni 1835 (Jahrb. Bd. XLV, S. 276). Vergl. in Betreff der Legalisation der ausländischen Urkunden das R. v. 22. März 1833 (Jahrb. Bd. XLI, S. 220).

177) Damit ist nicht gemeint, daß die Hypothekenbehörde von Amts wegen den Prozeß einleiten, d. h. das unstatthafte Eintragungsgesuch als Klageanmeldung behandeln soll; vielmehr ist dem Gesuchsteller zu überlassen, dieserhalb seine besonderen Anträge anzubringen.

läufig eine Protestation[178]), gegen alle, in der Zwischenzeit, zu seinem Nachtheil vorzunehmende Veräußerung oder Verpfändung des Grundstücks, eintragen lassen.

§. 154. Recognoscirt aber der Schuldner nicht nur seine Hand, sondern willigt auch in die Eintragung des in dem Instrument bestellten Pfandrechts; so wird die Recognition und Erklärung unter das Original-Instrument selbst registrirt; und alsdann steht der Eintragung weiter nichts entgegen.

§. 155. Wenn jedoch die Recognition durch einen Bevollmächtigten vollzogen wird, so muß sich dieser dazu durch eine gehörig beglaubigte Special-Vollmacht legitimiren[179]).

Wie der Eintragungs-Befehl abzufassen.

§. 156. In dem Eintragungs-Vermerke, welcher, wie gewöhnlich, dem an den Hypotheken-Buchführer ergehenden Befehle eingerückt wird, muß der wesentliche Inhalt des Instruments, besonders auch die wegen der Münzsorte, des Zinsen-Fußes, der —[180]) Zinsen-Zahlungs-Termine rc. getroffenen Verabredungen vollständig aufgeführt werden.

§. 157. Sind außerdem in dem Instrumente noch besondere Neben-Verträge, z. E. wegen anzunehmender Termins-Zahlungen; wegen eines unter gewissen Umständen stattfindenden pacti de non petendo, wegen gewisser andrer die Rückzahlung suspendirender oder aufhebender Conditionen u. s. w. enthalten; so müssen auch diese in den Eintragungs-Vermerk aufgenommen werden[181]).

178) Eine Protestation „zur Conservation des Orts im Hypothekenbuche" (§. 18 d. T.). Die Eintragung derselben kann nur auf Requisition des Prozeßrichters erfolgen (G. v. 24. Mai 1853, §. 46) und diese setzt eine gehörig substantiirte Klage voraus, welche daher der Gläubiger in solchem Falle ohne Säumung anbringen muß. Vergl. A. L. R. I, 20, §. 417 und die Anm. dazu.

179) Oben, Anm. 167 zu §. 144 d. T.

180) Die Weglassung der hier im authentischen Texte stehenden Worte: „Capitals und", gründet sich auf §. 29 des G. v. 24. Mai 1853 (Zus. 23 zu §. 157).

181) Die Weglassung der namhaft gemachten Nebenverträge in dem Eintrage kann einen Nachtheil für irgend eine Person nicht zur Folge haben. Dem Besitzer des belasteten Grundstücks gereichen solche alle zum Vortheil. Wenn also auch der Nachmann des Kontrahenten im Besitze davon aus dem Hypothekenbuche nichts ersieht, so kann er sich darüber nicht beschweren, daß die Modalitäten für ihn günstiger sind als er sich nach dem Inhalte des Eintrages denken konnte. Es wäre mithin nur der Cessionar des Gläubigers, welcher sich auf den Glauben des Hypothekenbuchs berufen könnte. Das kann derselbe aber in diesem Falle nicht, weil er das Instrument, den Gegenstand seiner Erwerbung, erhält und vor der Erwerbung ansehen muß, folglich die Beschaffenheit des Gegenstandes seiner Erwerbung vollständig kennen lernt oder doch kennen lernen kann. „Der Cessionar einer bedingten Hypothekenforderung, welche als eine unbedingte eingetragen ist, kann sich auf den Glauben des Hypothekenbuchs gegen den Schuldner resp. Verpfänder nicht berufen, wenn die beschränkende oder auf-

23. Gesetz vom 24. Mai 1853.

§. 29. Die Hypothek haftet, wenn von den Betheiligten nicht ein Anderes verabredet wird, auch für die Kosten der Kündigung, Ausklagung und Beitreibung[182]).

Der §. 484, Th. I. Tit. 20 des A. L. R. wird hiernach abgeändert. Jener Kosten, sowie der Nebenbestimmungen über die Zahlung des Kapitals, geschieht in dem Eintragungsvermerke keine Erwähnung[183]).

§. 30. Wenn Kapitalien mit vorbedungenen Zinsen unter dem Zinsfuße von fünf vom Hundert eingetragen werden, so steht dem Schuldner frei, einen erhöhten Zinsfuß bis zu fünf Prozent, mit dem Vorzugsrechte der bereits eingetragenen Zinsen, eintragen zu lassen, ohne daß es der Zustimmung der gleich- und nachstehenden Gläubiger bedarf[184]).

---

lösende Bedingung in dem über die Forderung ausgestellten Instrumente selbst enthalten ist." Pr. des Ob.-Tr. 2000, v. 14. April 1848. Vergl. auch den folgenden §. 158. Dagegen müßten für den Schuldner erschwerende Nebenabreden, z. B. daß die Rückzahlung auf dessen Gefahr und Kosten an entfernten Orten geschehen, oder daß im Falle der Mora bei der Zinsenzahlung das Kapital sofort fällig sein soll, nothwendig eingetragen werden, wenn sie den dritten Besitzer verbinden sollen. Doch macht gerade in Ansehung der Nebenbestimmungen über die Rückzahlung das G. v. 24. Mai 1853, §. 29 (Zus. 23) eine Ausnahme; der neue Erwerber des Grundstücks muß sich daher eine Einsicht der Instrumente verschaffen.

182) Hinsichtlich der Kosten für die Hypothekenbestellung selbst verbleibt es also bei der Vorschrift des A. L. R. Th. I, Tit. 20, §. 488.

183) Instr. v. 3. August 1853, Art. 17, Nr. 1:

„Die im §. 29 des Gesetzes enthaltene Vorschrift führt, wie eine Vergleichung mit den §§. 156, 157, Tit. II der Hypotheken-Ordnung ergiebt, und schon im Art. 7, Nr. 2 angedeutet worden ist, zu einer erheblichen Abkürzung der Eintragungsvermerke, namentlich durch Weglassung der Bestimmungen über die Modalitäten der Kündigung und über die Rückzahlung des Kapitals, wogegen die durch den §. 29 nicht ausgeschlossene Berücksichtigung der Zins-Zahlungstermine zur Erleichterung der Mandatsklage wegen Hypothekenzinsen gereicht."

Früher wurden viele unnöthige Eintragungen solcher Nebenpakte, gegen den Willen der Gerichte, durchgesetzt. Eine Verf. des J. M. v. 6. Juni 1834 (Erg. zu §. 157 d. T.) ordnet z. B. an, daß die Klausel, wonach der Schuldner des Fiskus sich für den Fall säumiger Zinszahlung den Zwangsmaßregeln und der Exekution der Administrationsbehörde ohne gerichtliches Verfahren unterwirft, auf Verlangen der Regierung eingetragen werden solle, weil die Eintragung, wiewohl zur Wirksamkeit der Stipulation nicht nöthig, doch nicht unzulässig sei. Nach dem heutigen Rechtsstande müssen aber dergleichen Eintragungen allerdings für unzulässig gehalten werden, weil die Abkürzung der Einträge im öffentlichen Interesse, um die Hypothekenbücher nicht mit unnöthigen Vermerken anzufüllen und dadurch die Uebersichtlichkeit zu erschweren, vorgeschrieben ist.

184) Instr. v. 3. August 1853, Art. 17, Nr. 2:

„Die dem §. 30 gemäß erfolgende Erhöhung des Zinsfußes bis zu fünf Prozent, welche diesen das Vorzugsrecht der bereits eingetragenen Zinsen beilegt, ist nicht unter einer neuen Nummer in der ersten Kolonne der dritten Hauptrubrik, sondern bei der betreffenden Post in der folgenden Kolonne (Veränderungen) einzutragen."

Die Erhöhung des Zinsfußes ist schon immer in der Kolonne „Cessionen" neben der betreffenden Post vermerkt worden. Oben, Anm. 90 zu §. 60, Tit. I. Nur hatte sie nicht das Vorrecht der schon eingetragenen Zinsen.

§. 158. Neben-Verträge, die in dem Instrument nicht enthalten sind, und also auch in das Hypotheken-Buch nicht mit eingetragen worden, können zwar, in sofern sie an sich zu Recht beständig, unter den Contrahenten selbst von Kräften sein; einen Dritten aber, der eine solche eingetragene Post an sich lößt, oder dem sie von dem Inhaber verpfändet wird, sollen dergleichen, weder aus dem Instrument ersichtliche, noch im Hypotheken-Buche vermerkte Pacta, keineswegs verbinden.

Wie es zu halten, wenn mehrere Güter zugleich verpfändet worden.

§. 159. Sind in dem Instrument mehrere Güter zum Unterpfande verschrieben, so muß die Eintragung auf jedes Gut be-

---

Dagegen sind kapitalisirte Zinsen immer hinter allen bereits eingetragenen Posten unter einer neuen Nummer eingetragen worden. In Ansehung des solchen Zinsenposten zustehenden Vorrechts ist jedoch der Fall der freiwilligen Kapitalisirung und der Fall der Kapitalisirung im Wege der Exekution zu unterscheiden. a) Wenn über Zinsenrückstände von einem Kapitale, welche älter als zwei Jahre sind, eine besondere Schuldverschreibung gegeben und Zinsen versprochen werden, (A. L. R. Th. I, Tit. 11, §. 819); so kann die neue verzinsliche Post an Kapital und Zinsen keine andere Rangordnung einnehmen als welche ihr durch die Reihefolge der Einträge angewiesen wird, weil die neue Kapitalssumme schon als Zinsenrückstand das Hypothekenrecht, den andern Gläubigern gegenüber, verloren hatte. b) Wenn aber Jemand zur Bezahlung eines Zinsenrückstandes verurtheilt worden und vor Ablauf der im Urtel bestimmten Frist die Zahlung nicht leistet; und der Gläubiger von diesem Rückstande Zögerungszinsen seit dem Tage, wo das Erkenntniß rechtskräftig geworden ist, fordert (A. L. R. Th. I, Tit. 11, §. 821); so kann das Rangverhältniß anders zu stehen kommen. Berechnet der Gläubiger die Zinsen bis zum Tage der Rechtskraft des Erkenntnisses, so haben dieselben, soweit sie nicht länger als zwei Jahre rückständig sind, ihr Realrecht, andern Gläubigern gegenüber, noch nicht verloren, und sie verlieren es auch dadurch nicht, daß der Gläubiger den berechneten Rückstand als eine neue Kapitalspost mit Zögerungszinsen eintragen läßt, was er zu verlangen berechtigt ist. Vergl. Besch. des J. M. v. 30. December 1835 (Jahrb. Bd. XLVI, S. 573). Kommt es innerhalb der zwei Jahre zur Subhastation des Grundstücks, so kann dem Gläubiger das Recht, denjenigen Theil des besonders eingetragenen Zinsenrückstandes, welcher aus den letzten zwei Jahren herrührt — nur ohne Zögerungszinsen — an der Stelle des Kapitals zu fordern, nicht bestritten werden.

Der gedachte Bescheid v. 30. December 1835 giebt für den zweiten Fall (b) auch eine Anweisung über das Verfahren. „Es versteht sich, heißt es, daß in formeller Hinsicht eben das Verfahren beobachtet werden muß, welches die Gesetze bei der Anfertigung einer Partial-Cession vorschreiben; außerdem aber zur Vermeidung jedes Irrthums, noch in der Kolonne „Cessionen“ bei der Hauptpost zu bemerken ist, daß die Zinsen bis zum rc. auf den Grund des §. 821, Tit. 11, Th. I des A. L. R. kapitalisirt und unter Nummer . . . als ein neues Kapital eingetragen worden.“ Ich glaube nicht, daß sich dies versteht, so wenig wie es sich versteht, daß man bei gehöriger Bezahlung der Zinsen in der Kolonne „Cessionen“ vermerkt: daß die Zinsen bis zum rc. bezahlt worden. Einen Zweck könnte dieses Verfahren doch nur für den Fall der Cession des Hauptkapitals haben. Der Cessionar aber erwirbt nicht mehr als ihm abgetreten wird; wenn ihm aber der Cedent ausdrücklich angebliche Zinsen-Rückstände aus einem Zeitraum, für welchen er dieselben längst bezahlt erhalten hat, cedirte, so hätte er sich an den Cedenten zu halten, da er sich auf den Glauben des Hypothekenbuchs, wo über Zinsenrückstände nichts zu finden ist, nicht berufen, mithin sich an den Besitzer des Grundstücks nicht halten kann. Das Instrument über den eingetragenen Rückstand wird nach der Vorschrift des §. 193 gebildet.

sonders geschehen, und bei jedem Gut bemerkt werden, auf welchen andern Gütern die Post ebenfalls ingrossirt sei[185]).

185) Dadurch tritt das unter den mehreren Grundstücken, welche vermöge des Hypotheken=Foliums eigene Persönlichkeiten darstellen (eine schon im Uebergange der Forderungen S. 92 ausgeführte und dann auch von dem Plenum des Ob.=Tr. angenommene Auffassung, laut Plenar.=Beschl. v. 18. December 1837, Entsch. Bd. III, S. 242), bestehende Korreal=Schuldverhältniß in die äußere Erscheinung. Aus diesem Korreal=Verhältniß entstehen verschiedene Fragen, worüber die Meinungen sich trennen.

a) Die eine Frage ist die: ob der Besitzer dieser mehreren Grundstücke, wenn der Gläubiger das Eine freigiebt, berechtigt ist, die Post, statt sie löschen zu lassen, ganz oder theilweise weiter cediren kann. Wird das für rechtlich möglich gehalten, so kann sich das Gleiche nach und nach bei allen verbundenen Grundstücken wiederholen. Gesetzt, Jemand verpfändet für ein Darlehn von 1000 fünf unverschuldete Grundstücke, wovon Jedes 1000 werth ist. Diese Grundstücke geben mithin eine Sicherheit von 5000. Wenn darauf nur 1000 stehen, so hat der Besitzer noch einen Realcredit von 4000; es gelingt ihm auch, noch 800 auf jedes einzelne Grundstück zu erhalten, weil jeder Darleiher auf das Korrealverhältniß aller fünf Grundstücke, vermöge dessen sie unter sich, abgesehen von dem Verhältnisse zum Gläubiger, der sich freilich an ein Jedes auf das Ganze halten kann, die Schuld als eine gemeinschaftliche nach Verhältniß aufbringen müssen (A. L. R. I, 5, §§. 430, 433, 444, 445; Konkursordnung §. 56), rechnet. Nun beginnt jene Operation, durch welche nach und nach auf jedem Grundstücke 1000 zur ersten Stelle gebracht werden, womit denn der ganze Werth aller fünf Grundstücke erschöpft ist und die zweiten Gläubiger mit ihren 4000 ganz vollständig auf den Sand gesetzt sind. Das ist juristischer Unsinn. Warum kann aber der Schuldner die Post nicht weiter cediren? Weil der Hypothekenschuldner durch den Verzicht des Gläubigers auf die Sicherheit (Hypothek) nicht das Forderungsrecht an sich bringt, aber nur hierdurch in die rechtliche Lage kommen kann, die Forderung weiter zu cediren. Ueber die Rechtshandlungen, welche den Uebergang der Rechte eines Cessionars auf den Besitzer des verpfändeten Grundstücks zur Folge haben: Anm. 6 u. 7 zu §. 52 des Anh. zum A. L. R. (I, 16, §. 484). Ein hinzutretender zweiter Grund, warum der Besitzer in dem Fragefalle die Post nicht cediren kann, ist die unzulässige Verschlimmerung der Rechte des nachstehenden Gläubigers. Darüber: Uebergang der Forderungsrechte S. 86 ff., und R. v. 6. Mai 1835 (Jahrb. Bd. XLV, S. 502).

b) Eine andere Frage ist: ob in dem besprochenen Falle (a) der Besitzer befugt sei, die Hypothek auf dem einen Grundstücke löschen zu lassen, wenn auf dem andern Grundstücke nachstehende Gläubiger vorhanden sind und diese nicht einwilligen. Der J. M. hat in dem Besch. v. 5. Februar 1819 die Befugniß für unbedenklich erklärt; die entgegengesetzte Ansicht sei rechtlich nicht zu begründen. Denn „nach der Vorschrift des A. L. R. Th. I, Tit. 5, §. 424, welche die Correalverpflichtung in ähnlichen Fällen vermuthen läßt, muß — angenommen werden, daß die Güter in solidum verhaftet sind. Da nun ein solidarisch Verpflichteter dadurch keine theilweise oder völlige Befreiung von der Schuld erlangt, daß ein anderer Mitverpflichteter vom Berechtigten ex nexu gelassen worden (§. 437 a. a. O.), so können auch die eingetragenen postlocirten Gläubiger in casu sich darüber nicht beklagen, daß der frühere Gläubiger seine Sicherheit freiwillig aufgegeben hat. Die eingetragenen Gläubiger haben keine Kontraktsverhältnisse unter einander, und ex lege ist Keiner verpflichtet etwas zu unterlassen, wodurch der nachstehenden Gläubiger Sicherheit leiden könnte. — Die Vorschriften der A. G. O. Th. I, Tit. 50, §§. 521 ff. sagen auch nicht, daß die solidarische Verhaftung mehrerer in gleicher Art verpfändeter Güter aufhören solle, vielmehr das Gegentheil. Denn §. 522 l. c. bestimmt, daß wenn im vorausgesetzten Falle eins von den verpfändeten Gütern früher als das andere verkauft werde, der Gläubiger seine volle Befriedigung aus dem zuerst verkauften Gute erhalten

§. 160. Auf jedes Gut wird alsdann das ganze Darlehn eingetragen; es wäre denn, daß die Parteien sich, in dem In-

---

solle. Hierin liegt die Anerkennung der solidarischen Verhaftung und es bestimmt die G. O. also nur die Auseinandersetzung für den Fall, wenn zur Zeit des Konkurses die mehrern Güter noch in der Masse sind, sie beschränkt aber nicht die Disposition des Gläubigers, bis zur Zeit, wo der Konkurs eingetreten ist." (Jahrb. Bd. XIII, S. 43.) Die am Schlusse geäußerte Meinung, daß die vorgehaltenen Grundsätze über die Auseinandersetzung der korrealiter verpflichteten Grundstücke nur im Falle des formellen Konkurses Anwendung fänden, ist schon nach dem damaligen Rechte von der Praxis verworfen; das Ob.-Tr. hat solche auch außerhalb des Falles des förmlichen Konkurses für anwendbar erklärt (Entsch. Bd. XVIII, S. 473) und die Konkursordnung v. 8. Mai 1855 schreibt dies im §. 383 ausdrücklich vor. Ueberhaupt aber ist die ganze Beweisführung des J. M. unzutreffend. Denn es handelt sich durchaus gar nicht um das Verhältniß der Korrealverbundenen zu dem Gläubiger, von welchem nur allein gesprochen wird. Das ganz unberührte Verhältniß der Korrealverbundenen unter sich ist es, aus welchem die Antwort auf unsere Frage geschöpft werden muß; und in diesem Verhältnisse regirt der Grundsatz: kein Mitverbundener kann sich, den andern Mitschuldnern gegenüber, von seinem Beitrage bei der Auseinandersetzung wegen der gemeinschaftlichen Schuld willkürlich freimachen. A. L. R. I, 5, §. 445 und die Anm. 39 dazu. Dieses auf mehrere gemeinschaftlich haftende, gleichsam so viele Schuldner darstellende Grundstücke angewendet, beweiset, daß die Ausscheidung des einen oder des andern Grundstücks aus der Beitragsverbindlichkeit durch willkürliche Löschung rechtlich nicht zulässig ist. Aber, sagt man, wer soll denn den Besitzer rechtlicherweise hindern können, auf seinen Grundstücken nach seinem Belieben löschen oder nicht löschen zu lassen? mit andern Worten: wie sollen denn die nachstehenden Gläubiger dazu kommen, der Löschung zu widersprechen, da „die eingetragenen Gläubiger keine Kontraktsverhältnisse unter einander haben." Allein dieser Grund oder vielmehr Mangel ist ihnen nicht hinderlich; sie haben ein solches Verhältniß mit ihrem Schuldner, und ganz allein vermöge dieses Verhältnisses gelangen sie mittelbar dazu, denjenigen Widerspruch zu erheben und dasjenige Recht gegen die übrigen Mitschuldner durchzusetzen, wozu ihr Schuldner selbst berechtigt gewesen sein würde. Wäre ein überschuldeter Korrealschuldner dadurch, daß er auf die Korrealschuld mehr als seinen Antheil, sei es freiwillig oder gezwungen, bezahlt hätte, zahlungsunfähig geworden; so würden seine nachsehenden Gläubiger den überschießenden Theil zu ihrer Befriedigung auf dem geeigneten Wege von den andern Mitschuldnern einfordern. Nun, das Recht steht auch den Hypothekengläubigern zu, wenn man das personificirte Grundstück als den Schuldner ansieht; und in der That dürfen sie es sowohl unmittelbar vermöge des §. 56 der Konkursordnung, als auch mittelbar vermöge ihres jus offerendi. Die Zerstörung dieses Rechts durch willkürliche Löschung ist etwas bloß Faktisches; es fehlt bloß an einem wirksamen Mittel, solchen Eingriff in fremde Rechte zu hindern oder unschädlich zu machen: hierin steht das Hypothekenrecht in seiner Entwickelung dem Obligationenrecht noch weit nach; einem persönlichen Korrealschuldner ist es in dem gesetzten Falle auch faktisch unmöglich, seinen Anspruch an die Mitschuldner seinen übrigen Gläubigern zu entziehen; diese würden selbst eine Schenkung anfechten können.

c) Eine dritte Frage, falls die mehreren gemeinschaftlich haftenden Grundstücke in den Händen mehrerer verschiedener Besitzer sind, ist nach der Dispositionsbefugniß desjenigen von ihnen über die Hypothekenpost, welcher dieselbe ganz bezahlt hat. Daß er dieselbe auf seinem Grundstücke nicht ganz löschen zu lassen befugt ist, ergiebt sich aus dem vorhin (b) Gesagten. Aber ob er die ganze Post weiter cediren kann, ist dort nicht beantwortet. Hier tritt der Grundsatz entscheidend ein, welchen das Ob.-Tr. durch das Pr. 838, v. 7. März 1840 lit. a Nr. 2 festgestellt hat: „Hypothekenrechte werden durch die bloße Vereinigung ihres Eigenthums mit dem Eigenthümer des verpflichteten Grundstücks in einer Person, so lange sie nicht gelöscht sind, auch dann nicht aufgehoben,

strument selbst, über die Vertheilung der verschriebenen Summe, auf die zum Unterpfand gesetzten Güter, vereinigt hätten.

§. 161. Sind die mehreren verpfändeten Güter bei ein und demselben Gericht in das Hypotheken-Buch eingetragen; so kann die Ingrossation der Schuld auf selbige zusammen, in einerlei Vorstellung gesucht und durch einerlei Befehl verfügt werden[186]).

§. 162. Liegen aber die verpfändeten Güter unter verschiedenen Jurisdiktionen, so muß die Eintragung bei den verschiedenen Gerichten, wo das Hypotheken-Buch eines jeden derselben befindlich ist, besonders nachgesucht werden.

§. 163. Es steht dabei in der Wahl des Gläubigers: auf welchem Gute er die Eintragung zuerst suchen wolle[187]).

---

können vielmehr von dem Grundbesitzer bis dahin gültig an einen Andern auch dann abgetreten werden, wenn die vollständige oder theilweise Zahlung einer Hypothekenforderung nicht von dem Eigenthümer des verpflichteten Grundstücks, noch in dessen Auftrag oder Namen, sondern von einem Dritten, auf Grund einer persönlichen Verbindlichkeit oder aus Irrthum im eigenen Namen, geleistet und das mit der Forderung verbundene Hypothekenrecht dem Zahlenden nicht ausdrücklich abgetreten worden." (Entsch. Bd. VI, S. 127.) Hiernach sind die verschiedenen Besitzer der mehreren Grundstücke gemeinschaftliche Inhaber der durch den Einen bezahlten Hypothekenpost geworden, folglich ist der Zahler allein darüber zu verfügen nicht befugt. Wollen sie darüber nicht gemeinschaftlich verfügen, so müssen sie sich durch Theilung auseinandersetzen, wonächst ein Jeder mit seinem Antheil nach Gefallen verfahren kann. Ist dem zahlenden Mitschuldner die Post ausdrücklich cedirt worden, so würde ihn die Cession zwar zur weitern Cession der ganzen Post berechtigen, aber nicht zu einer willkürlichen Löschung auf seinem Grundstücke, weil er sich von seinem Beitrage zur künftigen Bezahlung der Post, seinen Mitschuldnern gegenüber, einseitig nicht freimachen kann. Aus diesem Grunde kann er auch nicht selbst das Ganze gegen die Besitzer der übrigen Grundstücke einklagen. Pr. des Ob.-Tr. 1649, v. 18. Octbr. und 12. December 1845. (Entsch. Bd. XII, S. 168.)

186) Der Gläubiger muß jedoch in dem Eintragungsgesuche ausdrücklich bemerken: auf welche der mehreren Güter und Grundstücke er die Eintragung verlange; sonst erfolgt vor der Hand die Eintragung nur auf demjenigen Grundstücke, über welches die Akten geführt werden, zu welchem das Gesuch nach dem Rubrum oder dem Konterte eingereicht worden ist. A. L. R. I, 20, §. 449 und G. v. 24. Mai 1853, §. 3 (Zus. 13 zu §. 4 d. T.).

Ueber die Verantwortlichkeit des Richters, wenn er die Eintragung nicht auf alle benannten Grundstücke verfügt, s. m. A. L. R. I, 20, §§. 450—452.

187) Wenn ein Dokument zum Behuf der Hypotheken-Anmeldung bei zwei verschiedenen Gerichten, in deren Bezirk die Hypothekenbücher noch nicht eingerichtet sind, eingereicht wird, so soll der Richter, bei welchem es zuerst eingereicht, dasselbe, nach dessen Prüfung und Ausstellung der §. 14 der Instr. v. 12. August 1820 vorgeschriebenen Rekognition, dem zweiten Realrichter übersenden, der auch seinerseits dem Extrahenten eine Rekognition ertheilt und darin vermerkt, daß er das Dokument dem ersten Richter zurückgesendet. Letzterer muß jedoch den Extrahenten vorher schon bei der Ueberreichung ausdrücklich befragen: ob er die Eintragung der übrigen verschriebenen Forderungen, und zu dem Ende die Uebersendung des Dokuments an den zweiten Realrichter ausdrücklich verlange. (Jahrb. Bd. XVII, S. 102.)

§. 164. Gehört hingegen zu dem verpfändeten Hauptgute, ein unter einer fremden Jurisdiktion belegenes Pertinenz-Stück; so muß die Eintragung zuerst auf das Hauptgut geschehen; sodann aber das Instrument, bei dem Hypotheken-Buche des Pertinenz-Stücks, zur gleichmäßigen Ingrossation auf selbiges, nochmals producirt werden.

Wenn eine General-Hypothek bestellt ist.

§§. 165 bis 167. Fallen weg.

24. Gesetz vom 24. Mai 1853.

§. 8. In den Schuld- und Verpfändungs-Urkunden müssen die verpfändeten Grundstücke bezeichnet werden[188]).

§. 168. Wenn die Eintragung auf mehrere Güter zu verschiedener Zeit geschehen ist, so erhält der Creditor die mit der Ingrossation verbundenen Vorrechte, in Ansehung eines jeden besonders, nur von dem Zeitpunkt an, da das Gesuch, worauf die Ingrossation verfügt worden, eingekommen ist[189]).

Was bei der Eintragung selbst und

§. 169. Wenn die Eintragung eines solchen Pfandrechts von dem Hypotheken-Buchführer, nach den im ersten Abschnitt enthaltenen Anweisungen bewirkt, und auf das Original-Instrument registrirt worden, so muß alsdann nach der Vorschrift §. 37 seq. ibid. ein Hypothekenbuchs-Auszug[190]) ausgefertigt werden.

bei Ausfertigung der Recognition darüber zu beobachten

§. 170. Dieser Hypothekenbuchs-Auszug muß mit dem Inhalt des Buches, so wie solches bei der bewirkten Eintragung beschaffen ist, auf das genaueste übereinstimmen.

§. 171. Erst aus diesem Hypothekenbuchs-Auszug ersieht der Gläubiger mit Zuverlässigkeit: was ihm, für sein Capital, für eine Sicherheit wirklich verschafft worden sei.

die Richtigkeit der Recognition muß das Gericht vertreten.

§. 172. Leistet er auf diese Sicherheit die Zahlung des versprochenen Darlehns; und es findet sich hiernächst, daß der Hypothekenbuchs-Auszug unrichtig gewesen; so muß ihm

---

188) Hierdurch ist die Bestellung einer General-Hypothek, worüber sich die §§. 165—167 verhalten, abgeschafft. Wenn durch Gesetz Jemandem ein allgemeines Pfandrecht beigelegt ist (A. L. R. I, 20, §. 400), so giebt dies dem Gläubiger auch jetzt noch das Recht, die Eintragung auf einige oder auf alle Immobilien des Schuldners nachzusuchen, wenn die Voraussetzung des §. 185 d. T. vorhanden ist.

189) Nein. Erst von der Zeit der erfolgten Eintragung. A. L. R. I, 20, §. 453. Der §. 168 hat die Bedeutung einer Instruktion für den Hypothekenbuchführer im Sinne des §. 30 d. T.

190) Diese Worte treten an die Stelle der gestrichenen „Hypotheken-Schein in vim recognitionis darüber." G. v. 24. Mai 1853. §. 19 (oben Zus. 16 zu §§. 37, 38, 39 d. T.).

das Gericht, nach den Tit. I, §. 76, 81 vorgeschriebenen Grundsätzen, für allen daraus entstandenen Schaden haften[191].

§. 173. Kann er also das gemachte Darlehn aus dem Vermögen des Schuldners nicht zurückerhalten; dabei aber ausweisen: daß er solches ganz oder zum Theil gerettet haben würde, wenn das Darlehn an dem Orte, wo es nach dem unrichtigen Hypothekenbuchs-Auszuge vermerkt ist, wirklich zu stehen gekommen wäre; so ist das Gericht nach den allgemeinen Grundsätzen, Tit. I, §. 76[192]), schuldig, ihm dasjenige, was er solchergestalt hätte retten können, vollständig zu ersetzen.

§. 174. Hat hingegen der Creditor entweder auf den guten Glauben des Schuldners, oder auch auf den Grund eines zu irgend einem andern Behuf, vor der Ingrossation seines Instruments, expedirten Hypotheken-Scheins, das Darlehn früher weggezahlt[193]), als ihm derjenige, welcher —[194]) über erfolgte Eintragung ausgefertigt ist, zugestellt worden; so muß er es sich selbst beimessen, wenn in der Zwischenzeit Veränderungen in dem Hypotheken-Buche vorgefallen sind, und er also durch die Eintragung seines Dahrlehns, diejenige Sicherheit nicht erhält, die er intendirt, oder auch sich ausdrücklich vorbedungen hatte.

§. 175. Da aber solchergestalt der Fall leicht vorkommen kann, daß ein Instrument früher eingetragen wird, ehe der Schuldner das Darlehns, wofür die Hypothek bestellt worden, ausgezahlt erhält; so sind Modalitäten nöthig; wodurch sowohl die Guts-Besitzer, als Cessionarii und andre, die sich dergleichen eingetragene Instrumente verpfänden lassen, gegen Hintergehungen arglistiger Gläubiger sicher gestellt werden. Vorschriften wegen des Einwands der nicht erhaltenen Valuta.

§. 176. Dreißig Tage lang, nach erfolgter Eintragung,

---

191) Vergl. A. L. R. Th. I, 20, §§. 431, 432.

192) Oben, Anm. 110 zu §. 78 Tit. 1.
Die Grundsätze, nach welchen die Mitglieder des Gerichts zu haften haben, finden sich erst in den §§. 78 — 81. Der §. 76 stellt nur den Fall der Unrichtigkeit der Buchführung als einen solchen, in welchem die Schadenersatz-Verbindlichkeit eintritt, fest.

193) Die Hypothekenordnung setzt bei der Eintragung von Darlehnen als den gewöhnlichen Fall voraus, daß der Grundbesitzer vor der Empfangnahme des Geldes das Hypotheken-Instrument ausfertigen und eintragen lasse, daß er dasselbe dem Darlehns-Versprecher überbringe und dafür das Geld empfange. Darauf beruhen z. B. die Vorschriften der §§. 175 ff.

194) Die Worte „statt der Rekognition" fallen hier aus, nach Zus. 16 zu §§. 37 — 39 d. T.

kann der Schuldner abwarten: ob ihm der Creditor das versprochene Darlehn zahlen werde.

§. 177. Wird die Zahlung des Darlehns innerhalb dieser dreißig Tage nicht geleistet, so muß der Gutsbesitzer solches, innerhalb andrer acht Tage, bei dem Hypotheken-Buch anzeigen; und eine Protestation deshalb, gegen alle mit dem ingrossirten Instrument vorzunehmende Dispositionen eintragen lassen.

25. Gesetz vom 24. Mai 1853.

§. 49. Die Eintragung einer Protestation wegen nicht gezahlter Valuta eines Darlehns kann innerhalb 38 Tagen nach der Eintragung des Darlehns auf dem Antrag[195]) des Schuldners bei der Hypothekenbehörde, erfolgen, auch wenn die Einwendung nicht bescheinigt ist[196]).

Die Protestation ist jedoch mit dem Ablaufe von sechs Monaten auf den Antrag eines dabei Betheiligten wieder zu löschen, wenn bis dahin eine Requisition des Prozeßrichters um deren Aufrechterhaltung nicht eingeht[197]).

In Bezug auf den Erlaß dieser Requisition und die weitere Behandlung der Angelegenheit gelten die Grundsätze, welche aus dem §. 44[198]) sich ergeben.

§. 50. Protestationen wegen nicht gezahlter Valuta eines Darlehns, seit dessen Eintragung bereits 38 Tage verflossen sind, desgleichen Protestationen wegen anderer Einwendungen gegen ein eingetragenes Recht und wegen erfolgter Tilgung einer Post, können nur auf Requisition des Prozeßrichters eingetragen werden[199]).

---

195) Eine bloße Anzeige genügt nicht. Anm. 197 a. E.

196) Aus dem Besch. des J. M. v. 18. Juli 1835 (Jahrb. Bd. XLVI, S. 146). Es macht keinen Unterschied, ob die Forderung noch in den Händen des ursprünglichen Gläubigers, oder bereits auf einen Dritten mit oder ohne Eintragung seines Rechts übergegangen ist.

197) Eine neue sehr zweckmäßige Bestimmung nach Analogie des §. 22 der V. v. 4. März 1834. Früher konnte sich der Besitzer (Schuldner) passiv verhalten bis er einmal in Anspruch genommen wurde, und der Gläubiger mußte, um die vielleicht grundlose Protestation wegzuschaffen, auf deren Löschung klagen und zur Durchführung der Klage die Zahlung des Darlehns durch andere Mittel als das Instrument selbst beweisen. Nach der neuen Vorschrift ist der Schuldner genöthigt, mit seiner Klage auf die Rückgabe des Instruments und Löschung der Hypothek bald hervorzutreten und dabei den ausdrücklichen Antrag auf Erlaß der Requisition um Aufrechterhaltung der Protestation anzubringen; denn eine bloße Anzeige oder die Klage ohne diesen besondern Antrag genügt nicht. R. v. 14. Juni 1840. (J. M. Bl. S. 224.)

198) Oben, Anm. 14a zu §. 18 d. T.

199) Der vorhin (197) erwähnte Besch. v. 18. Juli 1835 machte für den im §. 50 vorausgesetzten Fall zwei Unterscheidungen. Zuerst solle man darauf sehen: ob das Instrument noch in den ersten Händen befindlich oder schon auf einen Dritten übergegangen sei. In dem zweiten Falle sollte der Antrag immer abgelehnt und der Schuldner zum Rechtswege verwiesen werden. In dem ersten Falle sollte unterschieden werden: ob das Gesuch durch den Beweis der nicht erhaltenen Valuta, z. B. durch eine in hypothekenrechter Form nach 38 Tagen ausgestellte Urkunde des Gläubigers, worin derselbe die Nichtzahlung der Va-

In Bezug auf den Erlaß dieser Requisition und die weitere Behandlung der Angelegenheit gelten die Grundsätze, welche aus den §§. 47 u. 48[200]) sich ergeben[201]).

§. 178. Innerhalb acht und dreißig[202]) Tagen von dem

---

luta anerkannt, bescheinigt sei, oder nicht. Wenn ja, sollte die Protestation eingetragen, wenn nein, sollte der Schuldner zum Rechtswege verwiesen werden. Diese verschiedenen Fälle stellt der §. 50 alle gleich, der Schuldner muß immer klagen. Derselbe Besch. äußert sich auch zugleich über die Begründung dieser Klage. Es heißt: „Eine (solche) Klage des Schuldners kann nur durch Angabe der Beweismittel über die Behauptung der nicht erhaltenen Valuta, wobei auch die Eideszuschiebung nicht ausgeschlossen ist, gehörig begründet werden. Die angeführten Beweismittel dienen alsdann zugleich zur Begründung des damit verbundenen Antrages auf Eintragung der Protestation." Dem ist beizutreten. Doch paßt das nur auf den Fall, wenn das Instrument noch in der ersten Hand ist. Ist es schon cedirt, so kann der Hypothekenrichter der Requisition des Prozeßrichters keine Folge geben, sondern muß die Lage der Sache dem Requirenten bekannt geben, selbst wenn die Eintragung der bereits vorliegenden Cession noch bevorstände. Die Klage muß dann gegen den Cessionar gerichtet, kann jedoch nur durch dessen Dolus begründet werden. Eine Verpfändung hindert die Eintragung der Protestation, mit Vorbehalt der Rechte des Pfandinhabers, nicht. Vergl. dasselbe R. v. 18. Juli 1835.

Der Effekt der hierauf eingetragenen Protestation ist wieder die Erhaltung des Einwandes gegen spätere Cessionarien, und zwar bis dahin, wo entweder der Schuldner von der erhobenen Klage freiwillig zurücksteht, oder dieselbe rechtskräftig verworfen wird, in welchen beiden Fällen der Hypothekenrichter, auf Requisition des Prozeßrichters, die Löschung der Protestation verfügen muß. Dass. R. v. 18. Juli 1835. Die Schlußbestimmung hat der §. 44 (oben Zus. 14a zu §. 18) aufgenommen.

Das materielle Klagerecht ist die **condictio causa data**. Vergl. unten §. 180 u. A. L. R. I, 11, §. 655.

200) Unten, Zus. zu Abschn. 6 d. T.

Der §. 47 erfordert nur die Anmeldung der Klage in Betreff des behaupteten Realanspruchs und die Bescheinigung des Anspruchs, gemäß der Vorschrift des §. 291 d. T. Die frühere Vorschrift des mehrgedachten R. v. 18. Juli 1835 war strenger; darnach sollte der Prozeßrichter die Requisition, zugleich mit der Instruktion der Sache erlassen, falls er die Klage zur Einleitung hinlänglich begründet fände.

201) Instr. v. 3. August 1853, Art. 21.

„1. Bei der Eintragung der in den §§. 49 u. 50 des Gesetzes berührten Einreden findet die Bildung von Hypotheken-Instrumenten, wie sie nach der allgemeinen Bestimmung der Hypotheken-Ordnung Tit. II, §. 45 für erforderlich erachtet werden könnte, nicht statt, sondern an den Extrahenten wird nur die im §. 20 des Gesetzes vorgeschriebene Bekanntmachung in ähnlicher Art, wie nach Formular A, Nr. 4, erlassen. Außerdem ist der bei der Eintragung passiv Betheiligte von derselben zu benachrichtigen.

2. Bei den im Falle des §. 50 zu erlassenden Requisitionen des Prozeßrichters muß mit Rücksicht auf die Vorschriften des A. L. R. Th. I, Tit. 11 §. 739 u. Th. I, Tit. 20, §§. 424 — 426 besondere Beschleunigung eintreten."

202) Dieselbe Frist setzt das A. L. R. I, 11 §§. 738, 739, wo von dem Einwande nicht gezahlter Valuta Rede ist, fest. Dagegen schreibt der §. 426 Tit. 20 eine Frist von Vier Wochen ganz allgemein für die Eintragung der Einwendungen gegen Hypothekenrechte vor. Diese Verschiedenheit ist, nach Suarez' Vorträgen über die Schlußrevision des A. L. R., Jahrb. Bd. XLI, S. 22, aus einer Unachtsamkeit der Verfasser entstanden. Die Praxis hat sich damit geholfen, daß sie die 38tägige Frist, als eine besonders für die Ver-

Dato der Eintragung, kann also niemand eine ingrossirte Schuldpost mit Sicherheit, eigenthümlich oder pfandsweise, an sich lösen; weil er bis dahin nicht wissen kann: ob nicht dem Schuldner der Einwand der nicht erhaltenen Valuta zustehe[203]).

§. 179. Sobald die Protestation nach §. 177 eingetragen ist, muß dem Inhaber des Instruments davon Nachricht gegeben werden.

§. 180. Nach eingelegter Protestation hängt es von dem Befinden des Gutsbesitzers ab: ob er noch länger auf die Zahlung warten, oder auf die Zurückgabe und Löschung des Instruments klagen wolle[204]). Gleichergestalt steht es dem Inhaber des Instruments frei, entweder auf die Löschung der Protestation zu klagen, oder den Schuldner zur Klage zu provociren.

§. 181. Wenn aber, nach Ablauf der Achtunddreißig Tage, und in der Zwischenzeit, wo keine Protestation eingetragen ist[205]), das Instrument einem Dritten cedirt oder verpfändet worden, so kann der Gutsbesitzer sich des Einwands der nicht erhaltenen Zahlung, gegen diesen Dritten nicht bedienen.

4. Was bei Eintragung gesetzlicher und stillschweigender Hypotheken zu beobachten,

§. 182. Gesetzliche und stillschweigende Hypotheken werden niemals von Amts wegen eingetragen; sondern es ist die Sache derjenigen, denen dergleichen Pfandrecht zukommt[206]), oder denen

---

muthung bei Dahrlehnen, daß Vatula nicht bezahlt worden, festgesetzte, in der Anwendung auf diesen Einwand beschränkt. Vergl. R. v. 18. Juli 1835 (Jahrb. Bd. XLVI, S. 153).

203) Weil er dies alsdann durch Einsicht des Hypothekenbuchs ersehen kann. Deshalb muß innerhalb der 38 Tage nach Eintragung der Forderung auch die wirkliche Eintragung der Protestation erfolgen; daß in jener Frist die Eintragung bei den Grundakten bloß nachgesucht worden, kommt nicht in Betracht. Pr. des Ob.-Tr. 2009 b, v. 2. Mai 1848 (Entsch. Bd. XVI, S. 503). Das Recht des Grundbesitzers ist somit von dem Fleiße der Hypothekenbehörde abhängig gemacht.

204) Mittels der condictio ob causam. Denn diese geht auch auf Liberation von einer in gewisser nicht eingetretener Erwartung übernommenen Verbindlichkeit und Zurückgabe des darüber gegebenen Instruments. „Si quasi accepturi mutuam pecuniam adversario cavistis, quae numerata non est, per condictionem obligationem repetere." L. 7 C. de non numerata pecunia (IV, 30). — „Cum et soluta indebita quantitas ab ignorante repeti possit: multo facilius quantitatis indebitae interpositae scripturae condictio competit." L. 3 C. de cond. ind. (IV, 5). Die Grundsätze dieses Rechtsmittels hat das A. L. R. aufgenommen, I, 16, §§. 199 ff.

205) Und der Cessionar oder Pfandnehmer auch sonst davon, daß keine oder nicht volle Valuta bezahlt worden, nichts erfahren hat; denn es kommt, wenn nichts eingetragen ist, auf die Thatsache des Wissens (Dolus) an. Pr. des Ob.-Tr. v. 20. Februar 1849 (Entsch. Bd. XVII, S. 270).

206) Wem und in welchen Fällen es zukommt, muß nach den materiellen Rechtsgrundsätzen über das im Fragefalle vorliegende Rechtsgeschäft (§. 183)

die Besorgung ihrer Angelegenheiten obliegt, die Eintragung nachzusuchen.

§. 183. Einem solchen Gesuch muß diejenige Urkunde, woraus erhellet, daß dem Imploranten dergleichen stillschweigende oder gesetzliche Hypothek zustehe, im Original, oder doch in beglaubter Ausfertigung, beigefügt werden.

§. 184. Aus dieser Urkunde constirt entweder, von Seiten des Schuldners, ein ungezweifeltes Anerkenntniß derjenigen Forderung[207]), zu deren Sicherheit die gesetzliche oder stillschweigende Hypothek dienen soll; oder dieselbe ist daraus noch nicht mit hinlänglicher Ueberzeugung zu entnehmen.

§. 185. Erstern Falls muß die Eintragung verfügt werden, ohne daß es vorher eine Rücksprache mit dem Schuldner bedarf, als welchem von der erfolgten Intabulation bloß Nachricht gegeben wird.

§. 186. Ist hingegen die Agnition der Forderung aus den producirten Urkunden nicht klar; so muß die Erklärung des Schuldners darüber erfordert, und mit der wirklichen Eintragung nicht eher verfahren werden, als bis entweder der Konsens desselben, oder ein deshalb ergangenes rechtskräftiges Urtel beigebracht[208]) worden.

25. V. vom 4. März 1834 über die Exekution in Civilsachen. (G. S. S. 36).

§. 22. Der Gläubiger erwirbt durch solche Erkenntnisse, Vergleiche und Zahlungs-Verfügungen, aus welchen eine Exekution stattfindet[209]), für Kapital, Zinsen und Kosten, und für

---

beurtheilt werden. Die im Privatrechte §. 367 befindliche Zusammenstellung ist seit der Einführung der Konkursordnung v. 8. Mai 1855 nicht mehr richtig. Die Generalbestimmung im §. 12, Tit. 51, Th. I der A. G. O. ist sammt der alten Konkursordnung (Tit. 50 a. a. O.), auf welche derselbe sich bezieht, aufgehoben. Es sind aber die in den Gesetzen vorfindlichen Spezialbestimmungen hierüber in Kraft geblieben, und wenn die Hypothekenbehörde bei einem ihr vorgelegten Rechtsgeschäfte (§. 183) in Folge der neuen Kreditgesetze einen begründeten Zweifel hat, so muß sie auf Beibringung der Einwilligung des Besitzers zur Eintragung bestehen und eventuell den Gesuchsteller zum Rechtswege verweisen.

207) Die Forderung und deren unzweifelhafte Klarheit ist wohl zu unterscheiden von dem Zweifel, welcher über das Bestehen eines gesetzlichen Titels zum Pfandrecht eintreten kann. Vor. Anm. 206.

208) Die Beibringung des Urtels ist jetzt Sache des Prozeßrichters; denn wenn über eine einzutragende Forderung gestritten und erkannt worden ist, so gehört die Eintragung zur Vollstreckung des Urtels und der obsiegende Gläubiger hat sich mit seinem desfallsigen Gesuche an das Prozeßgericht zu wenden, welches die Hypothekenbehörde um die Eintragung requirirt.

209) Also exekutorisch muß der Titel sein, wenn er ein Rechtsgrund zur Erwerbung des Hypothekenrechts (Titel zum Unterpfandsrecht) sein soll, gleich-

die Kosten der Eintragung[210]), einen Titel zum Pfandrecht auf die dem Schuldner zugehörigen Immobilien[211]). (A. L. R. Th. I, Tit. 20, §. 5).

Er ist —[212]) befugt, die Eintragung auch ohne besondere Einwilligung des Schuldners bei dem Prozeßrichter nachzusuchen, und letzterer ist verbunden, die Eintragung bei der Hypothekenbehörde unter Mittheilung einer mit dem Atteste der Rechts-

---

viel, von welcher Art das Verfahren sei, in welchem derselbe entstanden ist. Daher findet die Eintragung z. B. auch in dem Falle des §. 64 der Criminal-Ordnung statt, wie durch das Pr. des Ob.-Tr. 2557, v. 23. October 1854 in folgenden Sätzen festgestellt worden ist: „1. Die subsidiarische Verpflichtung der Eltern und Kinder zur Bezahlung desjenigen, was zum nothwendigsten Unterhalt der hülflosen Kinder oder Eltern während der Untersuchung und Vollziehung der Strafe nach Festsetzung der Behörde erfordert wird, ist eine gesetzliche Folge der rechtskräftigen Verurtheilung, so daß es zur Sicherstellung dieses Anspruchs durch hypothekarische Eintragung auf die Immobilien der subsidiarisch Verpflichteten nicht erst der Erwirkung eines Judikats gegen dieselben bedarf. 2. Auch die bereits vor dem 1. Januar 1852 entstandenen Untersuchungskosten können sowohl gegen den Verurtheilten selbst, als auch gegen die subsidiarisch Verpflichteten, beim Eintritt ihrer Haftbarkeit, durch hypothekarische Eintragung auf die Immobilien derselben, sicher gestellt werden, ohne daß es einer vorgängigen Einklagung dieser Kosten bedarf. 3. Diesem Pfandrechtstitel der Kostenforderung steht das behauptete Unvermögen des subsidiarisch Verpflichteten nicht entgegen, giebt demselben vielmehr nur einen Anspruch auf Niederschlagung und demnächst Löschung der Forderung." (Entsch. Bd. XXIX, S. 108.) Vergl. die Anmerkung 211, Abs. 2 a. E.

210) Weil diese hier zu den Exekutionskosten gehören, daher es damit anders ist als bei der konventionellen Hypothek nach §. 488, Tit. 20, Th. I des A. L. R.

211) Dieser Grundsatz ist nicht auf Geldforderungen zu beschränken, sondern begründet auch für rechtskräftige, bestimmte fungible Naturalleistungen (worunter andere Quantitäten als Geldsummen gemeint sind) das prätorische Pfandrecht und den Titel zur Eintragung. Pr. des Ob.-Tr. 2347, v. 6. Februar 1852. (Entsch. Bd. XXII, S. 222.)

Dagegen kann auf Grund von Erkenntnissen auf Leistung von Handlungen, wegen welcher nach §. 9 der V. v. 4. März 1834 die executio ad faciendum eintritt, keine Hypothek genommen werden, so lange nicht eine Geldsumme, sei es daß sie als Exekutionsmittel oder als Kosten-Vorschuß oder als Entschädigung dienen soll, wenigstens vorläufig durch die Exekutionsbehörde festgesetzt worden ist; eher kann nicht von „Kapital und Zinsen" die Rede sein; überhaupt kann nur für Quantitäten (Summen) fungibler Sachen, aber nicht unmittelbar für Handlungen Hypothek bestellt werden. Die Forderungen jener Art müssen auch, um dafür ein prätorisches Pfandrecht zu erlangen, eben einziehbar sein, denn das Einziehungsverfahren ist der Entstehungsgrund dieses Pfandrechts, daher können erst künftig fällig werdende und bedingte Forderungen, z. B künftige Alimente, nicht eingetragen werden. Pr. des Ob.-Tr. v. 4. October 1845 (Entsch. Bd. XII, S. 482).

Bei bestehender ehelicher Gütergemeinschaft ist ein gegen den Ehemann allein gerichtetes Erkenntniß zur Vollstreckung in das gütergemeinschaftliche Vermögen geeignet, also auch zur Eintragung genügend; doch kann die Ehefrau, wenn die Eintragung auf ein von ihr eingebrachtes Grundstück geschehen soll, andere gütergemeinschaftliche Gegenstände zur Befriedigung des Gläubigers nachweisen. Gutachten des Ob.-Tr. v. 24. August 1840 (J. M. Bl. S. 370).

212) Die hier im Gesetz stehenden Worte: „nach Ablauf der im Zahlungsbefehle (A. G. O. Tit. 24, §. 31) bestimmten Frist", fallen weg; der §. 31 ist aufgehoben und der Erlaß eines monitorischen Zahlungsbefehls an den Schuldner

kraft[213]) versehenen Ausfertigung des Erkenntnisses, Vergleichs rc. und, wenn ein Instrument über den Anspruch vorhanden ist, unter Beifügung desselben, in Antrag zu bringen, auch gleichzeitig den Schuldner davon zu benachrichtigen.

Dem Gläubiger steht schon vor Nachsuchung des Exekutions[214])-Befehls frei mit Ueberreichung des Erkenntnisses, Vergleichs rc.[215]) oder einer beglaubten Abschrift derselben, sich unmittelbar an den Hypothekenrichter zu wenden, und die Eintragung einer Protestation zur Erhaltung seines Vorrechts[216]) nachzusuchen. Der Hypothekenrichter hat in solchem Falle die Eintragung sofort zu bewirken, ist jedoch verpflichtet, die Protestation von Amts wegen wieder zu löschen[217]), wenn der An-

---

findet nicht ferner statt. G. v. 20. März 1854 §. 15 (G. S. S. 115). Die Eintragung muß nun auf Antrag des Exekutionssuchers mit der Exekution zugleich verfügt werden.

213) Ein Attest, worin bezeugt ist, daß bei dem Prozeßrichter innerhalb der vorgeschriebenen Fristen ein Rechtsmittel nicht eingelegt worden, genügt. R. v. 20. December 1838 (J. M. Bl. 1839, S. 19). Ist gegen das Erkenntniß ein ordentliches Rechtsmittel nicht zulässig, so bedarf es eines besonderen Attestes der Rechtskraft nicht. R. v. 26. März 1835 (Jahrb. Bd. XLVI, S. 565). Die eingelegte Nichtigkeitsbeschwerde hindert die Eintragung nicht, wohl aber thut dies die Deposition der beizutreibenden Forderung. Wird erst nach geschehener Eintragung deponirt, so ist die Vermerkung der Deposition in der Colonne „Cessionen" von Amts wegen zu veranlassen und auf dem einzufordernden Instrumente die Deposition vom Prozeßrichter zu registriren. R. vom 14. Juni 1838 (Jahrb. Bd. LI, S. 384).

214) In der Verordnung steht „Zahlungs". Der vorgängige Zahlungsbefehl wird jedoch nicht mehr erlassen. Vor. Anm. 212,

215) Und des Attestes der Rechtskraft.

216) Derselbe Ausdruck, welchen sich der §. 72 d. T. bedient: „zur Conservirung seines Rechts." Die Protestation ist also eine protestatio pro conservando jure, was man ohne juristischen Grund angezweifelt hat. M. s. J. M. Bl. 1847, S. 99, 107, 118; 1848, S. 233. Auch das R. v. 13. Novbr. 1835 (Jahrb. Bd. XLVI, S. 562) erklärt sie für eine protestatio pro conservando jure et loco.

Die Protestation hat drei Monate lang ebendieselbe juristische Wirkung wie eine auf Grund der Vorschriften der Hypothekenordnung eingetragene protestatio pro conservando jure; sie sichert mithin die Hypothek auch für den Fall der inzwischen eintretenden Besitzveränderung oder des eintretenden Konkurses, wenn nur rechtzeitig die Requisition des Prozeßrichters nachfolgt.

217) Wenn er das auch unterläßt, so verliert die Protestation doch von Rechts wegen ihre rechtliche Wirkung mit Ablauf der Frist. Pr. des Ob.-Tr. 588, v. 8. December 1838. Geht also die Requisition später ein, so wird nicht die Protestation in eine Hypothek an ihrer Stelle umgeschrieben, vielmehr wird die Post unter einer neuen Nummer hinter der letzten Post eingetragen. R. vom 13. November 1835, Nr. 4 (Jahrb. Bd. XLVI, S. 562); R. vom 27. März 1836, Nr. 3 (Jahrb. Bd. XLVII, S. 374); vom 9. December 1837 (Jahrb. Bd. L, S. 579).

Hat die Hypothekenbehörde dieses nicht gethan; hat sie vielmehr die bereits erloschene Protestation in eine Hypothek umgeschrieben; so erwirbt dadurch der ursprüngliche Gläubiger kein Vorrecht vor den bereits eingetragenen Gläubigern; dem redlichen Cessionar aber kann der Platz nicht streitig gemacht werden. Daß der Cessionar aus dem Instrumente das Datum der Einschreibung der Protestation und das Datum der Umschreibung ersehen konnte, berechtigt noch

trag des Prozeßrichters auf Eintragung einer förmlichen Hypothek[218]) nicht binnen drei Monaten[219]) eingeht[220]).

Kommt es noch auf die Feststellung des Betrages der Forderung an[221]), oder ist die Exekution nur provisorisch[222]) zulässig, so kann der Gläubiger auf denselben Wegen[223]) die vorläufige[224]) Eintragung seines Rechts verlangen.

§. 23. Besitzt der Schuldner mehrere[225]) Immobilien, und

---

nicht, ihn einem unredlichen gleich zu behandeln, weil aus der Vergleichung dieser beiden Tage die Ueberschreitung der Frist, innerhalb welcher die Requisition eingehen muß, nicht zu entnehmen ist. Dazu ist noch die Kenntniß des Tages, an welchem die Requisition eingegangen ist, erforderlich, weshalb derselbe, wie die Formel in der folg. Anm. 218 zeigt, mit angegeben werden muß.

Zur Löschung der Protestation ist die Beibringung des etwa ausgefertigten Instruments nicht erforderlich.

218) Die Umschreibung der Protestation in eine wirkliche Hypothek geschieht in der Colonne „Cessionen" etwa in folgender Art:

„Vorstehende Protestation ist auf die am . . . . . . eingegangene Requi-
„sition des Prozeßrichters in eine wirkliche Hypothek auf Höhe von . . . Thlr.
„ . . . Sgr. umgeschrieben worden, zufolge Dekrets vom . . . . . ."

R. v. 13. November 1835, Nr. 5 (Jahrb. Bd. XLVI, S. 562).

219) Von dem Tage der Eintragung der Protestation an gerechnet. R. v. 9. December 1837 (Jahrb. Bd. L, S. 579). Darunter ist der Tag des Eintragungsbefehls (Dekrets) verstanden, nicht der Tag, an welchem der Ingrossator den Befehl ausführt, daher derselbe auch in den Ausfertigungen und Hypotheken-Scheinen niemals zum Vorschein kommt.

220) Das Gesetz vom 24. Mai 1853 hat es im §. 45 (oben, Zus. 14 a zu §. 18) bei den Vorschriften dieses dritten Absatzes ausdrücklich bewenden lassen.

221) Dies bezieht sich auf Fälle, wo zuvor über den Grund der fälligen Forderung, nicht aber zugleich über den Betrag erkannt worden ist und nur aus diesem Grunde die exekutive Einziehung ausgesetzt wird; keineswegs auf die Fälle der Präjudicialklagen und bedingte terminliche Leistungen, z. B. künftige Alimente. Oben, Anm. 211, Abs. 2.

222) In diesem Falle bedarf es selbstverständlich keines Attestes der Rechtskraft.

223) Nämlich entweder auf dem Wege der Exekution, indem er sich bloß an den Prozeßrichter wendet, oder zugleich auch durch unmittelbaren Antrag bei der Hypothekenbehörde. Vergl. R. v. 13. November 1835 (Jahrb. Bd. XLVI, S. 563).

224) Jede vorläufige Eintragung kann nur protestativisch sein, mag sie auf unmittelbaren Antrag des Gläubigers, oder auf Requisition des Prozeßrichters erfolgen. Der Unterschied zwischen beiden ist nur der, daß die auf unmittelbaren Antrag eingetragene Protestation erlischt, wenn nicht binnen drei Monaten die Requisition des Prozeßrichters nachfolgt. Geht dieselbe rechtzeitig ein, so hat der Hypothekenrichter die Aufrechterhaltung der Protestation im Hypothekenbuche zu vermerken, welches, wenn die Protestation mit den Worten schließt:

„eingetragen auf den Antrag des N. N. zufolge Dekrets vom . . . .",

durch den Zusatz geschehen kann:

„und auf die am . . . . eingegangene Requisition des ꝛc. Gerichts, zufolge
„Dekrets vom . . . ."

Vergl. R. v. 13. November 1835 (Jahrb. Bd. XLVI, S. 564).

225) Mehrere auf Ein Folium zusammengeschriebene Grundstücke gelten in dieser Beziehung für ein Immobile, sagt der J. M. in den Besch. v. 25. April 1836 und vom 12. Januar 1841 (J. M. Bl. 1841, S. 38). Diese Auslegung halte ich für unrichtig. Die Absicht des Gesetzes geht dahin, die solidarische

der Gläubiger will sich nicht mit der Eintragung auf eines derselben begnügen, so darf Letzterer nur einen von ihm zu bestimmenden Theil[226]) der Forderung auf jedes Immobile eintragen lassen.

26. K. O. vom 6. Mai 1836, über die Wirkung der von den Regierungen rc. angeordneten exekutivischen Maßregeln. (G. S. S. 194).

Den exekutiven Maßregeln, welche die Regierungen innerhalb der Grenzen des durch die Verordnung vom 26. December 1808 und durch die Instruktionen vom 23. October 1817 und 31. December 1825 gesetzlich ihnen verliehenen Exekutionsrechts anordnen, ist dieselbe Wirkung beizulegen, die das Gesetz den gerichtlich verfügten Exekutionen beilegt[227]).

§. 187. Wenn zu der Zeit, wo die Eintragung einer solchen gesetzlichen, oder stillschweigenden Hypothek[228]) gesucht wird, das Gut sich nicht mehr in den Händen des eigentlichen Schuldners, oder dessen Erben, befindet; sondern der Titulus possessionis bereits auf einen Dritten, als dessen Successorem singularem, berichtigt[229]) ist; so kann die Eintragung, ohne ausdrücklichen Consens dieses dritten Besitzers, oder ein darüber ergangenes rechtskräftiges Urtel, niemals verfügt werden[230]).

§. 188. Doch kann in beiden, §. 186 u. 187, angegebenen Fällen, der Creditor, wenn seine Forderung einigermaßen bescheinigt ist, verlangen, daß bis zum beigebrachten Consens des Besitzers, oder erstrittnen Judicato, eine Protestation, gegen alle

---

Belastung mehrerer selbstständiger Grundstücke im Wege der Exekution auszuschließen.

226) Theilen muß auch ein solcher Gläubiger seine Forderung, welcher bereits eine Conventional-Hypothek hat und die Eintragung im Wege der Exekution noch auf einem andern Grundstück des Schuldners sucht; er muß mithin auf die Conventional-Hypothek zu dem Betrage, welchen er auf ein anderes Grundstück eintragen lassen will, verzichten. Vergl. R. vom 17. September 1836 (Jahrb. Bd. XLVIII, S. 219).

227) Hiernach können die Regierungen, soweit ihnen das Exekutionsrecht zusteht, um die Eintragung ihrer Forderungen, gleich dem Prozeßrichter, requiriren. R. v. 9. October 1840 (J. M. Bl. S. 327).

228) Oder Reallast oder andern dinglichen Rechts. (Entsch. des Ob.-Tr. Bd. XXVI, S. 46.)

229) In der ersten amtlichen Ausgabe v. 1784 steht der Druckfehler „berechtigt".

230) Vergl. A. L. R. I, 20, §§. 404 ff.

Der Fall, wo gegen den Besitzer auf Eintragung geklagt und ein obsiegliches Urtel erwirkt worden ist, und bei der Vollstreckung des Urtels sich ein Dritter, dessen Erwerbung jünger als die Insinuation der Klage ist, im Besitze des Grundstücks befindet, ist keine Ausnahme von der Regel des §. 187, wie das R. v. 20. April 1840 (J. M. Bl. 1841, S. 153) vermeint; vielmehr findet auf den Fall eine andere Regel, nämlich die des §. 9, Tit. 24, Th. I der A. G. O., Anwendung.

fernere zu seinem Nachtheile gereichende Verpfändungen eingetragen werde[231]).

§. 189. Wenn die Eintragung einer gesetzlichen oder stillschweigenden Hypothek gewöhnlichermaßen verfügt und erfolgt ist, so muß solche auf das Original-Instrument, worin die Forderung sich gründet, registrirt werden.

§. 190. Kann das Original-Instrument dem Inhaber des gesetzlichen oder stillschweigenden Pfandrechts nicht extradirt werden; weil solches etwa zu einem andern Behuf erforderlich ist, oder sonst in den Händen des Debitoris bleiben muß; so wird davon eine vidimirte Abschrift gefertigt, und die Registratur über geschehene Ingrossation auf diese vermerkt; dabei aber, sowohl in der Vidimations-Clausel, zu welchem Behuf die Abschrift verfertigt worden, als in dem —[232]) beizuheftenden Hypothekenbuchs-Auszuge, der Umstand[233]), daß die Ingrossation auf

---

231) Seit der Einführung des A. L. R. findet diese Vorschrift auf gesetzliche und stillschweigende Hypotheken (Titel zu Hypotheken) keine Anwendung; die Eintragung solcher Titel, welche gegen den Vorbesitzer zustanden, ist durch den §. XV des Publ.-Patents unbedingt ausgeschlossen; sie erlöschen mit dem Uebergange des Eigenthums auf einen andern Nichtverpflichteten. Vergl. R. v. 15. April 1835 (Jahrb. Bd. XLV, S. 500). Die bloße Kenntniß eines solchen Titels, ohne daß der Erwerber weiß, daß bereits Anträge wegen dessen Eintragung geschehen sind, macht keinen Unterschied. Niemand würde sonst von einem Manne, der z. B. eine reiche Frau geheirathet hat, ein Grundstück mit Sicherheit erwerben können: die Frau könnte am andern Tage ihre Illaten eintragen lassen und dem neuen Besitzer seinen ganzen Realkredit nehmen, vielleicht auch ganz ruiniren, wenn der Mann nichts hätte und für die Gewährleistung nicht aufkommen könnte. Die allgemeine gesetzliche Hypothek unterliegt, da die Entstehungsart in der Regel ohne Einfluß auf die Wirksamkeit des entstandenen Rechts ist (vergl. §. 191), demselben Grundsatze, welchen schon die Hypothekenordnung selbst, im §. 166, in Beziehung auf die conventionelle Generalhypothek festgesetzt hat: „Doch kann er die Eintragung nur auf solche Güter verlangen, von welchen, zur Zeit des einkommenden Gesuchs, der titulus possessionis noch auf den Namen seines Schuldners berichtigt ist.“ Ein Zweifel könnte mithin nur noch bei den gesetzlichen oder stillschweigenden Special-Hypotheken sein und dieser ist letztendlich durch die Einführung der neuen Konkursordnung, welche dergleichen Specialtitel abgeschafft hat, vollends erledigt.

Dagegen kann bei andern (selbstständigen) Realrechten der Fall, wo der §. 188 von dem Prozeßrichter zur Anwendung zu bringen ist, noch immer vorkommen.

232) Hier sind die Worte „statt der Rekognition“ weggelassen und statt „Hypotheken-Schein“ ist Hypothekenbuchs-Auszug gesetzt, gemäß §. 19 des G. v. 24. Mai 1853 (oben, Zus. 16 zu §. 39).

233) Dieser Umstand kann in dem Hypothekenbuchs-Auszuge nicht „ausdrücklich angemerkt“ werden, da er nur ein Auszug aus dem Folium des Hypothekenbuchs ist und die Schlußbemerkung, welche den sonstigen Rekognitions-Scheinen beigefügt wurde, nicht erhält. Es muß jedoch in dem Eintragungsvermerk auf die beglaubigte Abschrift unter Angabe des Tages der Ausfertigung Bezug genommen werden, und dadurch kommt das Datum auch in den Auszug.

eine, nach ihrem Dato, zu allegirende beglaubte Copey registrirt sei, ausdrücklich angemerkt.

§. 191. Wenn die einzutragende gesetzliche Hypothek mehrere Güter betrifft, so ist es damit eben so zu halten, wie in Ansehung einer ausdrücklichen General-Hypotheke, oben §. 165 seq. verordnet worden.

§. 192. Diejenigen stillschweigenden Hypotheken, womit die Güter von Cassen- oder Rechnungs-Bedienten, den Königlichen oder andern öffentlichen Cassen, und die Güter der Vormünder und Curatoren, ihren Pflegebefohlenen verhaftet sind, können und müssen, auf die bloße Requisition der Amts-Vorgesetzten, oder des obervormundschaftlichen Gerichts, eingetragen werden.

27. Deklaration vom 18. April 1803, wegen Einschränkung des dem Fisko in dem unbeweglichen Vermögen der fiskalischen Kassen-Bedienten rc. zustehenden Vorzugsrechts. (Rabe, Bd. VII, S. 443).

1) — — Den fiskalischen Kassen soll, wegen der von den Beamten gemachten Defekte, das Vorrecht der zweiten Klasse nur in dem übrigen Vermögen des Schuldners zu Statten kommen, wogegen dieselben aus dem unbeweglichen Vermögen ihre Befriedigung nur alsdann in der dritten Klasse[234]) zu erwarten haben, wenn das Recht des Fiskus in dem Hypothekenbuche ausdrücklich eingetragen worden, und auch nur in der Ordnung, in welcher die Eintragung erfolgt ist.

2) Es sind daher alle frühere Eintragungen gegen den Fiskus gültig, wenn sie gleich erst nach der Zeit erfolgt wären, nachdem der Kassen- oder Domainen-Beamte, Pächter oder Faktor das Amt, die Pachtung oder Verwaltung übernommen hatte, und findet solchergestalt die entgegengesetzte Vorschrift des A. L. R. Th. II, Tit. 14, §. 52 nicht weitere Anwendung.

3) Aufgehoben[235]).

4) So viel wie möglich soll die Eintragung des fiskalischen Vorrechts[236]) jedesmal auf eine bestimmte Summe gerichtet werden, und ist sodann das Grundstück, oder die eingetragene Gerechtigkeit rc. dem Fisko nur bis auf den Betrag der eingetragenen Summe verhaftet. Doch bleibt dieses lediglich der Beurtheilung und Bestimmung der dem fiskalischen Kassen-Beamten vorgesetzten Amtsbehörde überlassen, und steht dieser frei, die Eintragung ohne Einschränkung auf eine gewisse Summe zu verordnen, in welchem Falle die fis-

---

234) An die Stelle der dritten Klasse ist ein abgesondertes Verfahren zur Befriedigung der Realgläubiger getreten. Konkurs-Ordnung Tit. 2, Abschn. 13, §§. 263 ff.

235) S. den folg. Zus. 28, Nr. 2.

236) Dieses Vorrecht verwandelt sich durch die Eintragung in eine durch Hypothek bestellte Kaution.

kalische Kasse bei entstehenden Defekten ihre Befriedigung an der Stelle, wo das fiskalische Vorrecht eingetragen worden, auf den ganzen Betrag des verursachten Defekts zu fordern berechtigt ist.

5) Aufgehoben[237].

6) Die Eintragung des fiskalischen Vorrechts muß in der dritten Rubrik des Hypothekenbuchs unter den gerichtlich versicherten Schulden erfolgen, und kann es die Stelle derselben nicht vertreten, wenn etwa die Eigenschaft des Besitzers, als eines fiskalischen Kassen-Bedienten, aus dessen Titel, oder sonst beiläufig, aus dem Hypothekenbuche hervorgehet.

7) Aufgehoben[237].

8) Wenn diese Vorschriften wegen Eintragung des Kassen-Vorrechtes nicht beobachtet worden, so kann von demselben gegen die eingetragenen Gläubiger, welche dem Glauben des Hypothekenbuchs gefolgt sind[238], kein Gebrauch gemacht werden. (Das Uebrige dieses Absatzes ist eine transitorische Bestimmung für die damals anhängigen Sachen).

Dagegen sind die Kassen-Bedienten, und die demselben in officio vorgesetzten Behörden, ingleichen die Hypothekenbehörden, welche die ihnen vorstehendermaßen auferlegten Pflichten verabsäumen, dem Fisko für allen daraus entstehenden Schaden, nach den allgemeinen, die Vertretungs-Verbindlichkeit der Staats-Beamten bestimmenden gesetzlichen Grundsätzen, verhaftet. (Das Uebrige sind vorübergegangene Bestimmungen bezüglich auf die derzeitigen Angestellten).

28. **K. O. vom 2. Juli 1833, betr. die Eintragung des fiskalischen Vorrechts auf die Immobilien der Kassen-, Magazin- und Domainen-Beamten und anderer Verwalter öffentlicher Gelder.** (G. S. S. 81).

1) Die Eintragung der fiskalischen Vorrechte auf die Immobilien der Kassen-, Magazin- und Domainen-Beamten, oder anderer Verwalter öffentlicher Einkünfte, so wie der Domainenpächter (A. L. R. Th. II, Tit. 14, §§. 45 ff.; Dekl. vom 18. April 1803; V. vom 14. April 1813; Rheinisches Civil-Gesetzbuch, Art. 2038, 2121 u. Dekret vom 5. September 1807) findet fortan nur auf den Antrag der den Kautionspflichtigen vorgesetzten Dienstbehörde statt.

Diese soll die Eintragung nur dann verlangen, wenn besondere Umstände eine erweiterte Sicherstellung des fiskalischen Interesse erfordern, oder wenn von Beamten, welche vor Publikation meiner Ordre über das Amtskautionswesen

---

237) S. den folg. Zus. 28, Nr. 2.

238) Die Fassung ist doppelsinnig. Sie kann bedeuten, daß nur Diejenigen, welche dem Glauben des Hypothekenbuchs gefolgt sind, d. h. diejenigen Gläubiger, welche sich in gutem Glauben befunden haben, gesichert sein sollen; sie kann auch heißen: es sollen alle voreingetragenen Gläubiger sicher sein, weil sie sich auf das Hypothekenbuch verlassen haben. Die Vorschrift muß in dem zweiten Sinne aufgefaßt werden, weil sie sonst illusorisch sein würde, da Jeder, welcher eine Hypothek nimmt, auch seinen Schuldner kennt und mithin weiß, wenn er fiskalischer Kassenbeamter ist. Diese Auslegung findet ihre Bestätigung auch in der Nr. 2 u. 6 dieser Deklaration.

vom 11. Februar v. J. angestellt sind, oder von Domainenpächtern eine Kaution nicht geleistet worden ist.

2) Die Bestimmungen der Dekl. vom 18. April 1803, §§. 3, 5 und 7, die V. vom 14. Januar 1813 und das Dekret vom 5. September 1807 werden hierdurch außer Kraft gesetzt.

3) (Vorübergegangene Bestimmung über die damals schon erfolgten Eintragungen).

29. Verordnung über die Festsetzung und den Ersatz der bei Kassen und anderen Verwaltungen vorkommenden Defekte durch die vorgesetzte Behörde, vom 24. Januar 1844 (G. S. S. 52).

§. 15. Die — Hypothekenbehörden sind verpflichtet, den an sie ergehenden Requisitionen zu genügen, — und die in Antrag gebrachten Eintragungen, wenn sonst kein Anstand obwaltet, im Hypothekenbuche zu veranlassen, ohne auf eine Beurtheilung der Rechtmäßigkeit einzugehen[239]).

§. 193. Die Eintragung wird auf eine, von dem ergangenen Requisitions-Schreiben, zu expedirende beglaubte Abschrift registrirt; und solches, nebst dem —[240]) ausgefertigten Hypothekenbuchs-Auszug, den Requirenten zugestellt[241]).

§. 194. Cautionen und Bürgschaften, denen keine gesetzliche oder stillschweigende Hypothek zukommt[242]), werden nicht von Amts wegen, noch auf einseitiges Ansuchen desjenigen, dem die Caution bestellt worden, sondern erst nach vorhergängigem Consens des Caventen, oder wider ihn ergangenem rechtskräftigen Urtel, eingetragen. 5) bei Cautionen und Bürgschaften.

§. 195. Es muß alsdann darüber ein ordentliches Cautions-Instrument —[243]) ausgefertigt und zur Eintragung übergeben werden.

§. 196. Bei der Examinirung dieses Instruments muß der Richter besonders auch auf die Person des Caventen Rücksicht nehmen: ob etwa zur Rechtsbeständigkeit der Caution, die Certioration, und Entsagung gewisser Gerechtsame erforderlich, und

239) Vergl. G. v. 24. Mai 1853, §. 7 (oben, Zus. 13 zu §. 4 d. T.).

240) Hier fallen die Worte „zur Rekognition" aus, und statt „Hypotheken-Schein" muß es „Hypothekenbuchs-Auszug" heißen. §. 19 des G. v. 24. Mai 1853 (oben Anm. 16 zu §§. 36, 37, 39).

241) Hiernach wird noch ferner verfahren. Oben, Anm. 37 d. T.

242) Ueber die rechtliche Natur eines Forderungsrechts auf Sicherstellung, worüber mancherlei gefabelt worden ist, s. m. die Anm. 5 zu §. 180, Tit. 14, Th. I des A. L. R.

243) Hier fallen die Worte „mit der Intabulations-Clausel versehen" aus. Oben, Zus. 22 zu §. 147 d. T.

nach Maaßgabe des Instruments, mit den in den allgemeinen[244]) oder Provinzial-Gesetzen vorgeschriebenen Solennitäten, wirklich erfolgt sei. (Cf. §. 12).

§. 197. Uebrigens muß die erfolgte Eintragung auf dem Original-Cautions-Instrumente registrirt, und —[245]) ein Hypothekenbuchs-Auszug, wie gewöhnlich, ausgefertigt und beigeheftet werden.

§. 198. Schließlich, soll durch die in gegenwärtigem Abschnitt enthaltenen Verordnungen, demjenigen, was wegen Ausfertigung und Eintragung, der von den Landschaftlichen Credit-Systemen verschiedener Provinzen, auf adeliche Güter gegebenen Pfandbriefe, in den diesfälligen Reglements etwa besonders versehen ist, keineswegs derogirt werden.

30. Erlaß vom 5. November 1849 hinsichtlich der Ausfertigung und Eintragung der **Westpreußischen**[246]) Pfandbriefe (G. S. S. 433), (wiederholt im revidirten Westpreußischen Landschafts-Reglement, v. 25. Juni 1851, §§. 33—35, G. S. S. 530).

§. 1. Die bewilligten Pfandbriefe werden vor dem versam-

---

244) A. L. R. I, 14, §§. 219 ff.; II, 1, §§. 341 ff.; A. G. O. II, 1, §§. 9 ff.; II, 3, §§. 16 ff.

245) Oben, Anm. 240.

246) Das Westpreußische Intabulations-Verfahren ist auch eingeführt:

a) für die Schlesischen Pfandbriefe durch königl. Erlaß v. 25. März 1850 (G. S. S. 323), wozu die Instruktion der Schlesischen General-Landschafts-Direktion v. 4. Juni 1851 (J. M. Bl. 1852, S. 220) gehört;

b) für die Ostpreußischen Pfandbriefe durch königl. Erlaß v. 25. Mai 1851 (G. S. S. 440). Dem entsprechend werden in dem Formular der Ostpreußischen Pfandbriefe seitdem die Worte „in Gegenwart des die Hypothekenbücher führenden Kollegii“ weggelassen und die betreffende Stelle ist dahin gefaßt: daß der Pfandbrief auf das betreffende Gut „von den Bevollmächtigten der gemeinen Landschaft und von dem die Hypothekenbücher führenden Gerichte ausgefertigt und sub Nr...... des Registers eingetragen“ worden.

c) Für Pommern ist ein neues Landschafts-Reglement in der Bearbeitung und bis zur Veröffentlichung desselben schreibt der königl. Erlaß v. 30. April 1851, betreffend das Verfahren bei Intabulationen Pommerscher Pfandbriefe (G. S. S. 312) vor, daß

1. die Abordnung eines landschaftlichen Kommissarius zum Intabulationsgeschäfte ausreichend sein, und den landschaftlichen Departements-Direktionen überlassen bleiben soll, ob sie eins ihrer Mitglieder oder den Syndikus dazu abordnen wollen, und
2. in solchen Fällen, in welchen nach dem Ermessen der Direktion die Kosten der Sendung eines Kommissarius zu dem Gegenstande in keinem richtigen Verhältnisse stehen, das Intabulationsgeschäft auf Grund der in forma probante von landschaftlichen Behörden an die Gerichte ergehende Requisitionen soll erledigt werden können.

d) In der Provinz Posen ist das Pfandbriefs-System geschlossen. V. v. 15. April 1842, §. 16 (G. S. S. 187).

In andern Provinzen befinden sich keine landschaftlichen Kredit-Systeme.

melten Departements-Kollegio von dem Provinzial-Direktor und zwei Mitgliedern des Kollegii unterschrieben und vor Beidrückung des Landschafts-Siegels mit einer Ausfertigung des Bewilligungs-Protokolls von der Landschafts-Direktion, nebst den erforderlichen Eintragungs- und Löschungs-Anträgen, dem betreffenden das Hypothekenbuch führenden Kreisgerichte übersendet.

§. 2. Das Kreisgericht prüft diese Gesuche. Ergeben sich dabei rechtliche Erinnerungen, so werden dieselben der Landschafts-Direktion zur Erledigung mitgetheilt. Erscheint dagegen das Eintragungsgesuch rechtlich zulässig, so wird die Eintragung mit wörtlicher Angabe[247]) der Eintragungs-Vermerke verfügt und in einem Termine vor dazu zu ernennender kreisgerichtlicher Kommission von drei Mitgliedern bewirkt. Die Pfandbriefe werden demnächst mit dem Eintragungs-Vermerke versehen und dieser von dem Vorsteher des Hypotheken-Büreaus und dem Ingrossator vollzogen.

§. 3. Sodann werden von den Gerichts-Kommissarien die in das Hypothekenbuch eingetragenen Vermerke mit dem Eintragungs-Dekrete verglichen, bei befundener Richtigkeit die Pfandbriefe von den Mitgliedern der Kommission unterschrieben und mit dem Gerichtssiegel bedruckt. Ueber diesen Akt wird eine Verhandlung aufgenommen, dieselbe von den Mitgliedern der Kommission unterschrieben und eine Ausfertigung dieser Intabulations-Verhandlung und des Eintragungs-Dekrets, so wie die Pfandbriefe selbst, der Landschafts-Direktion übersendet.

§. 4. Diese fügt sodann den Pfandbriefen das Landschafts-Siegel, den Konvertirungs-Stempel[248]), die Nummer des Landschafts-Registers und die besonders ausgefertigten Zinskupons bei, wodurch die Pfandbriefe erst kursfähig werden.

Vierter Abschnitt.

Von Cessionen, Verpfändungen, Subinscriptionen und Verkümmerungen eingetragener Posten.

§. 199. Cessionen gerichtlich eingetragener Forderungen, sollen künftig nicht anders ingrossirt werden, als wenn sie gerichtlich geleistet, oder doch beglaubigt worden. *Wie eingetragene Forderungen cedirt werden können.*

§. 200. Es ist aber nicht nothwendig, daß die Cession eben vor demjenigen Gericht geschehe, unter welchem das verpfändete Grundstück gelegen ist; sondern sie kann vor jeder Gerichtsperson,

---

247) Nach dem alten Verfahren war die Fassung der Eintragungs-Vermerke der Eintragungs-Kommission überlassen.

248) Den Ostpreußischen Pfandbriefen wird der Konvertirungs-Stempel nicht erst nach erfolgter Intabulation beigefügt, da die Formen zu den Ostpreußischen Pfandbriefsblanquets den Konvertirungsvermerk enthalten.

welche zur Beglaubigung der vor ihr vollzogenen Handlungen überhaupt autorisirt ist[249]), folglich auch vor einem —[250]) Notario, sowohl vollzogen, als auch, wenn sie vorhin schon privatim geschehen[251]), vor demselben rekognoscirt, und von ihm attestirt werden.

§. 201. Diejenige Gerichtsperson, vor welcher die Cession geleistet wird, muß, außer den allgemeinen gesetzlichen Requisitis einer jeden Rechtshandlung, sich für allen Dingen versichern: daß der Cedent wirklich derjenige sei, für den er sich ausgiebt; und daß er zum Besitz und zur Disposition über die Forderung, welche cedirt werden soll, legitimirt sei[252]).

---

249) Auch vor ausländischen Gerichten und Notaren. R. v. 23. Januar 1835 (Jahrb. Bd. XLV, S. 276). Vorausgesetzt nämlich, daß in dem betreffenden Auslande die Gerichte mit der Abfassung und Beglaubigung öffentlicher Urkunden betraut sind, was z. B. in Belgien und Frankreich nicht der Fall ist. Das muß durch die gesandtschaftliche Legalisation bei vorhandener Ungewißheit festgestellt werden.

250) Hier fallen die Worte „Justiz-Kommissario und" aus.

251) „Bei der Cession einer eingetragenen Forderung, welche durch schriftliche Privat-Erklärung unter Aushändigung des Schuld- und Hypotheken-Instruments erfolgt ist, kann der Cedent den Ausspruch des Cessionars, daß er die Privatcession gerichtlich oder notariell anerkenne, und dadurch ihr die zu ihrer Subinscription in das Hypothekenbuch vorgeschriebene Form beschaffe, nicht durch die Einrede entkräften, daß seit der Cessionsertheilung bis zur Anstellung der Klage die dreißigjährige Verjährungsfrist schon abgelaufen gewesen." Pr. des Ob.-Tr. 1437, v. 13. April 1844.

252) Ein Bevollmächtigter muß mit Spezialvollmacht zur Cession versehen sein; eine Vollmacht zur Einziehung einer Forderung ermächtigt nicht zur Cession derselben. A. L. R. I, 13, §. 103; R. v. 19. October 1809 (Rabe Bd. X, S. 162).

Ueber die Legitimation des Hypothekenschuldners zur Cession einer bezahlten und bloß quittirten Hypothekenpost s. m. Anh. zu A. L. R. §. 52; Dekl. vom 3. April 1824 und die Anm. dazu.

Ueber die Legitimation eines als solchen legitimirten Miterben zur Cession einer Erbschaftsforderung, wenn er das darüber lautende Instrument nach erfolgter und nachgewiesener Theilung in seinem Besitze hat, begegnet man widersprechenden Meinungen. In Betreff der Einziehung der Post unter den gedachten Voraussetzungen hat die Praxis sich für die Legitimation durch den Besitz, auf Grund der §§. 152 u. 153, Tit. 17, Th. I des A. L. R. und der Revisions-Bemerkungen von Suarez, entschieden, wenigstens hat das Ob.-Tr. durch das Pr. 692, v. 18. Mai 1839 den Satz festgestellt: „Nach getheilter Erbschaft kann der Schuldner an denjenigen Erben, welcher sich im Besitze der, über eine Nachlaßforderung sprechenden Schuldurkunde befindet, sicher zahlen, wenngleich von demselben keine Cession oder Ueberweisung Seitens der übrigen Miterben vorgelegt wird." (Entsch. Bd. IV, S. 325.) Zu Verpfändungen aber läßt man den Besitz des Dokuments als genügende Legitimation nicht gelten. „Ein Miterbe — heißt es — ist auch nach getheilter Erbschaft nicht legitimirt, das in seinem Besitze befindliche, noch auf den Namen des Erblassers lautende Instrument über eine, ihm nur antheilsweise überwiesene Erbschaftsforderung auf Höhe des ganzen Betrages des Activi zu verpfänden." Erk. des Ob.-Tr. v. 6. Januar 1853 (Entsch. Bd. XXIV, S. 421). Das Gleiche muß auch von andern Veräußerungen,

§. 202. Hiernächst muß über den Actum der Cession selbst, eine ordentliche vollständige Registratur aufgenommen werden. Was bei der darüber aufzunehmenden Registratur zu beobachten.

§. 203. Diese Registratur muß —[253]) von dem Cedenten

---

namentlich von der Cession gelten. Auf den ersten Blick scheint zu einer solchen Beschränkung des §. 152 auf den einzigen Fall der Zahlung kein zureichender Grund vorhanden zu sein; denn die Singularität der Bestimmung des §. 152 ist als solche nicht nothwendig auf das Verhältniß zu dem Schuldner zu beschränken, könnte vielmehr auf die Legitimation des Miterben zur Verfügung über die Post überhaupt bezogen werden, zumal wenn erwogen wird, daß durch die Zahlung an den Miterben und durch die von ihm ertheilte Quittung eben das erreicht werden kann, was eine Cession thut, da der Hypothekenschuldner die Post ja auf Grund der Quittung weiter cediren kann. Dennoch hat die scharfsinnige Unterscheidung und die damit zusammenhängende Beschränkung ihren inneren Grund in dem den übrigen Miterben schuldigen Rechtsschutz. Indem nämlich das Gesetz im §. 152 dem redlichen Miterben die Verfügung über die Post erleichtert, giebt es zugleich im §. 153 den Miterben ein Sicherungsmittel gegen den unredlichen Miterben, dem die Post nur antheilsweise bei der Theilung überwiesen worden ist, der aber doch nicht das in seinen Händen befindliche Instrument herausgiebt: sie können ihn durch die Benachrichtigung des Schuldners an der Realisirung hindern. Darum muß die Erleichterung des §. 152 nothwendig auf die Einziehung unmittelbar von dem Schuldner beschränkt werden; sonst wäre das den übrigen Miterben gegebene Sicherungsmittel eitel; der Abnehmer (Pfandnehmer oder Cessionar) brauchte nur von der Bewandtniß der Sache nichts zu wissen. In der Vorschrift des §. 153, daß bei Hypothekenposten auch eine Protestation eingetragen werden soll, läßt sich kein Moment zur Unterstützung der Meinung, daß der besitzende Miterbe auch zur Cession legitimirt sei, etwa deshalb finden, weil die Protestation nur dazu bestimmt sei, Dritte zu warnen, mithin bei Abfassung des Gesetzes noch an andere Dispositionen über die Post als nur an die Einziehung gedacht worden sein müsse. Denn das wäre ein Fehlschluß; die Protestation hat ihren praktischen Nutzen ohne daß eine Cession oder Verpfändung zulässig zu sein braucht: ein anderer Besitzer (Schuldner) ist auch ein Dritter und nach der Benachrichtigung des Schuldners kann eine Besitzveränderung eintreten. — Nach dieser Darlegung ist zu übersehen, in wiefern die Meinung, welche das J. M. in dem Besch. v. 26. Februar 1836 (Jahrb. Bd. XLVII, S. 376) in Beziehung auf unsere Frage vertritt, dem wahren Rechtsstande entspricht. Dasselbe behauptet zwei Sätze: a) die Hypothekenbehörde könne die Uebertragung der Post auf den Namen desjenigen Miterben, der sich im Besitze des Instruments befinde ꝛc., nicht verweigern; b) auf den Grund einer von dem eingetragenen Miterben ausgestellten Quittung muß die Löschung erfolgen. Der zweite Satz ist richtig, er ist sogar ohne die Bedingung der vorherigen Eintragung richtig, da, wenn der Miterbe zur Einziehung der Forderung legitimirt ist, er auch eine wirksame Quittung ertheilen kann. Selbst die Befugniß des Hypothekenschuldners zur Cession der bezahlten Post giebt keinen Anstoß, da, wenn der Miterbe nothwendig auf das Verhältniß zum Schuldner mit seiner Legitimation beschränkt ist, die übrigen Miterben gesichert bleiben. Dagegen ist der erste Satz nicht begründet: wenn der Miterbe die Post auf seinen Namen umschreiben lassen könnte, so würde das den übrigen Miterben gegebene Sicherungsmittel der Benachrichtigung des Schuldners vereitelt werden können, und es wäre auch möglich, daß die Protestation zu spät eingetragen würde, da die Eintragung von dem Fleiß des Hypothekenrichters abhängt. Darum ist der Miterbe durch den bloßen Besitz des Instruments einmal zu etwas anderem als zur Einziehung nicht ermächtigt.

253) Hier fallen die Worte: „auf das über die cedirte Forderung ausgestellte und eingetragene Original-Instrument gesetzt", aus, in Gemäßheit des hinter §. 204 folgenden Zusatzes.

unterschrieben; seine Unterschrift von dem Richter oder der Gerichts-Person attestirt; das öffentliche Siegel beigefügt; und solchergestalt das Instrument dem Cessionario ausgehändiget werden.

§. 204. Fällt weg[254]).

31. Gesetz vom 24. Mai 1853.

§. 9. Cessionen und Verpfändungen werden nicht auf dem Instrumente über die cedirte oder verpfändete Post ganz oder zum Theil niedergeschrieben und mit demselben verbunden, sondern müssen abgesondert ausgefertigt und nebst den dazu gehörigen Legitimations-Urkunden des Cedenten oder Verpfänders der Hypothekenbehörde eingereicht werden[255]).

§. 205. Soll ein Legat oder andre auf ein Gut eingetragene gesetzliche oder stillschweigende Hypothek, über welche bisher noch kein besondres Schuld-Instrument existirt hat, cedirt werden; so kann solches nicht anders geschehen, als wenn zuvor, über die daraus dem Inhaber competirende Summe, dergleichen besondere zur Eintragung sich qualificirende Obligation von dem Schuldner ausgestellt, und an den Ort, wo bisher schon das gesetzliche oder stillschweigende Pfand-Recht verzeichnet gewesen, ingrossirt worden[256]).

---

254) Betrifft die abgeschaffte Verbindung der auf einem besondern Bogen geschriebenen Cession mit dem Haupt-Instrument.

255) Instr. v. 3. August 1853, Art. 6, Nr. 1:

„Die Vorschrift des §. 9 des Gesetzes, wonach der Akt über die Cession, Verpfändung u. s. w. einer Hypothekenforderung nicht mehr, wie die §§. 203, 228, 231, Tit. II der Hypotheken-Ordnung anordnen, auf das Original-Instrument gesetzt werden soll, stellt sich als die erste von denjenigen Maaßregeln dar, durch welche dem Bedürfnisse einer wesentlichen Vereinfachung der Hypotheken-Instrumente hat abgeholfen werden sollen.

Mit dem §. 9 stehen in Verbindung und dienen zur Erläuterung desselben die Bestimmungen der §§. 14 ff. über die künftige Bildung und die weitere Behandlung der Hypotheken-Instrumente und daran schließen sich die §§. 22 ff. über die Ertheilung der Hypothekenbuchs-Auszüge. Gleichwie übrigens die Nichtbefolgung der bisherigen Form einer Cession u. s. w. auf die Gültigkeit derselben nicht von Einfluß war, so wird auch künftig die Eintragung einer Cession nicht etwa um deswillen abgelehnt werden können, weil die im §. 9 vorgeschriebene Form nicht beachtet, z. B. das Instrument durch eine auf dasselbe gesetzte, erst später beglaubigte Privat-Erklärung cedirt worden, oder weil der Cessionar es aus besondern Gründen etwa rathsam gefunden, vor Eintragung der Cession einen auf den besonders ausgefertigten Cessions-Akt hinweisenden Vermerk auf das Instrument zu setzen."

Die Nutzanwendung von diesem inhaltsreichen Instruktions-Artikel wird Jeder leicht selbst machen können.

256) Das nachträglich ausgefertigte Instrument wird nicht noch besonders eingetragen, sondern es wird nur die Registratur über die bereits früher geschehene Eintragung der Post auf demselben vermerkt. Ueber das Verfahren s. m. oben die Anm. 45, Nr. 1.

Der Cessionar einer solchen Post hat Ursach, vorsichtig zu sein und erst das nachträglich ausgefertigte Instrument sich vorlegen zu lassen. Denn „der Real-

§. 206. Kann das cedirte Original-Instrument dem Cessionario nicht extradirt werden; entweder weil nur ein Theil der darin enthaltenen Forderung cedirt wird; oder weil, außer der cedirten, noch mehrere Forderungen, dadurch begründet werden[257]); so ist davon eine beglaubte Abschrift zu fertigen[258]).

§. 207. In der Vidimations-Clausel dieser Abschrift muß bemerkt werden, für wen, und zu welchem Behuf, solche gefertigt worden; und in der über die Cession aufgenommenen Registra-

---

schuldner, welcher eine bezahlte Hypothekenschuld löschen zu lassen verabsäumt hat, ist, wenn die Forderung demnächst weiter cedirt worden, seines Zahlungseinwandes gegen den Cessionar nicht verlustig, wenn über die eingetragene Forderung kein Schulddokument vorhanden war. Die nachträgliche, von dem Hypothekenrichter veranlaßte Anfertigung eines solchen Dokuments kann diesen Einwand nur beseitigen, wenn aus diesem Dokument nicht die schon erfolgte Tilgung an den damaligen rechtmäßigen Gläubiger ersichtlich ist." Erk. des Ob.-Tr. v. 11. Juni 1850 (Entsch. Bd. XX, S. 222).

257) Die Zinsen machen in dieser Beziehung gleichfalls eine andere Forderung aus. Wenn daher der Cedent sich die Zinsen ganz oder zum Theil vorbehält (wodurch ein Nießbrauch des Kapitals bestellt werden würde; denn eine selbstständige in den Verkehr zu bringende Forderung kann dadurch nicht entstehen); so ist darüber gleichfalls ein Zweig-Instrument auszufertigen, wenn es verlangt wird. R. v. 24. Juli 1837 (Jahrb. Bd. L, S. 207); v. 4. December 1835 (Jahrb. Bd. XLV, S. 568). Nothwendig ist es nicht, da der Nießbrauch eines Kapitals eingetragen werden und bestehen kann, ohne daß man darüber ein Hypotheken-Instrument schafft. Werden die Zinsen zu einem niedrigeren als dem eingetragenen Satze, ohne Vorbehalt der übrigen Zinsen für den Cedenten, cedirt, so ist der Fall, wo wie bei Theilcessionen zu verfahren, nicht vorhanden. Die Cession wird unter Erwähnung des mit cedirten Zinssatzes eingetragen, und die übrigen Zinsen sind, ohne daß es der Löschung bedarf, erloschen. Daß späterhin der frühere Zinsfuß bloß durch eine Erklärung des Cedenten, ohne Mitwirkung des Schuldners, wieder hergestellt werden könne, wie das angegebene R. v. 24. Juli 1837 sagt, ist nicht für richtig anzunehmen. Bei dem Cedenten ist gar kein Recht verblieben, welches noch von ihm übertragen werden könnte, sowenig an den Cessionar der Forderung und der ermäßigten Zinsen, wie an einen Andern.

Werden rückständige Zinsen vorbehalten, so ist ein Zweiginstrument zu bilden. Vergl. R. v. 5. Decbr. 1835, Nr. 5, (Jahrb. Bd. XLVI, S. 568).

258) Die hier gegebenen Vorschriften betreffen bloß die Bildung des Instruments über den cedirten Theil der Forderung, wenn die Betheiligten ein solches verlangen, berührt aber nicht die Erfordernisse der Cession selbst. Die Cession wird durch die schriftliche Erklärung des Cedenten gültig vollzogen und wenn ein Instrument über den cedirten Theil der Forderung nicht ausgefertigt wird, so steht es so, wie mit der Cession der ganzen Post, wenn das Instrument über die Forderung nicht zugleich mit ausgehändigt worden ist. Vergl. das Erk. des Ob.-Tr. v. 25. März 1837 (Entsch. Bd. II, S. 332) und das Erk. dess. v. 5. Mai 1838 (Entsch. Bd. IV, S. 70). Eine der verschiedenen Folgen davon ist, daß der Cessionar die Forderung weder einziehen und löschungsfähig quittiren, noch mit Sicherheit für den Cessionar weiter cediren kann. Vergl. darüber das R. v. 17. September 1835 (Jahrb. Bd. XLVI, S. 128). S. auch unten, Anm. 262 zu §. 211.

Daß die vidimirte Abschrift, wie der §. 28, Tit. 3, Th. II der A. G. O. vorschreibt, von eben demselben Gerichte, welches das Original-Instrument ausgefertigt hat, beglaubigt sein soll um gleiche Kraft mit dem Original zu haben, ist durch die K. O. v. 6. November 1834 (G. S. S. 180) aufgehoben.

tur[259]) muß ausgedrückt sein: wer das Original-Instrument in Händen behalte, und für wen die beglaubte Copey expedirt worden.

§. 208. Die Registratur wird alsdann, so wohl auf das Original-Instrument, als auf die vidimirte Abschrift gesetzt[260]). Ersteres behält der Cedent; letztere aber wird dem Cessionario zugestellt[261]).

32. Gesetz vom 24. Mai 1853, §. 16 (oben Zus. 16 zu §§. 37, 38, 39).

§. 209. Da solchergestalt aus dem Original-Instrument erhellt, welche von den darin enthaltenen Forderungen, oder welcher Theil der darin verschriebenen Summe, einem Dritten cedirt worden; so ist dieser Cessionarius sicher, daß der Cedent, mit dem Original-Instrument, keine zu seinem Präjudiz gereichende Disposition vornehmen könne; und eben so hat auch der Cedent nicht zu besorgen, daß der Cessionarius, von der vidimirten Abschrift, weiter, als auf die ihm wirklich cedirte Post oder Summe, irgend einen Gebrauch machen könne.

Der Consens des Schuldners, und die Eintragung sind nicht nothwendig.

§. 210. Es bedarf also auch, zur Rechtsgültigkeit einer solchen Cession, weder der Einwilligung des Debitoris cessi, noch einer Eintragung in das Hypotheken-Buch.

§. 211. Vielmehr kann, da nach dem folgenden Abschnitte, die Zahlung und Löschung eingetragener Posten, nicht anders, als gegen Production des eingetragenen Instruments, welches der Cessionarius in Händen hat[262]), statt findet, auch zwischen dem

---

259) Schon vor dem Gesetze v. 24. Mai 1853 wurden diese Vermerke nicht mehr in den Cessionsakt aufgenommen, sondern in der Vidimationsklausel und dem auf das Original gesetzten Atteste gemacht. Jetzt, wo die Cession nicht mehr mit dem Instrumente verbunden wird, versteht sich diese Prozedur von selbst. Wegen Fassung der Vermerke s. m. Formularbuch, Nr. XXXIII b, 2.

260) Die hierin enthaltene Vorschrift, daß der Cessionsakt sowohl hinter dem Original-Instrumente als hinter der davon genommenen vidimirten Abschrift ausgefertigt werden soll, war schon durch das A. L. R. I, 11, §. 399 und I, 20, §. 512 aufgehoben, welchem zufolge die Cession auf die vidimirte Abschrift gesetzt, auf dem Original aber nur vermerkt werden soll, daß und welche darin enthaltene Forderung cedirt worden sei. R. vom 31. December 1820 (Jahrb. Bd. XVI, S. 255). Durch den §. 16 des G. v. 24. Mai 1853 (Zus. 32) ist auch dieses dahin abgeändert worden, daß der Cessionsakt nicht mehr mit der vidimirten Abschrift verbunden wird.

261) Das ist nicht Bedingung der Rechtsbeständigkeit der Theilcession, es kann auch umgekehrt gemacht, dem Cessionar das Original-Instrument, dem Cedenten die beglaubigte Abschrift gegeben werden. Vergl. Besch. des J. M. v. 7. Februar 1835 (Erg. ad h. §.).

262) „Der Cessionar einer Hypothekenforderung, welcher sich das Dokument weder aushändigen, noch ein Zweigdokument ausfertigen läßt, kann, wenn sich

Cedenten und dem Schuldner, nichts zum Nachtheil des Cessionarii vorgenommen werden.

§. 212. Nur allein wegen Zahlung der Interessen, kann es dem Cessionario zum Präjudiz gereichen, wenn der Schuldner, welcher von der vorgefallenen Cession nicht unterrichtet ist, solche nach wie vor, gegen Quittung, an den Cedenten leistet[263]); weshalb sich also der Cessionarius, durch Bekanntmachung an den Schuldner, oder auf andre Art, vorsehen muß.

§. 213. Inzwischen sind, auch in Ansehung des Capitals selbst, gewisse besondere Fälle möglich, wo dem Cessionario ein Nachtheil daraus erwachsen kann, daß er die Cession im Hypotheken-Buche nicht vermerken lassen; nehmlich:

1) wenn bei der ingrossirten Forderung eine Protestation, wegen nicht gezahlter Valuta, nach Maaßgabe §. 178 supra eingetragen ist[264]);
2) wenn zur Zeit der geleisteten Cession, das cedirte Instrument nicht mehr von Kräften ist; entweder, weil der Schuldner den Betrag der Forderung, an den ersten Creditorem und Cedenten, gegen bloße Quittung bezahlt, und dieser die gerichtliche Amortisation des Instruments, unter dem Vorwand, daß solches verloren gegangen, bewirkt hat; oder weil die Post in einem entstandenen

---

der Schuldner im Besitze des Dokuments befindet, den Einwand der Tilgung nicht dadurch ausschließen, daß er die Forderung redlicher Weise auf den Glauben des Hypothekenbuchs an sich gebracht habe. Es macht keinen Unterschied, ob die Tilgung durch Zahlung oder durch Kompensation erfolgt ist." Pr. des Ob.-Tr. 2367, v. 29. März 1852 (Entsch. Bd. XXIII, S. 156).

Ueber den Fall, wenn der Gläubiger die Post an Mehrere nach einander cedirt und das Instrument Einem von ihnen ausgehändigt hat: Anm. 22 zu §. 395, Tit. 11, Th. I des A. L. R.

Ueber den Fall, wenn über die cedirte Post ein Instrument nicht ausgefertigt worden ist: oben, Anm. 256 zu §. 205 d. T.

263) Der Schuldner, wenn er von der Cession nichts weiß, wird dadurch von der Schuld frei, aber der empfangende Cedent ist dem Cessionar nach den Grundsätzen der Kaufsklage zur Rechenschaft und Herausgabe des Erhobenen gehalten.

264) Was gegen eine solche eingetragene Protestation die Eintragung der Cession helfen soll, ist nicht findbar. Der Cessionar muß sich den Einwand nicht gezahlter Valuta entgegensetzen lassen, mag er seine Cession eintragen lassen oder nicht. Wahrscheinlich hat man sich den Gang des Cessionsgeschäfts so gedacht wie bei der Eintragung eines Darlehns, nämlich daß der Cessionar die Valuta erst gegen Aushändigung des cedirten Instruments, nachdem die Cession eingetragen worden, zahlt. Darauf deutet der §. 212 in den Worten „zu cedirende Instrument" hin. In dieser Weise werden jedoch die Cessionsgeschäfte gewöhnlich nicht abgemacht.

Subhastations-Prozeß[265]) ausgefallen, und auf den Grund des Kaufgelderbelegungs-Protokolls[266]), gelöscht worden ist[267]);

3) wenn, auch nach erfolgter Cession, der erste Creditor und Cedent sich die cedirte Forderung, gegen Amortisation des Instruments, von dem Schuldner bezahlen, und solche löschen läßt;

4) wenn bei einem Subhastations[268])-Prozesse, oder andrem Aufgebot des verpfändeten Grundstücks, nur der erste aus dem Hypotheken-Buche allein constirende Creditor, per patentum ad domum, oder durch Edictales, vorgeladen wird; dieser aber sich präcludiren läßt; und alsdann die Löschung der Post, auf den Grund des erfolgten Präklusions-Urtels, vor sich geht;

5) wenn die eingetragene Forderung mit Arrest belegt ist, (als wovon am Ende dieses Abschnitts mehr vorkommen[269]).

§. 214. Gegen diese und andere dergleichen Verkürzungen, kann sich zwar der Cessionarius dadurch einigermaßen sicher stellen, wenn er das zu cedirende Instrument bei der Behörde, wo solches eingetragen ist, einreichen, und darunter attestiren läßt: daß bis zu demselben Dato, bei der darin enthaltenen Post keine Veränderung vorgefallen, und solche weder gelöscht, noch anderweitige Cessionen, Verpfändungen, Subinscriptionen, Protestationen oder Arreste, dabei notirt worden[270]).

wie zu verfahren, wenn Cessionen eingetragen werden sollen.

§. 215. Am sichersten aber geht der Cessionarius zu Werke, wenn er die ihm geschehene Cession selbst, in das Hypotheken-Buch eintragen läßt[271]); weil dadurch sein Name, und sein an

265) In dem authentischen Text steht hier „Konkurs- oder Liquidations-Prozeß."

266) Im Urtext heißt es „Distributions-Urtel."

267) Auch in diesem Falle hat die Eintragung der Cession nur unter der Voraussetzung Nutzen, wenn der Cessionar die Valuta nicht schon bei der Cession, sondern erst nach der Eintragung derselben gegen Aushändigung des mit dem Hypothekenbuchs-Auszuge versehenen Instruments zahlt. Vergleiche die vorige Anm. 264.

268) Oben, Anm. 265.

269) „Soll" oder „wird", was in der offiziellen Ausgabe von 1784 fehlt. Andere Beispiele sind: A. G. O. I, 38, §. 21; A. L. R. I, 17, §. 153; I, 20, §§. 523. 529.

270) Oben, Anm. 52.

271) Nämlich vor der Zahlung der Valuta. Vergl. oben die Anm. 264.

die cedirte Forderung habendes Recht, dem Gericht bekannt, er aber, durch den über die Eintragung der Cession zu ertheilenden Hypothekenbuchs-Auszug[272]), versichert wird: daß die Forderung noch wirklich, und in eben der Qualität, wie sie zuerst eingetragen worden, auf dem Grundstück versichert steht.

33. Gesetz vom 24. Mai 1853.

§. 31. Die Eintragung einer Cession, Verpfändung, Prioritätsabtretung und Kautionsbestellung kann auch auf den Antrag des Cedenten, Pfandschuldners 2c. erfolgen[273]), ohne daß eine Annahme von Seiten des Cessionars, Pfandgläubigers 2c. dargethan wird.

§. 216. Wenn nun, dem zu Folge, eine Cession zur Eintragung offerirt wird, so muß das zum Hypotheken-Buch verordnete Gericht oder Collegium, für allen Dingen nachsehen: ob nach Lage des Hypotheken-Buchs, die Cession, so wie sie geschehn, mit rechtlicher Wirkung habe geleistet werden können[274]).

§. 217. Findet sich, daß die cedirte Post schon gelöscht, oder sonst eine deren ursprüngliche Qualität und Gültigkeit alterirende Veränderung damit vorgefallen sei; so muß dem Cessionario[275]) davon unverzüglich Nachricht ertheilt; und die Eintragung der Cession keineswegs verfügt werden.

§. 218. Ist die cedirte Post ganz gelöscht, so muß der Richter das übergebene Instrument bei den Akten zurückbehalten[276]), damit von selbigem kein fernerer Mißbrauch gemacht werden könne.

§. 219. Ist aber nur sonst eine Veränderung damit vorgefallen, so muß das Instrument dem Cessionario[277]) zurückge-

---

272) §. 19 des G. v. 24. Mai 1853 (oben, Zusatz 16 zu §§. 37, 38, 39).

273) Dies ist sogar der in der Hypothekenordnung vorausgesetzte gewöhnliche Fall. Oben, Anm. 264 zu §. 213 d. T.

274) Oben, Anm. 76, Abs. 3 zum Zus. 17 zu §. 59 d. T.

275) Vielmehr dem Antragsteller, der auch der Cedent sein kann. Zus. 33 zu §. 215.

276) Das ist in den Fällen nicht zulässig, wenn die Löschung, ohne daß die Post getilgt worden, geschehen ist, wie z. B. wenn sie als ausgefallen gelöscht worden. Dann gebraucht der Gläubiger das Schulddokument noch zur Verfolgung seiner persönlichen Forderung und es muß bloß der Hypothekenschein davongenommen oder durchschnitten, der Eintragungsvermerk durchstrichen, und auf dem Instrumente vermerkt werden, daß die Post ausgefallen und gelöscht worden sei; hiernächst aber das Dokument zurückgegeben werden. Anh. zur A. G. O. (I, 52, §. 35) §. 402. Vergl. Konkurs-Ordnung, §. 399.

277) Oder vielmehr demjenigen, welcher dasselbe eingereicht hat. Die Aushändigung an den Cessionarius könnte dem Cedenten, wenn dieser der Einreichende ist, sehr ungelegen sein, da er vielleicht noch keine Valuta erhalten hat und bis zum Empfange derselben das Instrument zurückbehalten will.

geben, und dessen fernere Erklärung und Antrag abgewartet werden.

§. 220. Ist hingegen bei der Statthaftigkeit der Cession selbst nichts zu erinnern; so muß der Richter ferner examiniren: ob bei Vollziehung derselben —[278]), die oben §. 200 seq. ertheilten Vorschriften beobachtet worden.

§. 221. Findet sich dieses, so muß der Befehl, zur Eintragung der Cession, wie gewöhnlich[279]), erlassen; diese im Hypotheken-Buche, unter der dafür bestimmten Colonne, bemerkt; die geschehene Eintragung auf das Instrument selbst gleich hinter der ersten Ingrossations-Registratur[280]) gewöhnlichermaaßen notirt; der Hypothekenbuchs-Auszug —[281]) ausgefertigt, und solcher dem Instrument beigeheftet werden.

§. 222. Hat zum Behuf der Cession, in den §. 206 beschriebenen Fällen, eine vidimirte Abschrift des Instruments expedirt werden müssen; so kann die Cession nicht gegen die bloße Production dieses Vidimus eingetragen; sondern es muß zugleich das Original herbeigeschafft, und die Eintragung auf beide notirt werden[282]). Doch wird —[283]) nur ein Hypothekenbuchs-Auszug[283a]) ausgefertigt, und der vidimirten Abschrift[284]), die der Cessionarius erhält, beigeheftet.

§. 223. Wenn solchergestalt die Cession eingetragen ist, so muß das Gericht dieselbe dem Schuldner, in so fern er dabei

278) Hier fallen die Worte: „und Registrirung auf das Instrument" aus, gemäß §. 9 des G. v. 24. Mai 1853 (oben, Zus. 31, §. 204).

279) Der Name des Cedenten wird darin jetzt weggelassen. Instr. v. 3. Aug. 1853, Art. 7, Nr. 2, lit. b.

280) G. v. 24. Mai 1853 §. 27, u. Instr. v. 3. August 1853, Art. 15, Nr. 3.

281) Hier fallen die Worte: „zur Rekognition darüber," aus, gemäß §§. 19 u. 23 des G. v. 24. Mai 1853 (oben, Zus. 16 zu §§. 37, 38, 39 d. T.).

282) Das muß auch jetzt noch geschehen. Oben, Anm. 42, Nr. 2.

283) Hier sind die Worte „zur Rekognition darüber" weggelassen. S. die Anm. 281.

283a) G. v. 24. Mai 1853 §. 23 (oben Zus. 16 zu §. 39).

284) Auch nach dem neuen Verfahren ist es nicht nöthig, dem Original-Instrument, wenn es in den Händen des Cedenten bleibt und nicht etwa dem Cessionarius bestimmt ist, außer der Ingrossations-Registratur noch einen Hypothekenbuchs-Auszug beizufügen. Wird es jedoch verlangt, so soll es geschehen; das Original wird dann mit einem abgekürzten, Hypothekenbuchs-Auszuge versehen, gemäß §. 23 des G. v. 24. Mai 1853 §. 24 u. Instr. v. 3. August Art. 14, Nr. 3, lit. c. (oben Zus. 16).

nicht bereits zugezogen worden, und consentirt hat, ex officio bekannt machen.

§. 224 Diese Notification kann entweder in der Wohnung des Schuldners, oder auf dem verpfändeten Gute insinuirt werden.

§. 225. Sie hat jedoch bloß zur Absicht; daß dem Schuldner dasjenige, was bei seinem Hypotheken-Buche vorfällt, nicht unbekannt bleiben möge.

§. 226. Ihre Unterlassung schadet also auch dem Cessionario nicht, sondern macht nur allenfalls das Gericht, wegen seiner dabei bewiesenen Nachlässigkeit, straffällig [285]).

§. 227. Auf alle Fälle bleibt es jedoch, nach Maaßgabe §. 212, die Sache des Cessionarii, sich wegen der nicht mehr an den Cedenten, sondern an ihn zu zahlenden Zinsen, auf eine oder die andere Art vorzusehen.

Von Verpfändungen.

§. 228. Alles das, was vorstehend bei Cessionen vorgeschrieben worden, muß auch bei Verpfändungen gerichtlich eingetragener Instrumente [286]) beobachtet werden; da beiderlei Arten von Dispositionen, in Ansehung ihrer wesentlichsten Wirkungen und Folgen, übereinstimmen.

§. 229. Doch bleibt zwischen ihnen noch der Haupt-Unterschied übrig:

1) daß der Schuldner zwar dem Cessionario, ohne Zuziehung des Cedenten, nicht aber dem Pfands-Inhaber, ohne Zuziehung des Verpfänders, sicher Zahlung leisten [287]);

---

285) Nach den Vorschriften des Disciplinargesetzes.

286) Mögen solche über Kapitalien oder über Renten lauten, nur müssen die Renten solche sein, welche auf jeden Dritten, ohne ein berechtigtes Grundstück, übergehen können. Fehlt es an einem Instrumente über dergleichen Renten, so muß zuvor ein solches geschaffen werden. §. 205 d. T. u. die Anmerk. dazu. Damit in Widerspruch steht der Besch. des J. M. v. 11. Juni 1833 (Erg. ad §§. 228—230), welcher nur die Verpfändungs- oder Uebereignungs-Urkunde zur Eintragung der Verpfändung für erforderlich hält. Am Schluß heißt es daselbst: „der J. M. muß behaupten, daß bei allen Gegenständen eines Pfandrechts, welche im Hypothekenbuche eingetragen stehen, also auch bei eingetragenen Renten und Hypotheken, die Eintragung der Verpfändung die Stelle einer Uebergabe vertritt, und die Wirkungen einer solchen an sich trägt." Diese Behauptung ist ein vollständiger Rechtsirrthum, gleich der vorangegangenen Behauptung: daß die wirkliche Eintragung in das Hypothekenbuch die Erwerbart für das Pfandrecht sei; ohne Uebergabe des Instruments entsteht, trotz der Eintragung, kein Pfandrecht und allein durch die Uebergabe wird das Pfandrecht auch ohne Eintragung bestellt: die Eintragung ist hier so wenig wie die Eintragung des Besitztitels eine Erwerbungsart. A. L. R. I, 20, §. 281; Plenarbeschl. des Ob.-Tr. v. 9. Mai 1842 (Entsch. Bd. VIII, S. 215).

287) Deshalb kann der Pfandgläubiger dem Schuldner der verpfändeten

2) daß der Verpfänder, durch Bezahlung der Schuld, wofür die eingetragene Post zur Sicherheit eingesetzt worden, solche wiederum an sich lösen kann.

§. 230. Wenn letzteres geschieht, so muß die auf dem Instrument registrirte, und in das Hypotheken-Buch eingetragene Verpfändung, auf eben die Art, wie im folgenden Abschnitt, wegen aller eingetragenen Vermerke überhaupt, verordnet werden wird, wiederum gelöscht werden.

Von Sub-Inscriptionen.

§. 231. Ein gleiches Verfahren findet auch bei Sub-Inscriptionen statt; wenn z. E. der Inhaber einer eingetragenen Post, entweder für sich selbst, oder auch für einen Dritten, damit Caution bestellt; oder wenn derselbe einer andern hinter ihm eingetragenen Post die Priorität einräumt[288]).

§. 232. In einem solchen Falle, kann zwar das Original-Instrument, in den Händen des eigentlichen Creditoris, und Inhabers der eigentlichen Post verbleiben; es muß aber alsdann die geschehene Sub-Inscription, und deren Eintragung, darauf notirt[289]); eine vidimirte Abschrift davon, für den, zu dessen Vortheil solche geschieht[290]), gefertigt; und auf diese die geschehene Sub-Inscription, und deren Eintragung gleichergestalt vermerkt werden.

Von Arresten.

§. 233. Wenn eine intabulirte Post mit Arrest belegt werden soll, so muß der Arrest im Hypotheken-Buche dabei vermerkt werden[291]).

§. 234. Geschieht solches nicht, und der Arrestat findet Mittel, des bei dem Schuldner angelegten Arrestes ohnerachtet, über die Forderung, mittelst Cession, oder Verpfändung, zu dis-

---

Forderung diese auch nicht kündigen. Vergl. V. v. 8. Februar 1811 (G. S. S. 150).

288) Ueber die Prioritätseinräumung, deren rechtlichen Charakter und Eintragung: oben, Anm. 87 zu §. 59 Tit. 1.

289) Der Beiheftung eines Exemplars der Einräumungserklärung bedarf es nicht. Vergl. Instr. v. 3. August 1853, Art. 6, Nr. 1.

290) Dieser braucht sein Instrument nicht einzureichen; denn es ist darauf weder etwas zu vermerken, noch ist demselben eine vidimirte Abschrift des Instruments über die zurücktretende Post, oder ein Exemplar des Einräumungsakts, beizuheften. Instr. v. 3. August 1853, Art. 14, Nr. 3, lit. c. Wird es eingereicht, so soll demselben ein Hypothekenbuchs-Auszug beigefügt werden. G. v. 24. Mai 1853 §. 24 (oben Zus. 16 zu §. 39 d. T.).

291) Auf das Instrument braucht der Vermerk des Arrestes nicht gebracht zu werden, da das Instrument ad depositum kommen muß und erst nach Erledigung des Arrestes wieder herausgegeben wird. §. 238 u. R. v. 24. August 1784 Nr. 15 (Rabe I, 7, S. 407).

poniren; so ist der Arrest dem Dritten, welcher sich solchergestalt bona fide mit ihm eingelassen hat, nicht nachtheilig.

§. 235. Dergleichen Arrest kann jedoch nicht anders, als auf Befehl, oder Requisition des competenten Richters eingetragen werden [291]).

§. 236. Wenn daher der Arrestleger sich bei dem Collegio, welchem die Führung des Hypotheken-Buchs anvertraut ist, meldet; dieses entweder gar keine, oder doch, in der Arrest-Sache, nicht die competente Gerichtsbarkeit hat; so muß sich dasselbe auf das Gesuch nicht einlassen, sondern den Imploranten an das competente Gericht verweisen, und dessen Requisition abwarten.

§. 237. Dieses muß jedoch, außer der zu veranlassenden Eintragung des Arrests, zugleich ex officio darauf dringen, daß das verkümmerte Instrument selbst herbeigeschafft werde [292]).

§. 238. Wenn solches geschehen, wird das Instrument, bis zum Ausgang der Sache, in dem Deposito des Gerichts, für welches die Rechtfertigung des Arrests gehört, aufbewahrt [293]).

§. 239. Wird der Arrest für nicht justificirt geachtet, oder sonst wieder aufgehoben; so muß der Richter das Erforderliche, wegen Löschung des darüber in dem Hypotheken-Buche gemachten Vermerks, entweder unmittelbar, oder durch Befehl, oder Requi-

---

291) In ähnlicher Art, wie Arreste, werden die im Wege der Exekution ertheilten Anweisungen (Assignationen) auf Hypothekenforderungen eingetragen, indem mit jeder Ueberweisung einer Forderung im Wege der Exekution eine Beschlagnahme der Forderung nach §. 101 Tit. 24 der Proz.-O. zu verbinden ist, wie das R. v. 14. April 1843 (J. M. Bl. S. 98) ganz richtig ausführt. Weiter heißt es da, daß der Exekutionssucher auch den daraus erlangten Titel zum Pfandrecht (§. 12 Tit. 51 der Proz.-O.) bei Hypothekenforderungen im Hypothekenbuche vermerken lassen könne, und der Prozeßrichter dem Hypothekenrichter requiriren müsse, die Beschlagnahme im Hypothekenbuche zu vermerken. Dazu ist der Prozeßrichter gewiß gehaltenen über die darauf erfolgende Eintragung des vermeintlichen Titels zum Pfandrechte giebt dem Exekutionssucher im Falle einer eintretenden Conkurrenz mehrerer mit einem exekutorischen Titel versehener Gläubiger oder im Falle des förmlichen Konkurses kein besseres Recht als der Arrest, also kein Vorrecht mehr; denn das Vorrecht des prätorischen Pfandrechts ist durch die Konkurs-Ordnung v. 8. Mai 1855 unterdrückt. — Uebrigens kann der Exekutionssucher bei einer theilweisen Anweisung die Ausfertigung eines Zweig-Instruments durch den Prozeßrichter verlangen, um in die Lage zu kommen, über den angewiesenen Theil der Forderung, sei es durch Einziehung sei es durch Cession, zu verfügen.

292) Es muß dem Arrestaten durch den Exekutor abgenommen werden, und wenn der Exekutor dasselbe nicht findet, muß persönlicher Zwang gegen den Arrestaten auf Herausgabe, event. auf Leistung des Manifestationseides eintreten.

293) Der Hypothekenbehörde wird es nicht übersendet. Vergl. Anm. 291 zu §. 233.

sition, an das zu Führung des Buchs bestellte Collegium, veranlassen [294]).

§. 240. Uebrigens wird es hier noch ausdrücklich bemerkt, das alles, was vorstehend, von Cessionen, Verpfändungen, Sub-Inscriptionen und Verkümmerungen eingetragener Posten disponirt worden, auf die von den Landschaftlichen Credit-Systemen ausgefertigte, und auf keinen bestimmten Inhaber lautende Pfandbriefe [295]) nicht zu ziehen sei; vielmehr es deßhalb, bei den Verordnungen der speciellen Reglements sein Verbleiben behalte.

Fünfter Abschnitt.

Von Löschungen.

Eingetragene Posten müssen, wenn sie bezahlt sind, gelöscht werden.

§. 241. Der Inhaber eines ingrossirten Instruments ist, so lange die Post in dem Hypotheken-Buche auf seinen Namen eingetragen steht, zu allen damit vorzunehmenden Dispositiones legitimirt [296]).

§. 242. Wenn also ein Schuldner Zahlung leisten, und zugleich sich gegen dergleichen Dispositiones völlig in Sicherheit setzen will; so muß er sich, nebst der anzustellenden Quittung, zugleich das ingrossirte Dokument extradiren, und solches demnächst in dem Hypotheken-Buche löschen lassen [297]).

---

294) Auf Antrag des Siegers. Denn die Vollstreckung des Urtheils hat der Richter nicht von Amts wegen zu betreiben. Er erläßt auf solchen Antrag die Requisition an die Hypothekenbehörde um Löschung und zugleich das Mandat an das Depositorium zur Aushändigung des Instruments.

295) Darüber: oben, §. 60 Tit. 1 und die Anm. 88a dazu.

296) Wenn er im Besitze des Instruments bleibt. Vergl. A. L. R. I, 20, §. 520 u. die Anm. 48 dazu, u. Anm. 49 zu §. 522 ebd.

297) Der Löschungs-Antrag muß von dem eingetragenen Besitzer ausgehen, weil ihm auch frei steht, die Post auf Grund der Quittung durch Cession wieder in den Verkehr zu bringen: er ist durch die Quittung Eigenthümer der Hypothekenpost geworden. M. s. das Ausführlichere darüber in den Anm. zu §. 52 des Anh. z. A. L. R. u. zur Dekl. v. 3. April 1824.

Dies gilt auch von solchen Posten, welche im Wege der Exekution eingetragen worden sind. R. v. 18. Januar 1841 (J. M. Bl., S. 43).

Der Löschungs-Antrag des Besitzers bedarf keiner gerichtlichen oder notariellen Beglaubigung. K. O. v. 3. Juli u. R. v. 27. Juli 1829 (Jahrb. Bd. XXXIV, S. 123).

Domainen-Rent-Aemter müssen zu ihren Anträgen auf Löschung von Amts-Prästationen die Autorisation ihrer Regierung beibringen. R. des J. M. und des M. des königl. Hauses, v. 29. Januar u. 1. Februar 1841 (J. M. Bl., S. 83).

Eintragungen aus Irrthum müssen von Amts wegen wieder gelöscht werden, so lange der Hypothekenbuchs-Zustand noch unverändert ist, d. h. noch kein Dritter auf den Glauben des Hypothekenbuchs ein Realrecht erworben hat. R.

§. 243. Kann die Extradition und Löschung des Instruments noch nicht erfolgen, weil entweder nur eine Partial-Zahlung geleistet worden; oder weil in dem Instrument, außer der getilgten, noch andere Forderungen enthalten sind; so muß der Schuldner, wenn er sicher zahlen will, wenigstens darauf sehen, daß das Original-Instrument ihm vorgelegt, und die gezahlte Post oder Summe, in seiner Gegenwart, mit Zahlen und Buchstaben zugleich, darauf abgeschrieben werde[298]). Wie es bei Abschlagszahlungen zu halten.

§. 244. Will jemand eine getilgte Forderung im Hypotheken-Buche löschen lassen, so muß er Was bei Löschungs-Gesuchen zu beobachten.

a) das ingrossirte Dokument, nebst dem zur Recognition über dessen Eintragung ausgefertigten und beigehefteten Hypotheken-Scheine,

b) die von dem Gläubiger ausgestellte Quittung[299]) bei dem

---

v. 12. October 1832 (Jahrb. Bd. XL, S. 478); v. 14. Februar 1834 (Jahrb. Bd. XLIII, S. 97); v. 15. April 1835 (Jahrb. Bd. XLV, S. 500).

298) Das heißt, die Quittung über die Theilzahlung muß unmittelbar hinter dem Instrumente wenigstens angefangen werden. Diese Vorschrift ist durch den §. 14 des G. v. 24. Mai 1853 nicht abgeändert. Vergl. die Instr. vom 3. August 1853, Art. 8, Nr. 2. lit. b, b. Es ist behauptet worden (Förster, Hyp.-O., Anm. 200 zu §. 243), daß die Anheftung der Quittung über die Partial-Zahlung an das Instrument dann nicht nöthig sei, wenn der bezahlte Theil der Forderung gelöscht werde. Für das Verhältniß zu Dritten ist der Löschungsvermerk auf dem Instrumente, welcher bei der wirklich erfolgenden Löschung auf dasselbe gesetzt wird, zur Erkennbarkeit der eingetretenen Veränderung der Post, allerdings ausreichend. Aber zwischen der Theilzahlung und der Löschung kann noch viel Wasser ins Meer laufen, und während dieser Zeit ist der Schuldner bloß gestellt, wenn nicht sofort die Quittung auf das Instrument gesetzt wird, da das Instrument in den Händen des bezahlten Gläubigers bleibt, folglich jeden Augenblick in die Hände eines redlichen Dritten gebracht werden kann, dem der Schuldner den Einwand der Zahlung nicht entgegensetzen darf. Darum muß die Quittung, auf Verlangen des Schuldners, auf das Instrument gesetzt werden, wenn nicht etwa die Quittung von der Hypothekenbehörde selbst aufgenommen, und derselben das Instrument sofort Behufs Löschung überliefert wird.

Will der Schuldner über den bezahlten Theil verfügen, so muß wie bei Partial-Cessionen instrumentirt werden.

299) Oder den Löschungskonsens (§. 262), oder die Verzichtung auf die Hypothek; denn nicht allein die Quittung, welche einen Löschungskonsens nicht zu enthalten braucht, sondern auch der Löschungskonsens für sich allein oder in Verbindung mit einem Verzicht auf die Hypothek, begründet die Löschung.

Ertheilt der Gläubiger seinem Schuldner, ohne Befriedigung, in wohlwollender Absicht, die Löschungsbewilligung für eine Post, „wegen welcher er vollständig befriedigt zu sein" erklärt, so kann die Löschungs-Einwilligung deshalb, weil keine Befriedigung erfolgt sei, nicht angefochten werden, vielmehr ist die Willenserklärung als eine Entsagung unter Angabe eines falschen Beweggrundes aufzufassen und auszulegen. Vergl. das Erk. des Ob.-Tr. v. 30. Aug. 1849 (Entsch. Bd. XVIII, S. 264) sowie die Anm. 145 zu §. 145 Tit. 4. u. Anm. 72 zu §. 114 Tit. 16 Th. I des A. L. R.

zur Führung des Hypotheken-Buchs verordneten Collegio produciren.

Wie dergleichen Gesuche zu prüfen.

§. 245. Das Collegium muß zuerst das producirte Instrument examiniren: ob es in der That dasjenige sei, welches ingrossirt, und auf dem die geschehene Eintragung vermerkt ist. Besonders muß, wenn das Productum kein eigentliches Original, sondern nur eine beglaubte Abschrift wäre, genau nachgesehen werden: ob solches auch wirklich dasjenige Vidimus sei, welches zum Behuf der Eintragung derjenigen Post oder Forderung, deren Löschung jetzt gesucht wird, ausgefertigt worden.

§. 246. Bei Prüfung der Quittung muß zuförderst darauf Rücksicht genommen werden: ob solche wirklich von dem im Hypotheken-Buche verzeichneten Inhaber der Schuld[300]), es sei nun solches der erste Creditor oder dessen Cessionarius, ausgestellt sei[301]).

---

300) Bei Deposital-Kapitalien ist Folgendes zu beachten:

a) Lautet das Instrument auf das General-Depositorium, so genügt zur Löschung oder zur Cession eine nach der Vorschrift des §. 86 Tit. II der Dep.-Ordnung ertheilte Deposital-Quittung nicht, vielmehr muß die Quittung des Gerichts, als der verwaltenden und ausleihenden Behörde hinzukommen. R. v. 27. Februar 1834 (Jahrb. Bd. XLIII, S. 210). Eine solche Quittung lautet etwa wie folgt:

„Durch die, nach der Deposital-Quittung vom ......, von dem „N. N. ad depositum des Königl. rc. Gerichts zu N. gezahlten „... Rthlr. .. Sgr (m. B.) ist die aus der Schuld- u. Hypothek-„Verschreibung des N. N. vom ....., auf dem Bauergute Nr.... „zu N. Rubr. III. Nr. 1 für das General-Depositorium des Königl. „rc. Gerichts zu N. eingetragene Forderung von .... Rthlr (m. B.), „an Kapital, Zinsen und Kosten vollständig bezahlt, worüber hierdurch „quittirt wird."

b) Lautet das Instrument auf eine Spezial-Masse, wozu gehört, daß die Eigenthümer derselben, z. B. die Pflegebefohlenen, namentlich genannt werden; so muß der Vormund, mit obervormundschaftlicher Autorisation oder Genehmigung, quittiren. R. v. 27. Februar 1834 (Jahrb. Bd. XLIII, S. 210).

Rückständig verbliebene Kaufgelder, welche auf Requisition des Subhastationsrichters eingetragen worden sind, können niemals auf dessen Requisition oder Konsens wieder gelöscht werden; zur Quittungsertheilung sind nur die darauf angewiesenen Gläubiger (die, wenn das Kaufgelderbelegungs-Protokoll darin unvollständig ist, sich durch ein beizubringendes Attest des Subhastationsgerichts auszuweisen haben) oder, falls sie noch zu ermitteln wären, der denselben gemäß der Vorschrift des A. L. R. II, 18, §§. 49, 1003 zu bestellende Kurator, oder der Kurator der Spezial-Masse legitimirt. Vergl. R. v. 20. Decbr. 1833 (Jahrb. Bd. XLII, S. 442).

301) Bei der Löschung kommt es nur darauf an, daß sorgfältig und gesetzlich geprüft werde: ob der Quittungsleister diejenige Person sei, welche über die zu löschende Post verfügen kann. Daher ist sein Titel und der seiner Vorgänger, soweit sie im Hypothekenbuche noch nicht eingetragen sind, außer Zweifel zu setzen. Einer wirklichen Eintragung dieser Zwischenbesitzer in der Kolonne „Cessionen" bedarf es hierbei nicht. R. v. 21. August 1818 (Jahrb. Bd. XII,

§. 247. Ist die Quittung von einem andern ausgestellt, welcher sich für den Erben des im Hypotheken-Buch verzeichneten Inhabers ausgiebt; so muß zuförderst das Erbrecht desselben, in so fern es nicht schon aus den Acten bekannt ist, durch gerichtliche Urkunden oder Atteste bescheinigt werden[302]).

§. 248. Giebt sich der Quittung-Leister für einen Privat-Cessionarium aus, so müssen die geleisteten Privat-Cessiones von den Cedenten zuförderst gerichtlich, oder von einem —[303]) Notario anerkannt, und damit, nöthigenfalls, bis auf den letzten aus dem Hypotheken-Buche constirenden Inhaber der Forderung, zurückgegangen werden[304]).

§. 249. Ist bei dem Legitimations-Punkte nichts zu erinnern, oder ist solcher vorstehendermaßen berichtiget; so muß alsdann darauf gesehen werden: ob die Quittung selbst gerichtlich, oder sonst beglaubiget, oder ob es eine bloße Privat-Quittung sei.

§. 250. Ist es eine bloße Privat-Quittung, so muß ein Termin zu deren Vorlegung und Anerkenntniß, mit Adcitation des Ausstellers, anberaumt; oder wenn besonders der Aussteller entfernt wäre, deren Recognition von irgend einem andern Gericht, oder dazu öffentlich autorisirten Notario[305]) bewirkt; in beiden

---

S. 34). Auch der historischen Erwähnung der Zwischeninhaber in der Kolonne „Löschungen" bedarf es nicht mehr. K. O. v. 9. Mai 1839, Nr. III (G. S. S. 163).

Die Löschung eingetragener, aus Domainen-Veräußerungen oder Ablösungen entstandener Kapitalien darf nur auf Grund einer von der Staatsschulden-Tilgungs-Kasse ertheilten und von der Hauptverwaltung der Staatsschulden bescheinigten Quittung gelöscht werden. Bei andern fiskalischen Hypothekenposten, welche dem Staatsschulden-Tilgungs-Fonds nicht überwiesen sind, genügt die Quittung der zuständigen Verwaltungsbehörde. Das Ausführliche hierüber s. m. in m. Domainen-Recht, Breslau, 1838.

302) In wie fern ein Miterbe, welcher das Instrument besitzt, zur Quittungsleistung legitimirt sei, s. m. oben, Anm. 252 a. E.

303) Hier fallen die Worte „Justiz-Commissario und" aus.

304) Ist ein Kapital mit Zinsen von einem bestimmten Zeitpunkte ab, oder zu einem niedrigeren als dem verschriebenen Zinssatze cedirt worden, so kann dasselbe auf Grund der Quittung des Cessionars gelöscht werden, ohne daß die Hypothekenbehörde auf die ältern oder die übrigen Zinsen Rücksicht zu nehmen hat. Der Cedent muß, wenn er dieserhalb Vorbehalte macht, sich durch ein Zweiginstrument die vorbehaltenen Zinsen sichern. Vergl. oben, Anm. 257 zu §. 206.

Bei einer noch nicht eingetragenen Theil-Cession ist die Quittung des Cessionars und das uneingetragene Zweig-Instrument zur Löschung des cedirten Theils nicht hinreichend, vielmehr muß, wenn nicht zuvor die Abschreibung der Theil-Obligation von dem Original-Instrumente noch bewirkt wird, das Letztere herbeigeschafft werden, um gleichfalls darauf die Löschung des bezahlten Theils der Forderung zu vermerken. R. v. 17. September 1835 (Jahrb. Bd. XLVI, S. 128).

305) Wenn auch ausländischen (R. v. 23. Januar 1835, Jahrb. Bd. XLV,

Fällen aber, die geschehene Recognition[306]) unter der Original-Quittung registrirt werden.

§. 251. Eben so muß auch, wenn der Gläubiger gar keine Quittung ausgestellt, sondern bloß das Instrument zurückgegeben hat, zuerst die Quittungs-Leistung gehörig bewirkt —[307]) werden.

§. 252. Es versteht sich von selbst, daß wenn der Quittungs-Leister diesen Termin nicht in Person, sondern durch einen Bevollmächtigten abwartet, letzterer dazu[308]), durch eine gerichtlich ausgestellte, oder sonst beglaubigte Spezial-Vollmacht legitimirt sein müsse.

§. 253. Ist bei der Quittung selbst nichts zu erinnern, so wird alsdann der Befehl zur Löschung an den Hypotheken-Buchführer erlassen.

34. Gesetz vom 24. Mai 1853.

§. 32. Wenn ein Realgläubiger durch rechtskräftiges Erkenntniß verurtheilt worden ist, eine für ihn im Hypothekenbuche eingetragene Post ganz oder theilweise zur Löschung zu bringen, oder über dieselbe eine löschungsfähige Quittung auszustellen oder in die Löschung einzuwilligen, so kann die Löschung im Hypothekenbuche auf Grund dieses Erkenntnisses und auf Requisition des Prozeßrichters eben so erfolgen[309]), als wenn eine

---

S. 276), vorausgesetzt, daß das ausländische Gericht, nach der dortigen Verfassung, mit der Ausfertigung öffentlicher Urkunden betraut ist, was hier im Zweifel durch gesandtschaftliche Legalisation festgestellt werden muß.

306) Eine bloß rekognoscirte Privat-Quittung genügt also. R. v. 21. Oktober 1822 (Jahrb. Bd. XX, S. 292).

307) Hier fallen die Worte: „und solches unter dem Instrumente verzeichnet werden", aus, da der Quittungsakt nicht mehr mit dem Instrumente verbunden wird.

308) Wer mit der Einziehung oder Erhebung einer Hypothekenforderung in gehöriger Form beauftragt ist, ist dadurch auch zur Ertheilung der Quittung ermächtigt. R. v. 10. April 1820 (Jahrb. Bd. XV, S. 39). Aber nicht zur Ertheilung des Löschungskonsenses ohne Bezahlung der Post, weil die Verzichtleistung auf die Hypothek ein Akt der Freigebigkeit ist.

309) Dieses Verfahren ist von einer verständigen Praxis schon lange eingehalten. Schles. Arch. Bd. I, S. 46 ff.

Nach einer nichtamtlichen Mittheilung im J. M. Bl. 1855, S. 196, Nr. 13, ist in einem vorgekommenen Beschwerdefalle (vermuthlich von dem J. M.) angenommen worden, daß durch diese Bestimmung die Befugniß des obsiegenden Theils, welcher die eingetragene Post nicht hat löschen lassen, sondern darüber nach dem §. 52 des Anhangs zum A. L. R. und der Deklaration v. 3. April 1824 (G. S. S. 77) anderweit disponiren will, nicht ausgeschlossen, den verurtheilten bisherigen Realgläubiger zur Ausstellung der Löschungsbewilligung durch Exekution anhalten zu lassen. Indessen ist zu einer Wiederaufnahme dieses, durch den §. 32 endlich auch für die unverständige Praxis beseitigten widersinnigen Exekutionsverfahrens für diesen Fall gar kein Bedürfniß. Zur Weiterbildung des Hypotheken-Instruments bedarf es keiner Urkunde: die Cessionen, mithin auch die als Cession dienenden Quittungen, werden dem Instrumente nicht mehr beigeheftet, vielmehr genügt zum Ausweise die auf dasselbe gesetzte

solche Löschung durch das Erkenntniß selbst ausdrücklich angeordnet, oder die angefochtene Eintragung der Post durch das Erkenntniß für ungültig erklärt ist. Es bedarf dazu weiter keiner besonderen Quittung oder Löschungsbewilligung des Gläubigers [310]).

§. 36. Auf die Versicherung des Besitzers des Grundstücks, daß der Inhaber einer noch nicht getilgten, aber bereits fälligen oder doch der Kündigung unterworfenen Post [310a]), welche er zur Löschung bringen will, der Person oder dem Aufenthalte nach unbekannt oder nicht legitimirt ist, kann die Löschung unter folgenden Bedingungen erfolgen:

§. 37. An den Inhaber der Post ist von dem Gericht der belegenen Sache eine öffentliche Aufforderung zu erlassen, und diese einmal im Regierungs-Amtsblatt und durch Aushang an der Gerichtsstelle bekannt zu machen. Der bekannte, aber nicht legitimirte Inhaber ist durch besondere Verfügung aufzufordern.

§. 38. Die in der öffentlichen Aufforderung zu bestimmende Frist beträgt in der Regel drei Monate, wird aber, wenn mit der Aufforderung die Kündigung verbunden wird, um die Kündigungsfrist verlängert.

§. 39. Wenn der Inhaber innerhalb der gestellten Frist sich nicht gemeldet und legitimirt hat, so ist von dem Gericht der Antragsteller zur Deposition zu verstatten, und ihm die Zahlung des Kapitals nebst den vorbedungenen Zinsen für fünf Jahre, oder sofern das Grundstück für Verzugszinsen verpfändet ist, mit zehnjährigen Verzugszinsen, zum Depositorium des Gerichts aufzugeben.

§. 40. Nach erfolgter Zahlung geschieht die Löschung auf

Intabulations-Registratur und der beigeheftete Hypothekenbuchs-Auszug. Es kommt also nur auf die Eintragung an. Wenn nun der Prozeßrichter in Vollstreckung des Urtels die Hypothekenbehörde um die Löschung requiriren kann und die Hypothekenbehörde der Requisition nachkommen muß; so ist nicht findbar, warum er, da er auch hierauf die Exekution auf Grund des Erkenntnisses verfügen kann, diese nun gerade durch Anwendung von Zwang gegen die Person, vielleicht ganz vergeblich und mit unwiederbringlichen Kosten, müßte vollstrecken lassen und nicht vielmehr hier ebenfalls auf geradem Wege die Hypothekenbehörde um Umschreibung der Post auf den Namen des Exekutionssuchers sollte requiriren dürfen. Ueber das Widersinnige des persönlichen Zwanges als Exekutionsmittels in einem solchen Falle s. m. Schles. Arch. Bd. I, S. 46 ff., und Civil-Prozeß, §. 320, Note 7.

310) Instr. v. 3. August 1853, Art. 18, Nr. 1:

„Durch den §. 32, welcher in den dort erwähnten Fällen die Löschung auf Grund eines rechtskräftigen Erkenntnisses, ohne daß es noch einer Löschungsbewilligung des Gläubigers bedarf, für zulässig erklärt, wird das Requisit der Beibringung des Hypotheken-Instruments, wo dieselbe nach den allgemeinen Vorschriften zur Löschung erforderlich ist, nicht erledigt." Das versteht sich von selbst.

310a) Wie zu verfahren, wenn der Inhaber eines gekündigten Pfandbriefes nicht zu ermitteln ist, schreibt die K. O. v. 7. September 1830 vor. S. Zusatz 11 zur Pr.-O. Tit. 51, §. 140.

311) Wenn der Fall so liegt, wie hier vorausgesetzt wird, so ist der Schuldner Verzugszinsen nicht schuldig, weil er nicht in mora solvendi, vielmehr der Gläubiger in mora accipiendi ist.

Requisition des Gerichts, ohne daß es eines Präklusions-Urtheils und der Beibringung des Instruments bedarf [312]).

§. 41. Mit der gezahlten Geldsumme wird von dem Gericht, wenn sich innerhalb Jahresfrist ein Interessent zur Empfangnahme nicht legitimirt hat, nach §. 391 des Anhangs zur A. G. O. verfahren.

Ob und welcher Betrag an Zinsen dem Besitzer des Grundstücks zurückzuzahlen ist, weil der Gläubiger darauf keinen Anspruch hat, oder dem Gläubiger nachgezahlt werden muß, weil sein Anspruch den deponirten Betrag übersteigt, bleibt im Mangel einer Vereinigung der Entscheidung des Prozeßrichters vorbehalten.

§. 254. Bei Abfassung und Ausfertigung dieses Befehls muß eben das beobachtet werden, was oben, §. 20 seq., in Ansehung der Eintragungsbefehle verordnet ist.

35. K. O. v. 9. Mai 1839, betreffend das Verfahren bei der Regulirung des Hypothekenwesens. (G. S. S. 163.)

III. Die Löschung der Vermerke im Hypotheken-Buche darf nur die Thatsache der Löschung mit Bezugnahme auf die Löschungsverfügung enthalten, ohne den Grund, auf dem die Verfügung beruht, mit aufzunehmen [313]). Die Vorschrift der Hypothekenordnung Tit. 2, §. 254 wird hierdurch modificirt.

Was bei der Löschung selbst zu beobachten.

§. 255. Der Hypotheken-Buchführer muß den in dem Befehle enthaltenen Vermerk auf demjenigen Folio, wo die Post eingetragen ist, unter der gegenüber stehenden Colonne Löschungen, einschreiben. Der Eintragungs-Vermerk aber wird im Buche selbst nicht ausgestrichen [314]); weil die Hypotheken-Bücher mit dergleichen Rasuren nicht makulirt werden müssen.

§. 256. Nach erfolgter Einschreibung des Löschungs-Vermerks, wird, wie solches geschehen, kürzlich, ohngefähr mit den Worten:

gelöscht ex decreto d. d. — in dem Hypotheken-Buche
Vol. — Pag. — N. den 17. —

N.

auf dem Original-Instrument registrirt; dies Instrument durch-

---

312) Instr. v. 3. August 1853, Art. 19, Nr. 1:
„Da es sich hier um ein prozessualisches Verfahren handelt, so gehören die Verhandlungen nicht vor den Hypothekenrichter als solchen, sondern zur Kompetenz des Prozeßrichters, also der Ersten Abtheilung der Gerichte.

313) Etwa mit den Worten:
„Zu 4. Gelöscht zufolge Dekrets vom . . . .“

314) Sondern roth unterstrichen. R. vom 13. December 1832 und 14. December 1833 (Jahrb. Bd. XLII, S. 437); Instr. vom 3. August 1853, Art. 18, Nr. 5 (unten, Anm. 327).

schnitten, und solchergestalt, nebst der Original-Quittung, dem gewesenen Schuldner zurückgegeben [315]).

§. 257. Kann das Instrument selbst nicht cassirt werden, weil etwa dadurch, außer dem eingetragenen und nunmehr getilgten, auch noch andere Rechte, oder Verbindlichkeiten begründet werden [316]), so wird die geschehene Löschung, mit näherer Beziehung auf die wegfallende Post, z. E. his formalibus:

> die eingetragenen 6000 Thlr. rückständige Kaufgelder sind gelöscht, ex decreto d. d... in dem Hypotheken-Buche Vol. — Pag. — N. den ... 17 ...
>
> N.

auf dem Instrument registrirt; die vormalige Registratur der geschehenen Ingrossation durchgestrichen [317]); und solchergestalt das Instrument dem Inhaber, die Quittung aber, in so fern dergleichen besonders ausgestellt, und nicht auf dem Instrument selbst befindlich ist, dem Gutsbesitzer zurückgegeben [318]).

§. 258. Ein besonderer Hypothekenbuchs-Auszug — [319]) wird bei Löschungen nicht anders ausgefertiget, als wenn die Interessenten ausdrücklich darauf antragen.

§. 259. Fällt weg [320]).

§. 260. Ist nur eine Abschlags-Zahlung geleistet, so kann weder das Instrument cassirt, noch der Ingrossations-Vermerk Von Abschlags-Zahlungen.

---

315) Hiernach wird noch jetzt verfahren; nur tritt noch eine Benachrichtigung an den Antragsteller, welche den vollständigen Löschungsvermerk enthält, bei Rückgabe des Instruments, gemäß §. 20 des G. v. 24. Mai 1853, hinzu. Oben, Anm. 58, Nr. 4.

316) Oder weil bloß auf die Hypothek verzichtet worden, ohne daß die Forderung erloschen ist.

317) Man pflegt auch den Hypothekenschein zu kassiren; doch ist dies nirgend vorgeschrieben und auch nicht nothwendig, da der auf das Instrument gesetzte Löschungsvermerk in Verbindung mit der durchstrichenen Eintragungsregistratur gegen Mißbrauch sichert.

318) Oben, Anm. 58, Nr. 4.

Nach Vorschrift des §. 257 wird auch verfahren, wenn eine auf mehreren Grundstücken eingetragene Post nicht auf allen gelöscht wird. Bei den belastet bleibenden Grundstücken vermerkt man in der Colonne „Cessionen" neben der betreffenden Post, daß dieselbe auf dem bezeichneten Grundstücke gelöscht worden sei, damit der Wegfall der Solidarität Mehrerer erkennbar sei. Dies ist ein solcher Fall, wo wegen des Vermerks, gemäß §. 23 des G. v. 24. Mai 1853 (Zus. 16 zu §. 39), Hypothekenbuchs-Auszüge von dem Folium der verhaftet bleibenden Grundstücke dem Instrumente beizuheften sind.

319) Hier fallen die Worte „statt der Recognition" aus. Vergl. übrigens die §§. 20 u. 23 des G. v. 24. Mai 1853 (Zus. 16 zu §. 39 d. T.).

320) Betrifft die Einschreibung in das ehemalige Ingrossations-Buch. Vergl. oben die Anm. 92 zu §§. 64—67, Tit. 1.

durchgestrichen werden; sondern es wird alsdann nur die prästirte und im Hypotheken-Buch bemerkte Partial-Zahlung, sowohl auf dem ingrossirten Instrument, als auf dem in vim recognitionis beigehefteten Hypotheken-Scheine, mit Zahlen und Buchstaben zugleich, abgeschrieben[321]); ohngefähr his formalibus:

Zweitausend Thaler i. e. 2000 Thlr. sind —[322]) ex decreto d. d ... gelöscht Vol. — Pag. — N. den ... 17...
N.

Von Consolidationen. §. 261. Ist die eingetragene Post durch Consolidation erloschen, so kann zwar keine Quittung verlangt werden; es muß aber dennoch die Löschung im Hypotheken-Buche, nicht anders, als gegen Production des Original-Schuld-Instruments, und dessen Cassation erfolgen.

Von Löschung andererReal-Rechte. §. 262. Eben so, wie bei eigentlichen Schuld-Forderungen, ist auch bei andern eingetragenen Real-Rechten, die Quittung oder der Consens desjenigen, für welchen sie haften, und die Production des eingetragenen Instruments[323]) zu deren Löschung nothwendig.

36. Gesetz vom 24. Mai 1853.

§. 33. 1) Einschränkungen des Eigenthums oder der Disposition, welche nicht in der rechtlichen Beschaffenheit des Besitzverhältnisses beruhen, sondern sich nur auf eine bestimmte Person beziehen,
2) das Vorkaufs- oder Wiederkaufsrecht für eine bestimmte Person,
3) Wohnungsrechte für eine bestimmte Person können ohne Quittung der Erben und ohne Beibringung des Instruments gelöscht werden, wenn der Tod des Berechtigten nachgewiesen wird[324]).

---

321) Und dem Instrumente wird ein fortgesetzter Hypothekenbuchs-Auszug angehängt. Wird ein vollständiger Hypothekenbuchs-Auszug verlangt, so wird ein solcher angeheftet und der alte Auszug abgetrennt. §§. 23, 27 des G. v. 24. Mai 1853 (oben, Zus. 16 zu §. 39 d. T.).

322) Hier fallen die Worte: „abschläglich bezahlt und", als Grund der Löschung, weg. Instr. v. 3. August 1853, Art. 15, Nr. 1 (oben, Anm. 58).

323) Ist eine dem Staate gehörende beständige Last abgelöst, so muß die Löschung derselben geschehen, wenn der Eigenthümer eine von der Bezirks-Regierung ausgefertigte Urkunde einreicht, in welcher der Gegenstand der Ablösung und der Betrag des Ablösungskapitals deutlich ausgedrückt, und eine Quittung über die vollständige Zahlung des Kapitals enthalten ist. Anweisung vom 16. März 1811, §. 2 (G. S. S. 164), wo auch ein Formular zu einer solchen Quittung vorgeschrieben ist, und R. v. 19. August 1817 (Jahrb. Bd. X, S. 9).

324) Und zwar sofort, ohne, wie in dem Falle des folgenden §. 34, erst noch eine Frist abzuwarten; denn bei diesen Rechten können keine Rückstände bleiben. Tritt der Fall der Entschädigung wegen Entziehung des Rechts ein, so entsteht daraus eine bloße Personal-Forderung. Der Satz war schon früher durch Usual-Interpretation von der Praxis gewonnen. Vergl. R. v. 25. Juni 1836 (Jahrb. Bd. XLVII, S. 599).

§. 34. Die Löschung
1) von Altentheilen oder Auszügen, Herbergs- oder Pflege-Berechtigungen, Nießbrauchsrechten und andern persönlichen Servituten[325]);
2) von Leibrenten und anderen auf Lebenszeit bedungenen Leistungen

kann ohne Quittung der Erben und ohne Beibringung des Instruments erfolgen, wenn der Tod des Berechtigten nachgewiesen wird und seit dem Todestage fünf Jahre[326]) abgelaufen sind.

§. 35. Wenn über eine in der zweiten oder dritten Rubrik des Hypothekenbuchs eingetragene Post ein förmliches Hypotheken-Instrument nicht gebildet worden (§§. 17, 20), so bedarf es zum Zwecke ihrer Löschung im Hypothekenbuche der Vorlegung einer sonst etwa über die Forderung ausgefertigten Urkunde nicht.

Zur Löschung einer Post, über die nach der Natur des zum Grunde liegenden Geschäfts zu Gunsten eines Dritten nicht hat verfügt werden können, bedarf es weder der Beibringung des Instruments, noch der Mortifikation desselben.

Die Beibringung des einem Hypotheken-Instrumente beigefügt gewesenen Hypothekenbuchs-Auszugs oder Hypothekenscheins ist zur Löschung in keinem Falle erforderlich[327]).

§. 263. Ist über den eingetragenen und nunmehr zu löschen-

---

325) Persönliche Servituten gehören eigentlich in die Klasse des vorhergehenden §. 33, da das Grundstück nicht für etwanige Entziehung des Nießbrauchs oder für die Ansprüche wegen der Nutzungen des letzten Jahres, als Hypothek haftet. Dies führt gut aus das R. v. 25. Juni 1836 (Jahrb. Bd. XLVII, S. 599), u. v. 20. März 1837 (Jahrb. Bd. XLIX, S. 254).

326) Man nimmt an, daß die Rückstände in vier Jahren verjähren, daher die Rückstände aus dem Todes-Jahre nach fünf Jahren erloschen sein müssen. Das war schon vor dem G. v. 24. Mai 1853 von der Praxis angenommen. R. v. 18. Januar 1840 (J. M. Bl. S. 38) und v. 30. October 1841 (J. M. Bl. S. 343).

327) Das war schon durch die Ministerial-Verfügungen vom 30. Novbr. 1789 (Rabe, Bd. I, Abth. 7, S. 793) und vom 14. September 1805 (Rabe, Bd. VIII, S. 347), als aus den Bestimmungen der Hypotheken-Ordnung folgend, vorgeschrieben. Durch den §. 35 ist jeder Zweifel darüber gehoben.

Die Instr. v. 3. August 1853, Art. 18 fügt unter Nr. 5 noch bei:

„Alle gelöschte Eintragungsvermerke sind im Hypothekenbuche und in der den Grundakten vorgehefteten Hypotheken-Tabelle (Verf. v. 13. Decbr. 1832 und vom 14. December 1833 — Jahrb. Bd. XLII, S. 437), für deren genaue Uebereinstimmung mit dem Hypothekenbuche der Ingrossator verantwortlich ist, roth zu unterstreichen. (Vergl. das Formular im J. M. Bl. v. 1842, S. 73 ff. — unter den Beilagen sub AA. beigefügt —.) Wo dieses Verfahren bisher noch nicht üblich gewesen, ist bei passender Gelegenheit das Erforderliche nachzuholen.

Dasselbe Roth-Unterstreichen findet, wenn von Parzellen Folien (vergleiche Art. 2, Nr. 1 u. 2) einzelne Grundstücke abgeschrieben werden, sowohl in Bezug auf diese Grundstücke, als auf diejenigen Intabulate statt, welche, indem sie nur auf den abgeschriebenen Grundstücken haften, und auf deren neues Folium übertragen sind, für das bisherige Folium keine Bedeutung mehr haben. Solche gelöschte Posten resp. abgeschriebene Parzellen sind in den Hypothekenscheinen **pro informatione** und in den Hypothekenbuchs-Auszügen nur durch die Worte: „ist gelöscht", oder „ist abgeschrieben", zu bezeichnen. (Vergl. das Formular D — unter den Beilagen.)

den Vermerk, kein förmliches Instrument ausgefertigt, sondern solcher bloß auf den Grund einer übergebenen Vorstellung, wie bei Protestationen, oder einer ergangenen Requisition, wie bei Amts- und Vormundschaftlichen Cautionen, ingrossirt worden; so muß dennoch die vidimirte Abschrift der Vorstellung, oder des Requisitorialis, auf welcher die Ingrossation registrirt ist[328]), herbeigeschafft werden.

§. 264. Soll eine eingetragene Vormundschaft gelöscht werden, so ist dazu ein Attest des Obervormundschaftlichen Gerichts, daß der Besitzer der Vormundschaft entlassen, und daraus nichts mehr schuldig sei, erforderlich[329]).

§. 265. Ist die ganze Vormundschaft, durch erlangte Volljährigkeit des Pflegbefohlenen, oder auf andere Art beendiget, und es wird solches glaubhaft nachgewiesen; so ist die gerichtliche Quittung des gewesenen Curandi, oder dessen majorenner Erben, zur Löschung hinreichend.

Von Löschung der in einem Concurs ausgefallenen Forderungen.

§. 266. Wenn in einem Concurs- oder Liquidations-Prozesse[330]), eingetragene Forderungen, wegen Unzulänglichkeit der Masse, leer ausgehen; so kann zur Löschung derselben weder die Verzicht der Inhaber verlangt werden, noch ist die Production der Original-Instrumente dazu nothwendig.

§§. 267 u. 268. Fallen weg[331]).

Von Löschungen auf den Grund eines gerichtlichen Aufgebots.

§. 269. Soll eine im Hypotheken-Buch eingetragene Post[332]), von welcher der Guts-Besitzer behauptet, daß sie getilgt sei, ge-

328) In Gemäßheit des §. 45 d. T.

329) Vergl. A. L. R. II, 18, §§. 885 ff.

330) Unter dem Konkursprozesse ist nach heutigem Rechte der Partikular-Konkurs über die zur Konkursmasse gehörigen Grundstücke, und unter dem Liquidationsprozeß das Kaufgelderbelegungsverfahren bei nothwendigen Subhastationen zu verstehen, so daß der alte Scrupel: ob bei den außer dem Falle des förmlichen Konkurses oder Liquidationsprozesses vorkommenden nothwendigen Subhastationen die Vorschriften der §§. 266 ff. Anwendung fänden, gründlich gehoben ist.

331) Es wird jetzt nach den Vorschriften der Konkursordnung v. 8. Mai 1855, §§. 399 u. 400 verfahren. M. s. die Anmerkungen dazu.

332) Die Post, die Forderung, im Gegensatze zum Instrumente, wovon die §§. 273 ff. handeln. Bei dem Aufgebote der Post braucht das Instrument gleichfalls nicht vorhanden zu sein, die Löschung kann demnach auf Grund der Präklusoria erfolgen. §. 272. Denn es wird durch das Aufgebot der Post die Verbindung derselben mit dem Grundstücke aufgehoben, mag dieselbe getilgt sein oder nicht. In dem letzteren Falle bleibt das persönliche Schuldverhältniß bestehen, aber an das Grundstück ist der Anspruch durch die Präklusoria ausgeschlossen. Vergl. R. v. 31. Mai 1817 (Jahrb. Bd. IX, S. 238); §. 383 des Anh. zur A. G. O.

löscht werden; und er kann darüber keine beglaubte[333]) Quittung produciren; noch auch den Aufenthalt des letzten im Hypotheken-Buche vermerkten Inhabers, oder der Erben desselben anzeigen; so findet die Löschung nicht eher statt, als bis die Post gerichtlich aufgeboten, und Präclusoria darüber ertheilt worden[334]).

§. 270. Dieses Aufgebot muß bei dem Richter, unter dessen Jurisdiction das Grundstück gelegen ist, nachgesucht werden.

§. 271. Der Richter muß dabei, nach den auf diesen Fall gegebenen Vorschriften der Prozeß-Ordnung[334a]) verfahren.

§. 272. Wenn das Präclusionsurtel ergangen, und rechtskräftig geworden ist, muß solches in beglaubter Ausfertigung, nebst einem über deren Rechtskraft ertheilten gerichtlichen Atteste, bei dem Hypotheken-Buche producirt, und auf deren Grund[335]) die Löschung verordnet werden.

37. Gesetz v. 24. Mai 1853.

§. 42. Das Aufgebot einer Post, von welcher der Besitzer des Grundstücks behauptet, daß sie getilgt sei, und darüber eine Bescheinigung beibringt (§. 269, Tit. II der Hypotheken-Ordn.), kann auf seinen Antrag auch dann erfolgen, wenn der Inhaber der Post zwar bekannt, jedoch als solcher nicht legitimirt ist[336]).

Es wird in diesem Falle nach der Vorschrift der §§. 101, 102, 103b—106, Tit. 51, Th. I der A. G. O. unter folgenden näheren Bestimmungen verfahren[337]):

1) Der Besitzer des Grundstücks hat ein Verzeichniß der ihm bekannten angeblichen Rechtsnachfolger des letzten legitimirten Inhabers der Post zu übergeben, und zugleich die Versicherung abzugeben, daß außer diesen keine andere ihm bekannte Rechtsnachfolger vorhanden sind (§. 101 a. a. O.).

2) Zu dem Termine werden die angezeigten angeblichen Rechts-

---

333) Keine beglaubte. Eine Bescheinigung seiner Behauptung aber muß der Gutsbesitzer zur Begründung seines Gesuchs jedenfalls beibringen. Vergl. §. 42 des G. v. 24. Mai 1853 (Zus. 37 zu §. 272).

334) Das muß auch geschehen, wenn der Auszug eines verstorbenen Altsitzers gelöscht werden soll, die Erben desselben der Person oder dem Aufenthalte nach unbekannt sind und der Besitzer den Ablauf der fünfjährigen Verjährungszeit (Zus. 36 zu §. 262) nicht abwarten will. R. v. 18. Januar 1840 (J. M. Bl. S. 38).

334a) Tit. 51, §§. 110—114 u. Anh. §. 383.

335) Ohne Produktion des Instruments. Anm. 332 zu §. 269.

336) Unter einem solchen nicht legitimirten Inhaber der Post ist nicht der körperliche Inhaber des Instruments, sondern ein Rechtsnachfolger des letzten legitimirten Gläubigers zu verstehen, welcher keinen beglaubigten oder formell gültigen Uebergangstitel vorlegen kann.

337) Instr. v. 3. August 1853, Art. 19, Nr. 2:
„Zur Abkürzung und Kostenersparung können mehrere Aufgebote der im §. 42 erwähnten Art zu Einem Verfahren verbunden werden."

nachfolger besonders und die der Person oder dem Aufenthalte nach unbekannten durch Ediktalcitation vorgeladen.

3) Die Ediktalvorladung der unbekannten Interessenten findet nach Vorschrift der §§. 112, 113 a. a. O. und mit der Warnung[338]) statt:

daß die Ausbleibenden mit ihren Ansprüchen auf die Post würden präkludirt, und dieselbe im Hypothekenbuche würde gelöscht werden (§. 102 a. a. O.).

4) Die Löschung kann nach eingetretener Rechtskraft des Präklusions-Urtheils[339]) und nach Beseitigung eines etwaigen Widerspruchs der im Termine erschienenen Interessenten[340]) erfolgen, ohne daß es der Beibringung des Instruments bedarf.

§. 273. Wenn der Inhaber der Forderung zwar bekannt, auch Quittung zu leisten erbötig ist, oder solche wirklich geleistet hat; das eingetragene Dokument aber, aus dem Grunde, weil solches angeblich verloren gegangen ist, nicht producirt werden kann, so kommt es darauf an:

ob das Instrument, nach seinem Inhalt, und der Natur des Negotii, so beschaffen sei, daß darüber zu Gunsten eines Dritten hat disponirt werden können;

oder:

ob dergleichen Dispositionen und Uebertragung des dadurch begründeten Rechts auf einen Dritten, nach der Beschaffenheit des Negotii, nicht hat statt finden können.

---

338) Da die hier vorgeschriebene Warnung nur rücksichtlich der unbekannten Interessenten, nicht rücksichtlich der besonderen Vorladung der angezeigten angeblichen Rechtsnachfolger des ursprünglichen Inhabers der aufzubietenden Post vorgeschrieben ist, so muß angenommen werden, daß wenn die von dem Provokanten selbst angegebenen Rechtsnachfolger in dem Termine ausbleiben, diesen dennoch, gemäß §§. 102, 105, Tit. 51 der Proz.-O., im Präklusionsurtel ihre Rechte vorbehalten bleiben sollen, und daß die Löschung der aufgebotenen Post erst dann erfolgen soll, wenn das Präklusionsurtel rechtskräftig geworden, wenn die von dem Provokanten als Rechtsnachfolger angegebenen, im dem Urtel namhaft zu machenden Personen in die Löschung gewilligt haben, resp. zur Ertheilung dieser Einwilligung rechtskräftig verurtheilt worden sind, und wenn der etwaige Widerspruch derjenigen Personen beseitigt ist, welche, außer jenen angegebenen Rechtsnachfolgern, mit Ansprüchen auf die aufgebotene Post in dem desfallsigen Termine aufgetreten sind. Erk. des Ob.-Tr. v. 17. November 1854 (Entsch. Bd. XXIX, S. 241).

339) In demselben sind nicht nur denjenigen ihre Rechte vorzubehalten, welche im Präklusionstermine erschienen sind und Ansprüche auf die Post erhoben haben, sondern auch denen, welche der Provokant als angebliche Rechtsnachfolger des letzten legitimirten Inhabers der Post bezeichnet hat, wenn sie auch im Präklusionstermin nicht erschienen sind. Erk. des Ob.-Tr. v. 17. Novbr. 1854 (Entsch. Bd. XXIX, S. 237). Vergl. die vor. Anm. 338.

340) Und nachdem die von dem Provokanten bezeichneten angeblichen Rechtsnachfolger des letzten legitimirten Besitzers, da sie nunmehr als legitimirt erscheinen, quittirt oder in die Löschung gewilligt haben. Anm. 338.

§. 274. Im letztern Falle z. E. wenn von einem bloßen Cautions-Scheine, oder von einem solchen Document, wodurch jemanden, ein das Eigenthum oder die freie Disposition des Besitzers einschränkendes, seiner Person anklebendes Recht (jus personalissimum) constituirt worden, die Rede wäre, bedarf es auch der Mortification des Instruments, von Seiten des aus dem Hypotheken-Buche constirenden Inhabers, nicht [341]).

§§. 275, 276. Fallen weg [342]).

§. 277. Ist hingegen die Forderung, und das dieselbe begründende Instrument so beschaffen, daß damit eine Disposition, zu Gunsten eines Dritten, hat getroffen werden können; so ist der bloße Mortifications-Schein, von dem letzten aus dem Hypotheken-Buche constirenden Inhaber, zur Löschung nicht hinreichend.

38. K. O. v. 3. Juli 1843, betreffend das öffentliche Aufgebot verloren gegangener Hypothekendokumente über Domainenabgaben und Inventariengelder, zum Zwecke der Amortisation. (G. S. S. 292).

1) Sind Hypothekendokumente über Domainenabgaben und Inventarien-Kapitalien [343]) bei den Behörden verloren gegangen, so soll es zur Amortisation derselben des in der Hypotheken-Ordnung Tit. 2, §§. 277 ff. u. in der A. G. O. Th. I, Tit. 51, §§. 115–118 vorgeschriebenen Aufgebotsverfahrens nicht weiter bedürfen, zu diesem Zwecke vielmehr genügen, wenn von der betreffenden Regierung der im A. L. R. Th. I, Tit. 16, §§. 126 u. f. vorgeschriebene Mortifikationsschein und zugleich ein Attest darüber ausgestellt wird, daß über die Forderung, welche Gegenstand des Dokuments ist, zu Gunsten eines Dritten nicht verfügt worden sei.

2) Auf Grund dieses Mortifikationsscheins und Attestes können in Stelle der verlorenen Dokumente mit Einwilligung des Schuldners neue ausgefertigt, ingleichen die bereits abgelösten Domainenabgaben und bezahlten Inventarienkapitalien, wenn zugleich die Ablösungsurkunde oder Quittung in vorschriftsmäßiger Form beigebracht wird, im Hypothekenbuche gelöscht werden.

---

341) Ges. v. 24. Mai 1853, §. 35, Satz 2 (Zus. 36 zu §. 262 d. T.)

342) Sie schreiben die Form des auszufertigenden Mortifikationsscheins vor, dessen es nicht mehr bedarf. Vor. Anm. 341.

343) Auf verlorene oder angeblich verbrannte Hypotheken-Instrumente über andere fiskalische Forderungen ist die Verordnung nicht auszudehnen. Zwar wird in derselben der allgemein auf fiskalische Forderungen passende Beweggrund angegeben: „Da nach den bestehenden Einrichtungen eine unbefugte Disposition über dergleichen bei den Behörden aufbewahrte Dokumente, welche im Falle des Verlustes derselben ein Aufgebot nöthig machte, nicht stattfinden kann". Indeß ist zu beachten, daß das Gesetz vorher keine Ausnahme für den Fall machte, wo Fiskus der Inhaber eines verlorenen Dokuments gewesen war und daher auch das Aufgebot der angeblich verbrannten Dokumente über Inventarienkapi-

§. 278. Vielmehr muß alsdann der Gutsbesitzer, unter Production der vorstehend beschriebenen vidimirten Abschrift[344]) des Instruments, des darunter[345]) befindlichen Mortifications-Scheines[346]), und der Quittung des letzten Inhabers, sich bei dem Gericht, unter welchem das Grundstück belegen ist, melden, und die öffentliche Vorladung aller derjenigen, welchen an der zu löschenden Post, und dem darüber ausgestellten Instrument, als Eigenthümern, Cessionarien, Pfands- oder andern Briefs-Inhabern, irgend einiges Recht zustehen möchte, nachsuchen.

§. 279. Der Richter muß, bei Veranlassung dieses Aufgebots, diejenigen Vorschriften beobachten, welche auf den Fall, wenn unbekannte Inhaber einer eingetragenen Forderung, zum Behuf deren Löschung citirt werden sollen, in der Prozeß-Ordnung[347]) ertheilt sind.

§. 280. Insonderheit muß er in den Edictal-Citationen das aufgebotene Instrument, durch Benennung des darin aufgeführten Gläubigers und Schuldners, der Capitals-Summe, des verpfändeten Gutes, des Dati der Ausstellung und der Ingrossation, genau bezeichnen.

(Der Schlußsatz fällt weg)[348]).

---

talien nothwendig gefunden wurde (R. v. 22. December 1823, Jahrb. Bd. XXII, S. 210), daß der Bericht des Staatsministeriums v. 8. Juni 1843, wodurch die Verordnung erwirkt wurde, nur von Hypotheken-Dokumenten über Domainenabgaben und Inventarien-Kapitalien sprach und daß die Verordnung eine Ausnahme auch nur für „dergleichen" Dokumente einführt.

344) Kann eine solche Abschrift nicht beigebracht werden, so genügt es, wenn das Datum, die kontrahirenden Personen und der wesentliche Inhalt des Instruments nachgewiesen werden. R. vom 2. November 1795 a. E. (Rabe, Bd. III, S. 193). Vergl. das Einführungsgesetz zur Allg. D. Wechsel-Ordnung, v. 15. Februar 1850, §. 2.

345) Von dieser Form, nämlich der Verbindung des Mortifikationsscheins mit der Abschrift des Instruments, kann abgegangen werden, wenn nur die Identität der eingetragenen Urkunde mit der mortificirten, und quoad jus reale zu löschenden, außer Zweifel ist. R. v. 21. November 1815 (Jahrb. Bd. VII, S. 27). In Fällen, wo eine Abschrift nicht zu schaffen ist, kann ohnehin nicht von diesem Formale Rede sein.

346) Der Mortifikationsschein braucht nicht zugleich eine Entsagung aller persönlichen Ansprüche an den Schuldner zu enthalten, vielmehr können diese wohl reservirt werden. R. v. 21. November 1815 (Jahrb. Bd. VII, S. 27).

347) Tit. 51, §§. 115 u. f.

348) Die darin vorgeschriebene besondere Benachrichtigung des Haupt-Banko-Directoriums soll nach der K. O. v. 25. October 1837 (G. S. S. 157) unterbleiben. Eine allgemeine Verfügung von 14. Juli 1837, worin der J. M. den Gerichten dieselbe Anweisung gegeben hatte, war dieser K. O. vorausgegangen (Jahrb. Bd. L S. 131), hatte aber, da sie einer gesetzlichen Anordnung widerstrebte, Bedenken hervorgerufen, wodurch der J. M. die königl. Genehmi-

§. 281. Der Manifestations-Eid muß bei solchen Amortisations-Gesuchen, nicht von dem Gutsbesitzer, sondern von dem Creditor[349]), welcher das Instrument verloren zu haben angiebt, dahin:

> daß er solches weder selbst besitze, noch wisse, wo es befindlich sei, auch daß er dasselbe nicht gefährlicher Weise abhanden gebracht habe,

abgeleistet werden.

§. 282. Das auf solches Aufgebot ergangene Präklusions-Urtel muß, nachdem es rechtskräftig geworden, ebenso, wie in dem Falle des §. 268[350]), bei dem Hypotheken-Buche producirt, und auf dessen Grund die Löschung, wie gewöhnlich, verordnet werden.

§. 283. Auf eben die Art ist, mit Amortisation eines verloren gegangenen Instruments, auch in dem Falle zu verfahren, wenn die Forderung selbst noch nicht gelöscht werden soll; sondern der Creditor nur verlangt, daß ein neues, von dem Gutsbesitzer ertheiltes Dokument, an die Stelle des vorgeblich abhanden gekommen, eingetragen[352]) werden soll[353]).

---

gung, welche in der K. O. v. 25. October 1837 gegeben wird, auszuwirken veranlaßt wurde.

349) Oder, falls er verstorben, seine Erben. Vergl. Prozeß-Ordnung Tit. 51 §. 118 u. die Anm. 47 u. 48 dazu.

350) Der §. 272 wird gemeint sein.

351) Dieses neue Dokument wird gebildet:

a) aus der vidimirten Abschrift des verlornen Dokuments, wenn eine solche, sei es aus den Grundakten, sei es aus andern Akten, zu haben ist,

b) aus dem mit dem Atteste der Rechtskraft versehenen Amortisations-Erkenntnisse,

c) aus dem gerichtlichen Anerkenntnisse des Gutsbesitzers, daß die Forderung, worüber die Urkunde a lautet, noch bestehe.

Auf dieses Dokument wird die Intabulations-Registratur gesetzt und dann dasselbe mit einem Hypothekenbuchs-Auszuge versehen. R. v. 14. December 1822 (Jahrb. Bd. XX, S. 293) u. v. 9. April 1823 (Jahrb. Bd. XXI, S. 295).

Die Intabulations-Registratur braucht in dem Falle, wenn die vidimirte Abschrift von dem verlorenen Original und vollständig ist, mithin auch die Intabulations-Registratur über die ursprüngliche Eintragung der Forderung selbst enthält, nur über die Eintragung des neuen Instruments zu lauten. Wenn aber eine vidimirte Abschrift des Originals nicht vorhanden ist, und daher das neue Instrument bloß aus den beiden Stücken b u. c besteht; so muß auch die Intabulations-Registratur über die Eintragung der Forderung selbst auf das neue Dokument, und zwar auf das Anerkenntniß des Besitzers, gesetzt werden. Vergl. oben, die Anm. 45.

352) Die Eintragung des neuen Instruments erfolgt in der Kolonne „Cessionen" mit dem historischen Vermerk über die Amortisation des ursprünglichen und die Ausfertigung eines neuen Instruments, etwa mit folgenden Worten:

„Zu 4. Das über die vorstehende Post von ..... Rthlr. (m. B).
„lautende Instrument vom ..... ist amortisirt, und an dessen statt ist

Wirkungen der erfolgten Löschung. §. 284. Sobald eine Post, mit Beobachtung obiger Vorschriften, im Hypotheken-Buche, gelöscht worden, verliert sie das mit der Ingrossation verbundene Vorzugs-Recht 354).

§. 285. Sind diese Vorschriften von dem Gericht vernachlässigt, und die Löschung zur Ungebühr verfügt worden; so präjudicirt sie dennoch dem Inhaber der Forderung, in Ansehung aller derjenigen, welche sich nach der Zeit haben eintragen lassen; und wenn er dadurch Schaden leidet, so muß ihn das Gericht, welches bei der verfügten Löschung pflichtwidrig gehandelt hat, indemnisiren 355).

§. 286. Hingegen können diejenigen, welche zur Zeit der Löschung schon eingetragen gewesen, aus einer solchen Extabulation keinen Vortheil ziehen; da sie sonst, mit dem Schaden des

---

„mit Einwilligung des Besitzers N. N. vom ..... ein neues Instrument „unterm ..... für den gegenwärtigen Inhaber der Forderung, den „N. N. ausgefertigt und zufolge Verfügung vom ..... eingetragen „worden."

353) Dieses Aufgebot kann auch von dem Gläubiger in Antrag gebracht werden, wenn er das Anerkenntniß des Schuldners, daß die Schuld noch bestehe, beibringt. R. v. 18. Januar 1796 (Rabe, Bd. III, S. 243), u. §. 384 des Anh. z. A. G. O.

354) Bei der Konkurrenz mit andern redlichen Gläubigern. Dem Besitzer gegenüber bleibt die etwa zur Ungebühr gelöschte Hypothek in Kraft. §. 285. Vergl. A. L. R. I, 20, §§. 524 ff.

Ueber das Verhältniß eines solchen Gläubigers, dessen Hypothek zur Ungebühr gelöscht worden, zu dem redlichen Besitznachfolger enthalten diese Gesetzstellen keine Bestimmung, man kann daher aus ihnen die Frage: ob der gelöschte Gläubiger seine Hypothek auch gegen den redlichen dritten Besitzer, der auf den Glauben des Hypothekenbuchs das Grundstück erst nach der Löschung erworben hat, geltend machen könne, nicht entscheiden. Das Erk. des Ob.-Tr. v. 1. April 1837 (Entsch. Bd. III, S. 88), welches dem, im Prinzipien-Buche zweimal, Nr. 200 zu §. 849 Tit. 11, und unter Nr. 202 zu §§. 524—526 Tit. 20 Th. I des A. L. R., eingetragenen Pr. zu Grunde liegt, ist von dem Verfasser der Ergänzungen der Hypotheken-Ordnung, zu Tit. 2 §§. 284—288, mit Unrecht hierhergezogen worden, um einen Meinungsstreit zwischen dem Ob.-Tr. u. Bornemann, welcher das Princip des §. 284 u. 287 auch auf den spätern Erwerber anwenden will (System, Bd. IV. S. 409), darzustellen. In dem von dem Ob.-Tr. a. a. O. entschiedenen Fall war der Besitzer seit der ungehörigen Löschung derselbe geblieben, hatte mithin durch das Versehen des Gerichts bei Löschung und Kassation des Instruments nichts verloren, wie nichts gewinnen können. (Vergl. §. 286). des Ob.-Tr. berührt deshalb die Frage: wie es mit dem einem spätern, redlichen Singular-Successor stehen würde, gar nicht.

355) Löschungen aus Versehen können durch Wiedereintragung der gelöschten Post von Amts wegen unschädlich gemacht werden, so lange keine Besitzveränderung eingetreten und keine neue Post eingetragen ist. Vergl. R. v. 24. August 1838 (Jahrb. Bd. LII, S. 217). Man muß sich dabei durch Vermerke in einer Nebenkolonne und durch Zurückweisungen helfen, da die Wiedereintragung der gelöschten Post an derselben Stelle thatsächlich unmöglich ist. Ganz einfach ist die Sache, wenn die irrthümlich gelöschte Post die letzte ist.

zur Ungebühr gelöschten Mitgläubigers, oder des Richters, profitiren würden[356].

§. 287. Wohl aber kömmt eine solche Extabulation denjenigen zu statten, welche sich eine nachstehende schon vorher eingetragene Forderung, erst nach erfolgter Löschung, haben cediren oder verpfänden[357] lassen; da diese, bei der Cession oder Verpfändung, auf die Sicherheit, so wie sie damals, und nach erfolgter Löschung der vorstehenden Post beschaffen gewesen, getraut haben.

§. 288. Gläubigern, die sich gar nicht haben eintragen lassen, kommt gegen den Inhaber einer ingrossirt gewesenen Forderung, deren zur Ungebühr erfolgte Löschung nicht zu statten[358].

Sechster Abschnitt.

Von Protestationen[359].

§. 289. Protestationen werden eingelegt, wenn jemand einen Real-Anspruch an ein Grundstück behauptet, den er aber, sofort liquid zu machen, ohne seine Schuld verhindert wird. In was für Fällen Protestationen stattfinden.

---

356) Ebenso A. L. R. I, 20, §. 528.

357) Und die Cession oder Verpfändung im Hypotheken-Buche haben vermerken lassen. Diese Beschränkung hat der Grundsatz durch das jüngere A. L. R. I, 20, §. 529 erhalten.

358) Der §. 288 ist wörtlich in das A. L. R. I, 20, §. 530 übertragen. Nach dem heutigen Konkursrechte hat die Bestimmung ihre Bedeutung verloren. Denn da im Falle des förmlichen Konkurses ein Particular-Konkurs über die Grundstücke stattfindet, bei welchem Personalgläubiger nicht zugelassen werden, und bei nothwendigen Subhastationen außerhalb des Konkurses gleichfalls nur die Realgläubiger und der Extrahent zugezogen werden, so hat es der zur Ungebühr gelöschte Gläubiger immer nur mit Realgläubigern zu thun, und die Personalgläubiger haben keine Gelegenheit, ihm etwas streitig zu machen. Die einzige Ausnahme macht der Extrahent der Subhastation, wenn er Personalgläubiger ist. Gegen diesen hat die Bestimmung noch Bedeutung.

359) Ueber den allgemeinen Begriff von Protestationen s. m. Anm. 58 zu §. 466, Tit. 14, Th. I des A. L. R.

Was die Hypotheken-Gesetze Protestation nennen, ist nur uneigentlich so genannt. Diese in das Hypothekenbuch eingetragenen s. g. Protestationen sind nichts weiter als vorgängige formelle Bekanntmachungen entweder eines schon bestehenden erworbenen Rechts an dem Grundstücke, wie Eigenthum, Servituten, Reallasten, oder in Beziehung eines darauf schon lastenden Realrechts, wie Einwendungen (Exceptionen) gegen einen Eintrag; oder eines Titels zu einem noch zu erwerbenden Realrechte, wie die Hypothek, da der Titel gegen jeden Dritten, der ihn kennt, die Wirkung des schon erworbenen Rechts hat. Die Eintheilungen, welche man von den hypothekarischen s. g. Protestationen gemacht hat, entbehren eines sachlichen Eintheilungsgrundes, und die verschiedenen Bezeichnungen, welche man den darnach gemachten Arten gegeben hat, wie „protestatio pro

§. 290. Wegen bloß persönlicher Anforderung findet keine Protestation statt [360]).

---

conservando jure et loco", „protestatio de non disponendo", „protestatio de non intabulando", „protestatio conservandis exceptionibus", sind alle unbestimmt, keine bezeichnet einen bestimmten Rechtsbegriff. Es giebt auch keinen sachlichen Unterschied zwischen den verschiedenen Anmeldungen oder formellen Bekanntmachungen (Protestationen) nach den Veranlassungsfällen: alle haben die gleiche rechtliche Natur und den gleichen Zweck. Die Hypotheken-Ordnung bedient sich auch keinesweges verschiedener Bezeichnungen für die verschiedenen Fälle. Der §. 18, Tit. 2 nennt die Protestationen überhaupt (denn der §. 18 gehört zu den allgemeinen Bestimmungen) Protestationen „zur Conservation des Orts im Hypothekenbuche"; der §. 57 bezeichnet die Protestation des Erwerbers, welcher an der Berichtigung seines Besitztitels vorübergehend gehindert wird, eine Protestation „gegen alle Dispositionen", und der §. 72 nennt ebendieselbe Protestation des neuen Erwerbers wieder eine Protestation „zur Conservation des Rechts", und der §. 172 nennt die Protestation wegen nicht erhaltener Valuta gleichfalls eine Protestation „gegen alle — Dispositionen". Es ist auch in der That einerlei, mit welchem hinzugefügten Zwecke man eine Protestation bezeichnen will, denn eine jede Protestation dient sowohl zur Erhaltung des fraglichen Rechts und damit des Orts, als es die Disposition desjenigen, gegen den der Vermerk gerichtet, hindert. Der Ort, an welchem dergleichen Vermerke eingetragen werden, bestimmt sich im allgemeinen nach dem Gegenstande, auf welchen die Protestation sich bezieht. (§. 294.) Darnach werden Titel zur Hypothek an dem Orte, wo die Hypothek selbst eingetragen werden müßte, in der III.; Realrechte in der II. Rubrik; Einreden neben dem angefochtenen Eintrage vermerkt. Der Erwerb des Eigenthums müßte folgerecht in der I. Rubrik vermerkt werden; da diese jedoch nicht für Umschreibungen und Löschungen eingerichtet ist, so hat man dergleichen Protestation in die II. Rubrik verwiesen. (§. 50, Tit. I.)

Gegen einen noch nicht eingetragenen Besitzer kann eine Protestation nicht eingetragen werden. R. v. 29. Juli 1831. (Erg. zu §. 290 d. T.)

360) Hierdurch ist ein Arrestschlag auf ein Grundstück nicht ausgeschlossen, wenn überhaupt die Voraussetzungen dazu vorhanden sind. Der Rechtsgrund des Arrestes kann sowohl Unsicherheit des Arrestaten, als Litigiosität des Grundstücks, wie auch exekutivische Beschlagnahme (Subhastation, Konkurs) sein. In den beiden letzteren Fällen, wo das ganze Grundstück in Beschlag genommen ist, wird der Vermerk in die II. Rubrik; in dem erstern Falle, wenn für eine persönliche Geldforderung Arrest gelegt ist, wird derselbe auf eine bestimmte Summe in der III. Rubrik vermerkt, da die Beschlagnahme nicht weiter reicht als es die Sicherstellung des Arrestanten erfordert. Ob man den Vermerk eine protestatio de non amplius intabulando genannt hat, thut nichts zur Sache; in keinem Falle wird dadurch der Besitzer an weiteren Hypothekbestellungen und Eintragungen verhindert. Die Wirkung des Arrestes besteht nur darin, daß dergleichen spätere Eintragungen, dem Arrestanten gegenüber, nicht vorhanden sind. Dies ist außer Zweifel gestellt durch den Plenarbeschluß (Pr. 1135) des Ob.-Tr., v. 30. Mai 1842: „Eine im Wege des nachher für justificirt erkannten Arrestes wegen einer persönlichen Anforderung eingetragene Protestation de non amplius intabulando hat die Wirkung: daß ein erst später auf eben dieses Grundstück eingetragener Hypothekengläubiger, bei eintretender Unzulänglichkeit der zur Hypothek verschriebenen Sache, zum Nachtheile des Arrestanten von seinem Hypothekenrechte nicht Gebrauch machen kann". (Entsch. Bd. VIII, S. 57.) Aus demselben Rechtsgrunde, aus welchem der Arrestant aus dem Gegenstande des Arrestes, vor den später dazu gekommenen Berechtigten, Befriedigung zu fordern berechtigt ist, kann er auch das ihm aus der Vollstreckung des ausgewirkten obsieglichen Urtels entstehende prätorische Pfandrecht (Titel zur Hypothek) an der Stelle des Arrestes eintragen lassen. Hierbei geht keine s. g.

§. 291. Der Real-Anspruch muß durch an und für sich unverdächtige Urkunden, oder auf andere Art, wenigstens einigermaßen bescheinigt[361]) sein, wenn deßhalb eine Protestation soll eingetragen werden können.

Umschreibung der Protestation in eine wirkliche Hypothek vor sich, denn der Arrest ist etwas bloß faktisches und vermag kein Vorrecht, überhaupt kein Recht zu begründen: er hält den Gegenstand bloß fest und verhindert dadurch den Eigenthümer an jeder dem Arrestanten nachtheiligen Disposition darüber. Aber durch diese natürliche Lage wird es dem Arrestanten rechtlich ermöglicht, die Sache zum Mittel seiner Befriedigung zu machen, soweit es die zur Zeit der faktischen Hinderung der weitern Verfügungen darüber schon bestehenden Rechte Dritter gestatten. Hieraus leuchtet ein, daß und warum der Arrestat an derselben Stelle, wo der Arrest eingetragen ist, für seine exekutorische Forderung eine Hypothek nehmen und primitiv eintragen lassen kann, so lange ihm nämlich die Exekution vollstrecken zu lassen gestattet ist. Diese Bedingung erklärt, warum der Arrestant, wenn Konkurs ausbricht, von seinem Arrestschlag weiter keinen Nutzen hat, als daß die später eingetragenen Hypotheken nicht zu seinem Nachtheil den nach Befriedigung der vorstehenden Hypothekarien verbleibenden Theil der Kaufgelder für sich nehmen dürfen: die Verwendung der Kaufgelder muß, ihm gegenüber, nach Maßgabe der Rechtslage stattfinden, in welcher sich das Grundstück zur Zeit des Arrestschlages befand. Daraus erwächst natürlich den übrigen Konkursgläubigern kein Vortheil, denn diesen gegenüber haben die jüngern Hypothekarien ein ungeschwächtes Recht. M. vergl. die R. v. 4. Februar 1833 (Jahrb. Bd. XLI, S. 227); vom 18. December 1835 (Jahrb. Bd. XLVI, S. 566), worin der Rechtsgrundsatz, daß an der Stelle des Arrestes der später erlangte Titel zur Hypothek, wenn nicht inzwischen Konkurs ausgebrochen, eingetragen werden kann, vertreten wird; der dabei gebrauchte Ausdruck: „durch Umschreibung des Arrestes", betrifft bloß das Verfahren, indem man bei dieser primitiven Eintragung der Hypothek allerdings so wie bei der Umschreibung einer Protestation verfahren kann. Instr. v. 3. August 1853, Art. 20, Nr. 4. Daß dabei den bereits später eingetragenen Hypothekarien die etwanigen Ansprüche auf die Priorität durch einen desfalsigen Vermerk vorzubehalten, wie im J. M. Bl. 1847, S. 289 und 1848, S. 91 gesagt wird, ist gar nicht nothwendig.

Damit die im Wege des Arrestes eingetragene Protestation diese Wirkung habe, muß der Arrestat nicht bloß als letzter eingetragener Besitzer im Hypothekenbuch stehen, sondern auch wirklicher Besitzer (wahrer Eigenthümer) sein; gegen den wahren Eigenthümer, der das Grundstück schon vor der Beschlagnahme erworben und übergeben erhalten, aber bis dahin seinen Besitztitel noch nicht hat eintragen lassen, hat sie keine Wirkung. Pr. des Ob.-Tr. 1459, vom 8. Juni 1844 (Entsch. Bd. X, S. 160).

361) Bescheinigung ist nach heutigem Prozeßrechte der Anfang des Beweises, nämlich der Handlung des Beweisens, durch Beibringung oder Vorlegung des Beweismittels, daher nur Original-Schriften oder andere unverdächtige Urkunden, oder Zeugen, von welchen entweder ein an Eidesstatt ausgestelltes Attest vorgelegt werden muß, oder welche zur Vernehmlassung zu gestellen sind, nicht aber bloße Zeugenbenennung oder Eideszuschiebung Bescheinigungsmittel. Das nähere darüber: Civilprozeß, §. 196, wo auch die andern Meinungen gewürdigt sind und der ältere Begriff angegeben ist.

Die auf Anschläge und Rechnungen sich gründende Anzeige einer für den Fiskus auf einem Grundstücke haftenden Reallast, von Seiten einer fiskalischen Behörde giebt eine Bescheinigung. R. vom 25. Juli 1796 (Rabe, Bd. III, S. 452).

Erkenntnisse, welche einen Realanspruch zuerkennen aber noch nicht rechtskräftig sind, werden gleichfalls für genügende Bescheinigungsmittel erklärt. R. v. 30. November 1805. (Rabe, Bd. V, S. 409.) Bei dem heutigen Rechtsstande

§. 292. Wenn das Collegium, so das Hypotheken-Buch führt, nicht zugleich der competente Real-Richter ist, so muß die Protestation bei diesem letztern angebracht, von ihm geprüft, und das weitere, wegen deren Eintragung, durch ihn, an ersteres erlassen werden.

39. Gesetz vom 24. Mai 1853.

§§. 43, 44, 45 oben, Zus. 14a zu §. 18 d. T.

§. 46. Außer den in den §§. 43 u. 45 bezeichneten Fällen können Protestationen zur Erhaltung eines Realrechts nur auf Requisition des Prozeßrichters, nach den näheren Bestimmungen der folgenden Paragraphen, eingetragen werden.

§. 47. Behufs Erlassung der Requisition (§. 46) ist es erforderlich, daß

1) in Betreff des behaupteten Realanspruchs die Klage wenigstens angemeldet, und
2) der Anspruch, der Vorschrift des §. 291, Titel II der Hypotheken-Ordnung gemäß, bescheinigt worden.

§. 48. Nach Beendigung des Prozeßverfahrens sind für die anderweite Requisition des Prozeßrichters auf Löschung der Protestation, oder auf Umschreibung derselben in eine definitive Eintragung die Bestimmungen des §. 44 maßgebend.

§. 51. Protestationen zur Beschränkung der Dispositionsbefugniß des Besitzers, soweit sie nicht unter die Bestimmungen des §. 43 dieses Gesetzes fallen, werden bloß auf Requisition des Prozeßrichters oder anderer zu einer solchen Requisition gesetzlich befugter Behörden eingetragen und gehören in die zweite Hauptrubrik[361a]).

§. 52. Arreste, welche wegen Geldansprüche oder wegen anderer Forderungen auf Grundstücke ausgebracht werden, sind nur auf Requisition des Prozeßrichters einzutragen und in der dritten Hauptrubrik zu vermerken[362]).

Was bei deren Eintragung zu beobachten.

§. 293. Wenn die Protestation zulässig befunden wird, so ergeht ein ordentlicher schriftlicher Befehl, zu deren Eintragung,

---

kommen solche nicht in Betracht, da der Prozeßrichter die Requisition um Eintragung einer Protestation der hier in Rede stehenden Art zu erlassen hat. Derjenige Richter nun, welcher den Beweis so vollständig geführt befunden, daß er dem Beweisführer das Recht zugesprochen hat, wird sicher keinen Anstand nehmen, die Requisition auf Antrag nachträglich zu erlassen.

361a) Instr. v. 3. August 1853, Art. 22, Nr. 1:

„Unter den §. 51 fallen insbesondere diejenigen Protestationen zur Beschränkung der Dispositionsbefugniß des Besitzers, welche z. B. auf Requisition des Subhastationsrichters nach §. 3 der V. v. 4. März 1834 (G. S. S. 39), einer Verwaltungsbehörde nach §. 15 der V. v. 24. Januar 1844 (G. S. S. 53), der Auseinandersetzungsbehörde nach §. 59 der V. v. 30. Juni 1834 (G. S. S. 116) — einzutragen sind."

Vergl. oben die Anm. 359, Absatz 2.

362) Instr. v. 3. August 1853, Nr. 2:

„Der §. 52 handelt nur von dem Arrest auf Grundstücke; hinsichtlich des Arrestes auf intabulirte Posten sind die Vorschriften der Hypotheken-Ordnung, Tit. II, §§. 233 ff. unverändert geblieben."

an den Hypotheken-Buchführer, welcher, so wie jeder Ingrossations-Befehl[363]), abgefaßt und ausgefertigt wird.

§. 294. Die Eintragung im Hypotheken-Buche geschieht unter derjenigen Rubrike, unter welche das streitige Recht selbst, wenn es eingetragen werden sollte, gehören würde[364]).

§. 295. Von der Vorstellung, dem Rescripte, oder dem Requisitions-Schreiben, auf dessen Grund die Eintragung verfügt worden, wird eine vidimirte Abschrift gefertigt, und darauf die geschehene Ingrossation gewöhnlichermaßen registrirt; auch ein Hypothekenbuchs-Auszug —[365]) beigeheftet.

§. 296. Von der geschehenen Eintragung muß dem Gutsbesitzer, von Amts wegen, Nachricht gegeben werden[366]).

§. 297. Wenn der Gutsbesitzer das von dem Protestanten sich angemaßte illiquide Real-Recht nicht anerkennen will, und letzterer zu dessen rechtlicher Ausführung sich nicht sofort anschickt; so kann er denselben dazu, mittelst Anstellung einer Provokations-Klage, auffordern[367]).

§. 298. Der Effekt einer ingrossirten Protestation besteht darin, daß, so lange solche auf dem Grundstück haftet, alle, mit letzterm vorzunehmende Dispositiones und darauf geschehende Eintragungen, dem Protestanten an seinem wirklichen Rechte nicht nachtheilig werden können. Wirkung eingetragener Protestationen.

§. 299. Wenn also der Protestant das streitige Real-Recht durch richterliches Erkenntniß, oder auf andre Weise, wirklich behauptet; so tritt dasselbe ipso jure[368]) an die Stelle, wo die

---

363) Oben, §§. 19 ff. und die Anm. dazu.

364) Eine Ausnahme macht die Protestation des Erwerbers, der seinen Besitztitel noch nicht berichtigen lassen kann: diese ist in die II. Rubrik gewiesen. §. 50, Tit. I und Anm. 359, Satz 2.

Protestationen, deren Umschreibung in eine wirkliche Hypothek zu erwarten steht, möge man auf die linke größere Hälfte des Raumes schreiben, um die rechte Hälfte des Raumes für die spätere Umschreibung benutzen zu können. R. v. 20. März 1840 (J. M. Bl. S. 126); Instr. v. 3. August 1853, Art. 20, Nr. 4.

365) Hier fallen die Worte „statt der Rekognition", aus, gemäß §. 19 des G. v. 24. Mai 1853 (Zus. 16 zu §. 39 d. T.).

366) Diese Benachrichtigung ist nicht abgeschafft. Instr. v. 3. August 1853, Art. 10.

367) Diese Vorschrift hat durch die §§. 46—48 des G. v. 24. Mai 1853 (Zus. 39 zu §. 292) ihre Bedeutung verloren.

368) Die bedingte Eintragung wird von selbst eine unbedingte. Der Gläubiger einer protestativisch eingetragenen Forderung kann auch den Eintrag purificiren, d. h. die Protestation, wie man sagt, in eine Hypothek umschreiben

Protestation eingetragen ist, und geht allen nachher ingrossirten Posten vor.

§. 300. Wird hingegen der Protestant mit dem sich angemaßten Real-Rechte, durch richterliches Erkenntniß abgewiesen; so muß, auf Requisition des Prozeßrichters, ohne Beibringung des Instruments[369]), die Protestation sofort wieder gelöscht werden.

Siebenter Abschnitt.

Von Hypotheken-Scheinen.

Was Hypothekenscheine sind. §. 301. Hypotheken-Scheine sind beglaubte Abschriften, von den ein gewisses Grundstück betreffenden Foliis des Hypotheken-Buchs.

Zu welchem Behufe sie gegeben werden. §. 302. Sie werden —[370]) zum Behuf einer daraus zu nehmenden Information gesucht. (Der Schlußsatz fällt weg)[371]).

---

lassen, und zwar „zu allen Zeiten" (A. L. R. I, 20, §. 421), also auch, wenn inzwischen eine Besitzveränderung mit dem Grundstücke vorgefallen (R. v. 1. Februar 1806; Rabe, Bd. VIII, S. 465), oder wenn Konkurs ausgebrochen oder der öffentliche Zwangsverkauf eingeleitet ist. Jedoch ist solche Umschreibung nicht erforderlich, um die Hypothek an der Stelle, wo die Protestation steht, im Konkurse und Subhastationsprozesse geltend zu machen. Pr. des Ob.-Tr. 1707, vom 31. Januar 1846 (Entsch. Bd. XIII, S. 257) und Pr. 1821, vom 29. December 1846 (Entsch. Bd. XIV. S. 274).

Der J. M. giebt in der Verf. v. 20. März 1840 folgende Anleitung zur Umschreibung:

Entweder es wird die bei der Eintragung der Protestation offen gelassene kleinere Hälfte des Raumes zur Einschreibung des Nachtrages benutzt;

oder es wird in der Hauptkolonne die protestativische Eintragung roth unterstrichen und dadurch gelöscht, und daneben in der Colonne „Cessionen" folgender Vermerk eingeschrieben:

„.... Thlr., in Worten ....., nebst u. s. w., worin die hier früher „eingetragene Protestation zufolge Dekrets vom ..... umgeschrieben „worden";

oder man läßt den protestativischen Eintragungsvermerk stehen, und trägt in der Colonne „Cessionen" folgenden Vermerk ein:

„Nebenstehende Protestation ist zufolge Dekrets vom .... in eine förmliche „Hypothek nach Höhe von .... umgeschrieben worden".

(J. M. Bl. S. 127.)

In dem Falle, wenn die Protestation noch der letzte Eintrag ist, kann man noch auf eine vierte Weise, nämlich so verfahren, daß man die Protestation ganz löscht und die Hypothek unter einer neuen Nummer einträgt.

369) G. v. 24. Mai 1853, §. 48 (Zus. 39 zu §. 292). Die Beibringung des Instruments hatte schon das R. vom 13. März 1805 (Rabe, Bd. VIII, S. 258) für nicht erforderlich erklärt, dabei jedoch die Benachrichtigung des Protestanten vorgeschrieben.

370) Hier fallen die Worte „entweder bloß", weg. S. die folg. Anm. 371.

371) Er bestimmt: „oder statt der Rekognition über eine erfolgte Eintragung

§. 303. Werden sie bloß zum Behuf der Information verlangt, so muß das dem Hypotheken-Buche vorgesetzte Collegium reiflich beurtheilen: ob auch der, welcher dergleichen Ausfertigung sucht, zur Einziehung einer solchen Information legitimirt sei.

§. 304. Ist solches zweifelhaft, so muß der Gutsbesitzer darüber vernommen werden.

40. Gesetz vom 24. Mai 1853.

§. 53. Jeder, der die Ertheilung eines Hypothekenscheins pro informatione zu fordern berechtigt ist, kann auch die Ertheilung eines Hypothekenbuchs-Auszugs, und Jeder, dem ein Hypothekenbuchs-Auszug ertheilt werden muß, kann einen vollständigen Hypothekenschein pro informatione verlangen[372]).

---

ausgefertigt". Dies ist durch den §. 19 des G. v. 24. Mai 1853 (Zus. 16 zu §. 39 d. T.) aufgehoben.

372) Instr. v. 3. August 1853, Art. 23, Nr. 2 u. 3:

„Von den im §. 53 erwähnten Hypothekenscheinen pro informatione ist schon im Art. 13 die Rede gewesen. Wenn der §. 53 außerdem auch die Ertheilung von Hypothekenbuchs-Auszügen pro informatione gestattet, so kommen dafür die zum §. 22 entworfenen Formulare C u. D (m. s. die Beil.) (Art. 14) zur Anwendung, mit der Maßgabe, daß darin aus der III. Rubrik auch die zuletzt eingetragene Post nicht, wie im Falle des §. 22 lit. C. Nr. 2, in wörtlicher Fassung, sondern der Nr. 1 a. a. O. gemäß, nur der Nummer, dem Betrage und dem Zinsfuße nach aufzunehmen ist.

Hinsichtlich der Kosten für die pro informatione ertheilten Hypothekenscheine und Hypothekenbuchs-Auszüge kommen die Bestimmungen im Art. 13, Nr. 3 beziehungsweise Art. 14, Nr. 2 lit. d. zur Anwendung".

Der §. 53 ist nur auf die Ertheilung der Hypothekenscheine und Hypothekenbuchs-Auszüge pro informatione anwendbar, nicht auf die Bildung von Hypotheken-Instrumenten. Bei der letzteren gelten lediglich die Vorschriften der §§. 14, 22, 23, 24 des Gesetzes vom 24. Mai 1853 (Zus. 16 zu §. 39 d. T.) Es ist nämlich von einigen Gerichten der §. 53 so ausgelegt worden, als stehe es darnach bei Eintragungen in das Hypothekenbuch in der Wahl der Interessenten, anstatt des über die erfolgte Eintragung zu ertheilenden Hypothekenbuchs-Auszuges einen vollständigen Hypothekenschein pro informatione als Bestandtheil des zu bildenden Instruments zu verlangen. Diese Auffassung widerlegt der J. M. in dem R. v. 20. Mai 1854 (J. M. Bl. S. 259) gut. Er sagt: daß die Interessenten eine solche Wahl haben sollen, ist im Gesetze nirgend bestimmt. Es würde auch, wenn dies im §. 53 hätte ausgesprochen werden sollen, ein solcher über die geschehene Eintragung auszufertigender Hypothekenschein nicht als ein pro informatione, sondern als ein in vim recognitionis zu ertheilender haben bezeichnet werden müssen, während doch nach §. 19 des G. die Ertheilung eines Hypothekenscheines als Rekognition über die Eintragung nicht mehr stattfinden soll. Der ganze Inhalt des §. 53 ergiebt indessen, daß darin nicht von der Bildung der Hypotheken-Instrumente, sondern nur von der Information der Betheiligten und von den Mitteln, durch welche sie sich dieselbe verschaffen können, die Rede ist. Wenn daher bei Eintragungen in das Hypothekenbuch die Interessenten nicht auf die Ertheilung eines Hypotheken-Instruments verzichten, so ist dieses in allen Fällen lediglich nach den Vorschriften der §§. 14, 16, 17, 21 bis 24 des G. vom 24. Mai 1853 zu bilden. Außerdem steht es denjenigen, welchen danach ein Hypothekenbuchs-Auszug ertheilt werden muß, gemäß §. 53 des G. zwar frei, einen vollständigen Hypothekenschein pro informatione zu

41. **K. O. vom 10. Mai 1829, betreffend die Ausfertigung von Attesten statt der Hypothekenscheine.** (G. S. S. 49).

Nach dem Verlangen der Interessenten kann unter den ihnen früher ertheilten Hypotheken-Scheinen (Hypothekenbuchs-Auszügen) attestirt werden: daß seit der Ausfertigung derselben keine neue Forderung eingetragen worden; diese Atteste vertreten die Stelle der, nach der Hypotheken-Ordnung auszufertigenden Hypothekenscheine (Hypothekenbuchs-Auszüge)[373].

Wie solche abzufassen.

§. 305. Der Hypotheken-Buchführer muß den Schein ganz genau und wörtlich aus dem Buche abschreiben; sich keiner Abänderungen, Weglassungen[374]) oder Zusätze anmaßen, und nur bloß die Binde-Wörter und Partikeln, welche die Perioden und Absätze untereinander connektiren, wo es nöthig, einschalten.

§. 306. Der Hypotheken-Schein muß also auch in der Ordnung geschrieben werden, wie die Rubriken und Colonnen im Hypotheken-Buche selbst aufeinander folgen.

§. 307. Bei der Abschrift der ersten Rubrike müssen jedoch nur diejenigen Vermerke, welche den gegenwärtigen Eigenthümer angehen, mit Weglassung derjenigen, welche die vorigen Besitzer betreffen, extrahirt werden[375]).

---

verlangen; dieser kann jedoch nicht die Stelle des Hypothekenbuchs-Auszuges ersetzen und bildet daher keinen Bestandtheil des Hypotheken-Instruments, sondern ist abgesondert von demselben zu ertheilen. Die Kosten dafür sind demzufolge in solchen Fällen noch neben den Kosten für den Hypothekenbuchs-Auszug den Parteien in Rechnung zu setzen.

373) Diese Vorschrift ist durch den **§. 23** des **G. v. 24. Mai 1853** aufrecht erhalten. Das Attest kann auch darüber ertheilt werden, daß seit der Ertheilung des Hypothekenscheins oder Hypothekenbuchs-Auszugs eine vorstehende Post ganz oder theilweise gelöscht worden. Instr. v. **3. August 1853**, Art. **14**, Nr. **2**, lit. c.

374) Wenn mehrere Grundstücke, welche zusammen rechtlich nicht ein Ganzes ausmachen (Wandeläcker in Sachsen oder dergl.), auf demselben Folium zusammen getragen sind, und die durch den Hypothekenschein beabsichtigte Information nicht alle Grundstücke betrifft, so können auf Verlangen die die übrigen Grundstücke betreffenden Vermerke weggelassen werden. Instr. v. **3. August 1853**, Art. **13**, Nr. **2**.

375) Das Publikandum vom **20.** Februar **1802**, **§. 2** (Rabe, Bd. **VII**, S. **55**) verordnet zur Vermeidung von Betrügereien bei Verkäufen und bei Anlehnen, daß aller aus dem Grundbuche constirenden älteren Kaufpreise der Immobilien in den auszufertigenden Hypothekenscheinen Erwähnung geschehen soll. Ueber die Form der Ausführung dieser Vorschrift giebt die auf eine desfallsige Anfrage ergangene Ministerial-Verfügung v. **1. Mai 1804** (Rabe, Bd. **VIII**, S. **42**) folgende Anweisung:

„Die Form ist eigentlich sehr gleichgültig, wenn nur dem Gesetze genügt wird, und sie könnte daher jedem Gerichte überlassen werden. Am zweckmäßigsten ist es jedoch, die ältern Kaufpreise, ohne nach Eurem Vorschlage an den vorgeschriebenen Rubriken des Hypothekenbuchs das mindeste abzuändern, in einer ganz kurzen Note **ad Rubricam I.** auszudrücken. Durch nachstehendes Beispiel werdet Ihr Unsere Willensmeinung am besten einsehen können.

§. 308. Wenn eine Post cedirt, verpfändet, subinscribirt oder ein Arrestschlag dabei vermerkt ist, so muß zuerst die Nummer in der Eintragungs-Colonne selbst geschrieben, sodann der gegenüber stehende Vermerk wegen der Cession, Verpfändung ꝛc. unmittelbar beigefügt, und alsdann erst mit Extrahirung der folgenden Post continuirt werden.

§. 309. Wenn eine Post gelöscht ist, so wird solche zwar nicht mit extrahirt. Da aber die unter einer Rubrike eingetragnen Posten, nach §. 63, Tit. I, mit fortlaufenden Nummern versehen sind; so muß, um Irrungen und Anstoß zu vermeiden, bei einer solchen Post, mit bloßer Allegirung der Nummer, daß sie gelöscht sei, bemerkt werden. Z. E. wenn von drei sub N. 1, 2, 3 eingetragnen Posten die sub N. 1 und 3 noch haften, N. 2 aber extabulirt ist; so setzt der Hypotheken-Buchführer, wenn er den Vermerk sub N. 1 abgeschrieben hat:

Gewöhnlich heißt es im Eingange der Hypothekenscheine nach dem der Hypotheken-Ordnung vom Jahre 1783 beigefügten Formulare:

> Das unter der Gerichtsbarkeit des ꝛc. belegene Gut ꝛc. ꝛc. hat der jetzige Besitzer ꝛc. ꝛc. mittelst Kaufkontrakts vom ꝛc. von dem ꝛc. für ... 46000 Rthlr. Cour. gekauft, und ist titulus possessionis für ihn auf den Grund dieses Contrakts vermöge Decrets vom ꝛc. eingetragen worden.
>
> Hierauf könnte nun jene Note, etwas eingerückt, in der Art folgen:
>
> Im Jahre 1750 ist dieses Gut für 20,000 Rthlr., im Jahre 1779 für 34,000 Rthlr. verkauft, und im Jahre 1789 in einer brüderlichen Erbtheilung für 40,000 Rthlr. angenommen worden.

Die Regel, daß die Hypothekenscheine getreue Abschriften des Hypothekenbuchs sein sollen, leidet an sich schon in manchen außerwesentlichen Kleinigkeiten eine Ausnahme, und findet ihre volle Anwendung nur bei dem ingrossirten Besitztitel und den eingetragenen Lasten und Schulden.

Durch diese Note soll nur ein Nebenzweck erfüllt werden, und eine besondere Mühe kann diese Verfahrungsart um so weniger verursachen, als ein einmal in den Akten im Concept expedirter Hypothekenschein gewöhnlich bei allen nachfolgenden mit bloßer Bemerkung der seitdem vorgegangenen Veränderungen abgeschrieben wird."

Ferner müssen, wegen der in Folge der Parzellirungen eintretenden Substanzveränderungen und der dadurch bedingten Werthsbestimmungen alle in der ersten Rubrik befindlichen Vermerke, welche nicht lediglich die Person der vorigen Besitzer und deren Besitztitel angehen, sondern eben diese Werthsbestimmungen und Substanzveränderungen betreffen, mit sorgfältiger Beachtung der Zeitfolge in die Hypothekenscheine aufgenommen werden. Dahin gehören insbesondere die Ab- und Zuschreibungen. Nur wenn das Hypothekenbuch nach dem in dem R. vom 19. April 1834 (Jahrb. Bd. XLIII, S. 629) vorgeschriebenen Formular (Beilage AA) angelegt ist, bedarf es keiner Aufnahme der Ab- und Zuschreibungsvermerke in dem Hypothekenscheine. R. v. 23. Juni 1837 (Ergänzungen ad h. §., Nr. 3). Vergl. R. v. 13. Decbr. 1832 (Jahrb. Bd. XLII, S. 437).

Außerdem ist die von dem Grundstücke vorhandene gerichtliche oder ritterschaftliche Taxe, und zwar in dem ersten Falle mit Angabe des Gerichts, von welchem sie aufgenommen, in dem Hypothekenscheine zu vermerken. Publ. vom 20. Februar 1802, §. 2 (Rabe, Bd. VII, S. 55).

N. 2 ist gelöscht[376]);

und continuirt sodann mit dem Abschreiben von N. 3.

§. 310. Fällt weg[377]).

§. 311. Das sub Lit B[378]) anliegende Schema eines Hypotheken-Scheins, verglichen mit dem Schema sub A stellt obige Vorschriften anschauender dar.

§. 312. Wenn der Hypotheken-Schein vorstehendermaßen entworfen worden, muß er mit dem Buche selbst genau collationirt werden[379]).

§. 313. Durch wen diese Collationirung geschehen soll, muß, nach den Verfassungen und Umständen, bei jedem Collegio näher bestimmt werden[380]).

§. 314. Sodann wird der Hypotheken-Schein unter dem großen Siegel[381]) des Collegii förmlich ausgefertigt.

§. 315. Die Ausfertigung wird durch die gewöhnliche Unschrift des Präsidii oder Directoris —[382]) unterzeichnet, und von dem Hypotheken-Buchführer contrasignirt.

Die Gerichte müssen für die Richtigkeit der Hypotheken-Scheine stehen.

§. 316. Die Richtigkeit der solchergestalt ausgefertigten Hypotheken-Scheine muß von den Collegiis, welche sie ertheilen, vertreten werden[383]).

§. 317. Bei dieser Vertretung finden eben die Grundsätze

---

376) In den Hypothekenscheinen und in den Hypothekenbuchs-Auszügen von Parzellar- und ähnlichen Folien sind die abgeschriebenen Parzellen nur durch die Worte: „ist abgeschrieben" zu bezeichnen. Instr. v. 3 August 1853, Art. 18, Nr. 5.

377) Der §. 310 schreibt die Fassung des Schlusses der nicht mehr vorkommenden Recognitionsscheine (§. 19 des G. v. 24. Mai 1853, oben Zus. 16 zu §. 39 d. T.) vor.

378) Sub lit. BB ist das dem Formular AA zum Hypotheken-Folium entsprechende Schema eines Hypothekenscheins, welches durch das R. v. 30. Novbr. 1837 (Jahrb. Bd. L, S. 598) genehmigt ist, beigegeben.

379) Vergl. oben, §. 40 d. T. und die Anm. dazu.

380) Vergl. oben, §. 41 d. T. und die Anm. dazu.

381) Der J. M. empfiehlt in seiner Instr. vom 3. August 1853, Art. 14, Nr. 3 lit. c die Anwendung der Siegel in Schwarzdruck, weil dadurch die Ablösung der Siegel verhütet werde (und — was nicht gesagt wird — weil die Schwärze wohlfeiler als der Siegellack ist). Aber durch den bloßen Stempel kann der Faden, womit der Hypothekenschein mit dem Instrumente verbunden werden soll, nicht angesiegelt werden.

382) Die Mitunterschrift des Decernenten, welche der §. 315 in den hier weggelassenen Worten anordnet, fällt weg. Instr. v. 3. August 1853, Art. 14, Nr. 3, lit. d.

383) Das heißt, die Gerichte müssen die schädlichen Folgen eines unrichtigen Hypothekenscheins vertreten.

statt, welche Tit. I, §. 76 seq., wegen Vertretung der Richtigkeit der Hypotheken-Bücher selbst, vorgeschrieben sind.

Dritter Titel.

Vom Verfahren der Hypotheken-Sachen bei den Unter-Gerichten.

(Fällt weg)[384].

Vierter Titel.

Wie bei Anlegung neuer Hypotheken-Bücher zu verfahren.

§. 1. Da bei denjenigen Collegiis, welchen die Direction des Hypotheken-Wesens über die der Jurisdiction der Landes-Justiz-Collegiorum unterworfenen Grundstücke anvertraut ist, bereits überall Hypotheken-Bücher formirt sind; so bedarf es für diese keiner besonderen Anweisung, wegen des bei Errichtung solcher Bücher zu beobachtenden Verfahrens. Bei den Obergerichten sind überall Hypotheken-Bücher.

§. 2. Wenn auch dergleichen Hypotheken-Bücher durch Feuer- oder andre Unglücks-Fälle verloren gehen sollten; so können sie doch aus den Grund-Acten, und schlimmsten Falls, aus den vorhin ausgefertigten in den Händen des Publici befindlichen Hypotheken-Scheinen leicht wieder hergestellt werden.

§. 3. Allenfalls würden bei einem außerordentlichen Falle, nach den Umständen desselben, besondere Anweisungen nachgesucht und ertheilt werden müssen [1]).

§. 4. Bei Unter-Gerichten aber kann der Fall vorkommen, Wie solche bei den Unter-Gerichten anzulegen.

384) In Folge der Aufhebung des eximirten dinglichen Gerichtsstandes und der veränderten Gerichtsverfassung.

1) Dergleichen besondere Verordnungen betreffen immer nur einzelne Gerichtsbezirke. Das jüngste Beispiel dieser Art ist die Verordnung v. 30. October 1854, die Wiederherstellung der im Bezirke des Appellationsgerichts zu Paderborn verloren gegangenen Grundakten betreffend. (G. S. S. 582.)

daß hier und da noch keine wirkliche Hypotheken-Bücher vorhanden sind; und da solche alsdann der Vorschrift Tit. I, §. 2 gemäß, binnen Jahr und Tag errichtet werden sollen; so sind Anweisungen, wie bei solcher Errichtung zu verfahren, hier nothwendig.

Ausmittelung der in das Hypothekenbuch gehörenden Grundstücke.

§. 5. Ein Unter-Gericht, welches solchergestalt neue Hypotheken-Bücher anzulegen hat, muß sich für allen Dingen, ein vollständiges und richtiges Verzeichniß, sämmtlicher unter seiner Gerichtsbarkeit gelegnen Immobilien, zu verschaffen bedacht sein; und sich dazu der vorhandenen Steuer-, Servis- und anderer Cataster, so wie überhaupt der Assistenz des Polizei-Magistrats, des Oekonomie-Amts, oder der Dorf-Gerichte bedienen.

§. 6. Jedem dergleichen Immobili muß das Gericht einen, oder nach Befinden seiner Wichtigkeit und Werths, auch mehrere Bogen widmen, auf welchem die dasselbe betreffenden, und nach den bald folgenden Anweisungen einzusammelnde Nachrichten verzeichnet werden.

Einsammlung der Nachrichten dazu.

§. 7. Sodann muß der Richter alle in seiner Registratur vorhandenen Protokoll-, Handels-, Schöppen-, Contrakts-, Consens-, Confirmations- und andere dergleichen Bücher und Acten-Convolute, sie haben Namen, wie sie wollen, in welche, nach bisheriger Verfassung, die auf das Hypotheken-Wesen sich beziehenden Angelegenheiten und Eingaben protokollirt, eingeschrieben oder eingeheftet worden, Blatt für Blatt durchgehn; und so wie er etwas darin vorfindet, was einen gewissen Fundum betrifft, und entweder dessen Qualität und Pertinenzstücke; oder den Titulum possessionis des jetzigen Besitzers und seiner Vorfahren; oder die darauf haftenden beständigen oder ablöslichen Lasten; Einschränkungen des Eigenthums, und der Disposition; Bestellung von Hypotheken oder Cautionen, der Cession, Verpfändung und Löschung angeht, muß er solches kurz, doch vollständig, mit Allegirung der Qualität und des Dati des Instruments, und des Buchs, imgleichen des Blattes, oder der Seite, wo die Nachricht befindlich ist, auf den für diesen Fundum bestimmten Bogen notiren.

§. 8. Um in der Folge den Inhalt dieser Extrakte desto leichter übersehen und ordnen zu können, muß die einem jeden Fundo gewidmete Bogenzahl, in die drei Haupt-Rubriken, welche das künftige Hypotheken-Buch, nach dem vorgeschriebenen Schema, haben soll, eingetheilt, und jede Nachricht sofort unter die gehörige Rubrik notirt werden.

§. 9. Bei Anfertigung dieser Extrakte muß der Richter nichts übergehen noch weglassen, wenn es auch das Ansehn haben möchte, das solches dermalen von keinem weitern Gebrauche mehr sein werde; da es jetzt nur darauf ankommt, Nachrichten einzusammeln; die Beurtheilung aber: was davon in das Hypotheken-Buch gehöre oder nicht, einen davon ganz verschiedenen Actum ausmacht.

§. 10. Wo sich findet, daß ein Besitzer ein Grundstück sub hasta erstanden, oder daß er darüber ein förmliches Präclusions-Urtel, mit Beobachtung der Erforderniße der damaligen Prozeß-Ordnung ausgebracht habe, kann dieser Zeitpunkt zum Termino a quo der einzusammelnden Nachrichten angenommen werden. Wo aber dergleichen sich nicht findet, muß der Richter bis auf 44 Jahre[2]), in sofern die Nachrichten in seiner Registratur so weit auslangen, zurückgehen.

42. K. O. v. 9. Mai 1839, betreffend das Verfahren bei der Regulirung des Hypothekenwesens. (G. S. S. 163.)

Zur Berichtigung des Besitztitels für den zur Zeit der Anlegung eines neuen Hypothekenfoliums vorhandenen Besitzer soll es genügen, wenn derselbe

1. das Grundstück in einer Subhastation erstanden hat[3]);

---

2) Auf Grund eines 44jährigen ruhigen, vollständigen Besitzes kann bei der ersten Regulirung eines Hypothekenbuchs der Besitztitel nicht bloß dann, wenn der Besitzer keinen eigentlichen Grund seines Besitzes anzugeben und zu bescheinigen vermag, sondern auch dann, wenn über die Erwerbungsart der Vorbesitzer zwar Nachrichten vorhanden sind, diese aber allein zur Eintragung des Besitztitels nicht genügen, berichtigt werden; sofern nur nicht solche Umstände vorliegen, welche auf einen, die Verjährung ausschließenden Fehler des Besitzes hindeuten. R. v. 11. Januar 1833 (Jahrb. Bd. XLI, S. 271) und R. vom 15. Decbr. 1823 (Jahrb. Bd. XXII, S. 209).

Das R. v. 9. Mai 1803 giebt in einem Falle, wo der Erwerbstitel Kauf eines Mündelguts war und wegen Mangels der für Veräußerungen von Mündelgütern vorgeschriebenen Förmlichkeiten keine Gültigkeit hatte, den Bescheid, daß zwar der Besitztitel auf Grund des abgeschlossenen Kontrakts eingetragen werden könne, jedoch mit dem ausdrücklichen Monitum, daß dessen Gültigkeit von der Ratihabition der minderjährigen Erben, nach erreichter Großjährigkeit, oder von der Dispensation der zuständigen Behörde abhängig sei. (Rabe, Bd. VII, S. 459). Dieses Verfahren empfiehlt sich nicht; eine solche Besitztitelberichtigung ist hinderlicher als keine, und kann unvorsichtigen Darlehnsgebern sehr schädlich werden. Das R. des J. M. v. 19. Mai 1840 scheint auch davon abzusehen, indem es einen, von dem Besitzer mit seinen zum Theil minorennen Miterben, für welche deren Vormünder ohne Ermächtigung der Vormundschaftsbehörde gehandelt haben, abgeschlossenen Kaufkontrakt für einen zur Eintragung geeigneten Titel hält. (J. M. Bl. S. 189). Auch das ist unrichtig. M. s. unten, die Anm. 9.

Vergl. hinsichtlich der fiskalischen Grundstücke, der Kämmerei-Güter und Güter öffentlicher Institute: oben, Anm. 74 zu §. 58 Tit. 2.

3) Weil mit der Subhastation bei unberichtigtem Besitztitel ein Aufgebot der unbekannten Realprätendenten verbunden ist, worauf auch die Nr. 2 der Verordnung hinweiset, indem sie das Präklusionserkenntniß der Erstehung aus einer, versteht sich nothwendigen, Subhastation gleichstellt.

2. wenn er ein Präklusions-Erkenntniß erwirkt; wobei ich zugleich bestimme, daß jeder Besitzer, welcher durch ein Attest der Ortsbehörde[4]) nachweist, daß er das Grundstück eigenthümlich[5]) besitze, oder die Erwerbung des Eigenthums durch eine öffentliche Urkunde bescheinigt, auf Erlaß des Aufgebots nach Vorschrift der §§. 100 und f. Tit. 51 der Prozeßordnung anzutragen befugt sein soll. Bei diesem Aufgebote sind die in den Verordnungen vom 4. März 1834 (G. S. S. 39) und v. 2. December 1837 (G. S. S. 219) enthaltenen Bestimmungen des Termins zur Anmeldung der Ansprüche und wegen der Bekanntmachung an die Realprätendenten zu befolgen. Eines Nachweises des Besitztitels und der vorgängigen Eintragung desselben im Hypothekenbuche, wie das R. des Justiz-Ministeriums v. 26. Juni 1820 angeordnet hat, bedarf es nicht;
3. wenn der Besitzer außer dem Falle des Aufgebots durch Dokumente[6]), Zeugen[7]) oder Atteste öffentlicher Behörden glaubwürdig bescheinigt[8]), daß er das Grundstück aus einem Titel, der an sich zur Erlangung des Eigenthums geschickt ist (§. 579, Tit. 9, Th. I des A. L. R.)[9]), zehn Jahre lang besitze.

Bei einem kürzeren Besitzstande muß der Uebergang auf den Besitzer durch einen zur Erwerbung des Eigenthums nach Vorschrift des A. L. R. an sich geeigneten, dem Inhalte und der Form nach rechtsgültigen Titel nachgewiesen, und entweder

a) dargethan werden, daß der unmittelbare Vorbesitzer selbst schon einen Titel für sich hatte, der nach den damals geltenden Gesetzen an sich zur Erwerbung des Eigenthums geschickt ist (§§. 29 u. 30, Tit. 4 der Hypothekenordnung), oder es ist
b) durch Dokumente, Zeugen oder Atteste öffentlicher Behörden glaubwürdig zu bescheinigen, daß der jetzige und der Vorbesitzer zusammen das Grundstück überhaupt zehn Jahre lang besessen haben.

---

4) Dies ist auf dem Lande nicht das Dorfgericht, sondern die Polizeiobrigkeit.

5) Das heißt: aus einem Eigenthumstitel, nicht etwa, daß er wirklicher und wahrer Eigenthümer sei: das kann die Ortsobrigkeit nicht attestiren.

6) Die hier gemeinten Dokumente müssen mindestens der Unterschrift nach gerichtlich oder notariell beglaubigt sein. R. v. 8. September 1840 (J. M. Bl. S. 307).

7) Nämlich durch deren an Eidesstatt gegebene Versicherungen; denn mehr ist zur Bescheinigung nicht erforderlich. Vergl. R. v. 14. Februar 1840 (J. M. Bl. S. 68).

8) Oben, Anm. 421 zu §. 291, Tit. 2.

9) Ueber den Begriff des Titels, welcher an sich zur Erwerbung des Eigenthums geschickt ist, s. m. Anm. 17 zu §. 579, Tit. 9, Th. I des A. L. R. Hier ist nur beizubringen, daß der J. M. verschiedentlich, namentlich in den Bescheiden v. 24. Juni 1839 (J. M. Bl. S. 229), v. 23. September 1839 (J. M. Bl. S. 329), v. 12. März 1840 (J. M. Bl. S. 108), Instr. v. 8. September 1840, §. 4 (J. M. Bl. S. 298), v. 19. Mai 1840 (J. M. Bl. S. 188) die

§. 11. So wie der Richter mit Extrahirung der Bücher und Registraturen fertig ist, muß er demnächst die gegenwärtigen Besitzer der Grundstücke über die ihnen bekannten und etwa in ihren Händen befindlichen Nachrichten, welche das Grundstück betreffen können, vernehmen; ihnen die Vorlegung der über ihren Fundum erhaltenen Privelegien, Kaufbriefe oder andrer Erwerbungs-Dokumente; ingleichen die getreue Angabe der darauf haftenden Lasten und Schulden [10]) abfordern, und was er solchergestalt eruirt hat, auf den für solchen Fundum bestimmten Bogen gleichergestalt, unter der gehörigen Rubrik, vermerken. Vernehmung der Besitzer.

§. 12. Da der Richter, durch den aus den Büchern formirten Extract, schon ziemlich vollständige Nachrichten von dem statu reali eines jeden Immobilis vor sich hat, so wird es ihm leicht zu beurtheilen: worauf er die dem Besitzer vorzulegenden Fragen vornemlich richten müsse. Insonderheit aber hat er einem jeden, die nach den Büchern auf dem Fundo liegenden Lasten und Schulden, wenn deren bereits erfolgte Tilgung daraus nicht erhellet, bekannt zu machen; ihre Erklärung darüber zu vernehmen, wenn sie behaupten, daß solche getilgt wären, die Production der darüber in Händen habenden Quittungen, oder andere schriftliche Beweismittel zu erfordern, und solchergestalt die Extracte möglichst zu completiren.

§. 13. Kann der Besitzer hinlängliche Beweismittel über die Tilgung einer solchen Post nicht sofort beibringen, so muß der Richter ihn bedeuten, was er zu thun habe, um durch Aufforderung des Inhabers derselben, oder seiner Erben, zur Verzichtsleistung, oder durch ein förmliches Aufgebot und Ausbringung einer Präklusoria, den Fundum von einem solchen Real-Anspruch zu befreien. Unterdessen, und bis solches geschehen, muß der Wi-

---

Meinung vertreten hat, daß auch rechtsunkräftige Geschäfte einen an sich geschickten Titel darstellen. Der Pl.-Beschl. des Ob.-Tr. v. 15. Februar 1841 (Entsch. Bd. VI, S. 410) hat die Praxis auf einen andern Weg gewiesen, welcher nicht unbetreten bleiben kann, ohne das Geschehene in letzter Instanz der Vernichtung auszusetzen. Das Nähere darüber in der oben angegebenen Anm. 17.

10) Hierüber muß auch ein solcher bäuerlicher Besitzer vernommen werden, welcher durch eine gutsherrlich-bäuerliche Regulirung oder Auseinandersetzung das Eigenthum seines Besitzthums erworben hat. Denn wenn gleich, nach Analogie von Parzellirungen, die Erwerbung des Eigenthums unzweifelhaft ist, mithin die in den §§. 14, 15 vorgeschriebene Edictal-Citation vor Anlegung der Hypotheken-Folien von solchen Grundstücken ganz unnöthig ist, so bleiben doch die etwa schon kontrahirten Realverbindlichkeiten auszumitteln. Vergl. R. vom 8. September 1820 (Jahrb. Bd. XVI, S. 70)

derspruch des Besitzers, gegen die Gültigkeit einer solchen Post, in dem Extracte mit bemerkt werden[11]).

Oeffentliche Aufforderung aller Real-Prätendenten.

§. 14. Außer der Extrahirung der Bücher, und Vernehmung der Besitzer, besteht das dritte Mittel, welches der Richter anwenden muß, um sich die zur Formirung des Hypotheken-Buchs gehörigen Nachrichten so vollständig, als möglich, zu verschaffen, in seiner öffentlichen Bekanntmachung:

> daß das Hypotheken-Buch der Stadt oder des Dorfs N. N., auf den Grund der darüber in der gerichtlichen Registratur vorhandnen, und der von den Besitzern der Grundstücke einzuziehenden Nachrichten regulirt werden solle; und daher ein jeder, welcher dabei ein Interesse zu haben vermeine, und seiner Forderung die mit der Ingrossation verbundenen Vorzugs-Rechte zu verschaffen gedenke, sich binnen .. Monaten bei dem Gericht zu melden, und seine etwaigen Ansprüche näher anzugeben habe[12]).

§. 15. Diese Bekanntmachung ist keine Ediktal-Citation[13]), sondern eine bloße Benachrichtigung an das Publikum. Es fin-

---

11) Auf dergleichen protestativische Vermerke bei der ersten Regulirung des Hypothekenwesens sind die Bestimmungen des G. v. 24. Mai 1853, §§. 43 ff., da sie fertige Folien voraussetzen und das Gesetz den Tit. 4 ganz unberührt läßt, nicht anwendbar. Instr. v. 3. August 1853, Art. 20, Nr. 2.

12) Diese Bekanntmachung ist dergestalt zu fassen, daß darin dem Publikum eröffnet wird:

1. daß diejenigen, welche sich binnen der bestimmten Zeit melden würden, nach dem Alter und Vorzuge ihres Realrechts würden eingetragen werden;
2. diejenigen, welche sich nicht meldeten, ihr vermeintes Realrecht gegen den dritten im Hypothekenbuche eingetragenen Besitzer nicht mehr ausüben könnten;
3. in jedem Falle mit ihren Forderungen den eingetragenen Posten nachstehen müßten; daß aber
4. denen, welchen eine bloße Grundgerechtigkeit (Servitut) zustände, ihre Rechte nach Vorschrift des A. L. R. Th. I, Tit. 22, §. 16 u. 17 u. des Anh. zum A. L. R. §. 58, zwar vorbehalten blieben, daß es ihnen aber auch freistehe, ihr Recht, nachdem es gehörig anerkannt oder erwiesen worden, eintragen zu lassen.

R. v. 26. Juli 1809 (Rabe, Bd. X, S. 123); R. v. 31. August 1816 (Jahrb. Bd. VIII, S. 54); Anh. zur Instr. v. 12. August 1820.

Die Androhung Nr. 3 kann nur für diejenigen Posten in Ausführung kommen, welche bereits in andere Hände übergegangen sind, da die Bekanntmachung keine Edictal-Citation ist. §. 15.

Den im Felde stehenden Militairpersonen werden ohnehin ihre Rechte vorbehalten. R. v. 3. November 1812 (Jahrb. Bd. I, S. 271).

13) Deshalb kann nicht nach Vorschrift der §§. 100 ff. der Prozeßordnung Tit. 51 verfahren werden. R. v. 31. August 1816 (Jahrb. Bd. VIII, S. 54).

det auch dabei keine Commination statt; da einem jeden, welcher auf ein solches Grundstück Real-Ansprüche zu haben glaubt, solche zu jeder Zeit, auch nach der bestimmten Frist, und wirklich erfolgter Einrichtung des Hypotheken-Buchs anzumelden, und darin nachtragen zu lassen freisteht.

§. 16. Das Avertissement muß nicht allein an der gewöhnlichen Gerichtsstelle desjenigen Orts, dessen Hypotheken-Wesen regulirt werden soll, sondern auch noch bei zweien andern Gerichten angeschlagen werden; und muß der Richter, mit pflichtmäßiger Ueberlegung, solche Oerter aussuchen, nach welchen die Jurisdiktions-Eingesessenen den meisten Verkehr haben, und wo es also auch am wahrscheinlichsten ist, das Leute sich befinden können, die bei der vorseienden Hypotheken-Regulirung ein Interesse haben.

§. 17. Außerdem muß dieses Avertissement, zu dreien verschiedenen Malen, in den Zeitungen[14]) und Amts[15])-Blättern der Provinz eingerückt werden.

§. 18. Die Bekanntmachung geschieht zu gleicher Zeit, so wie das Gericht mit Einsammlung der Nachrichten, nach §. 7 seq., den Anfang macht; und die Frist zur Anmeldung wird bis zu dem Zeitpunkte hinausgesetzt, wo der Richter mit Extrahirung der Bücher und Vernehmung der Besitzer fertig zu sein, wahrscheinlich vermuthen kann.

§. 19. Meldet sich nun, während dieser Frist, jemand mit einem dergleichen Anspruch, so muß der Richter vor allen Dingen nachsehen: ob auch solcher ein wirkliches Real-Recht zum Grunde habe.

§. 20. Ist es eine bloße Personal-Forderung, so muß der Prätendent dessen bedeutet, und an die Person seines Schuldners verwiesen werden.

§. 21. Ist es aber ein wirklicher Real-Anspruch, so muß der Richter in seinem Extract nachsehen: ob solcher schon darin vorgekommen, und von dem Besitzer anerkannt sei. Findet sich dieses, so muß er es dem Imploranten bekannt machen, und ihn bedeuten: daß bei künftiger Errichtung des Hypotheken-Buchs,

14) Die Einrückung in die Zeitungen ist hier durch den §. 59 des Anh. zur A. G. O. nicht aufgehoben. R. v. 15. Januar 1835 (Erg. ad h. §.).

15) Ges. v. 21. December 1849, §. 3 (G. S. S. 441).

die Forderung, auf dem dafür verhafteten Fundum, gehörigen Orts eingetragen werden solle[16]).

§. 22. Ist die angemeldete Forderung in dem Extract bisher nicht vorgekommen, so muß der Besitzer darüber besonders vernommen werden.

§. 23. Agnoscirt derselbe die Forderung, so wird sie in dem Extract gehörigen Orts nachgetragen.

§. 24. Wird aber die Forderung nicht agnoscirt, so muß der Richter beurtheilen: ob solche wenigstens einigermaßen bescheinigt sei; oder ob es ihr an der Bescheinigung gänzlich ermangele.

§. 25. Ist die Forderung gar nicht bescheinigt, so muß der Implorant bedeutet werden; daß darauf bei künftiger Einrichtung des Hypotheken-Buches keine Rücksicht genommen werden könne, und es ihm überlassen bleibe, den sich angemaaßten Real-Anspruch, gegen den Besitzer, allenfalls im ordentlichen Wege Rechtens, näher auszuführen.

§. 26. Ist die Forderung einigermaaßen bescheinigt, so wird selbige, zugleich aber auch der von dem Besitzer dagegen geäußerte Widerspruch, in dem Extracte notirt[17]), und dem Imploranten davon Nachricht gegeben.

Wie die eingesammelten Nachrichten zu ordnen.

§. 27. Wenn nun der §. 18 bestimmte Zeitraum verflossen ist, und die erforderlichen Nachrichten nach Möglichkeit eingesammelt sind; so muß der Richter solche nunmehro von jedem Fundo besonders durchgehn, und gehörig ordnen.

§. 28. Er muß also für jeden Fundum die wirkliche Tabelle des künftigen Hypotheken-Buchs, so wie solche demnächst in die Bücher übergetragen werden soll, auf besondere Bogen entwerfen[18]).

---

16) Auf welche Weise in der Zwischenzeit das Realrecht selbst, ohne Eintragung, begründet werden kann, schreibt die V. v. 16. Juni 1820 (G. S. S. 106) und die Deklaration derselben v. 28. Juli 1838 (G. S. S. 438) vor. M. s. dieselben und die Anmerkungen dazu im A. L. R., als Zus. 6 u. 7 zu §. 391, Tit. 20, Th. I.

17) Oben, Anm. 11 zu §. 13 d. T.

18) Auf die bereits abgetrennten Parzellen wird, selbst wenn bei der Abtrennung die gesetzlichen Vorschriften nicht beobachtet sind, keine Rücksicht genommen, da das Grundstück nur in derjenigen Beschaffenheit und nach dem Umfange, worin es sich zu der Zeit befindet, einzutragen ist. R. v. 20. April 1834 (Jahrb. Bd. XLIII, S. 597), durch welches die ältere entgegengesetzte Meinung, welche in dem R. v. 11. October 1814 (Jahrb. Bd. IV, S. 220) vertreten ist, beseitigt wird. Vergl. auch die R. vom 27. März 1818 (Jahrb. Bd. XI,

§§. 29, 30. Fallen weg[19].

43. K. O. vom 9. Mai 1839, Nr. I. (G. S. S. 163).

Der Eintragung des Vorbesitzers in das Hypothekenbuch bedarf es nicht[20].

§. 31. Die zur zweiten Rubrike gehörenden Onera realia, und Einschränkungen des Eigenthums oder der Disposition des Besitzers, werden nach der Zeitfolge, so wie sie entstanden sind, eingetragen[21].

§. 32. Eben so werden auch die ausdrücklichen und stillschweigenden Hypotheken, Cautionen und andere zur dritten Rubrike gehörigen Real-Ansprüche, nach der Zeitfolge ihres Entstehens[22], hintereinander geordnet; da bei der ersten Einrichtung eines Hypotheken-Buchs, die Eintragung aller alsdann existirenden Real-Rechte zu gleicher Zeit erfolgt; folglich die Ordnung, wie solche Rechte hinter einander zu lociren, nicht so, wie bei schon formirten Hypotheken-Büchern, nach der Zeitfolge der angebrachten Ingrossations-Gesuche, regulirt werden kann.

§. 33. Nur allein diejenigen gesetzlichen und stillschweigenden Hypotheken, welchen die Landes-Gesetze, und insonderheit die Concurs-Ordnung, ein Privilegium speciale beilegen; dergestalt, daß sie allen andern auch älteren hypothekarischen Rechten vorgehen, müssen in dieser Ordnung dem Eintragungs-Schema inserirt werden; da hier lauter noch uneingetragene Hypotheken mit

---

S. 239), v. 13. November 1818 (Jahrb. Bd. XII, S. 294); Instr. v. 16. Juni 1834, §. 1 (Jahrb. Bd. XLV, S. 512); Instr. vom 1. Juli 1835 (Jahrb. Bd. XLV, S. 529), wo das im Rescr. v. 20. April 1834 ausgesprochene Prinzip auf die Domainen angewendet wird.

19) Dieselben verordnen die Eintragung des Vorbesitzers, welches die K. O. v. 9. Mai 1839 (Zus. 43) abändert.

20) Dadurch ist die gleiche schon vorher getroffene Verf. des J. M., vom 30. April 1834 (Jahrb. Bd. XLIV, S. 406) aufrecht erhalten.

21) M. s. die folg. Anm. 22.

22) Dieser Grundsatz ist in Beziehung auf die neu- oder wiedererworbenen Landestheile modificirt durch die V. v. 16. Juni 1820 (G. S. S. 106). Als Regel gilt nach §. 5 lit. b, daß nicht die Zeit des Entstehens eines Real-Anspruchs (Titels zur Hypothek), also nicht das Alter des Real-Anspruchs oder Titels zur Hypothek, sondern der Zeitpunkt der geschehenen Anmeldung die Ordnung der Eintragung bestimmt. Eine Ausnahme machen nach §. 6 diejenigen Rechte und Titel, welche älter sind als die Einführung der Hypothekenordnung in den betreffenden Bezirk. Wenn nämlich in einer neuen oder wiedererworbenen Provinz einer vor Einführung der Hypothekenordnung entstandenen Hypothek eine neu errichtete konkurrirt, so hat die alte, wenn sie nur überhaupt innerhalb des durch das Hypotheken-Patent vorgeschriebenen Präklusiv-Termins angemeldet worden ist, vor der neu errichteten schlechthin den Vorzug, wenn auch diese neue früher als jene allgemeldet sein sollte.

einander concurriren; folglich ihre Rang-Ordnung im Hypotheken-Buche so formirt werden werden muß, wie es die Gesetze, nach der Natur und Privilegiis der Forderung an sich, ohne Rücksicht auf eine vorhandene Ingrossation, bestimmen.

§. 34. Es versteht sich von selbst, daß, indem der Richter seine Extracte durchgeht, und die Eintragungs-Tabelle daraus formirt, er diejenigen Posten, die zwar ehehin auf dem Funde gehaftet haben, deren schon erfolgte Tilgung aber durch die eingesammelten Nachrichten hinlänglich ausgewiesen ist, weglassen müsse[23]).

§. 35. Posten, von welchen der Besitzer die erfolgte Tilgung zwar behauptet, solche aber nicht vollständig ausweisen können; imgleichen diejenigen, welche zwar aus den Büchern nicht erhellet haben, von den Prätendenten aber angemeldet und bescheiniget, jedoch von dem Besitzer nicht agnoscirt worden sind, werden in der Eintragungs-Tabelle gehörigen Orts inserirt, und der Widerspruch[24]) des Besitzers dabei[25]) vermerkt.

§. 36. Dabei ist insonderheit noch zu bemerken, daß wenn zwar ausgemittelt ist, was gestalten jemanden ein hypothekarisches Recht auf einen Fundum constituirt worden, die Person und Qualität des dermaligen Inhabers hingegen unbekannt oder zweifelhaft ist, die Eintragung auf den Namen desjenigen geschehe, der nach Maaßgabe des vorhandnen Instruments, oder sonstiger Nachricht, das Real-Recht zuerst erlangt hat; und es denjenigen, welche sich jetzt desselben anmaaßen wollen, überlassen bleibe, solches unter sich, oder mit dem Besitzer und Schuldner, besonders auszumachen.

§. 37. Uebrigens müssen die Eintragungs-Vermerke in dem Schema, nach der Vorschrift Tit. II, §. 21, von dem Richter kurz,

---

23) Denn der §. 52 des Anh. zum A. L. R. findet nur bei einem bereits vollendeten Hypothekenbuche statt; die in Ermangelung eines solchen erfolgte Ausfertigung einer Rekognition, gemäß den Vorschriften des Gesetzes v. 16. Juni 1820, hindert das Erlöschen des dinglichen Rechts durch Konfusion (Konsolidation) nicht. Pr. des Ob.-Trib. 1804, vom 14. November 1846 (Entsch. Bd. XV, S. 232). Vergl. Besch. des J. M. vom 6. Mai 1835 (Jahrb. Bd. XLV, S. 502), welcher sich a. E. in gleichem Sinne ausspricht; und die V. vom 31. März 1834, §. 18 (G. S. S. 51).

24) Oben, Anm. 11 zu §. 13 d. T.

25) Nämlich in der Kolonne „Cessionen". V. v. 31. März 1834, §. 18 (G. S. S. 51). Das geschieht auch, wenn zwar die Tilgung nachgewiesen wird, aber das mit der Rekognition vorschriftsmäßig versehene Instrument abhanden gekommen ist: ein solches Instrument muß durch öffentliches Aufgebot amortisirt werden. R. v. 2. Februar 1821 (Jahrb. Bd. XVII, S. 98); v. 10. Septbr. 1841 (J. M. Bl. S. 298).

bündig und vollständig formulirt[26]), und die Bücher oder Akten, wo die zu einem solchen Vermerk gehörigen Dokumente und Nachrichten in extenso anzutreffen sind, bei einem jeden derselben allegirt werden.

§. 38. Wenn das Gericht mit Entwerfung dieser Eintragungs-Tabellen fertig ist, so macht es dem Landes-Justiz-Collegio davon Anzeige; damit dieses, entweder bei einer vorzunehmenden Visitation, oder wenigstens durch Einforderung einiger Extracte und Tabellen, von Fundis verschiedener Art, das von dem Unter-Gerichte beobachtete Verfahren, und dessen Uebereinstimmung mit den gegenwärtigen Vorschriften, näher prüfen könne[27]).

§. 39. Nach erfolgter Approbation des Landes-Collegii, geschieht die wirkliche Uebertragung in die unterdessen angeschafften, gebundnen und liniirten Hypotheken-Bücher. Wie die wirkliche Uebertragung in die neuen Hypothekenbücher geschehen solle.

§. 40. Auf die von den Besitzern producirten Erwerbungs-Dokumente, wird die geschehene Eintragung des Tituli possessionis gewöhnlichermaaßen registrirt und solchen ein Hypotheken-Schein —[28]) beigeheftet.

§. 41. So viel es möglich ist, und ohne besondere den Interessenten zu verursachende Weitläuftigkeiten und Kosten geschehen kann, muß auch in Ansehung der übrigen eingetragenen Posten, die geschehene Ingrossation auf die darüber vorhandnen Dokumente registrirt werden. Ohnfehlbar aber muß solches erfolgen, wenn dergleichen Dokumente bei andrer Gelegenheit, z. E. bei einer Cession, Verpfändung, Abschlags-Quittung ꝛc. ohnehin producirt werden müssen.

44. V. vom 16. Juni 1820, die Erwerbung und Ausübung der Realrechte ꝛc. betreffend. (G.S. S. 106).

§. 10. Sobald in einem — Gerichte das Hypothekenbuch vollendet ist, hat das Gericht diese Vollendung in dem Amtsblatt der Regierung bekannt zu machen. Mit dieser Bekanntmachung hört für die betreffenden Grundstücke in einem solchen Gerichtsbezirk die im §. 9 ausgesprochene Suspension[29]) auf.

---

26) Ueber die Fassung der Eintragungsvermerke: oben, Anm. 26 zu §. 25, Tit. 2.

27) Diese Vorschrift und der damit zusammenhängende §. 39 ist nicht aufgehoben. Vergl. V. v. 2. Januar 1849, §. 25, Nr. 6.

28) Hier fallen die Worte „zur Rekognition darüber" aus. G. v. 24. Mai 1853, §. 19 (oben Zus. 16 zu §. 39, Tit. 2).

29) Die Suspension der Gesetze nämlich, welche mit dem Inhalte der V. v. 16. Juni 1820 im Widerspruche stehen würden, namentlich der §§. 411 und 412, Tit. 20, Th. I des A. L. R.

Von den Kosten.

§. 42. Bei Errichtung der Hypotheken-Bücher müssen weder die Besitzer der Grundstücke, noch die andern Interessenten, mit Taxen oder sonstigen Gebühren, außer den etwanigen Copialien, belastet werden[30]). Da die Haltung ordentlicher Hypotheken-Bücher zu den Obliegenheiten und Lasten der Gerichtsbarkeit gehört, so kann auch der Gerichtsherr die zu deren Anlegung erforderlichen baaren Auslagen, aus den Nutzungen der Jurisdiction zu bestreiten, sich nicht entbrechen. In Städten aber, wo die Cämmereien sothane Auslagen aufzubringen unvermögend sind, müssen solche von den Eigenthümern der Grundstücke, jedoch mit äußerster Menage, unter Approbation des vorgesetzten Landes-Collegii, und nach einer billigen Proportion gegen den Werth der Fundorum, zusammengebracht werden.

§. 43. Wenn das Hypotheken-Buch auf vorstehende Art einmal angelegt ist, und es kommen nachher noch Posten[31]) zum Vorschein, welche einen darin eingetragenen Fundum afficiren; so kann zwar der Umstand, daß solche weder bei Extrahirung der Bücher vorgefunden, noch von dem Besitzer angegeben, noch auf die geschehene öffentliche Bekanntmachung, innerhalb der festgesetzten Frist, dem Gericht angezeigt worden, den Inhaber um sein Recht, und um die Befugniß, solches noch eintragen zu lassen, keineswegs bringen. Es muß sich aber derselbe gefallen lassen, den alsdann schon ingrossirten Posten nachzustehen, da diese, durch die erhaltene Eintragung, einmal den damit verbundenen Vorzug vor ihm erlangt haben, und er entweder seiner eigenen

---

30) Hat bei schon vorhandenen Hypothekenbüchern ein Besitzer versäumt, seinen Besitztitel berichtigen zu lassen, so muß er die taxmäßigen Gebühren entrichten. R. v. 16. September 1831 (Jahrb. Bd. XXXVIII, S. 133).

Das Gleiche gilt bei Eintragung der regulirten Bauerhöfe in die Hypothekenbücher. R. v. 7. März 1831 (Jahrb. Bd. XXXVII, S. 105).

Vidimationsgebühren für die zu den Grundakten zu nehmenden beglaubigten Abschriften passiren gleichfalls nicht bei der Anlegung von Hypothekenbüchern. R. v. 13. Juni und 24. Mai 1831 (Jahrb. Bd. XXXII, S. 380, 387).

31) Wie es zu halten, wenn nach bereits angelegten Hypothekenbüchern der Realzustand eines Guts, das bisher noch nicht eingetragen war, regulirt werden soll, bestimmt die Hypothekenordnung nicht. Man hat keine Veranlassung gefunden, hierüber eine neue allgemeine Bestimmung zu geben. Es soll vielmehr der jedesmaligen Beurtheilung des Gerichts, welches die Regulirung des Realzustandes vorzunehmen hat, überlassen werden, ob es nach Lage der Sache die öffentliche Aufforderung der Realprätendenten für nöthig findet oder nicht. Bei seiner Entscheidung hierüber hat das Gericht darauf Rücksicht zn nehmen, in wie weit ohne öffentliche Aufforderung vollständige Nachrichten werden eingesammelt werden können, und ob, nach den Verhältnissen, die bei dem Besitze des Grundstücks bis zur Zeit der Eintragung statt hatten, unbekannte Realprätendenten anzunehmen sind. R. v. 14. April 1810 (Rabe, Bd. X, S. 312).

Schuld oder einem bloßen Zufall beizumessen hat, wenn seine Forderung nicht früher ad Acta bekannt geworden ist.

Schließlich befehlen Se. Königl. Majestät hierdurch jedermänniglich, insonderheit aber den Ober- und Unter-Gerichten, und andern zur Besorgung und Aufsicht über das Hypotheken-Wesen verordneten Behörden, sich nach gegenwärtiger Ordnung pflichtmäßig zu achten, und die Erfüllung der dabei zum Grunde liegenden Allerhöchsten Intention, zur vollständigsten Sicherstellung des Eigenthums und Vermögens der Königlichen Unterthanen, mit schuldigem Fleiß und Aufmerksamkeit sich angelegen sein zu lassen. So geschehen rc.

Berlin, den 20. December 1783.

(L. S.) Friedrich.

v. Carmer.

Nachträge

zum vierten Titel,

enthaltend:

1. Die für einzelne Landestheile ergangenen Vorschriften, betreffend die Einrichtung des Hypothekenwesens.
2. Die Vorschriften, betreffend das Berg-Hypothekenwesen.

Erster Abschnitt.

Von der Einrichtung des Hypothekenwesens in gewissen verschiedenen Landestheilen[1]).

I.

Betreffs der durch den Tilsiter Frieden von Preußen getrennten und damit wieder vereinigten Landestheile jenseits der Elbe und Weser.

1. **Patent**, wegen Einrichtung des Hypothekenwesens in den mit den Preußischen Staaten wieder vereinigten Provinzen jenseits der Elbe und Weser, namentlich in der Altmark, im Herzogthum Magdeburg mit dem Saal-Kreise, im Fürstenthum Halberstadt, in den Grafschaften Hohenstein, Mansfeld und Wernigerode, im vormaligen Stift Quedlinburg, im Fürstenthum Eichsfeld und dessen Dependenzen, in der Stadt und dem Gebiet Erfurth, in den Städten Mühlhausen und Nordhausen, in den Fürstenthümern Minden, Münster und Paderborn, den Grafschaften Mark, Ravensberg, Tecklenburg, und der oberen Grafschaft Lingen, in den Herzogthümern Kleve und Geldern, dem Fürstenthum Moers, den Grafschaften Essen und Werden, und dem vormaligen Stift Elten. **Vom 22. Mai 1815** (G. S. S. 185).

Durch das Patent v. 9. September 1814 (Gef.-Samml. S. 89) haben Wir bereits verordnet, daß das Hypothekenwesen in den mit

---

1) Weggelassen sind die längst vorübergegangenen alten Verordnungen für die Provinzen Ost- und Westpreußen, namentlich das Pat. v. 17. Decbr. 1781 wegen Vorladung sämmtlicher Realgläubiger an westpreußischen Grundstücken; das Regl. für die Untergerichte im Bromberg'schen Hofgerichts-Departement v. 22. April 1806, §. 9, No. III; die V. v. 27. Juli 1808, betreffend die Einrichtung des Hypothekenwesens der den Immediat-Einsassen in Ost- und Westpreußen, auch Litthauen, überlassenen Grundstücke.

Unsern Staaten jetzt wieder vereinigten Provinzen nach den Grundsätzen der Hypotheken-Ordnung vom 20. Dezember 1783 eingerichtet werden soll, und Uns nur vorbehalten, die näheren Vorschriften hierüber zu ertheilen.

Wir verordnen demnach, wie folget:

§. 1. Die Obergerichte sowohl als die Untergerichte, jedes in seinem Jurisdiktions-Kreise, sind beauftragt, mit Einführung Unserer Hypotheken-Verfassung ohne Anstand vorzuschreiten, und haben sich dabei die ihnen von Unserem Justiz-Minister zu ertheilende Instruktion[2]) zur Richtschnur dienen zu lassen.

§. 2. Es ist für jeden Besitzer eines unbeweglichen Eigenthums, oder einer zur Eintragung ins Hypotheken-Buch sonst sich eignenden Gerechtigkeit, eine Zwangspflicht, seinen Besitztitel zu berichtigen[3]). Demgemäß ist jeder Besitzer schuldig, in den durch die Behörden ihm vorher zu bestimmenden Terminen und Fristen sich gehörig zu melden, den Rechtsgrund nachzuweisen, worauf sich sein Eigenthum oder Besitz gründet, und die darüber sprechenden Urkunden, Kauf-, Tausch-, Erbzins- oder Erbpachts-Kontrakte, Testamente, Erbtheilungen, oder wie sie sonst Namen haben, in beweisender Form vorzulegen. Wer diesen Auflagen ungehorsamer Weise kein Genüge leistet, und seinen Besitztitel nicht höchstens bis zum Ablauf des Jahres 1816[4]) nachweiset, soll durch fiskalische Strafen zu seiner Obliegenheit nachdrücklich angehalten werden, und der Erleichterungen, welche dieses Patent den Interessenten bei der ersten gegenwärtigen Einrichtung, namentlich auch in Hinsicht der Kosten und Stempel gewähret, verlustig sein[5]).

§. 3. Auch diejenigen, welche an ein Immobile, oder an eine zur Eintragung ins Hypotheken-Buch sich eignende Gerechtigkeit, aus irgend einem andern Titel Anspruch haben, es mag solcher vor oder nach dem ersten Januar dieses Jahres (1815) entstanden sein, werden hierdurch öffentlich aufgefordert, diese Ansprüche ungesäumt und spätestens bis zum letzten Dezember 1816[6]) bei dem Richter der Sache anzumelden, und die Urkunden, die darüber sprechen, gleichfalls in beweisender Form einzureichen. Diejenigen Gläubiger, welchen eine General-Hypothek verschrieben, müssen die Immobilien ihres Schuldners, auf welchen solche eingetragen werden soll, namentlich angeben und genau bezeichnen; diejenigen aber, welche die Eintragung gesetzlicher oder stillschweigender Hypotheken begehren, müssen zugleich das

---

2) Folgt unter No. 2.

3) Die Einwirkung der Gerichte in Westphalen behufs Berichtigung des Besitztitels ist in den Fällen suspendirt, wo nicht ausdrücklich von einem Interessenten darauf angetragen wird. Westphäl. Landtagsabschied v. 30. Juli 1827, §. 30 (Annal. Bd. XI, S. 588).

4) War für Stadt und Gebiet Erfurt bis zum letzten December 1822 verlängert durch die K. O. v. 8. November 1821, Nr. 2 (G. S. S. 189); in Betreff des Bergwerkseigenthums bis zum 31. December 1817. K. O. v. 19. December 1816 (G. S. 1817, S. 7).

5) Wenn die Verspätung dem Interessenten zur Last fällt. R. v. 28. Aug. 1816 (Jahrb. Bd. VIII, S. 50).

6) Der Termin war bis letzten December 1817 und resp. letzten Juni verlängert worden durch V. v. 23. December 1816 (G. S. 1817, S. 8) u. K. O. v. 19. December 1816 (G. S. 1817, S. 7).

Fundament bescheinigen, auf welchem das angemeldete Pfandrecht beruhen soll[7]).

§. 4. Die gegenwärtige Aufforderung betrifft indeß nicht bloß diejenigen, welche Geldansprüche, es sei aus Hypotheken, oder wegen rückständiger Kauf-, Ehe- oder Erbgelder, oder aus irgend einem anderen Grunde, zu haben vermeinen; sondern auch diejenigen, welche einen Eigenthums- oder Substitutions-Anspruch[8]), ein dingliches Nutzungsrecht[9]), Grundabgaben, oder andere dergleichen Befugnisse[10]), wodurch das Eigenthum oder die Disposition des dermaligen Besitzers eingeschränkt wird, zu haben behaupten.

---

7) Nur darauf kommt es an, ob eine wirkliche Hypothek vorhanden ist, und da die unterlassene Erneuerung derselben nach dem westphälischen Dekrete vom 16. Mai 1809 nicht den Verlust des Hypothekenrechts selbst zur Folge hat, sondern nur auf den Rang derselben ihren Einfluß äußert, so muß auch die ältere Preußische Hypothek, zur Eintragung, nach Maaßgabe des Hypotheken-Patents auf- und angenommen werden. Daß die Hypotheken-Deputation Nachfrage halte, ist daher, strenge genommen, nicht erforderlich; allein da, wenn es zu einem Prioritätsstreit kommt, eine solche nicht erneuerte Hypothek der erneuerten nachstehen muß, so ist es rathsam, daß die Deputation über die Erneuerung, bei der Vernehmung, Erkundigung einziehe, und den Anmelder zugleich über den Platz, den er im Hypothekenbuche einnehmen dürfte, bedeute. Ist die Ungültigkeit einer zur westphälischen Zeit erworbenen Hypothek klar, so eignet sie sich zu keiner Uebertragung. Dessenungeachtet ist hiebei Vorsicht nöthig, weil einestheils die Hypotheken-Regulirung sich auf kein prozessualisches Verfahren einlassen kann; anderntheils, weil mindestens die Hypotheken-Deputation selbst diesen Streit von Amtswegen nicht führen kann. Wenn daher ein solcher Fall eintritt, muß der Besitzer gehört, und auf diese Weise die Sache beizulegen versucht werden. Gelingt es nicht, so müssen die Rechte der Interessenten, nach Bewandtniß der Umstände, bei dem Hypothekenbuche durch Eintragung einer Protestation gedeckt, und ihnen überlassen werden, im förmlichen Rechtswege die Sache anzufechten. Reskr. v. 18. Februar 1817 (Jahrb. Bd. IX, S. 38).

Außer der Anmeldung innerhalb der Präklusivfrist bedarf es zur Fortdauer der Gültigkeit der vor Einführung der preußischen Gesetze bereits erworbenen Hypothekenrechte einer zu ertheilenden Rekognition nicht. Gutachten des Ob.-Tr. v. 10. Januar und R. v. 31. Januar 1842 (J. M. Bl. S. 44).

8) Also sind auch die Lehns- und Fideikommiß-Interessenten, resp. Agnaten und Anwarter aufgefordert, sich zu melden, und es folgt hieraus, daß wenn sich ein Anwarter zu einem dergleichen Gut nicht meldet, die namentliche Eintragung desselben mit seinen etwanigen speciellen Anrechten wegfällt. Die Lehns- und Fideikommiß-Qualität ist in diesem Falle nicht in rubr. II einzutragen, sondern bei dem Besitztitel (eigentlich auf dem Titelblatte bei der Beschreibung des Grundstücks) zu vermerken. R. v. 28. December 1816 (Jahrb. Bd. IX, S. 7); vom 31. März u. 31. Mai 1823 (Jahrb. Bd. XXI, S. 44 u. 296); u. v. 3. Octbr. 1823 (Jahrb. Bd. XXI, S. 207).

9) Grundgerechtigkeiten, welche nach §. 58 des Anh. zum A. L. R. keiner Eintragung bedürfen, brauchen zur Erhaltung des Realrechts auch nicht angemeldet zu werden. Gutachten des Ob.-Tr. v. 16. December 1839 (J. M. Bl. 1840, S. 35). Vergl. das R. vom 24. Mai 1817 (Jahrb. Bd. IX, S. 234), und Pr. des Ob.-Tr. 766, v. 7. December 1839 (oben in der Anm. zu §. 48, Tit. 1).

10) Auch gutsherrliche Dienste und andere gutsherrliche Prästationen müssen zur Erhaltung des Rechts gegen den dritten Besitzer, nach §. 3 u. 9, zum Hypothekenbuche angemeldet werden, wenn nicht aus besonderen Umständen hervorgeht, daß dieselben eine gemeine, auf der Verfassung des Orts, Kreises oder der Provinz beruhende Last seien. Pr. des Ob.-Tr. 797, v. 3. Januar 1840.

§. 5. Dagegen liegen bloße persönliche oder bloße Wechselschulden außer dem Gesichtskreise dieser Verordnung, so wie überhaupt alles, was sich zur Eintragung in die Hypotheken-Bücher nicht eignet.

§. 6. Diejenigen Real-Ansprüche, welche nach dieser Aufforderung in der bestimmten Frist, bis zum Ablauf des künftigen Jahres gebührend angemeldet und nachgewiesen[11]) werden, sollen nach der Zeitfolge ihrer Anmeldung in die neuen Hypotheken-Bücher eingetragen, und ihnen dadurch alle Rechte, welche die gegenwärtigen Gesetze mit einer solchen Eintragung verbinden, beigelegt werden.

§. 7. Es stehet jedoch jedem Kreditor[12]), der durch die frühere Anmeldung eines anderen Pfandgläubigers gefährdet zu sein befürchtet, frei, sein vorzüglicheres Recht nach den bisherigen Gesetzen im gerichtlichen Verfahren auszumitteln, und darnach die Reihe der Hypotheken im Hypotheken-Buche bestimmen zu lassen. Die Klage hierauf muß aber bis zum letzten Dezember 1816 angebracht werden. Geschieht dies nicht, so hat es für immer bei der Folgereihe, in welcher die Posten im Hypotheken-Buche nach der Zeit der Anmeldung eingetragen worden, sein Bewenden, und die künftigen Klassifikationen müssen sich danach allein richten.

§. 8. Uebrigens entscheidet die Zeit der Anmeldung die Reihenfolge der Eintragung nur bei denjenigen Hypotheken, welche zur Zeit der Publikation dieses Patents wirklich schon vorhanden gewesen, und die später kontrahirten müssen den ältern nachstehn.

§. 9. Diejenigen, welche sich nicht melden, behalten zwar ihre Rechte gegen die Person ihres Schuldners, oder gegen dessen Erben, und können sich auch an das ihnen verhaftete Grundstück, insofern solches noch in den Händen dieses ihres Schuldners oder dessen Erben befindlich ist, halten[13]). Gegen einen Dritten aber und zu dessen Nachtheil, soll ein solcher Gläubiger kein Realrecht an das Grundstück auszuüben im Stande sein.

§. 10. Wenn daher Jemand erst nach Ablauf des Jahres 1816 mit einer Vindikationsklage oder mit anderen Eigenthumsansprüchen

---

11) Der Sinn hiervon ist nicht, daß die im §. 6 festgesetzten Wirkungen der innerhalb der Präklusivfrist erfolgten Anmeldung eines Realrechts wegfallen sollen, sobald nicht auch die in §§. 3 u. 6 gedachte Bescheinigung oder Nachweisung desselben gleichfalls innerhalb der Präklusivfrist erfolgt sei. Vielmehr genügt die rechtzeitige Anmeldung bei dem Richter der Sache, dafern nur alsdann, wenn das Realrecht geltend gemacht werden soll, sei es zum Zweck der Eintragung oder gegen dritte Personen, die Gültigkeit des Realanspruchs wirklich dargethan wird. Pr. des Ob.-Tr. 619, v. 16. Februar 1839.

12) Unter „Creditor" ist hier nicht bloß derjenige, welcher eine Geldforderung anzumelden hatte, sondern überhaupt jeder Realberechtigte zu verstehen, der einen zur zweiten Rubrik gehörigen Anspruch hat. R. v. 14. Januar 1817 (Jahrb. Bd. IX, S. 41). Ueber die Ausnahmen s. m. oben die Anm. 9 u. 10.

Die Anmeldung der Klage konnte bei dem Hypothekenrichter erfolgen, der alsdann nach §. 22 verfuhr. R. v. 28. August 1816 (Jahrb. Bd. VIII, S. 50).

13) Die Realberechtigten, welche die Präklusivfrist versäumt haben, können die Eintragung ihrer Rechte nach §§. 8, 12 auch noch späterhin gegen solche Erben auf das belastete ganze Grundstück verlangen, welche das Grundstück bei der Auseinandersetzung von ihren Miterben gegen anderweitige Abfindung derselben übertragen erhalten haben. Pr. des Ob.-Tr. 1085, v. 17. December 1841 (Entsch. Bd. VII, S. 270).

an ein Grundstück hervortritt; so kann er damit nur gegen den jetzigen Besitzer, falls das Gut noch in dessen Händen ist, gehört werden, und muß auch, wenn er obsiegt, alle bis dahin auf das Grundstück eingetragene Hypotheken anerkennen, und den Inhabern solcher Forderungen aus dem Gute eben so gerecht werden, als wenn er ihnen ihre Rechte selbst eingeräumt hätte.

§. 11. Wird aber ein anderer Realanspruch, der nicht das Eigenthum betrifft nach Ablauf des Jahres 1816 angemeldet, und das Grundstück befindet sich noch in den Händen des gegenwärtigen Besitzers; so soll zwar ein solcher Kreditor gegen den Besitzer ebenfalls noch gehört, und ihm gestattet werden, sich an das verhaftete Grundstück zu halten. Er muß aber allen bis dahin im Hypotheken-Buch schon eingetragenen Forderungen nachstehen, und kann zum Nachtheil derselben von seinem erstrittenen Realrechte keinen Gebrauch machen[14]).

§. 12. Ist das Gut nach dem letzten Dezember 1816 an einen dritten Besitzer veräußert, so haben die, welche ihre Realansprüche anzumelden unterlassen, ihre Rechte gegen das Gut ganz verloren, und dürfen weder der dritte Besitzer, noch die, welche von ihm ihre Rechte herleiten, deshalb im geringsten beunruhiget, oder in Anspruch genommen werden[15]). Der säumige Realgläubiger kann seine Rechte nur gegen seinen Schuldner, dessen Erben und deren sonstiges Vermögen verfolgen.

§. 13. Vom 1. Januar 1817 ab, sollen die Hypothekengeschäfte lediglich nach Vorschrift der Hypothekenordnung vom 20. Dezember 1783 und nach den dahin einschlagenden neuern Gesetzen bearbeitet werden. Wenn indessen die Führung des Ingrossations-Buches sich durch die Erfahrung als entbehrlich bewiesen; so wird in diesem Punkte die Hypotheken-Ordnung abgeändert, und den Ober- sowohl als den Untergerichten die Einrichtung und Führung des Ingrossations-Buches erlassen.

§. 14. Zur möglichsten Erleichterung der Interessenten wollen Wir allen, die Hypotheken-Einrichtung betreffenden Verhandlungen, soweit sie bis ultimo Dezember 1816 vorfallen, die Stempelfreiheit zusichern, sie auch von Erlegung der in der Sportel-Taxe vorgeschriebenen Taxen und Gerichtsgebühren befreien. Nur zu den unvermeidlichen baaren Auslagen, deren Vorschuß Unsere Kassen übernehmen werden, soll den Gutsbesitzern und Real-Prätendenten ein nach dem Objekt zu bestimmendes geringes Pauschquantum abgefordert werden.

---

14) Der Zusammenhang der Vorschrift des §. 11 des Patents: „daß derjenige, welcher sich nach Ablauf der präklusivischen Frist mit einem Realanspruch meldet, allen bis dahin im Hypothekenbuch schon eingetragenen Forderungen nachstehen solle", mit den übrigen Bestimmungen lehrt, daß, um hiernach einer früher angemeldeten Forderung den Vorzug vor einer später angemeldeten einzuräumen, es nicht auf die Zeit ankommt, zu welcher die erstere wirklich eingetragen worden, sondern lediglich auf die Zeit der Anmeldung. Es muß also eine solche, nach Ablauf des präklusivischen Termins angemeldete Forderung allen vor Ablauf dieses Termins angemeldeten nachstehen, die letzteren mögen schon eingetragen sein oder nicht. Reser. v. 14. Januar 1817 (Jahrb. Bd. IX, S. 41).

15) Mala fides des späteren Erwerbers kommt demjenigen nicht zu statten, der einen Realanspruch innerhalb der allgemeinen Präklusivfrist nicht angemeldet hat. Pr. des Ob.-Tr. 286, v. 22. Juni 1837.

2. Instruktion vom 30. Mai 1815,

für die Gerichte wegen Bearbeitung des Hypothekenwesens in den mit den preußischen Staaten wiedervereinigten Provinzen, nach dem Patent vom 22. Mai 1815. (Jahrb. Bd. Vb, S. 43.)

I. Berichtigung des Besitztitels.

§. 1. Die Deputation setzt für jeden Besitzer einen bestimmten angemessenen Termin an, macht ihm in der Vorladung bekannt, was er in diesem Termine beizubringen habe und fügt die Verwarnung hinzu, daß gegen den Ausbleibenden mit fiskalischen Strafen verfahren[16]) und die Berichtigung des Besitztitels auf seine alleinige Kosten veranlaßt werden solle. Diese Vorladung wird auf dem Gute oder sonst vorschriftsmäßig insinuirt.

Wie viel dieser Termine auf einen Tag anzusetzen, bleibt dem Befinden der Deputation, nach jedesmaliger Bewandtniß der Sache, vorbehalten, es versteht sich indessen von selbst, daß keine Vernehmung abgebrochen, sondern, wenn sie wegen Weitläuftigkeit nicht an einem Tage vollendet werden kann, am folgenden fortgesetzt werden muß, damit den Besitzern nicht unnütze Reisen verursacht werden. Auch müssen die Deputirten bereit sein, falls Besitzer gelegentlich vor oder nach dem angesetzten Termine erscheinen sollten, mit ihrer Vernehmung vorzuschreiten, da alles aufgeboten werden muß, das Geschäft zu einem erwünschten baldigen Ziele zu führen. Es wird sehr zweckmäßig sein, die Ansetzung der Termine so einzurichten, daß alle Vernehmungstermine in der ersten Hälfte des zur Einrichtung des Hypothekenwesens ausgesetzten ganzen Zeitraums fallen, weil die zweite Hälfte theils zu den Vernehmungen der Real-Prätendenten, theils zu nothwendigen Nachholungen etwaniger von den Gutsbesitzern frustirter Termine und zum Entwerfen der Formulare gebraucht werden dürfte.

§. 2. Es ist die Sache des sich meldenden Besitzers, die Besitz-Urkunden vorzulegen und sich solche erforderlichen Falles aus den Transscriptions-Registern zu verschaffen. Von der Deputation kann dagegen nicht verlangt werden, daß sie von Amts wegen diese Register durchgehe und dem Besitzer seine Documente aufsuche, vielmehr ist dies seine eigene Sache, und damit er die ehemaligen Hypotheken- und Transscriptions-Register dazu benutzen kann, sollen solche bei den Oberlandesgerichten der Provinz aufbewahret und die Extracte daraus den Interessenten auf Erfordern ertheilt werden.

§. 3. Ist der sich meldende Besitzer noch derselbe, der schon aus den vor 1806 eingerichteten Hypothekenbuche und Grundacten erhellet, so hat es dabei sein Bewenden und es bedarf keines weiteren Nachweises.

§. 4. Ist aber eine Veränderung erfolgt, oder ist noch gar kein Besitztitel berichtiget gewesen, so ist zu unterscheiden, ob die Erwerbung vor dem 1. Januar c. geschehen, oder nach demselben. Im letzteren Falle müssen die Vorschriften des A. L. R. beobachtet werden. Im ersteren Falle ist der Besitzer nur schuldig, sein Eigenthum durch solche Urkunden nachzuweisen,

> welche einen wirklichen Titel zum Eigenthum begründen, in beglaubter Form vorgelegt werden, und keinen sichtbaren Mangel an sich tragen.

---

16) Oben, Anm. 3 zu §. 2 des Patents.

Die Kraft und Gültigkeit dieser Urkunden wird nach den früheren Gesetzen beurtheilt.

Auf das Eigenthum des Vorbesitzers darf von Amts wegen nicht zurückgegangen werden, da alle Eigenthums-Prätendenten durch das Patent öffentlich aufgerufen werden.

§. 5. Gründet sich der Besitzer in der Intestat-Erbfolge, so muß er nachweisen, daß, und wie er mit dem vorigen Besitzer verwandt ist, und aus welchem Rechtsgrunde dieser besessen. Ob nähere Erben und mehrere gleich nahe Erben vorhanden sind, darf von Amts wegen nicht untersucht werden. Es ist ihre Sache, sich selbst zu melden.

§. 6. Gründet der Besitzer seinen Titel in einer letztwilligen Verordnung, welche keinen äußeren Mangel hat, und ist er darin zum alleinigen Erbnehmer des Grundstückes eingesetzt, so bedarf es keines weiteren Beweises. Sind mehrere Erben zum Grundstücke berufen: so muß der sich meldende Besitzer durch den Erbrezeß oder sonst nachweisen, wie er zum alleinigen Besitz gekommen. Wie er sich aber mit seinen Miterben abgefunden, darf er nicht nachweisen. Sie müssen sich selbst melden.

§. 7. Kann der Besitzer keine schriftliche Urkunden über seinen Besitztitel beibringen, und beruft er sich auf Zeugen, so müssen diese vorschriftsmäßig vernommen und darnach beurtheilt werden, ob der Besitz-Titel für bescheiniget anzunehmen sei oder nicht.

§. 8. Sollte ein Besitzer wider Vermuthen gar keinen eigentlichen Grund seines Besitzes angeben und bescheinigen können: so kann er auf Berichtigung des Besitztitels auf den Grund der Verjährung Anspruch machen, wenn er nachweisen kann, wenigstens vierundvierzig[17]) Jahre im ruhigen Besitz des Guts gewesen zu sein. Kann er auch diesen nicht nachweisen, so kann für ihn kein Besitztitel eingetragen und kein Hypothekenbuch angelegt werden. Inzwischen bleibt er im Naturalbesitz, bis sich Jemand meldet, der ein stärkeres Recht nachzuweisen im Stande ist.

§. 9. Räumt der sich meldende Besitzer ein, daß er keinen Eigenthums-Titel habe, sondern nur ein anderes dingliches Besitzrecht, z. B. ein antichretisches Pfandrecht, so gehört sein Besitzrecht nur in die zweite Rubrik. Es muß aber durch seine Vernehmung dem wahren Eigenthümer nachgeforscht werden. Schlimmsten Falles ist aus der Verpfändungs-Urkunde im Hypothekenbuche zu bemerken, wer Eigenthümer zur Zeit der Verpfändung gewesen, und alsdann abzuwarten, bis derselbe oder seine Erben sich weiter melden.

§. 10. Besitzt Jemand mehrere Güter, die einen ganzen Complexum (Herrschaft) bilden, so gehöret dieselbe in das Hypothekenbuch desjenigen Obergerichts, in welchem das Hauptgut liegt.

§. 11. Außer dieser Vernehmung des Besitzers über den eigentlichen Besitztitel, muß derselbe sich auch über den Werth und die Qualität des Guts und dessen Pertinenzien, über die etwanige Einschränkung des Eigenthums, über die beständigen Lasten und Abgaben und über die darauf haftenden Schulden, ausdrückliche und stillschweigende Hypotheken, vernehmen lassen, und der Deputirte muß dabei mit möglichster Zuverlässigkeit und Vollständigkeit alle Materialien sammeln, die die künftige Prüfung der eingehenden Realansprüche zu erleichtern und zu beschleunigen im Stande sind.

17) Oben, Zus. 12 zu §. 10, Tit. 4.

§. 12. Wenn ein Gutsbesitzer den angesetzten Termin nicht wahrnimmt, so kann zwar, bei nachgesuchter Prorogation, nach Bewandtniß der Veranlassung, diese unbedenklich nachgegeben und ein anderer Termin angesetzt werden, wenn aber derselbe aus bloßem Ungehorsam ausbleibt, so muß er unter Androhung einer bestimmten, jedoch 50 Rthlr. nicht übersteigenden, Geldstrafe, zu einem neuen Termin vorgeladen werden. Erscheint er auch in diesem Termin nicht, so wird die Verhandlung in Rücksicht seiner bei der Deputation geschlossen, und das weitere Verfahren, nach Vorschrift der Hypotheken-Ordnung, bleibt dem Collegio selbst überlassen. Ist ein Besitzer nicht sowohl in der Hauptsache ungehorsam, sondern hat er nur diese oder jene Auflage unbefolgt gelassen, so wird dieselbe bei Strafe mit einer verhältnißmäßigen Frist wiederholt. Wird solche nicht inne gehalten, so muß unterschieden werden, ob bei der Auflage bloß der Besitzer interessirt, oder auch ein Dritter. Im ersteren Falle kann die Deputation die Sache auf sich beruhen und das weitere Verfahren dem Collegio überlassen. Im letzteren Falle muß die Deputation dem Collegio sofort Anzeige leisten, welches die Strafe beitreibt, verdoppelt, — bis er der Auflage genüget hat.

§. 13. Ueber die abgelieferten Dokumente erhält der Besitzer eine Bescheinigung, auch kann ihm ein interimistisches Attest über den berichtigten Besitztitel auf Verlangen erheilt werden.

II. Vom Verfahren bei Aufnehmung und Erörterung der angemeldeten Real-Ansprüche.

§. 14. So wenig die Gerichte (§. 2) verpflichtet sind, Behufs Berichtigung des Besitztitels, von Amts wegen die ehemaligen Transscriptions-Register durchzugehen, so wenig sind sie, Behufs Erörterung der Real-Ansprüche, schuldig, die Inscriptions- und Transmissions-Register durchzugehen, vielmehr sind die Real-Prätendenten schuldig, ihre Dokumente dem Richter selbst vorzulegen und sich solche erforderlichen Falls aus den vorgedachten Registern extrahiren zu lassen. Anders verhält es sich mit der Bezugnahme auf den Inhalt der älteren preußischen Hypothekenbücher, aus welchen die Deputation ebenso leicht als gründlich über diesen oder jenen vom Prätendenten angemeldeten Anspruch die nöthigen Nachrichten einziehen kann.

§. 15. Nur wirkliche Real-Ansprüche, so wie sie das Patent, §. 4, erwähnt, können hier zur Sprache kommen. Die bloß persönlichen Forderungen müssen zurückgewiesen werden.

§. 16. Gehört die angemeldete Forderung zu dem vom Besitzer bei der Vernehmung selbst anerkannten: so bedarf es weiter keines Verfahrens, der Anmeldende läßt sein Original-Document zur künftigen Eintragung, gegen einen Empfangsschein des Deputirten, zurück.

§. 17. Hat der Besitzer die Forderung nicht anerkannt, so muß er darüber gehöret werden. Bestreitet er das Liquidatum und es ist dasselbe gar nicht bescheiniget, oder doch altioris indaginis, so kann die Forderung gar nicht eingetragen werden, sondern der Liquidant muß solche im Wege des Prozesses auszuführen angewiesen werden und diese Ausführung beeilen, damit er nicht bei einer etwanigen Veräußerung des Guts titulo singulari sein Realrecht verliere.

Ist die Forderung aber bescheiniget, so wird für den Liquidanten eine Protestation eingetragen und bleibt die weitere Ausführung der Rechte den Interessenten vorbehalten.

Bestreitet der Besitzer nur einen Theil der Forderung, oder gewisse Nebenbestimmungen des Geschäfts: so wird die Forderung selbst, jedoch mit den Einschränkungen, welche das Anerkenntniß des Besitzers mit sich führt, zur Eintragung notirt.

§. 18. Bei der Vernehmung des Besitzers über die auf seinen Gütern haftenden Reallasten, muß derselbe sich zugleich auslassen: ob er die Forderungen eingetragen haben wolle, auch, wenn sich die Gläubiger nicht melden sollten, ob er die selbst angezeigten Forderungen aus bloß eigener Bewegung oder auf Auftrag der Realgläubiger anzeige. Letzteres hat auf die Priorität der Eintragung Einfluß, weil in der Anmeldung des Besitzers im Auftrag der Gläubiger, zugleich ein Anmelden der letzteren liegt. Dagegen werden die vom Besitzer selbst ohne Auftrag angezeigten Posten, von welchen die Inhaber sich selbst nicht melden, hinter allen übrigen notirt, und zwar in tributum, wenn deren mehrere angezeigt worden.

III. Von dem innern Geschäftsgange bei der Deputation.

§. 19. Der zweite Präsident des Oberlandesgerichts vertheilt als Dirigent die Arbeiten unter die Mitglieder der Deputation, controllirt ihre Arbeiten und sorgt überhaupt für den regelmäßigen und schleunigen Gang der Geschäfte.

Vom eigenen Mitarbeiten wird er, seiner übrigen Geschäfte wegen, dispensirt.

§. 20. In jeder Woche wird in der Regel eine Session gehalten, jedoch werden dann darin nur die wichtigen Sachen zum Vortrag gebracht.

Alles, was formelle Verfügung zum Betrieb des Geschäfts ist, z. B. Ansetzung neuer Termine, wiederholte Auflagen um dies oder jenes nachzubringen, giebt der Deputirte, der die Vernehmung bewirkt, selbst an.

Kommen sehr bedenkliche Sachen vor, über welche die Deputation sich nicht vereinigen kann: so ist die Sache mittelst Anzeige bei dem Collegio zum Vortrag zu bringen und dessen Beschluß zu erwarten.

§. 21. Sobald eine Vernehmung des Besitzers geschlossen ist, und alle Data zur Umschreibung des Besitztitels vorhanden sind, trägt der Deputirte die Sache in der Session der Deputation vor und entwirft nach dem Beschluß das Eintragungs-Formular.

Es darf zu dieser Operation keinesweges der Verlauf des Präclusions-Termins abgewartet werden, weil sich alsdann die fertigen Vernehmungen zu sehr häufen würden, vielmehr muß der Deputirte, gleich nach der Schlußvernehmung, da ihm die Sache mit dem Inhalte der Dokumente noch in lebhaftem Andenken ist, das Formular ausarbeiten. Es versteht sich von selbst, daß die späterhin noch eingehenden Realansprüche eingetragen werden können und müssen. Hierauf muß der Dirigent der Deputation ganz vorzüglich halten, da es zur wesentlichen Beschleunigung des ganzen Geschäfts führt.

§. 22. Die Reihe in der die Hypotheken folgen, ergiebt das Patent (§§. 7 u. 8) und diese Instruktion (§. 18). Bestreitet ein später sich meldender Gläubiger dem früher angemeldeten seine Priorität, so muß die Deputation sich bemühen, die Differenz ohne viele Weitläuftigkeit durch Vorlegung, Erklärung und Erläuterung der zwischen ihnen obwaltenden Verhältnisse nach den bisherigen Gesetzen zu beseitigen. Führt dieses nicht zum Ziel und wird von den Interessenten auf gerichtliche Erörterung angetragen (§. 7 des Patents), so ist solches im Formular bei der competenten Post zu notiren und eine Abschrift des Protokolls und Eintragungs-Formulars sofort dem Collegio zur weiteren Verfügung in Betreff des Prozesses einzureichen. Damit nun dergleichen Differenzen zwischen den Realgläubigern zur gehörigen Zeit zur Sprache kommen und auf eine oder die andere Art ausgeglichen werden können, ist nicht allein jeder Realgläubiger berechtigt, bei der Anmeldung zu verlangen, daß ihm die früher erfolgten Anmeldungen bekannt gemacht werden; sondern es muß solches auch von dem Deputirten sogar von Amtswegen geschehen und dies im Protokoll registrirt werden.

§. 23. Uebrigens werden die Eintragungs-Formulare bei der Deputation bis zum Präklusions-Termin gesammelt und alsdann dem Collegio selbst mit den Akten und Dokumenten übergeben, welches sie revidiren und die Eintragung selbst in die neuen Hypotheken-Bücher verfügen wird.

Expedirter Mandate bedarf es hierzu niemals, die Eintragung erfolgt aus dem genehmigten Formular, welches hiernächst den Grund- oder Beilage-Akten vorgeheftet wird.

§. 24. Es verstehet sich von selbst, daß diese Eintragungs-Formulare, welche gedruckt werden können, nach dem der Hypotheken-Ordnung beigefügten Schema A. eingerichtet sein und alle Rubriken haben müssen, welche das Hypothekenbuch selbst hat. Da indessen die Erfahrung gelehrt hat, das die Rubrik II auch einer Colonne „Cessionen" bedarf, so muß diese sowohl den Eintragungs-Formularen als den Hypothekenbüchern selbst, wo sie neu angeschafft werden müssen, hinzugefügt werden.

§. 25. Dem Besitzer wird alsdann ein Hypothekenschein pro informatione ertheilt und die Dokumente werden ihm zurückgegeben. Dem Realprätendenten aber wird ein förmlicher Hypothekenbuchs-Auszug ertheilt, auch auf den dahin gehörigen Dokumenten die Eintragung vorschriftsmäßig registrirt. Ueber die auf den Grund des Anerkenntnisses eingetragenen Posten, von welchen keine Dokumente überreicht worden, bedarf es keines Rekognitions-Scheins, auch nicht bei bloß eingetragenen Protestationen.

§. 26. Die Vernehmungen, welche sich bis zur Entwerfung des Eintragungs-Formulars nicht bringen lassen, werden mit einer Resolution versehen, worauf es bei der Sache noch ankommt und mit dieser dem Kollegio selbst überreicht.

§§. 27—32. Fallen weg.

II.

Betreffs der mit dem preußischen Staate vereinigten, zwischen den älteren Provinzen belegenen Distrikte und Ortschaften.

Verordnung v. 25. Mai 1818 (Ges.-Samml. S. 45).

§. 4. In sämmtlichen, §§. 1 u. 2 genannten Distrikten und Ortschaften[18]) sollen die Vorschriften des Hypotheken-Patents vom 22. Mai

---

18) Diese sind: Die im Jahre 1813 mit den wieder vereinigten Provinzen zwischen der Elbe und dem Rhein zugleich, oder auch erst im Jahre 1814 in

1815, insofern es noch nicht geschehen ist, ebenfalls zur Ausführung gebracht werden. Die in den §§. 2 und 3 dieses Patents bestimmte Frist zur Nachweisung des Besitztitels, und zur Anmeldung der Real-Ansprüche, wird bis zum 1. Mai 1819 und die im §. 7 nachgelassene Frist zur Provokation auf die Ausmittelung des Vorzugsrechts wird bis zum 1. November 1819 hinausgesetzt.

III.

Betreffend die Provinz Posen, die Kreise Culm und Michelau und die Stadt Thorn.

1. Patent wegen Wiederherstellung des Hypothekenwesens in dem Großherzogthum Posen, dem Culm- und Michelauschen Kreise und der Stadt Thorn vom 4. April 1818 (Ges.-Samml. S. 20).

Da Wir in den, wegen Wiedereinführung Unserer Gesetze und Gerichtsverfassung in das Großherzogthum Posen und in die mit Westpreußen vereinigten Distrikte, den Culm- und Michelauschen Kreis und die Stadt Thorn, erlassenen Patenten vom 9. November v. J. (Ges.-Samml. 1816, S. 217, 225) verordnet haben, daß das Hypothekenwesen in diesen Provinzen wieder nach der Hypothekenordnung vom 20. Dezember 1783 eingerichtet werden soll; so bestimmen Wir, nach eingeholtem Gutachten Unseres Staatsraths, Folgendes:

§. 1. Alle von Seiten der ehemaligen West- und Südpreußischen Hypotheken-Behörden bis zu ihrer im Jahre 1806 oder später erfolgten Auflösung in den vorschriftsmäßig angelegten Hypotheken-Büchern bewirkte Eintragungen und Löschungen der Hypothekenrechte, und alle darüber ertheilte Hypotheken-Scheine werden als vollkommen rechtsbeständig und gültig angesehen, und es bedarf wegen aller hiernach schon eingetragenen Realrechte keiner neuen Anmeldung und Eintragung.

Besitz genommenen, und darauf in Gemäßheit der Wiener Kongreß-Akte mit dem Staate vereinigten, namentlich:

Das Fürstenthum Corvey; die Besitzungen der Fürsten von Salm-Salm, Salm-Kyburg und Salm-Horstmar, wie auch des Herzogs von Croy; der Preußische Antheil der Besitzungen des Herzogs von Looz-Corswaren; die Grafschaften Rittberg, Steinfurt, Hohen-Limburg und Dortmund, Recklinghausen, Barby und Gommern nebst Elbenau; die mit dem vormaligen Königreich Westphalen vereinigt gewesenen Theile des vormals sächsischen Antheils der Grafschaft Mansfeld; die vorige Reichs-Baronie Schauen; die Herrschaften Rheda und Gütersloh, Anholt, Werth und Gehmen; die Aemter Broich und Styrum; Tresfurth und Dorla sächsischen Antheils u. s. w.;

ferner die Stadt Lippstadt;

ferner die durch die Wiener Kongreß-Akte und spätere Verträge mit den Niederlanden, Sachsen-Weimar, Hannover und Schwarzburg erworbenen Ländertheile und Ortschaften, namentlich:

die vormals Hannoverschen Aemter Reckenberg und Klötze und die Dörfer Rüdigershagen und Gänseteich; das Amt Bodungen, die Gerichte Allersberg und Hainröden, und die Ortschaften Utterode und Bruchstädt (welche von Schwarzburg-Sondershausen an Preußen übergegangen sind); die vormals zum Königreich Böhmen gehörigen, in den Preußischen Antheil der Ober-Lausitz eingeschlossenen Ortschaften Güntersdorf und Nieder-Gerlachsheim nebst Zubehör; das vormals Schwarzburg-Rudolstädtsche Dorf Wohlkramshausen; das vormals Weimarsche Dorf Ringleben und die durch den Grenz-Rezeß v. 7. Octbr. 1816 auf dem rechten Rheinufer von dem Königreich der Niederlande erworbenen Ortschaften.

§. 2. Dagegen müssen die nach der Auflösung der Preußischen Behörden von den Gerichten oder Hypotheken-Konservatoren des Herzogthums Warschau vorgenommenen Berichtigungen der Besitztitel erneuert, und die eingetragenen Ansprüche, zur Erhaltung ihres Realrechts, von neuem angemeldet, und in die Hypotheken-Bücher eingetragen werden. Sind aber Forderungen, deren Eintragung in die Hypotheken-Bücher vor dem gedachten Zeitpunkte geschehen ist, nach demselben, wieder gelöscht worden; so muß nachgewiesen werden, daß dabei die gesetzlichen Vorschriften beobachtet sind.

§. 3. Da, wo ein nach den Vorschriften der Hypothekenordnung eingerichtetes Hypotheken-Buch noch gar nicht vorhanden ist, muß die Einrichtung desselben nachgeholt werden.

§. 4. Die Wieder-Einrichtung des Hypothekenwesens soll in dem Großherzogthum Posen in Absicht der vormals eximirten Grundstücke durch zwei besondere Kommissionen erfolgen, von denen die eine zu Posen für den Posener Regierungsbezirk, die andere zu Bromberg für den Bromberger Regierungsbezirk eingerichtet werden wird. Die vollständig wieder hergestellten Hypotheken-Bücher werden von den Kommissionen an die Landgerichte, zur ferneren Besorgung der Hypothekengeschäfte, abgegeben[19]). Bei allen übrigen Grundstücken soll die Wiederherstellung oder erste Einrichtung des Hypothekenwesens von den Landgerichten, in deren Bezirk sie belegen sind, bewirkt werden.

§. 5. In den zu Westpreußen geschlagenen Distrikten, dem Culm- und Michelauschen Kreise und der Stadt Thorn, geschieht die Wiedereinführung des Hypothekenwesens von eximirten Grundstücken bei dem Ober-Landesgerichte zu Marienwerder, von allen übrigen bei den kompetenten Land- und Stadtgerichten.

§. 6. Ein jeder Besitzer eines unbeweglichen Eigenthums, oder einer zur Eintragung in das Hypotheken-Buch sich eignenden Gerechtigkeit, die für sich selbst besteht, und ohne den Besitz eines Grundstücks ausgeübt werden kann, ist, insofern sein Eigenthum, nach §. 1 nicht schon eingetragen worden, schuldig, sich bei der Hypothekenbehörde zu melden, den Rechtsgrund nachzuweisen, worauf sich sein Eigenthum und der Besitz gründet, und die darüber sprechenden Urkunden, Kauf-, Tausch-, Erb-, Zins- oder Erbpachts-Kontrakte, Testamente, Erbtheilungen, oder wie sie sonst Namen haben, in beweisender Form vorzulegen.

Wer dieser Auflage bis zum 1. Junius 1819 kein Genüge leistet, soll durch fiskalische Strafe zu seiner Obliegenheit angehalten werden[20]), und der Erleichterungen verlustig gehen, welche dieses Patent den Interessenten, namentlich in Hinsicht der Kosten und Stempel, gewährt. Außerdem bleibt er den nachtheiligen Folgen solcher Maaßregeln ausgesetzt, die ein von den Preußischen Behörden in die Hypotheken-Bücher eingetragener Vorbesitzer vornehmen möchte.

§. 7. Alle diejenigen, welche an ein Grundstück, oder an eine

---

19) Die Geschäfte der schon im Jahre 1821 u. 1823 wieder aufgehobenen Kommissionen sind an die zuständigen Gerichte übergegangen. Posadowski Hypothekenwesen in Posen, S. 29.

20) Wegen Suspendirung des Zwanges s. m. oben, Anm. 67 zu §. 49, Tit. 2.

zur Eintragung ins Hypotheken-Buch sich eignende Gerechtigkeit, seit der Auflösung der ehemaligen Preußischen Hypotheken-Behörden, einen Realanspruch erworben zu haben behaupten, werden hierdurch aufgefordert, diesen Anspruch ungesäumt und spätestens bis zum 1. Junius 1819 bei der kompetenten Behörde anzumelden und nachzuweisen. Diejenigen Gläubiger, welchen eine General-Hypothek verschrieben ist, müssen die Grundstücke ihres Schuldners, auf welche solche eingetragen werden soll, namentlich angeben und genau bezeichnen; diejenigen aber, welche die Eintragung gesetzlicher oder stillschweigender Hypotheken begehren, müssen zugleich den Grund bescheinigen, auf welchem das angemeldete Pfandrecht beruhen soll.

§. 8. Die gegenwärtige Aufforderung betrifft nicht bloß diejenigen, welche Geldansprüche, es sei aus Hypotheken, oder wegen rückständiger Kauf-, Ehe- oder Erbgelder, oder aus irgend einem anderen Grunde zu haben vermeinen, sondern auch diejenigen, welche einen Eigenthums- oder Substitutions-Anspruch, ein dingliches Nutzungsrecht, Grundabgaben, oder andere dergleichen Befugnisse, wodurch das Eigenthum oder die Disposition des dermaligen Besitzers eingeschränkt wird, zu haben behaupten.

§. 9. Dagegen liegen bloße persönliche oder bloße Wechselschulden außer dem Gesichtskreise dieser Verordnung, so wie überhaupt alles, was sich zur Eintragung in die Hypotheken-Bücher nicht eignet.

§. 10. Diejenigen Realansprüche, welche nach dieser Aufforderung in der bestimmten Frist bis zum 1. Junius 1819 gebührend angemeldet und nachgewiesen werden, sollen nach der Zeitfolge ihrer Anmeldung in die Hypotheken-Bücher eingetragen, und ihnen dadurch alle Rechte, welche die gegenwärtigen Gesetze mit einer solchen Eintragung verbinden, beigelegt werden.

§. 11. Es stehet jedoch jedem Realberechtigten, der durch die frühere Anmeldung eines andern gefährdet zu sein befürchtet, frei, sein vorzüglicheres Recht nach den bisherigen Gesetzen im gerichtlichen Verfahren ausmitteln, und danach die Reihe der Eintragungen im Hypotheken-Buche bestimmen zu lassen. Der Antrag auf eine solche Ausmittelung muß aber bis zum 1. December 1819 angemeldet werden. Geschiehet dies nicht; so hat es für immer bei der Folgereihe, in welcher die Posten im Hypotheken-Buche nach der Zeit der Anmeldung eingetragen worden, sein Bewenden, und die künftigen Klassifikationen müssen sich danach allein richten.

§. 12. Uebrigens entscheidet die Zeit der Anmeldung die Reihefolge der Eintragungen, nur bei denjenigen Realrechten, welche zur Zeit der Publikation dieses Patents wirklich schon vorhanden gewesen; die später entstandenen, müssen den ältern nachstehen.

§. 13. Diejenigen, welche sich nicht melden, behalten zwar ihre Rechte gegen die Person ihres Schuldners, oder gegen dessen Erben, und können sich auch an das ihnen verhaftete Grundstück, insofern solches noch in den Händen des gegenwärtigen (das heißt, des im Präklusionstermine das Grundstück inne habenden) Besitzers befindlich ist, halten[21]. Gegen einen Dritten aber, und zu dessen Nachtheil soll ein solcher Gläubiger kein Realrecht an das Grundstück auszuüben im Stande sein[22].

21) Vergl. oben, Anm. 13.

22) Oben, Anm. 15. Vergl. das Erk. des Ob.-Tr. v. 6. November 1833 (Simon, Rechtsspr. Bd. IV, S. 267).

§. 14. Wenn daher Jemand erst nach dem 1. Junius 1819 mit einer Vindikationsklage, oder mit andern Eigenthumsansprüchen an ein Grundstück hervortritt; so kann er damit nur gegen den jetzigen Besitzer, falls das Gut noch in dessen Händen ist, gehört werden, und muß auch, wenn er obsiegt, alle bis dahin auf das Grundstück eingetragene Hypotheken anerkennen, und den Inhabern solcher Forderungen aus dem Gute eben so gerecht werden, als wenn er ihnen ihre Rechte selbst eingeräumt hätte.

§. 15. Wird aber ein anderer Realanspruch, der nicht das Eigenthum betrifft, nach dem 1. Junius 1819 angemeldet, und das Grundstück befindet sich noch in den Händen des gegenwärtigen Besitzers; so soll zwar ein solcher Gläubiger gegen den Besitzer ebenfalls noch gehört, und ihm gestattet werden, sich an das verhaftete Grundstück zu halten. Er muß aber allen bis dahin im Hypotheken-Buche schon eingetragenen Forderungen nachstehen, und kann zum Nachtheil derselben von seinem erstrittenen Realrechte keinen Gebrauch machen.

§. 16. Ist das Gut nach dem 1. Junius 1819 an einen dritten Besitzer veräußert; so haben die, welche ihre Realansprüche anzumelden unterlassen, ihre Rechte gegen das Gut ganz verloren, und dürfen weder der dritte Besitzer, noch die, welche von ihm ihre Rechte herleiten, deshalb im geringsten beunruhiget oder in Anspruch genommen werden. Der säumige Realgläubiger kann seine Rechte nur gegen seinen Schuldner, dessen Erben und deren sonstiges Vermögen verfolgen.

§. 17. Vom 1. Junius 1819 sollen die Hypotheken-Geschäfte lediglich nach Vorschrift der Hypotheken-Ordnung vom 20. December 1783, und nach den dahin einschlagenden neuern Verordnungen bearbeitet werden. Wenn indessen die Führung des Ingrossations-Buchs sich durch die Erfahrung als entbehrlich bewiesen hat; so wird in diesem Punkte die Hypotheken-Ordnung abgeändert. Es bedarf daher künftig der Haltung besonderer Ingrossations-Bücher nicht.

§. 18. Zur möglichsten Erleichterung der Interessenten, wollen Wir allen die Hypotheken-Einrichtung betreffenden Verhandlungen, soweit sie bis zum 1. Junius 1819 vorfallen, die Stempelfreiheit zusichern, sie auch von Erlegung der in der Sporteltaxe vorgeschriebenen Taxen und Gerichtsgebühren befreien. Nur zu den unvermeidlichen baaren Auslagen, deren Vorschuß Unsere Kassen erforderlichen Falls übernehmen werden, soll den Gutsbesitzern und Real-Prätendenten ein nach dem Objekt zu bestimmendes geringes Pauschquantum abgefordert werden.

2. Ministerial-Instruktion vom 27. April 1818
(v. Posadowski's Hypothekenwesen im Großherzogthum Posen, S. 130).

I. Vom Verfahren bei Berichtigung des Besitztitels.

§. 1. Alles, was zur Berichtigung des Besitztitels gehört, muß von Amts wegen betrieben werden[23]). Da jedoch diejenigen Besitzer, deren Titel bereits nach dem Preußischen Hypotheken-Buche berichtigt ist, zu keinem nochmaligen Nachweise ihres Besitzrechts verbunden sind (§. 6 des Patents), so bedarf es auch deren Vorladung nicht.

23) Oben, Anm. 67 zu §. 49, Tit. 2.

Dagegen müssen die Hypotheken-Kommissionen die Besitzer solcher Güter, welche entweder noch gar kein eingerichtetes Hypotheken-Buch haben, oder mit deren Titel während der Zwischenregierung eine Veränderung vorgefallen, und worüber theils die Preußischen Hypotheken-Bücher, theils die Register und Repertorien der Hypotheken-Konservatoren Auskunft geben, zu gewissen bestimmten Terminen sofort unter der Verwarnung vorladen, daß gegen den Ausbleibenden mit fiskalischen Strafen verfahren, und die Berichtigung des Besitztitels auf seine Kosten veranlaßt werden solle.

Die Vorladungen werden auf dem Gute oder sonst vorschriftsmäßig insinuirt.

Wieviel dieser Termine auf einen Tag anzusetzen, bleibt dem Befinden der Kommission, nach jedesmaliger Bewandtniß der Sache, vorbehalten; es versteht sich indessen von selbst, daß keine Vernehmung abgebrochen, sondern, wenn sie wegen Weitläuftigkeit nicht an einem Tage vollendet werden kann, am folgenden fortgesetzt werden muß, damit den Besitzern nicht unnütze Reisen verursacht werden. Auch müssen die Deputirten bereit sein, falls Besitzer gelegentlich, vor oder nach dem angesetzten Termin erscheinen sollten, mit ihrer Vernehmung vorzuschreiten, da alles aufgeboten werden muß, das Geschäft zu einem erwünschten, baldigen Ziele zu führen. Es wird sehr zweckmäßig sein, die Ansetzung der Termine so einzurichten, daß alle Vernehmungs-Termine in der ersten Hälfte des, zur Einrichtung des Hypothekenwesens ausgesetzten ganzen Zeitraums fallen, weil die zweite Hälfte theils zu Vernehmungen der Real-Prätendenten, theils zu nothwendigen Nachholungen etwaniger von den Gutsbesitzern frustrirter Termine und zum Entwerfen der Formulare gebraucht werden dürfte[24]).

§. 2. Es ist lediglich Sache des sich meldenden Besitzers, die Besitz-Urkunde vorzulegen, und sich solche erforderlichen Falls aus den Transscriptions-Registern zu verschaffen.

§. 3. Dagegen ist es Pflicht der Kommissionen, die Urkunden gehörig zu prüfen, und wenn dabei etwas zu erinnern, die Interessenten zu bedeuten, was sie nachzubringen haben, und ihnen die erforderlichen Auflagen zu machen.

§. 4. Es kommt bei dieser Prüfung besonders darauf an: „wann und von wem der Besitztitel erworben worden."

Ist die Erwerbung nach dem 1. März 1817, als dem Tage der Einführung des A. L. R. erfolgt, so müssen die Vorschriften desselben beobachtet werden. Ist die Erwerbung vor dem gedachten Zeitpunkte geschehen, so wird die Kraft und Gültigkeit der Urkunden nach den früheren, damals bestandenen Gesetzen, beurtheilt. In beiden Fällen ist zu prüfen, ob der jetzige Besitzer seinen Titel unmittelbar von dem letzten, aus dem Preußischen Hypotheken-Buche constirenden Besitzer herschreibt, oder nicht.

Im ersten Falle darf er nur diesen seinen Titel nachweisen. Im letzten Falle muß bis auf den, im Preußischen Hypotheken-Buche eingetragenen Besitzer zurückgegangen und die Titel der Zwischenbesitzer nachgewiesen und geprüft werden[25]).

---

24) Vergl. unten Nr. 3, Nachtrag v. 8. September 1840, §§. 1, 2.

25) Nachtrag v. 8. September 1840 (Nr. 3) §§. 1—6.

§. 5. War noch gar kein Preußisches Hypotheken-Buch berichtiget, so darf der jetzige Besitzer sein Eigenthum nur durch solche Urkunden nachweisen, welche einen wirklichen Titel zum Eigenthum begründen, in beglaubter Form vorgelegt werden, und keinen sichtbaren Mangel an sich tragen. Auf das Eigenthum des Vorbesitzers darf alsdann wegen des im Hypotheken-Patente (§. 14) enthaltenen Aufrufs aller Eigenthums-Prätendenten nicht zurückgegangen werden.

§. 6. Gründet daher ein solcher Besitzer seinen Titel in einer legalen letztwilligen Verordnung, welche keinen äußeren Mangel hat, und ist er darin zum alleinigen Erbnehmer des Grundstücks eingesetzt, so bedarf es keines weiteren Beweises. — Sind mehrere Erben zum Grundstück berufen, so muß der sich meldende Besitzer durch den Erbreceß, oder sonst nachweisen, wie er zum alleinigen Besitze gekommen. — Wie er sich aber mit den Miterben abgefunden, darf er nicht nachweisen. Sie müssen sich selbst melden.

§. 7. Gründet sich der Besitzer in der Intestat-Erbfolge, so muß er nachweisen, daß und wie er mit dem vorigen Besitzer verwandt ist, und aus welchem Rechtsgrunde dieser besessen. Ob nähere oder mehrere gleich nahe Erben vorhanden sind, darf von Amts wegen nicht untersucht werden. Es ist ihre Sache, sich selbst zu melden.

§. 8. Kann ein solcher Besitzer keine schriftlichen Urkunden über seinen Besitztitel beibringen, und beruft er sich auf Zeugen, so müssen diese vorschriftsmäßig vernommen, und darnach muß beurtheilt werden, ob der Besitztitel für bescheinigt anzunehmen sei oder nicht.

§. 9. Sollte ein Besitzer, wider Vermuthen, gar keinen eigentlichen Grund seines Besitzes angeben und bescheinigen können, so kann er auf Berichtigung des Besitztitels auf den Grund der Verjährung Anspruch machen, wenn er nachweisen kann, wenigstens 44 Jahre im ruhigen Besitz des Guts gewesen zu sein. Kann er auch diesen nicht nachweisen, so kann für ihn kein Besitztitel eingetragen, auch kein Hypotheken-Buch angelegt werden. Inzwischen bleibt er im Natural-Besitze, bis sich Jemand meldet, der ein stärkeres Recht nachzuweisen im Stande ist[26]).

§. 10. Räumt der sich meldende Besitzer ein, daß er keinen Eigenthumstitel habe, sondern nur ein andres dingliches Besitzrecht, z. B. ein antichretisches Pfandrecht, so gehört sein Besitzrecht nur in die zweite Rubrik. Es muß aber durch seine Vernehmung dem wahren Eigenthümer nachgeforscht werden. Schlimmsten Falls ist aus der Verpfändungs-Urkunde im Hypotheken-Buche zu bemerken, wer Eigenthümer zur Zeit der Verpfändung gewesen, und alsdann abzuwarten, bis derselbe oder seine Erben sich weiter melden.

§. 11. Besitzt Jemand mehrere Güter, die einen Complexum (Herrschaft) bilden, so gehört derselbe, insofern die Hypotheken-Bücher an die Landgerichte übergehen, in das Hypotheken-Buch desjenigen Landgerichts, in welchem das Hauptgut liegt.

§. 12. Bei der Vernehmung des Besitzers über den Besitztitel muß derselbe sich auch über den etwanigen Werth und die Qualität des Guts und dessen Pertinenzien, über die Einschränkungen des Eigenthums, über die beständigen Lasten und Abgaben, über die darauf haftenden Schulden und ausdrücklichen und stillschweigenden Hy-

---

26) Nachtrag (Nr. 3) v. 8. Septbr. 1840, §§. 3, 4.

pothekenvernehmen lassen, und die Kommission muß dabei mit möglichster Zuverlässigkeit und Vollständigkeit alle Materialien sammeln, welche die künftige Prüfung der anzumeldenden Realansprüche zu erleichtern und zu bescheinigen im Stande sind. Bei den Gütern, deren Hypothekenwesen schon von den ehemaligen Preußischen Behörden berichtigt ist, darf der sich meldende Besitzer nur über die von diesem Gute in dieser Hinsicht vorgefallenen Veränderungen vernommen werden.

§. 13. Die Vorladung an den Besitzer ergeht unter der Warnung, daß er im Ausbleibungsfalle bei Strafe zu einem andern Termine vorgeladen werden solle. Sucht der Vorgeladene die Verlegung des Termines nach, so soll nach Bewandtniß der angeführten Gründe dem Gesuche nachgegeben werden. Bleibt der Vorgeladene aus bloßem Ungehorsam aus, so muß er unter Androhung einer bestimmten, jedoch 50 Rthlr. nicht übersteigenden Geldstrafe zu einem neuen Termine vorgeladen werden. Erscheint er auch in diesem Termine weder selbst, noch durch einen Bevollmächtigten, so muß die Kommission durch Requisition des Landgerichts, in dessen Bezirk der Vorgeladene wohnt, die Strafe einziehen lassen, und unter Androhung einer anderweitigen gesteigerten Strafe, ingleichen einer förmlichen fiskalischen Rüge, einen anderweitigen Termin ansetzen. Wird auch dieser nicht innegehalten, so muß nicht nur die wiederholt angedrohte Strafe eingezogen, sondern auch die betreffende Behörde ersucht werden, gegen den Renitenten die fiskalische Untersuchung zu eröffnen. — Ist ein Besitzer nicht sowohl in der Hauptsache ungehorsam, sondern befolgt er nur diese oder jene Auflage in der ihm gesetzten Frist nicht, so soll ihm unter Androhung einer Strafe, eine neue Frist bestimmt, und wenn diese nicht eingehalten wird, die Strafe von ihm eingezogen werden. Kann die Eintragung des Besitztitels ohne Genügung der Auflage nicht erfolgen, so hat die Kommission gegen den Besitzer so, wie vorsteht, weiter zu verfahren. Interessirt bei der Befolgung der Auflage ein Dritter, so muß die Kommission die Strafe verdoppeln, durch Requisition des betreffenden Landgerichts einziehen — bis er der Auflage genügt.

§. 14. Ueber die abgelieferten Dokumente erhält der Besitzer eine Bescheinigung, auch kann ihm ein interimistisches Attest über den berichtigten Besitztitel auf Verlangen ertheilt werden.

II. Vom Verfahren bei der Aufnahme und Erörterung der Realansprüche.

§. 15. Wenn der Besitzer bei seiner Vernehmung nach §. 12 angezeigt, welche Rellasten auf dem Gute haften, so muß er sich zugleich auslassen, ob er die Eintragung derselben verlange, und ob er diesen Antrag aus eigener Bewegung mache, oder einen Auftrag dazu von den Realprätendenten erhalten habe. — Zeigt der Besitzer das Letztere an, so soll die Anmeldung der Reallast eben so, als ob der Realprätendent selbst, wenn er sich auch nicht meldet, den Antrag gemacht hätte, in Betreff der Priorität behandelt werden. Erklärt aber der Besitzer, daß er den Antrag aus eigener Bewegung anbringe, so werden die angezeigten Reallasten, falls sich die Inhaber selbst nicht melden, hinter allen denen, welche die Prätendenten selbst zur Eintragung anzeigen, notirt, und zwar mit gleichem Vorzugsrechte, wenn der Besitzer mehrere angezeigt hat.

§. 16. Wird der Realanspruch von den Prätendenten selbst zur Eintragung angemeldet, so kommt es darauf an, ob der Besitzer denselben bei seiner Vernehmung schon anerkannt hat, oder nicht. Im ersten Falle bedarf es keines weitern Verfahrens, sondern die Eintragung geschieht auf den Grund des Anerkenntnisses und derjenigen Bescheinigung, welche der Anmelder nach §. 7 des Patents über den Rechtsgrund seiner Ansprüche beibringen muß. Im letzten Falle dagegen muß der angemeldete Anspruch dem Besitzer zur Erklärung vorgelegt werden. Räumt er denselben ein, so geschieht die Eintragung ebenso, wie im ersten Falle.

Bestreitet der Besitzer den Anspruch, so kann derselbe, falls er gar nicht bescheinigt oder altioris indaginis ist, auch nicht eingetragen, sondern dem Anmelder muß überlassen werden, den Anspruch im Wege Rechtens auszuführen. — Ist dagegen der Anspruch bescheinigt, so wird für den Prätendenten Protestation eingetragen, die weitere Ausführung der Rechte aber den Interessenten überlassen.

Bestreitet der Besitzer nur einen Theil des Anspruchs oder gewisse Nebenbestimmungen des Geschäfts, woraus derselbe entsprungen ist, so geschieht die Eintragung mit den Einschränkungen, welche das Anerkenntniß des Besitzers mit sich führt.

§. 17. Wenn der Besitzer zur Vernehmung über den angemeldeten Realanspruch nicht erscheint, oder, wenn er die Erklärung darüber verweigert, so soll angenommen werden, daß er den Anspruch bestreite, welchemnächst wegen der Eintragung das, was im vorigen §. auf den Bestreitungsfall angeordnet ist, stattfinden soll. — In der, an den Besitzer zu erlassenden Vorladung, muß die Warnung hienach ausgedrückt werden.

§. 18. Nur wirkliche Realansprüche, so wie sie das Patent im §. 7 und 8 angeführt, kommen hier in Betracht, die bloß persönlichen müssen sogleich zurückgewiesen werden.

III. Von dem inneren Geschäftsgange bei den Hypotheken-Kommissionen.

§§. 19 — 26. Fallen weg.

§. 27. Die Reihe, in welcher die Hypotheken folgen, ergiebt das Patent und diese Instruktion im §. 15. Bestreitet ein Realprätendent die Priorität eines früher angemeldeten Anspruchs, so muß die Kommission sich bemühen, den Streit ohne viel Weitläuftigkeit durch Vorlegung, Erklärung und Erläuterung der, zwischen den Interessenten obwaltenden Verhältnisse zu beseitigen. — Beruhigen sie sich dabei nicht, und trägt einer von ihnen auf gerichtliche Erörterung an, so muß solches im Eintragungsformulare bei dem betreffenden Anspruche angemerkt, zugleich aber auch dem Landgerichte, in dessen Bezirk das Gut liegt, eine Abschrift des Protokolles und des Eintragungsformulars zur Einleitung des Prozesses über die Priorität mitgetheilt werden. — Damit dergleichen Verschiedenheiten zwischen den Realprätendenten zur gehörigen Zeit zur Sprache kommen, und auf eine oder die andere Art ihre Erledigung erhalten können, kann jeder Prätendent bei der Anmeldung seines Anspruchs über die früher angemeldeten Reallasten Auskunft verlangen. — Es wird aber hiermit noch dem Deputirten zur Pflicht gemacht, jedem Interessenten, welcher sich nicht schriftlich, sondern persönlich oder durch einen Bevollmächtigten meldet, von Amts wegen die früher angemeldeten Realansprüche bekannt zu machen, und daß es geschehen sei, im Protokolle unter Anführung ihres Betrages zu vermerken.

§. 28. Die Eintragungsformulare müssen nach dem der Hyp.-O. beigefügten Schema A eingerichtet werden.

§. 29. Die von dem Deputirten aufzunehmenden Protokolle müssen, so wie die an Interessenten zu erlassenden Verfügungen, je nachdem sie der deutschen oder polnischen Sprache kundig sind, in dieser, wie in jener abgefaßt werden. Die Eintragungsformulare aber sollen bloß in der deutschen Sprache entworfen, und in dieser sollen auch die Hypotheken-Bücher geführt werden.

§. 30. Nach dem Ablaufe des im Patente festgesetzten Präklusionstermins muß die Hypotheken-Kommission die unterdessen gesammelten Eintragungsformulare in die Hypothekenbücher selbst eintragen lassen. — Besonderer Mandate bedarf es hierzu nicht; die Eintragung erfolgt aus dem genehmigten Formular, welches sodann den neu anzulegenden Grundakten vorgeheftet wird.

§. 31. Die von den ehemaligen Preußischen Hypotheken-Behörden geführten Hypotheken-Bücher werden beibehalten, da nach dem Patente alle von ihnen veranlaßte Eintragungen und Löschungen, so wie die darüber ertheilten Ausfertigungen ihre volle Kraft und Gültigkeit behalten, und die Eintragungen der entworfenen Formulare in das Hypotheken-Buch, so wie überhaupt eines jeden Vermerks sollen von dem bei jeder Hypotheken-Kommission anzustellenden Ingrossator unter Kontrolle des Dezernenten in deutscher Sprache bewirkt werden.

§. 32. Zur Wiederherstellung des Hypotheken-Buches ist es nöthig, alle Eintragungen, welche von den polnischen oder Herzoglich Warschauschen Behörden, nach Auflösung der ehemaligen Preußischen Gerichte, vorgenommen sind, zu löschen, da diese Eintragungen, zufolge des Patents, keine Wirkung haben. Die Kommissionen müssen daher die Hypotheken-Bücher genau durchgehen, und jeden Eintragungs-Vermerk gedachter Behörden von Amts wegen, auf den Grund des Patents, in der durch die Hypotheken-Ordnung vorgeschriebenen Art, löschen. — Meldet der Real-Prätendent den gelöschten Anspruch von Neuem an, so tritt das oben vorgeschriebene Verfahren ein. Trägt der Besitzer, welchem die von Amts wegen bewirkte Löschung besonders bekannt zu machen ist, auf die neue Eintragung des Anspruchs an, so finden die Vorschriften des §. 15 statt.

Dagegen können die von den vormaligen Behörden, nach Auflösung der ehemaligen Preußischen Gerichte vorgenommenen Löschungen nicht unwirksam gemacht werden, wie dies das Patent besagt; es muß also bei denselben verbleiben. Die Kommissionen sollen aber diese Löschungen auch genau durchgehen, dabei den Besitzer hören, die Grundakten der Güter zur Hand nehmen, und falls die Löschung nicht unter Beobachtung der gesetzlichen Vorschriften vollzogen sein sollte, das Nöthige zur Beschaffung der Erfordernisse verfügen, nach dem Eingange derselben aber den Löschungs-Vermerk ergänzen. — Sollte sich dabei ergeben, daß das Dokument über die gelöschte Post von dem Inhaber nicht zurückgegeben und vernichtet ist, so muß ihm die Einreichung in einer, zu bestimmenden kurzen Frist aufgegeben, jede einem Andern nachtheilige Disposition, über das Dokument, bei Strafe des Betruges untersagt, zugleich aber dem Besitzer davon Nachricht gegeben werden, damit er, wenn der Inhaber die Aufgabe nicht befolgen sollte, gegen denselben bei dem betreffenden Landgericht, die weitern gesetzlichen Anträge machen kann[27]).

§. 33. Wenn die Eintragung des entworfenen Formulars in das Hypotheken-Buch nach dem §. 30 erfolgt, so muß sie auf dem vom Interessenten übergebenen Dokumente, oder auf der auszufertigenden, von der Kommission aufzunehmenden Verhandlung nach Vorschrift der Hypotheken-Ordnung, vermerkt, sodann aber muß dem Besitzer zur Rekognition des für ihn eingetragenen Anspruchs, ein Hypothekenbuchs-Auszug in deutscher Sprache mit einer polnischen Uebersetzung ausgefertigt werden. Ist keine Eintragung des Besitztitels erfolgt, so erhält der Besitzer nur einen Hypothekenschein zur Information. Ueber die auf das bloße Anerkenntniß der Besitzer eingetragenen Ansprüche, worüber keine Dokumente übergeben worden, so wie auch über die eingetragenen Protestationen bedarf es keines Rekognitionsscheins, dafern er nicht besonders nachgesucht wird.

§§. 34—37. Fallen weg.

§. 38. Was das Verfahren der Landgerichte bei der Regulirung des Hypothekenwesens der nicht adlichen ländlichen Immobilien, und der städtischen Grundstücke betrifft: so müssen dabei die obigen Vorschriften ebenfalls befolgt werden.

§§. 39—43. Fallen weg.

3. Nachtrag zur Instruktion vom 27. April 1818 vom 8. September 1840 (J. M. Bl. S. 298).

Nachdem die bestehenden Vorschriften über die Wiederherstellung des Hypothekenwesens im Großherzogthum Posen,

das Hypotheken-Patent vom 4. April 1818,

die Instruktion des Justiz-Ministers v. 27. April desselben J., mit Rücksicht auf die Allerh. Ordre v. 9. Mai 1839 (G. S. S. 163), nach vorgängiger Rücksprache mit den Königl. Oberlandesgerichten zu Posen und Bromberg, einer sorgfältigen Prüfung unterworfen worden sind, bestimmt der Justiz-Minister, im Einverständniß mit den genannten Königl. Landes-Justiz-Kollegien, als Nachtrag zu der Ministerial-Instruktion vom 27. April 1818, was folgt:

(Berichtigung des Besitztitels.)

§. 1. In allen Fällen, in denen die Wiederherstellung des Hypothekenwesens bisher noch nicht bewirkt worden ist, haben die Hypothekenbehörden bei dem Antrage auf Berichtigung des Besitztitels zunächst zu unterscheiden,

ob der jetzige Besitzer des Grundstücks seinen Besitztitel bereits

---

27) Bevor jedoch mit der Löschung oder Auslassung derjenigen Realansprüche, die noch zu Preuß. Zeit in die Hypothekenbücher eingetragen, von den Behörden des vormaligen Herzogthums Warschau aber gelöscht worden, bei der Uebernahme in das neue Hypothekenbuch vorgeschritten werden kann, muß erst die verordnete Nachweisung (§. 2 des Patents) geschehen, daß die Löschung wirklich nach den damaligen gesetzlichen Vorschriften rite erfolgt ist. So lange dieser Nachweis nicht geführt ist, muß eine solche Post als existent angenommen werden. Es soll jedoch hierdurch der sonstige Abschluß der Hypothekenregulirung nicht aufgehalten werden, indem nur erforderlich ist, bei einer solchen angeblich gezahlten Post den Stand der Sache im Hypothekenbuche zu notiren, und auf diese Weise die Rechte beider Theile unverletzt zu erhalten, bis sie solche nöthigenfalls im Wege Rechtens ausgemacht haben. Rescr. vom 10. Juli 1818 (v. Posadowski a. a. O. S. 176).

vor der in den Jahren 1806 und 1807 erfolgten Auflösung der ehemaligen West- und Südpreußischen Hypothekenbehörden hatte eintragen lassen oder nicht.

§. 2. In dem ersteren Falle bedarf es keiner weiteren Prüfung seines Besitztitels. Es ist derselbe aus dem früheren Hypotheken-Buche auf das neu anzulegende Hypothekenfolium zu übertragen. §. 1 des Hypotheken-Patents.

§. 3. In dem zweiten Falle, wenn der jetzige Besitzer das Grundstück erst später erworben hat, beschränkt sich die Pflicht der Hypothekenbehörde auf die Prüfung des Besitztitels desjenigen, welcher die Berichtigung seines Titels in Antrag bringt.

Es dienen hiebei die Vorschriften der Allerhöchsten Ordre vom 9. Mai 1839 zur Norm.

§. 4. Eines näheren Eingehens auf die Rechtsgültigkeit des Titels bedarf es nicht, wenn der Besitzer durch Dokumente, Zeugen oder Atteste öffentlicher Behörden glaubwürdig bescheinigt, daß er das Grundstück aus einem Titel, der an sich zur Erlangung des Eigenthums geschickt ist, zehn Jahre lang besitze.

Ob in diesem Falle der Kauf- oder Tausch-Kontrakt schriftlich aufgenommen, die Schenkung gerichtlich erfolgt ist, ob das Erbrecht auf Gesetz, Vertrag oder Testament beruhe, noch mehrere Erben vorhanden sind oder nicht, darum hat sich der Hypothekenrichter von Amtswegen nicht zu bekümmern. Es ist vielmehr die Sache der Betheiligten und deren gesetzlichen Vertreter, insbesondere der Vormundschaftsgerichte, rücksichtlich ihrer Pflegebefohlenen, ihre Rechte selbst wahrzunehmen[28]).

(Eintragung einer Protestation, wenn gegen die Berichtigung des Besitztitels ein begründeter Einspruch erhoben wird.)

§. 5. Erfolgt Einspruch von Seiten eines Betheiligten, so ist der Letztere zum Rechtswege zu verweisen, und nur, wenn er den Realanspruch durch an und für sich unverdächtige Urkunden oder auf andere Art, wenigstens einigermaßen, bescheinigt, oder eine beglaubigte Abschrift der von ihm eingereichten Klage und den Nachweis beibringt, daß die Sache zum Rechtswege eingeleitet worden, ist der Einspruch zu berücksichtigen und nach Vorschrift der §§. 57, 72 u. 289 ff. Tit. 2 der Hypotheken-Ordnung eine Protestation für denselben einzutragen.

(Aufhebung des Grundsatzes, daß die von den früheren West- und Südpreußischen Hypothekenbehörden angelegten Hypotheken-Bücher **fort**zusetzen, und die Zwischenbesitzer im Hypotheken-Buche einzutragen sind.)

§. 6. Die im 2. Abschnitt des §. 4 der Ministerial-Instruktion vom 27. April 1818 enthaltene Anweisung:

> daß, wenn der Besitzer seinen Titel nicht unmittelbar von dem letzten, aus dem Preuß. Hypotheken-Buche konstirenden Besitzer herschreibt, bis auf den im Preuß. Hypotheken-Buche eingetragenen Besitzer zurückgegangen und die Titel der Zwischenbesitzer nachgewiesen und geprüft werden sollen,

---

28) M. s. dagegen oben, Anm. 9 zu Tit. 4, Zus. 42.

rechtfertigt sich weder nach den in dem Hypotheken-Patent ausgesprochenen gesetzlichen Vorschriften, noch nach den Hypotheken-Patenten für die übrigen wieder erworbenen Provinzen, und wird jedenfalls auf Grund der Allerhöchsten Ordre vom 9. Mai 1839 hierdurch aufgehoben.

Die Hypothekenbehörden haben daher auch bei Grundstücken dieser Art, in der Regel neue Hypothekenfolien anzulegen, und eine Fortsetzung der früheren Preuß. Hypothekenfolien nur da zu gestatten, wenn der damalige Besitzer oder dessen unmittelbarer Nachfolger sich noch im Besitze des Grundstücks befindet, und in dieser ganzen Zeit keine Veränderung der Substanz, durch Veräußerung oder Hinzutritt einzelner Bestandtheile und Pertinenzien eingetreten ist.

(Abtrennung von Parzellen und Pertinenzien **vor** der Anlegung eines neuen Foliums.)

§. 7. Bei der Anlegung eines Hypothekenfoliums ist nur auf den zur Zeit der Anlegung desselben bestehenden Umfang das Grundstücks und seines Zubehörs Rücksicht zu nehmen (Rescr. v. 20. April 1834, Jahrb. Bd. XLIII, S. 597).

Es bedarf daher keiner Abschreibung früher davon abgetrennter Parzellen und Pertinenzien.

(Berücksichtigung der in den früheren Hypotheken-Büchern eingetragenen, der bis zum 1. Juni 1819 oder später angemeldeten, oder sonst zur Kenntniß der Hypothekenbehörde gelangten Realansprüche.)

§. 8. Die in den früheren Preuß. Hypotheken-Büchern Rubr. II und III eingetragenen ungelöschten Realansprüche werden bei Anlegung des neuen Hypothekenfoliums unbedingt übertragen. Ebenso sind auch die bis zum 1. Juni 1819 oder auch späterhin angemeldeten, oder sonst zur Kenntniß der Hypothekenbehörde gelangten Realansprüche, es mögen sich dieselben auf Eigenthums-, Nutzungs-, Pfand- oder andere Rechte gründen, bei Anlegung des neuen Hypothekenfoliums zu beachten, in so weit sie nach §. 16 ihrer Realrechte nicht bereits verlustig gegangen sind.

§. 9. Diese Berücksichtigung tritt insbesondere auch in dem Falle ein, wenn von der Anlegung eines neuen Hypothekenfoliums für abgetrennte Parzellen oder Pertinenzien eines Hauptguts, oder von deren Zuschreibung auf ein anderes Folium die Rede ist.

Es kann hiernach

a. wenn die Veräußerung abgetrennter Parzellen oder Pertinenzien eines vor 1808 eingetragenen Gutes in der Zwischenzeit von Berichtigung des ersten Besitztitels im Südpreußischen Hypotheken-Buche bis zum Erscheinen des Hypotheken-Patents vom 4. April 1818 erfolgt ist,

die Anlegung neuer Folien für die veräußerten Parzellen nur mit Uebertragung der auf dem Hauptgute haftenden ältern, d. h. schon in die Südpreußischen Hypotheken-Bücher eingetragenen Forderungen geschehen, es wäre denn, daß die Gläubiger die Parzellen aus dem Pfandnexus entlassen, oder die betreffende Parzelle später im Wege einer nothwendigen Subhastation veräußert worden ist.

Wenn aber

b. der Veräußerungsvertrag in der Zwischenzeit von der Gesetzeskraft vom 4. April 1818 und dem Zeitpunkt der Eintragung des neuen Besitztitels geschlossen worden,

so müssen, außer den unter a bezeichneten, auch die innerhalb der Präklusivfrist angemeldeten und die später bis zur Veräußerung der Parzelle entstandenen Hypotheken berücksichtigt werden.

(Allgemeine Verweisung auf die Vorschriften der Verordnung vom 16. Juni 1820.)

§. 10. Alle hierbei entstehende Bedenken sind übrigens nach den Bestimmungen der Verordnung vom 16. Juni 1820 (G. S. S. 106) und deren Deklaration vom 28. Juli 1838 (G. S. S. 428) zu erledigen.

IV.

Betreffend das Herzogthum Sachsen.

1. Verordnung wegen Einrichtung des Hypothekenwesens in dem mit den Preußischen Staaten vereinigten Herzogthum Sachsen, vom 16. Juni 1820. (G. S. S. 101.)

Nachdem Wir in dem mit Unseren Staaten vereinigten Herzogthum Sachsen bereits durch das Patent vom 15. Novbr. 1816, §. 16 (G. S. S. 233) eine besondere Verordnung über das Hypothekenwesen Uns vorbehalten, und diese Ankündigung auch auf die Aemter Heringen und Kelbra durch die Verordnung vom 20. Oktober 1819 (G. S. S. 246) erstreckt haben; so verordnen Wir gegenwärtig, nach erfordertem Gutachten Unsers Staatsraths, wie folget:

I. Einführung der Preußischen Hypothekengesetze.

§. 1. Es sollen hierdurch die Allgemeine Hypotheken-Ordnung vom 20. December 1783 nebst den späteren Gesetzen, wodurch dieselbe erläutert oder abgeändert ist, in den erwähnten Landestheilen unter den nachfolgenden näheren Bestimmungen Gesetzeskraft erhalten.

II. Von den vor der gegenwärtigen Verordnung erworbenen Hypotheken.

A. Allgemeine Grundsätze.

§. 2. Der Erwerb von Hypothekenrechten vor Einführung des Allg. Landrechts und der Gerichtsordnung ist lediglich nach dem zur Zeit dieses Erwerbes geltenden Recht zu beurtheilen.

§. 3. Auch wenn seit Einführung dieser Gesetze bis zur Gesetzeskraft der gegenwärtigen Verordnung ausdrückliche oder vertragsmäßige Hypotheken errichtet worden sind, so soll die Gültigkeit ihrer Bestellung nach dem früheren Recht beurtheilt werden.

§. 4. a) Desgleichen soll der Erwerb stillschweigender oder gesetzlicher Hypotheken in diesem Zeitraum in sofern nach dem früheren Recht beurtheilt werden, daß das Realrecht derselben auch ohne gerichtlichen Konsens und ohne Eintragung angenommen werden soll.

b) Dagegen soll auch schon für diesen Zeitraum lediglich nach Unseren Gesetzen bestimmt werden, welche Hypotheken als stillschweigende oder gesetzliche anzusehen sind, und von wem sie erworben werden konnten.

B. Uebertragung in die künftigen Hypotheken-Bücher.

§. 5. Diejenigen Gläubiger, welchen nach den Grundsätzen der §§. 2—4 ein älteres Hypothekenrecht zusteht, haben solches vor dem

1. Januar 1822[29]) bei der competenten Hypothekenbehörde anzumelden, und derselben die zur Begründung ihres Anspruchs dienenden Urkunden und Beweismittel zu übergeben.

§. 6. Sie erlangen durch diese Anmeldung das Recht, in dem künftigen Hypotheken-Buche mit derjenigen Priorität eingetragen zu werden, welche ihnen nach den früheren Gesetzen zukam, ohne Rücksicht darauf, wer sich unter mehreren derselben, innerhalb des im §. 5 bestimmten Zeitraums, früher angemeldet haben möge.

§. 7. Die Hypothekenbehörde verfertigt sogleich nach dem 1. Januar 1822 eine Tabelle aller ältern Hypotheken, welche bei ihr in Gemäßheit des §. 5 angemeldet und dargethan sein werden, und stellt dieselben mit Benutzung der ihr vorliegenden Nachrichten in die durch §. 6 bestimmte Ordnung. Diese Tabelle muß spätestens bis zum 1. Juli 1822 vollendet sein.

§. 8. Vom 1. Juli bis zum 31. August 1822[30]) steht es allen Interessenten frei, diese Tabelle einzusehen, und ihre Erinnerungen dagegen der Hypothekenbehörde anzuzeigen.

Nach Ablauf dieser Zeit können keine Erinnerungen mehr vorgebracht werden.

§. 9. Hierauf trägt die Hypothekenbehörde unverzüglich alle diese Hypotheken in das nach Vorschrift der Hypotheken-Ordnung einzurichtende Hypotheken-Buch ein, und legt dabei die im §. 7 vorgeschriebene Tabelle zum Grunde.

Sind in Gemäßheit des §. 8 Erinnerungen angebracht worden, welche nicht sogleich als völlig unbegründet erkannt werden, so werden dieselben in Form einer Protestation[31]) vermerkt, sämmtliche Interessenten werden davon benachrichtigt, und es wird denselben überlassen, ihre Ansprüche im Wege Rechtens wahrzunehmen, der-

---

29) Die Frist ist mehrmals, zuletzt bis zum letzten December 1823 verlängert. Die desfallsigen Verordnungen sind jetzt ohne praktisches Interesse und deshalb hier übergegangen.

30) Da die zur Anfertigung der Hypotheken-Tabellen bewilligte Frist nicht ausgereicht hat, so ist

a) dem Oberlandesgericht zu Naumburg, in Betreff der zu seiner Jurisdiktion gehörigen eximirten Grundstücke, durch Kab.-O. v. 14. Juni 1823,
b) dem Oberlandesgericht zu Glogau, in Betreff der zu seiner Jurisdiktion gehörigen Güter der Oberlausitz, durch Kab.-O. v. 3. October 1823,
c) den sämmtlichen Untergerichten in den ehemals sächsischen Landestheilen durch Kab.-O. v. 5. April 1824

gestattet, von Zeit zu Zeit, durch öffentliche Bekanntmachung, die Interessenten derjenigen Güter namhaft zu machen, von welchen die Tabellen fertig geworden, und sie aufzufordern, während eines, jedesmal auf 2 Monate zu bestimmenden Zeitraums dieselben einzusehen, widrigenfalls nach Ablauf dieses Termins keine Erinnerungen mehr angebracht werden könnten. (G. S. 1823, S. 127, 166; 1824, S. 78.)

Die Bekanntmachungen der Hypotheken-Tabellen und Verzeichnisse der Besitztitelberichtigungen, sind in besondern Beilagen des Amtsblatts abzudrucken und nur mit denjenigen Exemplaren des Amtsblatts auszugeben, die für den Kreis oder die Kreise bestimmt sind, die ganz oder theilweise zu dem Bezirke des die Bekanntmachung erlassenden Gerichts gehören. K. O. v. 13. Juli 1836 und R. v. 18. Juli 1836 (Jahrb. Bd. XLVIII, S. 274).

31) Oben, Anm. 11 zu §. 13, Tit. 4.

gestalt, daß der Abschluß des Hypotheken-Buchs dadurch nicht aufgehalten werden darf.

§. 10. Sobald die Hypothekenbehörde das Hypothekenbuch vollendet hat, macht sie dieses durch das Amtsblatt der Regierung bekannt.

C. Behandlung der älteren Hypotheken bis zur Vollendung der Hypothekenbücher.

§. 11. So lange die im §. 10 vorgeschriebene Bekanntmachung noch nicht erfolgt ist, soll dennoch jeder Gläubiger, welcher sich zur Eintragung gehörig angemeldet hat, sein Recht gegen einen dritten Besitzer verfolgen können.

§. 12. Desgleichen erlangt ein solcher Gläubiger durch die gehörige Anmeldung das Recht, im Fall eines Konkurses, in die dritte Klasse gesetzt zu werden.

§. 13. Selbst nach eröffnetem Konkurse soll ein jeder Gläubiger, welcher vor der gegenwärtigen Verordnung ein Hypothekenrecht erworben hatte, die Anmeldung desselben nachzuholen, und dadurch die dritte Klasse zu erhalten befugt sein, so lange der 1. Januar 1822 noch nicht eingetreten ist.

Von diesem Tage an hat ein solcher Gläubiger dieses besondere Recht nicht mehr, und wird im Konkurse lediglich nach Unseren allgemeinen Gesetzen beurtheilt.

III. Von den künftig zu erwerbenden Hypotheken.

§. 14. Von der im §. 10 vorgeschriebenen Bekanntmachung an ist der Erwerb neuer Hypothekenrechte lediglich nach dem Allgemeinen Landrecht, der Allgemeinen Gerichts-Ordnung und der Hypotheken-Ordnung zu beurtheilen.

§. 15. Sollen vor diesem Zeitpunkt, von jetzt an, neue Hypothekenrechte erworben werden, so sind dieselben ohne Unterschied, ob sie durch Verträge oder unmittelbar durch gesetzliche Bestimmung entstehen, zur künftigen Eintragung anzumelden. Die Hypothekenbehörde hat die angemeldete Hypothek zu prüfen, und nach befundener Richtigkeit dem Gläubiger eine Rekognition, daß dieselbe völlig zur Eintragung geeignet und vorbereitet ist, auszufertigen.

§. 16. In das Hypothekenbuch selbst werden sie demnächst in der Art eingetragen, daß sie sämmtlichen älteren gehörig angemeldeten Hypotheken nachstehen, unter einander aber nach der Zeit der Anmeldung geordnet werden.

§. 17. Wenn diese künftigen Hypotheken solchergestalt angemeldet und mit einer gerichtlichen Rekognition versehen sein werden, so soll ihnen auch schon vor der wirklichen Vollendung der Hypothekenbücher das Realrecht und das Recht der dritten Klasse ebenso, wie es in §§. 11 und 12 für die älteren Hypotheken bestimmt worden ist, zukommen. Ihre Priorität wird alsdann nach Vorschrift des §. 16 festgesetzt.

§. 18. Die durch das sächsische Lehnsmandat vom 30. April 1764 für die Allodialgüter bestimmte Beschränkung der Verpfändung auf zwei Drittel des Werthes, soll bei der Errichtung künftiger Hypotheken nicht mehr beachtet werden.

IV. Von den übrigen einzutragenden Rechten.

§. 19. Alle Grundeigenthümer, desgleichen alle Inhaber solcher dinglichen Rechte an einem Grundstück, für welche nach Unseren allgemeinen Gesetzen die Eintragung erforderlich ist, werden hierdurch aufgefordert, ihre Rechte vor dem 1. Januar 1822 bei der Hypothekenbehörde anzumelden.

§. 20. Es ist für jeden Besitzer eines unbeweglichen Eigenthums eine Zwangspflicht, seinen Besitztitel zu berichtigen. Demgemäß ist jeder Besitzer schuldig, in den durch die Behörden ihm vorher zu bestimmenden Terminen und Fristen sich gehörig zu melden, den Rechtsgrund nachzuweisen, worauf sich sein Eigenthum oder Besitz gründet, und die darüber sprechenden Urkunden, Kauf-, Tausch-, Erbzins- oder Erbpachts-Kontrakte, Testamente, Erbtheilungen oder wie sie sonst Namen haben, in beweisender Form vorzulegen. Wer diesen Auflagen ungehorsamer Weise kein Genüge leistet und seinen Besitztitel nicht höchstens bis zum Ablauf des Jahres 1821 nachweiset, soll durch fiskalische Strafen zu seiner Obliegenheit nachdrücklich angehalten werden, und der Erleichterungen, welche dieses Patent den Interessenten bei der ersten gegenwärtigen Einrichtung, namentlich auch in Hinsicht der Kosten und Stempel gewährt, verlustig sein[32]).

Die hier gestellte Frist zur Berichtigung des Besitztitels ist für die der Gerichtsbarkeit der Untergerichte unterworfenen Grundstücke durch Kabinets-Ordre vom 8. November 1821 und Kabinets-Ordre vom 23. März 1823 bis zum letzten December 1823 verlängert, welche Verlängerung sich auch auf die im §. 19 dieser Verordnung erwähnte Frist bezieht. G. S. 1821, S. 189. G, S. 1823, S. 34.

§. 21. Jedoch wird durch die gegenwärtige Verordnung an den Rechten der Mitbelehnten und Gesammthänder, sie mögen zur Eintragung in die Hypothekenbücher angemeldet werden oder nicht, und insbesondere an den Bestimmungen des sächsischen Mandats vom 30. April 1764, Tit. 6, §. 1 nichts geändert.

§. 22. Desgleichen gehören blos persönliche, insbesondere bloße Wechselschulden, so wie alles andere, was sich nicht zur Eintragung in die Hypothekenbücher eignet, nicht zum Gegenstand dieser Verordnung.

V. Gemeinschaftliche Bestimmungen.

§. 23. Diejenigen, welche sich nicht melden, behalten zwar ihre Rechte gegen die Person ihres Schuldners oder gegen dessen Erben, und können sich auch an das ihnen verhaftete Grundstück, insofern solches noch in den Händen des gegenwärtigen (das heißt, des im Präklusionstermine das Grundstück innehabenden) Besitzers befindlich ist, halten[33]). Gegen einen Dritten aber und zu dessen Nachtheil soll ein solcher Gläubiger kein Realrecht an das Grundstück auszuüben im Stande sein.

§. 24. Wenn daher Jemand erst nach dem 1. Januar 1822 mit einer Vindikationsklage, oder mit anderen Eigenthums-Ansprüchen an ein Grundstück hervortritt, so kann er damit nur gegen den jetzigen Besitzer, Falls das Gut noch in dessen Händen ist, gehört werden, und muß auch, wenn er obsiegt, alle bis dahin auf das Grundstück

---

32) Der Zwang zur Besitztitelberichtigung ist aufgehoben. Anm. 67 zu §. 49, Tit. 2.

33) Oben, Anm. 13 zu §. 9, No. I, 1.

eingetragene Hypotheken und andere Realrechte anerkennen, und den Inhabern solcher Forderungen aus dem Gute eben so gerecht werden, als wenn er ihnen die Rechte selbst eingeräumt hätte[34]).

§. 25. Wird aber ein anderer Realanspruch, der nicht das Eigenthum betrifft, nach dem 1. Januar 1822 angemeldet, und das Grundstück befindet sich noch in den Händen des gegenwärtigen Besitzers §. 23, so soll zwar ein solcher Gläubiger gegen den Besitzer ebenfalls noch gehört, und ihm gestattet werden, sich an das verhaftete Grundstück zu halten. Er muß aber allen bis dahin schon zur Eintragung angemeldeten Hypothekenforderungen mit seinem Anspruch nachstehen, und kann zum Nachtheil derselben von seinem erstrittenen Realrechte keinen Gebrauch machen.

§. 26. Ist das Gut nach dem 1. Januar 1822 an einen dritten Besitzer veräußert, so haben die, welche ihre Realansprüche anzumelden unterlassen, ihre Rechte gegen das Gut ganz verloren, und dürfen weder der dritte Besitzer, noch die, welche von ihm ihre Rechte herleiten, deshalb im geringsten beunruhigt, oder in Anspruch genommen werden. Der säumige Realgläubiger kann seine Rechte nur gegen seinen Schuldner, dessen Erben, und deren sonstiges Vermögen verfolgen.

§. 27. Die im Allgemeinen Landrecht Th. I, Tit. 20, §§. 411 und 412, und in der Allgemeinen Gerichts-Ordnung Th. I, Tit. 50, §. 394 enthaltenen Bestimmungen werden hierdurch für die vorkommenden Fälle in den betreffenden Gerichtsbezirken, so lange außer Kraft gesetzt, bis von Seiten der Hypothekenbehörde die §. 10 dieser Verordnung vorgeschriebene Bekanntmachung erfolgt sein wird[34a]).

§. 28. Zur möglichsten Erleichterung der Interessenten, wollen Wir allen die Hypotheken-Einrichtung betreffenden Verhandlungen, soweit sie bis zum 1. Januar 1822 vorfallen und zugleich vor der gegenwärtigen Verordnung erworbene Rechte zum Gegenstand haben, die Stempelfreiheit zusichern, sie auch von Erlegung der in der Sporteltaxe vorgeschriebenen Taxen und Gerichtsgebühren befreien. Nur zu den unvermeidlichen baaren Auslagen, deren Vorschuß unsere Kassen erforderlichen Falls übernehmen werden, soll den Gutsbesitzern und Real-Prätendenten, ein nach dem Objekt zu bestimmendes geringes Pauschquantum abgefordert werden.

§. 29. Da sich die Führung besonderer Ingrossationsbücher durch die Erfahrung als überflüssig bewiesen hat, so wird hiedurch die Hypothekenordnung dahin abgeändert, daß keine Ingrossationsbücher angelegt und geführt werden sollen.

---

34) Lediglich auf den Besitzstand zur Zeit der Anlegung des Hypotheken-Foliums kommt es an, wie schon mehrmals erinnert worden ist. Die vorher von einem Gute abveräußerten Theile gehören in keinem Falle zu dessen Pertinenzien, sondern sind Gegenstand eines eigenen Foliums oder des Foliums eines andern Guts, mit dem sie in Verbindung gebracht sind. Um die Möglichkeit von Vindikationsansprüchen hat sich der Hypothekenrichter nicht zu bekümmern, noch weniger können dergleichen Ansprüche als Pertinenzien eines Ritterguts betrachtet werden. Bei Prüfung der Urkunden behufs Berichtigung des Besitztitels ist bloß auf diejenigen Förmlichkeiten zu achten, welche die Hyp.-O. oder spätere Gesetze vorschreiben, namentlich das G. v. 23. April 1821, §. 1. R. v. 20. April 1834 (Jahrb. Bd. XLIII, S. 597).

34a) Vergl. oben, Zus. 44 zu §. 41, Tit. 4.

§. 30. Für die Ausführung der gegenwärtigen Verordnung werden die Hypothekenbehörden noch mit besonderer Instruktion von Unserm Justiz-Minister versehen werden, nach welcher sie sich zu achten haben.

2. Ministerial-Instruction vom 12. August 1820, (v. Kamptz, Jahrb. Bd. XVI, S. 75).

§. 1. Das Verfahren der Hypotheken-Behörden richtet sich hauptsächlich nach dem 4ten Titel der Hypotheken-Ordnung, insofern derselbe nicht durch die Verordnung vom 16. Juni 1820 selbst, oder durch die gegenwärtige Instruktion abgeändert oder modificirt worden ist. Die Hypothekenbehörden haben sich daher vor allen Dingen ein vollständiges und richtiges Verzeichniß sämmtlicher unter ihrer Gerichtsbarkeit belegener Grundstücke zu verschaffen, und sodann, insoweit das §. 22 zu erwähnende Verfahren bei Regulirung des Hypothekenwesens bei walzenden Grundstücken keine Aenderung vorschreibt, für jedes Grundstück besondere Grund-Akten anzulegen.

§. 2. Der Hypotheken-Richter muß aus den bisherigen Lehnsakten, Handels-, Kontrakt- und Konsensbüchern auf die in der Hypotheken-Ordnung §. 7 l. c. vorgeschriebene Weise, jedoch nur Behufs seiner eigenen Information, Extrakte fertigen, und diese zu den betreffenden Grundakten bringen.

§. 3. Zu diesen Akten werden alle weitere Verhandlungen der Regulirung des Hypothekenwesens über das einzelne Grundstück gebracht, und denselben ein Repertorium vorgeheftet, in welches alle erfolgten Anmeldungen genau einzutragen, und darin zu vermerken sind.

§§. 4—8. Fallen weg[35]).

§. 9. Hiernächst werden Termine zur Vernehmung der Grundbesitzer nach Inhalt des §. 20 der Verordnung vom 16. Juni 1820 anberaumt. Die Hypothekenbehörden haben sich dabei gedruckter Formulare zu bedienen, in welchen ausführlich der Zweck des Termins, und das, was der Besitzer an Dokumenten mitzubringen und sonst zu beobachten nöthig hat, dem Vorzuladenden bekannt zu machen ist.

§. 10. Bei Gelegenheit dieser Verhandlungen mit den Besitzern der Grundstücke sind dieselben zugleich über die bereits angemeldeten Ansprüche, über die etwa auf den Grundstücken haftenden stillschweigenden Hypotheken oder andere Reallasten zu vernehmen[36]). Diese

---

35) Sie betreffen den Geschäftsbetrieb, welcher sich geändert hat.

36) Publikandum v. 26. October 1821 (Erfurter Amtsbl. S. 491).

Bei der Anmeldung fiskalischer Rechte zur zweiten und dritten Rubrik dienen folgende Vorschriften zur Richtschnur:

I. Die dem Fiskus an Grundstücken zustehenden, zur zweiten Rubrik des Hypothekenbuchs gehörigen dinglichen Gerechtsame zerfallen in zwei Hauptabtheilungen: sie sind entweder beständige Lasten und Abgaben, oder Einschränkungen des Eigenthums oder der Disposition.

In Ansehung beider gilt der Grundsatz, daß die Gerichte dergleichen Rechte nicht **ex officio**, sondern nur auf Antrag des Berechtigten einzutragen befugt sind. Die Lehnseigenschaft der Güter muß jedoch **ex officio** berücksichtigt werden, insoweit solche aus den jüngsten Besitz- und Erwerbungs-Dokumenten hervorgeht. Diese Vorschrift gilt auch von Rustikal-Grundstücken, welche eigentliche Lehen sind und sich von den Erbzins- und Zinsgütern dadurch unterscheiden, daß ein

Vernehmungen schließen jedoch die in der Verordnung vom 16. Juni 1820 vorgeschriebenen eigenen Anmeldungen der Realgläubiger und

---

Vasallagium bei ihnen stattfindet oder daß sie dem Heimfallsrechte unterworfen sind.

Alle übrige Reallasten und Beschränkungen dagegen sind Gegenstand der Anmeldung.

Diese Anordnung findet auch auf alle solche Nebenverträge und Lasten Anwendung, von denen die Hyp.-Ordn. Tit. II, §. 80 redet. (Publ. v. 1. März 1822, Erfurt. Amtsbl. S. 90.)

II. Von den sub I erwähnten beständigen Lasten können nach §§. 48, 49 Hyp.-Ordn. Tit I, die im §. 48, Tit. I der Hyp.-Ordn. erwähnten, nicht eingetragen werden. Nur die Eigenschaft der Güter als frohnpflichtiger ist mit der Bezeichnung: Hüfner-, Halbhüfner-, Gärtnergut rc. bei der Beschreibung des Guts im Hypothekenbuche ausdrücklich zu vermerken.

III. Hiernach sind folgende Lasten nicht einzutragen:

A. Bei Rittergütern:

1) die Ritterpferdsgelder und
2) die auf einigen von ihnen ausnahmsweise haftenden Steuern und sonstigen Landesabgaben;

wogegen zur Eintragung geeignet sind:

1) diejenigen Leistungen an Geld-, Natural-, Korn-Zinsen rc. an den Staat, welche auf ursprünglich bäuerlichen, jetzt zu Rittergütern, als Bestandtheile oder Pertinenzstücke gehörigen, Grundstücken haften, insofern sie nicht in die Kategorie der Steuern und Landesabgaben gehören;
2) die Allodifikationsrente und der Allodifikations-Kanon;
3) Zinsen unablöslicher Kapitalien und überhaupt alle §. 49 a. a. O. der Hyp.-O. aufgeführten Prästationen aus speziellen Titeln;
4) die Abgaben an Kirchen, Pfarrer, Küster und Schullehrer, an Geld- und Getreidegefällen, Decem rc.

B. Bei städtischen und bäuerlichen Grundstücken

werden nicht eingetragen:

1) allgemeine Landesabgaben, als Schock- und Quatembersteuern, Magazinsgetreide rc.;
2) die oben Nr. II erwähnten Prästationen an die Gutsherrschaft, die Obrigkeit, die Kirche und die Geistlichkeit.

Dagegen qualifiziren sich zur Eintragung:

1) Königl. Geld- und Getreidezinsen;
2) Erbenzinsen und Laudemiengelder;
3) der Kanon bei Erbzins- und Erbpachtsgütern;
4) Allodifikations-Rente und Kanon;
5) Zinsen unablöslicher Kapitalien;
6) andere grundherrliche Hebungen und Abgaben aus speziellen Titeln;
7) Lasten und Dienste, womit ein oder das andere Grundstück beschwert ist, die auf den übrigen des Orts nicht haften;
8) wenn in einem einzelnen Orte auf den verschiedenen Grundstücken verschiedene Arten von Lasten und Diensten an die Geistlichkeit rc. haften, so ist die Eintragung nothwendig;
9) sollte das allgemeine Herkommen eines Orts durch Verträge mit den Verpflichteten näher bestimmt sein, so ist die Eintragung nicht nothwendig, aber auf Anmelden des Berechtigten zulässig.

IV. Wenn in den Erbbüchern ganze Gemeinden als Zinspflichtige angegeben sind, und die Erhebung von den Gemeinden in folle geschieht, der Zins aber von einzelnen Gemeindegliedern aufgebracht wird, so ist entweder die Abgabe von dem Kommunal-Vermögen, oder von den Grundstück in der einzelnen Gemeindeglieder aufgebracht.

In dem ersteren Falle muß auf desfallsige Anmeldung der Rezepturbehörde, die Erklärung der Gemeinde und deren gerichtliches Anerkenntniß erfordert, und

anderer Real-Prätendenten nicht aus, dergestalt, daß das verordnete Präjudiz bei unterlassener Anmeldung eintritt, es wäre denn, daß der Besitzer des Grundstücks sich ausdrücklich als Bevollmächtigter seines Gläubigers gerirt, und gehörige Vollmacht von diesem beibrächte.

§. 11. Die Realgläubiger und andere Real-Prätendenten werden nicht durch specielle Verordnungen vorgeladen; ihre Pflicht ist es, sich innerhalb des präklusivischen Termins zu melden.

§. 12. Sobald eine Anmeldung erfolgt ist, wird sie in das §. 3 dieser Instruktion vorgeschriebene Repertorium eingetragen, und dem Anmelder der Empfang der Dokumente von Seiten des dazu bestellten Officianten bescheinigt.

§. 13. Hiernächst werden die Dokumente geprüft, und wenn zur künftigen Eintragung des Anspruchs irgend etwas noch zu berichtigen oder zu ergänzen ist, wird dazu die nöthige Einleitung getroffen und das Erforderliche verfügt, andernfalls die vorgeschriebene Rekognition ertheilt. Ist dagegen durchaus nichts bei der Prüfung zu erinnern gefunden worden, so wird die vorgeschriebene Rekognition ertheilt.

---

auf den Grund desselben die Eintragung bei den betreffenden Kommunalgrundstücken bewirkt werden.

Im zweiten Falle ist auf geschehene Anmeldung das Anerkenntniß der einzelnen Verpflichteten Gerichtswegen aufzunehmen, und darnach die Eintragung auf deren Grundstücke zu bewirken.

Ist aus den Hebe-Registern die Lage oder Bezeichnung der verpfändeten Grundstücke nicht zu entnehmen, so muß die Anmeldung wenigstens insoweit substantiirt sein, daß der Richter daraus die Feldmark, worin die Grundstücke liegen, ob sie Theile eines Guts sind oder nicht, und den Namen des Besitzers ersehen kann. Der Richter fordert alsdann den letzteren zur Vorlegung seiner Urkunden auf, und benennt in Gemäßheit deren Inhalts diejenigen Grundstücke in der Rekognition, auf welchen die Abgabe haftet und künftig einzutragen ist. Bei entstehenden Zweifeln ist hierüber mit Rezepturbehörde Rücksprache zu nehmen.

Kann oder will der Besitzer seine Dokumente nicht produziren, so ist auf dem Wege der Protestation der fiskalische Anspruch bei dem Gute oder den andern Grundstücken des Verpflichteten zu bemerken.

V. In Ansehung der Form der Anmeldung fiskalischer Ansprüche und deren Abgaben an die Geistlichkeit, so fertigen die Rezepturbehörden und resp. die Pfarrer über jede einzelne Post einen Extrakt aus den Heberegistern, Pfarrmatrikeln ꝛc. an, dessen Richtigkeit sie durch ihre Unterschrift und Beidrückung des Amtssiegels attestiren.

Jeder dieser Extrakte wird mit besonderer, die Anmeldung und das Gesuch um Eintragung, auch die ausdrückliche Erklärung, daß Vorzugsrechte anderer Gläubiger, wenn solche ausdrücklich verlangt werden sollten, vom Fisko nicht anerkannt würden, enthaltenden Anzeige, in einem gedruckten Formular bei dem betreffenden Gerichte eingereicht.

Die anmeldende Behörde erhält sodann über die geschehene Anmeldung eine vorläufige Bescheinigung.

Wird die angemeldete Last vom Besitzer eingeräumt, so wird danach die wirkliche Eintragung bewirkt, und unter einer vidimirten Abschrift des von dem Anmelder eingereichten Extrakts die geschehene Eintragung vermerkt und das Dokument in dieser Form dem Anmelder zugestellt.

VI. Die Nr. I gedachten Beschränkungen des Eigenthums und der Disposition anlangend, so müssen sie mit Produktion der Urkunden, worauf sie sich gründen, angemeldet werden.

VII. Das Nämliche gilt wegen der ad Rubr. III des Hypothekenbuchs vorkommenden Anmeldungen von Seiten des Fiskus und der Geistlichkeit.

§. 14. Die geprüften und richtig befundenen Dokumente werden bei der Hypotheken-Behörde retinirt, dagegen soll dem Inhaber derselben eine Rekognition des Inhalts zugestellt:

„Daß der N. N. die über rc. (Gold, Courant, Conventionsgeld) nebst Zinsen a . . proCent ex obligatione d. d. . . . . . haftende Hypothek angemeldet habe, daß sie geprüft und richtig befunden worden, und in die neu anzulegenden Hypotheken-Bücher eingetragen werden solle, daß auch, da die Dokumente bis zur wirklichen Eintragung und Ausfertigung des Hypotheken-Scheins zurückbehalten werden müssen, gegenwärtige Rekognition ausgestellt worden, daß jedoch diese Rekognition künftig, wenn der betreffende Anspruch in das neue Hypotheken-Buch eingetragen sein werde, gegen Rückgabe der ursprünglichen Dokumente und eines Hypotheken-Scheins über die erfolgte Eintragung an die Hypotheken-Behörde zurückgegeben werden müsse."

Auf Verlangen und gegen Erstattung der Schreib- und Vidimationsgebühren können dieser Rekognition vidimirte Abschriften der Dokumente annectirt werden[37]).

Gleichergestalt wird es mit den über den Besitztitel lautenden Dokumenten gehalten.

§. 15. Bei der Prüfung der Dokumente sind die allgemeinen und durch die Verordnung vom 16. Juni 1820 besonders gegebenen Vorschriften zu beobachten, und dabei ist nur noch zu bemerken, daß bei Prüfung des Besitztitels auf den Vorgänger im Besitz nicht zurückgegangen werden darf, da durch die vorerwähnte Verordnung wegen Einrichtung des Hypothekenwesens alle Real-Prätendenten sub praejudicio aufgerufen worden sind.

§. 16. Das Lehnsarchiv wird von dem Hypotheken-Archiv getrennt, und Lehnscurie und Hypotheken-Behörde sind verschiedene Justizstellen. Die Lehnscurie erörtert alle Fragen, welche das Lehnsverhältniß des Grundstücks, die Berechtigungen des Lehnsherrn, der Besitzer, Mitbelehnten, Gesammthänder u. s. w. betreffen, und nur dann, wenn die Lehnscurie ihren Konsens zur Veräußerung, zur Berichtigung des Besitztitels, zur Verpfändung u. s. w. gegeben hat, treten die Functionen der Hypothekenbehörde ein.

§. 17. Um Zeit und Kosten zu ersparen, findet zwischen der Lehnskurie und der Hypothekenbehörde kein Schriftwechsel in Form expedirter Schreiben statt, falls beide Behörden aus Mitgliedern eines Collegiums, z. B. des Oberlandesgerichts bestehen, sondern nur Mittheilungen per copiam decreti.

---

37) Wenn ein Dokument zum Behuf der Hypotheken-Anmeldung bei zwei verschiedenen Gerichten eingereicht werden muß, so hat der Richter, bei welchem es zuerst eingereicht, dasselbe, nach dessen Prüfung und Ausstellung der §. 14 der Instruktion vorgeschriebenen Rekognition, dem zweiten Realrichter zu übersenden, der auch seinerseits dem Extrahenten eine Rekognition ertheilt und darin vermerkt, daß er das Dokument dem ersten Richter zurückgesendet. Letzterer muß jedoch den Extrahenten, bei der Ueberreichung ausdrücklich befragen, ob er die Eintragung der übrigen verschriebenen Forderungen, und zu dem Ende die Uebersendung des Dokuments an den zweiten Realrichter verlange. R. v. 5. Febr. 1821 (Jahrb. Bd, XVII, S. 102).

§. 18. Die Eintragung stillschweigender Hypotheken kann nicht anders geschehen, als wenn diese sich auf ein rechtskräftiges Urtheil, oder auf ein gehörig abgegebenes Anerkenntniß des Verpflichteten gründen. Ist jedoch wenigstens das Faktum, worauf der Anspruch der stillschweigenden Hypothek begründet wird, z. B. die Ehe, die Vormundschaft, einigermaßen bescheinigt, so trägt der Hypotheken-Richter eine protestatio pro conservando loco ein, und verweist die Parteien zur rechtlichen Ausführung in separato.

§. 19. In Betreff der stillschweigenden Lehnshypotheken kommt es darauf an:

a) ob statt der stillschweigenden Hypothek eine vollgültige, die Substanz verhaftende ausdrückliche Hypothek verlangt wird, oder

b) ob die Verwandlung der stillschweigenden in eine ausdrückliche Hypothek nur mit den bisherigen Rechten der ersten erfolgen soll.

Im ersten Falle ist alles zu beobachten, was die Lehnsgesetze bei Belastungen der Lehns-Grundstücke vorschreiben. Im letzten Falle muß die Lehnscurie, jedoch ohne förmliche Consens-Ertheilung, erklären, daß sie gegen die Verwandlung der stillschweigenden Hypothek in eine ausdrückliche mit den bisherigen Rechten nichts zu erinnern habe, die Hypotheken-Behörde aber vermerkt bei der Eintragung verbis expressis, daß durch die Hypothek nicht die Substanz, sondern nur die Revenüen, nach Vorschrift und mit den Beschränkungen der Lehnsgesetze verpfändet und belastet werden[38]).

§. 20. Die investitura saxonica findet nicht statt.

§. 21. Die im §. 7 der Verordnung vom 16. Juni 1820 vorgeschriebene Tabelle, so wie das Hypotheken-Buch selbst, erhalten zwar die in dem Schema A. der Hypotheken-Ordnung bestimmte Form, jedoch bekommt die Rubrik II. auch noch die Colonne „Cessionen".

§. 22. Bei Regulirung des Hypotheken-Wesens über walzende Grundstücke ist das Publikandum der vormaligen Regierung zu Stettin vom 2. Oktober 1797[39]), mit der Abänderung zum Grunde zu legen, daß die einem Haus- und Ackergutsbesitzer gehörenden Wandeläcker nicht bei den Häusern oder Ackergütern eingetragen, vielmehr für selbige, gleich denen, die ohne Haus besessen werden, besondere Landungstabellen angelegt werden sollen, in welchen der Name des Besitzers auf dem Titelblatt[40]), die einzelnen Ländereien aber in Rubrik I. mit dem Werthe einer jeden zu verzeichnen, diese Rubrik mit der Colonne „Abgang und Ausschreibungen" zu versehen, und übrigens in Rubrik II. oder III. speciell zu vermerken ist, welche von den sub Rubrik I. angeführten Ackerstücken belastet oder verpfändet worden.

---

38) Der §. 19 hat nicht die Absicht, die materiellen gesetzlichen Bestimmungen über die Wirkungen der stillschweigenden Hypotheken zu ändern. Vielmehr ist in demselben vorausgesetzt, daß die Verhaftung der Substanz für die stillschweigenden Lehnshypotheken in den bisherigen Lehnsgesetzen gegründet sei. Da nun darüber in der Niederlausitz Zweifel obwalten, so ist statt des in fine des §. 19 vorgeschriebenen Vermerks ein anderer einzutragen, wodurch die Rechte der Inhaber stillschweigender Lehnshypotheken unangefochten bleiben. Entsteht darüber in einzelnen Fällen ein Streit, so muß richterliche Entscheidung erfolgen. Rescr. vom 13. Mai 1822 (Jahrb. Bd. XIX, S. 303).

39) Folgt hier unter Nr. 3.

40) Dieses Personalfolium ist wieder abgeschafft durch die Instr. vom 29. April 1834 (unten Nr. 4) und der K. O. v. 9. Mai 1839, No. II.

§. 23. Das in §. 28 der Verord. vom 16. Juni 1820 für die baaren Auslagen den Gutsbesitzern und Realprätendenten nach dem Object auferlegte Pauschquantum wird dahin bestimmt:

1. für die Berichtigung des Besitztitels werden bezahlt, bei einem Object

von 50 bis 100 Thlr.	. . . .	—	Thlr.	8	Gr.
= 100 = 200 =	. . . .	—	=	12	=
= 200 = 500 =	. . . .	—	=	18	=
= 500 = 1000 =	. . . .	1	=	—	=

über 1000 Thaler von jedem vollen 1000 Thaler noch 6 Gr.

2. Die nämlichen Beträge zahlen Gläubiger für die Eintragung von Schulden und Cautionen. Wird bei einer bestellten General-Hypothek die Eintragung auf mehrere Grundstücke verlangt, so ist der zu entrichtende Betrag nur einmal zu leisten, und zwar bei denjenigen Gerichten, bei welchen die Forderung zuerst angemeldet worden.

3. Für Eintragung der Einschränkungen des Eigenthums und beständiger Lasten werden, nach Verhältniß des Gegenstandes, 6 bis 18 Gr. entrichtet.

Für Copialien und Insinuationsgebühren wird nichts gefordert.

4. Bei einem Gegenstande unter 50 Thlr., er möge in einem Grundstücke oder in einer Forderung bestehen, wird kein Pauschquantum gezahlt.

5. Wenn der Titulus possessionis von mehreren kleineren Grundstücken berichtigt wird, oder mehrere nicht bedeutende Forderungen eines und desselben Gläubigers angemeldet werden, und das nach dem Werthe eines jeden einzelnen Objekts zu berechnende Pauschquantum eine mit dem Werth des ganzen nicht im Verhältniß stehende Höhe erreichen würde; so wird das berechnete Quantum nach den Umständen auf dasjenige herabgesetzt, welches zu zahlen sein würde, wenn ein einziges Object von demselben Werthe einzutragen wäre[41]).

§. 24. Die Bestimmungen des §. 23 sind für die Ober- und Königl. Untergerichte gültig.

§. 25. Diese Pauschquanta müssen besonders berechnet, und zu keinen andern Zahlungen als solchen, welche für Einrichtung des Hypothekenwesens erfordert, verwendet werden.

3. Extract aus dem Publikandum der Pommerschen Regierung an die Untergerichte vom 2. October 1797 (welches durch Rescript vom 21. August 1797 genehmigt ist).

(Rabe, Bd. IV, S. 271 folg.)

IX.

In Ansehung der Landungen, Wiesen rc. auf dem Felde bei Städten, welche nicht an sich schon Pertinenzien der Häuser sind, werden die bisher wegen ihrer Rangirung im Hypothekenbuche obgewalteten Bedenken in folgender Art bestimmt. Es sollen nämlich in der Regel dergleichen Ländereien nach dem Hof-Rescript vom 20. Februar 1797:

1) bei den Häusern, deren Eigenthümer zur Zeit, da die Operation wegen der Eintragung im Hypothekenbuch ihren An-

41) Vergl. Art. 17 des G. v. 9. Mai 1854 (G. S. S. 273).

fang nimmt, die Landungen mit besitzen, eingetragen; und wenn die Landung ganz oder zum Theil ohne das Haus in der Folge einen andern Besitzer erhält, dieselbe bei dem Hause, wo sie bisher gewesen, gelöscht, dagegen aber bei demjenigen, dessen dermaliger Eigenthümer sie erhält, wieder zugeschrieben werden.

2) Für diejenige Landungen 2c., deren Besitzer keine Häuser haben, wird ein besonderer Band der Hypothekenbücher angelegt: so daß jeder dergleichen nicht mit einem Hause angesessener Land-Eigenthümer, eine besondere Tabelle erhält, worin sämmtliche von ihm dermalen besessene Landungen eingetragen werden, welchemnächst es künftig bei Veräußerungen mit dem Ab- und Zuschreiben wie bei Nr. 1 zu halten ist.

3) An Orten, wo bisher solche Landungen bei den Häusern unter der besonderen Rubrik (der Besitzer hat in und bei der Stadt noch an Grundstücken) bemerkt sind, wird es vor der Hand dabei belassen, sobald aber künftig eine neue Tabelle nach dem Schema der jetzigen Hypothekenordnung angelegt wird, gehören dergleichen Eintragungen unter die erste Rubrik.

4) Auch die für sich besessenen Scheunen, die an sich nicht zu einem Ackerwerk gehören, oder sonst nicht Pertinenzien des Ackers sind, werden nach den Vorschriften Nr. 1—3 bei den Haus- oder Landungs-Tabellen mit aufgeführt.

5) Da, wo diese Einrichtung deshalb, weil das Hypothekenbuch schon nach einer andern Form eingerichtet und wirklich ausgefüllt ist, nicht füglich stattfinden kann, ist in dem Art. II erwähnten Bericht (nämlich der Untergerichte über die Lage des Hypothekenwesens) solches anzuzeigen, und zugleich zu bemerken, in wiefern etwa diese Methode noch ganz oder zum Theil eingeführt werden könne.

X.

Dieses Zusammenwerfen mehrerer an sich nicht ein untheilbares Ganze ausmachenden Grundstücke, in einer Hypotheken-Tabelle, ist deshalb allen übrigen Vorschlägen wegen Einschreibung solcher Stücke im Hypothekenbuch vorgezogen, weil es die Zahl der Tabellen und die mit den Registrirungen eines und ebendesselben Vermerks in mehrere Tabellen verbundene Arbeit und Kosten vermindert. Es erfordert aber dasselbe auch die genaueste Sorgfalt des Hypotheken-Richters, damit keine Verwirrung entstehe. Es muß daher bei der ersten Eintragung solcher Landungen, Scheunen 2c. in dem Hypothekenbuch eines Hauses

1) das Verzeichniß der zu der Tabelle mit gehörenden Landungen 2c. des Besitzers, Rubrica I unter Colonne: Titulus possessionis hinter der Registrirung des Tituli possessionis des Besitzers in folgender Form notirt werden:

Z. B. Nächst diesem Hause besitzet der N. noch unter hiesiger Gerichtsbarkeit:

A. eine Scheune vor dem N.schen Thore belegen 2c.;
B. eine Wurth im N. Felde 2c.;
C. ein Stück Acker im N. Felde 2c.;
D. ein Stück Acker 2c.

Bei den oben Art. IX, Nr. 2 erwähnten bloß Landungen ohne Häuser führenden Tabellen, heißt der Titel: Landungs-Tabelle Nr. und die Specifikation der einzelnen Stücke fängt Rubrica I mit folgender Clausel an:

Die in dieser Tabelle registrirten Landungen bestehen in folgenden rc.

2) Hat der Besitzer zu gleicher Zeit unter einerlei Titel das Haus und die Landungen erworben; so heißt es Rubrica I, Col. 2 gleich gegen den Namen des Col. 1 verzeichneten Besitzers:

Dieses Haus nebst denen unten sub litt. A. B. rc. specificirten Grundstücken aus dem rc.

oder wenn er nur einige der Landungen, aber nicht alle, mit dem Hause an sich gebracht, z. B. wenn die Stücke von A. bis C. gehen, und er nur A. und B. so acquirirt hat:

Dieses Haus nebst denen unten sub A. und B. bezeichneten Stücken rc.

3) Bei den besonders erworbenen Landungen rc. aber ist unter jeder Littera, die das Stück im Hypothekenbuch erhält, der besondere Besitztitel und die Zeit der Erwerbung etwa in folgender Art zu registriren:

Z. B. Nächst diesem Hause besitzt der rc.
A. eine Scheune rc.
B. eine Wurth rc.
Dieserhalb gilt das oben vom Hause registrirte.
C. ein Stück Acker rc. hat der N. laut Kaufkontrakt rc.

4) Diese Litteras A. B. C. müssen eine möglichst genaue und die Stücke von andern unterscheidende Bezeichnung enthalten, z. B. Nr. des Acker-Catastri, das Feld, worin sie liegen, den etwa ihnen besonders beigelegten Namen, den Flächen-Inhalt, so weit er aus dem Catastro oder sonst constiret, oder allenfalls mit der Maaßstange übermessen worden und dergleichen. In der Regel erhalten die an einander liegenden, nicht durch fremde Besitzungen getrennten Stücke jedes Feldes nur eine Littera, sofern sie zu einer Art von Landung gehören und zusammen erworben sind, wenn sie gleich nach dem Feld-Catastro verschiedene Nummern haben.

5) Diese Beschreibung ist jedoch nur bei ihrer ersten Eintragung in die Tabelle, oder wenn neue fortgesetzte Litteras hinzukommen, nöthig. Bei Besitzveränderungen aber, die in derselben Tabelle registrirt worden, bedarf es deren Wiederholung nicht, sondern nur der Bemerkung der Litteras.

6) In der Colonne „Werth des Immobilis" wird gegen die Litteras der von jeder Littera besonders constirende Werth ausgeworfen; bei den mit andern, oder mit dem Hause zusammengeworfenen aber ist ante lineam des Werths, nämlich Colonne 2, zu bemerken, auf welche Grundstücke der ausgeworfene Werth gilt.

7) Zur Bezeichnung der in der Folge etwa vorkommenden oben Art. IX, Nr. 1 erwähnten Abschreibungen ist dem Schema der Hypotheken-Ordnung Rubrica I hinter Colonne „Werth" eine neue Colonne auf dem gegenstehenden Blatt einzuschalten, unter der Rubrik „Abschreibungen", und es wird, wenn dergleichen Abschreibung künftig vorkommt, gegen die in der Colonne des

Tit. poss. stehende Litteras des abgeschriebenen Stücks die Abschreibungs-Clausel folgendermaaßen gefaßt:

gegenstehend sub C. erwähntes Stück Landung fällt hier weg und ist von dem Besitzer an den N. laut Kontrakt vom ..... verkauft für ..... daher selbiges vigore decreti vom ..... hier ab und im Hypothekenbuch Band ..... pag ..... zugeschrieben worden.

Zugleich ist bei solcher Abschreibung das von solchem Stück registrirte mit rother Tinte zu unterstreichen.

8) Sollte aber die Anlegung der bei 7 vorgeschriebenen Colonne deshalb nicht stattfinden, weil die Haus-Hypothekenbücher, wo die Landung mit eingetragen worden, noch brauchbar, oder die neuen Bücher schon rubricirt sind, so muß der Abschreibungsvermerk zwar in der Colonne „Tit. poss." hinter der letzten darin stehenden Verzeichnung registrirt; zugleich aber oben das von den abgeschriebenen in dieser Rubrik notirte, mit rother Tinte unterstrichen werden.

9) In Rubrica II und III ist bei Notirung der Realrechte genau aus dem Instrument zu eruiren und zu bemerken: ob die Intabulata sämmtliche Rubrica I verzeichnete Grundstücke oder nur eins und das andere besonders verpflichten. Es kann dieses durch eine in Rubrica II und III oben anzusetzende Generalnote verzeichnet werden, verbis:

Nota gen. Alle in dieser Rubrik stehende Eintragungen haften auf sämmtlichen in Rubrica I specificirten Grundstücken, sofern nicht ein anderes bei jeder folgenden Nummer bemerkt ist;

und bei jeder Nummer, weshalb besonders mit Ausschluß anderer eins der Grundstücke verpfändet worden, wird solches gleichfalls notirt, e. g.:

dieses intabulatum haftet bloß auf dem Grundstück Rubrica I litt. B.

10) Kann der Umstand, ob die Hypothekenrechte auf allen oder nur einigen in einer Tabelle zu vereinigenden Grundstücken haften, nicht ausgemittelt werden; so ist solches in der Generalnote oder bei jeder Post anzumerken.

11) Andere Vorsichtsregeln, die bei den Vermerken zur Verhütung alles Mißverständnisses beobachtet werden müssen, wird hiernach ein jeder Hypothekenrichter leicht selbst anzuwenden wissen.

12) Uebrigens muß bei den Abschreibungen veräußerter Stücke der hier analogisch anwendbare §. 91, Tit. II der Hyp.-Ordn. genau befolgt werden.

XI.

Da wo die Hypothekenbücher der Häuser keiner Umschreibung bedürfen, die Landungen des Stadtfeldes aber noch nicht mit denen darauf haftenden Hypothekenrechten und dem Titel ihres Besitzers im Hypothekenbuch der Häuser eingetragen stehen, folglich dies noch nachgeholt werden muß, sofern nicht schon andere Anordnungen wegen des Landungs-Hypothekenbuchs gemacht worden, die nach dem Locale keine Abänderung erlauben; müssen

1) bei der ersten künftig vorkommenden Registrirung in einer Haus-Tabelle, alle den Hypothekenbuchs-statum der dem zeitigen Hausbesitzer zugehörigen Landungen angehende Materialien, eben

so wie bei Einrichtung eines neuen Hypothekenbuchs gesammelt werden.

2) Nur ist das Schema, worin diese Materialien in Form der Uebertragung in das Hypothekenbuch geordnet werden, mit dem des Haus-Hypothekenbuches gleichförmig zu entwerfen und daraus, wenn alles zur Uebertragung vollendet ist, der Entwurf in das Haus-Hypothekenbuch umzuschreiben.

3) Hiebei sind die Vorschriften des Art. X, Nr. 1—6 und Nr. 8 bis 12 zu befolgen.

XII.

In dem Art. IX, Nr. 3 erwähnten Fall, wird in der Regel die Operation des Art. XI in sofern zur mehrern Richtigkeit des Haupt-Hypothekenbuchs nöthig sein, als nicht die Hypothekenakten oder Beilags- und Grundbücher, so wie auch die Eintragungs-Formen im Hypothekenbuche alles dasjenige nachweisen, was zu der bei Art. X und XI beabsichtigten Verhütung aller Mißdeutungen erforderlich ist. Es haben daher die Untergerichte, wo dieser Fall 3 des Art. IX eintritt, besonders auch über diesen Punkt gutachtlich zur weiteren Vorbescheidung zu berichten.

4. Instruktion vom 29. April 1834 (Jahrb. Bd. XLIII, S. 610), über die Hypotheken-Regulirung bei Wandeläckern.

Es kommt darauf an, daß das Hypothekenwesen der sogenannten walzenden Grundstücke aus der Lage, worin es sich jetzt befindet, so gut wie es die Umstände erlauben, herausgezogen, und daß die Berichtigung des Besitztitels und Anlegung des Hypothekenbuchs auch bei ihnen überall erfolgt, wo sie nach den Anordnungen der Allerhöchsten Ordre vom 31. October 1831 (Ges.-Samml. S. 251) erfolgen muß. In dieser Hinsicht erläßt der Justiz-Minister folgende, die Ministerial-Instruktion vom 12. August 1820 modifizirende und ergänzende Bestimmungen:

1. Die Vorschrift im §. 22 jener Instruktion, daß die einem Haus- oder Ackergutsbesitzer gehörenden Wandeläcker nicht bei den Häusern oder Ackergütern eingetragen, vielmehr für selbige besondere Landungs-Tabellen angelegt werden sollen, wird dahin abgeändert, daß, wenn der Besitzer es wünscht, und nach dem Ermessen des Richters daraus keine Verwirrung zu besorgen ist, dergleichen für sich bestehende Parzellen bei den Häusern und Ackergütern mit eingetragen werden können. Sie müssen aber auf dem Titelblatt spezifizirt werden, und jedes Stück eine unterscheidende Bezeichnung erhalten. Ab- und Zuschreibungen erfolgen in gewöhnlicher Weise unter Rubrica I der nach dem Formular zur Hypotheken-Ordnung schon angelegten Hypothekenbücher. Bei einer Abschreibung wird das abgeschriebene Stück auf dem Titelblatt roth unterstrichen. Die Grundakten werden mit denen der Häuser und Ackergüter verbunden, und in den Repertorien der Grundbesitzer und Grundstücke ist die erforderliche Notiz hierüber aufzunehmen.

2. In soweit außerdem für sogenannte walzende Grundstücke Hypothekenfolien (Landungs-Tabellen als wirkliche Hypothekenbücher) noch anzulegen sind, ist demselben das beiliegende Formular zum Grunde zu legen. Beil. AA.

Es wird dazu gut geleimtes weißes Papier von gewöhnlichem Aktenformat genommen. Das Königliche Oberlandesgericht hat den

Steindruck derselben zu besorgen, und jedem Untergericht eine angemessene Zahl von Exemplaren zu übersenden.

Die Kosten sind aus den Salarienkassen der betreffenden Gerichte aus den Fonds für sächliche Ausgaben zu bestreiten, und die Folien selbst bis dahin, daß sie zu einer größeren Anzahl gesammelt einen mäßigen Band füllen, in verschlossenen Behältnissen zu asserviren.

3. Es bleibt der Willkür des Besitzers überlassen, ob er für mehrere Grundstücke desselben Gerichtsbezirks und derselben Flur (Kataster- oder Gemeinde-Flur, Feldmark), ein Folium oder mehrere Folien anlegen lassen will. Grundstücke verschiedener Fluren desselben Gerichtsbezirks dürfen nur dann auf ein Folium gebracht werden, wenn sie bisher gemeinschaftlich verpfändet sind[42]). In allen Fällen aber, wo es das Gericht, sei es um Verwirrung zu vermeiden, oder um die Uebersicht zu erleichtern, für zweckmäßig erachtet, kann es für einzelne oder mehrere Grundstücke besondere Folien im Hypothekenbuch anlegen, wenn sie auch bisher gemeinschaftlich mit andern auf ein Folium eingetragen waren. Es werden im letzteren Falle entweder diese Grundstücke auf dem Titelblatte abgeschrieben, die betreffenden Posten aus der zweiten und dritten Rubrik mit übertragen, und die Uebertragungen in den betreffenden Colonnen auf dem bisherigen Folio vermerkt; oder es können auch zwei ganz neue Folien angelegt, und dagegen das bisher bestandene geschlossen werden, was durch einen auf dem Titelblatte und am Schlusse jeder Rubrik zu setzenden Vermerk der erfolgten Schließung zu bewirken ist.

Uebrigens sind bei den Eintragungen in der zweiten und dritten Rubrik die Vorschriften des Stettiner Publikandums vom 2. Octbr. 1797 unter **X**, Nr. 9, 10 u. 11 ferner genau zu beachten.

4. Für jedes einzelne Folium des Hypothekenbuchs muß ein besonderes Aktenstück gehalten werden, auch wenn mehrere Folien für ein und denselben Besitzer angelegt werden sollten. Jedem Grundaktenstücke wird vorgeheftet:

a) so lange der Besitztitel noch nicht berichtigt und ein Hypothekenfolium noch nicht angelegt ist, ein Anmeldungsbogen nach den drei Rubriken des Hypothekenbuchs;

b) wenn der Besitztitel berichtigt werden soll, eine Hypotheken-Tabelle nach dem Formular des Hypothekenfoliums, und als ein vollständiges Duplikat desselben.

Hypothekenfolien, Hypotheken-Tabellen und Anmeldungsbogen sind hiernach wohl von einander zu unterscheiden.

Als Grundlage für die Hypotheken-Registratur muß jedes Gericht, außer einem vollständigen Real-Repertorium (Flurbuch, Verzeichniß der Grundstücke des Gerichtsbezirks), ein summarisches Register nach dem Namen der Besitzer, welches gleich jenem auf die Grundakten und das Hypothekenbuch verweiset, führen.

5. Das beiliegende Formular für die Folien des Hypothekenbuchs, ist zur näheren Erläuterung theilweise ausgefüllt, und mit einigen Bemerkungen versehen. Dabei ist noch Folgendes zu beachten:

a) die Bezeichnung der Grundstücke auf dem Titelblatte erfolgt stets mit Hinweisung auf die Nummer, welche dieselben in den Verzeichnissen (Kataster, Flurbücher, Flurläufer) führen,

---

42) Bestätigt durch die Kab.-O. v. 9. Mai 1839 (G. S. S. 163).

die sich zu verschaffen jedes Untergericht nach §. 5, Tit. IV der Hypotheken-Ordnung und §. 1 der Instruktion vom 12. August 1820 bedacht sein muß.

Wo es zur Zeit ganz an solchen Verzeichnissen fehlt, muß eine Bezeichnung in der Art, wie sie bei Nr. 3 des Formulars gewählt ist, zwar genügen. Die für die Nummer des Flurbuchs bestimmte Colonne ist jedoch in solchen Fällen offen zu lassen, damit sie später noch ausgefüllt werden kann.

b) Bei den Abschreibungen und den Eintragungen in den drei Rubriken des Hypothekenbuchs, ist dagegen stets nur die laufende Nummer des Titelblatts zur Bezeichnung zu wählen.

c) Alle Eintragungsvermerke müssen möglichst kurz entworfen und gedrängt eingetragen werden. Bei Eintragung von Auszugsprästationen, die in Leistungen mancherlei Art zu bestehen pflegen, genügt die Bezugnahme auf die Stellen des Dokuments, worin sie bedungen und näher beschrieben sind.

d) Bei der ersten Anlegung des Hypotheken-Foliums ist nur der zeitige Besitzer einzutragen, wenn gleich Behufs Prüfung seines Besitztitels, auf den Vorgänger im Besitze bei Besitzveränderungen seit Einführung der Hypotheken-Ordnung (nach §. 29 und 30, Tit. IV derselben) zurückgegangen werden muß; so daß es also der Eintragung des Vorbesitzers in das Hypothekenbuch bei dieser ersten Besitztitel-Berichtigung nie bedarf.

e) In welcher Art der §. 91, Tit. II der Hypotheken-Ordnung bei Abschreibung veräußerter Parzellen anzuwenden ist, bestimmt das Reskr. vom 24. Dezember 1832 (Jahrb. Bd. XL, S. 471—475)[42a].

6. Zur größeren Förderung des Hypotheken-Einrichtungswesens bei den walzenden Grundstücken, und zur Beseitigung der Schwierigkeiten, welche die mit Ertheilung vollständiger Hypothekenscheine verbundene Schreibarbeit gewöhnlich herbeiführt, wird nachgelassen, daß bei der ersten Anlegung des Folii für solche Grundstücke Hypothekenscheine, nur wenn die Interessenten sie ausdrücklich verlangen, außerdem Atteste über die erfolgte Eintragung ertheilt und Benachrichtigungen darüber erlassen werden. Jederzeit aber muß die erfolgte Eintragung nicht nur auf dem Original-Instrument, sondern auch auf der früher nach §. 14 der Instruktion vom 12. August bereits ertheilten Rekognition registrirt werden, welche sodann mit dem Atteste verbunden zurückzugeben ist.

7. Bei den Grundakten müssen zwar vidimirte Abschriften der Original-Instrumente, welche die Interessenten zurückerhalten, bleiben; enthält indeß ein solches Instrument auch andere, das einzutragende Recht nicht berührende Gegenstände, so genügt ein vidimirter Extrakt der betreffenden Stellen. Ist nach §. 14 der Instruktion v. 12. Aug. 1820 der ertheilten Rekognition über die Anmeldung eine vidimirte Abschrift des Dokuments annektirt, so ist diese bei Rückgabe des Original-Instruments zu den Grundakten zu nehmen.

Werden künftig über angemeldete Realrechte auf Grundstücke, deren Besitztitel zu berichtigen, nach den Bestimmungen der Allerhöchsten Anordnung vom 31. October 1831, keine Veranlassung ist,

---

42a) Oben, in der Anm. 129 zu §. 91, Tit. II.

Rekognitionen ertheilt, so müssen die Dokumente sogleich mit der Rekognition extradirt und Abschriften zu den Grundakten zurückbehalten werden.

V.

Betreffend das Herzogthum Westphalen.

1. Patent wegen Einführung des Allgemeinen Landrechts und der Allgemeinen Gerichtsordnung in das Herzogthum Westphalen, das Fürstenthum Siegen mit den Aemtern Burbach und Neuen-Kirchen (Freien- u. Hücken-Grund) und die Grafschaften Wittgenstein-Wittgenstein und Wittgenstein-Berleburg, v. 21. Juni 1825. (G. S. S. 153.)

§. 6. Unsere auf das Hypothekenwesen sich beziehenden Gesetze sollen, bis zur erfolgten Revision der Hypothekenordnung, außer Anwendung bleiben und dafür folgende Vorschriften eintreten.

§. 7. Kein Besitzer von Grundstücken soll von Amts wegen angehalten werden, sein Eigenthum nachzuweisen.

§. 8. Wer vom 1. December d. J. an auf ein Grundstück irgend einen Titel zur Hypothek oder überhaupt zu einem Realrechte erwirbt, welches diese Eigenschaft nach den Vorschriften des A. L. R. nur durch das Mittel der Eintragung erlangen soll, hat denselben bei dem Gerichte, in dessen Gerichtssprengel das Grundstück gelegen ist, anzumelden und nachzuweisen.

§. 9. Das Gericht hat den angemeldeten Titel nicht bloß genau aufzuzeichnen, sondern auch die Gültigkeit und Rechtsbeständigkeit desselben, ohne daß jedoch der Nachweis des Eigenthums an dem Grundstück auf Seiten desjenigen, von welchem der Titel hergeleitet wird, amtlich zu erfordern ist (§. 7), zu prüfen und, wenn sich dabei nichts zu erinnern findet, demjenigen, von welchem die Anmeldung geschehen ist, eine Rekognition über die erfolgte Prüfung und befundene Rechtsbeständigkeit, imgleichen über die Zeit der Anmeldung, unter dem Original-Instrumente, worin die Hypothek oder das Realrecht bestellt worden, auszufertigen[43]), sodann aber sämmtliche Urkunden und Beweismittel dem Anmelder zurückzugeben.

§. 10. Der Realberechtigte oder Gläubiger (§. 8) erwirbt durch diese Anmeldung und Bescheinigung das Recht:

a) seine Ansprüche gegen dritte Besitzer[44]) zu verfolgen;

b) bei einem ausbrechenden Konkurse auf Ansetzung in die dritte Klasse nach dem Zeitpunkte der geschehenen Anmeldung anzutragen.

§. 11. Jeder Realberechtigte oder Gläubiger (§. 8), welcher diese Rechte geltend machen will, muß erforderlichen Falls das Eigenthum

---

43) Die Ausfertigung einer Rekognition, nach Maßgabe dieser Vorschrift, hindert das Erlöschen des dinglichen Rechts durch Konfusion nicht; die Anwendbarkeit des §. 52 Anh. z. A. L. R. wird bedingt durch die Existenz eines förmlichen Hypothekenbuchs. Pr. 1804, v. 14. Novbr. 1846.

44) Der in den §§. 10 und 22 vorkommende Ausdruck „dritter Besitzer" bezeichnet einen Jeden, der den Besitz eines mit Hypotheken belasteten Grundstücks erlangt, die Pfandschuld aber weder selbst kontrahirt hat, noch in die persönliche Verbindlichkeit des Schuldners eingetreten ist; ohne Rücksicht darauf, ob zur Zeit dieser Besitzerwerbung die zur Anmeldung älterer Hypotheken im §. 22 bestimmte Frist bereits abgelaufen war, oder nicht. Pr. des Ob.-Tr. 370 b, v. 27. October 1837.

desjenigen, von welchem er sein Realrecht oder seine Hypothek herleitet, nachweisen und wird von diesem Beweise durch die in Gemäßheit des §. 9 ertheilte Rekognition nicht befreit.

§. 12. Verlangt ein Gläubiger, welchem auf den Grund der vorstehenden Bestimmungen ein Hypothekenrecht zustehet, die Subhastation eines Grundstücks; so soll dabei nach den Vorschriften der Allg. Gerichts-Ordnung Th. I, Tit. 51, §. 99 und folg. verfahren werden.

§. 13. Alle Bestimmungen Unserer Gesetze, welche mit dem Inhalte der §§. 7—12 im Widerspruch stehen würden, oder das Dasein eingerichteter Hypotheken-Bücher voraussetzen, namentlich die §§. 6, 12 und 13, Th. I, Tit. 10; §§. 411 und 412, Th. I, Tit. 20 des Allg. Landrechts, so wie der §. 394 der Allg. Ger.-Ordnung Th. I, Tit. 50 bleiben vorläufig außer Anwendung.

§. 14. Wenn es auf die Klassifikation der Forderungen mehrerer Gläubiger ankommt, so sind in allen Fällen, in welchen nach dem 1. December d. J. der Konkurs oder Liquidations-Prozeß eröffnet, oder das Kreditwesen eingeleitet worden, die Vorschriften der Preußischen Gesetze, ohne Rücksicht auf die zur Zeit der Entstehung der Forderung geltend gewesenen Gesetze, zum Grunde der Entscheidung zu legen.

Ist ein wirkliches Pfand- oder Hypothekenrecht, es mag dies ein ausdrückliches oder stillschweigendes sein, vor Einführung der Allg. Ger.-Ordnung bestellt worden, so muß der Gläubiger auch bei der, nach den Vorschriften der Allg. Ger.-Ordnung stattfindenden Klassifikation als Pfand- oder Hypotheken-Gläubiger angesehen werden.

Unter mehreren älteren Gläubigern wird die Priorität nach den bisherigen Gesetzen bestimmt. Der Anspruch auf die dritte Klasse kommt jedoch den älteren Hypothekengläubigern nur in so fern zu gut, als sie sich vor dem 1. September 1826[45]) melden, in welchem Fall sie nach der Vorschrift des §. 9 zu behandeln sind, und dadurch die im §. 10 angegebenen Rechte erlangen, auch in Absicht der Bestimmung der Priorität die Zeit der Anmeldung nicht beachtet werden soll. Wer sich bis zu jenem Tage nicht gemeldet hat, verliert jeden Anspruch auf diese durch die älteren Gesetze begründete Priorität[46])

---

45) Verlängert bis zum 1. September 1828. K. O. vom 20. Juli 1826 (G. S. S. 64) und v. 31. Juli 1827 (G. S. S. 85).

46) Diese Bestimmung, daß die „Priorität" durch Versäumung der Frist verloren gehe, hat eine Meinungsverschiedenheit über den eigentlichen Gegenstand des Verlustes: ob nämlich nur die Priorität oder der ganze Realanspruch verloren gehe, veranlaßt. Das Ob.-Tr. (II. Sen.) vertritt in dem Pr. 370a, v. 27. Oct. 1837 den Satz: „Die unterlassene Anmeldung eines im Herzogthum Westphalen vor dem 1. December 1825 entstandenen Hypothekenrechts innerhalb der im §. 22 des Patents bestimmten bis zum 1. September 1828 verlängerten Frist, hat nicht den Verlust des Hypothekenrechts, sondern nur den Verlust der dem Hypothekengläubiger nach den vor dem 1. December 1825 im Herzogthum Westphalen geltend gewesenen Gesetzen gebührenden Priorität im Konkurse zur Folge." Das Plenum hat in einem Gutachten v. 5. Juni 1838 die andere Meinung durchgeführt und den Satz hingestellt: Die unterbliebene Anmeldung der vor dem 1. Decbr. 1825 entstandenen Hypothekenrechte in der bestimmten präklusivischen Frist zieht nicht bloß den Verlust der den Gläubigern nach den älteren Gesetzen zustehenden Priorität, sondern auch den Verlust des Hypothekenrechts gegen den

und ist lediglich nach Unsern gegenwärtig eingeführten Gesetzen zu beurtheilen.

2. Verordnung wegen Einrichtung des Hypothekenwesens in dem Herzogthum Westphalen, dem Fürstenthum Siegen mit den Aemtern Burbach und Neuenkirchen (Freien= und Hücken'schen Grund) und den Grafschaften Wittgenstein=Wittgenstein und Wittgenstein=Berleburg vom 31. März 1834. (G. S. S. 47.)

Wir haben in dem Patente vom 21. Juni 1825 wegen Einführung des Allg. Landrechts und der Allg. Ger.=Ordnung in das Herzogthum Westphalen, das Fürstenthum Siegen mit den Aemtern Burbach und Neuenkirchen (Freien und Hücken'schen Grund) und in die Grafschaften Wittgenstein=Wittgenstein und Wittgenstein=Berleburg, erklärt, daß Unsere auf das Hypothekenwesen sich beziehenden Gesetze bis zur erfolgten Revision der Hypothekenordnung außer Anwendung bleiben sollen; da jedoch diese Revision für jetzt noch nicht hat vollendet werden können, so verordnen Wir, um den gedachten Ländern die Vortheile eines vollständig gesicherten Realkredits schon jetzt zu Theil werden zu lassen, auf den Antrag Unseres Staatsministeriums, wie folgt:

Einführung der Preußischen Hypothekengesetze.

§. 1. Die Allg. Hypothekenordnung vom 20. December 1783 und die darauf Bezug habenden späteren gesetzlichen Vorschriften erhalten in den, im Eingange der Verordnung genannten Landestheilen mit dem 1. Mai 1834 volle Gesetzeskraft unter nachstehenden näheren Bestimmungen.

Hypothekenbehörden.

§. 2. Die Bearbeitung des Hypothekenwesens verbleibt den Gerichten, welche zur Zeit damit beauftragt sind.

---

dritten Besitzer des den Gegenstand dieses Rechts bildenden Grundstücks nach sich. (Jahrb. Bd. LI, S. 412.)

Zur Fortdauer der Gültigkeit der älteren, vor Einführung der preuß. Gesetze bereits erworbenen Hypothekenrechte ist außer der Anmeldung nicht auch noch eine, innerhalb der hierzu bestimmten, präklusivischen Frist, zu ertheilende Rekognition erforderlich. R. v. 12. December 1840 (J. M. Bl. 1841, S. 26); Gutachten des Ob.=Tr. v. 10. Januar 1842 (J. M. Bl. S. 44). Hinsichtlich der General=Hypotheken aber hat das Ob.=Tr. den entgegengesetzten Grundsatz, betreffend die Priorität, durch das Pr. 940, v. 7. November 1840 festgestellt: „Zur Erhaltung der Priorität einer unter der Herrschaft des gemeinen Rechts — vor dem 1. Decbr. 1825 erworbenen General=Hypothek vor den, nach dem 1. Decbr 1825 erworbenen, gemäß §. 8 angemeldeten, gemäß §. 9, 16 mit Rekognition versehenen Titeln zur Spezial=Hypothek, genügt nicht die nach Vorschrift des §. 22 innerhalb der daselbst geordneten Präklusivfrist geschehene Anmeldung allein, sondern es ist hierzu auch Specialisirung und Rekognition erforderlich. Die gemeinrechtliche, innerhalb der Präclusivfrist angemeldete General=Hypothek hat demnach nur dann die Priorität vor den, nach dem 1. December 1825 auf ein bestimmtes Grundstück gemäß §. 8 u. 9 erworbenen Titeln zur Hypothek, wenn sie vor den letzteren auf dasselbe Grundstück specialisirt, und über diese Anmeldung der specialisirten General=Hypothek die im §. 9 vorgeschriebene Rekognition ertheilt ist.“ Nach den in dem Gutachten v. 5. Juni 1838 begründeten Rechtsgrundsatz muß sich der Verlust nicht auf die Priorität beschränken, sondern muß auch das Realrecht gegen den Dritten überhaupt treffen.

Worüber das Hypotheken-Buch geführt werden soll.

§. 3. Nur Grundstücke, nicht aber Gerechtigkeiten, welche für sich bestehen (§. 14, Tit. 1 der Hyp.-O.), erhalten ein Folium im Hypotheken-Buche. Bei getheiltem Eigenthume wird das Folium für das Nutzungs-Eigenthum, bei Vererbpachtungen für die Erbpachtsgerechtigkeit angelegt. Die Rechte des Ober-Eigenthümers und des Erbverpächters werden in der zweiten Rubrik vermerkt.

Ueber die Gegenstände des Bergwerks-Eigenthums, worauf diese Verordnung keine Anwendung leidet, bleiben besondere Bestimmungen vorbehalten[47]).

Pflicht der Hypothekenbehörde zur Anlegung eines Foliums.

§. 4. Die Anlegung eines Foliums erfolgt, wenn der Besitzer des Grundstücks ausdrücklich darauf anträgt, oder wenn er nach Maaßgabe Unserer Ordre vom 31. October 1831 (G. S. S. 251) von Seiten der Gerichte zur Berichtigung des Besitztitels angehalten werden muß.

Verbindung des Hypotheken-Buchs mit dem Kataster.

§. 5. Den Hypotheken-Büchern wird das Kataster zum Grunde gelegt. Die Flurbücher, wovon jedem Untergericht für seinen Bezirk eine Abschrift mitgetheilt werden soll, dienen zur Ausmittelung der in die Hypotheken-Bücher gehörenden Grundstücke, ihrer Lage und Größe. Ihre Bezeichnung im Kataster und in den Flurbüchern ist bei dem Hypotheken-Buche beizubehalten[48]).

§. 6. Besitzt Jemand mehrere unter verschiedenen Nummern des Flurbuchs aufgeführte, innerhalb desselben Gerichts-Bezirks belegene Grundstücke, sie mögen in einer Verbindung mit einander stehen oder nicht, so bleibt es seiner Willkür überlassen, ob und in welcher Art er ein Folium oder mehrere Folien damit anlegen lassen will.

Insoweit diese Grundstücke aber

1) nicht innerhalb ein und desselben Katastral-Gemeindebezirks liegen,
2) für die in der dritten Rubrik des Hypotheken-Buchs einzutragenden Forderungen nicht auf gleiche Weise verpfändet worden sind oder verpfändet werden sollen, oder
3) wenn es das Gericht, sei es um Verwirrung zu vermeiden oder um die Uebersicht zu erleichtern, für zweckmäßig erachtet,

sind für dieselben besondere Folien im Hypotheken-Buche anzulegen.

Vorschriften über die erste Berichtigung des Besitztitels.

§. 7. Jeder Eigenhümer eines Grundstücks, dessen Eintragung in das Hypotheken-Buch geschehen soll, ist verpflichtet:

1) seinen Vorbesitzer zu benennen,
2) den Rechtsgrund anzugeben, vermöge dessen das Eigenthum von dem Vorbesitzer auf ihn übergegangen ist;

---

47) M. s. den zweiten Abschnitt dieser Nachträge.

48) Hierzu die K. O. v. 16. Juli 1840, unten, Nr. 3 und die Instr. vom 30. Januar 1842, unten, Nr. 4.

demzufolge auch

3) alle darauf Bezug habende Dokumente und Beweismittel, in deren Besitz er sich befindet, getreulich vorzulegen, und
4) einen Auszug aus der Grundsteuer-Mutterrolle einzureichen, mit einer Bescheinigung, daß seit der letzten Berichtigung der Mutterrolle keine Besitz-Veränderungen bekannt geworden sind.

§. 8. Zur Eintragung des Besitztitels auf den Namen des in der Mutterrolle als Steuerpflichtigen vermerkten Besitzers genügt es, wenn derselbe

1) das Grundstück in einer Subhastation erstanden, oder ein Präklusions-Erkenntniß darüber ausgebracht hat (§. 30, Tit. IV der Hyp.-O.),

oder

2) wenn er durch Dokumente, Zeugen oder Atteste öffentlicher Behörden glaubwürdig bescheinigt, daß er das Grundstück seit dem 1. December 1825, oder überhaupt 10 Jahre lang ununterbrochen besitze[49]).

§. 9. Bei einem kürzeren Besitzstande (§. 8, Nr. 2) muß der Uebergang auf den Besitzer durch einen zur Erwerbung des Eigenthums nach Vorschrift des Allgemeinen Landrechts an sich geeigneten, dem Inhalt und der Form nach rechtsgültigen Titel nachgewiesen, und

entweder

1) dargethan werden, daß der unmittelbare Vorbesitzer selbst schon einen Titel für sich hatte, der nach den damals geltenden Gesetzen an sich zur Erwerbung des Eigenthums geschickt ist (§§. 29 und 30, Tit. IV der Hyp.-O.),

oder

2) durch Dokumente, Zeugen oder Atteste öffentlicher Behörden glaubwürdig bescheinigt werden, daß der jetzige und der Vorbesitzer, ihren Besitzstand zusammengerechnet, das Grundstück seit dem 1. December 1825, oder überhaupt 10 Jahre lang besitzen.

Der Eintragung des Vorbesitzers in das Hypotheken-Buch bedarf es nicht.

§. 10. Wer die Berichtigung des Besitztitels eines in der Mutterrolle auf den Namen eines Andern eingetragenen Grundstücks für sich verlangt, muß sein besseres Recht nachweisen. Der in der Mutterrolle eingetragene Steuerpflichtige wird darüber gehört, und bei entstehendem Widerspruche die Sache zur richterlichen Entscheidung verwiesen.

Aufforderung Aller,

a) welche Eigenthums-Ansprüche machen und nicht in der Mutterrolle als Steuerpflichtige eingetragen stehen,

und

b) welchen das Recht zusteht, die Dispositions-Befugniß des Besitzers zu beschränken,

sich binnen drei Monaten zu melden.

§. 11. Da unter den vorstehenden Bedingungen für den in der

---

49) Vergl. oben, die Anm. 42 zu §. 10, Tit. 4 und die Anm. dazu.

Mutterrolle eingetragenen Steuerpflichtigen der Besitztitel berichtigt werden soll, so werden alle diejenigen,

welche nicht in der Mutterrolle als Steuerpflichtige eingetragen stehen und dennoch vermeinen, daß ihnen

als Eigenthümern

oder

aus einem Lehnsverhältnisse, einer Substitution, oder sonst einem, die freie Dispositionsbefugniß des Besitzers einschränkenden Rechtsgrunde

Ansprüche zustehen,

hierdurch aufgefordert, solche zeitig bei der Hypothekenbehörde anzumelden.

Es wird denselben hierzu eine Frist von drei Monaten von dem Tage der Gesetzeskraft dieser Verordnung bestimmt.

Nach Ablauf derselben muß der Hypothekenrichter, den Vorschriften der §§. 4 und 8 gemäß, mit der Berichtigung des Besitztitels vorschreiten, und Jeder, der die Anmeldung seiner Realansprüche versäumt, hat es sich selbst beizumessen, wenn bis zur Nachholung seiner Anmeldung der eingetragene Besitzer in allen mit dritten Personen über das Grundstück geschlossenen, oder zu schließenden Verhandlungen, nach Vorschrift des A. L. R. Th. I, Tit. 10, §. 7 u. f., für den wahren Eigenthümer desselben angesehen wird.

Eintragung bisher erworbener Hypotheken- und Realrechte in das neue Hypotheken-Buch.

§. 12. Bei Anlegung des Hypotheken-Buchs sollen

a) alle Hypotheken, welche in Folge des im §. 22 des Patents vom 21. Juni 1825 und Unserer Ordre vom 4. Februar 1828 geschehenen Aufrufs bei dem Gericht, in dessen Gerichtssprengel das Grundstück belegen ist, bis dahin angemeldet worden sind[50]);

b) sämmtliche nach §§. 8—11 des Patents vom 21. Juni 1825 seit dem 1. December 1825 entstandenen Realrechte,

von Amts wegen berücksichtigt werden.

§. 13. Es ist dabei in nachstehender Art zu verfahren:

1) Bei jeder Besitztitel-Berichtigung muß der Real-Schuldenzustand

a) durch Vernehmung des Besitzers,

b) durch Extrakte aus den bisher geführten Registern über die angemeldeten Realrechte und Hypotheken, und

c) durch Einsicht der denselben zum Grunde liegenden Anmeldungen und Dokumente, festgestellt werden.

2) Jeder auf diese Weise ermittelte Realberechtigte oder Hypothekengläubiger ist aufzufordern, die ihm ertheilte Rekognition, mit dem dazu gehörigen Dokument, zur Eintragung in das Hypotheken-Buch einzureichen.

---

50) Rückständige gutsherrliche Abgaben, welche den §§. 4, 9, Tit. 1 der Hyp.-O. zuwider nicht eingetragen, beziehungsweise zur Rekognition nicht angemeldet worden sind, haben nicht die Natur eines objectivdinglichen, gegen jeden dritten Besitzer verfolgbaren Rechts. Pr. des Ob.-Tr. 1634, v. 28. October 1845.

Auch Erben, Cessionarien, Pfand-Inhaber und andere Betheiligte erhalten eine solche specielle Aufforderung, wenn ihr Rechts-Anspruch zu den Grundakten angezeigt worden.

Aufforderung der unbekannten Inhaber von Rekognitionen, sich binnen drei Monaten zu melden.

§. 14. Alle Inhaber von Rekognitionen, welche ihre Rechtsansprüche zu den Grundakten nicht angezeigt haben, werden aufgefordert, spätestens innerhalb dreier Monate, vom Tage der Gesetzeskraft dieser Verordnung an gerechnet, die Anmeldung nachzuholen.

Folgen der Unterlassung.

§. 15. Wer der ergangenen Aufforderung (§§. 13 und 14) nicht genügt, behält zwar

a) seine Rechte gegen die Person seines Schuldners oder dessen Erben, und kann sich auch an das ihm verhaftete Grundstück halten, insofern solches noch in den Händen dieses Schuldners oder dessen Erben sich befindet;

er geht aber

b) in Beziehung auf alle übrige Realberechtigte, deren Hypotheken- und andere Realansprüche eingetragen worden, seiner Vorzugsrechte verlustig,

verliert

c) in Beziehung auf jeden Dritten, der im redlichen Glauben an die Richtigkeit des Hypotheken-Buchs nach der Anlegung des letzteren das Grundstück selbst erworben hat, sein Realrecht,

und haftet endlich

d) für jeden mit dem Dokument späterhin gemachten Mißbrauch, und für jeden hierdurch und aus der Nichtbefolgung der an ihn ergangenen Aufforderung entstehenden Schaden.

§. 16. Jeder zur Einreichung der ertheilten Rekognition aufgeforderte Realberechtigte ist verpflichtet, auf Erfordern die Grundstücke, auf welchen sein Recht eingetragen werden soll, speciell nach deren Bezeichnung im neuen Flurbuche anzugeben.

Waltet gegen die Identität dieser Grundstücke mit den im Dokument verpfändeten kein Zweifel ob, oder erkennt der Besitzer diese Identität an, so begründet die erhaltene Rekognition einen Anspruch auf die Eintragung des Rechts selbst.

Entstehen Zweifel über die Identität, die sich nicht sofort beseitigen lassen, die Identität aber ist wahrscheinlich, so wird dadurch jedenfalls die Eintragung einer Protestation begründet.

Eine mangelhafte oder vorläufige Rekognition über zwar bescheinigte, aber nicht sofort liquid zu machende Realansprüche begründet ebenfalls einen Anspruch auf die Eintragung einer Protestation zur Erhaltung des Vorrechts.

Prioritäts-Bestimmungen.

§. 17. Allen vor dem 1. December 1825 entstandenen, binnen der vorgeschriebenen Frist angemeldeten Realrechten gebührt bei der Eintragung die Priorität vor den später erworbenen, mit Vorbehalt der näheren Bestimmungen ihrer Rangverhältnisse unter sich, welche festzustellen, oder im Fall eines Streites durch richterliche Entscheidung feststellen zu lassen, den Interessenten überlassen bleibt.

Die seit dem 1. December 1825 entstandenen werden nach der Zeitfolge ihrer Anmeldung eingetragen.

Getilgte Realforderungen.

§. 18. Realforderungen, die bei einer Subhastation, einem Konkurs- oder Liquidations-Prozesse ausgefallen, präkludirt oder durch Zahlung getilgt sind, werden nicht weiter berücksichtigt.

Behauptet der Besitzer, daß das Realrecht auf andere Weise aufgehoben worden, so muß er diese Aufhebung sofort darthun. Kann er dies nicht, so ist die Eintragung der Forderung und zugleich in der Kolonne „Cessionen" die Eintragung des Widerspruchs zu bewirken, sofern derselbe bescheinigt ist.

Vorsichtsmaßregeln für die Inhaber bereits angemeldeter Titel zu Hypotheken- und Realrechten.

§. 19. Allen Inhabern bereits angemeldeter Titel zu Hypotheken- und Realrechten, welche ungewiß darüber sind, ob die von ihnen angemeldeten Titel auch wirklich in die geführten Hypotheken-Register aufgenommen worden, und daher besorgen, bei der nach §. 12 u. f. vorzunehmenden Feststellung des Schuldenzustandes unbeachtet zu bleiben, bleibt es überlassen, sich die angelegten Hypothekenregister vorlegen zu lassen, und erforderlichen Falls die Nachtragung in dieselben, oder die Ertheilung vollständiger Rekognitionen anderweit in Antrag zu bringen.

Auch steht es ihnen frei, durch schriftliche Eingaben sich die Berücksichtigung bei der Anlegung des Foliums zu sichern. Es muß jedoch diese Eingabe enthalten:

eine genaue Bezeichnung der verhafteten Grundstücke;
die Namen der gegenwärtigen Besitzer derselben;
die Angabe des Titels und des Datums der frühern Anmeldung.

Endlich muß derselben

eine Abschrift der erhaltenen Rekognition beigefügt werden.

Ausmittelung und Eintragung der älteren, bisher nicht aufgebotenen Reallasten.

§. 20. In dem, §. 11 dieser Verordnung erfolgten Aufruf sind diejenigen Realberechtigten nicht mit begriffen, welche aus einem Grundstück gewisse zu bestimmten Zeiten wiederkehrende, nach §. 49, Tit. I. der Hypotheken-Ordnung in die zweite Rubrik gehörende Hebungen zu beziehen und diese bereits vor dem 1. December 1825 erworben haben.

Die Vernehmung des Besitzers über seinen Besitztitel ist daher auch auf das Vorhandensein solcher beständigen Lasten und Abgaben mit möglichster Sorgfalt zu richten.

Es sind diese Lasten und Abgaben sodann, mit Ausnahme derjenigen, die nach §. 48, Tit. I. der Hypotheken-Ordnung und §. 58 des Anhanges zum A. L. R. überhaupt keiner Eintragung bedürfen, zur Eintragung zu notiren und der Berechtigte davon in Kenntniß zu setzen.

§. 21. Wenn der Besitztitel hiernächst berichtigt und das Hypotheken-Folium angelegt worden ist, so ist dies unter wörtlicher

Bezeichnung des Grundstücks und des Besitzers, wie solche das Hypotheken-Buch enthält, durch einmalige Einrückung in das Amtsblatt der Regierung öffentlich bekannt zu machen, mit dem Bemerken, daß alle Realberechtigte jener Art (§. 20), welche von der geschehenen Aufzeichnung ihrer Ansprüche nicht besonders benachrichtigt worden sind, sich noch innerhalb dreier Monate bei der Hypothekenbehörde melden müssen.

Wer auch diese Frist verabsäumt, verfällt in dieselben Nachtheile, welche der §. 15 ausspricht.

Die Bekanntmachungen sollen aber nicht einzeln für jedes Grundstück, sondern vierteljährig durch Unser Hofgericht zu Arnsberg erfolgen, welches die Verzeichnisse der einzelnen Gerichte zu sammeln und in ein Haupt-Verzeichniß zusammen zu stellen hat.

Verordnung vom 22. März 1844, wegen eines allgemeinen Aufrufs rc. (G. S. S. 71).

Nachdem die Einrichtung des Hypothekenwesens in dem Herzogthum Westphalen, dem Fürstenthum Siegen, den Aemtern Burbach und Neuenkirchen und den Grafschaften Wittgenstein-Wittgenstein und Wittgenstein-Berleburg in Folge der Verordnung vom 31. März 1834 so weit vorgeschritten ist, daß die im §. 20 jener Verordnung bezeichneten Realrechte zum größten Theile ausgemittelt und sichergestellt sind, und demnach zweckmäßig befunden worden, an die Stelle der im §. 21 a. a. O. vorgeschriebenen besonderen Bekanntmachungen ein allgemeines Aufgebot treten zu lassen; so verordnen Wir auf den Antrag Unseres Staats-Ministeriums für die vorgenannten Landestheile, was folgt:

§. 1. Alle Realberechtigte, welche vermöge eines schon vor dem 1. Dezember 1825 entstandenen Rechtstitels aus einem Grundstücke gewisse, zu bestimmten Zeiten wiederkehrende, nach §. 49, Tit. I. Hypotheken-Ordnung in die zweite Rubrik des Hypotheken-Buchs gehörende Hebungen zu beziehen haben, werden, sofern sie bisher weder

a) von der durch die Besitzer der belasteten Grundstücke nach §. 20 der Verordnung vom 31. März 1834 erfolgten Anzeige ihrer Rechte in Kenntniß gesetzt worden, oder ihre Rechte selbst angemeldet haben; noch

b) in Gemäßheit des §. 21 jener Verordnung zur Anmeldung aufgerufen sind,

hierdurch aufgefordert:

ihre Ansprüche innerhalb dreier Monate, vom Tage der Gesetzeskraft dieser Verordnung an gerechnet, bei dem kompetenten Hypothekenrichter anzumelden.

In diesen Anmeldungen sind die verpflichteten Grundstücke so zu bezeichnen, wie sie im Kataster-Flurbuche aufgeführt sind.

§. 2. Wer dieser Aufforderung nicht genügt, verfällt in die Nachtheile, welche der §. 15 jener Verordnung vom 31. März 1834 ausspricht.

Er behält hiernach zwar:

a) seine Rechte gegen die Person seines Schuldners oder dessen Erben und kann sich auch an das ihm verhaftete

Grundstück halten, insofern dasselbe noch in den Händen dieses Schuldners oder dessen Erben sich befindet;

geht aber

b) in Beziehung auf alle übrige Realberechtigte deren Hypotheken und andere Realansprüche eingetragen worden sind, seiner Vorzugsrechte verlustig;

verliert

c) in Beziehung auf jeden Dritten, der nach der Anlegung des Hypotheken-Buchs und im redlichen Glauben an die Richtigkeit desselben das Grundstück selbst erworben hat, sein Realrecht,

und haftet endlich

d) für jeden mit dem Dokument späterhin gemachten Mißbrauch und für jeden hierdurch und aus der Nichtbefolgung der an ihn ergangenen Aufforderung entstehenden Schaden.

§. 3. Bei der Besitztitel-Berichtigung ist wegen Feststellung und Eintragung der im §. 1 bezeichneten Realrechte nach §. 13 Nr. 1, §. 17 und §. 22 der Verordnung vom 31. März 1834 zu verfahren. Bestreitet der Besitzer einen zwar rechtzeitig angemeldeten, aber noch nicht bescheinigten Anspruch, so ist der Anmeldende vor Anlegung des Hypothekenfoliums erst zu vernehmen, wie er sein Recht zu bescheinigen im Stande sei.

§. 4. Wer sein Recht bereits angemeldet hat, braucht zwar die Anmeldung (§. 1) nicht zu wiederholen, er ist jedoch verbunden, auf besondere Anforderung des Gerichts in einer von diesem zu bestimmenden Frist, bei Vermeidung der im §. 2. bestimmten Nachtheile, die Kataster-Bezeichnung des verpflichteten Grundstücks anzugeben, wenn solche in der früheren Anmeldung nicht enthalten war.

§. 5. Die Vorschriften der Verordnung vom 31. März 1834 §§. 20 und 21 werden hierdurch aufgehoben; ist aber die im §. 21 jener Verordnung vorschriebene Bekanntmachung bereits erfolgt oder schon verfügt worden, so sind in diesen Fällen noch die Vorschriften des angeführten §. 21 anzuwenden.

§. 22. Diejenigen älteren Realansprüche, welche vorschriftsmäßig angemeldet worden und deren Richtigkeit durch öffentliche Urkunden oder das Anerkenntniß des Besitzers des verhafteten Grundstücks nachgewiesen ist, werden ihrer Zeitfolge nach in das Hypotheken-Buch eingetragen, mit dem ausdrücklichen Vorbehalte der näheren Bestimmung ihrer Rangordnung unter sich.

Ist der Nachweis der Richtigkeit nicht geführt, der Anspruch jedoch einigermaaßen bescheinigt, und widerspricht der Besitzer der Eintragung, so kann nur eine Protestation, und es muß dabei zugleich der Widerspruch des Besitzers vermerkt werden.

Die Feststellung der Rangordnung unter denselben erfolgt nach den im §. 17 angegebenen Bestimmungen.

§. 23. Bei Grundstücken, welche nach dem 1. Dezember 1825 in einer nothwendigen Subhastation erstanden sind, und worüber nach §. 99 u. f. Tit. 51 der Prozeß-Ordnung ein Präklusions-Erkenntniß ergangen ist, findet eine Ausmittelung der älteren Reallasten nicht weiter statt.

Von den künftig zu erwerbenden Realrechten.

§. 24. Wenn für ein Grundstück ein Folium im Hypotheken-Buche angelegt ist, so hört in Beziehung auf dasselbe die im §. 13 des Patents vom 21. Juni 1825 erfolgte Suspension derjenigen Gesetze auf, welche das Dasein eingerichteter Hypotheken-Bücher voraussetzen, und es treten die Vorschriften der Hypotheken-Ordnung und der sich darauf beziehenden gesetzlichen Vorschriften in volle Kraft. Insbesondere kann auf ein solches Grundstück ein Realrecht nach Vorschrift Unserer Verordnung vom 16. Juni 1820 (Ges. S. S. 106) oder nach §§. 8—12 des Patents vom 21. Juni 1825 (Ges. S. S. 153) nicht ferner erworben werden.

§. 25. In Beziehung auf solche Grundstücke, womit noch kein Folium im Hypotheken-Buche angelegt ist, bleibt es dagegen bei den Vorschriften der §§. 8—13 des Patents vom 21. Juni 1825 und der Verordnung vom 16. Juni 1820.

Jeder angemeldete Titel muß jedoch für die künftige Eintragung genau aufgezeichnet und in den Dokumenten oder Anmeldungen das betreffende Grundstück so bezeichnet werden, wie es im Kataster-Flurbuch aufgeführt ist. In der auszufertigenden Rekognition muß das Grundstück ebenso bezeichnet werden.

§. 26. Auch denen, welche durch Cession, Verpfändung oder aus einem andern gesetzlichen Grunde in die Rechte des ursprünglichen Realberechtigten getreten sind, steht es in dem Falle des §. 25 frei, ihr Recht bei der betreffenden Hypothekenbehörde anzumelden.

Es ist Ihnen ein Attest darüber zu ertheilen.

Allgemeine Bestimmungen.

§. 27. In allen künftig abzuschließenden Verträgen über Grundstücke, insbesondere in Kauf- und Verpfändungs-Instrumenten, welche vor Gericht oder vor einem Notar aufgenommen werden, ist genau anzugeben, wie die Grundstücke in dem betreffenden Kataster-Flurbuch bezeichnet sind[51]). Ist dies unterblieben, so erfolgt die Ergänzung auf Kosten dessen, dem hierbei ein Versehen zur Last fällt.

Richter und Notare, welche diese Vorschrift vernachlässigen, verfallen außerdem in eine Ordnungsstrafe von 1 bis 5 Thalern für jeden Kontraventionsfall.

§. 28. Da sich die Führung besonderer Ingrossationsbücher neben den Grundakten und Hypotheken-Büchern als überflüssig bewiesen hat, so fällt die Führung von Ingrossationsbüchern fort.

§. 29. Zur Erleichterung der Interessenten bewilligen Wir nicht nur den Verhandlungen, welche zur Eintragung der bisher erworbenen Hypotheken- und Realrechte, in dem neu anzulegenden Hypotheken-Buche erforderlich sein werden, die Kosten- und Stempel-Freiheit; sondern bestimmen auch, daß von allen denen, welche innerhalb dreier Jahre nach der Gesetzeskraft dieser Verordnung ihre Grundstücke Hypotheken-Buche eintragen lassen, außer einem Pauschquantum zur Deckung der baaren Auslagen an Papier, Schreib- und Botengebühren ꝛc., weder Gerichtsgebühren noch Stempel für diese erste Berichtigung ihrer Folien im Hypotheken-Buche eingezogen werden sollen.

---

51) Hierzu gehört die Instr. v. 7. April 1838, welche unten sub No. 6 folgt.

§. 30. Vor Ablauf des im §. 21 zur Ausmittelung der Reallasten bestimmten Zeitraums dürfen keine Hypothekenscheine, sondern nur Atteste über die erfolgte Eintragung ertheilt, oder Benachrichtigungen darüber erlassen werden.

Für die Ausführung dieser Verordnung werden die Hypothekenbehörden von Unserm Justizminister mit weiterer Anweisung versehen werden, nach welcher sie sich zu achten haben.

3. Ministerial-Instruktion vom 19. April 1834 für den Bezirk des Hofgerichts zu Arnsberg (Jahrb. Bd. XLIII, S. 622).

1) Vor Allem kommt es darauf an, daß die Gerichte nach §. 5 der Verordnung sobald als möglich Abschriften der Flurbücher für ihren Bezirk erhalten. Es ist deshalb mit den Katasterbehörden Rücksprache zu nehmen. Die Abschriften sind so einzurichten, daß für die Rubriken zu Hinweisungen auf die Grundakten und das Hypotheken-Buch, der nöthige Raum bleibt.

Die Kosten der Abschriften, wobei die möglichste Sparsamkeit anempfohlen wird, sind, so wie alle Kosten, welche durch die Einrichtung des Hypothekenwesens bei den Königl. Untergerichten entstehen, auf die Haupt-Untergerichts-Salarienkasse anzuweisen, deren Fonds deshalb verstärkt werden sollen, und unter einem besonderen Titel zu verrechnen.

2) Die Bearbeitung des Hypothekenwesens verbleibt nach §. 2 der Verordnung den Untergerichten. Insofern über die Führung des Hypotheken-Buchs unter mehreren Gerichten ein Streit entstehen sollte, so steht die Entscheidung darüber dem Hofgericht zu. Bei Gerichten, die aus mehreren Mitgliedern bestehen, ist die Bearbeitung aller die erste Einrichtung des Hypothekenwesens betreffenden Sachen, einem derselben zu übertragen, dem es überlassen bleibt, welche Gegenstände er zur gemeinschaftlichen Berathung und Beschlußnahme des Kollegiums zu bringen für geeignet hält. Dem Dirigenten des Gerichts steht jedoch die Aufsicht zu, er revidirt und vollzieht die Reinschriften der Verfügungen. — Dies gilt auch von den drei vereinigten Gerichten zu Siegen.

Bei dem Königl. Hofgericht wird zur Bearbeitung der Hypotheken-Einrichtungssachen eine Kommission von drei Mitgliedern gebildet. Dem Direktor des Hofgerichts steht im Allgemeinen die Aufsicht über die Kommission zu, auch bleibt ihm überlassen, von Zeit zu Zeit und bei Verhinderung des eigentlichen Dirigenten, den Vorsitz selbst zu übernehmen. Diese Kommision übt die Aufsicht über die Untergerichte bei Ausführung der Verordn. v. 31. März, ertheilt ihnen die nöthigen Anleitungen, revidirt ihre Arbeiten durch regelmäßige Bereisung von 3 zu 3 Monaten, zu welchem Zweck jedem Mitgliede der Kommission gewisse Untergerichte zugetheilt werden, und berichtet unmittelbar an den Justiz-Minister.

3) Die Folien für das Hypotheken-Buch werden nach dem beiliegenden, zur nähern Erläuterung theilweise ausgefüllten und mit einigen Bemerkungen versehenen Formular angelegt, so daß jedes Folium 3 Bogen stark wird. — Das Hofgericht hat hiernach den Steindruck der erforderlichen Hypothekenfolien zu besorgen, und jedem Untergerichte eine angemessene Anzahl Exemplare zu übersenden. Es ist dazu gut geleimtes weißes Papier von gewöhnlichem Akten-

Beil. AAA.

format zu verwenden, und das Zusammenbinden derselben zu Hypotheken-Büchern so lange auszusetzen, bis so viel Folien angelegt sind, daß sie in einer gewissen Folgeordnung einen mäßigen Band bilden. Bis dahin werden die einzelnen Folien in Mappen unter sorgfältigem Verschlusse asservirt.

4) An die Stelle der Ingrossations-Bücher, deren Führung nach §. 28 der Verordn. wegfällt, treten Grundakten. Sie werden angelegt, sobald Anträge auf Berichtigung des Besitztitels, oder Anmeldungen irgend eines Realrechts oder einer Hypothek eingehen. Ihnen wird vorgeheftet:

a) ein Anmeldungsbogen nach den drei Rubriken des Hypotheken-Buchs,

und

b) wenn der Besitztitel berichtigt werden soll,

eine Hypotheken-Tabelle nach dem Formulare des Hypothekenfoliums und als ein vollständiges Duplikat desselben.

Zu den Grundakten kommt jedesmal und gleich nach deren Anlegung, ein Extrakt aus den bisher schon geführten Registern über die angemeldeten Realrechte und Hypotheken, oder eine amtliche Notiz, daß die Register dergleichen nicht enthalten, so wie ferner Alles, was das Hypothekenwesen dieser Grundstücke zum Gegenstande hat. Im Flurbuch wird die erfolgte Anlegung der Grundakten bei den betreffenden Parzellen notirt, was nie unterlassen werden darf.

Für jedes einzelne Folium des Hypotheken-Buchs muß ein besonderes Grundaktenstück gehalten werden, auch wenn mehrere Folien für ein und denselben Besitzer angelegt werden sollten.

5) Wegen zweckmäßiger Einrichtung der Hypotheken-Registratur, überläßt der Justiz-Minister dem Königl. Hofgericht, die Untergerichte mit Anweisung zu versehen, und übersendet demselben zu diesem Zweck eine von dem Sekretär Schulte zu Essen eingereichte Darstellung der Einrichtung der Hypotheken-Registratur bei dem Land- und Stadtgericht zu Essen, zur Prüfung und etwanigen Berichtigung.

Die Flurbücher bilden das Realrepertorium.

Neben denselben ist ein summarisches Register nach den Namen der Besitzer, welches auf Grundakten und das Hypotheken-Buch verweiset, zu führen.

Die bisher geführten Register über die angemeldeten Realrechte und Hypotheken fallen künftig weg. Es ist aber nothwendig, daß in ihnen jedesmal vermerkt wird, welche bisherige Anmeldungen zu den besonderen Grundakten nach der Bestimmung zu §. 3 herübergenommen worden, damit sie, wenn in der Folge Extrakte aus dem Register zu ertheilen sind, nicht weiter berücksichtigt werden.

Ist erst der größere Theil der frühern Anmeldungen auf diese Weise beseitigt, so müssen diese Register später zu gelegener Zeit wegen der übrig gebliebenen von Amtswegen durchgegangen, die Anmeldungen, soweit sie nicht nach §§. 15 und 18 der Verordnung ganz unberücksichtigt bleiben müssen, zu besonders anzulegenden Grundakten gebracht, und die Register selbst reponirt werden.

6) Für wie viele einzelne Grundstücke auf den Antrag des Besitzers ein Folium angelegt werden soll, bestimmt sich nach §. 6 der Verordnung zunächst durch die Rücksicht auf den Umfang des Gerichts und Katastral-Gemeinde-Bezirks, und außerdem darnach,

wie sie der Besitzer bisher verpfändet hat, oder zu verpfänden beabsichtigt.

Sind mehrere Grundstücke auf ein Folium eintragen, und der Besitzer will in der Folge nur das eine oder andere derselben besonders verpfänden, so entscheidet lediglich das Ermessen des Gerichts nach Nr. 3 §. 6 darüber: ob ein besonderes Folium damit angelegt werden soll oder nicht? Im ersten Falle werden entweder diese Grundstücke auf dem Titelblatte abgeschrieben, die betreffenden Posten aus der zweiten und dritten Rubrik mit übertragen, und die Uebertragungen in den betreffenden Kolonnen auf den bisherigen Folien vermerkt; oder es können auch zwei ganz neue Folien angelegt, und dagegen das bisher bestandene geschlossen werden, was durch einen auf das Titelblatt und am Schlusse jeder Rubrik zu setzenden Vermerk der erfolgten Schließung, zu bewirken ist.

Wird nicht sogleich ein neues Folium angelegt, so ist bei der Eintragung der Hypothek in der dritten Rubrik genau zu bemerken, welches Grundstück verpfändet ist und worauf die Eintragung erfolgt.

7) Die Bescheinigung, deren der §. 7, Nr. 4 der Verordnung erwähnt, muß derselbe Beamte ausstellen, welcher die Mutterrolle führt, und zwar unmittelbar unter dem Auszuge, welcher zu den Grundakten kommt.

8) Geht ein Antrag auf Berichtigung eines Besitztitels ein, so wird der Besitzer zu einem Termin vorgeladen, um den Bestimmungen der §§. 7, 13 und 20 der Verordnung zu genügen. Es wird ihm in der Verfügung, wozu gedruckte oder lithographirte Formulare gebraucht werden können, bekannt gemacht, was er in diesem Termine beizubringen habe, und das Präjudiz nach der Allerhöchsten Ordre vom 6. October 1833 (G. S. S. 124) gestellt. Hat der Besitzer selbst, kein anderer Interessent, auf Berichtigung des Besitztitels angetragen; so erfolgt die Vorladung unter Androhung der Kosten und mit der Verwarnung:

daß sein Antrag für zurückgenommen werde erachtet werden.

Bei der Vernehmung nach §§. 13 u. 20 ist derselbe zu bedeuten, daß die Verschweigung ihm bekannter Realrechte, jedenfalls die Auferlegung der Kosten ihrer späteren Ermittelung und Eintragung zur Folge haben werde.

Jede Rubrik der Tabelle (§. 4) wird ausgefüllt und vollzogen, sobald die nöthigen Nachrichten dazu vorliegen. Die vorbehaltene öffentliche Aufforderung der unbekannten Realberechtigten nach §. 21 der Verordnung macht hierbei kein Hinderniß, weil die Feststellung der Rangordnung der älteren Reallasten unter sich, nach §§. 22 den Interessenten überlassen ist.

9) Die Aufforderungen der Realberechtigten oder Hypothekengläubiger nach §. 13, Nr. 2 der Verordnung, sind gleichfalls nach gedruckten oder lithographirten Formularen zu erlassen. Es versteht sich übrigens hierbei von selbst, daß Anmeldungen, welche früher schon als unbegründet oder unvollständig ganz zurückgewiesen und seitdem nicht erneuert worden sind, nicht weiter berücksichtigt werden; daß aber auch frühere Anmeldungen, worauf noch gar nicht verfügt worden ist, nun nachträglich geprüft, zu den betreffenden oder anzulegenden Grundakten gebracht, und die Rekognitionen darüber ertheilt werden müssen.

Mit dieser Aufforderung der Realberechtigten kann zugleich die nach §. 16 zulässige Aufforderung, die Grundstücke, auf welchen ihr Recht eingetragen werden soll, speziell nach deren Bezeichnung im Flurbuch anzugeben, verbunden werden, sofern die dem Hypothekenrichter vorliegenden bisherigen Verhandlungen und Anmeldungen darüber schon Zweifel ergeben. Immer aber müssen die Anmeldungen zu den betreffenden Grundakten gebracht werden.

Die erfolgte Eintragung im Hypothekenbuch ist nicht nur auf dem Original-Instrument, sondern auch auf der früher ertheilten Rekognition zu registriren, und diese mit dem Hypothekenschein oder dem nach §. 30 der Verordnung zu erlassenden Atteste verbunden, zurückzugeben.

10) Die im §. 21 der Verordnung erwähnten öffentlichen Bekanntmachungen erfolgen kostenfrei. Die dazu gehörigen Verzeichnisse sind in der Regel als eine besondere Beilage zum Amtsblatt auszugeben.

11) Die Anmeldungen nach §. 26 der Verordnung und die darüber ertheilten Atteste haben die Wirkung, daß diese Cessionarien gleich dem ersten Inhaber der Rekognition bei den Verhandlungen über das Grundstück und bei der künftigen Anlegung des Hypothekenfoliums berücksichtigt und zugezogen werden müssen.

12) Zur Deckung der baaren Auslagen, welche die jetzige Einrichtung des Hypothekenwesens nothwendig macht, soll nach §. 29 der Verordnung von den Besitzern der Grundstücke, für welche ein Folium im Hypothekenbuch angelegt werden soll, ein Pauschquantum erhoben werden. Der Justizminister will indeß zuvörderst den gutachtlichen Bericht des Königlichen Hofgerichts über die Höhe desselben erwarten, wobei zu beachten ist, daß dasselbe auch zur Deckung der baaren Auslagen bestimmt ist, welche durch die Eintragung der bisher entstandenen Realrechte entstehen. Es soll von jedem Besitzer eines Grundstücks, sobald als ein Antrag auf Berichtigung des Besitztitels eingeht, eingezogen, eine angemessene Quote den Justizamts-Aktuarien (Amtsschreibern) für die ihnen erwachsende Mehrarbeit und von ihnen zu besorgende Schreiberei, angewiesen, übrigens aber bei den Kassen unter Taxen verrechnet werden.

4. K. O. v. 16. Juli 1840, betreffend die Ausdehnung der Bestimmung im §. 5 auf die Bezirke sämmtlicher Westphälischer Oberlandesgerichte. (J. M. Bl. S. 250.)

Auf Ihren Bericht v. 26. Mai d. J. will Ich genehmigen, daß die im §. 5 der V. wegen Einrichtung des Hypothekenwesens im Oberlandesgerichts-Departement Arnsberg v. 31. März 1834 enthaltene Bestimmung auch in den Bezirken der übrigen Westphälischen Oberlandesgerichte dahin zur Ausführung gebracht werden soll, daß die Gerichte angewiesen werden, sich die Abschriften der Flurbücher, so weit sie sich noch nicht in deren Besitz befinden, allmälig nach Maaßgabe des Bedürfnisses, auf Kosten der betreffenden Salarien-Kassen aus dem Kopialienfond oder dem Fond zu sächlichen Ausgaben, zu verschaffen, damit sie das Hypothekenbuch, so wie die Registratur danach ordnen.

5. Instruktion für die Hypothekenbehörden in den Bezirken der Oberlandesgerichte zu Münster, Paderborn, Hamm und Arnsberg, in Betreff der Verbindung des Hypothekenbuchs mit dem Grundsteuer-Kataster, vom 30. Januar 1842. (J. M. Bl. S. 67.)

Zur Ausführung des allerhöchsten Befehls v. 16. Juli 1840 ergehen für die Hypothekenbehörden in den Departements der Oberlandesgerichte zu Münster, Paderborn, Hamm und Arnsberg, bei welchen jene Verbindung nicht bereits durch die Verordnung vom 31. März 1834 und die Instruktion vom 19. April desselben Jahres (Jahrb. Bd. XLIII, S. 622) zu Stande gekommen ist, nach stattgehabter Berathung mit Kommissarien dieser Oberlandesgerichte, folgende nähere Bestimmungen und Anweisungen:

I. Real-Repertorium.

§. 1. Die Hypothekenbehörden erhalten durch die betreffenden Oberlandesgerichte Abschriften der Kataster-Flurbücher aller zu dem Gerichtsbezirke gehörenden Katastral-Gemeinden, mit Verzeichnissen der seit Anfertigung der Flurbücher bisher eingetretenen Veränderungen. Die Abschriften der Flurbücher werden nach dem unter A beigefügten Formular angefertigt. Die bisher eingetretenen Veränderungen sind, insofern es die Kataster-Einrichtung in den verschiedenen Departements erlaubt, darin an den betreffenden Stellen gleich mit aufzunehmen. In welcher Art die ferner eintretenden Veränderungen den Hypothekenbehörden zugehen sollen und nachzutragen sind, darüber bleibt weitere Verfügung bis dahin vorbehalten, daß das Verfahren der Katasterbeamten durch eine projektirte neue allgemeine Fortschreibungs-Instruktion festgestellt sein wird.

§. 2. Diese Flurbücher mit ihren Nachträgen (Anhängen) bilden die Real-Repertorien.

Die Hypothekenbehörden haben darin bei allen Grundstücken, für welche Grundakten oder Hypothekenfolien angelegt sind, die hiefür bestimmten Kolumnen auszufüllen.

II. Repertorien der Grundakten.

§. 3. Die Repertorien der Grundakten werden nach dem anliegenden Formular B, und die zu denselben zu führenden Namen-Register nach dem Formular C angelegt. Für jede Katastral-Gemeinde wird in der Regel ein besonderes Repertorium bestimmt; ist jedoch bereits für den ganzen Gerichtsbezirk Ein Repertorium eingerichtet, so kann es dabei bewenden. Das Namen-Register zu den Repertorien ist stets für den ganzen Gerichtsbezirk anzulegen. In demselben fällt die Kolumne für den Namen der Katastral-Gemeinde dann weg, wenn für den ganzen Gerichtsbezirk nur Ein Grundakten-Repertorium besteht.

III. Hypothekenbuch und Tabellen.

§. 4. In den Hypothekenbüchern werden die Grundstücke nach dem Kataster bezeichnet, daher auch bei Gutskomplexen alle Bestandtheile derselben mit jener Bezeichnung aufgeführt und die Abschreibungen auf dem Titelblatt bewirkt.

§. 5. Demgemäß erhalten die Hypothekenfolien, in gleicher Größe mit den Flurbüchern, künftig die Einrichtung, welche die Anlage D angiebt. Noch vorhandene unbeschriebene, bereits liniirte Hypothekenbücher sind indeß ferner möglichst zu benutzen und die Titelblätter jener Einrichtung entsprechend auszufüllen. — Es wird gestattet, die neu anzulegenden Folien vorläufig nach Katastral-Gemeinden in Mappen aufzubewahren und erst zu einem Hypothekenbuche zu binden, wenn die gesammelten Folien einen mäßigen Band ausmachen; wobei §. 32, Tit. I der Allg. Hyp.-O. zu beachten ist.

§. 6. Den Grundakten ist eine Tabelle genau nach dem Formular der Hypothekenfolien, jedoch in Aktenformat, vorzuheften, und stets mit dem betreffenden Folium in Uebereinstimmung zu halten.

IV. Verfahren bei der ersten Besitztitel-Berichtigung.

§. 7. Bei jeder neuen Regulirung eines Hypothekenfoliums ist der Besitzer verpflichtet, die einzutragenden Grundstücke nach der Kataster-Bezeichnung anzugeben, und zu dem Ende einen, seine sämmtliche Besitzungen enthaltenden, die Grenznachbaren derselben angebenden Extrakt aus der Grundsteuer-Mutterrolle beizubringen.

§. 8. Zweifel über die Identität eines so bezeichneten Grundstücks mit demjenigen, welches in einem Erwerb-Dokumente oder in einer sonstigen, den Besitztitel betreffenden Verhandlung vorkommt, sind durch Atteste der Ortsbehörden, eidesstattliche Versicherungen ortskundiger Zeugen, in bedenklichen Fällen durch Einsicht der Katasterkarten und ausnahmsweise auch durch Lokal-Termine, die dann gleichzeitig für mehrere Sachen anberaumt werden müssen, zu beseitigen; wobei zu beachten ist, daß es hier überall nur auf eine Bescheinigung ankommt.

§. 9. Besteht der Zweifel darüber, ob ein Grundstück identisch sei mit demjenigen, worauf irgend ein Realrecht angemeldet worden ist, und findet dieser Zweifel nicht bei den Ermittelungen über den Besitztitel seine Erledigung, dann ist der Realberechtigte zur nähern Bezeichnung des Gegenstandes seines Rechts aufzufordern mit der Verwarnung, daß sonst die Eintragung nur nach der ihm mitzutheilenden Angabe des Besitzers erfolgen oder, sofern auch diese Angabe unbestimmt, daß nur ein protestativischer Vermerk eingetragen werden würde.

§. 10. Ist der Besitztitel von einem Gute zu berichtigen, welches bisher in Anmeldungen, Rekognitionen u. s. w. nur mit seinem Kollektiv-Namen bezeichnet ist und dessen Bestandtheile nicht klar vorliegen, dann sind die betheiligten Realberechtigten von dem anstehenden Regulirungs-Termine in Kenntniß zu setzen, mit der Aufforderung, darin ihr Interesse in Ansehung der anzugebenden Pertinenzien wahrzunehmen, widrigenfalls nur diejenigen Pertinenzien im Hypothekenbuche vermerkt werden, welche sich aus den Angaben des Besitzers als solche ergeben.

V. Umleitung der bereits angelegten Folien.

§. 11. Auch auf den bereits angelegten Hypothekenfolien müssen nachträglich in oben angegebener Art die Realitäten nach dem Kataster bezeichnet und bei Guts-Komplexen auf dem Titelblatte die Pertinenzien angegeben werden. Mit dieser Umleitung ist zwar von Amts wegen zu verfahren, jedoch bei solchen Gerichten, die noch mit vielen Besitztitel-Berichtigungen im Rückstande sind, erst deren Erledigung abzuwarten, und inzwischen das Umleitungsgeschäft nur da vorzunehmen, wo eine neue Eintragung erfolgen soll, oder sonst eine besondere Veranlassung gegeben ist.

§. 12. Bei der Umleitung ist der eingetragene Besitzer zu einem Termine vorzuladen mit der Auflage, den vollständigen Mutterrollen-Extrakt, wenn solcher nicht etwa schon zu den Akten gekommen ist, einzureichen, sich über die Uebereinstimmung desselben mit den eingetragenen Grundstücken zu äußern, und die sonst erforderlichen Erklärungen und Erläuterungen zu geben.

§. 13. In Ansehung der Identitäts-Zweifel und der Feststellung der Pertinenzien ist ebenso zu verfahren, wie nach den §§. 8, 9, 10 bei neuen Regulirungen. — Die Pertinenz-Qualität muß übrigens erforderlichen Falls nachträglich bescheinigt, und wenn sie zweifelhaft bleibt, mit dem ausdrücklichen Zusatze: „nach Angabe des Besitzers" auf dem Titelblatte vermerkt werden.

§. 14. Die hierbei erforderlichen Vermerke auf dem Titelblatte der vorhandenen Folien modificiren sich mit Rücksicht auf die bestehende Einrichtung, auf Form und Größe der vorhandenen Hypothekenbücher. Die Untergerichte erhalten deshalb weitere Anweisung von dem betreffenden Oberlandesgerichte.

VI. Allgemeine Bestimmungen.

§. 15. Die Oberlandesgerichte, bei welchen die Hypothekenbücher über die eximirten Grundstücke des Departements geführt werden, sowie die Berggerichte haben den Hypotheken-Behörden, bei welchen die Flurbücher der betreffenden Katastral-Gemeinden beruhen, Verzeichnisse der zu ihrem Hypotheken- resp. zum Berggegen-Buche gehörigen Parzelen mitzutheilen, damit bei diesen Parzelen im Flurbuche das Erforderliche vermerkt werden kann.

§. 16. Die Zurückführung der Hypothekenbücher auf das Kataster erfolgt kostenfrei.

§. 17. Die betreffenden Oberlandesgerichte werden auf Grund dieser Instruktion an die Untergerichte ihres Departements die, mit Berücksichtigung der verschiedenen bestehenden Verhältnisse und Verfassungen noch erforderlichen, spezielleren Verfügungen erlassen, und sich von der pünktlichen und gleichmäßigen Befolgung derselben durch jährliche Lokal-Revisionen überzeugen.

Anlage A.

Regierungs-Bezirk: Arnsberg.
Landräthlicher Kreis: Arnsberg.
Bürgermeisterei: Arnsberg.
Gemeinde: Arnsberg.

Flur No. I.

genannt . . . .

Verzeichniß
der
Grundbesitzer, der Grundgüter, ihres Flächen-Inhalts, ihrer Klasse und ihres Reinertrages.

Verhältniß
der preußischen zu den Lokal- und der Lokal- zu den preußischen Maaßen.

Ein preußischer Morgen macht Morgen Ruthen Fuß Lokal- } Maaß.
Ein Lokal-Morgen macht Morgen Ruthen Fuß preuß. } Maaß.

Flur

Namen der Flur, des Bezirks oder der Gewanne.	Artikel der Mutterrolle.	Nummer des Grundstücks.	Namen, Vornamen, Stand und Wohnort der Eigenthümer und Nutznießer.	Kultur-Art.
Däckerskamp	334	638	Scheele, Christoph, Mühlenbesitzer	Weide
—	232	639	Lentze, Franz Anton, Gemeinderath zu Arnsberg	Garten
In der Twieten	—	640	Schelle, Ferdinand, Wittwe daselbst	Obstgarten
Hallstraße	47	641	Braun, Johannes, Eisenhändler zu Arnsberg	Haus- und Hofraum
—	334	642	Scheele, Christoph, Mühlenbesitzer daselbst	—
—	—	643	Derselbe	Obstgarten
—	47	644	Braun, Johannes, Eisenhändler zu Arnsberg	—
—	79	645	Brandhoff, Dettmar, Regierungs-Kanzlist	—
—	141	646	Dunker, Heinreich, Erben	—
—	8	647	Arndts, Friedrich, Geh. Reg.-Rath	—
—	47	648	Braun, Johannes, Eisenhändler zu Arnsberg	Garten
—	168	649	Hoynk, Friedrich, Justiz-Amtmann zu Rumbeck	—
—	—	650	Derselbe	Obstgarten
Hinter d. Mühle	—	651	Derselbe	Weide
—	—	652	Derselbe	Weide und Garten
—	—	653	Derselbe	Garten
Am Mühlengraben	47	654	Braun, Johannes, Eisenhändler zu Arnsberg	Garten
—	68	655	Hasenclever, Christoph, zu Hellefeld	Garten
—	—	656	Derselbe	Bauerhof
			Seite 44	....

Num. I.

Flächen-Inhalt der Grundstücke. Steuerbar. M.	R.	F.	Steuerfrei. M.	R.	F.	Rein-Ertrag. rtl.	sg.	pf.	Kasse.	Nummer der Grund-Akten.	Eingetragen Vol. des Hypothekenbuchs.	Fol.	Hinweisung auf die fortl. Nr. des Anhangs.	Bemerkungen.
7	160	28	—	—	—	33	11	10	1	16			1 bis 17 incl.	Es existiren außerdem noch folgende G. A.: 356, 582, 489, 13, 393, 350, 308, 410, 278, 347, 131, 274, 82, 506, 261, 540 cf. Anhang.
—	47	68	—	—	—	1	17	8	2	188				
—	57	50	—	—	—	1	24	4	1	210				
—	18	87	—	—	—	—	15	—	1	274	III	2		
—	14	6	—	—	—	—	12	6	1	16				
—	36	—	—	—	—	—	28	—	1	16				
—	48	—	—	—	—	1	10	—	1	274	III.	2		
—	28	—	—	—	—	—	25	—	1	306				
—	61	10	—	—	—	2	18	—	2	410				
—	93	25	—	—	—	3	29	1	1	208				
—	14	—	—	—	—	—	17	11	1	274	III.	2		
—	41	—	—	—	—	1	6	8	1	Rumbeck 4	I.	16		
1	48	—	—	—	—	6	10	—	1	„ 4	I.	16		
2	30	—	—	—	—	8	6	10	1	„ 4	I.	16		
—	60	—	—	—	—	—	28	—	1	} „ 4	I.	16		
—	78	—	—	—	—	—	20	—	1					
—	160	—	—	—	—	—	27	6	2	„ 4	I.	16		
—	21	—	—	—	—	—	13	4	2	274	III.	2		
—	37	50	—	—	—	—	23	9	1	Hellefeld 68	I.	56		
—	32	25	—	—	—	—	20	5	1	Hellefeld 68	I.	56		
16	6	49	—	—	—	68	5	10						

Anlage B.

Repertorium der Grund-Akten

de Königlichen . . . .

zu . . . .

Katastral-Gemeinde N.

Laufende Nr.	Kurze Bezeichnung der Immobilien, worüber die Grundakten angelegt sind.	Eingetragen im Hyp.-Buche. Vol.	Fol.	Bemerkungen.
1.	Wohnhaus nebst Garten an der Mühle	I.	14	
2.				
u. s. w.				
110.	Das Dreppers-Kolonat zu Hellefeld	II.	18	
274.	Wohnhaus auf der Hallstraße nebst Gärten, Obstgärten und einigen Ackerländern	III.	2	
306.	Ein Ackerland auf dem Eischberge	II.	6	cfr. auch Nr. 120 des Repertoriums.
500.	Wohnhaus nebst dazu gehörigen Grundstücken im Dorfe Hellinghausen	III.	7	

Anlage C.

Namen-Register

zum Repertorium der Grund-Akten

de Königlichen . . . .

zu . . . .

Laufende Nr.	Name.	Vorname.	Wohnort.	Hinweisung auf das Repertorium der Katastral-Gemeinde.	Nr.	Bemerkungen.
				A.		
1.	Achmer.	Conrad.	Uentrop.	Arnsberg.	68	
2.	Ahmann.	Eduard.	Deinstrup.	Hellefeld.	180	
				B.		
1.	Baerens.	Carl.	Arnsberg.	Arnsberg.	1	
2.	Bitter.	Andreas.	Hellefeld.	Hellefeld.	110	cfr. litt. D. Nr. 1.
(3.	Braun.	Johann.	Arnsberg.	Arnsberg.	274)	
4.	Berthold.	Anton.	Boßwinkel.	Boßwinkel.	306	
5.	Braun.	Carl Friedrich Eduard.	Arnsberg.	Arnsberg.	274	und dessen Mutter Wittwe Braun.
				C.		
1.	Carlson.	Wilhelm.	Hellinghausen.	Hüsten.	500	
				D.		
1.	Drepper.	Andreas.	Hellefeld.	Hellefeld.	110	cfr. litt. B. Nr. 2.
				E.		
1.	Edler.	Christoph.	Bruchhausen.	Grevenstein.	10	

Anlage D.

(befindet sich unter den Beilagen zur Hypotheken-Ordnung sub lit. AAAA.)

6. Instruktion für die Oberlandesgerichte zu Münster, Paderborn, Arnsberg und Hamm, über das Verfahren hinsichtlich der, im Grundsteuer-Kataster fortzuschreibenden Besitzveränderungen, vom 7. April 1838. (Jahrb. Bd. LI, S. 431.)

Um den Besitzstand des Grundvermögens mit dem Steuerkataster in möglichster Uebereinstimmung zu erhalten und die Verbindung der Hypotheken- mit den Katasterbehörden zu erleichtern, wird nach vorgängiger Rücksprache mit des Herrn Finanzministers Excellenz Nachstehendes verordnet:

§. 1. Wenn bei einem Gericht oder Notar die Aufnahme oder Anerkennung eines Vertrages nachgesucht wird, der

a) die Uebertragung des Eigenthums von Grundstücken oder anderer im Kataster eingetragener Realitäten zum Gegenstande hat, namentlich bei Verkäufen, Tauschgeschäften, Vererbpachtungen, Nachlaßregulirungen, Erbesauseinandersetzungen und andern lästigen Verträgen, ingleichen bei Schenkungen, unentgeltlichen Gutsüberlassungen u. s. w.

oder

b) den Uebergang der Verpflichtung zur Steuerentrichtung auf einen andern, als den bisherigen Steuerzahler zur Folge hat, wie bei Einräumung eines Nießbrauchs oder bei Abschließung antichretischer Pfandverträge 2c.

so hat das Gericht oder der Notar, vor der Aufnahme der Verhandlung, sich einen Katasterauszug des betreffenden Grundstücks von den Parteien vorlegen zu lassen, oder die Verwaltungsbeamten um dessen Mittheilung zu ersuchen[52]).

---

52) Diese Kataster-Auszüge werden, den bestehenden administrativen Anordnungen gemäß, von den Kataster-Verwaltungs-Beamten, sofern es verlangt wird, in der Art ausgestellt, daß bei jeder einzelnen Parzelle die Grenznachbarn der Lage und dem Namen nach bezeichnet werden, wodurch allen Irrthümern und Zweifeln über die Identität am sichersten vorgebeugt wird. — Die Beamten der freiwilligen Gerichtsbarkeit werden auf diese Anordnungen aufmerksam gemacht, mit der Anweisung, darauf zu halten, daß die ihnen nach §. 1 der Instruktion vorzulegenden oder mitzutheilenden Kataster-Auszüge bei jedem Grundstücke die Namen der Grenznachbarn enthalten. Rescr. v. 13. Jan. 1840 (J. M. Bl. S. 34).

Wenn behufs der Zurückführung bereits angelegter Hypothekenfolien auf das Kataster die Identität der betreffenden Grundstücke mit den im Extracte aus der Mutterrolle angeführten noch näher festgestellt werden soll, so genügt die Vernehmung des Besitzers, im Fall die Ortsbehörde die Richtigkeit seiner Angaben attestirt. Zweifel gegen die Richtigkeit müssen durch Abhörung flurkundiger Zeugen an Ort und Stelle aufgeklärt werden. Nur wenn dadurch die Zweifel nicht gehoben werden, sind die Realberechtigten zuzuziehen. Denselben ist alsdann eine Abschrift des Katasterauszuges und des Vernehmungsprotokolls zur Erklärung über die Identität binnen einer angemessen zu bestimmenden Frist mit der Warnung zuzufertigen, daß angenommen werden würde, daß sie gegen die Identität der Grundstücke nichts zu erinnern finden. Geht keine Erklärung ein, so wird das Titelblatt nach den Angaben des Besitzers umgeschrieben oder berichtigt. Sind Einwendungen gemacht worden, so ist unter den Betheiligten eine gütliche Einigung zu versuchen, in deren Entstehung aber sind die Zweifel protestativisch zu vermerken, deren Erledigung den Interessenten im Wege Rechtens überlassen bleibt.

Auch von früher schon eingetragenen Besitzern können Extrakte aus der Mutterrolle eingefordert werden, wenn dies zur vollständigen Regulirung des Hypothekenbuchs nöthig ist. R. v. 23. Juli 1840 (J. M. Bl. S. 261).

§. 2. Der Katasterauszug, welcher zu diesem, in der Ueberschrift desselben ausdrücklich zu bezeichnenden Zwecke zu ertheilen ist, wird stempelfrei ausgefertigt.

Es findet nur der Ansatz von Kopialien statt.

§. 3. In der Verhandlung und dem daraus gefertigten Dokumente ist das Grundstück genau nach dem Inhalte des Katasterauszuges zu bezeichnen, wenn nicht etwa eine Unrichtigkeit desselben, deren Abhülfe nach §. 7 zu veranlassen ist, entdeckt wird.

§. 4. Gestattet die Dringlichkeit der Sache die vorherige Beibringung des Auszuges nicht, so erfolgt eine anderweite möglichst genaue Bezeichnung des betroffenen Grundstücks. Es ist jedoch in diesem Falle der Auszug von Amtswegen nachträglich zu erfordern, der Urkunde beizuheften und für die Erledigung der sich etwa ergebenden Widersprüche zu sorgen.

§. 5. Sollte es bei einem Todesfalle oder bei einem andern Besitzwechsel dem Gerichte oder dem Notar nicht möglich sein, das betreffende Grundstück so genau zu bezeichnen, wie zur Requisition des Katasterauszuges erforderlich ist, so sind den Verwaltungsbeamten die bekannt gewordenen Kennzeichen desselben zur weiteren Ausmittelung, nöthigenfalls unter Zuziehung des Fortschreibungsbeamten, mitzutheilen.

§. 6. Nach erfolgter Aufnahme der Urkunde ist die gerichtliche oder notarielle Verhandlung in die, nach dem anliegenden Formulare zu führende Liste einzutragen. Ist das Gericht nicht zugleich die betreffende Hypothekenbehörde, so ist der letztern die aufgenommene Verhandlung in vidimirter Abschrift zur Aufnahme in ihre Liste zu übersenden. Dasselben geschieht seitens der Notarien, wenn das Grundstück außerhalb des Bezirks desjenigen Untergerichts liegt, in welchem sie ihren Wohnsitz haben.

§. 7. Die Kolumnen 1 bis 10 der Liste (§. 6) werden aus dem Katasterauszuge, die Kolumne 11 nach dem Hypothekenbuche oder Hypothekenschein, die Kolumnen 13 bis 16 nach Maaßgabe der aufgenommenen Verhandlung ausgefüllt.

Ergiebt sich, daß der im Kataster eingetragene Besitzer nicht der wirkliche Eigenthümer, oder daß ein anderer Irrthum im Kataster vorgefallen ist, so wird dies in der Kolumne 16 vermerkt.

§. 8. Die Liste ist, ohne daß es eines Uebersendungsschreibens bedarf, am 1. Januar, 1. April, 1. Juli und 1. Oktober eines jeden Jahres dem Fortschreibungsbeamten des Bezirks mitzutheilen; sind keine Besitzveränderungen im Laufe des Quartals vorgekommen, so wird jener Beamte davon in Kenntniß gesetzt[53]).

§. 9. In sofern sich aus dem Katasterauszuge ergiebt, daß die Besitzveränderung bereits zur Kenntniß des Fortschreibungsbeamten gekommen und von diesem bei der Fortschreibung berücksichtigt ist, so bedarf es der Eintragung in die Listen nicht.

§. 10. Das Königliche Oberlandesgericht hat, nachdem ihm von der Königlichen Regierung eine Uebersicht der innerhalb seines Departements gebildeten Fortschreibungsbezirke und der diesen Bezirken vorgesetzten Fortschreibungsbeamten mitgetheilt sein wird, jeder Grichts-

---

53) Die Mittheilungen erfolgen unentgeltlich. Kab. = O. v. 7. August und Rescr. v. 30. August 1839 (J. M. Bl. S. 306).

behörde und jedem Notarius die Fortschreibungsbeamten nahmhaft zu machen, an welche die Quartallisten oder die Anzeige, daß keine Veränderungen vorgekommen (§. 8), zu übersenden sind, und von denen sie die Mittheilung einer genügenden Anzahl lithographirter oder gedruckter Formulare der auszufüllenden Liste zu erwarten haben.

Wie solches geschehen, hat das Königliche Oberlandesgericht der Königlichen Regierung anzuzeigen und derselben die, in einem jeden Fortschreibungsbezirk zur Führung der Liste angewiesenen Gerichte und Notarien zu benennen.

§. 11. Das Königliche Oberlandesgericht hat die, bei ihm selbst zu führende Quartalliste unmittelbar der betreffenden Regierung zu übersenden.

§. 12. Sind die Formulare verbraucht, so müssen die Gerichte und Notarien sich von den Fortschreibungsbeamten einen neuen Vorrath erbitten.

Das Königl. Oberlandesgericht hat sich nach dieser, vom 1. Mai d. J. ab zur Anwendung kommenden Instruktion nicht nur selbst zu achten, sondern auch die Untergerichte und Notarien seines Departements zur Befolgung derselben anzuweisen, und sie durch das Amtsblatt zur öffentlichen Kenntniß zu bringen.

Formular.

Liste der im Grundsteuer-Kataster fortzuschreibenden Besitzveränderungen, über welche in dem Quartal vom 1.... bis zum 1.... beim Königlichen .... Gericht zu .... (Notar .... zu ....) verhandelt worden ist.

Gesehen und nachgetragen
N. am ....
Der Fortschreibungsbeamte.

1) Bezeichnung des Grundstücks, über welches der Besitzwechsel eingetreten.
   a) Laufende Nr.
   b) Katastralgemeinde.
   c) Art. der Mutterrolle.
   d) Des bisherigen Besitzers Namen, Vornamen und Wohnort.
   e) Nummer aa) der Flur, bb) des Grundstücks.
   f) Namen der Flur oder Feldabtheilung, wo es belegen.
   g) Kulturart oder nähere Bezeichnung des Grundstücks oder Gebäudes.
   h) Flächeninhalt, M., □R., □F.
   i) Katastralertrag Thlr. Sgr. Pf.

2) Band und Fol. des Hypothekenbuchs, wo der Besitztitel berichtigt ist, oder Vacatanzeige.

3) Des Erwerbers Namen, Vornamen und Wohnort.

4) Bezeichnung des Aktes, der über die Besitzveränderung aufgenommen ist.

5) Datum des Aktes.

6) Kauf- oder Erwerbspreis Thlr. Sgr.

7) Bemerkungen des Gerichts oder Notars.

8) Nr. des Fortschreibungsprotokolls und Bemerkungen des Fortschreibungsbeamten.

Zweiter Abschnitt.

Vom Berg-Hypotheken-Wesen.

Instruktion für die Königl. Bergämter zu Bochum und Essen, wegen Einrichtung und Bearbeitung des Berg-Hypothekenwesens v. 21. September 1832. (Jahrb. Bd. XL, S. 226).

§. 1. Zuvörderst dienen auch hier die über das Hypothekenwesen im Allgemeinen ergangenen Gesetze und Verordnungen, besonders aber alle über die Einrichtung desselben, namentlich in den Publications-Patenten vom 9. Septbr. 1814 und 22. Mai 1815 in der Instruktion vom 30. Mai 1815, in der Verordnung vom 25. Mai 1818, und in dem Cirkular vom 6. Juli 1818 erlassenen Vorschriften und Anweisungen, ingleichen die in der Provinzial-Berg-Ordnung vom 29. April 1766, in dem Allgemeinen Landrecht Th. II, Tit. 16, in dem Edikte vom 21. Februar 1816 und in der Kabinets-Ordre v. 19. December 1816 enthaltenen, das Berg-Hypothekenwesen betreffende Bestimmungen zur Richtschnur.

§. 2. Die Berggegen- oder Hypothekenbücher werden bei den Bergämtern von den Bergrichtern geführt, auch nebst der Hypotheken-Registratur und den dahin eingereichten Dokumenten bei den Bergämtern aufbewahrt.

Der Bergrichter in Bochum und Essen, unter Beihülfe des Berggerichts-Assessors, bearbeitet bei dem Bergamte die Hypothekensachen, sowohl in formeller als materieller Hinsicht dergestalt selbstständig und ausschließlich, daß nur die Mandate an den Berggegenschreiber und die in Folge derselben zu ertheilenden Ausfertigungen von dem Bergamte, Behufs der Kenntnißnahme, unter dessen Namen und Unterschrift erlassen werden.

Form der Berggegen- oder Hypothekenbücher und des Schulden-Registers.

§. 3. Bei der bisherigen formellen Einrichtung der Berggegen- oder Hypothekenbücher hat es überhaupt und namentlich in der Hinsicht auch fernerhin sein Bewenden, daß

1) jede Zeche nur ein Folium darin erhält, auf welchem das allgemeine Eigenthum nebst den auf der ganzen Zeche haftenden Lasten und Schulden, außerdem aber auch jeder Gewerke mit seinen Antheilen, imgleichen die von einzelnen Gewerken auf ihre Antheile kontrahirten Schulden, sowie die darauf haftenden Lasten und Beschränkungen der Disposition eingetragen sind, und daß
2) die darin vorkommenden Kolonnen für die „fortlaufende" und für die „Primordial-Nummer" beibehalten und in nachstehender Art benutzt werden.

Bei jeder Besitzveränderung eines eingetragenen Antheils eines Gewerken wird der Antheil des neuen Besitzers oder bei einer theilweisen Besitzveränderung jeder Antheil der neuen Besitzer, desgleichen der Restantheil des Vorbesitzers, unter einer neuen fortlaufenden Nummer eingetragen und sodann neben dieser neuen fortlaufenden Nummer in die Kolumne „Primordial," die alte fortlaufende Nummer, d. h. welche der umgeschriebene Antheil oder Restantheil zuletzt hatte, zur Bezeichnung des nächsten Vorbesitzers, eingeschrieben.

Der Name und Antheil des Vorbesitzers wird an seiner Stelle mit rother Dinte unterstrichen und darunter durch Verzeichniß der neuen fortlaufenden Nummer oder Nummern angedeutet, wo dieser Antheil sich zunächst ganz oder zersplittert wieder eingetragen findet.

Bei einer Belastung oder Verpfändung eines solchen Antheils wird zu dessen Bezeichnung sowohl die neue fortlaufende als auch die Primordial-Nummer in die hierfür bestimmten Kolonnen der II oder III Rubrik dem Eintragungsvermerke gegenüber eingeschrieben.

Eben so ist das Register über die eingetragenen Schulden fortzuführen, welches außer der Ueberschrift „Name des Gewerken und Schuldners" folgende Kolonnen enthält:

I. Name der Zeche, woran derselbe betheiligt ist; II. Kux-Anzahl; III. die im Berggegenbuche eingetragenen Schulden; IV. Folium; V. früherer Eigenthümer; VI. Schulden die dieser hatte; VII. Anmerkungen.

Unter dem Ausdrucke: Schulden, sind jedoch alle eingetragenen Dispositionsbeschränkungen und Lasten mit zu verstehen und letztere also gleichfalls zu III. und IV. des Registers zu merken.

Einrichtung der Berg-Hypotheken-Akten.

§. 4. Ueber jede einzelne Zeche sind, außer den bei dem Bergamte beruhenden Berechtsams-Akten, noch besondere Hypotheken-Akten zu führen, welche außer den erforderlichen, allenfalls abschriftlich aus den Berechtsams-Akten herüber zu bringenden Ausfertigungen hinsichtlich des generellen Eigenthums, die das spezielle Eigenthum, betreffenden Erwerbungs- und Schulddokumente, nebst allen das Hypothekenwesen dieser Zeche betreffenden Verhandlungen enthalten und überhaupt eben so vollständig gehalten werden müssen, wie dieses rücksichtlich der Grundakten im Allgemeinen vorgeschrieben ist.

Jedem solchen Hypotheken-Aktenstück wird außer einer gewöhnlichen Hypotheken-Tabelle (Intabulations-Blatt) vorgeheftet:

1) ein Inhalts-Verzeichniß, worin zur leichtern Uebersicht der jedesmaligen Besitzverhältnisse einer Zeche, wie bisher folgende Rubriken:
   a. Namen des die Eintragung suchenden Gewerken,
   b. verlangte Kux-Anzahl,
   c. Folium der ihn betreffenden Verhandlungen,
   d. Anmerkungen,

insbesondere für die erfolgte Eintragung, auszufüllen und demnächst die wegfallenden Antheile oder Gewerke zu durchstreichen sind;

2) ein Verzeichniß der angemeldeten Schulden, welches wie bisher:
   a. nach einer fortlaufende Nummer,
   b. den Namen des Gewerken und Schuldners,
   c. den Betrag der Schulden,
   d. den kurzen Inhalt des Schulddokuments, und außerdem
   e. in einer Rubrik für „Anmerkungen," das Folium der Akten, demnächst die wirkliche Eintragung, den Vermerk ins Schuldenregister u. s. w. angiebt. Die angemeldeten Reallasten und Beschränkungen der Disposition sind darin gleichfalls aufzuzeichnen.

3) bei Zechen, welche schon im alten Berggegenbuche eingetragen gewesen, ein Extrakt aus diesem.

Die beim Bergamte zu Bochum bisher gehaltenen Collektiv-Akten über die Berichtigung des Besitztitels eines an mehreren Zechen betheiligten Gewerken, so wie über die Schulden, welche gegen irgend einen Gewerken angemeldet worden, können beibehalten werden. Es ist jedoch strenge darauf zu halten, daß daraus die nöthige Notiz zu den betreffenden einzelnen Hypotheken-Akten gebracht und insbesondere die angemeldete Schuld nebst Folium der Schuldakten in das ad 2 gedachte Verzeichniß eingeschrieben werde.

Berichtigung der Zechen von Amtswegen.

§. 5. Die in Gemäßheit des Landtags-Abschiedes v. 13. Juli 1827 ausgesprochene Suspension der Einwirkung der Gerichte in Absicht der Berichtigung des Besitztitels, wo nicht ausdrücklich von den Interessenten darauf angetragen wird (Cirkular vom 18. Decbr. 1827, Arnsberger Amtsbl. 1828 S. 8), und eben so die diesfälligen Bestimmungen der Allerhöchsten Kabinets-Ordre v. 31. Octbr. 1831 (Ges.-Samml. S. 251), finden bei dem Bergwerkseigenthum keine Anwendung. Hinsichtlich der stillliegenden Zechen des Märkischen Bergamts-Bezirks bewendet es hingegen bei der neuesten Anordnung, daß in der Regel nicht eher, als bis das Hypothekenbuch der in Betrieb stehenden Zechen vollständig berichtigt worden, zur Berichtigung der nicht in Betrieb stehenden Gruben geschritten werden darf.

Ausnahmen von dieser Regel sind aus besonderen in jedem einzelnen Falle zu vermerkenden Gründen zulässig.

Beschreibung und Eintragung des allgemeinen Eigenthums.

§. 6. Obgleich die Beschreibung des allgemeinen Eigenthums einer Zeche, ihrer Eintragung nicht nothwendig vorherzugehen braucht; so hat sich der Hypothekenrichter doch, bevor er einträgt, darüber zu vergewissern, daß der einzutragenden Gewerkschaft überhaupt ein berechtliches Eigenthum zustehe. Diese Berichtigung des allgemeinen Eigenthums zum Berggegenbuche kann außer dem Falle der Beleihung auch auf den Grund des 44jährigen Besitzes oder für die Rheinprovinz auf den Grund des bloßen Besitzes am 1. Januar 1815, oder vor diesem Zeitpunkt, sofern wegen dieses Besitzes Seitens des Fiskus bis zum Schlusse des Jahres 1829 nicht geklagt worden (cfr. §. 11 des Rheinischen Landtags-Abschiedes vom 15. Juli 1829 und Gesetz vom 18. December 1831, Ges.-Samml. 1832 S. 3), endlich in den anderen Landestheilen auf den Grund des bloßen Besitzes im Normal-Jahre 1740, sofern in beiden Fällen die Grenzen des besessenen Bergwerks-Eigenthums gehörig feststehen, erfolgen, wobei die Zahlung der Rezeßgelder als eine Besitzhandlung anzusehen ist.

Die Eintragung der dem Berggegenbuche einzuverleibenden Beschreibungen des allgemeinen Eigenthums ist möglichst zu beschleunigen. Der diesfällige Entwurf ist von der Gewerkschaft und zwar von dem Lehnsträger[53a]) zu liefern, worauf solcher durch die Hypothekenbehörde geprüft und im Fall der Uebereinstimmung mit den Berechtsams-Akten oder sonstigen Belägen eingeschrieben, sonst aber unter Zuziehung des Lehnsträgers vorab rektifizirt wird. Die Einreichung eines solchen Entwurfs wird zunächst von dem Lehnsträger binnen einer angemessenen Frist mit der Warnung erfordert, daß sonst ein Beamter des Bergamts mit dieser Arbeit auf Kosten und Gefahr des

53a) An die Stelle ist der Repräsentant oder der Grubenvorstand getreten, gemäß G. vom 12. Mai 1851, §§. 13 u. 15 (G. S. S. 265).

Lehnsträgers gegen angemessene Remuneration beauftragt werden solle. Der im letzten Falle durch den Beamten angefertigte Entwurf ist sodann von der Hypothekenbehörde nach vorheriger Prüfung dem Lehnsträger zur Erklärung über dessen Richtigkeit in einem anzuberaumenden Termine unter der Warnung mitzutheilen, daß im Falle des Nichterscheinens der Entwurf für richtig angenommen und hiernach die Eintragung desselben ins Berggegenbuch erfolgen solle.

§. 7. Die in der Hypotheken=Ordnung Tit. II, §§. 51, 52 und im §. 12 der Instruktion vom 30. Mai 1815 gedachte fiskalische Geldbuße wegen verweigerter oder verzögerter Besitztitel=Berichtigung kann von der Berghypothekenbehörde sofort festgesetzt und beigetrieben werden, ohne deßhalb vorher im Namen des Fiskus gegen den säumigen Gewerken klagbar werden zu müssen. Gegen eine solche bergamtliche Strafresolution steht dem Verurtheilten nur der Weg der Beschwerde beim Ober=Bergamt offen.

§. 8. Der Besitztitel ist nur für den, dessen Eigenthum aus den Erwerbungsdokumenten oder den Hypotheken=Akten hervorgeht, zu berichtigen. Wenn die Gewerke in der dortigen provinziellen Gütergemeinschaft leben, bedarf es der Eintragung des Mit=Eigenthums der Frau von Amts wegen nicht, und hat es bei der damit verknüpften uneingeschränkten Dispositions=Befugniß des Ehemannes auch hier sein Bewenden.

Besitztitelberichtigung, und zwar:

§. 9. In Gegenden, wo mehrere Gewerken nahe zusammen wohnen, können zur Vernehmung derselben über ihren Besitztitel Lokaltermine insofern angesetzt werden, als entweder von den Gewerken darauf angetragen wird, oder sich mit Sicherheit ergiebt, daß die auf sämmtliche Gewerken gleichmäßig zu repartirenden Kosten des Lokaltermins für jeden einzelnen weniger betragen, als die Kosten der Reise des betreffenden Gewerken zu dem Sitze des Bergamts.

§. 10. Bei der Besitztitel=Berichtigung selbst ist zu unterscheiden, zwischen den alten Zechen, d. h., welche vor und bei Publikation des betreffenden Hypotheken=Patents schon wirkliches, eintragungsfähiges Bergwerks=Eigenthum (durch Verleihung oder Verjährung) waren, und den neuen Zechen, welche damals noch kein eintragungsfähiges Bergwerks=Eigenthum darstellten.

I. Alter Zechen im Sinne des §. 10.

§. 11. Bei der Berichtigung der alten Zechen kommen zunächst die allgemeinen Bestimmungen der Instruktion vom 30. Mai 1815, §§. 3—8, und der Rescripte vom 9. November 1818 und 7. December 1821 (Jahrb. Bd. XII, S. 292; Bd. XVIII, S. 329)[54]) in Anwendung, wobei das alte Berggegenbuch und die Berechtsams=Akten die Stelle des im §. 3 l. c. angeführten Hypothekenbuchs und der Grundakten vertreten.

Zu der, nach jenen Vorschriften nur erforderlichen Bescheinigung des Besitztitels ist das bloße Zeugniß über Umstände, aus denen die Aufnahme in die Gewerkschaft oder auch die Ausübung von Theilnehmungsrechten hervorgeht, der Regel nach für hinreichend zu achten.

§. 12. In den Fällen, wo auf dem vorgedachten Wege ein Theil der zu einer Gewerkschaft angeblich gehörigen Mitglieder sich nicht

54) K. O. v. 9. Mai 1839, Zus. 42 zu §. 10, Tit. IV.

gehörig legitimiren kann, und die Regulirung des Hypothekenwesens hinsichts derer, welche dies gethan, dadurch aufgehalten wird, können neben letzteren die in dem alten Berggegenbuche eingetragenen alten Mitgewerken, oder, wenn die Zeche daselbst noch nicht eingetragen gewesen, diejenigen alten Gewerken, welche sich aus den Berechtsams-Akten, in denen die Gewerkschaft bereits constituirt worden, ergeben, in das neue Berggegenbuch wieder eingetragen werden, und sind demnächst die Verhandlungen über die Berichtigung des Besitztitels derjenigen, die ihre Rechte von solchen alten Gewerken auf die eine oder die andere Art ableiten, besonders fortzusetzen und nach berichtigter Legitimation die Ab- und Zuschreibungen nachträglich vorzunehmen.

§. 13. So wie überhaupt bei der Besitztitel-Berichtigung auf den Grund der Intestat-Erbfolge, sofern es sich um einen Antheil an einer alten Zeche und zugleich um einen Vererbungsfall aus der Zeit vor der Publikation des betreffenden Hypotheken-Patents handelt, nach §. 5 der Instruktion vom 30. Mai 1815 nur die ein gesetzliches Erbfolgerecht begründende Verwandtschaft mit dem legitimirten Vorbesitzer nachgewiesen zu werden braucht; so ist auch zur Führung der vorgedachten Legitimation (§. 12) nur erforderlich, daß diese Verwandtschaft des sich meldenden Besitzers mit dem alten Gewerken durch Kauf-Atteste oder Notorietäts-Zeugen nachgewiesen werde.

Auf Miterben oder nähere Erben, welche sich nicht zur Eintragung gemeldet haben, ist bei der Einrichtung des Hypothekenwesens von Amts wegen überall und selbst dann keine Rücksicht zu nehmen, wenn sich auch deren Mitbetheiligung oder näheres Erbrecht aus den Verhandlungen ergeben möchte. Diejenigen Theilnahmerechte aber, die ihnen von dem oder den Miterben, welche sich allein gemeldet und in vorgedachter Art legitimirt haben, an dem Antheile des gemeinschaftlichen Erblassers etwa zugestanden werden, sind auf ihren Namen ohne weiteren Nachweis einzutragen. Sie müssen jedoch auf gleiche Weise, wie im §. 21 vorgeschrieben ist, über ihre Annahme vernommen werden.

Auf die Besitztitel-Berichtigung vermittelst der Intestat-Erbfolge kann übrigens immer noch zurückgegangen werden, wenngleich dieselbe bisher ganz oder theilweise auf einem andern Wege, wiewohl fruchtlos versucht sein möchte, unbeschadet jedoch der Rechte derjenigen, welche sich inzwischen zu dem betreffenden Antheile sonst noch gemeldet haben.

§. 14. Kann die nachträgliche Legitimation (§. 12) auch auf die vorgedachte Weise (§. 13) entweder gar nicht oder überhaupt nur mit vielen Schwierigkeiten geführt werden und haben sich die Besitzer von mehr als 62 Kuxen gehörig legitimirt, so ist es hinreichend, wenn sämmtliche legitimirte Gewerken einstimmig die Prätendenten der übrigen Kuxen in angemeldeter Art als Mitgewerken anerkennen und jeder der letzteren an Eidesstatt versichert, daß ihm kein Gleich- oder besser Berechtigter zu dem von ihm in Anspruch genommenen Berganteile bekannt sei.

§. 15. Ist die Gewerkschaft einer alten Zeche weder aus dem alten Berggegenbuche noch aus den Berechtsams-Akten vollständig zu entnehmen, findet also die Aushülfe der §§. 12—14 keine Anwendung, so werden die Gewerken, welche sich zur Eintragung gemeldet haben, über ihre Betheiligung vernommen, und sofern nach den Grundsätzen des Hypotheken-Patents und der Ministerial-Instruktion die Berichtigung des Besitztitels hinsichtlich aller 128 Kuxen möglich ist, wird hiernach die Eintragung bewirkt.

Hat auch nur ein Theil der Gewerkschaft auf diese Weise seine Betheiligung bescheinigt, so wird doch der Besitztitel dieser Antheile für berichtiget angenommen.

In Ansehung der übrigen Antheile ist auf den Lehnsträger zurückzugehen und gemäß §. 265, Allg. Landrechts II, 16 lediglich nach dessen Angabe die Gewerkschaft hinsichtlich dieser Antheile zu constituiren und einzutragen.

Ist in der Belehnungs-Urkunde kein bestimmter Lehnsträger bezeichnet, oder ist der Bezeichnete ausweise der von der Bergbehörde vorher zu vergleichenden Berechtsams-Akten ein Anderer, als derjenige, dem gesetzlich die Belehnung zu ertheilen gewesen wäre (welches künftig zu vermeiden ist); so ist wegen nachträglicher Benennung dieses eigentlichen Lehnsträgers in der verfassungsmäßigen Form der Belehnungen das Nähere vorab zu erlassen.

§. 16. Entstehen bei der bergverleihenden Behörde darüber, wer im Sinne des §. 265 l. c. als wahrer Lehnsträger zu bezeichnen sei, Bedenken, weil der erste Muther nicht mehr am Leben oder nicht mehr Gewerke ist, so ist dieselbe ermächtigt, folgendes Verfahren einzuleiten:

Aus den neuen Berg-Hypotheken-Akten werden sämmtliche Personen, welche sich als Gewerken der betreffenden Zeche angemeldet haben, mit den von ihnen in Anspruch genommenen Antheilen extrahirt und aufgefordert, sich entweder über die Antheile, welche sie sich gegenseitig oder einem dritten nicht angemeldeten Gewerken zugestehen wollen, oder über die Person eines zu bestellenden Lehnsträgers, zu vereinigen. Je nachdem die eine oder andere Vereinigung unter ihnen zu Stande kommt, wird entweder die ganze Gewerkschaft mit ihren Antheilen oder der erwählte Lehnsträger in dem Nachtrage zur Belehnungs-Urkunde namhaft gemacht. Entsteht zwischen ihnen eine nicht zu hebende Collision über ihre gegenseitige Betheiligung, so muß diese im Wege Rechtens beseitigt werden; können sie sich aber über die Person des Lehnsträgers nicht sämmtlich einigen, oder leisten sie jener Aufforderung überhaupt kein Genüge, so bezeichnet die Bergbehörde aus den angemeldeten Gewerken denjenigen, der ihr zum Lehnsträger am tauglichsten zu sein scheint.

II. Neuer Zechen im Sinne des §. 10.

§. 17. Auf neue Zechen (cf. §. 10) findet das Hypotheken-Patent v. 22. Mai 1815 nebst Instruktion vom 30. ejusd. überhaupt keine Anwendung. Hinsichtlich ihrer muß die Gewerkschaft lediglich nach der Angabe des Lehnsträgers in Gemäßheit des §. 265 l. c. constituirt und eingetragen werden. Sofern aber in der neuern Beleihung kein Lehnsträger oder etwa ein solcher benannt sein möchte, welcher ausweise der Berechtsams-Akten nicht der gesetzliche war, so ist wiederum zunächst wegen nachträglicher Bestimmung des eigentlichen Lehnsträgers das Erforderliche zu veranlassen und nach dessen Angabe demnächst die Gewerkschaft zu constituiren.

§. 18. Finden sich im vorgedachten Falle (§. 17), oder auch bei jeder künftigen Beleihung, wegen Verdunkelung, Absterbens oder Ausscheidens des ursprünglichen Muthers aus der Gewerkschaft, erhebliche Schwierigkeiten bei Bestimmung des gesetzlichen Lehnsträgers; so steht alsdann der bergverleihenden Behörde frei, zur vollständigen Berichtigung der Betheiligung derjenigen Personen, welche bei den Gerechtsams-Akten Ansprüche auf das fragliche Bergwerkseigenthum gemacht und wenigstens einigermaßen bescheiniget haben, ein öffentliches Aufgebot der unbekannten Interessenten zu veranlassen.

In diesem Aufgebote werden jene bekannten Gewerken mit ihren Antheilen aufgeführt, und wird die Warnung beigefügt, daß im Falle der stichtanmeldung die bekannten Gewerken allein für beliehen erklärt werden sollen.

Sind in einem solchen Falle einige Kuxe oder Kuxtheile übrig, worauf Niemand einen bescheinigten Anspruch erhoben hat, so werden solche den übrigen Gewerken zugetheilt und, daß dies geschehen werde, in der öffentlichen Bekanntmachung mit angekündiget.

§. 19. Diese öffentliche Bekanntmachung geschieht durch das Bergamt mit dreimonatlicher Frist und übrigens in der Art, wie solches bei Subhastationen von Bergantheilen üblich ist, außerdem aber durch zweimalige in eine den Umständen nach zu wählende inländische oder ausländische Zeitung. Die Kosten dieses Aufgebots werden in beiden Fällen von der ganzen Gewerkschaft nach Verhältniß ihrer Antheile getragen.

§. 20. Ist der Lehnsträger, wo ein solcher im gesetzlichen Sinne in der Beleihung benannt ist, vor Ausübung des im Allg. Landrecht II, 16, §. 265 gedachten Rechts verstorben, und hat mehrere Erben hinterlassen, so muß von letzteren, wo dieses zur Berichtigung der Zeche erforderlich ist (§§. 15, 17), das gemeinschaftliche Recht des Lehnsträgers, welches als untheilbar anzusehen ist, nach §§. 12—14, §§. 90, 115 Allg. Landrecht I, 17 in Ausübung gebracht werden, und die Hypothekenbehörde sie hierzu anhalten.

Hat der gesetzliche Lehnsträger sein ganzes Bergwerkseigenthum oder nur einen Theil davon gültig veräußert, so ist anzunehmen, daß er in soweit das im §. 265 a. a. O. gedachte Recht in Ausübung gebracht habe. Sind mehrere bestimmte Personen ohne Angabe ihrer Antheile beliehen, so kann jeder von diesen Lehnsträgern über seinen Kopftheil verfügen.

§. 21. Die ohne eigene Anmeldung in die Gewerkschaft aufgenommenen Personen müssen darüber, ob sie Gewerken sein wollen, vor ihrer Eintragung vernommen werden. Sie können jedoch als einwilligend angesehen werden, wenn sie in dem dazu bestimmten Termine, wozu sie mit dieser Warnung vorgeladen werden, nicht erschienen sind.

Eintragung des actuellen Besitzes.

§. 22. Obgleich bei Berichtigung der alten Zechen auf alle Vorbesitzer bis zum Publikationstage der Patente vom 22. Mai 1815 resp. 25. Mai 1818 zurückgegangen, und deren Besitztitel berichtigt werden muß, so ist immer dennoch nur der letzte Besitzer, nämlich derjenige, welcher sich zur „Zeit der wirklichen Regulirung des betreffenden Folii" im actuellen Besitze befindet, in das Berggegenbuch einzutragen, der Vorbesitzer seit der Publikation des Hypotheken-Patents dagegen in dem Eintragungsvermerke nur historisch zu erwähnen.

Besitzunfähigkeit der Berghütten- und Salinen-Beamten.

§. 23. Behufs Ausführung der Allerhöchsten Kabinets-Ordre vom 20. Januar 1806 und 2. November 1808 wegen der Besitz-Unfähigkeit der Berghütten- und Salinen-Beamten, ihrer Ehefrauen und unter ihrer väterlichen Gewalt stehenden Kinder, welche v. 20. Mai 1817 an, als am Tage der Publikation des Circulars vom 5. April 1817, auch in hiesiger Provinz volle Gültigkeit erlangt haben, ist die Berichtigung des Besitztitels der nach jenem Publikationstage, es sei durch letztwillige Verordnungen oder durch Intestat-Erbfolge oder auf irgend eine andere Art erworbenen Bergwerksantheile für die Berghütten- und Salinenbeamten, deren Ehefrauen und unter ihrer väterlichen Gewalt stehenden Kinder, nicht vorzunehmen, vielmehr den Acquirenten eine einjährige Frist zum Verkaufe solcher Antheile an besitzfähige Personen zu setzen.

Verbot der Eintragung unter einem Achtel-Kure.

§. 24. Zur Abhülfe und Abwendung der nachtheiligen Zersplitterung des Bergwerkseigenthums für vergangene Fälle und für die Zukunft, bewendet es, bis zu der zu erwartenden näheren gesetzlichen Sanction, bei der bisherigen Bestimmung, daß bei Bergantheilen die Unterabtheilung eines Kuxes und die Eintragung derselben ins Berggegenbuch nur bis zu einem Achtel-Kux zu gestatten, und daß, wenn die Interessenten eines kleinern Bergantheils über ihre Theilnahmsrechte innerhalb des zulässigen ein Achtel-Kuxes sich nicht vereinigen können, mit dem Ausgebote zum öffentlichen Verkaufe durch das Berggericht zu verfahren sei.

Umschreibung bei Caducitäts-Erklärungen.

§. 25. Auf den Grund der Ausfertigung der bergamtlichen Resolution, in welcher die Caducitätserklärung und die Ueberlassung an den gehorsamen Gewerken ausgesprochen ist, muß die Umschreibung der angefallenen Bergantheile auf letzteren erfolgen. (Cf. §§. 280 bis 282, A. L. R. II, 16.)

Dasselbe gilt von solchen bergamtlichen Verfügungen, wodurch dem Lehnsträger oder einem Andern aus der Gewerkschaft, wegen vorgeschossener Receß-Gelder, nach wiederholten vergeblichen Aufforderungen des mit der Erstattung säumigen Gewerkens, dessen Antheil zugesprochen wird.

Werth.

§. 26. Obgleich eine Colonne für den Werth des Bergantheils im Berggegenbuche nicht vorhanden, so ist doch bei käuflichen Ueberlassungen der Preis des betreffenden Bergantheils nachrichtlich in den Eintragungsvermerk mit aufzunehmen.

Eintragung in der zweiten und dritten Rubrik.

§. 27. Die Eintragungen in der zweiten und dritten Rubrik unterliegen sowohl in materieller als formeller Hinsicht bis auf die im §. 3 bemerkten Eigenthümlichkeiten hinsichtlich der fortlaufenden und Primordial-Nummer und des Schulden-Registers, im übrigen den diesfälligen, allgemeinen Vorschriften.

Wenn jedoch eine und dieselbe Schuld oder Reallast auf mehrere in einem Bande eingeschriebene Bergantheile eingetragen werden soll, so ist der dem Eintragungsbefehl zu inserirende Eintragungsvermerk nur bei einem Antheil vollständig abzufassen (§. 156, Tit. II Hyp.-O.) hinsichtlich der übrigen dagegen nur der verpfändete Antheil, der Name des Schuldners, des Gläubigers und der Betrag der Schuld nebst einer Verweisung auf dasjenige Folium, wo jene vollständige Eintragung vorkommt, darin aufzunehmen.

Protestationen.

§. 28. Alle Protestationen ohne Unterschied, welche bei Bearbeitung des Berg-Hypothekenwesens zur Sprache kommen, können von der Berg-Hypothekenbehörde, auch ohne vorherige Requisition des Realrichters, verfügt werden.

Extabulation einer Zeche.

§. 29. In allen Fällen, wo eine ganze Gewerkschaft in Gemäßheit der gesetzlichen Vorschriften, z. B. wegen nicht bezahlter Receßgelder, wiederholten Raubbaues, durch Verfahrung, ihres Bergwerkseigenthums verlustig wird, erfolgt die Extabulation der Zeche auf den alleinigen Grund der diesfälligen zu den Hypotheken-Akten zu befördernden bergamtlichen Verfügung, und zwar durch einen in die Augen fallenden Vermerk auf dem Titelblatte.

Dasselbe geschieht auf den Grund einer glaubhaften Notiz des Bergamts über den gänzlichen Abbau. Auf eine gleiche Anregung wird endlich die Caducirung einer ganzen Gewerkschaft auf die ganze Zeche im Berggegenbuche vermerkt (cf. §. 25).

Umschreibung consolidirter Zechen.

§. 30. Bis zu den über die Consolidationen zu erwartenden näheren gesetzlichen Bestimmungen verbleibt es dabei, daß erst nach vollständig vollzogener Consolidations-Urkunde die Umschreibung beim Berggegenbuche in der Art erfolgt, daß die consolidirte Zeche mit den vereinbarten Antheilen der einzelnen Gewerken an derselben, und mit den auf ihr und den einzelnen Antheilen haftenden Lasten und Schulden, auf ein neues Folium eingetragen, und dagegen jede einzelne der Vereinigung beigetretene Zeche gänzlich gelöscht wird.

Form des Gewähr- und Hypothekenscheins.

§. 31. Statt eines Hypothekenscheins über die Berichtigung oder Umschreibung des Besitztitels soll der bisher übliche Gewährschein[55]) auch fernerhin ertheilt werden.

Ueber die Eintragungen in der zweiten und dritten Rubrik sind die gewöhnlichen Hypothekenbuchs-Auszüge[56]) zu ertheilen, in welchen jedoch der Bergantheil, worauf eingetragen worden, durch Angabe des Namens der Zeche und der fortlaufenden Nummer dieses Antheils, desgleichen des Bandes und Folii des Berggegenbuches, wo er eingeschrieben steht, genau zu bezeichnen ist.

Wenn ein Gewerke an mehreren Zechen betheiliget ist, sind alle diese Antheile in Einem Gewährschein oder beziehungsweise Hypothekenschein zusammenzufassen und die etwa darauf haftenden Schulden hinterher zu vermerken, sofern nicht die Interessenten das Gegentheil wünschen (cf. §. 27).

---

55) Gewährscheine werden nicht mehr ertheilt, sondern nur Hypothekenscheine pro informatione. G. v. 24. Mai 1853, §. 17 und R. v. 20. März 1854 (im Anhange, Nr. 3).

56) G. v. 24. Mai 1853, §. 19 (Zus. 16 zu §. 39, Tit. 2) und R. vom 20. März 1854 (Anh. Nr. 3).

2. Verordnung, betreffend die Einrichtung des Berg-Hypothekenwesens in dem Herzogthum Westphalen, dem Fürstenthum Siegen mit den Aemtern Burbach und Neuenkirchen (Freien und Hückenschen Grund) und den Grafschaften Wittgenstein-Wittgenstein und Wittgenstein-Berleburg vom 28. Februar 1845 (Ges. S. S. 100).

Im §. 3 der Verordnung vom 31. März 1834 wegen Einrichtung des Hypothekenwesens in dem Herzogthum Westphalen, dem Fürstenthum Siegen mit den Aemtern Burbach und Neuenkirchen (Freien und Hückenschen Grund) und den Grafschaften Wittgenstein-Wittgenstein und Wittgenstein-Berleburg, und im §. 7 des Reglements für das zu Siegen errichtete Berggericht vom 13. Juli 1837 sind besondere Bestimmungen über die Einrichtung des Berg-Hypothekenwesens vorbehalten worden.

Wir verordnen nunmehr zur Erledigung dieses Vorbehalts auf den Antrag Unseres Staatsministeriums und nach vernommenem Gutachten Unseres Staatsraths, was folgt:

I. Allgemeine Bestimmungen.

§. 1. Die allgemeine Hypotheken-Ordnung vom 20. December 1783 und die darauf Bezug habenden spätern gesetzlichen Vorschriften, sollen in den, im Eingange dieser Verordnung genannten Landestheilen auf Gegenstände des verliehenen Bergwerkseigenthums unter nachstehenden nähern Bestimmungen Anwendung erhalten.

§. 2. Die Führung des Berggegen- und Hypothekenbuchs liegt dem Bergamt zu Siegen ob; der Bergrichter bearbeitet aber die Hypothekensachen dergestalt selbstständig, daß nur die Mandate an den Berggegenschreiber und die Ausfertigung der Gewähr- und Hypothekenscheine unter der Unterschrift des Bergamtes ergehen.

Die Aufsicht über die Führung des Berggegen- und Hypothekenbuchs steht dem Oberlandesgericht zu Arnsberg und dem Oberbergamt zu Bonn gemeinschaftlich zu.

§. 3. Das Berggegen- und Hypothekenbuch ist bestimmt für das im Bergamts-Bezirk Siegen verliehene Bergwerks-Eigenthum, namentlich:

1) die Bergwerke im engeren Sinne, d. h. die zur Gewinnung eines Minerals in bestimmten Gränzen angewiesenen Räume, Gruben, deren Gebäude unter und über Tage;
2) die Erbstollengerechtigkeit;
3) die Bergwässer, Wassergefälle und Wasserleitungen;
4) die Poch-, Wasch- und sonstigen Aufbereitungsanstalten mit den zu ihrem Betriebe erforderlichen Grundflächen und Gebäuden auf der Oberfläche, diese Anstalten mögen in Folge der Verleihung für sich oder in Verbindung mit Gruben bestehen;
5) die gemeinschaftlichen (§§. 85 ff., Allg. Landrecht II, 16) und insbesondere die nach Vorschrift der Hütten- und Hammer-Ordnung vom 25. Januar 1830 unter Staatsaufsicht im Zunftverbande besessenen gewerkschaftlichen Hüttenwerke im Lande Siegen. Zu den Hüttenwerken ist auch der Hüttenplatz mit den darauf stehenden Gebäuden zu rechnen.

Die Grundstücke und Gebäude, welche zu dem unter Nr. 1 bis 5 bezeichneten Bergwerkseigenthum gehören, sind jedoch nur dann in das Berggegenbuch einzutragen, wenn der Beliehene sie eigenthümlich oder zu Erbzins- und Erbpachtrechten erworben hat.

§. 4. Ueber andere, als die im §. 3 erwähnten Besitzungen der Gewerkschaften, auch wenn diese Besitzungen mittelbar zum Bergbau oder Hüttenbetrieb dienen, z. B. Produktenniederlagen, Magazinräume und Gebäude, Beamten- und Arbeiterwohnungen, verbleibt die Führung des Hypothekenbuchs den ordentlichen Gerichten.

Dasselbe gilt von den im Bezirke des Bergamts zu Siegen befindlichen Salinen- und Hammerwerken.

§. 5. Die Eintragung in das Berggegenbuch erfolgt nach der allgemeinen gesetzlichen Eintheilung eines jeden Bergwerkseigenthums in 128 Kuxe. Sie kann jedoch für die Gegenstände des bereits verliehenen Bergwerkseigenthums nach derjenigen Eintheilung stattfinden, nach welcher das Bergwerkseigenthum zur Zeit rechtmäßig besessen worden, insofern sich die Eintheilung in 128 Kuxe ohne Beeinträchtigung des Besitzes der Theilnehmer oder der Rechte eines Dritten nicht bewirken läßt.

Bei der Eintragung der in dem Fürstenthum Siegen und in den Aemtern Burbach und Neuenkirchen bestehenden Hüttenwerke soll die in der Hütten- und Hammerordnung vom 25. Januar 1830 bestimmte Eintheilung des Theilnahmerechts am Hüttenbetriebe nach Tagen und Stunden unverändert bleiben.

II. Berichtigung des Besitztitels.

§. 6. Jeder Besitzer von verliehenem Bergwerkseigenthum (§§. 7 und 8) ist verpflichtet, seinen Besitztitel zu berichtigen, und soll dazu von Amts wegen angehalten werden.

§. 7. Eine jede Gewerkschaft hat die Verpflichtung:

1) ihr Bergwerkseigenthum (das generelle Eigenthum) unter Einreichung einer genauen Beschreibung desselben nachzuweisen;
2) die Grundstücke, welche nach §. 3 zur Eintragung in das Berggegenbuch geeignet sind, nach dem Katasterflurbuch zu bezeichnen und einen Auszug darüber aus der Grundsteuermutterrolle vorzulegen.

§. 8. Zur Eintragung des generellen Bergwerkseigenthums genügt, insofern dasselbe am Tage der Verkündung dieser Verordnung bereits erworben war, das Attest der Bergverwaltungsbehörde über die seit 10 Jahren erfolgte Bezahlung der Rezeßgelder oder der sonst üblichen bergrechtlichen Gefälle an den Staat.

Ist von Grundstücken, welche nach §. 3 in das Berggegen- und Hypothekenbuch aufzunehmen sind, das Folium im Hypothekenbuche des Richters der Sache bereits angelegt worden, so muß deren Aufnahme die Extabulation bei diesem Hypothekenbuche nach §. 22, Tit. I der Hypotheken-Ordnung vorangehen. Ist noch kein Folium angelegt worden, so muß der Besitztitel, sofern er sich nicht etwa aus der Verleihungs-Urkunde ergiebt, bei dem Bergamte nach den Vorschriften der Verordnung vom 31. März 1834 bescheinigt werden.

Die bei dem Richter der Sache angemeldeten oder bereits eingetragenen Hypothekenforderungen und sonstigen Realrechte sind bei Berichtigung des Besitztitels von Amts wegen in das Berggegen- und Hypothekenbuch einzutragen.

§. 9. Bei den alten Zechen und Hüttenwerken, d. h. solchen,

welche am Tage der Verkündung dieser Verordnung bereits eintragungsfähiges Bergwerkseigenthum sind, ist jeder Besitzer eines ideellen Antheils verpflichtet:

1) die Größe seines Antheils genau anzuzeigen;
2) seinen Vorbesitzer zu benennen;
3) den Rechtsgrund anzugeben, vermöge dessen das Eigenthum von dem Vorbesitzer auf ihn übergegangen ist, und
4) alle darauf Bezug habende Dokumente und Beweismittel vorzulegen und anzugeben.

§. 10. Zur Eintragung des Besitztitels des sich meldenden Besitzers genügt es:

1) wenn derselbe die vor der Verkündung dieser Verordnung erfolgte Aufnahme in die Gewerkschaft oder auch nur die Ausübung von Theilnehmungsrechten, durch an Eidesstatt zu vernehmende Zeugen, durch Atteste öffentlicher Behörden oder durch beglaubigte oder sonst unverdächtige Privatdokumente bescheinigt;
2) wenn derselbe in gleicher Art bescheinigt, daß er vor dem Tage der Verkündung dieser Verordnung das Eigenthum aus einem, zur Erlangung desselben an sich geschickten, wenn auch in der Form mangelhaften Titel erworben hat. Sollte der hierdurch geführte Nachweis mangelhaft sein, so kann nach richterlichem Ermessen die Eintragung des Besitztitels gegen die von dem Besitzer abgegebene Versicherung an Eidesstatt, daß ihm kein gleich oder näher Berechtigter bekannt sei, erfolgen.

§. 11. In allen Fällen, der Besitzer mag vor oder nach der Verkündigung dieser Verordnung erworben haben, soll der Besitztitel berichtigt werden:

1) wenn der Besitzer in dem bei dem vormaligen Berggerichte zu Eslohe geführten Berggegenbuche bereits eingetragen war;
2) wenn derselbe das Bergwerkseigenthum in einer Subhastation erstanden oder darüber ein Präklusions-Erkenntniß ausgebracht hat;
3) wenn derselbe für sich und seinen unmittelbaren Vorbesitzer einen, der Form und dem Inhalte nach gültigen Titel nachweiset;
4) wenn derselbe zwar nur für sich einen, der Form und dem Inhalte nach gültigen Titel beibringt, zugleich aber durch an Eidesstatt zu vernehmende Zeugen, durch Atteste öffentlicher Behörden, oder durch beglaubigte oder sonst unverdächtige Privatdokumente bescheinigt, daß er und beziehungsweise sein Vorbesitzer sich in den letzten fünf Jahren in der ruhigen und ungestörten Ausübung des Rechts befunden haben. Auch genügt es zu dieser Bescheinigung, wenn Jemand in den letzten fünf Jahren in den sogenannten Anschnitten als Gewerke aufgeführt ist.

§. 12. Kann der Besitztitel auf vorstehend bezeichnete Art (§§. 10 und 11) nicht nachgewiesen werden, der sich meldende Besitzer ist aber entweder:

1) von den, mindestens zur Hälfte an dem Werke betheiligten Gewerken, oder

2) von den Lehnträgern, den Deputirten oder den Hüttenschulzen

als Mitgewerke anerkannt worden, so soll die Eintragung für ihn, auf Grund dieses Anerkenntnisses, gegen die Versicherung an Eidesstatt, daß ihm kein gleich oder besser Berechtigter zu dem in Anspruch genommenen Bergantheile bekannt sei, bewirkt werden.

§. 13. Bergwerke und Hütten oder Antheile an Bergwerken und Hütten, welche der Staat für eigene Rechnung betreibt, können, insofern sie nicht aus einem Privatrechtstitel erworben sind, in welchem Falle es bei den Vorschriften der §§. 10 bis 12 verbleibt, auf den Grund einer Bescheinigung der vorgesetzten Bergverwaltungsbehörde, daß der Staat sich im „Betriebe für eigene Rechnung befinde," für denselben in das Berggegenbuch eingetragen werden.

§. 14. Bei Berichtigung des Besitztitels auf den Grund des Erbrechts ist, wenn der Vorbesitzer in das bei dem Berggericht zu Eslohe geführte Berggegenbuch eingetragen war, oder aus Gewährscheinen der Bergbehörde oder aus den Anschnitten sich ergiebt, und der Erbfall vor dem Tage der Verkündung dieser Verordnung statt gehabt hat, keine förmliche Erbeslegitimation erforderlich, sondern es genügt der Nachweis der ein gesetzliches Erbfolgerecht begründenden Verwandtschaft und die von dem Besitzer abgegebene Versicherung an Eidesstatt, daß ihm keine nähere oder gleich nahe Erben bekannt seien.

§. 15. Widersprüche gegen die Eintragung des solchergestalt (§§. 10 bis 14) legitimirten Besitzers können die Eintragung selbst nicht hindern, sondern begründen nur, in soweit sie bescheinigt sind, die Eintragung einer Protestation, und unterliegen demnächst der richterlichen Entscheidung.

§. 16. Antheile, auf welche Niemand einen begründeten Anspruch macht, werden sämmtlichen Gewerken gleichmäßig zugeschrieben.

§. 17. Da der Besitztitel der nach §. 3 in das Berggegen- und Hypothekenbuch gehörenden Gegenstände für die Besitzer von Amts wegen berichtigt werden soll, so werden alle diejenigen, welche vermeinen, daß ihnen entweder als Eigenthümern oder aus einem Lehnsverhältnisse, einer Substitution, oder sonst einem, das Eigenthum oder die freie Disposition der Besitzer beschränkenden Grunde, oder als Realberechtigten der II. Rubrik Rechte, die zur Eintragung in die Hypothekenbücher geeignet sind, zustehen, hierdurch aufgefordert, solche zeitig bei der Hypothekenbehörde anzumelden.

Es wird denselben hierzu eine Frist bis zum 1. Juli 1845 bewilligt.

Nach Ablauf derselben muß die Hypothekenbehörde den Vorschriften der §§. 7 bis 16 gemäß mit der Berichtigung des Besitztitels vorschreiten, und Jeder, der die Anmeldung seiner Realansprüche versäumt, hat es sich selbst beizumessen, wenn bis zur Nachholung seiner Anmeldung der eingetragene Besitzer in allen mit dritten Personen über das Bergwerkseigenthum geschlossenen oder zu schließenden Verhandlungen, nach Vorschrift des Allgem. Landrechts, Th. I, Tit. 10, §§. 7 u. f. für den wahren Eigenthumer desselben angesehen wird.

III. Eintragung der Hypotheken und Realrechte.

§. 18. Bei Anlegung des Berggegen- und Hypothekenbuches sollen von Amts wegen berücksichtigt werden:

1) alle Hypotheken, über deren Anmeldung in Folge des im §. 22 des Patents vom 21. Juni 1825 und der Ordre vom 4. Februar 1828 geschehenen Aufrufs gerichtliche Rekognitionen ertheilt worden sind,
2) sämmtliche nach §§. 8 bis 11 des Patents vom 21. Juni 1825 seit dem 1. December 1825 entstandene Realrechte.

§. 19. Es ist dabei in nachstehender Art zu verfahren:

1) Bei jeder Besitztitelberichtigung muß der Realschuldenzustand:
   a) durch Vernehmung des Besitzers,
   b) durch Extracte aus den bisher geführten Registern über die angemeldeten Realrechte und Hypotheken, und
   c) durch Einsicht der denselben zum Grunde liegenden Anmeldungen und Dokumente

   festgestellt werden.
2) Jeder auf diese Weise ermittelte Realberechtigte und Hypothekengläubiger ist aufzufordern, die ihm ertheilte Rekognition mit dem dazu gehörigen Dokumente zur Eintragung in das Berggegenbuch einzureichen.

   Auch Erben, Cessionarien, Pfandinhaber und andere Betheiligte erhalten eine solche specielle Aufforderung, wenn ihr Rechtsanspruch zu den Grundakten angezeigt worden ist.

§. 20. Alle Inhaber von Rekognitionen, welche ihre Rechtsansprüche zu den Grundakten nicht angezeigt haben, werden hierdurch aufgefordert, spätestens bis zum 1. Juli 1845 die Anmeldung nachzuholen.

§. 21. Wer der ergangenen Aufforderung (§§. 19 und 20) nicht genügt, behält zwar:

a) seine Rechte gegen die Person seines Schuldners oder dessen Erben und kann sich auch an das ihm verhaftete Bergwerkseigenthum halten, insofern solches noch in den Händen dieses Schuldners oder dessen Erben sich befindet; er geht aber
b) in Beziehung auf alle übrige Realberechtigte, deren Hypotheken- und andere Realansprüche eingetragen worden, seiner Vorzugsrechte verlustig; verliert
c) in Beziehung auf jeden Dritten, der im redlichen Glauben an die Richtigkeit des Berggegen- und Hypothekenbuches nach der Anlegung des letzteren das Bergwerkseigenthum erworben hat, sein Realrecht, und haftet endlich
d) für jeden mit dem Dokument späterhin gemachten Mißbrauch und für jeden hierdurch und aus der Nichtbefolgung der an ihn ergangenen Aufforderung entstehenden Schaden.

§. 22. Jeder zur Einreichung der ertheilten Rekognition aufgeforderte Realberechtigte, ist verpflichtet, das Bergwerkseigenthum, auf welches sein Recht eingetragen werden soll, genau anzugeben.

Waltet gegen die Identität desselben mit dem im Dokument verpfändeten kein Zweifel ob, oder erkennt der Besitzer diese Identität an, so begründet die erhaltene Rekognition einen Anspruch auf Eintragung des Rechts selbst.

Entstehen Zweifel über die Identität, die sich nicht sofort beseitigen lassen, die Identität aber ist wahrscheinlich, so wird dadurch jedenfalls die Eintragung einer Protestation begründet.

Eine mangelhafte oder vorläufige Rekognition über zwar bescheinigte, aber nicht sofort liquid zu machende Realansprüche begründet ebenfalls einen Anspruch auf die Eintragung einer Protestation zur Erhaltung des Vorrechts.

§. 23. Allen vor dem 1. December 1825 entstandenen, binnen der vorschriebenen Frist angemeldeten Realrechten gebührt bei der Eintragung die Priorität vor den später erworbenen, mit Vorbehalt der näheren Bestimmung ihrer Rangverhältnisse unter sich, welche festzustellen oder im Fall eines Streits durch richterliche Entscheidung feststellen zu lassen, den Interessenten überlassen bleibt. Die seit dem 1. December 1825 entstandenen Realrechte werden nach der Zeitfolge ihrer Anmeldung eingetragen.

§. 24. Realforderungen, die bei einer Subhastation, einem Konkurs- oder Liquidationsprozeß ausgefallen, präkludirt oder durch Zahlung getilgt sind, werden nicht weiter berücksichtigt.

Behauptet der Besitzer, daß das Realrecht auf andere Weise aufgehoben worden sei, so muß er diese Aufhebung sofort darthun. Kann er dies nicht, so ist die Eintragung der Forderung und zugleich in der Kolonne „Cessionen" die Eintragung des Widerspruchs, sofern derselbe bescheinigt ist, zu bewirken.

§. 25. Allen Inhabern bereits angemeldeter Titel zu Hypotheken- und Realrechten, welche ungewiß darüber sind, ob die von ihnen angemeldeten Titel auch wirklich in die Hypothekenregister aufgenommen worden sind, und daher besorgen, bei der nach §§. 18 u. f. vorzunehmenden Feststellung des Schuldenzustandes unbeachtet zu bleiben, bleibt es überlassen, sich die Hypothekenregister vorlegen zu lassen, und erforderlichen Falls die Nachtragung in dieselben oder die Ertheilung vollständiger Rekognitionen anderweit in Antrag zu bringen. Auch steht es ihnen frei, durch schriftliche Eingaben sich die Berücksichtigung bei der Anlegung des Foliums zu sichern. Es muß jedoch diese Eingabe enthalten:

- eine genaue Bezeichnung des verhafteten Bergwerkseigenthums,
- die Namen der gegenwärtigen Besitzer desselben,
- die Angabe des Titels und des Datums der früheren Anmeldung;

endlich muß derselben eine Abschrift der erhaltenen Rekognition beigefügt werden.

§. 26. Bei allen die erste Regulirung des Berggegen- und Hypothekenbuchs, namentlich auch die Feststellung des Schuldenzustandes betreffenden Verhandlungen, genügt die Vernehmung des Ehemannes, und es kann nach dessen Erklärung die Eintragung erfolgen, wenn auch das Bergwerkseigenthum zum gemeinschaftlichen Vermögen der Eheleute oder zum eingebrachten Vermögen der Frau gehört.

Wollen Verwandte in auf- oder absteigender Linie, Schwiegereltern, Schwiegerkinder und Geschwister einander vertreten, so ist zu ihrer Legitimation eine außergerichtliche, nur vom Pfarrer oder Ortsvorstande beglaubigte Vollmacht des Vertretenen hinreichend. In allen diesen Fällen ist den solchergestalt Vertretenen der Gewährschein unmittelbar zuzustellen.

IV. Verfahren bei künftigen Besitzveränderungen vor angelegtem Folium.

§. 27. Bis zur wirklichen Anlegung des Foliums kann vom Tage der Verkündung dieser Verordnung an, ein Realrecht an Bergwerkseigenthum auch nach Vorschrift der Verordnung vom 16. Juni 1820 erworben werden.

Nach Anlegung des Foliums treten statt der obigen Bestimmungen die Hypotheken=Ordnung und die darauf Bezug habenden späteren gesetzlichen Vorschriften in volle Kraft.

V. Anlegung des Foliums für neue Zechen und Hüttenwerke.

§. 28. Bei Anlegung des Hypothekenfoliums für neue Zechen und Hüttenwerke ist die Legitimation der Interessenten nach §. 265, Tit. 16, Th. II des Allgem. Landrechts zu beurtheilen.

§. 29. Zur Erleichterung der Interessenten wird den Verhandlungen, welche zur Eintragung der bisher erworbenen Eigenthums=, Hypotheken= und Realrechte in das neue anzulegende Berggegenbuch erforderlich sein werden, die Stempelfreiheit bewilligt, und soll außerdem eine von Unsern Ministern der Finanzen und der Justiz zu bestimmende Ermäßigung der in der Gebührentaxe v. 23. August 1815 bestimmten Gebührensätze eintreten.

3. Instruktion für die Ausführung der Verordnung vom 28. Febr. 1845, betreffend die Einrichtung des Berg=Hypothekenwesens in dem Bezirke des Königl. Berggerichts zu Siegen, vom 21. März 1845. (J.=M.=Bl. S. 78.)

Beaufsichtigung des Geschäftsbetriebes. Zu §. 2 der Verordnung.

§. 1. Die Aufsicht über den Geschäftsbetrieb in Hypothekensachen beim Berggericht wird zunächst dem Königl. Oberlandesgerichte zu Arnsberg übertragen, welches jedoch bei allen neuen Einrichtungen, sowie nach Befinden in Beschwerden= und Anfragesachen vorher die Meinung des Königlichen Ober=Bergamts zu Bonn einzuholen hat. Können sich beide nicht vereinigen, so wird die Entscheidung den Ministerien für den Handel[57]) und der Justiz vorbehalten.

Dem Dirigenten und den Mitgliedern des Ober=Bergamts liegt es ob, bei ihren Geschäftsreisen die Geschäftsführung in der Bearbeitung des Hypothekenwesens zu revidiren und von den dabei wahrgenommenen Mängeln dem Königlichen Oberlandesgerichte zu Arnsberg Kenntniß zu geben, welches auch seinerseits von Zeit zu Zeit das Berg=Hypotheken=Einrichtungs=Wesen einer Revision an Ort und Stelle zu unterwerfen hat.

Gegenstände des Berggegen= und Hypothekenbuchs.

§. 2. Welche Gegenstände in das Berggegen= und Hypothekenbuch gehören, bestimmt der §. 3 des Gesetzes. Zu beachten ist hierbei, daß zum Betriebe des Bergwerks bestimmte Räume und Gebäude nur dann als Bergwerkseigenthum angesehen werden können, wenn sie sich mit der Hauptsache im Eigenthume derselben Personen befinden, also bei gewerkschaftlichen Anstalten der Gewerkschaft und nicht ausschließlich einzelnen Gewerken gehören. Die Steinplätze, Kohlschoppen u. s. w., welche bei den Hütten im Fürstenthume Siegen die einzelnen Gewerke besitzen, sind demnach nicht in das Berggegen= und Hypothekenbuch aufzunehmen.

§. 3. Zubehörungen, welche nach §. 4 des Gesetzes in das

---

57) Königl. Erlaß v. 17. April 1848 (G. S. S. 109).

Hypothekenbuch der ordentlichen Gerichte gehören, sind beim Berggegenbuch wie Pertinenzien, die unter einer fremden Gerichtsbarkeit liegen, zu behandeln, d. h. es ist eine nachrichtliche Bemerkung auf dem Titelblatte des betreffenden Foliums in dem Berg-Hypothekenbuche erforderlich, welche unter das Verzeichniß der eigentlichen Zubehörungen mit angemessenem Zwischenraume gesetzt wird, etwa in der Art:

Folgende Grundstücke, welche die Gewerkschaft besitzt, die aber nicht Bergwerkseigenthum sind, nämlich ꝛc., gehören zum Hypothekenbuche des ..... Gerichts zu .....

Die auf solche Grundstücke kontrahirten Schulden werden nicht in das Berg-Hypothekenbuch mit eingetragen. Wenn sich eine Verpfändung darauf mit erstreckt, so bleibt es den Interessenten überlassen, die Eintragung bei dem betreffenden Gerichte nachzusuchen, welches in seinem Hypothekenbuche den Besitztitel auf den Namen der Gewerkschaft mit dem Zusatze berichtigt, daß die Antheile der einzelnen Gewerke aus dem Berggegenbuche zu ersehen seien.

Form und Einrichtung der Berggegen- und Hypothekenbücher.

§. 4. Das Berggegen- und Hypothekenbuch erhält in besonderen Bänden folgende Abtheilungen:

I. die im Kreise Siegen gelegenen Hütten,

II. die im Kreise Siegen gelegenen Bergwerke und Aufbereitungs-Anstaten,

III. die in dem Herzogthum Westphalen und in dem Kreise Wittgenstein gelegenen Bergwerke, Hütten und Aufbereitungs-Anstalten.

Eine jede Zeche erhält darin nur ein Folium, auf dessen Titelblatt, außer der Beschreibung des generellen Eigenthums, auch die zu derselben gehörenden, nach §. 3 aufzunehmenden Pertinenzstücke, nach der Bezeichnung im Flurbuche, einzeln, jedoch ohne Angabe des Titels der Gewerkschaft, aufzuführen sind.

Die Folien des Berggegenbuchs erhalten die in der Anlage A beschriebene Einrichtung; in denen für die Abtheilungen II und III wird jedoch unter Rubrika I die Kolumne für die Größe der Ideal-Antheile nicht getheilt und erhält die Ueberschrift: Anzahl der Kuren.

Die Bücher sind in dem Format der Flurbücher dergestalt anzulegen, daß jedes Folium in der Regel vier Bogen stark wird. Raum und Seitenzahl für Titelblatt und die einzelnen Rubriken sind nach Bedürfniß zu bestimmen.

Das Zusammenbinden der Folien unterbleibt so lange, bis die angelegten Folien einen mäßigen Band bilden.

Bei Besitzveränderungen, Belastungen oder Verpfändungen eines eingetragenen Antheils ist mit der Umschreibung und Eintragung im Berggegenbuche nach Vorschrift des §. 3 der Instruktion für die Bergämter zu Bochum und Essen vom 21. September 1832 zu verfahren.

Außer dem Berggegenbuche sind noch folgende Bücher:

1) das in dem vorallegirten §. 3 der Instruktion v. 21. Septbr. 1832 beschriebene Register über die auf den einzelnen Idealantheilen haftenden Schulden und Lasten, und

2) ein alphabetisches Repertorium sämmtlicher Gewerken nach folgenden Kolumnen:

a) fortlaufende Nummer,
b) Namen der Gewerken,
c) Namen der Zechen und Hütten, woran derselbe betheiligt ist,
d) Kurzahl, Hüttentage,
e) Band und Folium des Berggegenbuchs,
f) Anmerkungen,

anzulegen und beständig fortzuführen.

Einrichtung der Berg-Hypothekenakten.

§. 5. Die Berg-Hypothekenakten sind nach Vorschrift des §. 4 der allegirten Instruktion v. 21. September 1832 einzurichten. Außer den daselbst bezeichneten Akten ist jedoch noch für jede Zeche ein besonderes General-Volumen für die, das generelle Eigenthum, die Pertinenzstücke und die Schulden und Lasten der ganzen Zeche betreffenden Verhandlungen anzulegen und denselben ein besonderes Intabulationsblatt, in welchem das generelle Eigenthum nebst den Schulden und Lasten angegeben ist, vorzuheften.

Die Berggegen- und Hypothekenbücher sind übrigens nebst der Hypotheken-Registratur und den dahin gehörigen Dokumenten, in verschließbaren Schränken in dem Berggerichts-Lokale aufzubewahren, und bleibt es dem Königl. Ober-Landesgericht und Ober-Bergamt überlassen, wegen zweckmäßiger Einrichtung der Registratur und der Akten nähere Anweisung zu ertheilen.

Verfahren bei der Berichtigung des Besitztitels §§. 6 u. f. §. 19 der Verordnung.

§. 6. Mit den eingehenden Anmeldungen und den, aus den bisherigen Kontraktbüchern zu entnehmenden Verhandlungen, welche zu dem Ende von Amts wegen durchgegangen werden müssen, sind für jede Zeche besondere Grundakten sofort anzulegen. Zu denselben gelangt:

1) ein Extrakt aus dem Berggegenbuche des vormaligen Berggerichts zu Eslohe, sofern die Zeche daraus hervorgeht, und
2) ein Auszug aus den bisher geführten Hypotheken-Registern über angemeldete Realrechte, oder eine amtliche Notiz, daß die Register dergleichen nicht enthalten.

In Beziehung auf die in den Kreisen, Siegen und Wittgenstein gelegenen Werke sind die unter 2 erwähnten Auszüge oder amtlichen Notizen, von den betreffenden Gerichten dieser Kreise zu erfordern, und rücksichtlich der in Grundstücken bestehenden Pertinenzien die Vorschriften des folgenden Paragraphen zu beachten.

Sodann sind aus den bergamtlichen Berechtsams-Akten, wo solche vorhanden sind, Abschriften der, das angemeldete Eigenthum der Zechen betreffenden Urkunden anzufertigen und damit das vorstehend (§. 4.) gedachte General-Volumen anzulegen, von welchem aus demnächst der Lehnträger, Hüttenschulz oder Deputirte, an welche sich der Hypothekenrichter in dieser Beziehung lediglich zu halten hat, zur Einreichung:

1) einer Beschreibung des generellen Eigenthums,
2) eines Verzeichnisses der dazu gehörigen Grundstücke nebst einem Extrakt aus dem Flurbuche und der Grundsteuer-Mutterrolle, und
3) eines Verzeichnisses der Gewerken und deren Antheile,

aufzufordern, und in Gemäßheit der Allerh. Kab.-Ordre v. 6. Oktbr. 1833 zur Erledigung dieser Auflage und zur Berichtigung des generellen Eigenthums, so wie zur Bescheinigung des Besitztitels von den in Grundstücken bestehenden, zur Aufnahme in das Berg-Hypotheken-Buch geeigneten Zubehörungen (§. 8 des Gesetzes) anzuhalten ist.

Das eingereichte Verzeichniß der Gewerken gelangt zu den Grundakten und ist demnächst die nähere Vorladung derselben zur Berichtigung des Besitztitels nach §. 9—13 des Gesetzes zu verfügen.

Zu den vorstehend gedachten Vorladungen sind lithographirte Formulare zu gebrauchen, und darin speziell auszusprechen, was jeder Gewerke in dem Termine beizubringen habe, und welches Präjudiz ihn nach der Allerh. Kab.-Ordre v. 6. Oktober 1833 im Falle eines Ungehorsams treffe.

§. 7. Mit Rücksicht auf §. 8 des Gesetzes muß, sobald es auf Eintragung eines **Grundstücks** in das Berg-Gegen- und Hypotheken-Buch ankommt, zur Verhütung doppelter Eintragung, der Richter der belegenen Sache jederzeit zuvor davon benachrichtigt und um Mittheilung eines Auszuges aus den Hypotheken-Registern über die darauf angemeldeten Hypothekenforderungen und sonstigen Realrechte, so wie um Uebersendung der betreffenden Verhandlungen oder Ertheilung eines Attestes, daß keine Hypothekenforderungen und Realrechte angemeldet seien, ferner für den Fall, daß das Pertinenzstück irriger Weise schon ins gewöhnliche Hypotheken-Buch eingetragen sein sollte, um Extabulation ersucht werden.

Vorschriften bei Berichtigung auf den Grund der Anschnitte. Zu §§. 11 u. 14 der Verordnung.

§. 8. Sobald sich der Besitzer eines Bergantheils zur Bescheinigung seines Titels auf die, bei dem Königl. Bergamte beruhenden Anschnitte beruft, so hat der Hypothekenrichter solche von Amts wegen durchzugehen und das Resultat zu den Grundakten zu attestiren.

Vorschriften über die nachträgliche Ernennung eines Lehnträgers. Zu §. 12 der Verordnung.

§. 9. Ist in dem Falle des §. 12, Nr. 2 in der Belehnungs-Urkunde kein bestimmter Lehnträger ernannt, oder ist derselbe ein Anderer, als dem gesetzlich die Belehnung zu ertheilen gewesen wäre, so sind die Vorschriften der §§. 15—19 der Instruktion v. 21. Septbr. 1832 wegen nachträglicher Benennung des eigentlichen Lehnträgers bei alten und neuen Zechen zur Anwendung zu bringen.

Der Bergrichter hat jedoch von Amts wegen nicht zu untersuchen, ob der ernannte Lehnträger derjenige ist, welcher gesetzlich hätte beliehen werden sollen, sondern die desfallsigen Erinnerungen und Anträge der Gewerken abzuwarten.

Die in diesem Falle erforderlichen Vernehmungen der Gewerken hat der Bergrichter zu bewirken und die desfallsigen Verhandlungen dem Königl. Bergamte vorzulegen, welches demnächst wegen nachträglicher Ernennung des Lehnträgers das Weitere zu veranlassen hat.

§. 10. Obiges Verfahren (§. 9) ist auch in den Fällen, wenn entweder:

1) wegen fehlender Belehnungs-Urkunde die Person des ursprünglich bestellten Lehnträgers nicht mehr zu ermitteln, oder

2) derselbe ohne Hinterlassung bekannter Erben verstorben, oder
3) in Folge Kaduzirung seiner Antheile ausgeschieden ist, oder endlich
4) seine Antheile veräußert hat und nicht zu ermitteln ist, auf wen solche übergegangen sind,

zulässig, und steht dem nachträglich ernannten Lehnträger dieselbe Befugniß (§. 12, Nr. 2 und §. 28 des Gesetzes) wegen Konstituirung der Gewerkschaft zu.

Sind dagegen die Erben oder Cessionarien des Lehnträgers bekannt, so müssen solche angehalten werden, die Rechte desselben, wo es zur Berichtigung der Zeche nothwendig ist, in Ausübung zu bringen.

Auch das Recht des Muthers, für sich die Beleihung zu fordern und die Gewerkschaft zu konstituiren, geht alsdann, wenn derselbe vor der Beleihung stirbt, auf dessen Erben über, welche die Befugniß haben, denjenigen Miterben zu bestimmen, welcher für sämmtliche Erben dieses Recht ausüben soll.

Auch im Uebrigen hat das Berggericht in Siegen sich die Bestimmungen der mehrallegirten Instruktionen v. 21. September 1832, insofern sie mit gegenwärtiger Verordnung vereinbar sind, zur Richtschnur dienen zu lassen.

Insbesondere sind die Gewähr- und Hypothekenscheine in der durch den §. 31 a. a. O. vorgeschriebenen Form zu ertheilen und darin jedesmal die auf der ganzen Zeche haftenden Lasten und Schulden mit aufzuführen.

§. 11. Die Vernehmung der Interessenten solcher Zechen, welche innerhalb des Kreises Siegen liegen, so wie die dabei vorkommenden Lokalgeschäfte sind von dem Bergrichter unmittelbar vorzunehmen, außerhalb dieses Bezirks aber die ordentlichen Gerichte in der Regel zu requiriren.

A.

Titelblatt.

(Die im Fürstenthum und im Kreise Siegen, in der Gemeinde N. gelegene N. N. Hütte.)

I. Beschreibung des generellen Eigenthums.

II. Zubehörungen der Hütte in der Gemeinde N.

Nummer der Flur u. Parzele.		Flur-Abtheilung.	Nähere Bezeichnung.	Flächen-Inhalt.			Abschreibungen.
Sekt.	Nr.			Morgen.	Ruthen.	Fuß.	

Rubrica I.

Nummer		Namen der Gewerken.	Anzahl der		Besitztitel.
Laufende	Primordial-		Tage.	Stunden.	

Rubrica II.

Nummer		Quantum.			Beständige Lasten und Einschränkungen des Eigenthums oder der Disposition.	Cessionen und Subinscriptionen.		Löschungen.
Laufende	Primordial-	rtl.	sg.	pf.		Eintragung.	Löschung.	

Rubrica III.

Nummer		Quantum.			Schulden und andere Real-Verbindlichkeiten.	Cessionen u. Subinscriptionen.					Löschungen.
Laufende	Primordial-	rtl.	sg.	pf.		Quantum. rtl.	sg.	pf.	Eintragung.	Löschung.	

4. **Gesetz, betreffend die Befugniß der Bergämter zur Führung des Berggegen- und Hypothekenbuchs und zur Aufnahme von Handlungen der freiwilligen Gerichtsbarkeit in den Landestheilen, in denen die Allgemeine Hypotheken-Ordnung vom 20. Dezember 1783 gilt. Vom 18. April 1855. (G. S. S. 221.)**

Wir ꝛc. verordnen, unter Zustimmung der Kammern, für diejenigen Landestheile, in denen die Allgemeine Hypotheken-Ordnung vom 20. Dezember 1783 gilt, wie folgt:

§. 1. Die Führung des Berggegen- und Hypothekenbuchs für den Bezirk eines Bergamts soll, wie bisher, bei dem Bergamte durch den Bergamts-Justitiarius erfolgen.

§. 2. Der Bergamts-Justitiarius ist befugt, Handlungen der freiwilligen Gerichtsbarkeit, welche Gegenstände des Bergeigenthums und des Bergbaubetriebes in dem Bezirke des Bergamts (§. 1) betreffen, aufzunehmen, und zwar auch in denjenigen Fällen, in welchen solche Handlungen sonst von Notarien oder von Gerichten überhaupt, oder von dem Richter der Sache aufzunehmen sind.

Der Bergamts-Justitiarius hat bei diesen Geschäften die für die Gerichte geltenden Vorschriften zu beobachten.

Die von demselben aufgenommenen Verhandlungen haben die Wirkung der gerichtlichen Urkunden.

§. 3. Zur Anstellung als Bergamts-Justitiarius ist die Befähigung zum Richteramte erforderlich.

§. 4. In Bezug auf die in den §§. 1 und 2 bezeichneten Angelegenheiten gebührt

a) die Aufsicht und die Erledigung derjenigen Beschwerden, welche die Disziplin, den Geschäftsbetrieb oder Verzögerungen betreffen, zunächst dem Appellationsgerichte, in dessen Bezirk das Bergamt seinen Sitz hat, und dem dem letzteren vorgesetzten Ober-Bergamte, schließlich aber dem Justizminister und dem Minister für Handel, Gewerbe und öffentliche Arbeiten;

b) für andere Beschwerden ist das vorerwähnte Appellationsgericht die alleinige Beschwerdeinstanz.

§. 5. Hinsichtlich des Ansatzes und der Erhebung der Kosten für Geschäfte bei dem Berggegen- und Hypothekenbuch (§. 1) und für Handlungen der freiwilligen Gerichtsbarkeit (§. 2) kommen die für die Gerichte gegebenen Bestimmungen zur Anwendung.

§. 6. Der Justizminister und der Minister für Handel, Gewerbe und öffentliche Arbeiten haben die hiernach erforderlichen Instruktionen und reglementarischen Anweisungen zu erlassen.

Beilagen.

A.

(Zu §. 23, Tit. I.)

Das

im Fürstenthum Schmaland,

und dessen

Liebstädtischen Kreise

gelegene

freie Allodial-Ritter-Gut Schleebach,

zu welchem

eine in dem benachbarten Märtzischen Kreise gelegene, und in den Hypotheken-Büchern der Schwarzwaldischen Regierung besonders eingetragene Wiese, die Otterwiese genannt,

gehöret;

hat

Namen des Besitzers.	Rubrica I. Titulus possessionis.	Werth des Immobilis. Rthlr.
Der Königl. Obrist-Lieutenant Otto von Gutendorf	aus dem Konkurs des vorigen Besitzers, Philipp Moritz von Aymer laut Adjudicatoriae de publ. 30. October 1766 vor........ in vollgültigem 1764ger Courant, als Meistbietender erstanden, und ist Titulus possesionis für ihn, auf Grund des Adjudikationsbescheides ex decreto d. d. 2. Dezember 1766 berichtiget worden. cf. Ingr.-B. Vol... pag..	40000
	Die Kaufgelder hat derselbe laut gerichtlichen Attests d. d. 28. Novbr. 1766 ad depositum erlegt, und ist solches vermöge vorallegirten Dekrets vom 2. Dezbr. ej. a. im Hypotheken-Buche vermerkt worden. cf. Ingr.-B. ibid.	
Der Königl. Kriegs-Rath Philipp Moritz von Gutendorf	aus der väterlichen Erbsonderung, vermöge des mit seinen Geschwistern, dem Lieutenant Johann Ludwig von Gutendorf, und der Johanna Magdalena verehel. v. Roll, unterm 10. Jan. 1768 errichteten, und den 19. ejusd. gerichtlich bestätigten Erb-Rezesses, vor.......... in Courant angenommen, und ist Titulus possessionis für ihn, auf den Grund des besagten Erb-Rezesses, vermöge Dekrets vom 18. Febr. 1768 eingetragen worden. cf. Ingr.-B. Vol... pag...	46000
	Zu diesem Gute hat der Besitzer den bisher zu dem benachbarten Gute Katzbach gehörigen Fleck Eichenholz, die grüne Haide genannt, von dem Besitzer genannten Guts, Martin Siegfried v. Roll, vermöge Kauf-Kontrakts d. d. 22. Juni 1770 vor................ in Courant zugekauft; und dieses neue Pertinenzstück, ex decreto vom 10. August 1770, auf den Grund des Kauf-Kontrakts, anhero vermerken lassen. cf. Ingr.-B. Vol... pag...	1000
	Anno 1779 hat Besitzer den Fundum gerichtlich abschätzen lassen, und ist derselbe laut Taxations-Rezesses d. d. 2. Mai ejusd. anni auf 50,000 Thlr. gewürdiget, auch solches ex decreto d. d. 3. August ej. a. auf sein Gesuch, anhero bemerkt worden. cf. Ingr.-B. Vol... pag...	

Namen des Besitzers.	Rubrica I. Titulus possessionis.	Werth des Immobilis. Rthlr.
Der Landrath Johann Heinrich v. Beuthen	von dem Kriegsrath von Gutendorf laut des unterm 4. September 1782 errichteten, und den 23. Oktober ej. a. gerichtlich konfirmirten Kauf-Kontrakts, für . . . . in Courant erkauft; und ist Titulus possesionis für ihn, ex decreto vom 8. ejusd. anni eingetragen worden. cf. Ingr.-B. Vol. . . pag. . . Besitzer hat den Fundum gerichtlich aufbieten lassen, und sub publ. 10. Oktober 1783 praeclusoriam darüber erhalten, auch solches, vermöge Dekrets vom 28. ej. anhero vermerken lassen. cf. Ingr.-B. Vol. . . pag. . .	48000

	Darauf sind eingetragen	

Quantum.			Rubrica II. Onera perpetua und Einschränkungen des Eigenthums, oder der Disposition.	deren Löschung.
Thlr.	gr.	pf.		
5	12	—	Fünf Thaler zwölf Groschen, als ein unablöslicher Zins für die Kirche zu ..... laut Fundations-Instrument d. d. ...... jährlich an Martini zahlbar. cf. Ingr.-B. Vol... pag...	
			Das Vorkaufs-Recht, welches sich der Bruder des Kriegsraths von Gutendorf, der Lieutenant Joh. Ludw. v. Gutendorf, in dem brüderlichen Erbrezesse d. d. 10. Januar 1768 auf den Fall vorbehalten hat, wenn das Gut außerhalb der Familie veräußert werden sollte; welches Vorkaufs-Recht, bei Berichtigung des Tituli possessionis für den Kriegsrath v. Gutendorf, anhero einzutragen p. Decretum vom 18. Februar 1768 ex officio verordnet worden. cf. Ingr.-B. Vol... pag...	Auf dieses Vorkaufs-Recht hat der gewesene Lieutenant Joh. Ludwig v. Gutendorf, vermöge der von ihm unterm 10. Dezember 1781 ausgestellten, und den 28. ej. gerichtlich rekognoszirten Deklaration renuncirt; und ist daher solches ex Decreto vom 2. Jan. 1782 gelöscht worden. cf. Ingr.-B. Vol.... pag...

Quantum.			Rubrica III. Gerichtlich versicherte Schulden und andre Real-Verbindlichkeiten.	Cessi		
Rthlr.	gr.	pf.		Rthlr.	gr.	pf.
12000	—	—	1) Zwölftausend Thaler schwer Courant, welche für den Bruder des Besitzers Kriegsrath von Gutendorf, den Lieutenant Johann Ludwig von Gutendorf, vermöge väterlichen Erbsonderungs-Rezesses d. d. 10. Jan. et confirmato 19. Jan. 1768, als der ihm zukommende Erb-Antheil festgesetzt, und ad instantiam des gedachten Lieutenant von Gutendorf, vermöge Dekrets vom 28. Febr. 1768 mit der Bemerkung eingetragen worden, daß solche gegen Verzinsung à 4 pCt., und halbjährige Aufkündigung, auf dem Gute stehen bleiben sollen.	8000	—	—
12000	—	–	2) Zwölftausend Thaler, in gleichmäßigem schweren Courant, als die Erbgelder der Schwester des Besitzers, Kriegsraths von Gutendorf, der Johanna Magdalena verehel. von Roll, welche in dem Erbrezeß v. 10. Jan. 1768 bestimmt, und auf deren Ansuchen, vermöge Dekrets v. 28. Febr. ej. a. zu gleichem Rechte mit den Erbgeldern ihres Bruders, des Lieutenants von Gutendorf, und mit der Bemerkung, daß solche vor der Hand zu 4 pCt. Zinsen, und halbjährige Aufkündigung, auf dem Gute haften bleiben, eingetragen werden. cf. Ingr.-B. Vol. . . pag. . .			
1000	—	—	3) Tausend Thaler in Courant, nach dem Münzfuß v. 1764, welche der Besitzer, Kriegsrath v. Gutendorf, laut Instrument d. d. 10. April 1770 von dem Kaufmann Gottlieb August Mercator zu Liebstadt, unter Verpfändung des Gutes, gegen 5 pCt. Zinsen und vierteljährige Aufkündigung erborgt; das Schuld- und Verpfändungs-Instrument den 10. Mai 1770 gerichtlich rekognoscirt; und solches vigore decreti d. d. 17. ejusd. hat eintragen lassen. cf. Ingr.-B. Vol. . . pag. . .			
1000	—	—	4) Eine Caution von tausend Thaler, welche Besitzer für den Rendanten Rosemann, bei der Königl. Salzkasse zu Liebstadt, laut Cautions-Instruments d. d. 15. Martii 1772 bestellt hat; und welche ad requisitionem der Kriegs- und Domänen-Kammer d. d. 2. April 1772, vermöge Dekrets v. 8. ejusd. eingetragen worden. cf. Ingr.-B. Vol. . . pag. . .			

ones.	Rthl.	gr.	pf.	Löschungen.
Achttausend Thaler schwer Courant, von gegenüberstehenden 12,000 Rthlr. Erbgeldern, hat der Lieutenant v. Gutendorf dem Kaufmann Johann Gottlieb Mercator zu Liebstadt, cum prioritate prae residuo, den 8. Januar 1773 gerichtlich cedirt, und ist diese Cession ex Decreto vom 20. ejusdem eingetragen worden. cf. Ingr.=B. Vol . . pag. . .	4000	—	—	Viertausend Thlr. von den sub Nr. 1 gegenüberstehenden Erbe=Geldern, hat Besitzer, Kriegsrath von Gutendorf, seinem Bruder, dem Lieutenant von Gutendorf, laut gerichtlich rekognoscirter Quittung vom 28. Mai 1773 bezahlt; und sind solche ex Decreto vom 10. Juni ej. a. gelöscht worden. cf. Ingr.=B.Vol..pag..
Mit gegenüberstehenden 12,000 Rthlrn, Erbegeldern, hat die Inhaberin, Joh. Magdalena v. Roll, der Königl. Salzkasse, wegen der von dem Besitzer, Kriegsrath von Gutendorf, für den Rendanten Rosemann bestellten, und sub Nr. 4 eingetragenen Caution per 1000 Rthlr., vermöge beglaubigter Erklärung d. d. 15. Martii 1772 die Priorität eingeräumt; welches ex Decreto vom 8. April 1772 eingetragen worden. cf. Ingr.=B. Vol. . . pag. . .				
	500	—	—	Auf Abschlag des sub Nr. 3 intabulirten Darlehns, hat der Kaufmann Mercator, vermöge gerichtlich rekognoscirter Quittung d. d. 10. Jan. 1777 bezahlt erhalten, und sind solche ex Decreto v. 2. Febr. ej. a. gelöscht worden. cf. Ingr.=B.Vol..pag..
	500	—	—	Als der Rest dieses Darlehns, hat Debitor, vermöge gerichtlich geleisteter Quittung d. d. 10. Decbr. 1777 bezahlt, und sind gelöscht ex Decreto v. 22. ejusdem. cf. Ingr.=B.Vol..pag..

Quantum.			Rubrica III. Gerichtlich versicherte Schulden und andre Real-Verbindlichkeiten.	Cessi		
Rthlr.	gr.	pf.		Rthlr.	gr.	pf.
6000	—	—	5) Sechstausend Thaler in Golde, den Friedrichsd'or à 5 Rthlr. gerechnet, welche der Besitzer, Kriegsrath v. Gutendorf, laut Schuld-Instrument vom 8. Oktober 1779, von dem jüdischen Banquier Moses Marcus gegen Verzinsung à 6 pCt., und halbjährige Aufkündigung erborgt; darüber unterm 10. ejusdem gerichtliche Hypothek bestellt, und solche ex Decreto v. 15. ejusdem hat eintragen lassen. cf. Ingr.-B. Vol... pag...			
10000	—	—	6) Zehntausend Thaler in Courant, als rückständige Kaufgelder, für welche sich der vorige Besitzer, Kriegsrath von Gutendorf, in dem mit dem Landrath von Beuthen errichteten Kaufkontrakt d. d. 4. Septbr. et confirm. 23. Oktober 1782, das Dominium reservirt hat; dergestalt, daß solche, gegen Verzinsung à 5 pCt., und halbjährige Aufkündigung, auf dem Gute stehen bleiben sollen. Eingetragen ad instantiam des von Gutendorf, ex Decreto vom 20. November 1782. cf. Ingr.-B. Vol... pag...			

ones.	Löschungen.			
	Rthl.	gr.	pf.	

A. A.

(Zu §. 2 der Instr. v. 29. April 1834, Nachtr. zu Tit. 4, Nr. IV, 4.)

Grund-Akten No. ....

Titelblatt.

Die in der .... Flur (Feldmark, Gemeinde) belegenen Grundstücke:

Laufende Nummer.	Nr. des Flurbuchs oder Katasters.	Feldgegend oder Flurabtheilung.	Beschreibung nach Kulturart und angegebener Größe.	Zur laufenden Nr.	Abschreibungen.
1	747 b. und c.	am rothen Berge	2¼ Acker Weinberg	„3—5"	„Die Grundstücke 3. 4. 5. sind laut Kontrakt vom 6. Juli 1834 verkauft, hier ab- und fol. 9. Nr. 7. 8. und 9. Vol. II. zugeschrieben, zufolge Verfügung vom 30. Juli 1834."
2	527 a.	klein Querfeld	„1½ Acker Ackerland"		
„3"	—	„vor dem Eckstädter Thor"	„neben Seidel, Baumgarten 1¼ Morgen"	2	Ein Theil von 2, nach der Angabe 1 Acker groß, ist auf Grund Tauschvertrags vom 8. September 1834 hier abgeschrieben und eingetragen fol. 11. Nr. 13. Vol. III. zufolge Verfügung vom 14. Oktober 1834.
„4"	„47 c."	„Beilgraben"	„⅛ Acker Garten"		
„5"	„631 c."	„Punkwitzer Hölzchen"	„ein Fleck Graserei"		
6	159	über der Pulske	⅛ Acker Feld		
7	von 420	im Riethfelde	die Hälfte 1 Acker Wiese	„9"	„Das Grundstück 9 ist durch Vertrag vom 24. August 1836 in Erbpacht gegeben, ein neues Folium Vol. IV. pag. 14 des Hypothekenbuchs angelegt, und hier abgeschrieben zufolge Verfügung vom ...."
8	224	— —	Bleiche, 60 Ruthen und das darauf stehende Gebäude; ein Bleichhaus Litt. A.		
„9"	„225"	— —	„Holzung ¼ Morgen"		
10	320	im Kampe	Hutung circa 4 Morgen.		

p. N.

1) Diese Seite dient zur Fortsetzung, wenn die erste Seite des Titelblatts nicht genügenden Raum darbietet.

2) Alle mit Anführungszeichen „ " gedruckten Vermerke sind in den Grundakten ganz roth unterstrichen, und werden bei Ertheilung von Hypothekenscheinen*) weggelassen. Grundstücke, von denen nur ein Theil veräußert ist, werden nach ihrer ursprünglichen Bezeichnung auf dem Titelblatt mit den Abschreibungsvermerken aufgenommen. Um anzudeuten, daß mit ihnen eine Veränderung vorgegangen ist, werden sie nur zum Theil roth angestrichen. (cf. beispielsweise Nr. 2 des Titelblatts).

3) Zur Fortsetzung der zweiten und dritten Rubrik können besondere Einlagebogen benutzt werden.

4) Zu protestativischen Eintragungen, die künftig einer Umschreibung in eine definitive oder wirkliche Hypothek unterliegen, ist nur die größere Hälfte des Raumes für Eintragungen zu verwenden.

5) Findet es der Hypothekenrichter zur Erleichterung der Uebersicht angemessen, für sämmtliche Besitzungen ein neues Folium anzulegen, so wird dies auf dem bisherigen Folium vermerkt und dasselbe in allen seinen Kolonnen roth durchstrichen.

---

*) Wenn bei dergleichen Wandeläckern die durch den Hypothekenschein beabsichtigte Information nur eins oder einzelne der auf dem Titelblatt aufgeführten Grundstücke betrifft, so können auf Verlangen die die übrigen Grundstücke allein betreffenden Vermerke weggelassen werden. Vergl. Anm. 374 zu §. 305 Tit. II, und unten S. 359.

In ähnlicher Art kann, wenn eine neue Post nur auf eines oder mehrere Grundstücke, für welche das Folium bestimmt ist, eingetragen wird, auf Antrag der Interessenten, ein nur das für die Post verpfändete Grundstück betreffender Hypothekenbuchs-Auszug ertheilt werden. M. s. unten S. 334 die Bemerkung 5 zur Beilage D.

Name des Besitzers.	Rubrica I. Titulus possessionis.
„besitzt Benedict Paschke"	„Die Grundstücke 1, 2, 3 auf Grund der Auseinandersetzung mit seinen Geschwistern über den väterlichen Nachlaß vom 16. Januar 1819, die Grundstücke 4, 5 auf Grund eines mit dem Vorbesitzer Caspar Meier am 18. Juni 1822 abgeschlossenen Kaufkontrakts (Kaufpreis 120 Thlr.), hat dazu erworben das Grundstück Nr. 6 durch Adjudicatoria de publ. den 29. Juni 1826 für 40 Thlr. aus dem Meyerhoffschen Konkurse das Grundstück Nr. 7 durch Tausch mit Andreas Schneider vom 4. Januar 1827, und das Grundstück Nr. 8 bei Theilung der Riethfelder Gemeinheit laut Rezeß vom 16. Oktober 1832. Eingetragen zufolge Verfügung vom 26. Mai 1834."
„Derselbe"	„hat von dem Besitzer der fol. 11, Vol. III. des Hypotheken-Buchs eingetragenen Grundstücke Ludwig Sander durch gerichtlichen Tauschvertrag vom 1. Juni 1834 an die Stelle der hier abgeschriebenen Nr. 2, die dort sub Nr. 12 eingetragen gewesene Parzelle (320 des Katasters) erworben, welche dort ab- und hier unter Nr. 10 zugeschrieben worden." „Eingetragen zufolge Verfügung vom 4. Juni 1834."
hat Anna verwittwete Paschke, geborene Neumann,	aus dem Nachlaß ihres verstorbenen Ehegatten vermöge Testaments de publ. den 9. Januar 1836 und zufolge Erbeserklärung vom 12. Februar 1836 angenommen für 600 Thlr. Eingetragen zufolge Verfügung vom 6. März 1836.

Betrag. Rthlr.	sg.	pf.	Beständige Lasten und Einschränkungen des Eigenthums oder der Disposition.
4	10	—	a) vier Thaler zehn Silbergroschen Courant jährlich termino Michaelis an den Besitzer des Guts Hadmurleben zu entrichtender Erbzins von dem Grundstück.
	„4	2"	b) das Grundstück Nr. 2 lehnt dem Königlichen Rentamt zu Weißenfels fünf Prozent des Werths auf alle Fälle in manu dominante vel serviente und abzinset dahin jährlich
„gelöscht	„2	1"	
	2	1	
als der Rest der ursprünglichen			vier Silbergroschen zwei Pfennig Courant termino Michaelis. Eingetragen auf Grund des Anerkenntnisses des Besitzers zufolge Verfügung vom 26. Mai 1834.
„1	12"		„c) ein Thaler 12 Silbergroschen Courant jährliche Abgabe an die Kirche zu Katzbach von den Besitzungen Nr. 3, 4, 5 angemeldet am 7. Juni 1834 und bescheinigt durch die Heberegister." „Bei dem Widerspruch des Besitzers protestativisch eingetragen zufolge Verfügung vom 8. Juni 1834." — „Demnächst auf das Anerkenntniß des Besitzers, vom 8. Juli 1834, wonach er seinen Widerspruch zurücknimmt;" „definitiv eingetragen zufolge Verfügung vom 18. Juli 1834".
			d) die nothwendige Subhastation des Grundstücks Nr. 10 ist verfügt, so daß spätere Dispositionen den bis dahin darauf eingetragenen Gläubigern unnachtheilig sind. Eingetragen zufolge Verfügung vom 8. September 1837.

Rubrik.

Cessionen und andere Subinscriptionen.		Löschung.
Eintragung.	Löschung.	
„a) Der Besitzer des Guts Hadmurleben, Herrmann von Heinen, hat diesen Erbzins laut Schuldverschreibung vom .... für ein Darlehn von 50 Rthlr., geschrieben fünfzig Thaler Courant nebst Zinsen à 5 Prozent und Kosten an den Rentier Herrmann verpfändet." „Eingetragen zufolge Verfügung vom 2. Januar 1835."	„Der Rentier Herrmann hat seinem Pfandrecht entsagt; gelöscht zufolge Verfügung vom 10. Juli 1835."	
b) Das mit fünf Prozent zu entrichtende Lehngeld ist, nachdem ein Theil dieses Grundstücks veräußert und auf dem Folium 11, Nr. 13, Vol. III des Hypothekenbuchs zugeschrieben ist, dort ebenfalls Rub. II, sub c. eingetragen; zufolge Verfügung vom 14. Okt. 1834.		„zu b." „zwei Silbergroschen ein Pfennig des Erbzinses sind gelöscht, und mit Bewilligung der Interessenten auf den veräußerten und abgeschriebenen Theil des Grundstücks übertragen; zufolge Verfügung vom 14. Oktober 1834."
„c) ist am 20. Juli der Hauptkirche zu Schwarzwalde übereignet worden. Eingetragen zufolge Verfügung vom 18. Juli 1834."		„zu c." „gelöscht und übertragen auf fol. 9, Vol. II des Hypothekenbuchs; zufolge Verfügung vom 30. Juli 1834."

III te

Betrag. Rthlr. sg. pf.	Hypotheken.	Ces[…] Betrag. Rtlr. sg. pf.
„100 Cour." „gelöscht 20" 80 Cour. Rest der ursprünglich eingetragenen	1) Einhundert Thaler Courant Darlehn aus der Schuldverschreibung vom 17. Oktober 1834 mit 5 Prozent Zinsen und den Kosten*) der Wiedereinziehung für den Colonen Kaspar Heinrich Behrendt. Eingetragen zu gleichen Rechten mit der folgenden Post Nr. 2 zufolge Verfügung v. 6. Juni 1834.	„50" . . „20" gelöscht. 30 Thaler als der Rest der ursprünglichen
50 Cour.	2) Fünfzig Thaler Erbgelder des Herrmann Patschke aus dem Auseinandersetzungs-Rezeß vom 16. Januar 1819 zinsbar zu 5 Prozent. Eingetragen zu gleichen Rechten mit der vorstehenden Post Nr. 1 auf die Grundstücke Nr. 1, 2, 3 des Titelblatts zufolge Verfügung vom 6. Juni 1834.	
300 Gold	3) Dreihundert Thaler Gold rückständige Kaufgelder aus dem Kaufkontrakte über das Eichhornsche Bauergut vom 1. Mai 1836, wofür die Besitzerin außer jenem Gute, worauf sie Vol. III, pag. 16 des Hypothekenbuchs eingetragen stehen, auch diese Grundstücke zur Hypothek gestellt hat. Eingetragen zufolge Verfügung vom 30. Juli 1838.	

*) Der Kosten geschieht nicht ferner Erwähnung. §. 29. des Hyp.-Ges. v. 24. Mai 1853.

Rubrik.

sionen und andere Subinscriptionen; deren		Löschungen.
Eintragung.	Löschung.	
funfzig Thaler Courant sind am 8. April 1837 mit dem Vorrecht vor dem Ueberrest an den Kaufmann Joh. Gottlieb Mercator cedirt worden. Eingetragen zufolge Verfügung vom 30. April 1837.		„zu 1.“ „Zwanzig Thaler des Kaufmanns Mercator sind gelöscht, zufolge Verfügung vom 7. Mai 1837.“
„Mit dreißig Thaler von 50 Thaler hat der Kaufmann Mercator eine Kaution für den N. N. am 1. Juni 1837 bestellt.“ „Eingetragen zufolge Verfügung vom 1. Juli 1837.“	„gelöscht zufolge Verfügung vom 30. Dezbr. 1837.“	
zu 2. Herrmann Patschke hat den vorstehend sub Nr. 1 eingetragenen 100 Thalern am 6. Juli 1834 die Priorität eingeräumt. Eingetragen zufolge Verfügung vom		
zu 1 und 2. Nachdem die Grundstücke Nr. 3 und Antheil von Nr. 2 des Titelblatts veräußert, und dafür besondere Folien fol. 9, Vol. II und fol. 11, Vol. III des Hypothekenbuchs angelegt sind, sind diese Hypotheken dort ebenfalls sub Rubr. III, Nr. 4 und 5 eingetragen, zufolge Verfügung ꝛc.		
zu 1 und 3. „Die Gläubiger haben auf die Hypothek an dem Grundstücke Nr. 9 des Titelblatts, welches die Besitzerin zu veräußern beabsichtigt, verzichtet.“ „Eingetragen zufolge Verfügung ꝛc.“	„gelöscht, nachdem das Grundstück abgeschrieben worden, zufolge Verfügung vom ꝛc.	

A. A. A.

(zu §. 3 der Instr. v. 19. April 1834, Nachtr. zu Tit. 4, Nr. 1, 3.)

Grund-Akten No.....

Titelblatt.

Die in der Gemeinde N. N. belegenen Grundstücke:

Nr. der Flur und Parzele. Sect.	Nr.	Flur-Abtheilung.	Nähere Bezeichnung.	Flächen-Inhalt. Mg.	Rth.	Fuß	zu	Abschreibungen.
„A"	„5"	„Ahfeld"	„Garten"	—	„131"	„30"	„A.5"	„A 5 ist verkauft, laut Kontrakts v. 6. Febr. 1835, hier ab- und auf Fol. 9, Vol. II zugeschrieben, zufolge Dekrets vom ....."
A	7	Im Kampe	Haus- und Hofgrund und die darauf stehenden Gebäude: ein Wohnhaus Nr. 10, ein Kotten Litt. A, ein Backhaus Litt. B, ein Schweinestall Litt. C.	1	7	—	A. 7	Ein Theil von A. 7, dreißig Ruthen mit dem Kotten, ist in Erbpacht gegeben, hier ab- und auf Fol. 47, Vol. I zugeschrieben, zufolge Dekrets vom .....
							A 7.	Von A. 7 ist ferner auch das Backhaus in Erbpacht gegeben laut Kontrakts vom 4. April 1836, hier abgeschrieben und auf Fol. 47, Vol. I übertragen, zufolge Verf. vom .....
C	114	Steinbusch	Holzung	41	50	—	C.114	Zwanzig Morgen 30 R. von C. 114 sind auf Grund des Tauschvertrags vom 8. März 1836 hier abgeschrieben und eingetragen Fol. 11, Vol.III, zufolge Dekrets v. 7. Juli 1836.
B´	210	Hasselnfeld	Wiese	2	25	90		
	211	—	Ackerland	4	10	60		
	212	—	—	7	15	—		
	410	Hagedorn	Hütung	16	20	—		
von D	524	—	Gartentheil	1	20	—		
	„630"	—	„Ackerland"	„22"	„30"	„40"	„D." „630"	„D 630 verkauft laut Kontrakts vom 8. Juli 1839, ist hier abgeschrieben u. anderweit eingetragen Fol.20, Vol. III zufolge Verf. vom..."

P. N.

1) Diese Seite dient zur Fortsetzung, wenn die erste Seite des Titelblatts nicht genügenden Raum darbietet.

2) Bei Ertheilung eines Hypothekenscheins werden die Vermerke, welche mit Anführungszeichen „ “ gedruckt und in den Grundakten ganz roth unterstrichen sind, weggelassen. Die Grundstücke, von denen nur ein Theil veräußert ist, werden dagegen nach ihrer ursprünglichen Bezeichnung mit den Abschreibungsvermerken aufgenommen. Sie werden, um anzudeuten, daß mit ihnen eine Veränderung vorgegangen ist, nur zum Theil bei der ersten Zeile roth angestrichen*).

3) Für Rubrica I bedarf es keines größeren Raumes, wenn die Eintragungsvermerke möglichst kurz entworfen und gedrängt eingetragen werden, um so weniger, da es zur Vermeidung von Verwirrung, namentlich bei nothwendigen Subhastationen, vorzuziehen ist, neue Folien anzulegen und die alten zu schließen.

4) Zur Fortsetzung der zweiten oder dritten Rubrik können besondere Einlagebogen benutzt werden.

5) Findet es der Hypothekenrichter zur Erleichterung der Uebersicht angemessen, für sämmtliche Besitzungen ein neues Folium anzulegen; so wird dies auf dem bisherigen Folium vermerkt, und dasselbe in allen seinen Kolonnen roth durchstrichen.

6) Zu protestativischen Eintragungen, die künftig einer Umschreibung in eine definitive oder wirkliche Hypothek unterliegen, ist nur die größere Hälfte des Raumes für Eintragungen zu verwenden.

---

*) M. s. die Anm. * oben, S. 306.

Namen des Besitzers.	Rubrica I. Titulus possessionis.
„Joh. Friedrich Möhlmann"	„besitzt die Grundstücke A 5, A 7, C 114 auf Grund außergerichtlicher Auseinandersetzung mit seinen Geschwistern über den väterlichen Nachlaß, seit länger als 10 Jahren; die Grundstücke B 210 und 211 auf Grund eines mit dem Vorbesitzer Caspar Meier am 18. Juni 1824 abgeschlossenen Kaufkontrakts (Kaufpreis 900 Thlr.), und hat dazu erworben das Grundstück 212 durch Adjudikatoria de publ. den 29. Juni 1830 für 400 Thlr. aus dem Meyerhoffschen Konkurse, und das Grundstück B 410 bei Theilung der Hagedorner Gemeinheit laut Rezesses vom 16. Oktober 1832." „Eingetragen zufolge Verfügung vom 26. Mai 1834."
„Derselbe"	„hat von dem Besitzer der Fol. 11, Vol. III des Hypothekenbuchs eingetragenen Grundstücke, Ludwig Sander, durch gerichtlichen Tauschvertrag vom 8. März 1836, an die Stelle der hier abgeschriebenen 20 Morgen 30 R. von C 114 die Parzelen D 630 und von D 524 einen Theil erworben, welche dort ab- und hier zugeschrieben worden." „Eingetragen zufolge Verfügung vom 7. Juli 1836."
hat Anna verwittwete Möhlmann, geborene Schindler,	aus dem Nachlaß ihres verstorbenen Ehegatten, vermöge Testaments de publ. den 9. Januar 1837, und zufolge Erbeserklärung vom 12. Februar 1837 angenommen für 3000 Thlr. Eingetragen zufolge Verfügung vom 6. März 1837.

IIte

Betrag. Rthlr.	sg.	pf.	Beständige Lasten und Einschränkungen des Eigenthums oder der Disposition.		zu
„10	20	."	a) Zehn Thaler zwanzig Silbergroschen Courant jährlich termino Michaelis an den Besitzer des Guts Hadmerleben zu entrichtender Erbzins von dem Grundstück C 114. Eingetragen auf den Grund des Anerkenntnisses des Besitzers zufolge Verfügung vom 26. Mai 1834.		a.
„gelöscht 5	10	."			
5	10	.			
in Worten ꝛc. Rest der ursprünglichen					
1	12	.	b) Ein Thaler zwölf Silbergroschen Courant jährlich Abgabe an die Kirche zu Katzbach von den Besitzungen A 7, angemeldet am 7. Juni 1834 und bescheinigt durch die Heberegister. Beim Widerspruch des Besitzers protestativisch eingetragen, zufolge Verfügung vom 8. Juli 1834.	Demnächst auf das Anerkenntniß des Besitzers vom 10. Dezember 1834, wonach er seinen Widerspruch zurücknimmt, definitiv eingetragen, zufolge Verfügung vom 30. Dezember 1834.	
			c) Die nothwendige Subhastation des Grundstücks Antheil von D 524 ist verfügt, so daß spätere Dispositionen den bis dahin eingetragenen Gläubigern unnachtheilig sind. Eingetragen zufolge Verfügung vom 8. September 1837.		

Rubrik.

Cessionen und andere Subinscriptionen.		Löschungen.
Eintragung.	Löschung.	
„Fünf Thaler zehn Silbergroschen des Erbzinses sind von dem Besitzer des Gutes Hadmerleben an den Kaufmann Nathan übereignet durch Vertrag vom 8. September 1834.“ „Eingetragen zufolge Dekrets vom 30. September 1834.“ „Der Kaufmann Nathan hat diesen Erbzins von jährlich 5 Thaler 10 Sgr. laut Schuldverschreibung vom .... für ein Darlehn von 50 Thlrn., geschrieben fünfzig Thalern Courant nebst Zinsen à 5 Procent und Kosten, an den Rentier Herrmann verpfändet.“ „Eingetragen zufolge Dekrets vom 2. Januar 1835.“	„Der Rentier Herrmann hat am 2. Juli 1835 seinem Pfandrechte entsagt.“ „Gelöscht zufolge Dekrets v. 10. Juli 1835.“	„Zu a. Fünf Thaler zehn Silbergroschen sind gelöscht und mit Bewilligung der Interessenten auf den veräußerten u. abgeschriebenen Theil des Grundstücks C 114 übertragen; zufolge Verfügung v. 7. Juli 1836.“

III te

Betrag. Rthlr. sg. pf.	Hypotheken.	Cessionen Betrag. Rthlr. sg. pf.
„1000 Cour.“ „gelöscht 300“ „700 Cour.“ „Rest der ursprünglichen“ „gelöscht 300“ „400 Cour.“ in Worten ꝛc. Rest der ursprünglich eingetragenen	1) Tausend Thaler Courant Erbegelder des Herrmann Möhlmann aus dem väterlichen Testament de publ. den 9. Januar 1837, und dem Rezeß vom 30. Januar 1837, zinsbar zu 5 Prozent. Eingetragen zu gleichen Rechten mit der folgenden Post Nr. 2. zufolge Verfügung v. 6. März 1837.	„600 . .“ „300 Thlr. gelöscht“ 300 . . in Worten ꝛc. Rest von
„100 Cour.“ „gelöscht 30“ „70 Cour.“ in Worten ꝛc. Rest der ursprünglich eingetragenen	2) Einhundert Thaler Courant, Darlehn aus der Schuldverschreibung vom 17. Juni 1832 und dem Anerkenntniß der jetzigen Besitzerin vom 30. Januar 1837, mit 5. Prozent Zinsen und Kosten der Wiedereinziehung, für den Colonen Caspar Heinrich Berendt. Eingetragen zu gleichen Rechten mit der vorstehenden Post Nr. 1 zufolge Verfügung vom 6. März 1837.	
400 Gold	3) Vierhundert Thaler Gold rückständige Kaufgelder, aus dem Kaufvertrage über das Eichhornsche Bauergut v. 1. Mai 1838, wofür die Besitzerin außer jenem Gut, worauf sie Vol. III. pag. 16 des Hypothekenbuchs eingetragen stehen, auch diese Grundstücke zur Hypothek bestellt hat. Eintragen mit dem Vorzugsrecht vor dem sub Nr. 2. haftenden Hypothekenantheil von 50 Thlr. des Mendel Moses, zufolge Verfügung vom 30. Juli 1838.	

Rubrik.

und andere Subinscriptionen; deren		Löschungen.
Eintragung.	Löschung.	
Sechshundert Thaler Courant, welche am 8. April 1837 mit dem Vorrecht vor dem Ueberrest an den Kaufmann Johann Gottlieb Murator cedirt worden. Eingetragen zufolge Verfügung vom 30. April 1837.		„Zu 1. Dreihundert Thaler sind gelöscht, zufolge Verfügung vom 27. Mai 1839."
„Mit 300 Thlrn. von diesen 600 Thlrn. hat der Kaufmann Murator eine Dienstkaution für den Rendanten Heinr. Rosemann der Königl. Salzkasse zu Belzig am 1. Juni 1837 bestellt; eingetragen zufolge Verfügung vom 1. Juli 1837."	„Gelöscht zufolge Verfügung vom 30. December 1837."	„Zu 1. Dreihundert Thaler des Kaufmanns Murator sind gelöscht, zufolge Verfügung vom 30. December 1837."
Zu 2. Diese Forderung ist am 8. August 1837 an Ephraim Moses cedirt worden, und hat derselbe darauf am 29. Septbr. 1837 einen Antheil a. von 50 Thlrn. (in Worten rc.) seinem Sohne Mendel Moses geschenkt, „und b. von dreißig (30) Thalern dem Joseph Bendin abgetreten." Eingetragen zufolge Verfügung vom 1. November 1837. Zu a. Mendel Moses hat den nachstehend Nr. 3 eingetragenen 400 Thlr. rückständigen Kaufgeldern, am 24. Novbr. 1837 die Priorität vor seinem Hypothekenantheil von 50 Thlrn. nebst Zinsen abgetreten, und darauf diesen Hypothekenantheil von der Besitzerin der Grundstücke bezahlt erhalten, welche denselben am 1. Juli 1838 an den Kaufmann G. Arens cedirt hat. Eingetragen zufolge Verfügung vom 30. Juli 1838.		„Zu 2." „Dreißig Thaler des Joseph Bendin sind gelöscht, zufolge Verfügung vom 30. Juli 1838."
„Zu 3. Der Gläubiger hat auf die Hypothek an dem Grundstücke D 630, welches die Besitzerin zu veräußern beabsichtigt, verzichtet." „Eingetragen zufolge Verf. vom ......"	„Gelöscht, nachdem das Grundstück hier abgeschrieben worden, zufolge Verfügung vom .."	
Zu 1. und 2. Nachdem das Grundstück D 630 veräußert und dafür ein besonderes Folium, Vol. III. Fol. 20. des Hypothekenbuchs, angelegt ist, sind diese Hypotheken dort ebenfalls sub Nr. 1. u. 2. Rubr. III. eingetragen, zufolge Verf. vom		

AAAA.

(zu §. 5 der Instruktion v. 30. Januar 1842, Nachtrag zu Titel 4, No. V, 5).

Folium 2.

Grund-Akten Nr. 274.

Titelblatt.

Laufende Nr.	Nummer der Flur	Nummer der Parzele.	Flur-Abtheilung.	Nähere Bezeichnung.	Flächen-Inhalt M.	R.	F.	Zur laufenden Nr.	Allgemeine Vermerke.
								11 bis 20	Die Parzelen 11 bis 20 incl. bilden den Hallmanns-Kotten im Dorfe Hellefeld.
			I. Katastral-Gemeinde Arnsberg.						Abschreibungen.
1	I	638	Däckerskamp	Weide	—	93	46	(3	verkauft laut Kontrakt vom 12. Mai 1838; daher hier abgeschrieben und Vol. IV, fol. 6 des Hypothekenbuchs von Arnsberg eingetragen, zufolge Verfügung vom 20. Juni 1838.)
2	I	641	Hallstraße	Haus- und Hofraum nebst Wohnhaus	—	18	87		
(3	I	644	daselbst	Obstgarten	—	48	—)		
4	I	648	daselbst	Obstgarten	—	14	—		
5	I	654	Am Mühlengraben.	Garten	—	21	—		
			II. Katastral-Gemeinde Rumbeck.						
6	II	48	Am Hopfenberg	Ackerland	4	160	—		
(7	III	100	Binnerfeld	Wiese	3	100	50)	(7	verkauft laut Kontrakt vom 4. März 1839, daher hier abgeschrieben und Vol. II, fol. 20 des Hypothekenbuchs von Rumbeck eingetragen, zufolge Verfügung v. 20. März 1839.)
			III. Katastral-Gemeinde Uentrop.						
8	I	96	Im Kalklande	Ackerland	6	108	—		
			VI. Katastral-Gemeinde Hüsten.						
(9	IV	68	Im Bergfelde	Ackerland	2	100	—)		
(10	IV	69	daselbst	Weide	1	176	—)		
			V. Katastral-Gemeinde Hellefeld.						
11	II	14	Hasenwinkel	Ackerland	14	68	80	(9 und 10	verkauft laut Kontrakt vom 16. Febr. 1840, daher hier abgeschrieben und Vol. IV, fol. 6 des Hypothekenbuchs von Hüsten eingetragen, zufolge Verfügung vom 16. Januar 1841).
12	II	15	daselbst	Holzung	6	78	50		
13	III	8	Lerchenfeld	Ackerland	10	150	—		
14	III	19	daselbst	Wiese	6	70	50		
15	XII	98	Im Dorfe Hellefeld	Haus- und Hofraum nebst Wohnhaus, Scheune und Schoppen	—	26	70		
16	XII	100	daselbst	Garten	—	80	95		
17	XVI	18	Am Steinwege	Ackerland	4	136	40		
18	XVI	180	Am Höhwege	Ackerland	3	160	75		
19	XX	60	Im Alterfelde	Weide	2	35	60		
20	XXI	78	Am Teufenberge.	Ackerland.	1	60	80		

*) Die durch Parenthese-Zeichen ( ) eingeschlossenen Zahlen und Sätze sind als roth unterstrichen zu erachten.

Rubrica I.

Namen des Besitzers.	Titulus possessionis.
(Der Eisenhändler Johannes Braun zu Arnsberg)	(hat die Parzele Nr. 1 des Titelblatts am 14. Januar 1836 von dem Mühlenbesitzer Christoph Scheele für 100 Thlr. Courant angekauft; Num. 2 bis 5 incl. von seinem im Jahre 1830 verstorbenen Vater Gaudenz Braun geerbt, und die Parzelen Nr. 6 bis 8 incl. laut Adjudikationsbescheides vom 20. December 1834 in der Georg Teutoschen nothwendigen Subhastation erstanden. Eingetragen zufolge Verfügung vom 18. Januar 1837. Derselbe hat die Parzelen Nr. 9 und 10 des Titelblatts von dem Vol. III, fol. 12 des Hypothekenbuchs der Gemeinde Hüsten als Vorbesitzer eingetragenen Ackerwirth Andreas Lohmann für 310 Thaler Courant angekauft, daher dort abgeschrieben und hier eingetragen, zufolge Verfügung vom 16. Februar 1837.)
modo die Wittwe des Eisenhändlers Johannes Braun, Elisabeth geb. Hagedorn, und deren am 18. März 1840 geborener Sohn, Carl Friedrich Eduard Braun,	(besitzen die Parzelen Nr. 1, 2, 4, 5, 6, 8 des Titelblatts) als Testamentserben ihres als Vorbesitzer eingetragenen Ehemannes, resp. Vaters, Johannes Braun, in ungetheilter Gemeinschaft. Eingetragen zufolge Verfügung vom 26. Juli 1841. Dieselben haben die Parzelen Nr. 11 bis incl. 20 des Titelblatts von dem Vol. III, fol. 6 des Hypothekenbuchs der Gemeinde Hellefeld eingetragenen Kötter Konrad Hallmann am 20. Mai 1841 angekauft; daher dort abgeschrieben und hierher übertragen, zufolge Verfügung vom 10. August 1841.

Rubrica

Betrag. Rthlr.	sg.	pf.	Beständige Lasten und Einschränkungen des Eigenthums oder der Disposition.
2	10	—	1. Zwei Thaler zehn Silbergroschen s. g. Guldenrente jährlich termino Martini aus der Parzele Nr. 2 des Titelblatts an die Stadt Arnsberg zu entrichten. Eingetragen nach dem Anerkenntnisse des Besitzers zufolge Verfügung vom 18. Januar 1837.
1	10	—	2. Ein Thaler zehn Silbergroschen jährlich termino Michaelis aus der Parzele Nr. 6 des Titelblatts an den Königlichen Domänen-Fiskus zu entrichtender Grundzins. Eingetragen nach dem Anerkenntnisse des Besitzers, zufolge Verfügung vom 18. Januar 1837.
			3. Die Parzelen Nr. 7 und 8 des Titelblatts sind dem Königlichen Domänen-Fiskus naturalzehntpflichtig; bescheinigt durch einen Extrakt aus dem Lagerbuche des Königlichen Rentamts zu Arnsberg. Bei dem Widerspruche des Besitzers protestativisch eingetragen, zufolge Verfügung v. 18. Januar 1837. — Demnächst in Gemäßheit rechtskräftigen Erkenntnisses des hiesigen Land- und Stadtgerichts vom 4. März 1840 definitiv eingetragen, zufolge Verfügung v. 16. Mai 1840.
			(4. Die nothwendige Subhastation der Parzelen Nr. 1 bis 10 incl. des Titelblatts, ist verfügt, so daß spätere Dispositionen den bis dahin eingetragenen Gläubigern unnachtheilig sind. Eingetragen zufolge Verfügung vom 20. Mai 1838).

II.

Cessionen und andere Subinscriptionen, deren Eintragung.	Löschung.	Löschungen.
Zu 1. Nebenstehende zwei Thaler zehn Sgr. Guldenrente hat die Stadt Arnsberg unterm 6. November 1839 dem Kleinhändler Karl Daniels zu Arnsberg übereignet. Eingetragen, zufolge Verfügung vom 18. November 1839.		
(Zu 1. Vorstehende 2 Thlr. 10 Sgr. Guldenrente hat der Karl Daniels für ein von dem Heinrich Elberti zu 5 Prozent empfangenes Darlehn von 40 Thlr. Courant in der Obligation vom 12. Februar 1840 zur Hypothek gestellt. Eingetragen zufolge Dekrets vom 18. Februar 1840).	(Gelöscht, zufolge Verf. v. 20. Mai 1841.)	
Zu 3. Die Parzele Nr. 7 ist hier abgeschrieben. Der Natural-Heu-Zehnte von Nr. 8 ist zufolge gerichtlich vollzogenen Rezesses vom 6. December 1840 in eine jährliche Geldrente von 1 Thaler 20 Sgr. verwandelt. Eingetragen zufolge Dekrets v. 30. December 1840.		
		(Zu 4. Gelöscht, zufolge Dekrets vom 18. Juni 1838.)

Rubrica

Betrag. Rthlr.	sg.	pf.	Hypotheken.	Cessionen Betrag Rthlr.	sg.	pf.
(2000) (1000 gelöscht) 1000 Rest der ursprünglichen	— —	— —	1. Zweitausend Thaler Berliner Courant, Darlehn zu 4½ Prozent, für den Kaufmann Philipp Arndt zu Hamm; eingetragen laut Verschreibung vom 20. Mai 1837 auf die Parzelen Nr. 1 bis 10 incl. des Titelblatts, zufolge Verfügung v. 31. Mai 1837.	2000	—	—
1500	—	—	2. Fünfzehnhundert Thaler Berliner Courant, Darlehn zu 4 Prozent für den Rentner Karl Jäger zu Arnsberg, laut Verschreibung vom 2. Januar 1840 eingetragen auf die Parzelen Nr. 1, 2, 3, 4, 5, 6, 8, 9 und 10· des Titelblatts, zufolge Verfügung v. 2. Januar 1839.			

Zu den Hyp.-Scheinen werden gedruckte Formulare nach dem durch das Rescr. v. 30 Novbr. 1837 (v. Kampß Jahrb. Bd. L, S. 598) mitgetheilten Muster.

III.

und andere Subinscriptionen, deren		Löschungen.
Eintragung.	Löschung.	
Nebenstehende zweitausend Thaler Berliner Courant sind am 30. August 1830 mit allen Rechten dem Banquier Nathan Eltzbacher zu Münster cedirt. Eingetragen zufolge Verfügung v. 6. September 1838.		(Zu 1.) (Eintausend Thaler sind gelöscht, zufolge Verfügung vom 2. Januar 1840.)
(Mit vorstehenden zweitausend Thalern Berliner Courant hat der Banquier Nathan Eltzbacher laut Dokuments v. 16. December 1838 für den Rentmeister Karl Frohmann wegen der ihm von dem Freiherrn Karl von Böselager zu Heßen übertragenen Verwaltung des Guts Hohenheim, Kaution geleistet. Eingetragen zufolge Verfügung v. 20. Decbr. 1838.)	(Gelöscht, zufolge Verfügung vom 2. Januar 1840.)	
Zu 1. Für die Parzele Nr. 7 ist im Hypothekenbuch der Gemeinde Rumbeck ein besonderes Folium Vol. II. fol. 20. angelegt, und dieses Darlehn dort ebenfalls sub rubrica III, Nr. 1 eingetragen, zufolge Verfügung v. 20. März 1839.		
(Zu 2. Der Gläubiger Karl Jäger hat zufolge Erklärung vom 14. März 1839 die Parzele Nr. 3 des Titelblatts aus dem Pfand-Nexus entlassen. Eingetragen zufolge Verfügung v. 16. April 1839).	(Gelöscht, da die Parzele hier abgeschrieben, zufolge Verfügung vom 20. Juni 1839.)	
Zu 1 und 2. Nachdem die Parzelen Nr. 9 und 10 des Titelblatts veräußert worden, sind die Posten sub 1, 2, Vol. IV, fol. 6 des Hypothekenbuchs von Hüsten sub rubrica III, Nr. 1 unverändert übertragen, zufolge Verfügung vom 16. Januar 1841.		

B.

(zu §. 311, Tit. 2.)

Hypothekenschein

über

das im Fürstenthum Schmaland,

und dessen

Liebstädtischem Kreise

gelegene

freie Allodial-Rittergut Schleebach.

Das unter der Gerichtsbarkeit der Burgstädtischen Regierung, im Fürstenthum Schmaland, und dessen Liebstädtischen Kreise, gelegene freie

Allodial-Rittergut Schleebach,

zu welchem eine in dem benachbarten Märtzischen Kreise gelegene, und in dem Hypothekenbuche der Schwarzwaldischen Regierung besonders eingetragene Wiese, die Otter-Wiese genannt, gehört, hat der jetzige Besitzer,

der Königl. Kriegsrath Philipp Moritz von Gutendorf,

aus der väterlichen Erbsonderung, vermöge des mit seinen Geschwistern, dem Lieutenant Johann Ludwig von Gutendorf und der Johanna Magdalena verehelichten von Roll, unterm 10. Januar 1768 errichteten, und den 19. ejusdem gerichtlich bestätigten Erbrezesses, für 46,000 Rthlr. in Courant übernommen, und ist Titulus possessionis für ihn, auf den Grund besagten Erbrezesses, vermöge Dekrets vom 18. Februar 1768 eingetragen worden.

Zu diesem Gute hat Besitzer den bisher zu dem benachbarten Gute Katzbach gehörigen Fleck Eichenholz, die grüne Haide genannt, von dem Besitzer genannten Guts, Martin Siegfried von Roll, laut Kontrakts d. d. 22. Januar 1770 für 1000 Rthlr. zugekauft, und dieses noviter acquisitum ex decreto vom 10. August 1770 auf den Grund des Kaufkontrakts anhero vermerken lassen.

Im Jahre 1779 hat Besitzer das Gut gerichtlich abschätzen lassen, und ist dasselbe, laut Taxations-Rezesses d. d. 2. Mai dicti anni, auf 50,000 Rthlr. gewürdiget, auch solches, ex decreto d. d. 3. Aug. ej. anni, auf sein Gesuch, in dem Hypothekenbuche vermerkt worden.

Darauf sind eingetragen:

I. Onera perpetua und Einschränkungen des Eigenthums oder der Disposition.

1. Fünf Thaler Zwölf Groschen, als ein unablöslicher Zins für die Kirche zu . . . . laut Fundations-Instrument d. d. . . . jährlich an Martini zahlbar.

2. Das Vorkaufs-Recht, welches sich der Bruder des Besitzers,

der Lieutenant Johann Ludwig von Gutendorf, in dem brüderlichen Erb-Rezesse d. d. 10. Januar 1768 auf den Fall vorbehalten hat, wenn das Gut außerhalb der Familie veräußert werden sollte; welches Vorkaufsrecht, bei Berichtigung des Tituli possessionis für den Besitzer, vermöge Dekrets vom 18. Februar 1768 eingetragen worden.

II. Gerichtlich versicherte Schulden und andere Real-Verbindlichkeiten.

1. Achttausend Thaler in Courant, als der Ueberrest derjenigen 12,000 Rthlr., welche für den Bruder des jetzigen Besitzers, den Lieutenant Johann Ludwig von Gutendorf, vermöge des väterlichen Erbsonderungs-Rezesses d. d. 10. et confirm. 19. Jan. 1768, als der ihm zukommende Erb-Antheil festgesetzt, und ad instantiam desselben, ex decreto vom 28. Februar 1768 mit der Bemerkung, daß sie gegen Verzinsung à 4 pCt., und halbjährige Aufkündigung, auf dem Gute stehen bleiben sollen, eingetragen worden; von welchen Erb-Geldern, der Lieutenant von Gutendorf, obige 8000 Rthlr. dem Kaufmann Johann Gottlieb Mercator zu Liebstädt, cum prioritate prae residuo, den 8. Januar 1773 gerichtlich cedirt hat; welche Cession ex decreto vom 20. ejusdem eingetragen worden.

2. Zwölftausend Thaler in gleichmäßigem schweren Courant, als die Erbgelder der Schwester des Besitzers, Johanna Magdalena verehelichte von Roll, welche in dem Erb-Rezeß vom 10. Jan. 1768 bestimmt, und auf deren Ansuchen, vermöge Dekrets v. 28. Februar ej. a., zu gleichem Rechte, mit den Erbegeldern ihres Bruders, des Lieutenant von Gutendorf, mit der Bemerkung, daß solche vor der Hand, gegen 4 pCt. Zinsen, und halbjährige Aufkündigung, auf dem Gute haften bleiben, eingetragen worden. Mit diesen 12,000 Rthlr. Erbe-Geldern, hat die Inhaberin, der Königl. Salz-Kasse, wegen der von dem Besitzer, Kriegsrath von Gutendorf, für den Rendanten Rosemann bestellten, und sub Nr. 4 eingetragenen Caution p. 1000 Rthl. vermöge beglaubigter Erklärung d. d. 15. März 1772 die Priorität eingeräumt, welches ex decreto vom 8. April 1772 eingetragen worden.

3. Ist gelöscht.

4. Eine Caution von Eintausend Thaler, welche Besitzer, für den Rendanten Rosemann, bei der Königl. Salz-Kasse zu Liebstadt, laut Cautions-Instruments d. d. 15. März 1772 bestellt hat, und welche, ad requisitionem der Kriegs- und Domänen-Kammer, d. d. 2. April 1772, vermöge Dekrets vom 8. ejusdem eingetragen worden.

5. Sechstausend Thaler in Golde, den Friedrichsd'or à 5 Rthlr. gerechnet, welche der Besitzer, Kriegsrath von Gutendorf, laut Schuld-Instrument d. d. 8. Oktober 1779 von dem jüdischen Banquier Moses Marcus, gegen Verzinsung à 6 pCt. und halbjährige Aufkündigung erborgt, darüber unterm 10. ej. dem Creditori gerichtliche Hypothek bestellt, und solche ex decreto vom 15. ej. hat eintragen lassen.

Außer vorstehenden Posten ist auf das Gut Schleebach in dem Hypotheken-Buche nichts eingetragen[57]).

---

57) Die übrigen Worte gehören dem Hypothekenschein in vim recognitionis an, und fallen deshalb weg.

Urkundlich unter der Königl. Burgstädtischen Regierung gewöhnlichen Unterschrift, und vorgedrucktem größeren Insiegel.

Gegeben Burgstädt, den 18. Oktober 1779.

(L. S.)

N. N.	N.
Subscriptio	Subscriptio
Praesidis.	Ingrossatoris.

C.

Formular zu Art. 14 (§. 22 des Gesetzes).

Auszug
aus dem Hypothekenbuche von N. N.
Band . . . Fol. . . .

A. Titelblatt und erste Hauptrubrik.

I. Bezeichnung des Grundstücks:
Das Gut N. N. im Kreise N. N.

II. Eingetragener Besitzer:
Gutsbesitzer Karl N. N. zu N. N.

III. Letzter Erwerbspreis im Jahre 1831:
Vierzig Tausend Thaler Courant.

IV. Nach der letzten Besitztitel-Berichtigung im Jahre 1831 sind folgende, nach dem Gesetze vom 24. Mai 1853, §. 22 in den Hypothekenbuchs-Auszug aufzunehmende Vermerke eingetragen:

1) Die N. N. Wiese ist durch Vertrag vom 24. November 1843 für Dreihundert Thaler (300 Rthlr.) verkauft; hier abgeschrieben und auf Vol. . . . Fol. . . . des Hypothekenbuchs von N. N. übertragen, zufolge Verfügung vom 20. December 1843.

2) Die von dem Bauergute N. N. zu entrichtenden Abgaben und Dienste sind durch Zahlung eines Kapitals von Siebenhundert Thalern (700 Rthlrn.) zufolge bestätigten Rezesses vom 1. Juli 1845 abgelöst; abgeschrieben zufolge Verfügung vom 8. August 1845.

B. Eintragungen in der zweiten Hauptrubrik.

1) Fünf Thaler Zins jährlich, am Martinitage zahlbar an die Kirche zu N. N., nach dem Anerkenntnisse des Besitzers.
Eingetragen zufolge Verfügung vom 1. Juli 1817.

2) Das Vorkaufsrecht auf zehn Jahre für den N. N. aus dem Vertrage vom 2. Januar 1835.
Eingetragen zufolge Verfügung vom 20. Januar 1835.
Das Vorkaufsrecht ist durch Vertrag vom 20. December 1844 auf zehn fernere Jahre für den N. N. vorbehalten.
Eingetragen zufolge Verfügung vom 3. Januar 1845.

3) Ist gelöscht.

4) Die Zehntpflicht der Grundstücke . . . . (kurze Bezeichnung) für den Domainen-Fiskus, protestativisch eingetragen zufolge Verfügung vom 2. Februar 1836.
Demnächst auf Grund rechtskräftigen Erkenntnisses des Oberlandesgerichts zu N. N. vom 2. Mai 1838 definitiv eingetragen, zufolge Verfügung vom 27. Mai 1839.
5) Die nothwendige Subhastation des Guts ist eingeleitet; spätere Dispositionen sind daher den bis dahin eingetragenen Gläubigern unnachtheilig.
Eingetragen zufolge Verfügung vom 1. Oktober 1853.

C. Posten der dritten Hauptrubrik.

1) Zehntausend Thaler (10,000 Rthlr.) landschaftliche Pfandbriefe zu 4 pCt.
2) Zweitausend Thaler (2000 Rthlr.) Courant zu 4 pCt. und bei nicht pünktlicher Zahlung der Zinsen zu 5 pCt.
3) Fünfhundert Thaler (500 Rthlr.) Gold zu 4 pCt., protestativisch eingetragen.
4) Ist gelöscht.
5) Fünfhundert Thaler (500 Rthlr.) Konventionsmünze, als Rest von 1000 Thalern, unverzinslich.
6) Eine Kaution, welche laut notariellen Vertr. vom 17. Juli 1852 dem Kaufmann N. N. zu N. N. für den Schaden aus etwaiger Nichterfüllung eines Lieferungs-Vertrages über 100 Wispel Weizen bestellt worden.
Eingetragen zufolge Verfügung vom 1. August 1852.
7) Ein Arrest auf Höhe von Achthundert Thalern (800 Rthlrn.) Courant und 5 pCt. Zinsen.
8) Sechshundert Thaler (600 Rthlr.) und 15 Sgr. 4 Pf. Courant zu 5 pCt.
9) Tausend Thaler (1000 Rthlr.) Darlehn aus der gerichtlichen Urkunde vom 15. November 1853 nebst 5 pCt. jährlicher Zinsen, zahlbar am 2. Januar und 1. Juli, für den Kaufmann Julius N. N. zu N. N. zu gleicher Priorität mit den Posten:
Nr. 10 von Achthundert Thalern (800 Rthlrn.) Courant zu 5 pCt. und
Nr. 11 von Zweihundert Thalern (200 Rthlrn.) Gold zu 5 pCt.
Eingetragen zufolge Verfügung vom 27. November 1853.

Urkundlich unter Siegel und Unterschrift.

Bromberg, den 30. November 1853.

Königliches Kreisgericht.
Zweite Abtheilung.
(L. S.) N. N.

N. N.
(Ingrossator.)

Bemerkungen.

1) Dieses Formular, bei welchem angenommen ist, daß der Hypothekenbuchs-Auszug Behufs Bildung des Hypotheken-Instruments über die Post: Rubrica III, Nr. 9 ertheilt wird,

ist zu benutzen, wenn es sich um Gutskomplexe, oder um einzelne städtische oder ländliche Grundstücke handelt, im Gegensatz zu einer Mehrheit einzelner Grundstücke, die, wiewohl in der Hand eines Besitzers vereinigt, doch unter sich im rechtlichen Sinne kein Ganzes bilden.

2) Unter litt. A, Nr. I würden auch die in einem anderen Gerichtsbezirke belegenen Pertinenzen (Hyp.-Ordn. Tit. I, §. 34) zu erwähnen sein.

3) Zu litt. A, Nr. II.

Aus welchem Rechtsgrunde der Besitzer zu dem Eigenthum des Grundstücks gelangt ist, gehört nicht in den Hypothekenbuchs-Auszug.

4) Zu litt. A, Nr. III.

a) Zugleich mit dem letzten Erwerbspreise ist das Jahr des Erwerbs anzugeben.

b) Eventualiter würde Nr. III lauten müssen:

„Der letzte Erwerb — im Jahre 1831 — hat ohne Bestimmung eines Werths stattgefunden."

Dies gilt auch in dem Falle, wenn z. B. der Kaufpreis zugleich für andere Grundstücke, die nicht auf diesem Folium stehen, in ungetheilter Summe verabredet ist.

c) Hinsichtlich der Unterscheidung des Kaufpreises für das Grundstück selbst von demjenigen für das bewegliche Inventarium ist die allgemeine Verfügung vom 14. Juni 1844 (J. M. Bl. S. 146) zu beachten.

5) Zu litt. A, Nr. IV.

Welche Vermerke hier aufzunehmen sind, bestimmt die Nr. 4, litt. A des §. 22 des Gesetzes; es gehören dazu insbesondere die Vermerke über die Zu- und Abschreibung von Pertinenzen, es mögen die Vermerke auf dem Titelblatte oder in der ersten Rubrik sich befinden.

6) Zu litt. B.

Da nach litt. B des §. 22 der vollständige Inhalt der zweiten Rubrik mit alleiniger Ausnahme der vollständig gelöschten Posten aufzunehmen ist, so müssen bei jeder Post auch die Vermerke aus der Kolonne: Cessionen u. s. w., soweit sie nicht etwa schon gelöscht sind, mit aufgenommen werden.

7) Zu litt. C.

Durch das Formular wird die Nr. 1 der litt. C des §. 22 dahin erläutert, daß

a) die vorgeschriebene Angabe des Betrages der einzelnen Posten auch die Angabe der Münzsorte (Gold, Courant oder dergl.) erfordert.

b) Landschaftliche Pfandbriefe sind besonders bemerklich zu machen.

c) Auf welchen anderen Folien etwa die Posten, von denen die Nr. 1 litt. C des §. 22 handelt, noch eingengagen sind (vergl. Hyp.-Ordn. Tit. II, §. 159), gehört nicht in den Hypothekenbuchs-Auszug.

d) Auch der Inhalt der Kolonne: Cessionen rc. bleibt unberücksichtigt, mit Ausnahme des Falles, wenn diese Kolonne Vermerke über Erhöhung oder Herabsetzung des

Zinsfußes enthalten sollte; diese sind zu berücksichtigen, weil aus der vorgeschriebenen Angabe des Zinsfußes folgt, daß stets der neueste Zinsfuß anzugeben ist.

Unverzinsliche Posten sind als solche zu bezeichnen.

e) Sollten gleichzeitig mit derjenigen Post, auf welche der zu ertheilende Hypothekenbuchs-Auszug sich bezieht, andere Posten unter demselben Vorzugsrechte eingetragen sein, so ist es bei einer Fassung des Eintragungsvermerks, wie sie das Formular unter Nr. 9 ergiebt, nicht erforderlich, daß hinter dem in wörtlicher Fassung (§. 22 litt. C Nr. 2) aufzunehmenden Vermerk über die zuerst gedachte Post auch noch hinsichtlich derjenigen Posten von gleicher Priorität, welche eine spätere laufende Nummer erhalten haben, diese Nummer und der Betrag (§. 22, litt. C, Nr. 1) nochmals angeführt wird.

f) Die Fassung des Schlußsatzes des §. 22 ergiebt, daß bei Hypotheken von unbestimmter Höhe nicht nur der ursprüngliche Eintragungsvermerk, sondern auch die Vermerke aus der Kolonne: Cessionen aufzunehmen sind.

8) Wenn das Folium außer einem Gutsverbande noch ein oder anderes selbstständiges Grundstück (welches nicht Pertinenz des ersteren ist) enthalten sollte, so kann unter litt. A, Nr. I die Fassung gewählt werden:

I. Bezeichnung der Grundstücke:
   1) das Bauergut Nr. 17 im Dorfe N. N.
   2) die N. N. Wiese (Lage und Größe).

In derartigen Fällen muß übrigens nach der Natur der Sache (vergl. auch die Bemerkung unter Nr. 4 zum Formular **D**) bei Fassung der Eintragungsvermerke darauf Rücksicht genommen werden, ob nur der Gutskomplex, oder nur die übrigen Grundstücke, oder beides zusammen durch die betreffende Post belastet ist. Es ist demgemäß in dem Hypothekenbuchs-Auszuge auch bei den aus der III. Rubrik nur extraktweise aufgeführten Posten die erforderliche Notiz hinzuzufügen.

9) Schließlich ist es nicht zweifelhaft, daß, gleichwie das ganze Gesetz, obwohl es, z. B. in den §§. 3, 8, 13, zunächst nur von Grundstücken spricht, ebenso der §. 22 mit den entsprechenden Modifikationen auch Anwendung findet, wo nicht ein Grundstück, sondern eine Gerechtigkeit den Gegenstand des Foliums bildet.

Anlage D.

Formular

zu Artikel 14 (§. 22 des Gesetzes).

Auszug

aus dem Hypothekenbuche von N. N.

Band ..... Fol. .....

A. Titelblatt und erste Hauptrubrik.

I. Bezeichnung der Grundstücke.

Folgende in der .... Flur (Feldmark, Gemeinde) belegene Grundstücke

Laufende Nr.	Nr. d. Flurbuchs oder Katasters.	Feldgegend oder Flur-Abtheilung.	Beschreibung nach Kulturart und angegebener Größe.	Zur laufenden Nr.	Abschreibungen.
1.	747.	am rothen Berge	$2\frac{1}{4}$ Acker Weinberg		
2.	527.	klein Querfeld	$1\frac{1}{2}$ Acker Ackerland	2	hiervon $\frac{1}{2}$ Acker ab- und Band ... Fol. ... unter Nr. 13 zugeschrieben laut Verfügung vom 11. Oktober 1834.
3. 4. 5.	sind abgeschrieben.				
6.	159.	über der Pulske	$\frac{1}{8}$ Acker Feld		
7.	420.	im Riethfelde	1 Acker Wiese		
8.	ist abgeschrieben.				
9.	320.	im Kampe	4 Morgen Hütung		

II. Eingetragene Besitzerin:

Anna verwittwete Patschke geborne Neumann zu N. N.

III. Letzter Erwerbspreis:

1) Im Jahre 1836 für die Grundstücke 1, 2, 6, 7, 8 Sechshundert Thaler (600 Rthlr.) Courant.

2) Im Jahre 1853 für das Grundstück Nr. 9 Zweihundert Thaler (200 Rthlr.) Courant.

IV. Nach der letzten Besitztitel-Berichtigung sind die Grundstücke Nr. 1, 2, 6, 7, 9, am 14. September 1853 zu Achthundert funfzig Thalern (850 Rthlr.) gerichtlich abgeschätzt.

B. Eintragungen in der zweiten Hauptrubrik.

1) **Vier Thaler** zehn Silbergroschen Courant jährlich termino **Michaelis** an den Besitzer des Guts N. N. zu entrichtender **Zins von** dem Grundstück Nr. 2. Eingetragen auf Grund **des Anerkenntnisses** des Besitzers zufolge Verfügung vom 26. Mai 1834.

   Nr. 1 ist zugleich übertragen auf Band . . . Fol. . . .
   Nr. 13 zufolge Verfügung vom 11. Oktober 1834.

2) Ist gelöscht.

3) Die nothwendige Subhastation des Grundstücks Nr. 1 ist verfügt; spätere Dispositionen sind daher den bis dahin eingetragenen Gläubigern unnachtheilig.

   Eingetragen zufolge Verf. vom 8. September 1853.

C. Posten der dritten Hauptrubrik.

1) Zweihundert Thaler (200 Rthlr.) Gold zu 4 pCt., haftend auf dem Grundstück Nr. 1.

2) Funfzig Thaler (50 Rthlr.) Courant als Rest von 100 Rthlrn., zu 4½ pCt., haftend auf den Grundstücken Nr. 6, 7.

3) Ist gelöscht.

4) Hundert Thaler (100 Rthlr.) Courant rückständige Kaufgelder nebst 5 pCt. jährlicher Zinsen, zahlbar am 1. December, aus dem Vertrage vom 2. März 1853 für den Schuhmacher Karl N. zu N.; auf das Grundstück Nr. 9 eingetragen zufolge Verfügung vom 27. November 1853.

Urkundlich unter Siegel und Unterschrift.

Naumburg, den 30. November 1853.

Königliches Kreisgericht.
Zweite Abtheilung.

(L. S.) N. N.

N. N.
(Ingrossator).

Bemerkungen.

1) Dieses Formular ist zu benutzen, wenn es sich um ein der Instrukt. vom 29. April 1834 (Jahrb. Bd. XLIII, S. 610) gemäß oder nach einem im Wesentlichen ähnlichen Formular angelegtes Parzellar-Folium (über Wandel-Acker oder dergleichen, im Gegensatz zu Gutskomplexen) handelt.

2) Die unter dem Formular C befindlichen Bemerkungen Nr. 3 bis 7 einschließlich finden auch auf das Formular D Anwendung.

3) Zu litt. A, Nr. IV des Formulars D bedarf es keiner Vermerke über die nach der letzten Besitztitel-Berichtigung stattgefundenen Zu- und Abschreibungen der Parzellen 8 und 9, weil diese bereits in Nr. I resp. III des Formulars Berücksichtigung gefunden haben.

4) Zu litt. B und C des Formulars.

   Die Natur der Sache bringt es mit sich, daß auf Folien der hier in Rede stehenden Art die Grundstücke, worauf die einzelnen Posten haften, in dem Eintragungsvermerke jedesmal speziell nach der laufenden Nummer des Titelblatts angegeben sein müssen. Es würden sonst die in solchen Fällen eigentlich vorliegenden **konzentrirten mehreren Folien** an einem wesentlichen **Mangel leiden**. Hieraus folgt die Nothwendigkeit wie die **Ausführbarkeit** der Anordnung, daß auch in dem **Hypothekenbuchs-Auszuge** litt. C die verpfändeten Grundstücke speciell anzugeben sind. Nur dadurch kann auch der Absicht des Gesetzes entsprochen werden, welches, indem der §. 22, litt. A, Nr. 1 die Bezeichnung des Grundstücks vorschreibt, unmittelbar nur den Fall im Auge hat, wo das Grundstück, auf welches sich die Vermerke in allen Rubriken des Foliums beziehen, ein einheitliches ist.

5) Wenn nur auf eins oder mehrere Grundstücke, für welche das Folium bestimmt ist, eine neue Post eingetragen wird — vergl. das Beispiel in dem Formular Rubr. III, Nr. 4 — so kann, wenn die Interessenten darauf antragen, ein nur das für die Post verpfändete Grundstück betreffender Hypothekenbuchs-Auszug ertheilt werden. Der Eingang ist dann dahin zu fassen:

Folgendes mit anderen Grundstücken auf demselben Folium eingetragene Grundstück.

Im Uebrigen gilt das im Art. 13 unter Nr. 2 Gesagte.

Anlage E.

Formular

zu Artikel 14 (§. 23 des Gesetzes).

Auszug

aus dem Hypothekenbuche von N. N.

Band .... Fol. ....

In der dritten Hauptrubrik ist bei der Post Nr. 6 folgender Vermerk in das Hypothekenbuch eingetragen worden:

Zu Nr. 6. Cedirt laut notarieller Urkunde vom 7. November 1853 an den N. N. zu N. N.

Eingetragen zufolge Verfügung vom 24. Novbr. 1853.

Urkundlich unter Siegel und Unterschrift.

Glogau, den 27. November 1853.

Königliches Kreisgericht.
Zweite Abtheilung.
N. N.

(L. S.) N. N.
(Ingrossator.)

Anhang

enthaltend:

1) das Gesetz vom 24. Mai 1853, betreffend einige Abänderungen der Hypotheken=Ordnung vom 20. December 1783;
2) die Ministerial=Instruktion v. 3. August 1853;
3) die Ministerial=Verfügung an die Ober=Bergämter Breslau, Halle, Dortmund, vom 30. März 1854

im Zusammenhange.

---

1. Gesetz vom 24. Mai 1853, betreffend einige Abänderungen der Hypotheken=Ordnung vom 20. December 1783. (G. S. S. 521.)

Wir Friedrich Wilhelm, von Gottes Gnaden, König von Preußen ꝛc. ꝛc. verordnen für diejenigen Landestheile, in welchen die allgemeine Hypotheken=Ordnung vom 20. December 1783 Gesetzeskraft hat, unter Zustimmung der Kammern, was folgt:

I. Zu Titel I der Hypotheken-Ordnung.

Von der Form und Einrichtung der Hypothekenbücher.

§. 1. Aus den von den Auseinandersetzungs=Behörden bestätigten Rezessen ist nur der auf folgende Fälle bezügliche Inhalt in das Hypothekenbuch in Kürze einzutragen:

1) wenn ein im Hypothekenbuche ausdrücklich vermerktes Sach= oder Rechtsverhältniß aufgehoben oder verändert wird;
2) wenn ein berechtigtes Grundstück durch Kapital entschädigt wird, sei es, daß dasselbe baar oder in Rentenbriefen gezahlt wird;
3) wenn ein verpflichtetes Grundstück eine Rente oder andere Last neu übernimmt, ohne daß die Abfindung des berechtigten Grundstücks durch die Rentenbank vermittelt wird. Tritt die Vermittelung der Rentenbank ein, so behält es bei dem §. 18 des Gesetzes vom 2. März 1850 über die Errichtung von Rentenbanken (Ges.=Samml. S. 115) sein Bewenden.

§. 2. Die Eintragung von Altentheilen oder Auszügen erfolgt, wenngleich darin bestimmte Geld= oder Naturalleistungen begriffen sind, nur in der zweiten und nicht außerdem in der dritten Hauptrubrik. In dem Eintragungsvermerke ist statt der Angabe der einzelnen zu dem Altentheil gehörenden Rechte nur auf die Stellen der Urkunde, durch welche der Altentheil begründet wird, Bezug zu nehmen.

II. Zu Titel II Einleitung und Abschnitt 1 der Hypotheken-Ordnung.

Von dem Verfahren in Hypothekensachen überhaupt.

§. 3. Die Gesuche in Hypothekensachen können schriftlich eingereicht, oder bei der Hypothekenbehörde zum Protokoll gegeben werden.

Es muß aus denselben oder der zur Eintragung eingereichten Urkunde bestimmt hervorgehen, was der Gesuchsteller in das Hypothekenbuch eingetragen oder in demselben gelöscht haben will; auch muß darin das Grundstück so genau bezeichnet sein, daß über dessen Identität kein Zweifel obwaltet.

§. 4. Notare bedürfen zur Anbringung derjenigen Anträge, welche auf die von ihnen aufgenommenen oder der Unterschrift nach beglaubigten Urkunden gegründet sind, keiner Vollmacht. Auch für Rechtsanwalte ist eine Vollmacht nicht erforderlich, wenn die einzutragende Urkunde selbst den Antrag des Betheiligten bereits enthält, oder wenn das Gesuch die Erwerbung oder Erhaltung eines Rechts betrifft.

§. 5. Die zur Begründung des Antrages nöthigen Urkunden sind dem Gesuche beizufügen, und hat die Hypothekenbehörde davon beglaubigte Abschriften zu den Grundakten zu fertigen.

Wenn beglaubigte Abschriften schon bei Grundakten derselben Hypothekenbehörde vorhanden sind, so genügt die Bezugnahme darauf mit Bezeichnung der Akten.

Bei weitläufigen Urkunden, aus denen nur einzelne, an sich verständliche Stellen die Grundlage der Eintragung bilden, ist ein daraus zu fertigender Auszug als beglaubigte Abschrift für die Grundakten hinreichend.

§. 6. Requisitionen des Prozeßrichters wegen Bewirkung von Eintragungen und Löschungen müssen den im §. 3 und im ersten Satze des §. 5 bezeichneten Erfordernissen entsprechen, und insbesondere alle wesentlichen Punkte des von der Hypothekenbehörde einzutragenden Vermerks enthalten.

Die Hypothekenbehörden haben solchen Requisitionen zu genügen, wenn sich nicht aus dem Hypothekenbuche Anstände bei der nachgesuchten Eintragung oder Löschung ergeben, in welchem Falle sie den Prozeßrichter davon in Kenntniß zu setzen und demselben die Erledigung der Anstände zu überlassen haben.

§. 7. Die Vorschriften des §. 6 finden auch auf die von den Auseinandersetzungs-Behörden in den Angelegenheiten ihres Ressorts oder von anderen Behörden im Falle des §. 15 der Verordnung vom 24. Januar 1844 (Ges.-Samml. S. 54) ausgehenden Requisitionen um Eintragung von Vermerken im Hypothekenbuche Anwendung.

§. 8. In den Schuld- und Verpfändungs-Urkunden müssen die verpfändeten Grundstücke bezeichnet werden.

Dagegen ist es nicht erforderlich, daß in den genannten Urkunden außer der Verpfändungserklärung eine besondere Einwilligung zur Einschreibung des Pfandrechts in das Hypothekenbuch (Intabulations-Klausel) aufgenommen wird.

Die ausdrückliche Einwilligung zur Eintragung auf ein bestimmtes Grundstück vertritt die Stelle einer Verpfändungserklärung.

§. 9. Bei der Ausstellung von Schuld- und Verpfändungs-Urkunden sind Dokumente, welche die Legitimation des Pfandbestellers betreffen, mit denselben nicht zu verbinden, sondern dem bei der Hypothekenbehörde angebrachten Gesuche besonders beizufügen.

Cessionen und Verpfändungen werden nicht auf dem Instrumente über die cedirte oder verpfändete Post ganz oder zum Theil niedergeschrieben und mit demselben verbunden, sondern müssen abgesondert ausgefertigt und nebst den dazu gehörigen Legitimations-Urkunden des Cedenten oder Verpfänders der Hypothekenbehörde eingereicht werden.

§. 10. Wenn Kaufgelder, Erbgelder oder andere Forderungen aus zweiseitigen Verträgen eingetragen werden sollen, so genügt statt eines Nebenexemplars des Vertrages eine unter ausdrücklicher Bezugnahme auf denselben ausgestellte besondere Schuld- und Verpfändungs-Urkunde. Enthält der Hauptvertrag alle wesentlichen Bedingungen der besonders ausgestellten Schuld- und Verpfändungs-Urkunde, so ist zu der letzteren kein höherer Stempel erforderlich, als zu einem Neben-Exemplar des Vertrages; es muß aber dann auf der besonderen Urkunde der Betrag des zu dem Hauptvertrage gebrauchten Stempels vermerkt werden. Auch in Bezug auf den Kostenansatz ist eine solche besondere Urkunde, wenn sie gleichzeitig mit dem Vertrage aufgenommen wird, als ein Neben-Exemplar des letzteren anzusehen.

§. 11. Zur Berichtigung des Besitztitels für einen testamentarischen Erben, desgleichen zur Eintragung eines auf letztwilliger Verordnung beruhenden Vermerks, genügt, statt der letztwilligen Verordnung, ein Auszug aus derselben, soweit sie die Erbeseinsetzung oder die fragliche Bestimmung zum Gegenstande hat, wenn in den nach der freien Beurtheilung des Nachlaßgerichts dazu geeigneten Fällen ein Attest desselben darüber beigefügt ist:

daß in der letztwilligen Verordnung eine weitere sich hierauf beziehende Bestimmung nicht enthalten ist.

In gleicher Art bedarf es, wenn ein Vermerk auf Grund eines Erbrezesses eingetragen werden soll, nur eines beglaubigten Auszugs des Erbrezesses, soweit derselbe die fragliche Bestimmung betrifft, mit Beifügung eines Attestes des Nachlaßgerichts darüber:

daß in dem Erbrezesse eine weitere sich hierauf beziehende Bestimmung nicht enthalten ist.

§. 12. Ob die Eintragungs- und Löschungs-Verfügungen bei kollegialischen Hypothekenbehörden außer von den Dezernenten und Dirigenten noch von einem zweiten Dezernenten zu unterzeichnen sind, bleibt dem Geschäftsregulativ zu bestimmen überlassen.

§. 13. Uebergänge des Eigenthums an Grundstücken oder eingetragenen Posten, welche vor dem letzten im Hypothekenbuche zu vermerkenden Uebergange stattgefunden haben, werden im Eintragungsvermerke nur historisch erwähnt.

§. 14. Nach erfolgter Eintragung wird das Hypotheken-Instrument gebildet durch

1) die Schuld- und Verpfändungs-Urkunde oder diejenige sonstige Urkunde, welche das eingetragene Recht begründet, nebst der Urkunde, durch welche dasselbe etwa später eine Aenderung erlitten hat,
2) den über die erfolgte Eintragung ertheilten Hypothekenbuchs-Auszug (§§. 22 ff.).

Andere Schriftstücke, namentlich Cessionen, Verpfändungen, Vollmachten, Testamente, Legitimationsatteste und Erbrezesse, sind dem

Hypotheken-Instrumente nicht anzuheften, sondern mit demselben nach Zurückhaltung einer beglaubigten Abschrift den Betheiligten zurückzugeben; jedoch können auf deren Antrag auch die Urschriften statt der beglaubigten Abschriften zu den Akten genommen werden.

§. 15. Einem Dritten, welcher redlicher Weise über eine im Hypothekenbuche eingetragene Post mit dem als Cessionar, Erbe oder sonstiger Erwerber eingetragenen und im Besitz des darüber ausgefertigten Hypotheken-Instruments befindlichen Inhaber sich eingelassen hat, können keine, die Berechtigung seines Auktors betreffende Einwendungen, soweit sie nicht aus der Urkunde oder dem Hypothekenbuche erhellen, entgegengestellt werden.

§. 16. Bei Theilcessionen wird das Zweig-Instrument nur durch eine nach Maaßgabe der bestehenden Vorschriften anzufertigende beglaubigte Abschrift der Haupturkunde und des über die ursprüngliche Eintragung ertheilten Hypothekenbuchs-Auszugs (oder des nach den bisherigen Bestimmungen ausgefertigten Hypotheken-Rekognitionsscheins), durch die Theilcession und durch den Hypothekenbuchs-Auszug für den Cessionar (§. 23) gebildet.

§. 17. Ueber die Berichtigung des Besitztitels, über die Eintragung von Dispositions-Beschränkungen des Besitzers und von Arresten werden Hypotheken-Instrumente (§. 14) nicht gebildet, wenn nicht ausdrücklich deren Bildung beantragt ist. Bei anderen Eintragungen in der zweiten oder dritten Hauptrubrik steht den Betheiligten frei, auf die Bildung und Ertheilung von Hypotheken-Instrumenten zu verzichten. Es wird in diesen Fällen die eingereichte Urkunde, nach Zurückhaltung einer beglaubigten Abschrift den Interessenten zurückgegeben.

Soll bei einer in der zweiten oder dritten Hauptrubrik eingetragenen Post, über welche bisher ein Hypotheken-Instrument nicht bestand, eine Cession, Verpfändung oder Prioritätsabtretung eingetragen werden, so muß die nachträgliche Bildung eines Hypotheken-Instruments über die Post erfolgen.

§. 18. Wer durch Zwischenfällen Eigenthümer eines Realrechts geworden ist, kann verlangen, daß bei Eintragung seines Rechts Hypothekenscheine, Cessions-, Verpfändungs- und Legitimations-Urkunden, welche die Zwischenbesitzer betreffen, sofern sie nicht etwa zum Theil auf die Haupturkunde selbst geschrieben sind, von der letzeren wieder getrennt und zu den Grundakten genommen werden.

§. 19. Die Ertheilung eines Hypothekenscheins als Rekognition über die Eintragung (§§. 37, 38, 46, Tit. II der Hypotheken-Ordn). und die Bezugnahme darauf in der auf das Hypotheken-Instrument zu setzenden Ingrossations-Registratur (§§. 33, 45 a. a. O.) findet nicht weiter statt, vielmehr wird nach den folgenden Bestimmungen verfahren.

§. 20. Wenn bei neuen Eintragungen die Bildung eines Hypotheken-Instruments nicht erfolgt (§. 17), wird an den Antragsteller nur eine, den vollständigen Eintragungsvermerk enthaltende Benachrichtigung erlassen. Es muß jedoch die geschehene Eintragung mit Angabe des Bandes und Foliums des Hypothekenbuchs von dem Ingrossator unter Beifügung des Datums der Ingrossation und seiner Unterschrift auf der Eintragungsverfügung kurz vermerkt werden.

Dieselben Vorschriften gelten bei der vollständigen Löschung einer Post.

§. 21. Ist über die Berichtigung des Besitztitels die Bildung eines Hypotheken-Instruments beantragt, so wird der Urkunde, auf Grund deren der Besitztitel berichtigt worden ist, ein vollständiger Hypothekenschein pro informatione nach den Vorschriften der Hypotheken-Ordnung Titel II, §§. 305 ff. beigefügt.

Der Besitzer hat auch das Recht, statt des vollständigen Hypothekenscheins nur die Ausfertigung eines Auszuges in Betreff des Titelblatts und der Rubrik I des Hypotheken-Foliums zu verlangen.

§. 22. Bei der Eintragung einer neuen Post in der zweiten oder dritten Hauptrubrik wird, Behufs Bildung des Hypotheken-Instruments, der im §. 14 unter Nr. 2 erwähnte Hypothekenbuchs-Auszug in folgender Art und Form gefertigt:

Er führt die Ueberschrift:

Auszug aus dem Hypothekenbuche von . . . .
Band . . . Fol. . . .

Er enthält in wortgetreuer Abschrift:

A. aus dem Titelblatt und der ersten Hauptrubrik:
1) die Bezeichnung des Grundstücks;
2) den Namen des eingetragenen Besitzers:
3) den letzten Erwerbspreis, oder die Worte:
„ohne Bestimmung eines Werthes,"
wenn bei der letzten Besitztitel-Berichtigung kein Erwerbspreis im Hypothekenbuche angegeben ist;
4) alle nach der letzten Besitztitel-Berichtigung eingetragenen Vermerke, mit der Ausnahme, daß von den auf Grund der durch die Auseinandersetzungs-Behörden bestätigten Rezesse eingetragenen Vermerken nur die im §. 1 Nr. 2 erwähnten aufgenommen werden;

B. den vollständigen Inhalt der zweiten Hauptrubrik, mit alleiniger Ausnahme der vollständig gelöschten Posten;

C. aus der dritten Hauptrubrik:
1) die einzelnen Nummern und Beträge der schon vorher, oder der gleichzeitig mit demselben Vorzugsrechte eingetragenen Posten, einschließlich der protestativisch eingetragenen und unter Angabe des Zinsfußes, jedoch mit Ausnahme der vollständig gelöschten Posten;
2) in wörtlicher Fassung den neu eingetragenen Vermerk. —

Wenn unter den in den Hypothekenbuchs-Auszug gehörigen Posten sich Hypotheken von unbestimmter Höhe befinden, so müssen die dieselben betreffenden Eintragungsvermerke vollständig aufgenommen werden.

§. 23. Wenn bei einer bereits eingetragenen Post ein in die zweite Kolonne gehöriger Vermerk oder die theilweise Löschung einer Post eingetragen wird, und nicht ausdrücklich die Ertheilung eines vollständigen Hypothekenbuchs-Auszugs (§. 22) beantragt ist, so ertheilt die Hypothekenbehörde einen Auszug, der nur die im §. 22 erwähnte Ueberschrift und in wörtlicher Fassung den neu eingetragenen Vermerk enthält.

Diese Vorschrift tritt an die Stelle der Bestimmung unter Nr. 2 der Ordre vom 10. Mai 1829 (Ges.-Samml. S. 49). Die Vorschrift unter Nr. 1 derselben Ordre bleibt in Kraft.

§. 24. Der Hypothekenbuchs-Auszug wird bei der ersten Eintragung (§. 22), sowie bei Cessionen und Verpfändungen einer Post

(§. 23), der zum Grunde liegenden Schuld- und Verpfändungs-Urkunde, bei Theilcessionen dem Zweig-Instrumente und bei Prioritätseinräumungen sowohl dem Instrumente über die mit dem Vorzugsrecht zurücktretende Post, als auch, wenn es eingereicht ist, dem Instrumente über die vortretende Post beigefügt.

Der Auszug ist in der Reinschrift von dem Ingrossator zu kontrasigniren und von dem Dirigenten zu vollziehen.

Die Ausfertigung desselben erfolgt unter Beifügung des Siegels der Hypothekenbehörde, und wird durch dieses mit dem Dokumente verbunden.

§. 25. Auf die Hypothekenbuchs-Auszüge (§§. 22, 23) finden die Bestimmungen der §§. 40, 41, Titel II der Hypotheken-Ordnung Anwendung.

§. 26. So oft einem Hypotheken-Instrumente ein neuer Hypothekenbuchs-Auszug in der Form des §. 22 beigefügt wird, sind die älteren Hypothekenbuchs-Auszüge abzutrennen und zu den Grundakten zu nehmen.

§. 27. In allen Fällen, in welchen ein förmliches Hypotheken-Instrument gebildet wird (§§. 14, 16, 17, 21—24), aber auch nur in diesen Fällen, hat der Hypothekenbuchführer auf dem ausgefertigten Instrumente die erfolgte Eintragung des betreffenden Vermerks in das Hypothekenbuch mit Bezeichnung des Volumen und der Pagina desselben zu vermerken und diese Ingrossations-Registratur mit Datum und Unterschrift zu versehen.

III. Zu Titel II, Abschnitt 2 der Hypotheken-Ordnung.

Von dem Verfahren bei Berichtigung des Besitztitels.

§. 28. Nebenbestimmungen in Verträgen oder letztwilligen Verordnungen, welche das Eigenthum des Besitzers und dessen Befugniß, über das Grundstück zu verfügen, einschränken und demnach zur Eintragung in der zweiten Hauptrubrik des Hypothekenbuchs geeignet sind (§. 80, Tit. II der Hypotheken-Ordnung), werden nur dann von Amtswegen eingetragen, wenn sie die besondere rechtliche Beschaffenheit des Besitzverhältnisses, namentlich die Fideikommiß-Eigenschaft der Grundstücks, oder eine auf der in Rede stehenden Erwerbung des Besitzrechts selbst beruhende Einschränkung desselben, namentlich die Beschränkung durch Resolutiv-Bedingungen oder Substitutionen, betreffen.

Die Eintragung aller sonstigen, aus Rechten dritter Personen entspringenden Beschränkungen, insbesondere der Wohnungsrechte, Altentheile oder eines vorbehaltenen Nießbrauchs, erfolgt blos auf Antrag. Insofern solche Rechte jedoch auf einer letztwilligen Verordnung beruhen, sollen den Betheiligten, wenn sie innerhalb zwei Monaten nach Publikation der letztwilligen Verordnung die Eintragung nachsuchen, andere Eintragungen, welche auf Grund von Dispositionen desjenigen, welcher durch die letztwillige Verordnung das Grundstück erworben hat, etwa schon früher stattgefunden haben unnachtheilig sein.

Die §§. 84, 85, Titel II der Hypotheken-Ordnung werden aufgehoben.

In Bezug auf die Eintragung des rückständigen Kaufgeldes für ein in nothwendiger Subhastation verkauftes Grundstück behält es bei der Vorschrift des §. 19 der Verordnung v. 4. März 1834 (Ges.-Samml. S. 44) sein Bewenden.

IV. Zu Titel II, Abschnitt 3 der Hypotheken-Ordnung.

Von den übrigen zur Eintragung qualifizirten Handlungen.

§. 29. Die Hypothek haftet, wenn von den Betheiligten nicht ein anderes verabredet wird, auch für die Kosten der Kündigung, Ausklagung und Beitreibung.

Der §. 484, Theil I, Titel 20 des Allg. Landrechts wird hiernach abgeändert. Jener Kosten, so wie der Nebenbestimmungen über die Zahlung des Kapitals, geschieht in dem Eintragungsvermerke keine Erwähnung.

§. 30. Wenn Kapitalien mit vorbedungenen Zinsen unter dem Zinsfuße von fünf vom Hundert eingetragen werden, so steht dem Schuldner frei, einen erhöhten Zinsfuß bis zu fünf Procent, mit dem Vorzugsrechte der bereits eingetragenen Zinsen, eintragen zu lassen, ohne daß es der Zustimmungen der gleich- und nachstehenden Gläubiger bedarf.

V. Zu Titel II, Abschnitt 4 der Hypotheken-Ordnung.

Von Veränderungen bei eingetragenen Posten.

§. 31. Die Eintragung einer Cession, Verpfändung, Prioritätsabtretung und Kautionsbestellung kann auch auf den Antrag des Cedenten, Pfandschuldners ꝛc. erfolgen, ohne daß eine Ausnahme von Seiten des Cessionars, Pfandgläubigers ꝛc. dargethan wird.

VI. Zu Titel II, Abschnitt 5 der Hypotheken-Ordnung.

Von Löschungen.

§. 32. Wenn ein Realgläubiger durch rechtskräftiges Erkenntniß verurtheilt worden ist, eine für ihm im Hypothekenbuche eingetragene Post ganz oder theilweise zur Löschung zu bringen, oder über dieselbe eine löschungsfähige Quittung auszustellen oder in die Löschung einzuwilligen, so kann die Löschung im Hypothekenbuche auf Grund dieses Erkenntnisses und auf Requisition des Prozeßrichters eben so erfolgen, als wenn eine solche Löschung durch das Erkenntniß selbst ausdrücklich angeordnet, oder die angefochtene Eintragung der Post durch das Erkenntniß für ungültig erklärt ist. Es bedarf dazu weiter keiner besonderen Quittung oder Löschungsbewilligung des Gläubigers.

§. 33. 1) Einschränkungen des Eigenthums oder der Disposition, welche nicht in der rechtlichen Beschaffenheit des Besitzverhältnisses beruhen, sondern sich nur auf eine bestimmte Person beziehen,
2) das Vorkaufs- oder Wiederkaufsrecht für eine bestimmte Person,
3) Wohnungsrechte für eine bestimmte Person

können ohne Quittung der Erben und ohne Beibringung des Instruments gelöscht werden, wenn der Tod des Berechtigten nachgewiesen wird.

§. 34. Die Löschung
1) von Altentheilen oder Auszügen, Herbergs- oder Pflege-Berechtigungen, Nießbrauchsrechten und anderen persönlichen Servituten,

2) von Leibrenten und anderen auf Lebenszeit bedungenen Leistungen

kann ohne Quittung der Erben und ohne Beibringung des Instruments erfolgen, wenn der Tod des Berechtigten nachgewiesen wird und seit dem Todestage fünf Jahre abgelaufen sind.

§. 35. Wenn über eine in der zweiten oder dritten Rubrik des Hypothekenbuchs eingetragene Post ein förmliches Hypotheken-Instrument nicht gebildet worden (§§. 17, 20), so bedarf es zum Zwecke ihrer Löschung im Hypothekenbuche der Vorlegung einer sonst etwa über die Forderung ausgefertigten Urkunde nicht.

Zur Löschung einer Post, über die nach der Natur des zum Grunde liegenden Geschäfts zu Gunsten eines Dritten nicht hat verfügt werden können, bedarf es weder der Beibringung des Instruments, noch der Mortifikation desselben.

Die Beibringung des einem Hypotheken-Instrumente beigefügt gewesenen Hypothekenbuchs-Auszugs oder Hypothekenscheins ist zur Löschung in keinem Falle erforderlich.

§. 36. Auf die Versicherung des Besitzers des Grundstücks, daß der Inhaber einer noch nicht getilgten, aber bereits fälligen oder doch der Kündigung unterworfenen Post, welche er zur Löschung bringen will, der Person oder dem Aufenthalt nach unbekannt oder nicht legitimirt ist, kann die Löschung unter folgenden Bedingungen erfolgen:

§. 37. An den Inhaber der Post ist von dem Gericht der belegenen Sache eine öffentliche Aufforderung zu erlassen und diese einmal im Regierungs-Amtsblatt und durch Aushang an der Gerichtsstelle bekannt zu machen.

Der bekannte, aber nicht legitimirte Inhaber ist durch besondere Verfügung aufzufordern.

§. 38. Die in der öffentlichen Aufforderung zu bestimmende Frist beträgt in der Regel drei Monate, wird aber, wenn mit der Aufforderung die Kündigung verbunden wird, um die Kündigungsfrist verlängert.

§. 39. Wenn der Inhaber innerhalb der gestellten Frist sich nicht gemeldet und legitimirt hat, so ist von dem Gericht der Antragsteller zur Deposition zu verstatten, und ihm die Zahlung des Kapitals nebst den vorbedungenen Zinsen für fünf Jahre, oder sofern das Grundstück für Verzugszinsen verpfändet ist, mit zehnjährigen Verzugszinsen, zum Depositorium des Gerichts aufzugeben.

§. 40. Nach erfolgter Zahlung geschieht die Löschung auf Requisition des Gerichts, ohne daß es eines Präklusions-Urtheils und der Beibringung des Instruments bedarf.

§. 41. Mit der eingezahlten Geldsumme wird von dem Gericht, wenn sich innerhalb Jahresfrist ein Interessent zu deren Empfangnahme nicht legitimirt hat, nach §. 391 des Anhangs zur Allgemeinen Gerichts-Ordnung verfahren.

Ob und welcher Betrag an Zinsen dem Besitzer des Grundstücks zurückzuzahlen ist, weil der Gläubiger darauf keinen Anspruch hat, oder dem Gläubiger nachgezahlt werden muß, weil sein Anspruch den deponirten Betrag übersteigt, bleibt im Mangel einer Vereinigung der Entscheidung des Prozeßrichters vorbehalten.

§. 42. Das Aufgebot einer Post, von welcher der Besitzer des Grundstücks behauptet, daß sie getilgt sei, und darüber eine Bescheinigung beibringt (§. 269, Tit. II der Hypotheken-Ordnung), kann auf seinen Antrag auch dann erfolgen, wenn der Inhaber der Post zwar bekannt, jedoch als solcher nicht legitimirt ist.

Es wird in diesem Falle nach Vorschrift der §§. 101, 102, 103b—106, Tit. 51, Theil I der Allgemeinen Gerichts-Ordnung unter folgenden näheren Bestimmungen verfahren:

1) Der Besitzer des Grundstücks hat ein Verzeichniß der ihm bekannten angeblichen Rechtsnachfolger des letzten legitimirten Inhabers der Post zu übergeben, und zugleich die Versicherung abzugeben, daß außer diesen keine andere ihm bekannte Rechtsnachfolger vorhanden sind (§. 101 a. a. O.).
2) Zu dem Termine werden die angezeigten angeblichen Rechtsnachfolger besonders und die der Person oder dem Aufenthalte nach unbekannten durch Ediktalcitation vorgeladen.
3) Die Ediktalvorladung der unbekannten Interessenten findet nach Vorschrift der §§. 112, 113 a. a. O. und mit der Warnung statt:

   daß die Ausbleibenden mit ihren Ansprüchen auf die Post würden präkludirt, und dieselbe im Hypothekenbuche würde gelöscht werden (§. 102 a. a. O.).
4) Die Löschung kann nach eingetretener Rechtskraft des Präklusions-Urtheils und nach Beseitigung eines etwaigen Widerspruchs der im Termine erschienenen Interessenten erfolgen, ohne daß es der Beibringung des Instruments bedarf.

VII. Zu Titel II, Abschnitt 6 u. 7 der Hypotheken-Ordnung.

Von Protestationen und Hypothekenscheinen.

§. 43. Eine Protestation, welche nach dem §. 18, Tit. II der Hypotheken-Ordnung auf unmittelbare Meldung bei der Hypothekenbehörde eingetragen worden, ist auf den Antrag des Besitzers des Grundstücks oder eines andern Betheiligten, dessen aus dem Hypothekenbuche ersichtliches Realrecht durch die Protestation betroffen wird, und ohne daß es der Beibringung des Instruments bedarf, wieder zu löschen, wenn innerhalb sechs Monaten nach der von der Hypothekenbehörde in Folge eines solchen Antrags dazu erlassenen besonderen Aufforderung, welche bei Unbekanntschaft des Aufenthalts des Aufzufordernden einmal im Regierungs-Amtsblatt und durch Aushang an der Gerichtsstelle bekannt zu machen ist, die definitive Eintragung nicht bewirkt worden, oder nicht inzwischen eine Requisition des Prozeßrichters um Aufrechterhaltung der Protestation eingegangen ist.

§. 44. Eine solche Requisition (§. 43) ist von dem Prozeßrichter zu erlassen, wenn derjenige, für welchen die Protestation eingetragen worden, den Anspruch auf definitive Eintragung im Wege der Klage geltend gemacht hat und die Klage eingeleitet ist.

Wenn demnächst der Kläger rechtskräftig abgewiesen, oder wenn die Reposition der Akten erfolgt und die Sache nicht innerhalb der im §. 20, Th. I, Tit. 20 der Allg. Gerichts-Ordnung bestimmten Frist wieder aufgenommen ist, so hat der Prozeßrichter die Löschung, wozu es der Beibringung des Instruments nicht bedarf, wenn aber der Kläger obsiegt, die definitive Eintragung bei der Hypothekenbehörde auf Antrag des Betheiligten zu beantragen.

§. 45. Die §§. 43, 44 finden keine Anwendung auf den Fall, wenn nach der Bestimmung im dritten Absatze des §. 22 der Verordnung vom 4. März 1834 (Ges.-Samml. S. 37) der Gläubiger in der Exekutions-Instanz unmittelbar bei der Hypothekenbehörde die Eintragung einer Protestation nachgesucht hat; vielmehr verbleibt es bei den in dem §. 22 a. a. O. getroffenen Vorschriften.

§. 46. Außer den in den §§. 43 u. 45 bezeichneten Fällen können Protestationen zur Erhaltung eines Realrechts nur auf Requisition des Prozeßrichters, nach den näheren Bestimmungen der folgenden Paragraphen, eingetragen werden.

§. 47. Behufs Erlassung der Requisition (§. 46) ist es erforderlich, daß

1) in Betreff des behaupteten Realanspruchs die Klage wenigstens angemeldet, und
2) der Anspruch, der Vorschrift des §. 291, Tit. II der Hypotheken-Ordnung gemäß, bescheinigt worden.

§. 48. Nach Beendigung des Prozeßverfahrens sind für die anderweite Requisition des Prozeßrichters auf Löschung der Protestation, oder auf Umschreibung derselben in eine definitive Eintragung die Bestimmungen des §. 44 maaßgebend.

§. 49. Die Eintragung einer Protestation wegen nicht gezahlter Valuta eines Darlehns kann innerhalb 38 Tagen nach der Eintragung des Darlehns, auf den Antrag des Schuldners bei der Hypothekenbehörde, erfolgen, auch wenn die Einwendung nicht bescheinigt ist.

Die Protestation ist jedoch mit dem Ablaufe von sechs Monaten auf den Antrag eines dabei Betheiligten wieder zu löschen, wenn bis dahin eine Requisition des Prozeßrichters um deren Aufrechterhaltung nicht eingeht.

In Bezug auf den Erlaß dieser Requisition und die weitere Behandlung der Angelegenheit gelten die Grundsätze, welche aus dem §. 44 sich ergeben.

§. 50. Protestationen wegen nicht gezahlter Valuta eines Darlehns, seit dessen Eintragung bereits 38 Tage verflossen sind, desgleichen Protestationen wegen anderer Einwendungen gegen ein eingetragenes Recht und wegen erfolgter Tilgung einer Post, können nur auf Requisition des Prozeßrichters eingetragen werden.

In Bezug auf den Erlaß dieser Requisition und die weitere Behandlung der Angelegenheit gelten die Grundsätze, welche aus den §§. 47 u. 48 sich ergeben.

§. 51. Protestationen zur Beschränkung der Dispositionsbefugniß des Besitzers, soweit sie nicht unter die Bestimmungen des §. 43 dieses Gesetzes fallen, werden bloß auf Requisition des Prozeßrichters oder anderer zu einer solchen Requisition gesetzlich befugter Behörden eingetragen und gehören in die zweite Hauptrubrik.

§. 52. Arreste, welche wegen Geldansprüche oder wegen anderer Forderungen auf Grundstücke ausgebracht werden, sind nur auf Requisition des Prozeßrichters einzutragen und in der dritten Hauptrubrik zu vermerken.

§. 53. Unter denselben gesetzlichen Voraussetzungen, unter welchen Jemand die Einsicht des Hypothekenbuchs verlangen kann, ist er auch befugt, die Einsicht der betreffenden Grundakten zu verlangen. Ingleichen kann Jeder, der die Ertheilung eines Hypothekenscheins pro informatione zu fordern berechtigt ist, auch die Ertheilung eines Hypothekenbuchs-Auszugs, und Jeder, dem ein Hypothekenbuchs-Auszug ertheilt werden muß, einen vollständigen Hypothekenschein pro informatione verlangen.

§. 54. Der Justizminister hat die Gerichtsbehörden mit den hiernach erforderlichen Instruktionen und reglementarischen Anweisungen zu versehen.

Urkundlich unter unserer höchsteigenhändigen Unterschrift und beigedrucktem königlichen Insiegel.

Gegeben Charlottenburg, den 24. Mai 1853.

(L. S.) Friedrich Wilhelm.

v. Manteuffel. v. d. Heydt. Simons. v. Raumer.
v. Westphalen. v. Bodelschwingh. v. Bonin.

2. Ministerial-Instruktion vom 3. August 1853 zum Gesetz vom 24. Mai 1853. (J. M. Bl. S. 275.)

Einleitung.

Durch §. 54 des G. v. 24. Mai d. J., einige Abänderungen der Hypotheken-Ordnung betreffend, ist der Justizminister ermächtigt worden, die Gerichtsbehörden mit den erforderlichen Instruktionen und reglementarischen Anweisungen zu versehen. Auf Grund dieser Bestimmung werden den Gerichten in den Landestheilen, in welchen die Hypotheken-Ordnung vom 20. December 1783 Gesetzeskraft hat, die nachstehenden Anweisungen ertheilt, und denselben folgende allgemeine Bemerkungen vorausgeschickt.

Der Hauptzweck des erlassenen Gesetzes ist: das Verfahren in Hypothekensachen, wie es sich nach der Hypotheken-Ordnung und den dieselbe ergänzenden und erläuternden späteren Bestimmungen gestaltet hat, den Bedürfnissen und der praktischen Erfahrung gemäß zu vereinfachen.

Ohne die bewährten, den Grundbesitz und den Realkredit sichernden Hauptgrundsätze der preußischen Hypotheken-Verfassung abzuändern, haben dem Verkehr bei dem Hypothekenbuche diejenigen Erleichterungen, welche die wesentlich veränderten Verhältnisse erfordern, gewährt und überflüssige Hemmnisse und Weiterungen beseitigt werden sollen.

Es ist dabei die bisherige Hypotheken-Gesetzgebung in allen den Punkten bestehen geblieben, die nicht durch eine ausdrückliche Vorschrift des neuen Gesetzes abgeändert worden sind, oder sich als unvereinbar mit dessen Bestimmungen darstellen. Dasselbe gilt von den seit Emanation der Hypotheken-Ordnung ergangenen Vorschriften über das Verfahren in Hypothekensachen, da eine Kodifikation aller jener Bestimmungen nicht in der Absicht des Gesetzes gelegen hat.

Es kann ferner nach den allgemeinen Rechtsgrundsätzen über die rückwirkende Kraft der Gesetze nicht zweifelhaft sein, daß diejenigen Vorschriften der Novelle, welche dem materiellen Hypothekenrechte angehören, und etwas von dem bisherigen Rechte Abweichendes oder demselben Fremdes enthalten, z. B. die §§. 8, 29, 30, 43 ff., auf Rechtsverhältnisse, die aus der Periode vor der Gesetzeskraft der Novelle herrühren, nur in soweit anwendbar sind, als dies nach den allgemeinen Regeln über die Rückwirkung der Gesetze zulässig ist.

Die Gerichte werden, wie der Justizminister erwarten darf, die Tendenz des Gesetzes: den Bedürfnissen des Verkehrs durch wesentliche Vereinfachungen, jedoch ohne Gefährdung der Sicherheit, entgegen zu kommen, auch ihrerseits durch das Bestreben unterstützen, bei der Bearbeitung der Hypothekengeschäfte die Anforderungen der Dienstbereitwilligkeit, Pünktlichkeit und Schnelligkeit mit den Rücksichten der Sorgfalt und Gründlichkeit einerseits, und der Vermeidung unnöthiger Förmlichkeiten und Weitläuftigkeiten andererseits, in einer ebenso der Wichtigkeit des Gegenstandes als dem Interesse des Publikums entsprechenden Weise zu vereinigen.

Artikel 1.

(Zu §§. 1 und 7 des Gesetzes.)

Form und Einrichtung der Hypothekenfolien.

Durch den §. 1 des Gesetzes wird die bis jetzt erfolgte Eintragung aller durch die Rezesse der Auseinandersetzungs-Behörden eintretenden Aenderungen bei sämmtlichen dadurch berührten Grundstücken — ein Verfahren, durch welches besonders die Hypothekenfolien der berechtigten Grundstücke (Rittergüter u. dergl.) häufig mit einer sehr bedeutenden Zahl zum Theil entbehrlicher Vermerke angefüllt werden — auf diejenigen Fälle beschränkt, wo eine durch die Verhältnisse begründete Nothwendigkeit solcher Eintragungen vorliegt.

1) Aus den in dieser Beziehung unter Nummer 1—3 des §. 1 aufgestellten Normen ergiebt sich, daß, falls z. B. die Abfindung in Land besteht, oder die Auseinandersetzung lediglich durch Kompensation der Berechtigungen und Verpflichtungen bewirkt wird, eine Eintragung nur erforderlich ist, wenn dadurch ein im Hypothekenbuche ausdrücklich vermerktes Sach- oder Rechtsverhältniß berührt, aufgehoben oder verändert wird (vergl. über diesen Fall den §. 18 des Gesetzes v. 2. März 1850 — G. S. S. 112), keines Vermerks auf dem Folium des berechtigten Gutes, falls nicht etwa auf diesem Folium die Zubehörigkeit der bisherigen Abgaben zu dem Gute durch die Eintragung besonders vermerkt war; es genügt vielmehr, daß auf dem Folium des verpflichteten Grundstücks, in dessen zweiter Rubrik die Abgaben und zwar bei einem richtigen Verfahren (vergl. Verfügung v. 11. Januar 1842 — J. M. Bl. S. 18) als Zubehör des berechtigten Gutes eingetragen waren, in der Colonne „Cessionen" die eingetretene Aenderung vermerkt wird. Nur wenn die zwischen dem bisherigen Berechtigten und Verpflichteten vereinbarte Rente keine dauernde sein sollte, sondern die Verabredung etwa zugleich auf Amortisation der Rente gerichtet wäre, würde es, weil ein solcher Fall zu einem der Abfindung durch Kapital ähnlichen Resultate führt, auch auf dem Folium des berechtigten Gutes einer Eintragung bedürfen. Uebrigens folgt aus dem §. 3 der V. vom 29. Juni 1835 (G. S. S. 135), daß bei dem verpflichteten Grundstücke eine Abfindung durch Kapital, sofern die Auseinandersetzungs-Behörde es nicht verlangt, selbst dann einzutragen ist, wenn die aufgehobene Verbindlichkeit bisher aus dem Hypothekenbuche nicht ersichtlich war, indem diese Eintragung des Abfindungskapitals bei dem verpflichteten Grundstücke, so lange das Kapital noch nicht an den Berechtigten oder nach §. 63 des Gesetzes v. 2. März 1850 (G. S. S. 112) an die Staatskasse wirklich gezahlt worden, im Interesse des Berechtigten unerläßlich ist.

2) Wo die Rezesse der Auseinandersetzungs-Behörden hiernach noch zu Eintragungen Veranlassung geben, haben sowohl die Auseinandersetzungs-Behörden bei ihren Requisitionen um die Eintragung

(vergl. §. 7 des Gesetzes in Verbindung mit der Verfügung des Ministeriums des Innern vom 3. Mai 1843 — J. M. Bl. S. 83), als die Gerichte bei der Fassung der Eintragungsvermerke wie überall, so hier besonders die möglichste Kürze zu beachten.

3) Ob in den Fällen, wo die bestätigten Rezesse eine Eintragung erforderlich machen, dieselben bei den Grundakten aufzubewahren oder den Interessenten zuzustellen, und ob letzteren Falles eine vollständige Abschrift des Rezesses oder nur ein Extract aus demselben, wie es der §. 5 des Gesetzes gestattet, zu den Grundakten über die bei der Auseinandersetzung, Gemeinheitstheilung u. s. w. konkurrirenden Grundstücke zu bringen, haben die Gerichte nach den jedesmaligen Umständen zu ermessen.

4) Abgesehen von den Bestimmungen der §§. 1 und 7 des Gesetzes sind die bisherigen Vorschriften über den Verkehr zwischen den Auseinandersetzungs- und Hypotheken-Behörden, vergl. insbesondere

Verordn. v. 20. Juni 1817, §§. 196, 197 (G. S. S. 161),
Verordn. v. 30. Juni 1834, §§. 58, 59, 62 (G. S. S. 96),
Verordn. v. 29. Juni 1835, §. 3 (G. S. S. 135),
Deklaration v. 30. Juli 1842 (G. S. S. 245),
Gesetze v. 2. März 1850, §. 109 resp. §. 18 (G. S. S. 109 resp. 115),

unverändert geblieben. Namentlich gilt dies in Bezug auf die vorläufigen Vermerke, welche auf Antrag der Auseinandersetzungs-Behörden noch vor der Errichtung und Bestätigung des förmlichen Rezesses einzutragen, und nach dessen Bestätigung wieder zu löschen sind. Wenn dagegen ein solcher Antrag von der Auseinandersetzungs-Behörde nicht gestellt, sondern von der vor der Rezeßbestätigung bewirkten Ausführung einer Ablösung, Regulirung oder Gemeinheitstheilung der Hypotheken-Behörde nur Nachricht gegeben wird,

vergleiche die Verfügungen des Ministeriums des Innern vom 8. März 1838 (Ergänzungen der Preußischen Rechtsbücher zu §. 91, Tit. II der Hyp.-Ordn. — 2. Ausgabe — Bd. X, S. 207) und vom 22. October 1838 (ebendaselbst zu §§. 202 ff. der Verordn. v. 20. Juni 1817, Bd. IV, S. 267),

so liegt hierin keine Veranlassung für die Hypotheken-Behörde, die erfolgte Ausführung von Amtswegen im Hypothekenbuche zu vermerken, und erledigt sich hierdurch die darauf bezügliche Verfügung vom 17. Mai 1838 (Jahrb. Bd. LI, S. 409).

5) Da endlich der ganze §. 1 des Gesetzes nur auf Veränderungen der bestehenden Hypothekenfolien sich bezieht, so ist dadurch in der bisherigen Befugniß der Auseinandersetzungs-Behörden, die Anlegung der in Folge der Rezesse, insbesondere bei Eigenthumsverleihungen im Wege der Regulirung der gutsherrlichen und bäuerlichen Verhältnisse, erst nothwendig werdenden neuen Hypothekenfolien in Antrag zu bringen, nichts geändert worden.

Artikel 2.

In Betreff der Einrichtung der Hypothekenfolien im Allgemeinen werden:

1) die nach Emanation der Hypotheken-Ordnung ergangenen Bestimmungen:

a) Publikandum vom 2. October 1797 (Hoffmann, Repertorium S. 221, Nr. IX ff.),
b) Verfügung v. 15. November 1829 (Jahrb. Bd. XIV, S. 244),
c) Instruktion vom 12. August 1820, §. 22 (Jahrb. Bd. XVI, S. 95),
d) Verordn. v. 31. März 1834, §. 6. (G. S. S. 47).
e) Instruktion v. 29. April 1834 (Jahrb. Bd. XLIII, S. 610),
f) Allerhöchste Ordre v. 9. Mai 1839, No. II (G. S. S. 164),
g) Instruktion v. 2. August 1839 für das Departemement Naumburg, §. 63,

in Erinnerung gebracht, wonach die Vereinigung sämmtlicher Grundstücke eines und desselben Besitzers unter derselben Gerichtsbarkeit auf Einem Folium, wenn dadurch die Uebersichtlichkeit nicht gestört wird, möglichst zu begünstigen ist. Es werden in solchen Fällen auf dem Titelblatte die einzelnen Grundstücke unter fortlaufenden Nummern aufgeführt, und ebendaselbst die später hinzutretenden Grundstücke unter Fortsetzung dieser Nummern vermerkt, auch die letzteren in der ersten Hauptrubrik bei der Zuschreibung allegirt, während die Abschreibung von Grundstücken auf dem Titelblatte solcher Folien in einer besonderen Kolonne für Abschreibungen geschieht.

Auf solche Vereinigung sämmtlicher Grundstücke desselben Besitzers muß bei jeder passenden Gelegenheit hingewirkt, in Fällen aber, wo durch eine bei den Auseinandersetzungs-Behörden eingeleitete oder bevorstehende Separaton eine umfassende Veränderung in den Besitzverhältnissen der Grundstücke vorbereitet wird, hierauf Rücksicht genommen, und in der Regel der Abschluß des Auseinandersetzungs-Rezesses als der geeignete Zeitpunkt dazu abgewartet werden.

2) In vielen Fällen gewährt es sowohl den Grundbesitzern, als den Real-Interessenten erhebliche Vortheile, wenn neben der in der Hypotheken-Ordnung I, §§. 33 ff. vorgeschriebenen Bezeichnung der Grundstücke zugleich deren Größe, und bei Gutskomplexen (Bauergütern u. dergl.) deren einzelne Bestandtheile, soweit darüber zuverlässige Nachrichten vorliegen, angegeben werden. Zwar ist dieses Verfahren nur für die Provinz Westphalen

Verordnung v. 31. März 1834 (G. S. S. 47),
Allerhöchste Ordre v. 16. Juli 1840 (J. M. Bl. S. 250),
Instruktion v. 30. Januar 1842 (J. M. Bl. S. 67),

allgemein vorgeschrieben und genau geregelt. Allein auch in den übrigen Provinzen ist ein ähnliches Verfahren, wie es auch bereits durch mehrfache Bestimmungen

R. v. 20. Februar 1785 (Hoffmann, Repertorium, S. 217),
Instruktion v. 2. August 1839 für das Departement Naumburg, S. 67,

Verfügung v. 23. October 1839 (J. M. Bl. S. 352),

angebahnt ist, bereits vielfach, wenigstens bei Besitzungen von mäßigem Umfange, üblich geworden, und dabei die erwähnte Instruktion vom 30. Januar 1842 als Anhalt für die Vermerkung der einzelnen Bestandtheile nach einer Nummerfolge auf dem Titelblatt, für die Zu- und Abschreibungen, für die Aenderung resp. Vervollständigung der früheren Formulare u. s. w. benutzt worden. Es kann nur für angemessen erachtet werden, wenn die Gerichte bei Anlegung neuer und Umschreibung älterer Folien auf dem angedeuteten Wege fortschreiten, wobei jedoch die Wünsche und Anträge der Grundbesitzer nicht unberücksichtigt bleiben dürfen.

3) Auch wenn bei Anlegung neuer oder Umschreibung bereits vorhandener Hypothekenfolien nicht in der unter Nr. 1 oder 2 erwähnten Weise verfahren, sondern das ursprüngliche Formular der Hypotheken-Ordnung beibehalten wird, ist es zur Herbeiführung einer besseren Uebersichtlichkeit, wenigstens bei größeren Besitzungen, zweckmäßig, der ersten Hauptrubrik des Foliums eine vierte Kolonne für „Zuschreibungen" und eine fünfte für „Abschreibungen" beizufügen, und wenn das umzuschreibende Folium schon Zu- oder Abschreibungsvermerke auf dem Titelblatte enthält, bei der Umschreibung des Foliums das Erforderliche aus diesen Vermerken in die entsprechenden neuen Kolonnen der ersten Hauptrubrik zu übertragen. Auf dergleichen älteren Folien, welche diese Kolonnen noch nicht erhalten können, sind Zuschreibungen künftig in der zweiten Kolonne der ersten Hauptrubrik zu bewirken, falls nicht schon vorher Zuschreibungen auf dem Titelblatte vermerkt sind, in welchem Falle dies Verfahren bei demselben Folium bis dahin, daß sich Veranlassung zu einer Umschreibung des Foliums ergiebt, ebenso beibehalten werden kann, wie das Verfahren, wonach Abschreibungen, statt in der zweiten Kolonne der ersten Hauptrubrik, in einer besonderen Kolonne des Titelblatts, wenn dieses für eine solche Kolonne Raum gewährt, vermerkt werden.

4) Bei Anlegung neuer und Umschreibung älterer Folien ist ferner

a) in der zweiten Hauptrubrik vor der bisherigen letzten Kolonne die fehlende Kolonne für „Veränderungen" und zwar in zweien Abtheilungen, die erste für die „Eintragung", die zweite für die „Löschung" jener Veränderungen einzurichten;

b) dieselben beiden Abtheilungen sind in der dritten Hauptrubrik bei der schon in der Hypotheken-Ordnung für „Cessionen und andere Subinscriptionen" angeordneten, und fortan ebenso wie in der zweiten Hauptrubrik: „Veränderungen" zu überschreibenden Kolonne einzurichten;

vergl. das Formular im J. M. Bl. von 1842, S. 75, 76.

5) Im Allgemeinen kann den Gerichten nur dringend empfohlen werden, ältere, in mangelhafter Form und mit übergroßer Weitläufigkeit angelegte, oder im Laufe der Zeit unübersichtlich gewordene Folien bei passenden Gelegenheiten, wie sie namentlich Parzellirungen, nothwendige Subhastationen, die fortschreitende Thätigkeit der Auseinandersetzungs-Behörden oder die oben unter Nr. 1 empfohlene Vereinigung der bisher auf mehreren Folien eingetragenen Grundstücke desselben Besitzers auf ein Folium darbieten, umzuschreiben und sodann dadurch zu schließen, daß ein desfallsiger Vermerk auf das bisherige Folium gesetzt, und dasselbe in allen Kolonnen roth durchstrichen wird.

Es ist dabei sorgfältig zu beachten, daß die materiellen Rechtsverhältnisse durch eine solche Umschreibung nicht berührt werden dürfen, und daß, wo in dieser Beziehung ein Bedenken entstehen könnte, bei dem Verfahren die Betheiligten zuzuziehen sind. Im Uebrigen kommt es auf die jedesmaligen Verhältnisse zu sehr an, als daß sich allgemein anwendbare Vorschriften ertheilen ließen; es muß vielmehr die Umsicht der Gerichte den richtigen Weg für solche in der Hypotheken-Ordnung nicht vorausgesehene Fälle an die Hand geben, und das Ziel dahin gerichtet sein, derartige neue Folien so einzurichten, daß einestheils der gegenwärtige Zustand in übersichtlicher und bestimmter Form und Fassung wiedergegeben, und andrerseits die vorgegangenen Veränderungen in den Verhältnissen der Grundstücke nicht unberücksichtigt bleiben, ohne daß jedoch in letzterer Beziehung eine Abkürzung und Zusammenfassung der Vermerke, z. B. über die Resultate der stattgehabten Ablösungen oder Dismembrationen, ausgeschlossen wäre. Zum Anhalt können dabei die Verfügungen vom 26. März 1834 (Jahrb. Bd. XLIII, S. 205) und v. 24. Aug. 1838 (Jahrb. Bd. LII, S. 217) dienen, namentlich in Bezug auf die Frage: ob, wenn die auf dem Titelblatte stehende Bezeichnung oder Größe des Grundstücks zu dem in Folge von Zu- oder Abschreibungen, Dismembrationen u. dergl. sich ergebenden Bestande nicht mehr paßt, nicht mindestens das Titelblatt einer den obwaltenden Umständen entsprechenden Berichtigung unterworfen werden muß. Die Gerichte werden insbesondere wohlthun, in den geeigneten Fällen mit den Auseinandersetzungs-Behörden in Kommunikation zu treten und auf ein ähnliches Verfahren hinzuwirken, wie es für die Gerichte der Provinz Sachsen durch die Verfügung vom 16. März 1842 (J. M. Bl. S. 184), betreffend das Zusammenwirken der Regulirungs- und Hypotheken-Behörden bei Feststellung der Besitzverhältnisse von Grundstücken, die durch Gemeinheitstheilungen betroffen werden, angeordnet worden ist.

Artikel 3.

(Zu §. 2 des Gesetzes.)

Eintragung von Altentheilen.

1) Zur Erläuterung der abgekürzten Weise der Eintragung eines Altentheils dient das Formular Anlage A, Nr. 1.
2) In ähnlicher abgekürzter Art, wie der §. 2 des Gesetzes für die Eintragung von Altentheilen vorschreibt, kann übrigens der Eintragungsvermerk auch bei der Eintragung anderer Lasten oder Einschränkungen des Eigenthums gefaßt werden, über welche die zum Grunde liegenden Urkunden einzelne erläuternde und modificirende Bestimmungen enthalten, die für das Verständniß der Bedeutung des eingetragenen Rechts nicht wesentlich sind.

Artikel 4.

(Zu §§. 3—7 des Gesetzes.)

Verfahren in Hypothekensachen überhaupt.

1) Zu §. 3 wird in Betreff der Präsentation der zur Eintragung bestimmten Urkunden und Gesuche auf die §§. 8 u. 9, Tit. II der Hypotheken-Ordnung, auf die Instruktion vom 10. Juni 1835 (Jahrb. Bd. XLV, S. 508) und den §. 6 des Geschäfts-Reglements v. 3. August 1841 (Beilage zum 40. Stück des J. M. Bl. v. 1841, S. 9) verwiesen, und besonders darauf aufmerksam gemacht, daß in derselben Weise, wie die eingereichten Urkunden, auch die gerichtlichen Protokolle über Aufnahme von Handlungen der freiwilligen Gerichtsbarkeit, die das Hypothekenbuch berühren, zu präsentiren sind.

2) Zur Erläuterung dessen, was der §. 5 über die zu den Grundakten zu fertigenden beglaubigten Abschriften erwähnt, wird auf die dieserhalb schon früher ergangenen, namentlich die Verhütung überflüssiger Abschriften bezweckenden Vorschriften verwiesen,
   vergl. Verfügungen v. 17. Novbr. 1820 (Jahrb. Bd. XVI, S. 258),
   vom 13. Juli 1830 (Jahrb. Bd. XXXVI, S. 191),
   vom 19. Juni 1837 (Jahrb. Bd. XLIX, S. 520),
   vom 22. Februar 1837, Nr. 10 (Just. M. Bl. von 1839, S. 395).
3) Im §. 6 des Gesetzes hat darüber, inwiefern Anstände bei der nachgesuchten Eintragung oder Löschung, welche zwar nicht aus dem Hypothekenbuche, aber doch aus den Grundakten oder vorliegenden andern Anträgen sich ergeben, zu berücksichtigen oder zu erledigen sind, keine allgemeine Vorschrift gegeben, vielmehr das geeignete Verfahren der Beurtheilung der Gerichte nach vernünftigem Ermessen in jedem einzelnen Falle überlassen werden sollen.

Artikel 5.

(Zu §. 8 des Gesetzes).

Intabulations-Klausel.

Nach den, die §§. 146, 195, Tit. II. der Hypotheken-Ordnung und den §. 403, Th. I, Tit. 20 des Allgemeinen Landrechts abändernden letzten beiden Absätzen des §. 8 des Gesetzes bedarf es bei vertragsmäßigen Hypotheken-Titeln neben der Verpfändungserklärung nicht noch der besonderen Einwilligung zur Eintragung; es genügt vielmehr die erstere oder die letztere.

Artikel 6.

(Zu §§. 9—11 des Gesetzes).

Urkunden zur Begründung von Eintragungen.

1) Die Vorschrift des §. 9 des Gesetzes, wonach der Akt über die Cession, Verpfändung u. s. w. einer Hypothekenforderung nicht mehr, wie die §§. 203, 228, 231, Tit. II der Hypotheken-Ordnung anordnen, auf das Original-Instrument gesetzt werden soll, stellt sich als die erste von denjenigen Maaßregeln dar, durch welche dem Bedürfnisse einer wesentlichen Vereinfachung der Hypotheken-Instrumente hat abgeholfen werden sollen.

   Mit dem §. 9 stehen in Verbindung und dienen zur Erläuterung desselben die Bestimmungen der §§. 14 ff. über die künftige Bildung und die weitere Behandlung der Hypotheken-Instrumente und daran schließen sich die §§. 22 ff. über die Ertheilung der Hypothekenbuchs-Auszüge. Gleichwie übrigens die Nichtbefolgung der bisherigen Form einer Cession u. s. w. auf die Gültigkeit derselben nicht von Einfluß war, so wird auch künftig die Eintragung einer Cession nicht etwa um deswillen abgelehnt werden können, weil die im §. 9 vorgeschriebene Form nicht beachtet, z. B. das Instrument durch eine auf dasselbe gesetzte, erst später beglaubigte Privat-Erklärung cedirt worden, oder weil der Cessionar es aus besondern Gründen etwa rathsam gefunden, vor Eintragung der Cession einen auf den besonders ausgefertigten Cessions-Akt hinweisenden Vermerk auf das Instrument zu setzen.

2) Der §. 10 giebt für die hypothekarische Verbriefung von Ansprüchen aus den oft sehr umfangreichen Urkunden über zweiseitige Verträge ein Auskunftsmittel an die Hand, dessen Zulässigkeit nach den bisherigen Vorschriften (vergl. Hypotheken-Ordn. Tit. II, §. 126) nicht unzweifelhaft war.

Hinsichtlich des Kostenansatzes für derartige besondere Urkunden ist der letzte Satz des §. 10, außerdem aber der §. 24, Nr. 2 des Tarifs zum Gesetze vom 10. Mai 1851 für die Gerichte, und der §. 6 des Gesetzes vom 11. Mai 1851 für die Notare, maaßgebend.

3) Der §. 11 gewährt, im Vergleich mit den Vorschriften der Hypotheken-Ordnung, Tit. II, §§. 67, 73, eine Erleichterung, für deren Zulässigkeit sich bereits die Verfügung v. 28. April 1834 (Jahrb. Bd. XLIII, S. 448) ausgesprochen hatte. Bei der Ertheilung eines solchen attestirten Auszuges aus einer letztwilligen Verordnung ist zu beachten, daß neben der auf den Erwerb eines gewissen Grundstücks bezüglichen Bestimmung auch diejenigen Anordnungen berücksichtigt werden müssen, welche das Eigenthum des Besitzers und dessen Befugniß, über das Grundstück zu verfügen, einschränken (vergl. §. 28 des Gesetzes). Uebrigens ist, indem der erste Satz des §. 11 vorschreibt, daß es in dem vorausgesetzten Falle nicht des vollständigen Inhalts der letztwilligen Verordnung bedürfe, hinsichtlich der bei der Ausfertigung letztwilliger Verordnungen überhaupt zu berücksichtigenden Verhandlungen (vergl. Verfügung vom 3. December 1832, Jahrb. Bd. XL, S. 416), nichts geändert. Ein Gleiches gilt von der zu der Berichtigung des Besitztitels für einen Legatar erforderlichen Erklärung der Erben (Hypoth.-Ordn. Tit. II, §. 66), desgleichen von dem bei Vorlegung eines Auszugs aus einem Erbrezesse noch erforderlichen Nachweise der Erbes-Legitimation der Kontrahenten u. s. w.

Artikel 7.

(Zu §§. 12, 13 des Gesetzes).

Eintragungs-Verfügung.

1) In Gemäßheit des §. 12 des Gesetzes wird hierdurch bestimmt, daß bei kollegialischen Hypotheken-Behörden die Eintragungs- und Löschungs-Verfügungen im Konzepte der Regel nach nur von dem Decernenten und dem Dirigenten zu unterzeichnen sind. Die Vorlegung solcher Verfügungen an einen Kodecernenten, als drittes Mitglied (§. 25, Tit. II, Hypoth.-Ordn.), ist auf die Fälle zu beschränken, in welchen der Dirigent ausnahmsweise wegen der Wichtigkeit oder Schwierigkeit der Sache oder aus anderen Rücksichten die Bestellung eines Kodecernenten entweder für den einzelnen Fall oder für gewisse Sachen überhaupt, für angemessen erachtet.

Indem hierbei noch besonders auf die der Aenderung des erwähnten §. 25, Tit. II der Hypoth.-Ordn. zum Grunde liegende Absicht der möglichsten Beschleunigung der Bearbeitung der Hypothekensachen aufmerksam gemacht wird, muß zu gleichem Zwecke, im Anschluß an die dieserhalb bereits ergangenen Vorschriften (vergl. Geschäfts-Regulativ vom 18. Juli 1850 — Just. M. Bl. S. 233 — und Reglement vom 3. August 1841 — Beilage zum 40. Stück des Just. M. Bl. von 1841) den Gerichten insbesondere empfohlen werden: nicht blos die Hypothekensachen nach geographischen Bezirken zu vertheilen, sondern auch, wo die Verhältnisse es gestatten, die Bearbeitung der Vormundschafts-, Kuratel- und Nachlaßsachen mit der der Hypothekensachen desselben Bezirks zu vereinigen, und die auch für die Förderung der Hypothekengeschäfte sehr wesentliche Aufnahme der Handlungen der freiwilligen Gerichtsbarkeit sich besonders angelegen sein zu lassen.

2) Die Eintragungs- und Löschungs-Verfügungen müssen, wie schon die Allerhöchste Ordre vom 9. Mai 1839 zu III. (Ges. S. S. 164) angeordnet hat, mit Bestimmtheit und so kurz als möglich gefaßt werden.

Durch die §§. 2 und 13 des Gesetzes wird die Ausführung dieser Anordnung sehr erleichtert. Außerdem ist zu beachten:

a) daß nach §. 29 des Gesetzes die Verhaftung der Hypothek für die Kosten der Kündigung, Ausklagung und Beitreibung, sowie die Nebenbestimmungen über die Rückzahlung eines Kapitals in den Eintragungsvermerk nicht aufgenommen werden sollen;

b) daß bei der Eintragung von Cessionen die Erwähnung des Namens der Cedenten überflüssig erscheint, daher wegzulassen ist;

c) daß es bei Löschung einer Post oder Subinscription auf Grund der Quittung nicht eingetragener Cessionarien auch der blos historischen Erwähnung der letzteren nicht bedarf, die Löschungsverfügung vielmehr auch in diesem Falle nur die Thatsache der Löschung zu enthalten braucht.

3) In Folge des §. 13 fällt die mit Rücksicht auf die Vorschriften der Hypotheken-Ordnung, Tit. II, §§. 49, 74 und des Allg. Landrechts, Thl. I, Tit. 20, §§. 405, 406 früher (vergl. Verfügung vom 30. April 1834 — Jahrb. Bd. XLIV, S. 406) für erforderlich erachtete besondere Eintragung des Besitztitels für jeden Zwischenbesitzer fort. Es genügt nach §. 13, daß der Zwischenbesitzer in dem Vermerke über die Eintragung des Besitztitels für den letzten Erwerber historisch erwähnt wird, und zwar nach der Absicht des Gesetzes auch dann, wenn bei dieser Eintragung des Besitztitels zugleich Eintragungen in der II. oder III. Rubrik auf Grund von Dispositionen eines Zwischenbesitzers erfolgen sollten.

Die Ansetzung besonderer Kosten der Besitztitel-Berichtigung für die Zwischenbesitzer findet nicht mehr statt.

Bei der Eintragung des Ueberganges einer eingetragenen Post gilt nach §. 13 ganz dasselbe.

Artikel 8.

(Zu §§. 14, 15 des Gesetzes).

Bildung der Hypotheken-Instrumente.

1) In weiterer Verfolgung des schon im Artikel 6 hervorgehobenen Zieles der Vereinfachung der Urkunden für den Hypothekenverkehr bestimmt der §. 14 des Gesetzes, aus welchen Urkunden die künftig zu bildenden Hypotheken-Instrumente bestehen sollen. Zugleich gestattet der spätere §. 17, daß unter den dort näher bestimmten Bedingungen die Bildung von Hypotheken-Instrumenten über eine erfolgte Eintragung ganz unterbleiben kann. (Vergl. darüber die Artikel 10 und 11).

2) Es soll nun nach Nr. 1 des §. 14 das Hypotheken-Instrument, außer dem nach Nr. 2 zu annektirenden Hypothekenbuchs-Auszug, in denjenigen Urkunden bestehen, welche:

a) das eingetragene Recht begründen, und

b) etwa später eine Aenderung desselben bewirken.

Dagegen sollen die in dem zweiten Alinea des Paragraphen bezeichneten Dokumente nicht angeheftet werden.

a) Demzufolge ändert sich das bisherige Verfahren, wonach z. B., wenn von zweien Erben der eine das Erbschaftsgrundstück übernahm und für die Abfindung des andern Hypothek bestellte, dem Erbrecesse das Testament resp. Erblegitimationsattest annektirt wurde, und wenn nach des erwähnten Miterben Tode die Abfindungspost cedirt werden sollte, wiederum theils der Cessions-Akt, theils alle die Legitimation der cedirenden Erben feststellende Schriftstücke angeheftet werden mußten.

b) Einer späteren Annektirung an das ursprüngliche Hypotheken-Instrument unterliegen vielmehr nur diejenigen Urkunden, durch welche „das eingetragene Recht etwa später eine Aenderung erleidet," wobei aber nur die dingliche Seite des ganzen Rechtsverhältnisses in Betracht kommt, während die dem Hypothekenbuche überhaupt fern liegenden persönlichen Beziehungen unberücksichtigt bleiben. Ein Fall der letzteren Art ist z. B., wenn der Gläubiger den bisherigen Besitzer des Grundstücks aus dem persönlichen Schuldnexus entläßt und den neuen Besitzer als persönlichen Schuldner annimmt. Zu den Fällen der ersteren Art aber gehört, wenn z. B. nachträglich der Zinsfuß einer Hypothek erhöht (vergl. §. 30) oder noch ein zweites Grundstück verpfändet wird. Daß in diesen Fällen die betreffenden Urkunden nach erfolgter Eintragung dem ursprünglichen Hypotheken-Instrumente zu anektiren sind und durch die betreffende Ingrossations-Registratur (§. 27), sowie den nach §. 23 beizufügenden Hypothekenbuchs-Auszug nicht ersetzt werden, folgt aus der nur accessorischen Natur des Hypothekenrechts, die daher im Verkehr über eingetragene Posten den vorsichtigen Cessionar der Verpflichtung nicht überhebt, vor der Cession das Hypotheken-Instrument nach den hieraus sich ergebenden Gesichtspunkten zu prüfen.

In dieser Hinsicht hat das Gesetz vom 24. Mai d. J. auch nichts geändert, und wenn insbesondere der §. 15 denjenigen, welcher eine Post von einem eingetragenen Nachfolger des ersten Gläubigers erwirkt, gegen alle die Berechtigung seines Auktors betreffende Einwendungen, soweit sie nicht aus dem Hypotheken-Instrumente oder dem Hypothekenbuche erhellen, für gesichert erklärt, so ist es eben nur die Legitimation, welche für solche Fälle im Interesse des Hypothekenverkehrs durch diese, dem erörterten Systeme des Gesetzes sich anschließende, Vorschrift jeder Kontestation hat entzogen werden sollen.

3) In den Fällen, wo die Bildung eines Hypotheken-Instruments über eine Eintragung erfolgen soll, welcher nicht ein eigentliches Dokument, sondern z. B. nur eine Requisition zum Grunde liegt (vergl. Hypoth.-Ordnung, Tit. II, §§. 45, 78, 193), ist auch ferner nach der durch das Gesetz nicht abgeänderten Vorschrift des §. 45, Tit. II der Hypotheken-Ordnung zu verfahren.

Artikel 9.

(Zu §. 16 des Gesetzes).

Bildung des Hypotheken-Instruments bei Theilcessionen.

1) Hinsichtlich der bei Theilcessionen eintretenden Behandlung des Haupt-Instruments wird darauf aufmerksam gemacht, daß die Vorschrift des §. 208, Tit. II der Hypotheken-Ordnung, wonach der Akt über die Theilcession sowohl auf das Original-Instrument, als auf die davon für den Theilcessionar gefertigte beglaubigte Abschrift gesetzt werden sollte, durch den §. 399, Thl. I, Tit. 11 des Allg. Landrechts und den §. 5 der Verordnung vom 8. Februar 1811 (G. S. S. 150) die Aenderung erhalten hat, daß bei Aufnahme des Aktes auf das Haupt-Instrument nur der Vermerk zu setzen ist, welche der darin enthaltenen Forderungen oder welcher Theil der Forderung cedirt worden; eine Aenderung, auf welche auch die spätere Allerhöchste Ordre vom 6. November 1834 (G. S. S. 180) nicht von Einfluß gewesen ist, indem vielmehr unter der in dieser Ordre erwähnten Registratur nur der im §. 399 a. a. O. des Allg. Landrechts angeordnete Vermerk zu verstehen ist. (Vergl. Verfügung vom 21. Februar 1835, Jahrb. Bd. XLV, S. 224). Dabei hat es auch das Gesetz v. 24. Mai d. J. belassen, indem der §. 16 hinsichtlich der bei Theilcessionen anzufertigenden beglaubigten Abschrift der Haupt-Urkunde auf die bestehenden Vorschriften verweist.

2) Um übrigens den Antrag auf Eintragung einer Theilcession zu begründen, bedarf es nach §. 222, Tit. II der Hypotheken-Ordnung nach wie vor der Beibringung nicht blos des Zweig-Dokuments, sondern auch der Haupt-Urkunde, da der Hypothekenrichter vor der Eintragung sich die Ueberzeugung von der Befolgung der unter Nr. 1 dieses Artikels erwähnten Vorschrift verschaffen und auch die Haupt-Urkunde nach §. 222, Tit. II der Hypotheken-Ordnung mit der entsprechenden Ingrossations-Registratur versehen lassen muß.

Artikel 10.

(Zu §§. 17, 20 und 35 des Gesetzes.)

Eintragung ohne Bildung eines Hypotheken-Instruments.

Wenn der §. 17, abweichend von dem System der Hypotheken-Ordnung (Tit. II, §§. 37—41, 46, 77, 82, 205 u. s. w.), wonach die Bildung eines mit Ingrossations-Registratur und Hypothekenschein versehenen förmlichen Instruments bei jeder Eintragung in einer der drei Rubriken erfolgen sollte, dies in den im ersten Satze des §. 17 näher bezeichneten Fällen von einem ausdrücklichen Antrage abhängig macht, außerdem aber bei der Eintragung einer Post in der zweiten oder dritten Rubrik den Verzicht auf die Bildung eines Hypotheken-Instruments gestattet; so ist hierbei die Rücksicht leitend gewesen, für diejenigen Fälle, wo die Vorschriften der Hypotheken-Ordnung über das praktische Bedürfniß hinausgehen, und nach der täglichen Erfahrung zu übermäßigen Weiterungen und Kosten, sowie zu großen Verwickelungen bei der späteren Löschung führen, die zum Theil von der bisherigen Praxis*) schon versuchte Vereinfachung eintreten zu lassen.

Im Einzelnen ist Folgendes zu bemerken:

1) Wenn, wie es namentlich bei der Eintragung der in Uebertrags- oder Gutsüberlassungs-Verträgen den Geschwistern des neuen Besitzers ausgesetzten Abfindungen, bei Eintragungen kleiner Beträge im Wege der Exekution, bei Eintragung von Gerichtskosten und dergl. häufig vorkommen wird, auf die Bildung eines Hypotheken-Instruments verzichtet worden ist, so wird nach der Eintragung, falls diese auf Grund eines von dem Hypothekenrichter zum Protokoll aufgenommenen Akts erfolgte, nur die im §. 20 vorgeschriebene Benachrichtigung an den Betheiligten erlassen, und es bedarf einer Ausfertigung des Akts für ihn überhaupt nicht, falls er sie nicht, jenem Verzicht unbeschadet, dennoch verlangt.

2) Im letzteren Falle, oder wenn Behufs der Eintragung bei der Hypothekenbehörde eine ausgefertigte Urkunde eingereicht worden ist, wird weder die Ingrossations-Registratur (§. 27) auf die Ausfertigung gesetzt, noch dieser ein Hypothekenbuchs-Auszug (§. 22) angeheftet, sondern es tritt wiederum nur die Benachrichtigung nach §. 20 ein.

3) Durch den zweiten Satz des §. 20 ist übrigens die allgemeine Regel, daß der Ingrossator unter dem Konzepte jeder Verfügung, wodurch eine Eintragung angeordnet wird, die wirklich erfolgte Eintragung zu vermerken hat, z. B.

„Der angeordnete Vermerk ist eingetragen Vol. . . Fol. . . des Hypothekenbuchs von X.

N. N. den . . . . 185 . .

N. N. Ingrossator."

für die Fälle des §. 20 noch besonders eingeschärft.

---

*) Vergl. Verfügungen vom 25. September 1840 (J. M. Bl. S. 320), 10. September 1841 (J. M. Bl. S. 299) und 3. Juni 1844 (J. M. Bl. S. 142), Instrukt. vom 2. August 1839 für das Departement Naumburg, §. 58.

4) Die Anlage A enthält Formulare zu den im §. 20 vorgeschriebenen Benachrichtigungen für verschiedene vorkommende Fälle.
5) Besondere Kosten sind für diese Benachrichtigungen nicht anzusetzen, da dieselben zu den Nebengeschäften im Sinne der §§. 25 ff. des Tarifs zum Gesetze vom 10. Mai 1851 gehören.
6) Es versteht sich von selbst, daß, wenn nicht der Schuldner, sondern der Gläubiger die Eintragung beantragt hat, außer der bisher erwähnten Benachrichtigung des Gläubigers nach §. 20, auch dem Schuldner von der Eintragung Kenntniß gegeben werden muß, wie denn überhaupt die Vorschriften der Hypotheken-Ordnung (vergl. u. a. Tit. II, §§. 149, 223, 296) über die jedesmalige Benachrichtigung des bei einer Eintragung passiv Betheiligten keine Aenderung erfahren haben.

Artikel 11.

An den nach dem ersten Absatze des §. 17 bei der Eintragung einer Post in der zweiten oder dritten Rubrik gestatteten Verzicht auf die Bildung eines Hypotheken-Instruments knüpft sich zugleich die fernere Erleichterung, daß die gänzliche oder theilweise Löschung einer solchen Post, auch wenn diese an sich cessibel wäre, von dem Schuldner auf Grund der bloßen Quittung des eingetragenen Gläubigers oder seiner Erben erwirkt werden kann, ohne daß, wenn eine auf die Post bezügliche ausgefertigte Urkunde existiren sollte (vergl. Art. 10, Nr. 2) zum Zwecke der Löschung die Beibringung dieser Urkunde erforderlich ist, oder die nach §. 20 erfolgte Benachrichtigung mit vorgelegt werden muß.

Die durch den erwähnten ersten Absatz des §. 17 bezweckte Vereinfachung erleidet nach dem folgenden Absatz desselben Paragraphen aber eine Einschränkung, wenn die dem Verzicht auf die Bildung eines Hypotheken-Instruments in der Regel zum Grunde liegende Voraussetzung, daß der eingetragene Anspruch in erster Hand bleiben, und ohne der Gegenstand weiteren Verkehrs zu werden, zur Tilgung gelangen werde, sich nicht bestätigen sollte. Demzufolge hat das Gesetz die nachträgliche Bildung eines Hypotheken-Instruments vorgeschrieben, wenn die betreffende Post cedirt oder verpfändet werden, oder wenn deren Inhaber einem Andern die Priorität bewilligen sollte, und die Eintragung einer solchen Subinscription beantragt wird.

In derartigen Fällen ist Folgendes zu berücksichtigen:

1) Der mit dem Akte über die Cession u. s.w. wieder eingereichten Urkunde (event. der nachträglich zu bewirkenden Ausfertigung, vergl. Art. 10, Nr. 1) wird dem §. 27 gemäß die Ingrossations-Registratur gegeben, und ein Hypothekenbuchs-Auszug (§. 22) beigefügt. Dem Schuldner ist davon Nachricht zu ertheilen.
2) In den Hypothekenbuchs-Auszug ist jedoch nicht bloß der Vermerk über die ursprüngliche Eintragung der Post, sondern auch der Vermerk über die Eintragung der Cession u. s. w. aufzunehmen, wogegen es, wenn nach der Eintragung der Post noch andere Posten intabulirt sein sollten, der Aufnahme derselben in diesen Hypothekenbuchs-Auszug nicht bedarf.
3) In gleicher Art ist zu verfahren, wenn der ursprüngliche Gläubiger, der bei der Eintragung auf die Bildung eines Hypotheken-Instruments verzichtete, diese nachträglich beantragen sollte, obwohl eine Cession oder dergl. nicht stattgefunden.

Artikel 12.

(Zu §. 18 des Gesetzes in Verbindung mit §§. 14, 26.)

Vereinfachung älterer Hypotheken-Instrumente und Aufbewahrung von Original-Urkunden bei den Grundakten.

Bei dem §. 18 des Gesetzes ist zu beachten, daß die darin, dem Zweck und den Bedingungen nach näher bezeichnete Vereinfachung älterer Dokumente nicht von Amts wegen, sondern nur, wenn der Eigenthümer der Hypothek darauf anträgt, zu bewirken ist. Die in solcher Weise von der Haupt-Urkunde abgetrennten Dokumente sind zu den Grundakten zu nehmen, falls nicht die Rückgabe oder Kassation derselben von den Interessenten beantragt wird.

Da übrigens sowohl nach §. 18, als nach §§. 14 und 26 des Gesetzes der bisher nur ausnahmsweise (vergl. z. B. Hypotheken-Ordnung Tit. II, §. 218) zulässige Fall der dauernden Aufbewahrung von Original-Urkunden bei den Grundakten künftig in größerer Zahl vorkommen wird, so ist dabei in folgender Weise zu verfahren:

1) Wenn Zahl oder Umfang solcher bei einem Grundaktenstück dauernd verbleibender Dokumente bedeutender werden sollte, so kann, um das Anschwellen der kurrenten Akten zu verhüten, ein besonderes Beilage-Aktenstück (volumen adhibendum) angelegt werden, welchem ein die einzelnen Urkunden spezifizirender Rotulus — Geschäfts-Reglement vom 3. August 1841, §. 15, Nr. 5 — vorzuheften ist. Jedes zu diesem besondern Aktenstück gebrachte Dokument ist mit einem Umschlagebogen zu versehen, und auf diesem ist das die betreffende Verfügung enthaltende Blatt der Haupt-Akten zu allegiren.
2) Derartige Beilage-Akten können auch, ebenso wie die älteren Bände von Grundakten selbst, wenn es zur Ersparung von Raum angemessen erscheint, aus der kurrenten Hypotheken-Registratur entfernt und in besonderen Fächern verwahrt werden. Auf den Akten und in dem Akten-Repertorium ist ein Vermerk darüber zu machen.
3) Was die im kurrenten Hypotheken-Geschäftsverkehr eingehenden, zur demnächstigen Rückgabe an die Betheiligten bestimmten Dokumente betrifft, so werden die Gerichte ermächtigt, statt der bisher vorgeschriebenen Führung der betreffenden Asservationsliste — vergl. Geschäfts-Reglement vom 3. August 1841 (§. 9, Beilage **D**) und Geschäfts-Regulativ vom 18. Juli 1850 (§. 52, Nr. 7, litt. **A**) — den einzelnen Grundakten Urkunden-Verzeichnisse nach dem Formulare, welches die, zugleich die Benutzung erläuternde, Anlage **B** enthält, vorheften zu lassen.

Artikel 13.

(Zu §§. 19, 21, 53 des Gesetzes.)

Hypothekenscheine.

1) Nach den Vorschriften des Gesetzes findet die Ertheilung von Hypothekenscheinen in vim recognitionis nicht mehr statt; an die Stelle derselben treten vielmehr die Hypothekenbuchs-Auszüge (§§. 22, 23). Nur pro informatione werden

Hypothekenscheine in der bisherigen Weise*) noch ertheilt, und zwar:

a) nach §. 21, wenn der Besitzer die Bildung eines Hypotheken= (Besitz=) Instruments über die Berichtigung des Besitztitels ausdrücklich beantragt,

b) nach §. 53, auf sonstigen Antrag von Personen, die einen Hypothekenschein zu fordern nach den bisherigen Vorschriften (Hyp.=Ordn. Tit. I, §§. 73, 74, Tit. II, §§. 303, 304) berechtigt sind.

Für den Fall unter litt. a bestimmt der §. 21 zugleich, daß der Besitzer auch berechtigt ist, statt des vollständigen Hypothekenscheins nur einen Auszug in Betreff des Titelblatts und der Rubrik I des Hypotheken=Foliums zu verlangen.

2) Wenn eine größere Zahl von Grundstücken, die rechtlich mit einander kein Ganzes bilden, (Wandel=Aecker in Sachsen, oder dergl.) auf demselben Folium eingetragen ist, und die durch Ertheilung eines Hypothekenscheins beabsichtigte Information nur eins oder einzelne von diesen Grundstücken betrifft, so kann auf Verlangen auch ein die übrigen Grundstücke nicht mit umfassender Hypothekenschein ertheilt werden, so daß in denselben nur diejenigen Vermerke des Titelblattes und der drei Rubriken aufgenommen werden, welche sich entweder auf das betreffende Grundstück allein, oder zugleich mit anderen Grundstücken beziehen. Sollte jedoch, namentlich bei Folien aus älterer Zeit, die hiebei vorausgesetzte klare Uebersichtlichkeit fehlen, so können die Gerichte den Antrag auf Ertheilung solcher Hypothekenscheine über einzelne Parzellen des Foliums ablehnen, und statt dessen einen das ganze Folium umfassenden Hypothekenschein ertheilen.

3) In Bezug auf den Kostenansatz für Hypothekenscheine wird die Bestimmung im §. 30 des Tarifs zum Gesetze vom 10. Mai 1851 dahin erläutert, daß, wenn nach Nr. 2 dieses Artikels der Hypothekenschein nur über eins oder einzelne der Grundstücke eines Foliums ertheilt wird, der Kostenansatz nur nach dem Werthe dieses oder dieser Grundstücke sich bestimmt.

Artikel 14.

(Zu §§. 22—26 des Gesetzes.)

Hypothekenbuchs=Auszüge.

Die Vorschriften des Gesetzes über die Hypothekenbuchs=Auszüge haben das Mittel, um die bisherigen Hypothekenscheine in vim recognitionis zu vereinfachen, nicht etwa in extraktiven Attesten gesucht, so daß der Hypothekenrichter sich in jedem einzelnen Falle der mühsamen und verantwortlichen Arbeit hätte unterziehen müssen, aus dem ganzen Inhalte des Hypothekenfoliums das Erhebliche (nur dem schließlichen Resultate nach) zusammenzustellen; sondern die Hypothekenbuchs=Auszüge stimmen darin mit den früheren Hypothekenscheinen

*) Vergl. Hypotheken=Ordnung Tit. II, §§. 301, 305 ff., Verfügungen vom 1. Mai 1804 (Rabe, Bd. 8, S. 40) und vom 23. Juni 1837 (Ergänzungen rc. zu §. 307, Tit. II der Hyp.=Ordn. Bd. X, S. 321).

überein, daß sie im Wesentlichen mechanisch zu fertigende Abschriften aus den Hypothekenfolien sind. Es soll jedoch aus diesen Abschriften dasjenige wegbleiben, was in der übergroßen Mehrzahl der Fälle für den Empfänger kein Interesse hat, und wofür ihm in den Ausnahmefällen die Mittel zur näheren Information durch die Einsicht des Hypothekenbuchs und den Antrag auf Ertheilung eines Hypothekenscheins pro informatione in der bisherigen Form (§. 53) gegeben sind. Deshalb ist für die Hypothekenbuchs-Auszüge die Form extraktiver Abschriften gewählt, und dasjenige bestimmt bezeichnet worden, was in diese (bei jeder Bildung eines Hypotheken-Instruments zu ertheilenden) Extrakte aus dem Hypothekenbuche aufzunehmen ist.

1) Zur näheren Erläuterung des §. 22 wird auf die probeweise ausgefüllten Formulare, Anlagen C und D und die darunter befindlichen Bemerkungen Bezug genommen.

Von diesen Formularen ist das eine vorzugsweise für Gutskomplexe, das andere für solche Grundstücke bestimmt, die in keinem Pertinenzial-Verbande zu einem geschlossenen Gute stehen. Das letztere schließt sich demjenigen Formular an, welches für die Hypothekenfolien über Wandel-Aecker und walzende Grundstücke vorgeschrieben ist,

vergl. Instruktion vom 29. April 1834 (Jahrb. Bd. XLIII, S. 610) in Verbindung mit der Allerh. Ordre vom 9. Mai 1839, Nr. II (G. S. S. 164) und der Instruktion für das Departement Naumburg vom 2. August 1839, §. 135.

Aus einer Vergleichung des Formulars D mit demjenigen, welches durch die Verfügung vom 30. November 1837 (Jahrb. Bd. L, S. 598) und durch spätere Anordnungen für die Hypothekenscheine in den Landestheilen, in welchen dem Hypothekenbuche das Grundsteuer-Kataster zum Grunde liegt, vorgeschrieben ist, ergiebt sich zugleich, mit welchen Modifikationen das Formular D in den gedachten Landestheilen, sowohl bei Gutskomplexen als bei anderen Grundstücken anzuwenden ist.

2) Zu §. 23.

a) Die Anlage E enthält ein Formular zu dem Hypothekenbuchs-Auszuge, wie er bei Cessionen und anderen Subinscriptionen in der Regel ertheilt werden soll. Zu demselben kann bei neueren Hypotheken-Instrumenten, denen bereits ein Hypothekenbuchs-Auszug in der Form des §. 22 angeheftet ist, der auf letzterem noch vorhandene Raum benutzt werden.

b) Wenn bei Cessionen u. s. w. die Ertheilung eines Hypothekenbuchs-Auszuges in der Form des §. 22 ausdrücklich beantragt wird, wie der §. 23 gestattet, so ist es des Verständnisses wegen erforderlich, daß auch der ursprüngliche Eintragungsvermerk über die betreffende Post aufgenommen wird, auf welchen dann der Vermerk über die Eintragung der Cession u. s. w. folgt.

c) Indem durch den Schlußsatz des §. 23 die Vorschrift unter Nr. 1 der Allerhöchsten Ordre vom 10. Mai 1829 (G. S. S. 49) aufrecht erhalten ist, bleibt es demgemäß wie bisher zulässig, unter früher ertheilten Hypothekenscheinen oder Hypothekenbuchs-Auszügen auf Verlangen der Interessenten zu bescheinigen, daß seit der Ertheilung derselben keine neue Forderungen eingetragen, oder, daß eine vorstehende Post ganz oder theilweis gelöscht worden. Ebenso unbedenklich ist die fernere Anwendbarkeit der Vorschrift des §. 214, Tit. II der Hypotheken-Ordnung über die Zulässigkeit von Attesten darüber, daß bei einer bestimmten Post seit der Ertheilung des Hypothekenscheins (oder Hypothekenbuchs-Auszuges) kein Vermerk über eine der im §. 214 erwähnten Veränderungen eingetragen worden.

d) Bis zum Erlaß anderweiter Bestimmungen sind die Kosten für einen nach §§. 22 oder 23 des Gesetzes ertheilten Hypothekenbuchs-Auszug oder für ein nach der vorstehenden Bemerkung litt. c ertheiltes Attest nach §. 30 des Tarifs zum Gesetze vom 10. Mai 1851 anzusetzen. Der darin bestimmte Satz ist jedoch, wie sich aus §. 28 des Tarifs ergiebt, in den Fällen, wo es sich um eine gleichzeitig auf mehrere Folien erfolgte Eintragung handelt, und daher mehrere Hypothekenbuchs-Auszüge ertheilt werden, nur einmal zu zahlen.

3) Zu §. 24.

a) Daß durch die in dem ersten Absatze dieses Paragraphen enthaltenen Vorschriften über die Ertheilung der Hypothekenbuchs-Auszüge bei Theilcessionen die Frage nicht berührt wird, welche Urkunden beigebracht werden müssen, damit die Eintragung einer solchen Subinscription erfolgen könne, ist schon im Artikel 9, Nr. 2 erwähnt.

b) Ferner ergiebt der §. 24, daß es nicht nothwendig ist, nach erfolgter Eintragung der Theilcession auch der Haupturkunde außer der Ingrossatios-Registratur (vergl. Art. 9, Nr. 2) noch einen Hypothekenbuchs-Auszug beizufügen. Sollte dies jedoch ausdrücklich beantragt werden, so ist einem solchen Antrage in ähnlicher Art stattzugeben, wie dies durch den §. 24 bei Prioritätsbewilligungen in Bezug auf die vortretende Post nachgelassen ist.

c) Aus der zuletzt gedachten Bestimmung folgt zugleich in Betreff der bei Prioritätsbewilligungen zu beobachtenden Form die Beseitigung der über das Bedürfniß hinausgehenden und daher von der bisherigen Praxis auch bereits verlassenen*) Vorschrift des §. 232, Tit. II der Hypotheken-Ordnung, wonach dem Instrumente über die Post, zu deren Vortheil die Prioritätsbewilligung erfolgt, auch eine beglaubigte Abschrift des Instruments über die zurücktretende Post beigefügt werden sollte.

Eine unbedingte Nothwendigkeit, Behufs der Eintragung einer Prioritätsbewilligung außer dem Instrument über die zurücktretende Post auch noch das Instrument über diejenige Post, zu deren Vortheil die Bewilligung gereicht, beizubringen, liegt überhaupt nicht vor.

d) Nach dem die Beschleunigung des Geschäftsganges bezweckenden zweiten Absatze des §. 24 sind bei kollegialischen Hy-

*) Vergl. darüber u. a. J. M. Bl. 1852, S. 224.

potheken-Behörden die Hypothekenbuchs-Auszüge in der Reinschrift (über die Konzepte vergl. §. 12 des Gesetzes) von dem Dirigenten der zweiten Abtheilung der Kreisgerichte resp. der ständigen Deputationen zu vollziehen. Dasselbe gilt von den künftigen Hypothekenscheinen (§. 53 des Ges.) und den unter Nr. 2, Litt. d dieses Artikels erwähnten Attesten. Es fällt sonach die frühere Vorschrift (Hypotheken-Ordnung Tit. II, §. 315) weg, wonach außer der Unterschrift des Dirigenten auch noch die des Dezernenten erforderlich war.

e) Zum letzten Absatze des §. 24 wird den Gerichten die Anwendung von Siegeln in Schwarzdruck bei der Ausfertigung von Hypotheken-Instrumenten, Hypothekenbuchs-Auszügen u. s. w. empfohlen, weil dadurch die Ablösung der Siegel von den Urkunden am wirksamsten verhütet wird.

4) Zu §. 26.

Was die früheren Hypothekenbuchs-Auszüge (§§. 22, 23) betrifft, deren Abtrennung nach §. 26 in dem darin vorgesehenen Falle erfolgen soll und mit sorgfältiger Schonung der Hypotheken-Instrumente zu bewirken ist, so gelten hinsichtlich ihrer Aufbewahrung bei den Grundakten, falls nicht die Rückgabe oder Kassation von den Interessenten beantragt wird, die Bestimmungen unter Nr. 1 und 2 im Artikel 12 zu §. 18 des Gesetzes.

Artikel 15.

(Zu §. 27 des Gesetzes.)

Ingrossations-Registratur.

1) Durch den §. 27 des Gesetzes (vergl. auch §. 19) ist die bisherige Ingrossations-Registratur beibehalten, mit Ausnahme des Falles, wenn ein Hypotheken-Instrument nicht gebildet worden (§. 17, Absatz 1). Dieselbe ist beispielsweise in folgender Art zu fassen:

„Zweihundert Thaler (200 Thlr.) Darlehn in Rubr. III. N. 4. für den Kaufmann N. zu N. eingetragen Vol. . . . . pag. . . . . des Hypothekenbuchs von N. N. zufolge Verfügung v. 20. Oktbr. 1853.

Cüstrin, den 24. October 1853.

N. N. Ingrossator"

oder (bei theilweiser Löschung)

„Fünfzig Thaler (50 Thlr.) gelöscht Vol. . . . Pag. . . . . . des Hypothekenbuchs von N. N. zufolge Verfügung vom 20. Oktober 1853.

(Datum und Unterschrift.)"

2) Ehe die Ingrossations-Registratur auf das Hypotheken-Instrument gesetzt wird, ist der Entwurf derselben zugleich mit dem Konzept der expedirten Verfügung der Revision zu unterziehen (vergl. Verf. vom 31. December 1836 — Ergänzungen rc. zu §§. 33 ff. Tit. II der Hypotheken-Ordnung S. 95).

3) Wenn im Laufe der Zeit in Folge von Cessionen u. s. w. eine abermalige Ingrossations-Registratur nöthig wird, so ist für dieselbe der Uebersicht wegen der Raum gleich hinter der ersten Registratur zu benutzen.

4) Bei Löschungen kommen auch künftig die §§. 256, 257 Tit. II der Hypotheken-Ordnung zur Anwendung, wonach bei vollständiger wie bei theilweiser Löschung einer Post das betreffende Hypotheken-Instrument mit der Ingrossations-Registratur zu versehen, und dasselbe bei vollständiger Löschung, wenn nicht der Ausnahmefall des §. 257 a. a. O. vorliegt, zu durchschneiden ist, worauf die Rückgabe an den gewesenen Schuldner mit der im §. 20 des Gesetzes vorgeschriebenen Benachrichtigung erfolgt (vergl. Formular A, Nr. 5).

Artikel 16.

(Zu §. 28 des Gesetzes.)

Eintragungen von Amtswegen.

1) Die dem Hypothekenrichter bisher, namentlich nach §§. 79 ff. und §. 124, Tit. II der Hypotheken-Ordnung, obliegende Verpflichtung, bei der Eintragung des Besitztitels zugleich gewisse Nebenbestimmungen aus Verträgen oder letztwilligen Verfügungen zu Gunsten eines der Kontrahenten oder eines Dritten, von Amtswegen einzutragen, ist durch das Gesetz auf die im ersten Absatze des §. 28 bezeichneten Fälle eingeschränkt worden. Da hienach in einer erheblichen Zahl von Fällen, in denen die Betheiligten bisher auf die Eintragung ex officio zu rechnen pflegten, namentlich bei Altentheilen u. s. w. die Eintragung künftig nur auf Antrag geschieht, so wird hierauf von den Gerichten und Notaren bei Aufnahme von Handlungen der freiwilligen Gerichtsbarkeit vermöge der ihnen in dieser Hinsicht obliegenden allgemeinen Verpflichtung (Allg. Gerichts-Ordnung Thl. II, Tit. 2, §§. 28, 31, 34, Thl. II, Tit. 3, §§. 10, 11, 20, Thl. III, Tit. 7, §. 48) sorgfältige Rücksicht zu nehmen sein, damit von den Interessenten zur Verhütung von Nachtheilen der Antrag auf Eintragung, wo es dessen bedarf, gestellt wird.

2) Ferner ist es nach dem dritten Absatze des §. 28 nicht mehr Sache des Hypothekenrichters, den auf Dritte bezüglichen Inhalt der Erwerbungs-Urkunden, soweit er zur Eintragung von Amtswegen nicht geeignet ist, dennoch zur Kenntniß der Betheiligten zu bringen. Dies gilt auch von letztwilligen Verordnungen in Betreff deren es jedoch bei den Vorschriften des Allg. Landr. Thl. I Tit. 12, §§. 230 ff. über die Bekanntmachungen verbleibt, welche der die letztwillige Verordnung publicirende Richter von Amtswegen erlassen hat, und für deren Beschleunigung ein besonderer Grund in der Bestimmung des zweiten Absatzes des §. 28 liegt, wonach den Legatarien u. s. w., wenn sie innerhalb zweier Monate nach Publikation der letztwilligen Verordnung, von dem Publikations-Termin gerechnet, die Eintragung nachsuchen, die Priorität vor denjenigen Eintragungen gesichert bleibt, welche auf Grund von Dispositionen dessen, der durch die letztwillige Verordnung das Grundstück erworben hat, etwa schon früher erfolgt sein sollten.

Artikel 17.

(Zu §§. 29 und 30 des Gesetzes).

Ausdehnung der Hypothek auf Kosten und höheren Zinsfuß.

1) Die im §. 29 des Gesetzes enthaltene Vorschrift führt, wie eine Vergleichung mit den §§. 156, 157, Tit. II der Hypotheken-Ordnung ergiebt, und schon im Art. 7, Nr. 2 angedeutet worden ist, zu einer erheblichen Abkürzung der Eintragungsvermerke, namentlich durch Weglassung der Bestimmungen über die Modalitäten der Kündigung und über die Rückzahlung des Kapitals, wogegen die durch den §. 29 nicht ausgeschlossene Berücksichtigung der Zins-Zahlungstermine zur Erleichterung der Mandatsklage wegen Hypothekenzinsen gereicht.

2) Die dem §. 30 gemäß erfolgende Erhöhung des Zinsfußes bis zu fünf Prozent, welche diesen das Vorzugsrecht der bereits eingetragenen Zinsen beilegt, ist nicht unter einer neuen Nummer in der ersten Kolonne der dritten Hauptrubrik, sondern bei der betreffenden Post in der folgenden Kolonne (Veränderungen) einzutragen.

Artikel 18.

(Zu §§. 32—35 des Gesetzes.)

Löschungen.

1) Durch den §. 32, welcher in den dort erwähnten Fällen die Löschung auf Grund eines rechtskräftigen Erkenntnisses, ohne daß es noch einer Löschungsbewilligung des Gläubigers bedarf, für zulässig erklärt, wird das Requisit der Beibringung des Hypotheken-Instruments, wo dieselbe nach den allgemeinen Vorschriften zur Löschung erforderlich ist, nicht erledigt.

2) Rücksichtlich des ersten Absatzes des §. 35 wird auf die Bemerkungen im Artikel 11 (zu §§. 17, 20 des Gesetzes) Bezug genommen.

3) Durch den zweiten Absatz des §. 35 sind die §§. 273—276, Tit. II der Hypotheken-Ordnung insoweit geändert worden, als die bei nicht cessibeln Posten bisher erforderliche Mortifikations-Urkunde über das angeblich verlorene Instrument wegfällt.

4) Der dritte Absatz des §. 35 beseitigt einen häufig erhobenen Zweifel darüber, ob neben der Einreichung des mit der Ingrossations-Registratur versehenen Instruments auch die Vorlegung des annektirt gewesenen Hypothekenscheins ein wesentliches Requisit der Löschung sei.

5) Alle gelöschte Eintragungs-Vermerke sind im Hypothekenbuche und in der den Grundakten vorgehefteten Hypotheken-Tabelle (Verfügungen vom 13. Dezember 1832 und vom 14. Dezember 1833 — Jahrb. Bd. XLII, S. 437), für deren genaue Uebereinstimmung mit dem Hypothekenbuche der Ingrossator verantwortlich ist, roth zu unterstreichen. (Vergl. das Formular im Just.-Minist.-Bl. von 1842, S. 73 ff.) Wo dieses Verfahren bisher noch nicht üblich gewesen, ist bei passender Gelegenheit das Erforderliche nachzuholen.

Dasselbe Roth-Unterstreichen findet, wenn von Parzellar-Folien (vergl. Art. 2, Nr. 1 u. 2) einzelne Grundstücke abgeschrieben werden, sowohl in Bezug auf diese Grundstücke, als auf diejenigen Intabulate statt, welche, indem sie nur auf den abgeschriebenen Grundstücken haften und auf deren neues Folium übertragen sind, für das bisherige Folium keine Bedeutung mehr haben. Solche gelöschte Posten resp. abgeschriebene Parzellen sind in den Hypothekenscheinen pro informatione und den Hypothekenbuchs-Auszügen nur durch die Worte: „ist gelöscht" oder „ist abgeschrieben" zu bezeichnen. (Vergl. das Formular D.)

Artikel 19.

(Zu §§. 36—42 des Gesetzes.)

Deposition zum Zweck der Löschung, und Aufgebot einer Post, deren Inhaber nicht legitimirt ist.

1) Da es sich hier um ein prozessualisches Verfahren handelt, so gehören die Verhandlungen nicht vor den Hypothekenrichter als solchen, sondern zur Kompetenz des Prozeßrichters, also der Ersten Abtheilung der Gerichte.

2) Zur Abkürzung und Kostenersparung können mehrere Aufgebote der im §. 42 erwähnten Art zu Einem Verfahren verbunden werden.

Artikel 20.

(Zu §§. 43—48 des Gesetzes.)

Protestationen.

1) Die in den §§. 43—48 behandelten Protestationen, sie mögen den Schutz des Eigenthums selbst oder die Sicherung eines Realrechts bezwecken, und im letztern Falle auf protestativische Eintragung einer neuen Post oder auf protestativische Subinskriptionen bei einer bereits eingetragenen Post gerichtet sein, sollen nach dem Gesetze fortan, vorbehaltlich der im §. 45 für die Exekutions-Instanz auf Grund der Verordnung v. 4. März 1834 beibehaltenen Ausnahme, nur erfolgen:

   a) entweder wenn die Bedingungen des §. 18, Tit. II der Hypotheken-Ordnung vorhanden sind, wobei zu bemerken ist, daß die §§. 57, 72, Tit. II der Hypotheken-Ordnung nur einzelne Anwendungen der im §. 18 a. a. O. allgemein für Protestationen sowohl zur Erhaltung des Vorrechts, als auch zur Beschränkung der Dispositionsbefugniß des Besitzers gegebenen Regel enthalten und deßhalb in den §§. 43 und 51 des Gesetzes nicht besonders hervorgehoben sind; oder

   b) auf Requisition des Prozeßrichters (§. 6 des Gesetzes).

   Die §§. 43, 44, 48 regeln das Verfahren Behufs Herbeiführung der definitiven Eintragung oder Löschung solcher protestativischen Intabulate.

2) Die Bestimmungen der §§. 43 seq. lassen sich, da sie fertige Folien voraussetzen, und durch das Gesetz der das Verfahren bei Anlegung neuer Hypothekenbücher betreffende vierte Titel der Hypotheken-Ordnung völlig unberührt geblieben ist, auf

diejenigen protestativischen Vermerke nicht anwenden, welche bei der ersten Regulirung des Hypothekenwesens auf Grund der §§. 13, 26, 35, Tit. IV der Hypotheken-Ordnung und der später ergangenen Vorschriften über das Hypotheken-Einrichtungswesen eingetragen sind oder noch eingetragen werden.

3) Eben so wenig hat es in der Absicht des Gesetzes, namentlich der §§. 43—48 und 51 gelegen, hinsichtlich des bisherigen Verfahrens der Hypotheken-Behörden bei Parzellirungen,
   vergl. Verfügung vom 8. Februar 1834 (Jahrb. Bd. XLIII, S. 108) und Instruktion vom 3. November 1839 (Just.-Minst.-Bl. S. 365),
   namentlich hinsichtlich der Eintragung eines vorläufigen Vermerks über den erfolgten Besitzwechsel, etwas zu ändern.

4) Bei der protestativischen Eintragung einer neuen Post in der II. oder III. Hauptrubrik, sowie bei Eintragung von Arresten (§. 52) empfiehlt es sich, für die Eintragung nur die größere Hälfte des Raumes der ersten Kolonne zu verwenden und den übrigen Raum für die künftige definitive Eintragung frei zu lassen.

Artikel 21.

(Zu §§. 49, 50 des Gesetzes.)

Protestationen zur Erhaltung der Einreden.

1) Bei der Eintragung der in den §§. 49 und 50 des Gesetzes berührten Einreden findet die Bildung von Hypotheken-Instrumenten, wie sie nach der allgemeinen Bestimmung der Hypotheken-Ordnung Tit. II, §. 45 für erforderlich erachtet werden könnte, nicht statt, sondern an den Extrahenten wird nur die im §. 20 des Gesetzes vorgeschriebene Bekanntmachung in ähnlicher Art, wie nach Formular A, Nr. 4 erlassen. Außerdem ist der bei der Eintragung passiv Betheiligte von derselben zu benachrichtigen.

2) Bei den im Falle des §. 50 zu erlassenden Requisitionen des Prozeßrichters muß mit Rücksicht auf die Vorschriften des Allgemeinen Landrechts Th. I, Tit. 11, §. 739 und Th. I, Tit. 20, §§. 424—426 besondere Beschleunigung eintreten.

Artikel 22.

(Zu §§. 51, 52 des Gesetzes.)

Beschlag und Arrest auf Grundstücke.

1) Unter den §. 51 des Gesetzes fallen insbesondere diejenigen Protestationen zur Beschränkung der Dispositionsbefugniß des Besitzers, welche z. B. auf Requisition des Subhastationsrichters nach §. 3 der Verordnung vom 4. März 1834 Ges.-Samml. S. 39), einer Verwaltungsbehörde nach §. 15 der Verordnung vom 24. Januar 1844 (Ges.-Samml. S. 53), der Auseinandersetzungs-Behörde nach §. 59 der Verordnung v. 30. Juni 1834 (Ges.-Samml. S. 116), desgleichen im Falle eines Moratoriums nach §. 65, Th. I, Tit. 47 der Allg. Gerichts-Ordnung u. s. w. einzutragen sind.

2) Der §. 52 handelt nur von dem Arrest auf Grundstücke;

hinsichtlich des Arrestes auf intabulirte Posten sind die Vorschriften der Hypotheken-Ordnung Tit. II, §§. 233 ff. unverändert geblieben.

Artikel 23.

(Zu §. 53 des Gesetzes).

Einsicht des Hypothekenbuchs u. s. w.

1) Für die durch den §. 53 des Gesetzes gestattete Einsicht der Grundakten sind dieselben Bedingungen (Hypoth.-Ordn. Tit. I, §§. 72 ff.) maaßgebend, wie für die in der Hypotheken-Ordnung erwähnte Einsicht des Hypothekenbuchs. Hiernach ist dem Eigenthümer des Grundstücks oder demjenigen, welcher die Einwilligung desselben beibringt, die Einsicht der Grund-Akten vom Ingrossator während der Dienststunden ohne Weiteres zu gestatten. Andere Personen müssen die Erlaubniß des Gerichts nachsuchen, und bei ihnen bestimmt sich durch die Veranlassung des Gesuchs auch der Umfang, in welchem ihnen die Einsicht — der ganzen Grundakten oder nur einzelner Stellen — zu gewähren ist. Es genügt die mündlich ertheilte Erlaubniß des Gerichts-Direktors oder Abtheilungs-Dirigenten oder des Gerichts-Kommissars.

Dasselbe gilt von den mit dem Hypothekenbuche etwa in Verbindung stehenden Lehns-Akten u. s. w.

2) Von den im §. 53 ferner erwähnten Hypothekenscheinen pro informatione ist schon im Art. 13 die Rede gewesen. Wenn der §. 53 außerdem auch die Ertheilung von Hypothekenbuchs-Auszügen pro informatione gestattet, so kommen dafür die zum §. 22 entworfenen Formulare C und D (Art. 14) zur Anwendung, mit der Maaßgabe, daß darin aus der III. Rubrik auch die zuletzt eingetragene Post nicht, wie im Falle des §. 22, litt. C, Nr. 2 in wörtlicher Fassung, sondern der Nr. 1 a. a. O. gemäß, nur der Nummer, dem Betrage und dem Zinsfuße nach aufzunehmen ist.

3) Hinsichtlich der Kosten für die pro informatione ertheilten Hypothekenscheine oder Hypothekenbuchs-Auszüge kommen die Bestimmungen im Art. 13, Nr. 3 beziehungsweise Art. 14, Nr. 2, litt. d zur Anwendung.

Berlin, den 3. August 1853.

Der Justiz-Minister
Simons.

Anlage A.

Zu Artikel 10.

Formular

zu den Benachrichtigungen nach §. 20 des Gesetzes.

1) Bei Eintragungen aus einem von dem Hypothekenrichter aufgenommenen Akte der freiwilligen Gerichtsbarkeit, dessen Ausfertigung nicht verlangt worden:

Sie werden hierdurch benachrichtigt, daß auf Grund des am 24. November d. J. aufgenommenen Vertrages folgende Eintragung im Hypothekenbuche von N. N. Band..... Fol..... bewirkt ist:

Zweite Hauptrubrik Nr. 6.

„Ein im §. 7 des Kaufkontrakts vom 24. November 1853
„näher angegebener Auszug für den N. N. zu N. N.
„Eingetragen zufolge Verfügung v. 27. Novbr. 1853."

Dem Antrage gemäß ist die Ausfertigung des Vertrages und Bildung eines Hypotheken-Instruments über die eingetragene Post unterblieben.

Menden, den 30. November 1853.

Königliche Kreisgerichts-Kommission.
(Unterschrift.)

An
den N. N. rc.

2) Bei Eintragungen, wenn im Falle unter Nr. 1 eine Ausfertigung verlangt, oder wenn das die Eintragung begründende Dokument nicht vom Hypothekenrichter zu Protokoll aufgenommen ist:

Orig.

Sie erhalten hiebei eine (die) Ausfertigung des Vertrages vom .. ten ..... mit dem Bemerken (zurück), daß auf Grund desselben folgende Eintragung im Hypothekenbuche von N. N. Band ... Fol. ..... bewirkt ist:

Dritte Hauptrubrik Nr. 7.
(Inseratur wörtlich.)

Die Bildung eines Hypotheken-Instruments über die eingetragene Post ist dem Antrage gemäß unterblieben.

(Ort, Datum und Unterschrift.)

3) In den Fällen unter Nr. 2 empfiehlt sich bei Posten, die ihrer Natur nach cessibel sind, folgender Zusatz:

wovon Sie unter Verweisung auf die §§. 17 und 35 des Gesetzes vom 24. Mai 1853 (Ges.-Samml. S. 521) benachrichtigt werden.

4) Bei vollständiger Löschung einer Post, über welche ein Hypotheken-Instrument nicht existirt (vergl. §. 35, Absatz 1 des Gesetzes):

Orig.

Sie werden hierdurch benachrichtigt, daß auf Grund der hiebei zurückerfolgenden Urkunde vom 1. Mai 1854 im Hypothekenbuch von N. N. Vol. ... Fol. ... die in der III. Hauptrubrik unter Nr. 4 für den N. N. eingetragene Darlehnspost von funfzig Thalern durch Eintragung folgenden Vermerks:

„zu 4 gelöscht zufolge Verfügung vom 2. Juni 1854" gelöscht worden ist.

(Ort, Datum und Unterschrift.)

5) Bei vollständiger Löschung einer getilgten Post, über welche ein Hypotheken-Instrument existirt, welches kassirt werden kann (§§. 256, 257, Tit. II der Hypoth.-Ordn.)

wie unter Nr. 4 mit dem Zusatze:

Orig.

Das kassirte Hypotheken-Instrument wird Ihnen hiebei zugefertigt.

Bemerkung.

In Betreff der zu entrichtenden Kosten ist in den Formularen das Erforderliche beizufügen oder zu ändern.

Anlage B.

Zu Artikel 12, Nr. 3.

Formular

für das Verzeichniß der zu den Akten eingereichten, demnächst zurückzugebenden Urkunden.

Laufende Nummer. 1.	Bezeichnung der Urkunden. 2.	Folium, wo solche eingegangen. 3.	Bemerkungen über den Verbleib der Urkunden. 4.	Folium.

Bemerkungen.

1) Es brauchen in das Verzeichniß nur diejenigen Urkunden eingetragen zu werden, welche nach der ersten Vorlegung an den Dezernenten nicht sogleich, sei es mit einer zurückweisenden Verfügung, oder nach einer sofort bewirkten Eintragung, zurückgegeben werden können, sondern obwohl zur Zurückgabe bestimmt, noch länger bei dem Gerichte verbleiben müssen.

2) Die Aufbewahrung der in solcher Art vermerkten Urkunden erfolgt nach §. 9 des Geschäfts-Reglements vom 3. August 1841 unter Verschluß des Büreau-Vorstehers, nachdem die Urkunden mit einem Umschlage oder einem angeklebten Etikett versehen sind, worauf zu vermerken ist, zu welchen Grundakten sie gehören.

3) Damit bei abermaliger Vorlegung der Grundakten an den Dezernenten diese Urkunden nicht jedesmal wieder beigefügt zu werden brauchen, haben die Dezernenten in der Regel gleich bei der ersten Vorlegung einer Urkunde, von der sich voraussehen läßt, daß sie künftig in beglaubigter Abschrift zu den Grundakten genommen werden muß, die Anfertigung dieser zu den Akten zu heftenden Abschrift zu verfügen.

Anlage C.

(unter den Beilagen zur Hyp.-O. sub. C.)

Anlage D.

(unter den Beil. zur Hyp.-O. sub. D.)

Anlage E.

Formular

Zu Art. 14 (§. 23 des Gesetzes).

Auszug

aus dem Hypothekenbuche von N. N. Band ..... Fol.....

In der dritten Rubrik ist bei der Post Nr. 6 folgender Vermerk in das Hypothekenbuch eingetragen worden:

Zu Nr. 6. Cedirt laut notarieller Urkunde vom 7. November 1853 an den N. N. zu N. N.

Eingetragen zufolge Verfügung vom 24. November 1853. Urkundlich unter Siegel und Unterschrift.

Glogau, den 27. November 1853.

Königl. Kreisgericht. Zweite Abtheilung.
(L. S.) N. N.

N. N.
Ingrossator.

3. Allgemeine Verfügung vom 20. März 1854, betreffend die Ausführung des Gesetzes vom 24. Mai 1853 und der Instruktion vom 3. August 1853 in Bergwerks-Hypothekensachen. (Ungedruckt.)

Durch die in Folge der allgemeinen Verfügung vom 29. August v. J. betreffend die Frage:

> in welchen Punkten die besonderen Verhältnisse des Berggegen- und Hypothekenbuchs eine Modifikation der zur Ausführung des Gesetzes vom 24. Mai v. J., betreffend einige Abänderungen der allgemeinen Hypothekenordnung (G. S. S. 521), erlassenen Instruktion vom 3. August v. J. (Just. M. Bl. S. 275) erforderlich machen?

sowohl von den Bergämtern, als den Ober-Bergämtern erstatteten Berichte hat zunächst die in jener Verfügung ausgesprochene Erwartung sich bestätigt, daß die Instruktion vom 3. August v. J., obwohl zunächst nur für die gerichtlichen Hypothekenbehörden bestimmt, doch auch von den Bergämtern in den Landestheilen, in welchen die allgemeine Hypotheken-Ordnung gilt, bei der Führung des Berggegen- und Hypothekenbuchs berücksichtigt und mit den aus der Natur der Sache sich ergebenden Modifikationen angewendet sein würde.

Zugleich haben die erstatteten Berichte ergeben, daß, abgesehen von einigen unwesentlichen Punkten, nur in Bezug auf wenige Bestimmungen bei einzelnen Bergbehörden Meinungsverschiedenheiten und Zweifel über die Anwendbarkeit resp. die Nothwendigkeit einer Aenderung der Vorschriften der Instruktion entstanden sind.

Zur Erledigung dieser Zweifel und zur Herbeiführung eines gleichmäßigen Verfahrens bei der Verwaltung des Berg-Hypothekenwesens ergehen nachfolgende Bestimmungen:

I. Zu Art. 2, Nr. 1—3 der Instruktion.

Für das Berggegen- und Hypothekenbuch behält es bei dem Grundsatze sein Bewenden, daß jedes selbstständige Bergwerks-Eigenthum ein besonderes Hypothekenfolium erhalten muß.

Auch hinsichtlich der Einrichtung und des Inhalts des Titelblatts und der übrigen Rubriken der Hypothekenfolien verbleibt es bei den bestehenden Vorschriften und dem bisherigen Verfahren.

II. Zu Art. 7, Nr. 1, und Art. 14, Nr. 3 lit. d. der Instruktion und §§. 12, 24 des Gesetzes.

Die Eintragungs- und Löschungs-Verfügungen resp. die Mandate an den Berggegenschreiber und die Ausfertigungen der Hypothekenscheine, Hypothekenbuchs-Auszüge und Atteste sind sowohl im Konzepte als in der Reinschrift nicht blos von dem Justitiar, sondern auch von dem Dirigenten des Bergamts zu vollziehen. Die Mitvollziehung durch ein drittes Mitglied des Bergamts, wo solche bisher vorgeschrieben oder üblich war, kann dagegen unterbleiben. Die erwähnten Ausfertigungen sind durch den erwähnten Justitiar auch in denjenigen Fällen mit zu vollziehen, wo bei den gerichtlichen Hypothekenbehörden die Vollziehung nur durch den Dirigenten erfolgt.

III. Zu Art. 10, 13, 23 der Instruktion und §§. 17, 19—21, 53 des Gesetzes:

1) Die Vorschriften des Gesetzes, wonach über die Berichtigung des Besitztitels in der Regel nur die im §. 20 angeordnete Benachrichtigung und nur ausnahmsweise (§. 21) ein Hypothekenschein pro informatione ertheilt werden soll, gelten auch für das Berg-Hypothekenwesen, und findet daher bei Besitztitel-Berichtigung, sie geschehe auf Antrag oder von Amts wegen, die bisherige Ertheilung eines Gewährscheins mit dem dafür hergebrachten, auf die Berggesetze hinweisenden Schluß-Klausel nicht weiter statt.

   Ingleichen fällt diese Klausel bei den Hypothekenscheinen pro informatione fort und ist daher auch die Bezeichnung „Gewährschein" für die „Hypothekenscheine pro informatione" zu unterlassen.

2) Auch bei der Eintragung einer neuen Post in der II. oder III. Hauptrubrik, oder von Cessionen und anderen Subinscriptionen ist statt der bisherigen Hypothekenscheine oder Atteste in den Fällen des §. 20 des Gesetzes die dort vorgeschriebene Benachrichtigung und in den übrigen Fällen der Hypothekenbuchs-Auszug nach näherer Bestimmung des §. 22 oder des §. 23 zu ertheilen.

3) Die Hypothekenbuchs-Auszüge (§§. 22 u. 23 des Gesetzes, Anlagen C. D. und E. der Instruktion) erhalten die Ueberschrift:

   „Auszug aus dem Berggegen- und Hypothekenbuche des „Bergamtes zu N. N."

   „Band .... Fol. ...."

   In denselben tritt, was das Titelblatt und die erste Hauptrubrik betrifft, an die Stelle der „Bezeichnung des Grundstücks" (§. 22, litt. A. Nr. 1) die Angabe des Namens des Bergwerks und der Gemeinde in welcher solches belegen. Zugleich muß der specielle Antheil des betreffenden Besitzers (die Zahl der Kuxe) jedesmal angegeben werden, wobei die Nummer, unter welcher dieser Antheil im Berggegen- und Hypothekenbuche eingetragen steht, anzuführen ist. Dagegen braucht die Beschreibung des allgemeinen Eigenthums, mit Ausnahme der Fälle, wo der Auszug für Gläubiger des Gesammt-Eigenthums ertheilt wird, nicht mit aufgenommen zu werden. Aus der II. und III. Hauptrubrik gehören in einen Hypothekenbuchs-Auszug nach §. 22 des Gesetzes nicht blos die auf dem betreffenden Antheil haftenden Posten, sondern auch diejenigen, welche auf sämmtliche Antheile gemeinschaftlich eingetragen sind.

In dem bei Eintragung von Cessionen und andern Subinscriptionen zu ertheilenden Auszüge (Anlage E der Instruktion) ist, wo in dem Berggegen- und Hypothekenbuche die betreffende Post keine laufende Nr. führen sollte, die Post in einer andern deutlichen Weise zu bezeichnen, z. B.:

„In der dritten Hauptrubrik ist bei der aus der Obligation
„vom ... ten ...... auf den Antheil Nr. .... von
„2½ Kuxe eingetragenen Post von 2000 Thlr. folgender Ver-
„merk in dem Berggegen- und Hypothekenbuche eingetragen
„worden: Cedirt laut ꝛc. (wie in dem Formular E)."

IV. Zu Art. 10, Nr. 5 und Art. 14, Nr. 2, lit. D der Instruktion.

So lange das Sportelgesetz vom 10. Mai 1851 (G. S. S. 622) bei den Bergämtern nicht zur Anwendung kommt, sondern für die Kosten und Stempel in Berg-Hypothekensachen noch die älteren Vorschriften gelten, sind die letzteren auch in Bezug auf die Kosten und Stempel für die Benachrichtigungen nach §. 20, und für die Hypothekenbuchs-Auszüge nach §. 22 u. 23 des Gesetzes maaßgebend und zwar für die Benachrichtigungen die Nr. 42, lit. V, und für die Auszüge die Nr. 4 des 5. Abschnitts der Gebührentaxe vom 23. August 1815.

Das Königliche Ober-Bergamt hat die Bergämter seines Bezirks hiernach mit Anweisung zu versehen.

Berlin, den 20. März 1854.

Der Minister für Handel, Gewerbe und öffentliche Arbeiten
v. d. Heydt.

Der Justiz-Minister
Simons.

An
das Königliche Ober-Berg-Amt
zu Breslau
Halle
Dortmund.

---

4. Instruktion vom 10. Juli 1856 zur Ausführung des Gesetzes vom 18. April 1855, betreffend die Befugniß der Bergämter zur Führung des Berggegen- und Hypothekenbuchs und zur Aufnahme von Handlungen der freiwilligen Gerichtsbarkeit in den Landestheilen, in denen die Allgemeine Hypotheken-Ordnung vom 20. December 1783 gilt*). (J. M. Bl. S. 201.)

Zur Ausführung des Gesetzes vom 18. April 1855, betreffend die Befugniß der Bergämter zur Führung des Berggegen- und Hypothekenbuchs und zur Aufnahme von Handlungen der freiwilligen Gerichtsbarkeit, wird auf Grund des §. 6 dieses Gesetzes hierdurch verordnet, was folgt:

---

*) Diese Instruktion gehört selbstverständlich in den II. Abschnitt der Nachträge zum vierten Titel, vom Berg-Hypothekenwesen, und hat nur deshalb hier ihre Stelle, weil sie erst nach Vollendung des Drucks der Nachträge und des Anhangs erschienen ist; sie ist mithin als Nr. 5 des zweiten Abschnitts anzusehen.

Art. I.

(Zu §. 1 des Gesetzes.)

1) Das Gesetz vom 18. April 1855 beabsichtigt weder in Betreff der bisher ergangenen Vorschriften über die Eintragungen in die Berggegen- und Hypothekenbücher und das dabei zu beobachtende Verfahren, noch auch hinsichtlich der Form dieser Bücher eine Abänderung eintreten zu lassen, vielmehr bleiben in beiden Beziehungen die bisher bestandenen Anordnungen und Instruktionen auch ferner in Geltung.
2) Der Bergamts-Justitiarius hat die seiner Kompetenz durch das Gesetz überwiesenen Hypothekensachen ohne Vortrag bei dem Bergamte selbstständig und unter seiner alleinigen Verantwortlichkeit zu bearbeiten.
3) Zur Kontrole des Geschäftsbetriebes werden die von dem Justitiarius Namens des Bergamts erlassenen Mandate und verfügten Ausfertigungen von dem Direktor des Bergamts im Konzept und in der Reinschrift mitvollzogen.
4) Ueber die bei dem Bergamt zur Bearbeitung gelangenden Hypotheken-Sachen wird ein abgesondertes Geschäfts-Journal geführt. Alle mit der Post oder sonst unter der Adresse des Bergamts eingehenden versiegelten Schreiben eröffnet und präsentirt der Bergamts-Direktor; die protokollarischen Gesuche und die offen eingehenden Schriftstücke in Hypothekensachen werden von dem betreffenden Registrator präsentirt und unverzüglich zum Journal befördert.

Art. II.

(Zu §. 2 des Gesetzes.)

1) Die nach den §§. 258, 259, Tit. 16, Th. II. des Allg. Landrechts resp. den korrespondirenden Vorschriften der Berg-Ordnungen den administrativen Bergbeamten ertheilte Befugniß zur Aufnahme von Kaufverträgen über einzelne Kuxe oder Kurantheile ist nicht weiter auszuüben.
2) Zur Aufnahme der im §. 2 des Gesetzes vom 18. April 1855 bezeichneten Handlungen der freiwilligen Gerichtsbarkeit sind alljährlich im Voraus bestimmte Tage und Stunden festzusetzen und durch Aushang oder in sonst üblicher Weise zur öffentlichen Kenntniß zu bringen.

Der Justitiarius darf sich der Aufnahme solcher Anträge und Akte, gegen deren Gesetzlichkeit nichts zu erinnern ist, niemals entziehen; seine Kompetenz wird jedoch durch den Umfang des Bezirks desjenigen Bergamts begrenzt, bei welchem er zu fungiren hat. Unter dieser Beschränkung ist er befugt, insbesondere die nachfolgend erwähnten Handlungen der freiwilligen Gerichtsbarkeit aufzunehmen:

a) Verträge über die Bildung von Schürf-Gesellschaften und über die Ausführung von Schürf-Arbeiten mit den Arbeitern und Lieferanten;
b) Verträge über Muthungen, sowie über verliehenes oder konzessionirtes Berg-Eigenthum, namentlich über eigentliche Bergwerke, Erb-Stollen-Gerechtigkeiten, Poch-, Wasch- und sonstige Aufbereitungs-Anstalten, sowie über die zum Ressort

der Bergbehörde gehörigen Hüttenwerke, desgleichen Verträge über Pertinenz-Grundstücke und sonstige Zubehörungen des Berg-Eigenthums und deren Erwerbs-Verträge, welche sich zugleich auf andere Eigenthums-Objekte beziehen, darf der Justitiarius nicht aufnehmen;

c) Vernehmungen der Gewerken behufs der Besitztitel-Berichtigung, Schuld- und Pfandverschreibungen, Cessionen eingetragener Forderungen, Quittungen und Löschungs-Bewilligungen, sowie alle sonstigen auf Eintragung im Berggegen- und Hypothekenbuch bezüglichen Erklärungen und Anträge, soweit es sich bei diesen Akten lediglich um Berg-Eigenthum handelt. Auch zu den hierbei erforderlichen Vernehmungen zum Zweck der Erbes-Legitimation ist der Bergamts-Justitiarius befugt, dagegen steht ihm die Ertheilung von Erbes-Legitimations-Attesten nicht zu;

d) Konsolidations-Anträge und Verträge und deren Beglaubigung, Löschungs- und überhaupt alle Verträge, welche sich auf das Verhältniß mehrerer Gewerkschaften oder Bergwerks-Unternehmer gegen einander beziehen, desgleichen Verträge der Miteigenthümer eines und desselben Bergwerks unter einander;

e) Verträge der Bergwerks-Unternehmer, Repräsentanten und Gruben-Vorstände mit den gewerkschaftlichen Beamten (Dienst-Verträge) und mit den Arbeitern, Lieferungs-Verträge über Gegenstände des Bergbau-Betriebes, sowie Vollmachten in Bergwerks-Angelegenheiten;

f) Verträge der Gewerkschaften und Bergwerks-Unternehmer mit den Grund-Eigenthümern über Abtretung von Grund und Boden zu bergbaulichen Zwecken und über Entschädigungs-Ansprüche.

3) Die aufgenommenen Protokolle über Akte der freiwilligen Gerichtsbarkeit werden zu einem besonderen, bei jedem Bergamt über diesen Gegenstand anzulegenden Aktenstücke gebracht und dort wird die Ausfertigung der Urkunden, sowie die Aushändigung der Ausfertigung oder deren Hinübergabe zu andern Bergamts-Akten, z. B. zu den Muthungs-Betriebs-Akten, verfügt. Steht jedoch ein aufgenommenes Rechtsgeschäft in einer solchen Beziehung zu dem Berggegen- und Hypothekenbuch, daß es bei den Grundakten unter allen Umständen einer beglaubigten Abschrift bedarf, z. B. weil in der Folge eine Eintragung daraus erfolgen soll, so wird die Urschrift der Verhandlung sofort zu den Grundakten genommen und dort das weiter Erforderliche wegen Ertheilung der Ausfertigungen 2c. verfügt.

Die Ausfertigungen des Bergamts werden von dem Direktor und dem Justitiarius vollzogen.

Art. III.

(Zu §. 4 des Gesetzes.)

1) Die von den Bergämtern zu erstattenden Berichte sind in den Fällen sub a des §. 4 des Gesetzes an das betreffende Appellationsgericht und an das Ober-Bergamt gemeinschaftlich, in den Fällen sub b aber nur an das Appellationsgericht zu richten,

dem es überlassen bleibt, vor seiner Entscheidung die Aeußerung des betreffenden Oberbergamts einzuholen.

2) Allgemeine Bestimmungen der Appellationsgerichte an die ihnen untergeordneten Gerichtsbehörden in Hypothekensachen sind, falls dadurch auch das Berggegen- und Hypothekenbuch berührt wird, nach vorangegangenem Benehmen mit den Oberbergämtern auch den Bergämtern zur Kenntnißnahme und Nachachtung mitzutheilen.

Findet bei der gedachten Kommunikation zwischen dem Appellationsgericht und dem Ober-Bergamt eine Einigung nicht statt, so ist von ihnen in gemeinschaftlich zu erstattendem Berichte die Entscheidung der unterzeichneten Ministerien einzuholen.

Art. IV.

(Zu §. 5 des Gesetzes.)

Einer besonderen Sportel-Taxe bedarf es nicht, da die für die Gerichte gegebenen Vorschriften zur Anwendung kommen. — In dieser Beziehung wird lediglich auf die Gesetze vom 10. Mai 1851 und 9. Mai 1854 (Gesetz-Samml. von 1851, S. 622 und von 1854, S. 273), sowie auf die Justiz-Ministerial-Instruktion vom 1. Juni 1854 hiermit verwiesen*).

Berlin, den 10. Juli 1856.

Der Justizminister
Simons.

Der Minister für Handel, Gewerbe und öffentliche Arbeiten.
In Vertretung: Pommer-Esche.

---

*) Vergleiche die amtliche Ausgabe der Sportelgesetze vom 10. Mai 1851, vom 3. Mai 1853 und vom 9. Mai 1854 nebst der Instruktion des Justiz-Ministers vom 1. Juni 1854. — Berlin, 1854. Deckersche Geheime Ober-Hofbuchdruckerei.

Sachregister.

Berichtigungen.

S. 9, Z. 28 v. u. ist statt „Küstern" zu lesen: Klöster.

S. 120, Z. 14 v. u. ist statt „1203" zu lesen: 1293, und Folgendes beizufügen: Daß sie ihm bekannt gewesen sind, kann nicht durch einen zugeschobenen Eid in dieser Fassung bewiesen werden, weil es ein juristisches Urtheil ist, daß „beständige Lasten und Abgaben" auf einem Grundstücke haften. Pr. des Ob.-Tr. vom 13. September 1855. (Entsch. Bd. XXXI, S. 160.)

S. 183, Z. 17 v o, ist hinter „Dokumente" die Noten-Ziffer 351 einzuschalten.

S. 197, Z. 5 v. u. ist statt Anm. 74 zu lesen: 75.

S. 272, Z. 3 v. o. ist dem Worte „Instruktion" die Ziffer 1 vorzusetzen.

S. 294 ist zu §. 6 des G. v. 18. April 1855 folgende Anmerkung beizufügen:

Diese Instruktion ist den 10. Juli 1856 erlassen und befindet sich im Anhange unter Nr. 4, S. 372.

S. 90 ist der Anm. a. a. E. beizufügen:

Uebrigens vergl. man wegen des Kostenansatzes bei den Bergämtern die Vorschrift des §. 5 des G. vom 18. April 1855 (Nachträge Nr. 4) und des Art. IV der Instr. vom 10. Juli 1856, zur Ausführung des G. v. 18. April 1855 (unten, Nr. 4 des Anhangs), wodurch der §. 2 des G. v. 10. Mai 1851 und die Instr. v. 10. Septemuer 1851 zu §. 2, sowie die Verf. v. 20. März 1854, Nr. IV (S. 372) abgeändert worden ist. In Folge dessen ist S. 90 u. 372 die Nr. IV zu streichen.

Druck von J. Draeger in Berlin, Adlerstr. 9.

Kolibri 360 GmbH
Ferdinand-Jühlke-Straße 7
99095 Erfurt, Deutschland
produktsicherheit@kolibri360.de